はじめに

　外国の食材や調味料が空輸で手軽に入手できるようになり、郷土の素材と取り合わせ、新しい料理を創作する料理人も増えました。今、世界の料理界に大きな影響を与えるスペインのエル・ブリや、デンマークのノマなどが世界の注目を集めています。

　しかし、伝統を生かしながらも独自の個性を出す、これが21世紀の料理界の大きな流れです。また、ファスト・フードの氾濫を危惧し、1980年代の後半には、イタリアやフランスなどで「スロー・フード運動」や「ル・スメン・ド・グウ」、そして2005年より日本の「食育」などの食の教育運動が始まりました。失われた食材を復活させ、手間暇かけた料理や食材を次世代に受け継ごうと活動しています。

　さらに日本も、2020年にオリンピックを迎えるにあたって、2000万人の方々が来日予定です。しかもそのうちの800万人がイスラム教徒の予測です。そこでこの事典も、ハラールやベジタリアンの料理文化も加えました。

　この本は、そのような世界の流れに即し、これまでバラバラに扱われてきた西洋、中国、日本、そしてイスラムの調理法や食材を一冊に集約したものです。専門用語や郷土料理、特殊食材、食前・食後酒などについても解説してあります。また、諸外国に出かけた際の食事や研修に役立つように、調理用語や素材名の6ヵ国語対訳表を添えました。英語圏の国々、フランス、イタリア、スペイン、中国などの料理を理解するうえで、手助けになることと思います。

　活用法はみなさん次第で幾通りにも広がり、調理の手引きとしても役立つことでしょう。

2015年2月

服 部 幸 應

―――世界の六大料理基本事典　目次―――

はじめに　1
料理用語・6カ国語対訳表　4
「食」の時代様式の変遷　58

イタリア料理　61

食材と郷土料理の傾向　62／専用器具　63／調理用語　66／パスタ　68
ピッツァ　80／ニョッキ　81／米料理（リーゾ）　84／だし・ソース　87
スープ（ズッパ）　90／焼き物（クオーチェレ）　91／揚げ物（フリッジェレ）　94
煮物・蒸し物（エボッリツィオーネ）　96／コース料理　101
甘味（ドルチェ）　105／イタリア料理特殊食材　110

フランス料理　119

食材と郷土料理の傾向　120／専用器具　122／調理用語　129
生地（パート）　134／クリーム（クレーム）　137／だし（フォン）　138
ポタージュ　139／マリネ　143／加熱調理法（キュイソン）　144
煮込み（フェール・キュイール）　153／蒸し物　164／ソース　165
合わせバター（ブール・コンポゼ）　170／卵料理　171／コース料理　173
フランス菓子　179／フランス料理特殊食材　184

スペイン料理　195

食材と郷土料理の傾向　196／専用器具　198／スープ　199／サラダ　201
焼き物　202／揚げ物　204／煮物　205／甘味　208／その他の料理　211
スペイン料理特殊食材　213

ワイン　219

フランスワイン　220／イタリアワイン　228／スペインワイン　232

中国料理　237

食材と郷土料理の傾向　238／専用器具　242／調理用語　244
包丁さばき　247／湯（タン）－だし汁－　249／湯（タン）－スープ－　250
炒（チャオ）　253／烤（カオ）　258／炸（ヅア）　261／焼（シャオ）　265
蒸（ヂェン）　271／溜（リュウ）・燴（ホェイ）　274／拌（パン）　277
漬け物　279／点心（ディエンシン）　280／コース料理　290
中国料理特殊食材　291／中国酒　301

日本料理 303

専用器具 304 ／調理用語 309 ／刺身 322 ／鮨（すし） 328
麺（めん） 335 ／ごはん物 339 ／出汁（だし） 344 ／汁物 346
焼き物 351 ／揚げ物 357 ／煮物 360 ／蒸し物 367
鍋物 371 ／和え物 377 ／練り物 382 ／寄せ物 382
卵料理 385 ／漬け物 387 ／正月料理 395 ／懐石 401
和菓子・甘味 405 ／日本料理特殊食材 415 ／酒 430

イスラム料理 431

イスラムの食文化の概念 432 ／ハラールにこだわる由来と意義 435
日本のハラールの取り組み 436 ／ラマダン（断食月）について 436
アラブ料理の食材と郷土料理の傾向 437 ／アラブ料理特殊食材 437

イラン料理 439

焼き物 439 ／煮物 440 ／サラダ 441 ／スープ 441
菓子・デザート 442

レバノン料理 443

焼き物 443 ／煮物 444 ／サラダ 445 ／スープ 445 ／パン 446
菓子・デザート 446 ／レバノン料理特殊食材 447

トルコ料理 448

食材と郷土料理の傾向 448 ／調理用語 449 ／焼き物 450 ／揚げ物 451
煮物 452 ／米・パスタ料理 452 ／サラダ 453 ／スープ 453 ／パン 454
菓子・デザート 455 ／酒類、飲料 457 ／トルコ料理特殊食材 458

インドネシア料理 459

食材と郷土料理の傾向 459 ／調理用語 460 ／焼き物 461 ／揚げ物 462
煮物 463 ／サラダ 463 ／スープ 464 ／菓子・デザート 465
インドネシア料理特殊食材 466

その他の国々 インドの食文化 471

ヒンドゥー教徒の食文化 471 ／インド人の食文化 472

その他の国々 イスラエルの食文化 473

カシュルートとコーシェル 473 ／ユダヤ教の食文化 474

参考文献 477

索引 478

企画・構成／本文イラスト＝小河原一博

料理用語・6カ国語対訳表

食材

※左から日本語・英語・フランス語の順

野菜類－葉野菜

日本語	(読み)	英語	フランス語
アスパラガス	asuparagasu	asparagus アスパラガス	asperge アスペルジュ
ういきょう	uikyô	fennel フェンネル	fenouil フヌイユ
エンダイブ	endaibu	endive エンダイヴ	endive アンディーヴ
かぼちゃ	kabocha	pumpkin パンプキン	potiron ポティロン
カリフラワー	karifurawâ	cauliflower カリフラウア	chou-fleur シューフルール
キャベツ	kyabetsu	cabbage キャビッジ	chou シュー
きゅうり	kyûri	cucumber キューカンバ	concombre コンコンブル
クレソン	kureson	watercress ウォータークレス	cresson クレソン
ズッキーニ	zukkîni	zucchini ズーキーニ	courgette クルジェットゥ
セロリ	serori	celery セロリ	céleri セルリ
朝鮮あざみ	chôsen'azami	artichoke アーティチョウク	artichaut アルティショー
トマト	tomato	tomato トメイトゥ	tomate トマトゥ
なす	nasu	eggplant エッグプラント	aubergine オーベルジーヌ
ねぎ	negi	Welsh onion ウェルシュ・アニオン	poireau ポワロー
パセリ	paseri	parsley パースリ	persil ペルシィ
ピーマン	pîman	green pepper グリーン・ペッパー	poivron ポワヴロン
ブロッコリ	burokkori	broccoli ブラカリ	brocoli ブロコリ
ほうれん草	hôrensô	spinach スピニチ	épinard エピナール
みつば	mitsuba	Japanese honewort ジャパニーズ・ホーンウォート	cryptotaenia クリプトタエニヤ

※左からスペイン語・イタリア語・中国語（北京語）・日本語の順

スペイン語	イタリア語	中国語（北京）	日本語
espárago エスパーラゴ	asparago アスパーラゴ	芦筍、露筍 ルゥスン	アスパラガス
hinojo イノッホ	finocchio フィノッキオ	茴、大料 ホイシャン、ダァリャオ	ういきょう
endibia エンディービア	indivia インディーヴィア	────	エンダイブ
calabaza カラバッサ	zucca ズッカ	金瓜、倭瓜 ジングワ、ウォグワ	かぼちゃ
coliflor コリフロール	cavolfiore カヴォルフィオーレ	花耶菜、花菜 ホアイエツァイ、ホアツァイ	カリフラワー
repollo レポージョ	cavolo カーヴォロ	甘藍 ガンラン	キャベツ
pepino ペピーノ	cetriolo チェトリオーロ	黄瓜 ホァングワ	きゅうり
berro ベーロ	crescione クレショーネ	豆瓣菜 ドウバンツァイ	クレソン
calabacín カラバシン	zucchina ズッキーナ	────	ズッキーニ
apio アーピオ	sedano セーダノ	洋芹菜 ヤンチンツァイ	セロリ
alcachofa アルカチョファ	carciofo カルチョーフォ	────	朝鮮あざみ
tomate トマーテ	pomodoro ポモドーロ	番茄 ファンチエ	トマト
berenjena ベレンヘーナ	melanzana メランザーナ	茄子 チエズ	なす
puerro プエーロ	porro ポッロ	葱 ツォン	ねぎ
perejil ペレヒル	prezzemolo プレッツェモーロ	巴西利 バァシィリィ	パセリ
pimiento verde ピミエント・ベルデ	peperone ペペローネ	青椒 チンジァオ	ピーマン
brócoli ブローコリ	broccolo ブロッコロ	芥藍菜、青花菜 ヂエランツァイ、チンホアツァイ	ブロッコリ
espinaca エスピナーカ	spinacio スピナーチォ	菠菜 ブォツァイ	ほうれん草
lunaria japonesa ルナーリア・ハポネッサ	selvatico セルヴァーティコ	鴨兒芹 ヤァチン	みつば

※左から日本語・英語・フランス語の順

芽キャベツ	mekyabetsu	Brussels sprouts ブラスルズ・スプラウト	chou de Bruxelles シュー・ドゥ・ブリュッセル
よもぎ	yomogi	mugwort マグウォート	génépi ジェネピー
ルッコラ	rukkora	rocket salad ラーキト・サラド	roquette ロケットゥ
レタス	retasu	lettuce レティス	laitue レテュ
わけぎ	wakegi	scallion スカリオン	chiboule シブール

備考
　キャベツの別名：包心菜（バオシンツァイ）、巻心菜（ジュアンシンツァイ）[中]

野菜類－根野菜

エシャロット	esharotto	shallot シャラト	échalote エシャロットゥ
かぶ	kabu	turnip ターニプ	navet ナヴェ
ごぼう	gobô	edible burdock エディブル・バーダク	salsifis サルシィフィ
さつまいも	satsumaimo	sweet potato スウィート・ポテイトウ	patate douce パタット・ドゥース
じゃが芋	jagaimo	potato ポテイトウ	pomme de terre ポム・ドゥ・テール
玉ねぎ	tamanegi	onion アニオン	oignon オニョン
てんさい	tensai	beet ビートゥ	betterave ベトゥラーヴ
にんじん	ninjin	carrot キャラト	carotte カロット
山芋	yamaimo	Japanese yam ジャパニーズ・ヤム	igname イニャム

備考
　さつま芋の別名：patata dolce [伊]

豆類

いんげん豆	ingenmame	kidney bean キドゥニー・ビーン	haricot アリコ
さやいんげん	sayaingen	string bean ストリング・ビーン	haricots verts アリコ・ヴェール
そら豆	soramame	broad bean ブロード・ビーン	fève フェーヴ
大豆	daizu	soybean ソイビーン	soya ソヤ
レンズ豆	renzumame	lentil レンティル	lentille ランティーユ

※左からスペイン語・イタリア語・中国語（北京語）・日本語の順

col de Bruselas コル・デ・ブルセーラス	cavoli di Bruxelles カーヴォリ・ディ・ブリュッセル	————	芽キャベツ
artemisa アルテミーサ	assenzio selvatico アッセンツィオ・セルヴァーティコ	艾 アイ	よもぎ
rúcula ルックラ	ruca, ruchetta ルカ、ルケッタ	————	ルッコラ
lechuga レチューガ	lattuga ラットゥーガ	萵苣、生菜 ウォヂュイ、ションツァイ	レタス
cebolleta japonesa セボジェータ・ハポネッサ	specie di scalogno スパーチェ・ディ・スカローニョ	香葱、分葱 シャンツォン、フェンツォン	わけぎ

chalote チャローテ	scalogno スカローニョ	————	エシャロット
rábano ラーバノ	rapa ラーパ	蕪菁、蔓青 ウーヂン、マンチン	かぶ
salsifí japonés、bardana japonesa サルシフィー・ハポネース、バルダーナ・ハポネッサ	bardana バルダーナ	牛蒡 ニウバン	ごぼう
batata、boniato バタータ、ボニアート	patata americana パタータ・アメリカーナ	蕃薯、紅薯 ファンシュウ、ホンシュウ	さつまいも
patata パタータ	patata パタータ	山洋薯 シャンヤンシュウ	じゃがいも
cebolla セボージャ	cipolla チポッラ	洋葱 ヤンツォン	玉ねぎ
remolacha レモラッチャ	barbabietola バルバビエートラ	甜菜 ティエンツァイ	てんさい
zanahoria サナオーリア	carota カロータ	紅蘿蔔 ホンルオボ	にんじん
ñame japonés ニャメ・ハポネース	igname インニャーメ	山薬 シャンヤオ	山芋

judía、alubia フディーア、アルービア	fagiolo ファジォーロ	四季豆、芸豆 スゥヂィドウ、ユンドウ	いんげん豆
judía verde フディーア ベルデ	fagiolini ファジョリーニ	菜菜豆 ジアツァイドウ	さやいんげん
haba アーバ	fava ファーヴァ	蚕豆 ツァンドウ	そら豆
soja ソッハ	soia ソーヤ	黄豆 ホァンドウ	大豆
lenteja レンテッハ	lenticchia レンティッキア	————	レンズ豆

※左から日本語・英語・フランス語の順

穀類

大麦	ômugi	barley バーリ	orge オルジュ
からす麦	karasumugi	oats オーツ	avoine アヴォワーヌ
きび	kibi	millet ミリット	millet ミエ
穀物	kokumotsu	cereal シリアル	céréale セレアル
小麦	komugi	wheat ウィート	blé ブレ
米	kome	rice ライス	riz リ
とうもろこし	tômorokoshi	corn コーン	maïs マイース
ひえ・あわ	hie・awa	barnyard millet バーンヤード・ミリット	millet ミエ

備考

穀物の別名：grain［英］　穀物の別名：granaglie、grani［伊］
小麦の別名：frumento［伊］　とうもろこしの別名：granoturco、mais［伊］

きのこ類

編笠茸	amigasatake	morel モレル	morille モリーユ
きのこ	kinoko	mushroom マシュルーム	champignon シャンピニヨン
しい茸	shiitake	shiitake mushroom シイタケ・マシュルーム	champignon japonais シャンピニヨン・ジャポネ
トリュフ	toryufu	truffle トゥルーフル	truffe トリュフ
ほうき茸	hôkitake	red-tipcoal レドティプコール	clavaire クラヴェール
松茸	matsutake	matsutake mushroom マツタケ・マシュルーム	champignon des pins japonais シャンピニヨン・デ・パン・ジャポネ

備考

ほうき茸の別名：ditora［伊］

果物

あんず	anzu	apricot エプリカット	abricot アブリコ
いちご	ichigo	strawberry ストロベリ	fraise フレーズ
いちじく	ichiziku	fig フィグ	figue フィーグ
オレンジ	orenji	orange オリンジ	orange オランジュ

※左からスペイン語・イタリア語・中国語（北京語）・日本語の順

cebada セバーダ	orzo オールゾ	大麦 ダァマイ	大麦
avena アベーナ	avena アヴェナ	野燕麦 イェイェンマイ	からす麦
mijo ミッホ	miglio ミーリョ	黍 スウ	きび
cereal セレアール	cereali チェレアーリ	谷物 グゥウ	穀物
trigo トゥリーゴ	grano グラーノ	小麦 シャオマイ	小麦
arroz アロース	riso リーソ	米 ミイ	米
maíz マイース	granturco グラントゥルコ	玉米 ユイミイ	とうもろこし
mijo、panizo ミッホ、パニッソ	panico パニーコ	小米、粟 シャオミイ、スウ	ひえ・あわ

morilla モリージャ	spugnola スプニョーラ	羊肚菌 ヤンドゥジュン	編笠茸
seta、champiñón (マッシュルーム) セタ、チャンピニョーン	fungo フンゴ	蕈 シュン	きのこ
seta de Shiitake セタ・デ・シイタケ	fungo shiitake フンゴ・シイタケ	香菇 シャングゥ	しい茸
trufa トゥルッファ	tartufo タルトゥーフォ	———	トリュフ
clavaria クラバーリア	clavaria クラヴァリア	———	ほうき茸
seta de Matsutake セタ・デ・マツタケ	fungo matsutake フンゴ・マツタケ	松蕈 ソンシュン	松茸

albaricoque アルバリコッケ	albicocca アルビコッカ	杏子 シンズ	あんず
fresa フレッサ	fragola フラーゴラ	楊苺 ヤンメイ	いちご
higo イーゴ	fico フィコ	無花果 ウホアグォ	いちじく
naranja ナランハ	arancia アラーンチャ	橘子 ジュウズ	オレンジ

※左から日本語・英語・フランス語の順

日本語	ローマ字	英語	フランス語
柿	kaki	persimmon パーシモン	kaki カキ
木いちご	kiichigo	raspberry ラズベリ	framboise フランボワーズ
グレープフルーツ	gurêpufurûtsu	grapefruit グレイプフルートゥ	pamplemousse パンプルムース
さくらんぼ	sakuranbo	cherry チェリ	cerise スリーズ
ざくろ	zakuro	pomegranate ポムグラニットゥ	grenade グルナード
すいか	suika	water melon ウォーター・メロン	pasteque パステク
すもも	sumomo	Japanese plum ジャパニーズ・プラム	prune プリューン
西洋梨	seiyônashi	pear ペア	poire ポワール
パイナップル	painappuru	pineapple パイナップル	ananas アナナス
バナナ	banana	banana バナーナ	banane バナーヌ
パパイア	papaia	papaya パパイヤ	papaye パパイユ
びわ	biwa	Japanese loquat ジャパニーズ・ロウクワット	nèfle du Japon ネフル・デュ・ジャポン
ぶどう	budô	grape グレイプ	raisin レザン
干しぶどう	hoshibudô	raisin レイズン	raisin sec レザン・セック
メロン	meron	melon メロン	melon ムロン
桃	momo	peach ピーチ	pêche ペーシュ
りんご	ringo	apple エプル	pomme ポム
レモン	remon	lemon レモン	citron シトロン

備考
　すももの別名：plum [英]
　すいかの別名：melon d'eau [仏]　　メロンの別名：cantaloup [仏]
　パイナップルの別名：ananas [伊]　　干しぶどうの別名：uva passa [伊]

木の実

日本語	ローマ字	英語	フランス語
アーモンド	âmondo	almond アーマンド	amande アマンドゥ
オリーブ	orîbu	olive アリヴ	olive オリーヴ

※左からスペイン語・イタリア語・中国語（北京語）・日本語の順

caqui カキ	cachi カキ	柿子 シズ	柿
frambuesa フランブエッサ	lampone ランポーネ	紅樹苺 ホンシュメイ	木いちご
pomelo ポメーロ	pompelmo ポンペルモ	葡萄柚 プゥタオイウ	グレープフルーツ
cereza セレッサ	ciliegia チリエージャ	桜桃 インタオ	さくらんぼ
granada グラナーダ	melagrana メラグラーナ	石榴 シイリュウ	ざくろ
sandía サンディーア	cocomero ココーメロ	西瓜 シィグワ	すいか
ciruela シルエーラ	prugna プルーニャ	李子 リイズ	すもも
pera ペーラ	pera ペーラ	梨子 リイズ	西洋梨
piña ピーニャ	ananasso アナナッソ	鳳梨 フォンリイ	パイナップル
plátano プラータノ	banana バナーナ	香蕉 シャンジャオ	バナナ
papaya パパーヤ	papaia パパーイア	番木瓜 ファンムゥグワ	パパイア
níspero (de Japón) ニースペロ (デ ハポン)	nespola del giappone ネースポラ・デル・ジャッポーネ	枇杷 ピイパァ	びわ
uva ウーバ	uva ウーヴァ	葡萄 プゥタオ	ぶどう
pasa パッサ	possa sultanina ポッサ・スルタニーナ	葡萄干 プゥタオガン	干しぶどう
melón メローン	melone メローネ	蜜瓜 ミイグワ	メロン
melocotón メロコトーン	pesca ペースカ	桃子 タオズ	桃
manzana マンサーナ	mela メーラ	苹果 ピングォ	りんご
limón リモーン	limone リモーネ	檸檬 ニンモン	レモン

almendra アルメンドゥラ	mandorla マーンドルラ	扁桃 ビアンタオ	アーモンド
aceituna アセイトゥーナ	oliva オリヴァ	橄欖 ガンラン	オリーブ

※左から日本語・英語・フランス語の順

日本語	ローマ字	英語	フランス語
カシューナッツ	kashûnattsu	cashew nut カシュー・ナットゥ	noix d'acajou ノワ・ダカジュー
栗	kuri	chestnut チェストゥナットゥ	marron マロン
くるみ	kurumi	walnut ウォールナットゥ	noix ノワ
桑の実	kuwanomi	mulberry マルベリ	mure ミュール
なつめ	natsume	jujube ジュージュブ	datte ダットゥ
ヘーゼルナッツ	hêzerunattsu	hazelnut ヘイゼルナットゥ	noisette ノワゼットゥ
松の実	matsunomi	Korean pine コリアン・パイン	pignon ピニョン
やしの実	yashinomi	coconut ココナットゥ	coco ココ
落花生	rakkasei	peanut ピーナットゥ	arachide アラシードゥ

備考
落花生の別名：cacahu ète［仏］

その他の植物

日本語	ローマ字	英語	フランス語
（西洋）あぶらな	seiyôaburana	rape レイプ	colza コルザ
おおばこ	ôbako	plantain プランティン	plantain プランタン
かえで	kaede	maple メープル	érable エラーブル
花弁	kaben	petal ペタル	pétale ペタル
草	kusa	grass グラス	herbes エルブ
食用菊	shokuyôgiku	edible chrysanthemun エディブル・クリサンサム	chrysantheme comestible クリザンテーム・コメスティブル
すみれ	sumire	violet ヴァイオリトゥ	violette ヴィヨレットゥ
竹	take	bamboo バンブー	bambou バンブー
たんぽぽ	tampopo	dandelion ダンディライアン	pissenlit ピサンリ
つばき	tsubaki	camellia カメリア	camélia カメリヤ
葉	ha	leaf リーフ	feuille フイユ
花	hana	flower フラウア	fleur フルール

※左からスペイン語・イタリア語・中国語（北京語）・日本語の順

anacardo アナカルド	anacardio アナカールディオ	腰果 ヤオグォ	カシューナッツ
castaña カスターニャ	castagna カスターニャ	栗子 リイズ	栗
nuez ヌエース	noce ノーチェ	胡桃 ホウタオ	くるみ
mora モーラ	mora モーラ	桑葚 サンシェン	桑の実
azufaifa アスファイファ	dattero ダッテロ	紅棗 ホンザオ	なつめ
avellana アベジャーナ	nocciola ノッチョーラ	———	ヘーゼルナッツ
piñón ピニョーン	pinolo ピノーロ	松子 ソンズ	松の実
coco ココ	cocco コッコ	椰子 イエズ	やしの実
cacahuete カカウェーテ	arachide アラーキデ	花生仁 ホアションレン	落花生

colza コルサ	ravizzone ラヴィツォーネ	油菜 ヨウツァイ	（西洋）あぶらな
llantén ジャンテーン	piantaggine ピアンタッジネ	車前 チェシアン	おおばこ
arce アルセ	acero アチェロ	楓 フェン	かえで
pétalo ペータロ	petalo ペタロ	花瓣 ホアバン	花弁
hierba イエルバ	erba エルバ	草 ツァオ	草
crisantemo comestible クリサンテーモ・コメスティーブレ	crisantemo conmestibile クリサンテーモ・コンメスティービレ	食用花 シイヨンホア	食用菊
violeta ビオレータ	viola ヴィオーラ	菫菜 ジンツァイ	すみれ
bambú バンブー	bambù バンブ	竹 ヅウ	竹
diente de león ディエンテ・デ・レオーン	soffione ソッフィオーネ	蒲公英 プゴンイン	たんぽぽ
camelia カメーリア	camelia カメーリア	山茶 シャンチャア	つばき
hoja オッハ	foglia フォーリャ	葉 イエ	葉
flor フロール	fiore フィオーレ	花 ホア	花

※左から日本語・英語・フランス語の順

バラ	bara	rose ロウズ	rose ローズ
野菜	yasai	vegetable ヴェジタブル	légume レギューム

肉類－動物類

猪	inoshishi	wild boar ワイルド・ボアー	sanglier サングリエ
ウサギ	usagi	rabbit ラビットゥ	lapin ラパン
牛	ushi	beef ビーフ	bœuf ブフ
馬	uma	horseflesh ホースフレシュ	cheval シュヴァル
熊	kuma	bear ベアー	ours ウルス
仔猪	koinoshishi	young wild boar ヤング・ワイルド・ボアー	marcassin マルカッサン
仔牛	koushi	veal ヴィール	veau ヴォー
仔羊	kohitsuji	lamb ラム	agneau アニョー
鹿	shika	venison ベンズン	cerf セール
野ウサギ	nousagi	hare ヘア	lièvre リエーヴル
羊	hitsuji	mutton マトン	mouton ムトン
豚	buta	pork ポーク	porc ポール

備考

雌熊：ourse[仏]　仔熊：ourson[仏]
雄羊：bélier[仏]　雌羊：brebis[仏]　仔羊：agneau[仏]
6カ月以下の乳飲み仔羊：agneau de lait[仏]
6カ月以下の仔豚：cochon de lait[仏]
雄羊：ariete[伊]　雌羊：pecora[伊]　1才以下の仔羊：agnello[伊]
生後6カ月～1年までの仔羊：agnellone[伊]

肉類－鳥類

アヒル	ahiru	domestic duck ドメスティック・ダック	canard カナール
ウズラ	uzura	quail クウェイル	caille カイユ
ガチョウ	gachô	goose グース	oie オワ

※左からスペイン語・イタリア語・中国語（北京語）・日本語の順

スペイン語	イタリア語	中国語	日本語
rosa ローサ	rosa ローザ	薔薇 チァアンウェイ	バラ
verdura ベルドゥーラ	verdura ヴェルデューラ	菜 ツァイ	野菜
jabalí ハバリー	cinghiale チンギアーレ	野猪 イェヂウ	猪
conejo コネッホ	coniglio コニッリオ	兎肉 トウロウ	ウサギ
vaca バーカ	bue ブーエ	牛肉 ニゥロウ	牛
caballo カバージョ	cavallo カヴァロ	馬 マァ	馬
oso オッソ	orso オルソ	熊 シォン	熊
jabato ハバート	cinghialetto チンギアレット	――――	仔猪
ternera テルネーラ	vitello ヴィテッロ	小牛 シャオニゥ	仔牛
cordero コルデーロ	agnello アニェッロ	羊羔 ヤンガオ	仔羊
ciervo シエルボ	cervo チェルヴォ	鹿肉 ルウロウ	鹿
liebre リエーブレ	lepre レプレ	野兎 イェトウ	野ウサギ
oveja オベッハ	pecora ペーコラ	羊肉 ヤンロウ	羊
cerdo セルド	maiale マイアーレ	猪肉 ヂウロウ	豚
pato パト	anatra domestica アナトラ・ドメスティカ	鴨子 ヤズ	アヒル
codorniz コドルニース	quaglia クアーリャ	鶉 チュン	ウズラ
oca オーカ	oca オーカ	鵝 ウォ	ガチョウ

※左から日本語・英語・フランス語の順

鴨	kamo	wild duck ワイルド・ダック	canard sauvage カナール・ソヴァージュ
キジ	kiji	pheasant フェザン	faisan フェザン
七面鳥	shichimenchô	turkey ターキ	dinde ダンド
ツグミ	tsugumi	thrush スラシュ	grive グリーヴ
ツバメ	tsubame	swallow スワロウ	hirondelle イロンデル
鳥	tori	bird バードゥ	oiseau オワゾー
鶏	niwatori	chicken チキン	coq コック
鳩	hato	pigeon ピジョン	pigeon ピジョン
ヒバリ（食用）	hibari	skylark スカイラーク	mauviette モヴィエット
ヒヨコ	hiyoko	chick チック	poussin プーサン
ホロホロ鳥	horohorochô	guinea fowl ギニ・ファウル	pintade パンタード
ムクドリ	mukudori	starling スターリング	étourneau エトゥルノー

備考

雄の七面鳥：turkey cock［英］　雌の七面鳥：turkey hen［英］
七面鳥のヒナ：turkey poult［英］　鶏：fowl［英］　雄鶏：cock［英］　雌鶏：hen［英］
雄のガチョウ：jars［仏］　ガチョウのヒナ：oison［仏］
家禽：uccelli domestici［仏］　雌鶏：poule［仏］　生後8〜16週間のヒナ鶏：poulet［仏］
孵化してまもないヒナ鶏：poussin［仏］　雌鳩：pigeonne［仏］　鳩のヒナ：pigeonneau［仏］
家禽：oiseau domestique［伊］　雄鶏：gallo［伊］　雌鶏：gallina［伊］
若鶏：pollastro［伊］

動物の部位

足	ashi	leg レグ	pied ピエ
頭	atama	head ヘド	tête テートゥ
胃	i	stomach スタマク	estomac エストマ
尾	o	tail テイル	queue クー
肩	kata	shoulder ショウルダー	épaule エポール
皮	kawa	skin スキン	peau ポー

※左からスペイン語・イタリア語・中国語（北京語）・日本語の順

pato salvaje パト・サルバッヘ	germano ジェルマーノ	野鴨 イェヤ	鴨
faisán ファイサーン	fagiano ファジァーノ	野鶏 イェヂィ	キジ
pavo パボ	tacchino タッキーノ	火鶏 フオヂィ	七面鳥
tordo トルド	tordo トルド	斑鶲 バンドン	ツグミ
golondrina ゴロンドゥリーナ	rondine ロンディネ	燕 イェン	ツバメ
ave アーベ	uccello ウッチェッロ	鳥 ニアオ	鳥
pollo ポージョ	pollo ポッロ	老鶏 ラオヂィ	鶏
paloma パローマ	piccione ピッチョーネ	鴿 ゴォ	鳩
alondra アロンドゥラ	allodola アッロードラ	雲雀 ユンチュエ	ヒバリ（食用）
pollito ポジート	pulcino プルチーノ	雛鶏 チュヂィ	ヒヨコ
gallina de Guinea ガジーナ・デ・ギネーア	faraona ファラオーナ	珠鶏 ズウヂィ	ホロホロ鳥
estornino エストルニーノ	storno ストルノ	灰椋鳥 フイリアンニアオ	ムクドリ

pata パタ	piede ピエデ	腿 トェイ	足
cabeza カベッサ	testa テスタ	頭 トウ	頭
estómago エストーマゴ	stomaco ストマコ	肚 ドウ	胃
rabo、cola ラボ、コーラ	coda コーダ	尾 ウェイ	尾
espalda エスパルダ	spalla スパッラ	肩 ジァン	肩
piel ピエール	pelle ペッレ	皮 ピィ	皮

※左から日本語・英語・フランス語の順

肝臓	kanzô	liver リヴァ	foie フォワ
舌	shita	tongue タン	langue ラング
心臓	shinzô	heart ハート	cœur クール
腎臓	jinzô	kidney キドゥニ	rognon ロニョン
背	se	back バク	dos ド
血	chi	blood ブラド	sang サン
腸	cho	intestines インテスティンズ	intestins アンテスタン
脳みそ	nômiso	brain ブレイン	cervelle セルヴェル
ひ臓	hizô	spleen スプリーン	rate ラートゥ
ふくらはぎ	fukurahagi	calf カーフ	mollet モレ
ほお	hoo	cheek チーク	joue ジュー
骨	hone	bone ボーン	os オス
耳	mimi	ear イヤア	oreille オレイユ
胸	mune	breast ブレスト	poitrine ポワトリーヌ

備考
胸肉：brisket［英］

食肉の部位

薄切り肉	usugiriniku	thin slice of 〜 シィン・スライス・オブ〜	escalope エスカロップ
がら	gara	——	carcasse カルカス
牛肩肉	gyûkataniku	chuck チャク	paleron パルロン
牛頸肉	gyûkeiniku	neck ネク	collier コリエ
牛すね肉	gyûsuneniku	shin シン	crosse クロス
牛タン	gyûtan	tongue of beef タング・オブ・ビーフ	langue de bœuf ラング・ドゥ・ブッフ
サーロイン	sâroin	sirloin サーロイン	contrefilet コントルフィレ

※左からスペイン語・イタリア語・中国語（北京語）・日本語の順

hígado イーガド	fegato フェーガト	肝 ガン	肝臓
lengua レングア	lingua リングア	舌 シ	舌
corazón コラソーン	cuore クオーレ	心臓 シンザン	心臓
riñón リニョーン	rognone ロニョーネ	腎臓 シェンザン	腎臓
lomo ロモ	schiena スキェーナ	背 ベイ	背
sangre サングレ	sangue サングエ	血 シエ	血
intestino インテスティーノ	intestino インテスティーノ	腸 チャン	腸
cerebro セレーブロ	cervello チェルヴェッロ	脳子 ナオズ	脳みそ
bazo バーソ	milza ミルツァ	脾臓 ピザン	ひ臓
pantorrilla パントリージャ	polpaccio ポルパッチョ	腓 フェイ	ふくらはぎ
mejilla メヒージャ	guancia グアンチャ	頬 ジア	ほお
hueso ウエッソ	osso オッソ	骨 グウ	骨
oreja オレッハ	orecchio オレッキオ	耳 アル	耳
pecho ペッチョ	petto ペット	胸 シオン	胸

escalope エスカローペ	scaloppina スカロッピーナ	薄片 バオピェン	薄切り肉
hueso de gallina ウエッソ・デ・ガジーナ	carcassa カルカッサ	鶏骨 ヂィグウ	がら
espalda（肩）、aguja（肩ロース） エスパルダ、アグッハ	suppelo スペロ	――――	牛肩肉
cuello クエージョ	collo コッロ	――――	牛頸肉
morcillo モルシージョ	muscolo ムスコロ	――――	牛すね肉
lengua de vaca レングア・デ・バーカ	lingua di bue リングア・ディ・ブーエ	牛舌頭 ニゥシトウ	牛タン
lomo、lomo alto（リブロース） ロモ、ロモ・アルト	controfiletto コントロフィレット	――――	サーロイン

※左から日本語・英語・フランス語の順

日本語	ローマ字	英語	フランス語
すなぎも	sunagimo	gizzard ギザード	gésier ジェジエ
Tロース	T-rôsu	T-bone ティーボーン	longe ロンジュ
手羽	teba	wing ウィング	aileron エルロン
肉	niku	meat ミートゥ	viande ヴィヤンドゥ
バラ肉	baraniku	plate プレイト	poitrine ポワトリーヌ
ヒレ肉	hireniku	fillet フィリトゥ	filet フィレ
もも肉（牛）	momoniku(ushi)	round of beef ラウンド・オブ・ビーフ	tranche トランシュ
もも肉（鶏）	momoniku(tori)	thigh サイ	cuisse de poulet キュイス・ドゥ・プーレ
ラード	râdo	lard ラード	lard ラール
レバー（鶏）	reba(tori)	liver リヴァー	foie de volaille フォワ・ドゥ・ヴォライユ

備考
手羽先：chicken wing、wing stick［英］　　仔牛のもも肉：cuisseau［仏］
牛のバラ肉：punta di petto［伊］　　豚のバラ肉：pancetta［伊］
羊・仔羊のもも肉：cosciotto［伊］　　豚のもも肉：coscia di maiale［伊］

魚介類－海水魚

日本語	ローマ字	英語	フランス語
アナゴ	anago	common Japanese conger カマン・ジャパニーズ・コンガー	congre コングル
アンコウ	ankô	goosefish グースフィシュ	lotte ロット
イカナゴ	ikanago	Japanese sand lance ジャパニーズ・サンド・ランス	équille エキユ
イワシ	iwashi	sardine サーディン	sardine サルディーヌ
ウツボ	utsubo	brutal moray ブルートゥル・マーリ	murene ミュレン
エイ	ei	ray レイ	raie レ
カタクチイワシ	katakuchiiwashi	Japanese anchovy ジャパニーズ・アンチョウヴィ	anchois アンショワ
カレイ	karei	flatfish フラットフィシュ	limande リマンド
カワハギ	kawahagi	threadsail filefish スレッドセイル・ファイルフィシュ	baliste バリスト
サケ	sake	salmon サマン	saumon ソーモン

※左からスペイン語・イタリア語・中国語（北京語）・日本語の順

molleja モジェッハ	ventriglio ヴェントリーリョ	鶏腎 ヂィシェン	すなぎも
chuleta チュレータ	lombata ロンバータ	通背 トンベイ	Tロース
ala アーラ	ala アーラ	翅膀 チィバン	手羽
carne カルネ	carne カルネ	肉 ロウ	肉
costillar コスティジャール	costoletta コストレッタ	五花肉 ウーホアロウ	バラ肉
solomillo ソロミージョ	filetto フィレットオ	里脊 リイジ	ヒレ肉
babilla バビージャ	fesa フェザ	後腿 ホォトェイ	もも肉（牛）
muslo ムースロ	coscia di pollo コスチャ・ディ・ポッロ	大腿 ダァトェイ	もも肉（鶏）
manteca de cerdo マンテカ・デ・セルド	lardo ラルド	猪油 ヂウヨウ	ラード
hígado de pollo イーガド・デ・ポージョ	fegato di pollo フェーガト・ディ・ポッロ	肝 ガン	レバー（鶏）

anguila de mar アンギーラ・デ・マール	grongo グロンゴ	鱓魚 シャンユイ	アナゴ
rape ラペ	rana pescatrice ラナ・ペスカトリーチェ	鮟鱇 アンカン	アンコウ
IKANAGO/Anquila pequeña イカナゴ/アンギーラ・ペケーニャ	cicerello チィチェレッロ	──────	イカナゴ
sardina サルディーナ	sardina サルディーナ	沙丁魚 シャディンユイ	イワシ
morena モレーナ	murena ムレーナ	──────	ウツボ
raya ラーヤ	razza ラッザ	洋魚 ヤンユイ	エイ
boquerón ボケローン	acciuga アッチューガ	──────	カタクチイワシ
rodaballo ロダバージョ	limanda リマンダ	牙鮃 ヤァピン	カレイ
pez ballesta、pez escopeta ペス・バジェスタ、ペス・エスコペータ	balestra バレストラ	──────	カワハギ
salmón サルモーン	salmone サルモーネ	大麻哈魚 ダァマァハアユイ	サケ

※左から日本語・英語・フランス語の順

サバ	saba	mackerel マカレル	maquereau マクロー
サメ	same	shark シャーク	requin ルカン
シタビラメ	sitabirame	sole ソウル	sole ソール
スズキ	suzuki	Japanese seaperch ジャパニーズ・シーパーチ	bar バール
タコ	tako	octopus オクトパス	poulpe プルプ
タラ	tara	cod カド	cabillaud カビヨー
ニジマス	nijimasu	rainbow trout レインボウ・トラウトゥ	truite トリュイットゥ
ニシン	nishin	california herring カリフォニア・ヘリング	hareng アラン
ニベ	nibe	blue drum ブルー・ドラム	maigre メーグル
ハゼ	haze	goby ゴウビ	goujon グジョン
ヒメジ	himeji	stripedfin goatfishy ストライプトフィン・ゴートフィシ	rouget ルージェ
ヒラメ	hirame	olive flounder アリヴ・フラウンダー	turbot テュルボ
フグ	fugu	puffer パファ	tétrodon テトゥロドン
ボラ	bora	striped mullet ストライプト・マリット	mulet ミュレ
マグロ	maguro	tuna チューナ	thon トン
マダイ	madai	red sea bream snapper レッド・シー・ブリーム・スナパー	daurade ドラドゥ
マトウダイ	matôdai	targetfish ターゲトフィシュ	saint-pierre サンピエール
ヤリイカ	yariika	spear squid スピア・スクウィド	calmar カルマール

備考
アンコウの別名：angler［英］　フグの別名：globefish、swellfish、blowfish［英］

魚介類－淡水魚

ウグイ	ugui	Japanese dace ジャパニーズ・デイス	vandoise ヴァンドワーズ
ウナギ	unagi	Japanese eel ジャパニーズ・イール	anguille アンギーユ
コイ	koi	carp カープ	carpe カルプ

※左からスペイン語・イタリア語・中国語（北京語）・日本語の順

caballa カバージャ	maccarello マッカレッロ	虱目魚 シイムウユイ	サバ
tiburón ティブローン	pescecane ペシェカーネ	鯊 シャ	サメ
lenguado レングアード	sogliola ソーリヨラ	牛舌 ニウシ	シタビラメ
lubina ルビーナ	spigola スピーゴラ	鱸魚 ルウユイ	スズキ
pulpo プルポ	polpo ポルポ	八帯魚 バァダイユイ	タコ
bacalao バカラーオ	merluzzo メルルッツォ	大口魚 ダァコウユイ	タラ
trucha arco iris トゥルチャ・アルコ・イリース	trota トロータ	鱒魚 ズンユイ	ニジマス
arenque アレンケ	aringa アリンガ	鯡 フェイ	ニシン
corvina コルビーナ	ombrina オンブリーナ	鰵魚 ミンユイ	ニベ
gobio ゴービオ	ghiozzo ギオッゾ	沙魚 シャユイ	ハゼ
salmonete サルモネッテ	triglia トリーリャ	────	ヒメジ
platija プラテイッハ	rombo ロンボ	鮃魚 ピンユイ	ヒラメ
pez globo ペス・グローボ	pesce palla ペシェ・パッラ	巴魚 パァユイ	フグ
mújol ムッホル	cefalo チェーファロ	鯔魚 ズユイ	ボラ
atún アトゥーン	tonno トンノ	金槍魚 ジンチャンユイ	マグロ
besugo ベスーゴ	pagro パグロ	加吉魚 ジャジイユイ	マダイ
Pez de San Pedro ペス・デ・サン・ペドゥロ	san pietro サン・ピエトロ	────	マトウダイ
calamar カラマール	calamaro カラマーロ	槍烏賊 チャンウゼイ	ヤリイカ

ciprínidos、carpas シプリーニドス、カルパス	lasca ラスカ	────	ウグイ
anguila アンギーラ	anguilla アングイッラ	鰻魚 マンユイ	ウナギ
carpa カルパ	carpa カルパ	鯉魚 リイユイ	コイ

※左から日本語・英語・フランス語の順

日本語	ローマ字	英語	フランス語
チョウザメ	chôzame	sturgeon スタージョン	esturgeon エステュルジョン
ドジョウ	dojô	oriental wheatherfish オリエンタル・ウェザフィシュ	loche ロシュ
ナマズ	namazu	Japanese catfish ジャパニーズ・キャトフィシュ	silure シリュール
フナ	funa	ronnd crucian ラウンド・クルーシャン	carassin カラサン

魚介類－甲殻類

日本語	ローマ字	英語	フランス語
伊勢エビ	iseebi	Japanese spiny lobster ジャパニーズ・スピニ・ロブスタ	langouste ラングストゥ
エビ	ebi	prawn プラウン	crustacés クリュスタセ
オマールエビ	omâruebi	lobster ロブスター	homard オマール
カニ	kani	crab クラブ	crabe クラーブ
甲殻類	kôkakurui	crustaceans クラスティシアンズ	crustacés クリュスタセ
小エビ	koebi	shrimp シュリンプ	crevette クルヴェットゥ
ザリガニ	zarigani	crawfish クロウフィシュ	écrevisse エクルヴィス
シャコ	shako	squilla スキラ	squille スキーユ
テナガエビ	tenagaebi	oriental river prawn オリエンタル・リヴァ・プラウン	langoustine ラングスティーヌ

魚介類－貝類

日本語	ローマ字	英語	フランス語
アサリ	asari	short-necked clam ショートネックトゥ・クラム	palourde パルルドゥ
アワビ	awabi	giant abalone ジャイアント・アバロン	ormeau オルモー
貝	kai	shellfish シェルフィシュ	coquille コキーユ
カキ	kaki	oyster オイスタ	huître ユイトル
カタツムリ	katatsumuri	escargot エスカルゴ	escargot エスカルゴ
ホタテ貝	hotategai	scallop スカラップ	coquille saint-jacques コキーユ・サンジャック
ムール貝	mûrugai	native mussel ネイティヴ・マサル	moule ムール

備考
　ムール貝の別名：muscolo、mitilo ［伊］

※左からスペイン語・イタリア語・中国語（北京語）・日本語の順

esturión エストゥリオーン	storione ストリオーネ	着甲魚 ヂュオジャユイ	チョウザメ
locha ロチャ	cobite コビーテ	泥鰍 ニイチュウ	ドジョウ
siluro シルーロ	siluro シィルーロ	鮎魚 ニャンユイ	ナマズ
carpín、carassius カルピーン、カラシウス	carassio カラッシィオ	鯽魚 ビェンユイ	フナ

langosta japonesa ランゴスタ・ハポネッサ	aragosta アラゴースタ	龍蝦 ロンシア	伊勢エビ
langostino ランゴスティーノ	gambero ガンベロ	蝦 シア	エビ
langosta ランゴスタ	astice アスティチェ	──	オマールエビ
cangrejo カングレッホ	granchio グランキオ	螃蟹 パンシエ	カニ
crustáceos クルスターセオス	crostacei クロスタチェイ	甲殻綱 ジァチャオガン	甲殻類
camarón、gamba（芝エビ） カマローン、ガンバ	gamberetto ガンベレット	白蝦 バイシア	小エビ
cangrejo de río カングレッホ・デ・リーオ	gambero di fiume ガンベロ・ディ・フィウメ	──	ザリガニ
camarón mantís カマローン・マンティース	canocchia カノッキア	蝦蛄 シァグウ	シャコ
langostino ランゴスティーノ	scampi スカンピ	青蝦 チンシア	テナガエビ

almeja アルメッハ	vongola ヴォンゴラ	蛤子 ゴォズ	アサリ
abalón、oreja de mar アバローン、オレッハ・デ・マール	orecchia marina オレッキア・マリーナ	鮑魚 バオユイ	アワビ
concha コンチャ	conchiglia コンキーリャ	貝 ベイ	貝
ostra オーストゥラ	ostrica オストリカ	牡蛎 ムウリイ	カキ
caracol カラコール	lumaca ルマーカ	蝸牛 ウォニゥ	カタツムリ
vieira ビエイラ	ventaglio ヴェンターリョ	扇貝 シャンベイ	ホタテ貝
mejillón メヒジョーン	cozza コッツァ	青口 チンコウ	ムール貝

※左から日本語・英語・フランス語の順

その他の水産物

日本語	ローマ字	英語	フランス語
ウニ	uni	sea urchin / シィー・アーチン	oursin / ウルサン
うろこ	uroko	scale / スケイル	ecaille / エカイユ
亀	kame	turtle / タートゥル	tortue / トルテュ
キャビア	kyabia	caviar / カヴィアー	caviar / キャヴィヤール
クジラ	kujira	whale / ウェイル	baleine / バレーン
クラゲ	kurage	jellyfish / ジェリフィシュ	méduse / メデューズ
甲羅	kôra	shell / シェル	carapace / カラパス
魚	sakana	fish / フィシュ	poisson / ポワソン
食用ガエル	shokuyôgaeru	bullfrog / ブルフラグ	grenouille / グルヌイユ
ナマコ	namako	sea cucumber / シー・キューカンバ	tripang / トゥリパン
ひれ	hire	fin / フィン	nageoire / ナジョワール

備考
ナマコの別名：sea slug［英］　concombre de mer［仏］　cetriolo di mare［伊］
ウニの別名：riccio di mare［伊］

加工品－粉物

日本語	ローマ字	英語	フランス語
イースト	îsuto	yeast / イースト	levure / ル ヴュール
片栗粉	katakuriko	potato starch / ポテイトゥ・スターチ	de pomme de terre / ドゥ・ポム・ドゥ・テール
粉	kona	flour / フラウア	farine / ファリーヌ
シュー生地	shûkiji	puff / パフ	pâte à chou / パ・タ・シュー
デンプン	dempun	starch / スターチ	fécule / フェキュール
パン	pan	bread / ブレド	pain / パン
パン粉	panko	bread crumbs / ブレド・クラムズ	mie de pain / ミ・ド・パン

備考
パン粉の別名：pane grattugiato［伊］

※左からスペイン語・イタリア語・中国語（北京語）・日本語の順

erizo エリッソ	echino エキーノ	海胆 ハイダン	ウニ
escama エスカーマ	squama スクワマ	鱗 リン	うろこ
tortuga トルトゥーガ	tartaruga タルタルーガ	亀 グイ	亀
caviar カビアール	caviale カヴィアレ	魚子 ユイズ	キャビア
ballena バジェーナ	balena バレーナ	鯨 ジン	クジラ
medusa メドゥーサ	medusa メデゥーサ	海蜇 ハイヅァ	クラゲ
caparazón カパラソーン	carapace カラパチェ	甲 ジァン	甲羅
pez ペス	pesce ペッシェ	魚 ユイ	魚
rana ラーナ	rana ラーナ	田鶏 ティエンヂィ	食用ガエル
holoturia オロトゥーリア	oloturia オロトゥーリア	海参 ハイシェン	ナマコ
aleta アレータ	pinna ピッナ	鰭 チィ	ひれ

levadura レバドゥーラ	lievito リエーヴィト	麹米 チュイミイ	イースト
fécula de patata フェークラ・デ・パタータ	fecola フェーコラ	大白粉 ダァパイフェン	片栗粉
harina アリーナ	farina ファリーナ	麺粉 ミェンフェン	粉
pasta choux パスタ・シュー	bigne ビグネ	——	シュー生地
fécula、almidón フェークラ、アルミドーン	amido アーミド	豆粉 ドウフェン	デンプン
pan パン	pane パーネ	麺包 ミェンバオ	パン
pan rallado パン・ラジャード	pangrattato パングラッタート	麺包渣 ミェンバオジァ	パン粉

※左から日本語・英語・フランス語の順

加工品－肉類

日本語	ローマ字	英語	フランス語
サラミ	sarami	salami サラーミ	salami サラミ
ソーセージ	sôsêji	sausage ソーシッジ	saucisse ソーシス
ハム	hamu	ham ハム	jambon ジャンボン

加工品－乳製品

日本語	ローマ字	英語	フランス語
牛乳	gyûnyû	milk ミルク	lait レ
脱脂乳	dassinyû	skimmed milk スキムト・ミルク	lait écrémé レ・エクレメ
チーズ	chîzu	cheese チーズ	fromage フロマージュ
生クリーム	namakurîmu	fresh cream フレシュ・クリーム	crème クレーム
バター	batâ	butter バター	beurre ブール
マーガリン	mâgarin	margarin マージャリーン	margarine マルガリーヌ
ヨーグルト	yôguruto	yoghurt ヨウグルト	yaourt ヤウルト

菓子類

日本語	ローマ字	英語	フランス語
アイスクリーム	aisukurîmu	ice cream アイス・クリーム	glace グラス
クレープ	kurêpu	crepe クレイプ	crêpe クレープ
ケーキ	kêki	cake ケイク	tarte タルトゥ
シャーベット	shâbetto	sherbet シャービトゥ	sorbet ソルベ
ゼリー	zerî	jelly ジェリ	gelée ジュレ
ババロア	babaroa	Bavarian Cream バーヴァリアン・クリーム	bavarois バヴァロワ
ビスケット	bisuketto	biscuit ビスキト	biscuit ビスキュイ
プリン	purin	pudding プディング	pouding プディング
ボンボン	bombon	bonbon バンバン	bonbon ボンボン

※左からスペイン語・イタリア語・中国語（北京語）・日本語の順

salami サラーミ	salame サラーメ	──────	サラミ
salchicha サルチーチャ	salsiccia サルシッチャ	碎肉大紅腸 スイロウダァホンチァン	ソーセージ
jamón ハモン	prosciutto プロシュット	火腿 フォトェイ	ハム

leche レーチェ	latte ラッテ	牛奶 ニゥナイ	牛乳
leche desnatada レーチェ・デスナターダ	latticello ラッティチェッロ	脱脂乳 ツオジィルウ	脱脂乳
queso ケソ	formaggio フォルマジョ	奶酥 ナイスウ	チーズ
nata fresca ナタ・フレースカ	panna パンナ	奶油 ナイヨウ	生クリーム
mantequilla マンテキージャ	burro ブッロ	黄油 ホァンヨウ	バター
margarina マルガリーナ	margarina マルガリーナ	人造黄油 レンザオホァンヨウ	マーガリン
yogur ヨグール	yogurt ヨーグルトゥ	奶酪 ナイラオ	ヨーグルト

helado エラード	gelato ジェラート	氷淇淋 ピンチイリン	アイスクリーム
crepe クレーペ	crespella クレスペッラ	春餅 チュンビン	クレープ
tarta タルタ	crostata クロスタータ	西式蛋糕 シィシダンガオ	ケーキ
sorbete ソルベーテ	sorbetto ソルベット	果子露氷糕 グォズルビンガオ	シャーベット
gelatina ヘラティーナ	gelatina ジェラティーナ	果汁凍 グォディドン	ゼリー
bavarois ババロイス	bavarese バヴァレーセ	──────	ババロア
galleta ガジェータ	biscotto ビスコット	餅干 ビンガン	ビスケット
flan フラン	budino ブディーノ	布丁 ブディン	プリン
bonbón ボンボーン	confetto コンフェット	──────	ボンボン

製菓材料

ワッフル	waffuru	waffle ワフル	gaufre ゴーフル
エキス	ekisu	extract イクストゥラクトゥ	essence エッサンス
カスタード	kasutâdo	custard カスタード	crème pâtissière クレーム・パティシエール
キャラメル	kyarameru	caramel カラメル	caramel カラメル
砂糖漬け	satôzuke	candy キャンディ	confit コンフィ
ジャム	jamu	jam ジャム	confiture コンフィテュール
シロップ	siroppu	syrup シィラップ	sirop シロ
ゼラチン	zerachin	gelatin ジェラトゥン	gélatine ジェラティン
チョコレート	chokorêto	chocolate チョーカラトゥ	chocolat ショコラ
ハチミツ	hachimitsu	honey ハニー	miel ミエル
ハッカ	hakka	mint ミントゥ	menthe マントゥ
バニラ	banira	vanilla ヴァニラ	vanille ヴァニーユ

香辛料

赤唐がらし	akatôgarashi	red pepper レド・ペッパー	piment rouge ピマン・ルージュ
エストラゴン	esutoragon	tarragon タラガン	estragon エストラゴン
オレガノ	oregano	oregano アレガノゥ	origan オリガン
からし	karashi	mustard マスタードゥ	moutarde ムータルドゥ
ケイパー	keipâ	capers ケイパ	câpre カープル
けし	keshi	poppy パピ	pavot パヴォ
月桂樹の葉	gekkeijuno ha	laurel ローレル	laurier ローリエ
香料	kôryô	flavoring agent フレイヴァリング・エイジェント	parfum パルファン
コショウ	koshô	pepper ペパー	poivre ポワヴル

gofre ゴーフレ	cialda チャルダ	————	ワッフル
extracto エストゥラクト	essenza エッセンツァ	精 ジン	エキス
crema pastelera クレーマ・パステレーラ	crema pasticera クレーマ・パスティッチェーラ	蛋撻 ダンタ	カスタード
caramelo カラメーロ	caramella カラメッラ	砂仁 シャレン	キャラメル
confitado コンフィタード	candita カンディタ	蜜餞 ミイヂェン	砂糖漬け
mermelada メルメラーダ	marmellata マルメッラータ	果子醬 グォズジァン	ジャム
jarabe ハラーベ	sciroppo シロッポ	蜜汁 ミイヂィ	シロップ
gelatina ヘラティーナ	gelatina ジェラティーナ	動物胶 ドンウジャオ	ゼラチン
chocolate チョコラーテ	cioccolato チョッコラート	巧克力 ツァオケリ	チョコレート
miel ミエール	miele ミエーレ	蜂蜜 フォンミィ	ハチミツ
menta メンタ	menta メンタ	薄荷 ボフゥ	ハッカ
vainilla バイニージャ	vaniglia ヴァニーリャ	香子蘭 シャンズラン	バニラ

pimentón rojo ピメントン・ロッホ	peperoncino ペペロンチーノ	辣椒 ラァジァオ	赤唐がらし
estragón エストゥラゴーン	estragone エストラゴーネ	————	エストラゴン
orégano オレーガノ	origano オリーガノ	————	オレガノ
mostaza モスターサ	mostarda モスタルダ	芥末 ヂエモォ	からし
alcaparra アルカパーラ	cappero カッペロ	————	ケイパー
adormidera アドルミデーラ	papavero パパーヴェロ	罌粟 インスゥ	けし
laurel ラウレール	lauro ラーウロ	月桂樹 ユエグイシュ	月桂樹の葉
especia de aroma エスペシア・デ・アローマ	aromi アローミ	香料 シャンリアオ	香料
pimienta ピミエンタ	pepe ペペ	胡椒 ホウジァオ	コショウ

※左から日本語・英語・フランス語の順

日本語	ローマ字	英語	フランス語
ごま	goma	sesame セサミ	sésame セザム
サフラン	safuran	saffron サフラン	safran サフラン
シナモン	shinamon	cinnamon シナマン	cannelle カネル
しょうが	shôga	ginger ジンジャー	gingembre ジャンジャンブル
セイジ	seiji	sage セイジ	sauge ソージュ
タイム	taimu	thyme タイム	thym タン
ちょうじ	chôji	clove クロウヴ	clou de girofle クル・ドゥ・ジロフル
ナツメッグ	natsumeggu	nutmeg ナトゥメグ	muscade ミュスカドゥ
にんにく	ninniku	garlic ガーリック	ail アイユ
ねずの実	nezunoha	juniper berry ジューニパ・ベリィ	genièvre ジェニエーヴル
バジル	bajiru	basil バズル	basilic バジリック
山にんじん	yamaninjin	chervil チャーヴィル	cerfeuil セルフイユ
洋わさび	yôwasabi	horseradish ホースラディッシュ	raifort レフォール

飲み物

日本語	ローマ字	英語	フランス語
紅茶	kôcha	tea ティー	thé テ
コーヒー	kôhî	coffee コーフィ	café カフェ
ココア	kokoa	cocoa コウコウ	cacao カカオ
ジュース	jûsu	juice ジュース	jus ジュー
炭酸水	tansansui	soda water ソウダ・ウォーター	eau gazeuse オー・ガズーズ
ビール	bîru	beer ビア	bière ビエール
ブランデー	burandê	brandy ブランディ	cognac コニャック
水	mizu	water ウォーター	eau オー
ミネラルウォーター	mineraruuôtâ	mineral water ミネラル・ウォーター	eau minérale オー・ミネラル

※左からスペイン語・イタリア語・中国語（北京語）・日本語の順

スペイン語	イタリア語	中国語	日本語
sésamo セーサモ	sesamo セーザモ	芝麻 ジイマァ	ごま
azafrán アサフラーン	zafferano ザッフェラーノ	番紅花 ファンホンホア	サフラン
canela カネーラ	cannella カンネッラ	桂皮 グイピィ	シナモン
jengibre ヘンヒーブレ	zenzero ゼンゼッロ	姜 ヂャン	しょうが
salvia サルビア	salvia サルヴィア	———	セイジ
tomillo トミージョ	timo ティーモ	———	タイム
clavo クラーボ	chiodo di garofano キォド・ディ・ガローファノ	丁香 ディンシャン	ちょうじ
nuez moscada ヌエス・モスカーダ	noce moscata ノーチェ・モスカータ	———	ナツメッグ
ajo アッホ	aglio アーリョ	蒜頭 スァントウ	にんにく
enebrina エネブリーナ	ginepro ジネープロ	———	ねずの実
albahaca アルバーカ	basilico バジィリコ	———	バジル
perifollo ペリフォージョ	cerfoglio チェルフォーリョ	香菜 シャンツァイ	山にんじん
rábano picante ラーバノ・ピカンテ	rafano ラーファノ	辣根 ラァゲン	洋わさび
té テー	tè テ	紅茶 ホンチャア	紅茶
café カフェー	caffè カッフェ	咖啡 カァフェイ	コーヒー
cacao カカーオ	cacao カカオ	可可 ケェケェ	ココア
zumo スーモ	succo スッコ	汁 ヂィ	ジュース
agua gaseosa アーグア・ガセオッサ	acqua gassosa アクア・ガソーサ	碳酸 タンスァン	炭酸水
cerveza セルベッサ	birra ビッラ	啤酒 ピイヂゥ	ビール
coñac コニャック	cognac コニャク	白蘭酒 バイランヂゥ	ブランデー
agua アーグア	acqua アクア	水 シュイ	水
agua mineral アーグア・ミネラール	acqua minerale アクア・ミネラレ	鉱泉水 クァンジュアンシュイ	ミネラルウォーター

※左から日本語・英語・フランス語の順

ラム	ramu	rum ラム	rhum ロム
リキュール	rikyûru	liqueur リカー	liqueur リクール
りんご酒	ringoshû	———	cidre シードゥル
レモネード	remonêdo	lemonade レモネイドゥ	citronnade シトロナードゥ
ワイン	wain	wine ワイン	vin ヴァン

料理用語
調味料

油	abura	oil オイル	huile ユイル
アルコール	arukôru	alcohol アルコホール	alcool アルコール
砂糖	satô	sugar シュガ	sucre シュクル
塩	shio	salt ソールト	sel セル
酢	su	vinegar ヴィニガ	vinaigre ヴィネーグル
ソース	sôsu	sauce ソース	sauce ソース
調味料	chômiryô	seasoning シィーズニング	condiment コンディマン
みょうばん	myôban	alum アラム	alun アラン
マヨネーズ	mayonêzu	mayonnaise メイアネイズ	mayonnaise マヨネーズ

料理名

網焼き料理	amiyakiryôri	grill グリル	grillade グリヤードゥ
炒め物	itamemono	fry フライ	sauté ソテ
オムレツ	omuretsu	omelet アムリット	omelette オムレットゥ
おやつ	oyatsu	refreshments リフレレッシュメンツ	goûter グーテ
燻製料理	kunseiryôri	smoked スモークト	fumé フュメ
コロッケ	korokke	croquette クロケトゥ	croquette クロケットゥ

※左からスペイン語・イタリア語・中国語（北京語）・日本語の順

スペイン語	イタリア語	中国語（北京語）	日本語
ron ロン	rum ルム	蘭姆酒 ランムウヂゥ	ラム
licor リコール	liquore リクオーレ	————	リキュール
sidra シードゥラ	sidro シドゥロ	————	りんご酒
limonada リモナーダ	limonata リモナータ	檸檬蘇打水 ニンモンスーダシュイ	レモネード
vino ビーノ	vino ヴィーノ	葡萄酒 プゥタオヂゥ	ワイン

スペイン語	イタリア語	中国語（北京語）	日本語
aceite アセイテ	olio オーリオ	葷油、素油 ホンヨウ、スゥヨウ	油
alcohol アルコオール	alcol アルコール	酒精 ヂゥジン	アルコール
azúcar アスーカル	zucchero ズッケロ	砂糖 シャタン	砂糖
sal サル	sale サーレ	塩 イェン	塩
vinagre ビナーグレ	aceto アチェート	醋 ツゥ	酢
salsa サルサ	salsa サルサ	噲汁 ヂィヂィ	ソース
condimento コンディメント	condimento コンディメント	調味品 ティアオウェイピン	調味料
alumbre アルンブレ	allume アツルメ	白矾 バイファン	みょうばん
mayonesa マヨネッサ	maionese マイオネーセ	蛋黄醬 ダンホァンジァン	マヨネーズ

スペイン語	イタリア語	中国語（北京語）	日本語
a la parrila、a la brasa ア・ラ・パリージャ、ア・ラ・ブラッサ	griglia グリーリャ	烤 カオ	網焼き料理
salteado サルテアード	saltato サルタート	炒 チャオ	炒め物
tortilla トルティージャ	frittata フリッタータ	洋葱肉末軟煎蛋 ヤンツォンロウモルアンジェンダン	オムレツ
merienda メリエンダ	merenda メレンダ	零食 リンシイ	おやつ
ahumado アウマード	affumicato アッフュミカート	燻制 シュンジイ	燻製料理
croqueta クロケッタ	crocchetta クロッケッタ	土豆肉末炸餅 ツドウロウモォヅァビン	コロッケ

※左から日本語・英語・フランス語の順

日本語	ローマ字	英語	フランス語
コンソメ	konsome	consomme カンサメイ	consommé コンソメ
魚のつみれ	sakanano tsumire	ground-sardine ball グラウンドサーディン・ボール	quenelle クネル
サラダ	sarada	salad サラドゥ	salade サラドゥ
塩漬け	siozuke	pickles ピクルス	salaison サレゾン
スープ	sûpu	soup スープ	potage ポタージュ
前菜	zensai	hors d'oeuvre オー・ドヴル	hors-d'œuvre オルドゥーヴル
デザート	dezâto	dessert ディザート	dessert デセール
煮込み	nikomi	stew ステュー	ragout ラグー
ビフテキ	bifuteki	beefsteak ビーフステイク	bifteck ビフテク
ピューレ	pyûre	purée ピュアレイ	purée ピュレ
ブイヨン	buiyon	bouillon ブイヨン	bouillon ブイヨン
フライ	furai	fry フライ	friture フリテュール
ホワイトソース	howaitosôsu	white sauce ホワイト・ソース	sauce béchamel ソース・ベシャメル
マリネ（液）	marine	marinade マリネイド	marinade マリナード
メレンゲ	merenge	meringue メラング	meringue ムラング

備考

おやつの別名：afternoon tea［英］　ピューレの別名：passato［伊］

調理器具

日本語	ローマ字	英語	フランス語
圧力鍋	atsuryokunabe	pressure cooker プレシャ・クッカ	cocotte minute ココット・ミニュートゥ
泡立て器	awadateki	whisk ウィスク	fouet フエ
おろし金	orosigane	grater グレイタ	râpe ラープ
かご	kago	basket バスキト	panier パニエ
ガスレンジ	gasurenji	gas range ガス・レンジ	cuisinière à gaz キュイジニエール・ア・ガズ
片手鍋	katatenabe	saucepan ソースパン	casserole カスロール

※左からスペイン語・イタリア語・中国語（北京語）・日本語の順

スペイン語	イタリア語	中国語（北京語）	日本語
consomé コンソメー	consumato コンスマート	清湯 チンタン	コンソメ
bolas de pescado picado ボーラス・デ・ペスカード・ピカード	pesce tritato ペシェ・トリタート	泥 ニイ	魚のつみれ
ensalada エンサラーダ	insalata インサラータ	沙律 シャルウ	サラダ
en salazón、encurtidos（酢漬け） エン サラソーン、エンクルティードス	salatura サラトゥーラ	咸 シェン	塩漬け
sopa ソーパ	zuppa ズッパ	湯菜 タンツァイ	スープ
entremeses エントゥレメーセス	antipasto アンティパスト	冷盤 ロンパン	前菜
postre ポーストゥレ	dolce ドルチェ	甜品 ティエンピン	デザート
guiso、cocido ギソ、コシード	stufato ストゥファート	炊 ウェン	煮込み
bistec ビステック	bistecca ビステッカ	烤牛肉 カオニゥロウ	ビフテキ
purè プレー	purè プレ	拍 パイ	ピューレ
caldo カルド	brodo ブロード	———	ブイヨン
fritura フリトゥーラ	frittura フリッテューラ	炸 ヅァ	フライ
bechamel ベチャメール	besciamella ベシャメッラ	乳汁 ルウヂィ	ホワイトソース
adobo アドーボ	marinata マリナータ	拿酷 ナツウ	マリネ（液）
merengue メレンゲ	meringa メリンガ	雪花 シュエホア	メレンゲ

スペイン語	イタリア語	中国語（北京語）	日本語
olla a presión オージャ・ア・プレシオン	pentola a pressione ペントラ・ア・プレッシィオーネ	圧力鍋 ヤリグォ	圧力鍋
batidor バティドール	frusta フルスタ	起泡器 チィパオチィ	泡立て器
rallador ラジャドール	grattugia グラットゥージャ	藤床児 シァチュアン	おろし金
cesta セスタ	cesto チェスト	籠 ロン	かご
cocina de gas コシーナー・デ・ガス	———	炉子 ルズ	ガスレンジ
cazo カーソ	casseruola a manico lungo カッセルオラ・ア・マーニコ・ルンゴ	———	片手鍋

※左から日本語・英語・フランス語の順

日本語	ローマ字	英語	フランス語
釜	kama	iron pot アイアン・パト	chaudière ショーディエール
かまど	kamado	furnace ファーニス	fourneau フルノー
口金	kuchigane	cap キャップ	capsule カプシュル
計量カップ	keiryôkappu	measuring cup メジャリング・カップ	mesure ムジュール
漉し器	koshiki	strainer ストゥレイナー	passoire パソワール
ざる	zaru	colander カランダー	panier de bambo パニエ・ドゥ・バンブ
シチュー鍋	shichûnabe	stewpan ステューパン	marmite マルミットゥ
ジューサー	jûsâ	juicer ジューサー	moulin à fruits ムーラン・ア・フリュイ
炊飯器	suihanki	rice cooker ライス・クカ	autoclave a riz オートクラーヴ・ア・リ
玉杓子	tamajakushi	ladle レイドゥル	louche ルーシュ
電子レンジ	denshirenji	microwave oven マイクロウェイヴ・アヴン	four à micro-ondes フール・ア・ミクロオンドゥ
天火	tenpi	oven アヴン	four フール
砥石	toishi	whetstone ウェトストーン	pierre à aiguiser ピエール・ア・エギゼ
トースター	tôsutâ	toaster oven トウスタ・アブン	grille-pain グリーユパン
流し	nagashi	sink スィンク	evier ユヴィユ
パラフィン	parafin	paraffin パラフィン	paraffine パラフィーヌ
平鍋	hiranabe	pan パン	sautoir ソトワール
フライパン	furaipan	frying pan フライング・パン	poêle ポワル
ふるい	furui	sifter シフター	tamis タミ
へら	hera	spatula スパテュラ	spatule スパテュール
包丁	hôchô	kitchen knife キチン・ナイフ	couteau クトー
ボウル	bouru	bowl ボウル	bol ボル
まな板	manaita	cutting board カティング・ボード	planche à couper プランシュ・ア・クペ

※左からスペイン語・イタリア語・中国語（北京語）・日本語の順

caldera カルデーラ	caldaio カルダーイオ	鍋 グォ	釜
horno、cardera オルノ、カルデーラ	forno フォルノ	灶 ザオ	かまど
cápsula カープスラ	coperchio コペルキオ	盖 ガイ	口金
vaso medidor バソ・メディドール	bicchiere graduato ビッキエーレ・グラドゥアート	量鉢 リアンボウ	計量カップ
colador コラドール	colabrodo コラブロード	――	漉し器
cesta de bambú, escurridor（水切り用） セスタ・デ・バンブー、エスクリドール	colapasta di bambù コラパスタ・ディ・バンブ	笊篱 ヂャオリ	ざる
cacerola カセローラ	casseruola カッセルオラ	炖鍋 ドゥングォ	シチュー鍋
licuadora リクアドーラ	spremitoito スプレミトイト	――	ジューサー
olla eléctrica de arroz オージャ・エレークトゥリカ・デ・アロース	pentola per cuocere il riso ペーントラ・ペル・クオーチェレ・イル・リソ	煮飯器 ヂュファンチィ	炊飯器
cucharón クチャローン	mestolo メストーロ	杓 シァオ	玉杓子
microondas ミクロオンダス	forno a microonde フォルノ・ア・ミクロオーンデ	電灶 ディアンヅァオ	電子レンジ
horno オルノ	salamandra サラマンドラ	烤炉 カオル	天火
piedra de afilar ピエードゥラ・デ・アフィラール	cote コーテ	磨刀石 モダオシイ	砥石
tostador トスタドール	tostapane トスタパーネ	烤麺包器 カオミェンパオチィ	トースター
fregadero フレガデーロ	acquaio アックアイオ	洗碗池 シィワンチィ	流し
parafina パラフィーナ	paraffina パラッフィーナ	石蠟 シイラ	パラフィン
cacerola カセローラ	marmitta マルミッタ	鍋 グォ	平鍋
sartén サルテーン	padella パデッラ	長柄平鍋 チャンビンピングォ	フライパン
tamiz タミース	setaccio セタッチオ	篩子 シャイズ	ふるい
espátula エスパートゥラ	spatola スパトーラ	刮刀 グワダオ	へら
cuchillo de cocina クチージョ・デ・コシーナ	coltello コルテッロ	小刀 シャオダオ	包丁
cuenco、bol クエンコ、ボール	ciotola チオートラ	鉢 ボウ	ボウル
tabla de picar ターブラ・デ・ピカール	tagliere タッリエーレ	砧板 チェンバン	まな板

※左から日本語・英語・フランス語の順

日本語	ローマ字	英語	フランス語
ミキサー	mikisâ	blender ブレンダー	mixeur ミクスール
蒸し器	mushiki	steamer スティーマ	cuit-vapeur キュイヴァプール
麺棒	menbô	rolling pin ロウリング・ピン	rouleau ルロー
ヤカン	yakan	kettle ケトル	bouilloire ブイヨワール
冷蔵庫	reizôko	refrigerator リフリジェレイター	réfrigérateur レフリジェラトゥール
冷凍庫	reitôko	freezer フリーザー	congélateur コンジェラトゥール

備考
アルミホイル：aluminum foil [英]　foglio di alluminio [伊]
大さじ：tablespoon [英]　cucchiaio [伊]
計量スプーン：measuring spoon [英]　cucchiaini graduati [伊]
小さじ：teaspoon [英]　cucchiaino [伊]
ラップ：plastic wrap [英]　pellicola per alimenti [伊]
圧力鍋の別名：marmite sous-pression [仏]　砥石の別名：pierre à aiguiser [仏]
冷蔵庫の別名：refrigerateur、frigo [仏]

調理関連用具

日本語	ローマ字	英語	フランス語
イス	isu	chair チェア	chaise シェーズ
換気装置	kankisôchi	ventilator ヴェンティレイタ	ventilateur ヴァンティラトゥール
缶切り	kankiri	can opner カン・オウプナ	ouvre-boîte ウーヴルボワット
きゅうす	kyûsu	teapot ティーパト	theière ティエール
グラス	gurasu	glass グラス	verre ヴェール
コルク抜き	korukunuki	corkscrew コークスクリュ	tire-bouchon ティルブション
皿	sara	dish ディシュ	plat プラ
蛇口	jaguchi	faucet フォーシット	robinet ロビネ
食器棚	shokkidana	cupboard カプボード	buffet ビュフェ
スプーン	supûn	spoon スプーン	cuiller キュイエール
スポンジ	suponji	sponge スパンジ	éponge エポンジュ
栓抜き	sennuki	bottle opener バトゥル・オウプナ	décapsuleur デカプシュルール

※左からスペイン語・イタリア語・中国語（北京語）・日本語の順

batidora バティドーラ	frullatore フルッラトーレ	絞果汁器 ジャオグォヂィチィ	ミキサー
vaporera バポレーラ	pentola a vapore ペーントラ・ア・ヴァポーレ	蒸籠 チェンロン	蒸し器
rodillo ロディージョ	matterello マッタレッロ	擀麹杖 ガンミェンザン	麺棒
tetera テテーラ	bollitore ボッリトーレ	水壷 シュイフ	ヤカン
nevera ネベーラ	frigorifero ブリゴリーフェロ	電氷箱 ディアンビンシァン	冷蔵庫
congelador コンヘラドール	freezer フレエゼール	冷凍箱 レンドンシァン	冷凍庫

silla シージャ	sedia セーディア	椅子 イズ	イス
ventilador ベンティラドール	aeratore アエラトーレ	通風電扇 トンフェンディアンシャン	換気装置
abrelatas アブレラタス	apriscatole アプリスカートレ	罐頭刀 グアントウダオ	缶切り
tetera テテーラ	teiera テイエーラ	小茶壺 シャオチャアフ	きゅうす
vaso バッソ	bicchiere ビッキエーレ	玻璃盃 プォリイペイ	グラス
sacacorchos サカコルチョス	cavatappi カヴァタッピ	抜木栓 バァムゥシュアン	コルク抜き
plato プラート	piatto ピアット	碟子 ディエズ	皿
grifo グリッフォ	rubinetto ルビネット	籠頭 ロントウ	蛇口
aparador アパラドール	credenza クレデンツァ	餐具橱 ツァンジュチュ	食器棚
cuchara クチャーラ	cucchiaio クッキアイオ	匙 チイ	スプーン
esponja エスポンハ	spugna スプーニャ	海綿 ハイミエン	スポンジ
abrebotellas アブレボテージャス	cavatappi カヴァタッピ	起子 チィズ	栓抜き

※左から日本語・英語・フランス語の順

ぞうきん	zôkin	dustcloth ダストクロス	chiffon シフォン
茶碗	chawan	rice bowl ライス・ボウル	bol à riz ボール・ア・リ
テーブル	têburu	table テイブル	table ターブル
テーブルクロス	têburukurosu	table cloth テーブル・クロス	nappe ナップ
ナプキン	napukin	napkin ナプキン	serviette de table セルヴィエット・ドゥ・ターブル
バケツ	baketsu	bucket バキト	seau ソー
ハサミ	hasami	scissors シザーズ	ciseaux シゾー
はし	hashi	chopsticks チャプスティクス	baguettes バゲットゥ
ビン	bin	bottle バトゥル	bouteille ブテイユ
フォーク	fôku	fork フォーク	fourchette フルシェットゥ
布巾（皿用）	fukin	dishcloth ディッシュクロス	torchon トルション
蓋	futa	lid リッド	couvercle クヴェルクル
ほうき	hôki	broom ブルーム	balai バレ
盆	bon	tray トレイ	plateau プラトー
前掛け	maekake	apron エイプラン	tablier タブリエ
水差し	mizusashi	pitcher ピッチャー	pichet ピシェ

備考
　ぞうきんの別名：floor cloth［英］

食品用語

カルシウム	karushiumu	calcium カルシアム	calcium カルシヨム
カロリー	karorî	calorie カラリ	calorie カロリ
完熟（熟した）	kanjuku (jukushita)	ripe ライプ	mur ミュール
缶詰	kanzume	canned food カンドゥ・フードゥ	boîte ボワットゥ
乾物	kambutsu	dried goods トライド・グッズ	épicerie エピスリ

※左からスペイン語・イタリア語・中国語（北京語）・日本語の順

trapo トゥラッポ	straccio ストラッチョ	抹布 マブ	ぞうきん
taza de arroz タッサ・デ・アロース	ciotola チオートラ	飯碗 ファンワン	茶碗
mesa メッサ	tavola ターヴォラ	桌子 ズオズ	テーブル
mantel マンテール	tovaglia トヴァーリャ	桌布 ズオブ	テーブルクロス
servilleta セルビジェータ	tovagliolo トヴァリョーロ	桌布 ズオブ	ナプキン
cubo クーボ	secchio セッキオ	洋鉄桶 ヤンティエトン	バケツ
tijeras ティヘーラス	forbici フォールビチェ	剪子 ジアンズ	ハサミ
palillos パリージョス	bastoncini バストンチーニ	筷子 クワイズ	はし
botella ボテージャ	bottiglia ボッティーリャ	瓶子 ピンズ	ビン
tenedor テネドール	forchetta フォルケッタ	叉子 チャズ	フォーク
paño パーニョ	strofinaccio da cucina ストゥロフィナッチョ・ダ・クチーナ	餐巾 ツァンジン	布巾（皿用）
tapa ターパ	coperchio コペルキオ	盖子 ガイズ	蓋
escoba エスコーバ	scopa スコーパ	苕帚 ティアオゾウ	ほうき
bandeja バンデッハ	vassoio ヴァッソイオ	盤子 パンズ	盆
delantal デランタール	grembiule グレンビアーレ	油裙 ヨウクン	前掛け
jarra ハーラ	brocca ブロッカ	水罐 シュイグアン	水差し

calcio カルシオ	calcio カルチョ	鈣 ガイ	カルシウム
caloría カロリーア	caloria カロリーア	卡 カ	カロリー
maduro マドゥーロ	maturo マテューロ	熟 シュ	完熟（熟した）
lata de conserva ラタ・デ・コンセルバ	scatola スカートラ	罐頭 グアントウ	缶詰
alimento seco アリメント・セコ	alimento seccato アリメント・セッカート	乾貨 ガンフオ	乾物

※左から日本語・英語・フランス語の順

日本語	ローマ字	英語	フランス語
くず	kuzu	trash トラッシュ	déchet デシェ
グルテン	guruten	gluten グルーテゥン	gluten グリュテン
脂肪	shibô	fat ファト	graisse グレス
食品	shokuhin	food フード	aliment アリマン
芯	shin	core コア	cœur クール
蛋白質	tampakushitsu	protein プロテイン	proteine プロテイン
生	nama	raw ロー	cru クリュ
飲み物	nomimono	drink ドリンク	boisson ボワソン
冷製	reisei	cooled クールドゥ	froid フロワ

日常用語－建物

日本語	ローマ字	英語	フランス語
市場	ichiba	market マーキット	marché マルシェ
果物店	kudamonoten	fruit shop フルートゥ・ショップ	fruiterie フリュイトゥリ
食堂（大衆食堂）	shokudô	dining room ダイニング・ルーム	gargote ガルゴトゥ
台所	daidokoro	kitchen キッチン	cuisine キュイジーヌ
肉屋	nikuya	butcher's ブッチャーズ	boucherie ブーシュリー
パン屋	pan'ya	bakery ベイカリ	boulangerie ブーランジュリー
ホテル	hoteru	hotel ホテル	hôtel オテル
レストラン	resutoran	restaurant レスタラントゥ	restaurant レストラン

備考
　果物店の別名：fruit store［英］

日常用語－自然

日本語	ローマ字	英語	フランス語
海	umi	sea シィー	mer メール
かび	kabi	mold モウルド	moisissure モワジシュール
自然	shizen	nature ネイチャ	nature ナテュール

※左からスペイン語・イタリア語・中国語（北京語）・日本語の順

basura バスーラ	rifiuti リフィウーティ	破爛児 ポラン	くず
gluten グルーテン	glutine グルーティネ	——	グルテン
grasa グラッサ	grasso グラッソ	脂肪 ジィファン	脂肪
alimento アリメント	alimento アリメント	食品 シイピン	食品
corazón コラソーン	cuore クオーレ	芯 シン	芯
proteina プロティーナ	proteina プロティーナ	蛋白質 ダンバイズィ	蛋白質
crudo クルード	crudo クルード	鮮 シァン	生
bebida ベビーダ	bibita ビビタ	飲料 インリアオ	飲み物
frío フリーオ	ghiacciato ギアッチャート	涼 リァン	冷製

mercado メルカード	mercate メルカート	菜市 ツァイシ	市場
frutería フルテリーア	fruttivendolo フルッティヴェンドロ	水果店 シュイグォディアン	果物店
taberna、comedor タベールナ、コメドール	taverna タヴェルナ	食堂 シイタン	食堂（大衆食堂）
cocina コシーナ	cucina クチーナ	厨房 チュファン	台所
carnicería カルニセリーア	macelleria マチェッレリーア	肉店 ロウディエン	肉屋
panadería パナデリーア	panetteria パネッテリーア	麺包店 ミェンバオディエン	パン屋
hotel オテール	albergo アルベルゴ	飯店 ファンディエン	ホテル
restaurante レスタウランテ	ristorante リストランテ	西餐庁 シィツァンティン	レストラン

mar マール	mare マーレ	海 ハイ	海
moho モーオ	muffa ムッファ	霉 メイ	かび
naturaleza ナトゥラレッサ	natura ナトゥーラ	自然 ズラン	自然

※左から日本語・英語・フランス語の順

日本語	ローマ字	英語	フランス語
巣	su	nest ネストゥ	nid ニ
畑	hatake	farm ファーム	champ シャン
山	yama	mountain マウンティン	montagne モンターニュ
わら	wara	straw ストゥロー	paille パイユ

日常用語－仕事人

日本語	ローマ字	英語	フランス語
給仕人（男）	kyujinin	waiter ウエイター	garçon ギャルソン
漁夫	gyofu	fisherman フィシャーマン	pêcheur ペシュール
商人	shônin	merchant マーチャントゥ	marchand マルシャン
食通（美食家）	shokutsû (bishokuka)	gourmet グアメイ	gourmet グルメ
農夫	nôfu	farmer ファマー	paysan ペイザン
料理長	ryôrichô	chef シェフ	chef シェフ
料理人	ryôrinin	cook クク	cuisinier キュイジニエ

備考

大食家：gourmand ［英］　gloutonnerie ［仏］

日常用語－その他

日本語	ローマ字	英語	フランス語
熱い	atsui	hot ホット	chaud ショウ
泡	awa	foam フォーム	mousse ムース
宴会	enkai	banquet バンクウィト	banquet バンケ
大きい	ôkii	large ラージ	large ラルジュ
会計（レジ）	kaikei(reji)	cashier キャシャー	caisse ケス
買い物	kaimono	shopping ショッピング	achat アシャ
香り（匂い）	kaori(nioi)	smell スメル	odeur オドゥール
価格	kakaku	price プライス	prix プリ
ガス	gasu	gas ガス	gaz ガーズ

※左からスペイン語・イタリア語・中国語（北京語）・日本語の順

nido ニード	nido ニド	窩 ウォ	巣
campo カンポ	campo カンポ	田地 ティエンディ	畑
montaña モンターニャ	montagna モンターニャ	山 シャン	山
paja パッハ	paglia パッリア	稲草 ダオツァオ	わら

camarero カマレーロ	cameriere カメリエール	服務員 フゥウーユアン	給仕人（男）
pescador ペスカドール	pescatore ペスカトーレ	漁夫 ユフウ	漁夫
comerciante コメルシアンテ	commerciante コンメルチャンテ	商人 シャンレン	商人
gastrónomo、gourmet ガストゥローノモ、グルメー	buongustaio ヴォングスタイオ	———	食通（美食家）
agricultor アグリクルトール	contadino コンタディーノ	農民 ノンミン	農夫
jefe de cocinero ヘッフェ・デ・コシネーロ	capocuoco カポクオーコ	灶兒上的 ヂャオシャンデ	料理長
cocinero chef コシネーロ・シェフ	cuoco クォーコ	厨師 チュシ	料理人

caliente カリエンテ	caldo カルド	熱 レ	熱い
espuma エスプーマ	schiuma スキウマ	泡沫 パオモォ	泡
banquete バンケーテ	banchetto バンケット	筵席 イエンシー	宴会
grande グランデ	largo ラルゴ	大 ダァ	大きい
cajero（会計係）、cuenta（会計） カヘーロ、クエンタ	cassiere カッシエーレ	会計 クァイジ	会計（レジ）
compra コンプラ	acquisto アックイスト	買東西 マイドンシイ	買い物
aroma（olor） アローマ（オロール）	odore オドーレ	香 シャン	香り（匂い）
precio プレッシオ	prezzo プレッツォ	価格 ジアジ	価格
gas ガース	gas ガース	瓦斯、煤気 ワス、メイチィ	ガス

※左から日本語・英語・フランス語の順

日本語	ローマ字	English	Français
形	katachi	form フォーム	forme フォルム
金銭	kinsen	money マニ	argent アルジャン
サービス	sâbisu	service サーヴィス	service セルヴィス
支払い	shiharai	payment ペイメント	paiement ペマン
招待	shôtai	invitation インヴィテイシャン	invitation アンヴィタシオン
食事	shokuji	meal ミール	repas ルパ
新鮮	shinsen	fresh フレシュ	frais フレ
石けん	sekken	soap ソウプ	savon サヴォン
装飾	sôshoku	ornament オーナメントゥ	décoration デコラシオン
昼食	chûshoku	lunch ランチ	déjeuner デジュネ
朝食	chôshoku	breakfast ブレクファスト	petit déjeuner プティ・デジュネ
冷たい	tsumetai	cold コールドゥ	froid フロワ
毒	doku	poison ポイズン	poison ポワゾン
熱	netsu	heat ヒートゥ	chaleur シャルール
火	hi	fire ファイアー	feu フー
古い	furui	old オールド	ancien アンシャン
保存	hozon	preservation プリザーヴェイション	conservation コンセルヴァシオン
夕食	yûshoku	supper サパー	dîner ディネ
立食	risshoku	buffet バフェ	buffet ビュフェ

料理用語・動詞－手作業の用語

日本語	ローマ字	English	Français
(〜の) アクを取る	akuwo toru	remove harshness of リムーヴ・ハーシュネス・オブ	écumer エキュメ
洗う	arau	wash ウォッシュ	laver ラヴェ
イーストを混ぜる	îsutowo mazeru	mix yeast with ミックス・イースト・ウィズ	mélanger levain avec メランジェ・ルヴァン・アヴェック

※左からスペイン語・イタリア語・中国語（北京語）・日本語の順

スペイン語	イタリア語	中国語（北京語）	日本語
forma フォルマ	forma フォルマ	形状 スィンヂュアン	形
moneda モネーダ	moneta モネータ	金銭 ジンチェン	金銭
servicio セルビーシオ	servizio セルヴィーツィオ	服務 フゥウー	サービス
pago パーゴ	pagamento パガメーント	支付 ヂフ	支払い
invitación インビタシオン	invito インヴィート	邀請 ヤオチン	招待
comida コミーダ	pasto パスト	飯、餐 ファン、ツァン	食事
fresco フレースコ	fresco フレスコ	新鮮 スィンシァン	新鮮
jabón ハボーン	sapone サポーネ	肥皂 フェイヂャオ	石けん
decoración デコラシオン	decorazione デコラツィオーネ	装飾 ジュアンシ	装飾
comida、almuerzo コミーダ、アルムエルソ	pranzo プランゾ	中飯 ヂョンファン	昼食
desayuno デサユーノ	la prima colazione ラ・プリーマ・コラツィオーネ	早飯 ザオファン	朝食
frío フリーオ	freddo フレッド	涼 リァン	冷たい
veneno ベネーノ	veleno ヴェレーノ	毒 ドゥ	毒
calor カロール	calore カローレ	熱 ルー	熱
fuego フエーゴ	fuoco フオーコ	火 フオ	火
antiguo アンティーグオ	antico アンティーコ	旧、老 ジウ、ラオ	古い
conservación コンセルバシオン	conservazione コンセルヴァツィオーネ	保存 バオツン	保存
cena セーナ	cena チェーナ	晩飯 ワンファン	夕食
bufé ブフェー	buffet ブッフェート	立餐 リツァン	立食

espumar エスプマール	eliminare il sapore aspro da エリミナーレ・イルサポーレ・アスプロ・ダ	撤沫児 ピエモオ	（〜の）アクを取る
lavar ラバール	lavare ラヴァーレ	洗 シィ	洗う
mezclar levadura メスクラール・レバドゥーラ	lievitare レエヴィターレ	——	イーストを混ぜる

※左から日本語・英語・フランス語の順

日本語	ローマ字	英語	フランス語
飾る	kazaru	decorate ディコレイトゥ	décorer デコレー
皮をむく	kawawo muku	peel ピール	éplucher エプリュシェ
きざむ	kizamu	chop チョップ	hacher アッシェ
切る	kiru	cut カットゥ	couper クペ
加える	kuwaeru	add アドゥ	ajouter アジュテ
(〜に) コショウを振る	koshôwo furu	pepper ペパー	poivrer ポワヴレ
漉す	kosu	filter フィルター	passer パッセ
こねる (粉類)	koneru	knead ニードゥ	pétrir ペトゥリール
小麦粉を付ける	komugikowo tsukeru	flour フラウアー	fariner ファリネ
砂糖を加える	satôwo kuwaeru	add sugar アドゥ・シュガー	sucrer シュクレ
塩を加える	shiowo kuwaeru	salt ソールトゥ	saler サレ
叩く	tataku	beat ビートゥ	battre バトゥル
潰す	tsubusu	smash スマッシュ	écraser エクラゼ
縫う	nuu	sew ソウ	brider ブリデ
パン粉をまぶす	pankowo mabusu	crumb クラム	paner パネ

料理用語・動詞－加熱の用語

日本語	ローマ字	英語	フランス語
揚げる	ageru	fry フライ	frire フリール
温める	atatameru	warm up ウォーム・アップ	chauffer ショフェ
金網で焼く	kanaamide yaku	grill グリル	griller グリエ
加熱する	kanetsu suru	heat ヒートゥ	chauffer ショフェ
グラタンにする	guratanni suru	gratine グラタネイ	gratiner グラティネ
燻製にする	kunseini suru	smoke スモウク	fumer フュメ
焦がす	kogasu	burn バーン	brûler ブリュレ

※左からスペイン語・イタリア語・中国語（北京語）・日本語の順

スペイン語	イタリア語	中国語	日本語
adornar、decorar アドルナール、デコラール	decorare デコラーレ	装飾 ジュアンシ	飾る
pelar ペラール	pelare ペラーレ	削皮 シァオピイ	皮をむく
picar ピカール	tritare トリターレ	切碎 チエスイ	きざむ
cortar コルタール	tagliare タッリアーレ	切 チエ	切る
agregar アグレガール	aggiungere アッジウンジェレ	加 ジア	加える
echar pimienta エチャール・ピミエンタ	pepare ペパーレ	———	（〜に）コショウを振る
filtrar フィルトゥラール	fittare フィルターレ	濾 リュウ	漉す
amasar アマサール	impastare インパスターレ	揉 ロウ	こねる（粉類）
enharinar エンアリナール	infarinare インファリナーレ	———	小麦粉を付ける
agregar azúcar アグレガール・アスーカル	zuccherare ツッケラーレ	———	砂糖を加える
agregar sal アグレガール・サル	salare サラーレ	弄咸 ノンシェン	塩を加える
batir バティール	battere バッテレ	打 ダ	叩く
machacar マチャカール	pestare ペスターレ	碎 スイ	潰す
coser コセール	cucire クチーレ	縫 フェン	縫う
empanar エンパナール	impanare インパナーレ	———	パン粉をまぶす
freir フレイール	friggere フリッジェレ	炸 ヅァ	揚げる
calentar カレンタール	scaldare スカルダーレ	燉、温 シュン、ウェン	温める
asar 〜 a la parrilla アサール 〜 ア・ラ・パリージャ	grigliare グリリャーレ	———	金網で焼く
calentar カレンタール	riscaldare リスカルダーレ	加熱 ジアルー	加熱する
gratinar グラティナール	gratinare グラティナーレ	奶汁烤菜 ナイヂィカオツァイ	グラタンにする
ahumar アウマール	affumicare アッフミカーレ	燻 シュン	燻製にする
quemar ケマール	bruciare ブルチアーレ	烤 カオ	焦がす

※左から日本語・英語・フランス語の順

日本語	ローマ字	英語	フランス語
火をつける	hiwo tsukeru	light ライト	allumer アリュメ
蒸し煮する	mushini suru	braise ブレイズ	braiser ブレゼ
焼く(肉類)	yaku	roast ロウスト	rotir ロティール
ゆでる	yuderu	boil ボイル	faire bouillir フェール・ブイール
料理する	ryôrisuru	cook クック	cuire キュイール
沸かす	wakasu	boil ボイル	bouillir ブイール

備考
　料理する：faire la cuisine [仏]

料理用語・その他の動詞

日本語	ローマ字	英語	フランス語
味付けをする	ajitsukewo suru	season シーズン	assaisonner アセゾネ
油を切る	aburawo kiru	remove oil リムーヴ・オイル	égoutter エグテ
入れる	ireru	put プットゥ	mettre メトゥル
うすめる	usumeru	dilute ディリュートゥ	allonger アロンジェ
選ぶ	erabu	select セレクトゥ	choisir ショワジール
買う	kau	buy バイ	acheter アシュテ
香り付けする	kaorizuke suru	flavor フレイヴァー	aromatiser アロマティゼ
乾かす	kawakasu	dry ドライ	dessécher デセシェ
給仕する	kyûji suru	serve サーヴ	servir セルヴィール
腐る	kusaru	rot ラト	pourrir プリール
粉にする	konani suru	powder パウダー	réduire en poudre レデュイール・アン・プードゥル
殺菌する	sakkin suru	sterilize ステラライズ	steriliser ステリリゼ
着色する	chakushoku suru	color カラー	colorer コロレ
漬ける	tsukeru	pickle ピックル	mariner マリネ
つるす	tsurusu	suspend サスペンドゥ	suspendre シュスパンドル

※左からスペイン語・イタリア語・中国語（北京語）・日本語の順

encender エンセンデール	accendere アッチェンデレ	点火 ディエンフオ	火をつける
cocer 〜 al vapor コセール 〜 アル・バポール	brasare ブラザーレ	焗 ジュ	蒸し煮する
asar アサール	arrostire アッロスティーレ	焗 ジュ	焼く（肉類）
cocer コセール	far bollire ファル・ボッリレ	煮 ヂュ	ゆでる
cocinar コシナール	cuocere クオーチェレ	做 ズォ	料理する
hervir エルビール	bollire ボッリーレ	燒開 シャオカイ	沸かす

aliñar アリニャール	condire コンディーレ	調味 ティアオウェイ	味付けをする
escurrir aceite エスクリール・アセイテ	passaolio パッサオーリオ	没油 メイヨウ	油を切る
meter メテール	mettere メッテレ	放点 ファンディエン	入れる
diluir ディルイール	allungare アッルンガーレ	弄浅 ノンチャン	うすめる
elegir、seleccionar エレヒール、セレクシオナール	scegliere スチェーリエレ	選 シュアン	選ぶ
comprar コンプラール	comprare コンプラーレ	買 マイ	買う
aromatizar アロマティサール	aromatizzare アロマティッザーレ	────	香り付けする
secar セカール	seccare セッカーレ	晒 シャイ	乾かす
servir セルビール	servire セルヴィーレ	盛飯 チェンファン	給仕する
pudrirse プドゥリルセ	marcire マルチーレ	爛 ラン	腐る
hacer en polvo アセール・エン・ポルボ	triturare トリテュラーレ	磨成 モチェン	粉にする
esterilizar エステリリサール	sterilizzare ステリリッザーレ	殺菌 シャジュン	殺菌する
colorear コロレアール	colorare コロラーレ	着色 ヂュスー	着色する
marinar マリナール	marinare マリナーレ	泡 パオ	漬ける
colgar、suspender コルガール、ススペンデール	appendere アッペンデレ	吊 ディアオ	つるす

※左から日本語・英語・フランス語の順

日本語	ローマ字	英語	フ랑스語
冷やす	hiyasu	cool クール	refroidir ルフロワディール
ふくらます	fukuramasu	inflate インフレイトゥ	gonfler ゴンフレ
保存する	hozon suru	preserve プリザーヴ	conserver コンセルヴェ
柔らかくする	yawarakaku suru	soften ソフトゥン	assouplir アスプリール

備考
塩、コショウで味付けする：season ～ with salt&pepper［英］　condire ～ con il sale［伊］

食感用語

日本語	ローマ字	英語	フランス語
味	aji	taste テイストゥ	goût グー
味わう	ajiwau	taste テイストゥ	goûter グテ
あっさり	assari	light ライトゥ	léger レジェ
脂っこい	aburakkoi	oily オイリ	gras グラ
甘い	amai	sweet スウィートゥ	doux ドゥー
甘ずっぱい	amazuppai	sweet and sour スウィートゥ・アンド・ソウル	aigre-doux エーグル・ドゥー
辛い（ピリ辛）	karai(pirikara)	hot ハトゥ	piquant ピカン
辛口（酒）	karakuchi	dry ドライ	sec セック
濃い	koi	thick スィク	consistant コンスィスタン
コクがある（ワイン）	kokuga aru	full-bodied フルボディードゥ	avoir du corps アヴォワール・デュ・コール
塩辛い	shiokarai	salty ソルティー	salé サレ
（味が）しつこい	ajiga shitsukoi	heavy ヘヴィ	lourd ルール
渋い	shibui	astringent アストゥリンジェント	âcre アークル
すっぱい	suppai	sour サワー	acide アシッドゥ
食べる	taberu	eat イートゥ	manger モンジェ
淡泊	tampaku	plain プレイン	goût naturel グー・ナテュレル
（風味が）強い	fûmigatsuyoi	strong ストロング	fort フォール

※左からスペイン語・イタリア語・中国語（北京語）・日本語の順

enfriar エンフリアール	freddare フレッダーレ	氷、拔 ビン、バァ	冷やす
inflar インフラール	gonfiare ゴンフィアーレ	吹 チュイ	ふくらます
conservar コンセルバール	conservare コンセルヴァーレ	保存 バオツン	保存する
ablandar アブランダール	mollificare モッリフィカーレ	軟 ルアン	柔らかくする

sabor サボール	gusto グスト	味 ウェイ	味
saborear サボレアール	assaggiare アッサッジアーレ	賞 チャン	味わう
ligero リヘーロ	leggero レッジェーロ	清淡 チンダン	あっさり
graso グラッソ	grasso グラッソ	肥 フェイ	脂っこい
dulce ドゥルセ	dolce ドルチェ	甜 ティエン	甘い
agridulce アグリドゥルセ	agrodolce アグロドルチェ	甜酸 ティエンスアン	甘ずっぱい
picante ピカンテ	piccante ピッカンテ	辣 ラァ	辛い（ピリ辛）
seco セコ	secco セッコ	干、辣的 ガン、ラァデ	辛口（酒）
espeso、denso エスペッソ、デンソ	denso デンソ	浓 ノン	濃い
de cuerpo デ クエルポ	corposo コルポーソ	────	コクがある（ワイン）
salado サラード	salato サラート	鹹 シェン	塩辛い
pesado ペサード	pesante ペサンテ	肕人 ニイレン	（味が）しつこい
astringente アストゥリンヘンテ	allappante アッラッパンテ	渋 セ	渋い
ácido アーシド	acido アーシド	酸 スァン	すっぱい
comer コメール	mangiare マンジャーレ	咆 チ	食べる
sencillo センシージョ	magro マグーロ	清 チン	淡泊
fuerte フエルテ	forte フォルテ	烈 リエ	（風味が）強い

※左から日本語・英語・フランス語の順

苦い	nigai	bitter ビター	amer アメール
飲む	nomu	drink ドリンク	boire ボワール
柔らかい	yawarakai	soft ソフト	tendre タンドル

※左からスペイン語・イタリア語・中国語（北京語）・日本語の順

amargo アマールゴ	amaro アマーロ	苦 クウ	苦い
beber ベベール	bere ベーレ	喝 ヘ	飲む
blando ブランド	morbido モールビド	軟 ルアン	柔らかい

「食」の時代様式の変遷

古代	中世	近世	フランス革命	パリ万博 ベル・エポック
0　500　1000	1100　1200　1300　1400　1500	1600　1700	1800	1900
ギリシャ・ローマ　初期キリスト教	ロマネスク　ゴシック　ルネサンス　バロック　ロココ			アール・ヌーボー

第一次料理革命
ルネサンス期

第二次料理革命
フランス革命期
近代レストランの始まり

古典料理
● アントナン・カレーム (1784〜1833)

近代料理の祖
● オーギュスト・エスコフィエ (1846〜1935)

アンリ2世とメディチ家のカトリーヌの結婚 (1533)

フランスに様々な料理法が導入される

レストラン・ピラミッド

● 古代ローマ／アピキウスの料理書

中世の料理人
● タイユバン（ギョーム・ティレル）(1310〜1395)

宮廷の料理人
● ラ・ヴァレンヌ (1618〜1678)

● セザール・リッツ（ホテル王）

ルイ王朝時代
バロック期
宮廷料理の発達

● ユルバン・デュボワ（ロシア式サービス）

ギード・ミッシェラン（1900年初版）

歴史・文化・芸術

ギリシャ
哲学・科学・医学

神の栄光
修道院が学問・芸術・食文化の中心
ワイン・パン・チーズ
農業技術・発酵技術

宮廷とサロン文化
ルイ王朝時代
ロココの華開く
啓蒙思想

ローマ
皇帝達の光芒
合議性・デモクラティック

十字軍
中世騎士道
大聖堂の時代
都市経済の発達

ルネサンス
商工業都市国家
メディチ家
宗教改革
大航海時代

自然主義への失望
戦争／革命／
マルクス・レーニン主義

革命の時代
フランス革命
産業革命
近代科学の夜明け
モータリゼーション

料理の概念

● 前4000年　シュメール人の医学書

（近代科学の夜明け）
■ 三大栄養素－プラウト（英）1827年

● 前600年・ギリシャ　ヒポクラテス（医聖）

■ ラボアジエ（仏、18世紀）－現代栄養学の基礎を開く

カロリー　炭水化物

《粗食の時代》

建築・美術様式

ギリシャ
神殿
パルテノン
ヘレニズム文化

西ローマ
様式

東ローマ
様式

ビザンチン
様式

ゴシック
ノートル・ダム寺院
ステンドグラス

バロック
（ルイ14世様式）
「歪んだ真珠」
ヴェルサイユ宮殿
鏡・シャンデリア
光の演出

ネオクラシック
（ルイ16世様式）

アンピール
（エンパイア）
ナポレオン様式（エジプト）

ローマ
アーチとドーム
橋・水道橋
競技場、大浴場
円形劇場

ロマネスク
バジリカ式教会・修道院
ビザンチン建築

ルネサンス
「再生」
文芸復興
人文主義
遠近法

コロニアル
植民地様式

ロココ
（ルイ15世様式）
「貝殻模様」
優雅、女性的
ポンパドール夫人

新古典派
ネオロマネスク
ネオゴシック
ネオルネサンス
ネオバロック

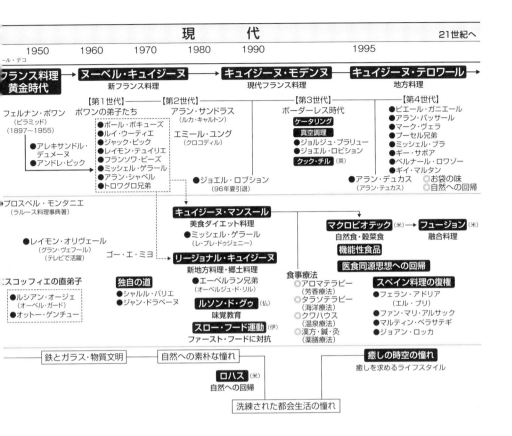
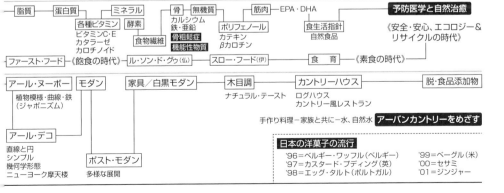

イタリア料理

Italian cuisine

食材と郷土料理の傾向

イタリアでは、地方ごとに土地の特産物を利用した独自の家庭料理があり、根強い郷土意識を感じさせる。はっきりとした体系はなく、数多い地方料理の集合体と考えたほうがよい。

イタリア北部の料理

昔から経済的に恵まれ、酪農が盛んであったため、バター、クリーム、チーズなどの乳製品をたっぷりと使った濃厚な味の料理が多い。ピエモンテ州のフォンドゥータ（フォン・デュ）は有名。「イタリアの穀倉」とも言われ、小麦やとうもろこしの収穫も多く、手打ちパスタが主流。ポー川の流域はイタリア随一の米の生産地。ミラノ風リゾットなどの米料理が頻繁に食卓に出される。肉料理は煮込みが多く、内臓を使った料理もよく食べられている。魚料理は河川でとれるウナギ、カエル、エスカルゴを使った料理、干しダラの牛乳煮などがある。リグーリア州はイタリア料理には欠かせないバジリコやオリーブオイルの産地として有名。

イタリア中部の料理

ローマ、フィレンツェなどのイタリアを代表する都市がある。小麦、野菜の栽培が盛ん。地中海性気候であるためオリーブの木も目立つ。料理は北部と南部の特徴を合わせ持ち、素材の持ち味を生かしたあっさりしたものが多い。肉料理は、サルティンボッカが有名。トスカーナ州では豆料理やリグーリア海の魚介を使った料理などがある。パスタは手打ち麺と乾燥パスタの両方が食べられている。

イタリア南部の料理

ナポリを中心とするイタリア半島南部とシチリア島を含む地域。降水量が少なく、石灰岩地形であるため、オリーブ、ぶどう、柑橘類などの栽培が行われている。まわりが海であるため、イワシ、タコ、ムール貝などの海の幸も豊富。モッツァレッラチーズが特産。料理は全体的に素朴で、トマト、なすなどの野菜、魚介類が使われる。煮込みやグラタン、香辛料や香草を使った料理が多い。スパゲッティ、マカロニなどの乾燥麺やピッツァが食事の中心。トマトソースがふんだんに用いられる。

専用器具

粉物用器具

【オイル差し】*brocca olio*（ブロッカオーリオ）

小さなポット。ピッツァなどにオイルを注ぐのに用いる。

【コーラパスタ】*colapasta*

鍋型の目の細かい麺漉し。ゆでたパスタなどの水切りに使う。

【ターリャ・パスタ】*taglia pasta*

パイ車。ルレット。金属の円盤、または歯車型の刃が付いたカッターナイフ。ラビオリの生地やピッツァを切るのに用いる。

【タリア・ポレンタ】*taglia polenta*

ポレンタ用ナイフ。刃の部分が半月形になっている。

【パスタサーヴァー】*pasta server*〔英〕

パスタ用しゃくし。麺をゆでる時に使う歯ブラシに似た形をした器具。ゆで加減を確かめたり、すくい上げて器に盛り付けるのに用いる。木製のものが多い。

【パスタトング】*pasta tongs*〔英〕

先端部の下にギザギザの歯が付いたピンセット型の器具。パスタの盛り付けや、ソースと和える時に使う。テーブルで人数分を取り分ける際には、サーバーとしても用いる。

【パスタ鍋】*marmitta pasta*（マルミッタ・パスタ）

パスタ専用鍋。中に水切り用のザルが付いている。一気に素早く出せるので、ゆで加減を失敗することはない。蓋は丸みがあり、ボウルとして使えるので、パスタとソースを和えるのに用いる。

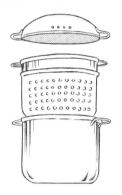

【パスタ・マシーン】

macchina per pasta（マッキーナ・ペル・パスタ）

生地の厚みをダイヤルで調節できる。刃を交換することによって麺の幅も自在に変えられる。

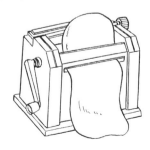

【バストーネ・ディ・ポレンタ】*bastone di polenta*
ポレンタ用攪拌器。長いすりこぎ状の棒。

【パッサツット】*passatutto*
ムリネット。裏漉し機。

【マッタレッロ】*mattarello*
麺棒。主に小麦粉をこねた生地をのばすのに用いられる。両端にハンドルが付いた回転式（ローラー式）のものもある。木製や大理石製が一般的。大理石製は冷たいので、バターなど溶けやすい材料を加えた生地に使う。凹凸を付けたり樹脂加工をして、生地をつきにくくした製品もある。

【ラヴィオラトーレ】*raviolatore*
ラヴィオリ用の平らな型。板チョコ状に窪みが並んでいる。生地を敷いて具をのせ、さらに生地をかぶせる。上から麺棒を転がし、複数のラビオリを一度に作る。

その他の器具

【アプリッチャアブッロ】*apricciaburro*
バターカーラー。バターを切ると波模様が付く。

【ウテンシーレ・ペル・ケスチーノ・ディ・パターテ】
utensile per cestino di patate
台所用のじゃが芋籠。先端の網の部分にじゃが芋を入れて使う。

【コルテッロ・ペル・フォルマッジョ】
coltello per formaggio
チーズナイフ。刃先が２つに割れ、チーズを突き刺せるようになっている。細かい

ギザギザが付いた刃のものもある。ソフトチーズ用は、刃の側面に幾つかの穴が開いており、チーズがつきにくくなっている。

【コルテッロ・ペル・フォルマッジョ・グラーナ】
coltello per formaggio grana
パルメザンチーズなどの硬質チーズ切り分け用ナイフ。Ｖ字形の刃先をチーズにあて、柄をカナヅチで叩いて使う。

【スキアッチャパターテ】*schiacciapatate*
もともとは生地をせんべい状にする器具。ゆでたじゃが芋を台の部分にのせ、挟んで潰す。

【タリア・アッロスト】*taglia arrosto*
ロースエロリ。刃の長い肉切り包丁。

【ディゾッサ・オッサ】*disossa ossa*
骸骨の骨抜きという意味がある。さばきナイフ。骨すきに用いる。刃は堅く短めで、柄がしっかりしている。

【トリンチャポッロ】*trinciapollo*
鶏を細かく切るという意味の器具。肉切

イタリア料理

りハサミ。刃の幅が広く、鳥のくちばしのように反っている。

【にんにく絞り】

pigiare aglio（ピジアーレ・アーリョ）

にんにくの臭いを手につけないための器具。先端の円形部分に皮をむいたにんにくを入れ、持ち手を握るとおろしにんにくができる。

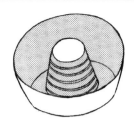

ドーム状で内側の中央に高い突起部分がある。

【ペッシェーラ】*pesciera*

魚専用のゆで鍋。銅製で底が浅く、細長い形をした両手鍋。小さな穴がたくさん開いた中敷きがある。アクア・パッツァに用いる。

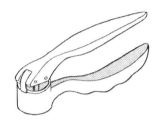

【ブリオッシュ型】*brioche*

パスティエラ、ババなどの菓子用の型。

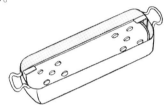

Column －パスタ①－

本校の受講生の志望は、フランス料理がトップでした。しかし、近年、イタリア料理の志望者が急増しています。イタリア料理には堅苦しさがなく、気軽に食べられること、また日本人が麺を好むということもあるでしょう。使う材料もフランス料理に比べると格安です。

10～15年前までの日本のスパゲッティ屋は、麺をゆでてサラダ油をかけ、冷蔵庫で保存していました。客が来ると、麺の油を拭き取ってフライパンで炒め、ケチャップなどで和えていました。味付けを濃くし、洋食の付け合わせやおかずにされることも多かったようです。

近年は、パスタは主食として食べられるようになり、種類も増えてきました。全体的に凝りすぎて、余計なものが入り過ぎる傾向はありますが……。タラコや明太子を使った、ちょっと生臭いパスタも人気がありますが、イタリアでもアンチョビやからすみ（ボッタルガ）を使ったものがあります。イタリアのからすみは、マグロの卵巣を使うので巨大です。アンチョビのような海水魚の塩漬けは東南アジアにも多く、魚醤に使う塩漬けを利用してみるのも面白いでしょう。

素材を練り込んだパスタには、様々な種類があります。従来はトマト、ほうれん草、卵を使った赤、緑、黄色のパスタが基本でした。たいへん色が鮮やかですが、着色料はいっさい使用しないものです。現在は、バジリコ、ビターなカカオ、唐がらし、サフラン入りのものもあります。ハーブ入りのラヴィオリは、装飾用タイルのような美しさがあります。

調理用語

【アグロドルチェ】 *agrodolce*
　甘酸っぱいという意味で、甘酢で煮込むこと。酸味はワイン酢、甘味は炒めた玉ねぎや少量の砂糖でつけることが多い。

【アッサッジョ】 *assaggio*
　一口サイズにすること。または一口程度の料理を何品か盛り合わせること。試食の意味もある。

【アッフォガート】 *affogato*
　本来は"溺れた"という意味で、食材をゆでること。ウオーヴォ・アッフォガート（uovo affogato）は、ポーチドエッグ。

【アッフミカート】 *affumicato*
　弱火で蒸し焼きにしたり、いぶし焼きにすること。または燻製にしたもの。

【アッラッビアート】 *arrabbiato*
　怒った、カッカしたという意味で、唐がらしを利かせてピリ辛味にすること。トマトソースの一種。

【アルデンテ】 *al dente*
　パスタやリゾットのやや歯ごたえがある程度のゆで加減、煮え加減を示す言葉。

【アロマティコ】 *aromatico*
　香草などで香り付けをすること。アレルベ・アロマティケ（all'erbe aromatiche）は、香草風味の料理を意味する。

【インヴォルティーニ】 *involtini*
　薄切りにした肉などに詰め物をしてロール状に巻くこと。またはロール状に形作った料理一般を示す。単に円筒形に巻いたものは、ロトーロ（rotolo）という。

【インパナート】 *impanato*
　素材にパン粉をまぶし付けること。

【ヴァポーレ】 *vapore*
　蒸気、湯気の意味で、蒸し煮すること。

【カッセルオーラ】 *casseruola*
　鍋に素材と多めのソース、またはスープを入れ、オーブンで蒸し焼きにすること。シチュー鍋や片手鍋のことも示す。

【カラメッラート】 *caramellato*
　砂糖を煮溶かしたり、カラメルにすること。煮溶かした砂糖でくるんだ料理の総称。

【カルトッチョ】 *cartoccio*
　肉や魚をパラフィン紙などでくるんで蒸し焼きにすること。紙包み焼き。

【カンディート】 *candito*
　砂糖で煮ること。もしくは、砂糖漬けにしたもの。

【クロスタ】 *crosta*
　「堅い外皮」という意味で、パイ皮で包むこと。または、パイ皮で包んだ料理。クロスタータ（crostata）はパイ生地。

【コット】 *cotto*
　煮る、焼く、オーブンで焼くといった加熱調理法。素材に充分に火を入れる。

【コンディート】 *condito*
　調味料を加えること。または、調味を済ませた素材。

【サルト】 *salto*
　ソテーすること。ソテーした料理は、サルタート（saltato）という。

【スコッターレ】 *scottare*
　野菜などを熱湯に浸したり、ゆがくこと。

【スピエディーノ】 *spiedino*
　肉などを串に刺して焼くこと。

【スペッツァティーノ】 *spezzatino*
　煮込むこと。主に小口切りにした牛肉の煮込みを示す。シチューは、ストゥファート（stufato）。トマト、野菜、油をベースにした煮込みは、ウーミド（umido）。

【ソッタチェート】 *sottaceto*
　酢漬けにすること。酢漬けの野菜。

【ソット・サーレ】 *sotto sale*
　塩漬けにすること。塩漬けにしたものは、サラート（salato）という。

【タルトゥファート】 *tartufato*
　トリュフで味付けをすること。

【ディアヴォーロ】 *diavolo*
　"悪魔風"という意味で、からしなどを使って辛く味付けすること。

【ドラート】 *dorato*
　黄金色のことで、素材をきつね色になるまで、こんがりと焼くこと。

【パッサート】 *passato*
　裏漉しにすること。なめらかなピューレ。

【ビステッカ】 *bistecca*
　ビーフステーキ。ベン・コッタ（ben cotta）は充分に焼くこと＝ウェルダン。メディア（media）は中くらいに焼くこと＝ミディアム。アル・サングエ（al sangue）は生焼き＝レアダン。

【ファルチート】 *farcito*
　詰め物にすること。鶏やピーマンをくり抜いて、中に詰め物をした料理。

【フェッリ】 *ferri*
　"鉄"を意味し、網などで焼くこと。または、網焼きした焼き肉。グリーリャ（griglia）は、グリル板で焼くことだが、焼き網で焼くことを示す場合もある。

【フォルノ】 *forno*
　オーブンやかまどを意味し、オーブン焼きにすること。フォルノ・ア・レーニャ（forno a legna）は薪を使ったオーブン。

【ブラーチェ】 *brace*
　「真っ赤な炭火」という意味で、直火焼きや炭火焼きを示す。ブラチョーラ（braciola）は焼き肉。

【ブラザート】 *brasato*
　少量の水を加え、とろ火で煮込むこと。または、蒸し煮にすること。

【フリット】 *fritto*
　油で素揚げしたり、衣を付けてフライにすること。フリットゥーラ（frittura）は、揚げ物や、から揚げ料理。

【ボスカイオーロ】 *boscaiolo*
　「木こり」を意味し、数種類のきのこを使って料理すること。または木こり風料理の総称。

【ポルペッタ】 *polpetta*
　ミートボール。肉団子にすること。一般的には挽き肉だけを丸め、トマトで煮込んだりするが、イタリア中部ではマッシュポテトを混ぜ、パン粉を付けてコロッケ風に揚げることもある。

【マリナート】 *marinato*
　マリネにすること。船乗り風料理の総称。船乗り風ソースには、トマト、にんにく、オレガノ、オリーブオイルが入る。

【ムニャイオ】 *mugnaio*
　「粉屋」という意味で、ムニエルのこと。魚に粉をまぶしてバターで焼く。

パスタ *pasta*

語義は"練り粉"。イタリアでは、スパゲッティやマカロニなどを総じてパスタと呼ぶ。種類は、100種類以上に及ぶ。パスタは、生パスタと乾燥パスタに分けられる。さらにロング、ショート、色付き、スープ用など様々な形がある。イタリア北部では主に手打ちのパスタ、南部では乾燥パスタが多く食べられている。北部では「手打ちパスタを作れない娘を嫁にもらうな」という慣習が今でも残っている。

手打ちパスタには、タッリアテッレ(ミラノ)、フェトチーネ(ローマ)、パッパルデッレやタッリオリーニのようなきしめん状のもの、ラヴィオリやカネロニのような詰め物に使われるものなどがある。ゆでた後、ソースと和えたり、ソースをかけてオーブンで焼いたり、スープの浮き実にする。詰め物は水気が出ないうちに使い切ること。数日保存したい場合は冷蔵庫に入れる。

生パスタ
pasta fresca（パスタ・フレスカ）

材料となる小麦粉は、強力粉を使うのが一般的。だが、手でこねてのばす際にかなりの力が必要なので、強力粉と薄力粉を半量ずつ用いることもある。パスタ・マシーンを使う場合は、使用する強力粉の1割をセモリナ粉にすると、歯ごたえのある麺が作れる。パスタ生地を均等に薄くのばしたり、同じ幅に切るには熟練の技が必要だが、パスタ・マシーンを使えば楽にできる。

生地をこねたら充分にねかせる。打ち粉をして厚さを調節したパスタ・マシーンのローラーに通す。刃を替えて料理に合った幅に切り分ける。タッリエリーニ(タッリオリーニ)は2～3mm幅。タッリアテッレは4～5mm幅。数日乾燥させてから用いるほうが好ましい。

ゆで加減は、基本的に歯ごたえのあるアルデンテ。スープ・パスタにする場合は、やや堅めのアルデンテにする。作りたての麺は、ゆで上がりが早い。ゆで上がった麺は、すぐにサービスできるように、ソースなどの準備は前もって行っておくことが大切。

乾燥パスタ
pasta secca（パスタ・セッカ）

原料は、セモリナ粉。硬質のデュラム小麦を粗挽きにしたもので、グルテンを多く含み、弾力と歯ごたえのあるパスタができる。透明感があり、よく乾燥しているものが良い。ゆでる時は、麺100gに対して、水1000cc、塩10g強が目安。味見をして海水に近い塩加減にする。時々かき混ぜてアルデンテにゆでる。蓋はせず、途中でさし水もしない。ゆで上がったら手早く水を切り、すぐソースとからめる。

平打ちパスタについて

生パスタ、乾燥パスタともに板状に打ったものがあり、サイズによって名称が異なる。
◆標準サイズ＝タッリアテッレ
◆細めのサイズ＝タッリエリーニ、またはタッリオリーニ

◆幅広タイプ＝パルパデッレ、またはパスパデッレ、パッパルデッレ
◆最も幅広のもの＝ラザーニャ

パスタの種類

【オレッキエッテ】 *orecchiette*

「耳たぶ」という意味。南イタリア特有のショートパスタ。ゆでる時に重ならないように注意。

【カヴァティエッディ】 *cavatieddi*

プーリア州の伝統的な手打ちパスタ。2本の指で生地を後ろに引き、くるりと丸める。適当な厚みがあり、指の跡の窪みにソースがからむ。

セモリナ粉と中力粉に塩とオリーブオイルを混ぜて練る。ねかせた生地を直径1cm程の棒状にのばし、2〜3cm幅に切り分ける。切ったパスタに人差し指と中指をのせ、少しへこむぐらい力を入れ、押しながら手前に引く。全体にセモリナ粉をまぶしておく。

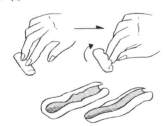

【カペッリーニ】 *capelline*

ロングパスタ。「天使の髪」という意味の1mm以下の細いパスタ。冷製パスタや浮き実に使われる。また、ソプラカッペリーニ（フェデリーニ）と呼ばれる1.4mmのものは、オリーブオイル系の軽いソースと合う。

【ガルガネッリ】 *garganelli*

北イタリアのエミリア・ロマーニャ州の代表的な手打ちパスタ。卵入りパスタを薄い板状にのばし、1辺が2〜3cmの正方形に切る。専用の棒に巻きつけ、穴開きパスタを作る。表面にはソースがからみやすいように線模様が付く。

【コンキーリェ】 *conchiglie*

貝殻の形をしたショートパスタ（小さいパスタ）。いろいろなサイズがあり、特大のものは詰め物をして使う。中型はソースで和えたり、小さいものはスープの浮き実やサラダに用いる。

【ストロッツァプレティ】 *storozzapreti*

エミリア・ロマーニャ州の伝統的な手打ちパスタ。"こより"のようにねじり込んであり、溝にソースがからむ。昔は粉と塩、水だけで練っていたが、現在は風味を良く

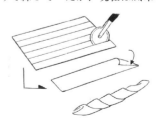

するために卵を加える。生地を厚さ1mmぐらいにのばし、長さ20cm、幅2〜3mmのリボン状に切る。斜めに巻き込み、とうもろこし粉をまぶす。巻き方がゆるいと、ゆでている間にほどけてしまう。食感は日本の手打ちうどんに似て、もっちりしている。

【スパゲッティ】 *spaghetti*

直径1.6〜2.2mmの一般的なロングパスタ。太めのものはクリーム系やミートソースなど重いソース向き。細めのものは、どのソースにも合わせることができる。

【スパゲッティーニ】 *spaghettini*

スパゲッティより少し細めの1.2〜1.6mmのロングパスタ。語尾の"ni"は小さいという意味。アーリョ・エ・オーリオに代表される、あっさり味のオイルソースと合う。ナポリでパスタ中のパスタとされるスパゲッティーニは、ヴェルミチェッリ (vermicelli) が代表的。

【スパッカテッラ】 *spaccatella*

管状のパスタを縦に引き裂いた形をしているので、「真っ二つに割れた」という名を持つショートパスタ。内側がくぼんで丸まっているので、ソースとしっかりからむ。

【卵入りパスタ】

ボウルに小麦粉、セモリナ粉、塩を入れて混ぜる。オリーブオイルと溶き卵を加え、よく混ぜ合わせる。台の上に生地をのせ、端から包み込むように手のひらで力強く練る。表面がなめらかになったらラップで包み、30分程ねかせる。

生地に打ち粉をしながら、麺棒でのばす。パスタ・マシーンに一度かけてのばしたら、二つ折りにする。生地の厚さが徐々に薄くなるように調節しながら、数回パスタ・マシーンにかける。厚さ1mm程になったら、適当な幅に切りそろえ、両面に打ち粉を振る。パスタ・マシーンに刃を付け、生地を好みの幅に切る。切り分けた後、軽く打ち粉をして、麺があまり重ならないようにバットに入れて自然乾燥させる。

【ツィーテ】 *zite*

ロングパスタ。マカロニより太く、中が空洞になっている。ボリュームのあるソースと和えたり、好みの長さに折ってグラタンに入れたりする。調理しやすい長さに折って市販されているものもある。穴開きパスタには細い穴のブカティーニや、太麺のリガトーニなどもある。

【ツベッティ】 *tubetti*

細いマカロニ。クリームソース系に用いられる。

【パスタ・ヴェルデ】 *pasta verde*

卵入りパスタの生地に、ほうれん草のピュレを混ぜたもの。ほうれん草の水分が加わる分、卵の量を控える。

ほうれん草の葉部の先のみを使用し、軽く塩ゆでする。冷水にさらして、水分を取る。すり鉢ですり潰し、裏漉ししてピュレにする。小麦粉とセモリナ粉を混ぜる時に、オリーブオイル、卵と一緒に加える。

【パスティーナ】 *pastina*

スープの具や浮き実にするショートパス

タの総称。粒状で、小さなハートの形をしているのはクオレッティ（cuoretti）、アルファベットの文字や米粒、球技のボールなどの形をしたものをミネストラ（minestra）という。日本ではこれらを総じてファッション・パスタとも言う。

【ピッツォッケリ】*pizzoccheri*

　北イタリアの寒冷地では、そばが栽培されており、パスタにそば粉を用いる。ピッツォッケリは、ロンバルディア州のヴァルテッリーナ地方の伝統的なパスタ。日本のそばと似た色と味で、歯ごたえはしこしこしている。そば粉3に対し薄力粉1を合わせ、水を加えながら粉を混ぜていく。5分程こねると、耳たぶぐらいの堅さの生地になる。打ち粉をして2mm程の厚さにのばし、1cm幅の短冊切りにする。ヴェネト地方やマントバ地方のそば粉を使ったビーゴリ（bigoli）は、トルキオという専用器具を使って作る。強い力をかけて丸い穴からパスタを絞り出すので、強いコシになる。

【ファルファッレ】*farfalle*

　"蝶"という意味のショートパスタ。外側は柔らかく、中心は堅めにゆであがる。クリームソース系に合う。

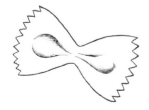

【フェットッチーネ】*fettuccine*

　幅約1cmの平打ちパスタ。ローマ北部の地方では、タッリアテッレ（tagliatelle）とも言う。細めのものはタッリエリーニ（taglierini）。卵やほうれん草を加えたものもある。

【フジッリ】*fusilli*

　糸巻きの意味。らせん状のショートパスタ。特にミートソースと合う。

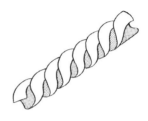

【ペンネ】*penne*

　「ペン先」という意味のショートパスタ。クリームやチーズ系の重いソースなら何でも合う。一回り細いものは、ペンネッテ。

【ペンネ・リガーテ】*penne rigate*

　ショートパスタ。ペンネッテの表面に線状の溝が入ったもの。ソースがからみやすくなっている。

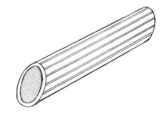

【ラディアトーリ】*radiatori*

　ラジエーターという機械に似せたドリル状のショートパスタ。溝が深いので、ソー

スのからみが大変良く、アーティチョークのソースに合う。少し厚めなので、ゆで時間に注意。

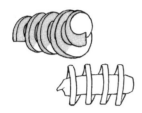

【リガトーニ】*rigatoni*

日本でもポピュラーな定番のマカロニ。肉を使った濃厚なソースと相性が良い。

【リングイネ】*linguine*

小さな舌という意味のロングパスタ。断面はスパゲッティを潰したような楕円形。なぜか本国より他の国で広く親しまれている。このパスタは平らな分、ソースのからみがよい。少し重めのソースと合う。

【ルオテッレ】*ruotelle*

別名ルオーテ（ruote）。車輪の形をしたショートパスタ。輪の表面には溝が刻まれ、ソースとからみやすくなっている。スープの具や雑炊風の煮込み、菓子用にも使われ、日本では黒蜜、黄粉（きなこ）と合わせて、給食のメニューになったりする。

生パスタの料理

【アニョロッティ】*agnolotti*

語義は「太った仔羊」。卵を練り込んだ生地に、挽き肉やチーズなどを詰めたピエモンテ州のパスタ。

ほうれん草を塩ゆでして水気を切る。細かく刻み、リコッタチーズ、パルメザンチーズ、卵と混ぜ合わせ、塩とナツメッグを加える。生地を三角形に切り、ほうれん草などの具をのせる。上から生地をかぶせ、粉をまぶしておく。フライパンでバターを熱し、粗く刻んだセージを入れて塩を振る。セージに少し焦げ目が付いたら火からおろす。ゆでたパスタにかける。

【カッペッラッチ】*cappellacci*

cappello（カッペッロ）は帽子という意味。円形または三角形の詰め物をしたパスタ。小型のものをカッペッレッティ（cappelletti）という。詰め物をするパスタの中では最も古典的。中世では具にかぼちゃを用い、サルビアの香りを移したソースで和えて食べていた。ロンバルディア州のマントバ地方に伝わるリング状の詰め物パスタ、トルテッリ（tortelli）も、かぼちゃやモスタルダ、アマレッティなどを詰めて甘く仕上げる。

かぼちゃは種を除いて適当に切り、アルミホイルで包んでオーブンで焼く。冷めたら皮をむき、裏漉しする。卵、パン粉、パルメザンチーズ、ナツメッグ、塩、コショウを加え、小さく丸める。パスタ生地を薄くのばし、5 cm程の正方形に切る。水で溶いた卵黄を塗り、具をのせて三角形に折って閉じる。下から一巻きして、両端を折っ

て重ねる。

　ソースを作る。ボウルにバターを入れ、パスタのゆで汁を注いで泡立て、セージを加える。ゆでたパスタにかけ、ナツメッグを振る。

【カンネッローニ】*cannelloni*

　大きい筒状パスタ。形状は春巻きに似ていて、中に詰め物をして食べる。仔牛、豚、鶏などの肉と野菜を煮込んだペーストと、ほうれん草のピュレ、パルメザンチーズ、卵を生地で巻き、ソースをかけて焼いたものなどがある。

　詰め物を作る。鍋でオリーブオイルを熱し、玉ねぎ、セロリ、シャンピニオンを炒める。角切りにした仔牛の肉、豚肉、鶏肉を加え、肉の色が変わったら小麦粉を振って炒める。白ワインを注ぎ、煮汁が半分になるまで煮詰めたら、ブロード・デ・カルネを肉が浸る程度に加える。塩とコショウをして、ローリエを入れて蓋をする。弱火で1時間程煮込む。肉が充分に柔らかくなったら、フードプロセッサーに入れ、ペースト状にする。ほうれん草のピュレ、パルメザンチーズ、卵、塩、コショウを加え、混ぜ合わせて冷ます。

　打ち粉をした台にパスタ生地をのせ、薄くのばし、大きめの長方形に切る。鍋に湯を沸かし、塩を多めに入れる。煮立ったらパスタ生地を少しずつ入れ、くっつかないように混ぜながら、アルデンテにゆでる。ゆであがったら冷水に取る。台の上に濡れた布巾を広げ、パスタの水気を切ってのせる。

　カンネッローニを作る。絞り出し袋に詰め物を入れ、パスタの真ん中に絞り出す。パスタで詰め物を包み、適当に切り分ける。すぐに焼かない場合は、バットに入れ、オリーブオイルを表面に塗り、ラップをかけて冷蔵庫に入れる。バターを薄く塗ったグラタン皿にベシャメルソースを入れて広げる。その上にカンネッローニを並べ、ベシャメルソースとサルサ・ディ・ポモドーロをかけ、パルメザンチーズを振る。200℃のオーブンに入れ、表面に焼き色を付ける。

【トルテッローニ】*tortelloni*

　円形のパスタに詰め物をして2つに折り、さらにリング状に丸めたもの。詰め物は通常、挽き肉、卵、チーズ。一回り小さいものは、トルテッリーニ（tortellini）と呼ばれる。形状から"へそ"に似せて作られたとも言われる。詰め物をパスタ生地で包み込んだら、すぐにゆでる。保存する場合は冷凍にする。

【ラヴィオリ】*ravioli*

　薄くのばした2枚のパスタ生地の間に、調味した挽き肉や魚、野菜などの具を挟んだもの。

　打ち粉をした台にパスタ生地を広げる。薄くのばし、大きめの長方形と、一回り小さい長方形に切り分ける。小さいほうの生地の表面に溶き卵を薄く塗る。詰め物は絞

り出し袋に入れて、生地の上に等間隔に少量ずつ絞り出す。大きいほうの生地を上からかぶせ、詰め物の間に沿って生地を押さえ、格子状に包み込む。パイカッターかナイフで格子状の溝に沿って切り分ける。両面に打ち粉をして、ラヴィオリ同士がくっつかないようにする。

鍋に湯を沸かし、塩を多めに入れる。煮立ったらラヴィオリを入れ、3分程ゆでる。ざるにあけて水気を切る。鍋でバターを弱火で熱し、セージを入れる。香りが出てきたら生クリームを加え、塩とコショウで調味し、ひと煮立ちさせる。熱いラヴィオリをソースで和える。器に盛り、パルメザンチーズを振る。

【ラザーニェ】 *lasagne*

ラザーニャ。薄く板状にしたパスタ。ゆでた後、パスタとベシャメルソース、サルサ・ボロニェーゼ、チーズを交互に重ね、オーブンで焼く。

鍋に湯を沸かし、塩を多めに入れ、ラザーニャを堅めにゆでる。ゆであがったら冷水に入れて冷ます。濡れた布巾の上にパスタを広げ、水気を切る。

グラタン皿の内側にバターを薄く塗り、ベシャメルソースを少量入れて広げる。その上にパスタを並べ、サルサ・ボロニェーゼをかける。その上に小さく切ったモッツァレッラチーズを散らす。これを数回繰り返し、層を作る。グラタン皿いっぱいになるまで重ねたら、最後にベシャメルソースをたっぷりとかけ、パルメザンチーズを振る。オリーブオイルを回しかけ、200℃のオーブンに入れる。チーズが溶けて表面に焼き色が付くまで焼く。

【ロトーロ・ディ・パスタ】 *rotolo di pasta*

ロールパスタ。幅を広めにのばしたパスタ生地に、チーズやピュレを塗り、ロール巻きにする。一度ゆでてからグラタンにする。盛りつける時は、切り口を上にして形の面白さを強調する。

乾燥パスタの料理

【アーリョ・エ・オーリオ】 *aglio e olio*

にんにくとオリーブオイルを調理したという意味。赤唐がらしとアンチョビなどを加えて作る。シンプルなパスタ料理だが、材料のバランス、火加減などが難しく、繰り返し調理してコツを覚えるしかない。パスタ好きの客からは、にんにくの香りや赤唐がらしの炒め具合などの注文が出される。にんにくは薄切り、赤唐がらしはハサミで細かく輪切りにする。乾燥した赤唐がらしは、指で割って細かく崩す。パスタはスパゲッティを用いる。

【アッラッビアート】 *arrabbiato*

arrabbiato（アッラッビアート）の語義は、「怒った、カッカした」。ペンネを用いる。にんにくは薄切り、唐がらしは種を除いて細かく切る。鍋を弱火にかけ、オリーブオイルを温め、にんにく、唐がらしを炒める。潰したトマトの水煮を加え、塩とコショウをして少し煮詰める。ゆでたペンネを入れて和える。

【アマトリチャーナ】 *amatriciana*

何カ月も山野を放牧して歩く牧人が、保存食料だけで作った料理。

玉ねぎは薄切り、パンチェッタ、または

グアンチャーレは細切り、唐がらしは種を除いて細かく切る。鍋でオリーブオイルを熱し、玉ねぎを軽く炒め、パンチェッタ、唐がらしを順に加える。パンチェッタの脂が出たら、トマトの水煮を加えて潰し、弱火で煮汁が半分になるまで煮詰める。塩、コショウをして、ペコリーノ・ロマーノを加え、ゆでたパスタを入れて和える。皿に盛り、ペコリーノ・ロマーノを振る。

【イカ墨】
al nero di seppie（アル・ネーロ・ディ・セッピェ）

イカの墨はパスタの他、リゾットや煮込みなどにも利用される。鮮度の良いイカを選ぶことが大切。イカ墨が少ないとコクが出ないので、たりない時は市販のイカ墨のペーストなどを利用するとよい。

イカの墨袋から墨を絞り出し、少量の水で溶いておく。にんにくと種を抜いた赤唐がらしは、みじん切りにする。イカは薄皮をむき、粗めのみじん切りにする。

鍋でオリーブオイルを熱し、にんにくと赤唐がらしを弱火で炒める。香りが出てきたら、イカを入れて炒める。ボウルの上にざるをのせ、炒めた材料をあける。煮汁はボウルにとっておき、材料を鍋に戻す。オリーブオイルを少々たして再度炒める。サフランをひと摘みと白ワインを振り入れ、フランベする。ボウルの汁を鍋に戻し、イカ墨を加える。ゆでたパスタを入れ、墨をからませながら煮詰める。塩、コショウで味を調える。

【イワシ入り】 *con le sarde*（コン・レ・サルデ）

イワシのパスタは、シチリア料理。香りの強いフィノッキオ（ういきょう）の葉を細かくし、イワシと炒め煮にする。

イワシは頭とはらわたを取り、手で開いて中骨も取る。玉ねぎのみじん切り、水に漬けて柔らかくした干しぶどう、松の実を炒める。水を入れて、イワシとサフランを加えて煮る。塩、コショウをして弱火にし、フィノッキオを加える。スパゲッティと和えて、イワシを上にのせる。

【ヴォンゴレ】 *vongole*

ヴォンゴレは、アサリ。パスタと魚介を合わせた料理としては最も古いもの。白ワイン風味で調理する"白仕立て"は、イン・ビアンコ（in bianco）という。アサリの旨味を生かし、シンプルに仕上げる。アサリの代わりにムール貝を使ってもよい。みじん切りにした玉ねぎ、にんにくを、オリーブオイルで炒める。アサリや貝類を入れ、蓋をして強火にする。1分程して白ワインを加え、貝の殻が開くまで煮る。汁は漉して使う。

ヴォンゴレ・ロッソは、トマトやサルサ・ポモドーロを加えた赤いソースのもの。チーズは使用しない。アサリは、白ワインとにんにくで蒸し煮にしておく。煮汁は裏漉しをしてソースに用いる。

ヴォンゴレ・ベラーチは、使用するアサリの種類が異なる。普通のアサリよりも殻と身がずっと大きく、味も濃厚。より高級な食材とされている。

【カルボナーラ】 *carbonara*

語義は「炭焼き夫」。第2次世界大戦後、アメリカ兵が材料を持ってきてレストランで作らせたもの。卵とベーコンを使った手早くできるパスタ料理。アメリカ兵に人気

となり、世界中に広まった。

　ベーコンをカリカリに炒め、卵黄と生クリームを混ぜ、パルメザンチーズを加える。ゆでたパスタの余熱で卵に火を通し、とろみをつけるので、熱いうちに和えるのがコツ。

　「炭焼き風」とも言われるが、これは挽いた黒コショウがパスタの上に散らばっている様子を表現したもの。

【きのこクリーム和え】
con crema di funghi（コン・クレーマ・ディ・フンギ）

　大量のきのこを使う。ポルチーニ茸を利用したものが多い。きのこを炒めると、美味しい汁が出る。この煮汁にブイヨンを少し加え、上品で軽い味に仕上げる。

　きのこの薄切りは、にんにくと炒める。ブイヨンを加えた後、パセリのみじん切り、おろしたパルメザンチーズをかける。ゆでたマカロニとともにスープパスタ風にして食べる。

【くるみソース和え】
con salsa di noce（コン・リルリ・ディ・ノーナェ）

　古くから作られているパスタ。スパゲッティを使う。昔は甘味のあるソースが好まれ、くるみに砂糖とレモン汁を加えてすり潰して用いた。シチリアでは干しぶどう、松の実を加える。現在は甘い味付けにはしない。

　くるみは殻を割り、オーブンに入れて焦げ色が付くくらい焼く。うす皮をむき、細かく刻んでミキサーにかける。チーズやクリーム、バターと混ぜ合わせてソースを作る。

【ゴルゴンゾーラ和え】
con gorgonzola（コン・ゴルゴンゾーラ）

　ツーンと鼻にくる匂いのゴルゴンゾーラチーズは、カビの強いもの（ピカンテ）と、まろやかなものがある。パスタには、まろやかのほうを使い、淡泊なリコッタチーズを加えて軽い味にする。パスタのゆで汁や牛乳などを少しずつ加え、なめらかに溶かす。塩とコショウで味付けし、パスタとからめる。

【サフラン入り】
allo zafferano（アッロ・ザッフェラーノ）

　体を温めたり、消化を助けるサフランを使ったパスタは、ペンネやファルファッレを用いる。

　フライパンを弱火にかけ、バターを溶かす。1cmの角切りにしたスモークハムを加えて炒める。生クリームを少しずつ注ぎ、混ぜながら煮詰める。ぬるま湯に入れて色出ししたサフランを少量ずつ加え、ソースに色を付ける。塩、コショウで味付けし、熱いパスタに少しずつからめる。サフランの香りと生クリームがスモークハムの塩気をやわらげ、彩りや味のハーモニーが良い。

【ジェノヴァ風ペースト和え】
al pesto genovese（アル・ペースト・ジェノヴェーゼ）

　リグーリア州の代表的パスタ。アーリオ・エ・オーリオとともにパスタ料理の最高峰とパスタ通は賞する。

　バジリコの葉は洗わず、布で拭く。バジリコとにんにくを細かく切り、乳鉢で潰す。粗塩とペコリーノチーズをすりおろして加える。粗塩を使うと、バジリコの色が鮮やかになり、味もまろやかになる。オ

リーブオイルと刻んだ松の実を加え、よく混ぜる。ミントの葉やトマトを少々加えてもよい。ゆでたタリアテッレとよく混ぜ合わせて器に盛る。

【シチリア風】 *alla siciliana*（アッラ・シチリアーナ）

マカロニを用いる。なす、ケッパー、ボッタルガ（からすみ）やアンチョビを使う。ひと昔前の島民は貧しく、なすやイワシなどの安い食材を工夫した料理が主であった。

鍋でオリーブオイルを中火で熱し、みじん切りにした玉ねぎ、にんにくを炒める。別の鍋にオリーブオイルを熱し、なすを色付くまで炒める。玉ねぎになすと白ワインを加え、少し煮詰める。サルサ・ポモドーロとブロード・デ・カルネを加え、15分程弱火で煮込む。塩とコショウで味を調え、ゆでたマカロニを和える。パルメザンチーズは別添えにして好みでかける。

【聖ジョヴァンニ風】

alla sangiovanni（アッラ・サンジョヴァンニ）

ブーリア地方の聖ヨハネに献じたスパゲッティ。アンチョビソースの代表的なもので刺激的な味。

アンチョビの塩が強い場合は、塩抜きをする。アンチョビ、玉ねぎ、にんにく、種を抜いた黒オリーブ、ケイパー、バジリコを刻む。フライパンでオリーブオイルを熱し、材料を炒め、トマトの水煮を加えて数分煮る。コショウを振ってスパゲッティと和える。

【トマトソース和え】

con salsa di pomodoro（コン・サルサ・ディ・ポモドーロ）

シチリア風は、なすとアンチョビ入りのトマトソース。イタリアのなすは太い米なすなので、皮が厚くアクが強い。充分に塩を振ってアク抜きをする。カターニャの町の名物料理は、ノルマ風と呼ばれ、パスタの上に大きな素揚げのなすをのせる。米なすを厚く切って塩を振り、水気が出たら拭き取る。油で両面に焦げ目が付く程しっかりと焼く。にんにく、トマトソースと合わせる。

【菜の花和え】 *con cime di rape strascicate*

（コン・チーマ・ディ・ラーペ・ストラスチカーテ）

ナポリの料理。本来はチーマ・ディ・ラーペというかぶの一種の葉を使う。

菜の花は先の部分のみを使用。フライパンでオリーブオイルを熱し、薄切りにんにくと赤唐がらしを炒め、ベーコンを加える。菜の花を入れ、よく炒め、ブイヨンを注ぐ。強火で2分程煮て、塩とコショウで味を調える。スパゲッティと合わせて器に盛る。

【ナポレターノ】 *napoletano*

本場のスパゲッティ・ナポレターノは、ナポリ産のトマトとバジリコを使う。サンマルツァーノトマトはナポリの特産で、細長い形をしており、「太陽の滴」と呼ばれている。手に入らない場合は、缶詰や水っぽくない果肉の多い完熟トマトを使う。

トマトを2～3cmの角切りにする。フライパンでオリーブオイルを弱火で熱し、にんにくを炒め、トマトを加えて煮る。塩を振り、バジリコを加える。ゆでたパスタ（ファルファッレなど）を皿に盛り、トマトソースとからめる。さらに上からトマトソースをかけ、好みでパルメザンチーズ、ペコリーノチーズを振る。

【パスタ・アル・フォルノ】 *pasta al forno*

パスタのオーブン料理。ペンネを用いる。フライパンでオリーブオイルを熱し、玉ねぎを炒め、裏漉ししたトマトを入れる。塩、コショウをして、ちぎったバジリコを加え、数分煮る。焼いたミートボールを入れて20分程煮てソースを作る。耐熱皿にゆでたパスタとスライスしたモッツァレッラチーズを入れる。ソースをかけて全体に混ぜ合わせる。さらに上からソースをかけ、パルメザンチーズを振り、250℃のオーブンで20分程焼く。

【プッタネスカ風】
alle puttanesca（アッレ・プッタネスカ）

プッタネスカは娼婦の意味。赤唐がらしの辛味、ケイパーの酸味、アンチョビの塩味を合わせたソースのパスタ。

ソテー鍋でオリーブオイルを中火で熱し、にんにくを焦がさないように炒める。赤唐がらし、ケイパー、アンチョビ、ブラックオリーブを加えて軽く炒める。サルサ・ポモドーリを注いで弱火で5分程煮る。塩、コショウで味を調え、パセリを加える。ゆでたパスタと和えて、パルメザンチーズを振る。

【ペペロンチーノ】 *peperoncino*

ペペロンチーノは唐がらしのこと。アラビアータ（おこりんぼ）のパスタとして有名。もともとは、まかない料理。細目のスパゲッティを使うと美味しい。

にんにくは薄切り、パセリは細かく刻む。ソテー鍋でオリーブオイルを温め、あまり熱くならないうちに赤唐がらしとにんにくを入れ、ゆっくりと炒める。にんにくに色が付いたら、すぐにパセリを入れ、塩とコショウを振り、かき混ぜる。赤唐がらしを取り除き、ゆでたパスタを混ぜる。にんにくの強い香りが苦手ならば、潰してから入れて、香りが付いたら取り出す。

【乾草と青草】 *paglia e fieno*（パーリャ・エ・フィエーノ）

卵入りの黄色と、ほうれん草入りの緑色のタリアテッレを使う。「麦わらと干し草」という別名もある。

刻んだ玉ねぎ、マッシュルーム、パセリ、ハムをバターで炒め、塩とコショウで味を調える。火からおろして生クリームを加え、ゆでた2色のタリアテッレを入れて和える。

【ボローニャ風】
alla bolognese（アッラ・ボロニェーゼ）

いわゆるスパゲッティ・ミートソース。ボローニャ風は、パンチェッタやレバーを刻んで入れるので、コクが出て風味が増す。野菜や肉をよく炒め、赤ワインを注いで強火で手早く煮詰めてしまう。トマトを加え、中火で1時間程煮込む。

【メロンのパスタ】
spaghetti al melone（スパゲッティ・アル・メロネ）

細いスパゲッティを使う。熟したメロンの果肉を軽く潰す。フライパンで2分程煮立て、角切りにしたメロンを加え、沸騰させずに煮る。別なフライパンで、生クリームを弱火で温める。風味付けにマルサーラ酒を少々加える。メロンと生クリームを合わせ、熱いパスタと和える。

【焼きスパゲッティ】 *frittata di spaghetti*
（フリッタータ・ディ・スパゲッティ）

ゆでて残ったパスタを工夫したもの。パ

スタにバターとパルメザンチーズ、みじん切りのパセリ、卵を入れ、よく混ぜる。フライパンで両面をゆっくりと焼く。アンチョビ、オリーブ、トマトなどを加え、卵焼きやピザのようにすることもある。焦げやすいので火加減に注意。片面がしっかりと焼けてないと、返した時に崩れてしまう。この料理を作るためにパスタをゆでる場合は、やや堅めにゆで、水気を切って使う。ラグーで和えたスパゲッティを用いると一層美味しい。

【ルチアーノ風】 *luciano* (ルチアーノ)

　タコとイカを使ったパスタ。ナポリの海岸沿い地域の料理。

　イカははらわたと墨を除き、ぶつ切りにする。タコも同様にぶつ切り。鍋でオリーブオイルを熱し、みじん切りにしたにんにくを炒める。ほぐしたパンと玉ねぎを入れ、5分程炒める。タコ、イカ、パセリを加えて数分炒め、トマトを入れて15分程煮る。塩、コショウを振り、トマトペーストを入れて調味し、ゆでたマカロニにかける。

【冷製】 *freddo* (フレッド)

　パスタを冷やして食べるのは、イタリアではほとんどタブーであった。だが、三ツ星シェフ、グァティエロ・マルケージが、その概念を破った。1980年代に来日した際に、そば屋でざるそばを食べ、冷たい麺の美味しさに気付き、帰国後にキャビア添えなどの冷たいパスタを創作した。これが日本に逆輸入され、冷製パスタのメニューとなった。

　アメリカのニューヨークやロサンゼルスでは、メニューに冷たいパスタが並んでいる。軽食を兼ねたサラダ感覚で、カリフォルニア・ワインを飲みながら食べる光景がよく見られる。ソースはヨーグルト、サワークリーム、フレンチドレッシング、マスタードや香草入りドレッシングなど。

Column －パスタ②－

　パスタは必ずしも主食に使われるとは限りません。チョコレートやクリームと合わせて、デザートにもされます。パスタには塩が入っていないので、クレープやホットケーキなどと同じ扱いができるのです。日本のうどんは、塩を練り込んであるので、デザートには向きません。

　パスタはイタリア中部以北では手打ち麺、南部は乾麺です。北部出身の料理人は、乾麺はインスタントだとバカにします。麺は手で打って食べるのが当たり前だというのです。日本流に言えば、「乾麺でそば屋がやれるか」というところでしょうか。日本にも生麺を使うパスタの店はありますが、麺はほとんど業者から仕入れており、店で麺を打ってはいません。

　イタリア人は、「日本のスパゲッティは素麺ばかりで、うどんがない」と言います。日本で使われるスパゲッティは、フェリーニやカッペリーニなどの細麺が多く使用されています。うどんとは、スパゲッティのように太いものをいいます。ゆで時間が太麺の3分の1なので楽なので普及したのです。

　ショートパスタはロングパスタよりも種類が豊富です。

　イタリアでは各家庭でオリジナルの形があり、その種類をあげたらきりがありません。

ピッツァ *pizza*

もともとは小麦粉を練ってのばし、トマトやオリーブオイルをかけて焼くだけの(フォカッチャのような)簡単な食べ物だった。イタリアのリストランテやトラットリアでは、通常メニューには載っていない。ピッツェリアと呼ばれる専門店で食べることができる。

注文を受けると発酵した生地を麺棒で丸くのばし、形を整える。具をのせて高温で手早く焼く。レンガ造りのかまどで薪を使って焼くと、香ばしくパリッと焼きあがる。石がま内の温度は約400℃にまで上がる。具には水分が多いものを使うので、生地にのせたら1分たらずですぐに焼くのがコツ。オーブンの場合は、下段で短時間で焼く。

生地にはイーストを使う。ふくらませる必要はないので、発酵させるのは1度だけでよい。生地が完全になめらかになるまで力強く練り込む。ボウルに強力粉と薄力粉を1:1の割合で入れ、塩と細かくほぐしたイーストを加える。オリーブオイルと湯を少しずつ加え、よく混ぜる。

打ち粉をした台の上に生地をあけ、手で練り込む。時々、生地を叩きつけ、弾力をつけていく。生地が柔らかくなったら、丸めて、オリーブオイルを塗ったボウルに入れる。よく絞った布巾をかぶせ、温かい場所に40分程おいて発酵させる。生地が倍くらいにふくらんだら、手で潰してガス抜きをする。

打ち粉をした台の上にのせ、丸くまとめてから2mm程の厚さにのばす。焼き皿、もしくは天板にオリーブオイルをたっぷりと塗り、のばした生地を敷く。ピッツァ・マルゲリータ(pizza margherita)は、サルサ・ポモドーロを全体に塗り、薄切りにしたモッツァレッラチーズと手でちぎったバジリコをのせ、オリーブオイルを振りかける。オーブンを最高温度にして焼き色を付ける。

ピッツァの一例

【カルツォーネ】 *calzone*

語義は「ズボン、長ズボン」。ナポリの名物料理。小さめのピッツァの生地に具をのせ、半円形に折って包んでからオーブンで焼いたもの。

打ち粉をした台に生地をのせ、厚さ2mm、直径12cm程の円形にのばす。生地の真ん中にロースハムやモッツァレッラチーズなどをのせ、オレガノとオリーブオイルを少量振りかける。生地の縁に沿って溶き卵を塗り、半分に折って張り合わせて半円形にする。天板に並べ、温かい所で10分程おいて発酵させる。180℃のオーブンに入れ、両面をこんがりと焼き上げる。

【ケーキ型ピッツァ】 *brioche* (ブリオッシュ)
●カンポフランコ風ピッツァ
alla campofranco (アッラ・カンポフランコ)

バターを塗った型にブリオッシュ生地を入れ、発酵させる。温めていないオーブンに入れ、150℃まで温度を上げながら乾いた状態になるまで焼く。15分程おき、横半分に切る。スライスしたモッ

ツァレッラチーズ、トマトソース、パルメザンチーズを下半分に敷く。上半分をかぶせ、同様にソースとチーズをかける。200℃のオーブンで15分焼く。

● トルタノ　tortano

タルトの一種。イーストをぬるま湯で溶かし、軽く泡立つまでおく。小麦粉、バター、塩、コショウを入れ、パルメザンチーズを加える。15分程練り、充分発酵させる。サラミ、エメンタールチーズ、辛口プロボーネチーズ、スモークプロボーラチーズを混ぜ、詰め物を作る。生地を1cmの厚さにのばし、詰め物と粗く切ったゆで卵をのせ、生地で巻き込む。中央に突起のある型にバターを塗り、巻いた生地をドーナッツ型に詰める。2時間程発酵させ、170℃のオーブンで1時間程焼く。

【パンツァロッティ】*panzarotti*

具をピッツァ生地で包んで揚げたもの。小さく切ったリコッタチーズ、モッツァレッラチーズ、スモークプロボーラチーズ、ハムをボウルに入れる。パルメザンチーズを加え、卵でつないで詰め物を作る。ピッツァ生地を薄くのばす。生地の中央から半分に少量の詰め物を等間隔で置いていく。生地を折り、詰め物を包むように縁の部分を押してくっつける。パイカッターで詰め物をした部分を中心に半円形に切る。油できつね色になるまで揚げる。キッチンペーパーに取って油を切る。

【フォカッチャ】*focaccia*

生地だけを焼いたピッツァ。生地を薄くのばし、窯の中でクッションのようにふくらませる。そのまま食卓に出し、潰して中の空気を抜く。塩、オレガノ、オリーブオイルをかけ、さっぱり味で食べる。

【フライピッツァ】

pizzelle fritte（ピッツェッレ・フリッテ）

生地で小さなボールを作り、粉を振って並べ、布巾でおおって2倍に発酵させる。手で押して1cmの厚さにのばし、熱い油で揚げる。スプーンで上から熱い油を注ぐとよくふくらむ。キッチンペーパーに取って油を切り、トマトソースなどを塗って食べる。

【マリナーラ】*marinara*

語義は「水夫、船乗り」。マルゲリータとともに代表的なピッツァ。トマト、にんにく、オレガノ、オリーブオイルを使う。

ニョッキ　*gnocchi*

イタリア版のすいとん。じゃが芋やかぼちゃの裏漉しやセモリナ粉をベースにするもの、シュー生地を使ってふんわりと仕上げるものなど種類が豊富。

各地で様々なニョッキが作られているが、一般的にはじゃが芋が多い。ゆでたじゃが芋、小麦粉、卵を練り合わせ、親指程の大きさにして、フォークで筋目を付ける。ゆでた後、サルサ・ボロニェーゼやサルサ・ポモドーロ、おろしチーズなどを合わせて食べる。小さな団子という感じで、見栄えはあまりしないが、形や味は変化に富んでいる。小さめのニョッキは、ニョ

ケッティ（gnochetti）という。

ニョッキ一例

【かぼちゃのニョッキ】

　かぼちゃは大きめに切り、種を除いて皮をむく。ゆでて温かいうちに漉す。薄力粉を入れ、卵を加えてよく混ぜ合わせ、ペースト状の柔らかい生地を作る。塩を入れた湯の中にスプーンですくって入れ、浮いてきたら皿に取る。フライパンでバターを熱し、にんにく、セージの葉を入れる。焼き色を付け、塩で調味したソースを、かぼちゃのニョッキにかける。

【じゃが芋のニョッキ】

　じゃが芋は、皮付きのまま塩ゆでにする。熱いうちに皮をむき、鍋に戻して弱火にし、完全に水分を飛ばして粉ふき芋にする。熱いうちに裏漉ししてボウルに入れ、塩、コショウ、小麦粉、卵を加える。手早く混ぜ合わせ、打ち粉をした台の上にあける。

　ひと塊にしたら太い棒状にする。量が多い場合は幾つかに切って、手で転がしながら適度な太さにのばす。直径1.5cm、長さ2～3cm程の食べやすい大きさを目安に切り分ける。1個ずつフォークで溝を付け、形を整えたら、打ち粉をして、それぞれがくっつかないようにする。

　鍋に湯を沸かし、少し多めの塩を入れる。煮立ったらニョッキを入れてゆでる。一度沈んだニョッキが再び浮き上がってきたら、ざるにあけ、充分に水気を切る。温めたサルサ・ボロニェーゼと和えて器に盛り、パルメザンチーズを振る。

【ほうれん草のニョッキ】

　裏漉しをしたじゃが芋に、ほうれん草のピュレを散らすようにかけ、ナツメッグを加え、よく混ぜ合わせる。ゆであげたら、サルサ・ポモドーロで和える。

【ボッロメオ王子のニョッキ】

gnocchi alla "principe borromeo"

（ニョッキ・アッラ・プリンチペ・ボッロメオ）

　ニョッキにベシャメルソースをかけ、グラタン仕立てにした料理。ロンバルディア地方のサボイア家のボッロメオ王子が、ボローニャに招かれた時に食べて気に入ったため、この名が付いた。

　鍋に牛乳、塩、コショウを入れて温め、セモリナ粉を少しずつ加えながら混ぜる。ほうれん草とにんじんは、ゆでて細かく刻む。みじん切りにしたハムとパセリ、ペコリーノチーズ、パルメザンチーズ、ナツメッグ、卵を加え、生地が鍋底につかなくなるまで練る。天板にベシャメルソースを敷き、ニョッキをスプーンでのせる。上からベシャメルソースをかけ、パルメザンチーズを振る。200℃のオーブンで軽く焼く。皿にトマトソースを敷いてニョッキを盛る。

【ローマ風ニョッキ】

　「木曜日にはニョッキ」という言葉がある程、ローマ人はよくニョッキを食べる。じゃが芋を使わずに、セモリナ粉をベースにする。ソースを添えずに、あっさりと味わう。

　鍋を中火にかけ、バターを溶かし、みじん切りにしたハムを炒める。温めた牛乳を注ぎ、セモリナ粉を少しずつ加え、泡立て

器で混ぜ合わせる。よく混ざり合って煮立ってきたら、鍋底からすくうようにしてよくこねる。強い粘りが出てきたら火からおろし、パルメザンチーズを加える。卵黄を少しずつ入れ、混ぜ合わせる。

バットにあけて、1cm程の厚さに広げる。表面を水で濡らし、押して平らにする。冷めたら適当な大きさに丸く抜く。グラタン皿にニョッキを少しずつ重ねるようにして並べる。パルメザンチーズを振り、溶いた卵黄を塗る。バターをのせてもよい。200℃のオーブンに5分程入れ、焼き色を付ける。

ポレンタ *polenta*

ポレンタは、イタリア北部のエルトリア人が穀物を挽いた粉で作ったもので、ローマ時代には主食になっていた。コロンブスが新大陸を発見後、とうもろこしの粉を使った黄色のポレンタが作られるようになる。

沸騰した湯に、とうもろこしの粉を加える。充分に練り込んだものにバターやチーズを加えたり、冷えて堅くなったものをオーブンで焼いたりして食べる。イタリア北部では、パスタの代わりにしたり、肉の煮込み料理やジビエのローストの付け合わせにする。

Column －ソース－

イタリア料理の人気急騰で、フレンチからイタリアンに鞍替えする料理人が増えました。そこで問題が発生。サルサ・ディ・ポモドーロ（トマトソース）がすべてフレンチ風なのです。フランス料理に使うトマトソースは、ベースが玉ねぎとにんにく。玉ねぎとにんにくを焦げないように炒め、フレッシュトマト、または缶詰のトマトを入れて煮詰め、バジリコ、サラダ油、バターを加えます。南イタリア料理のトマトソースは玉ねぎを入れません。玉ねぎを入れると甘くなりすぎるからです。シンプルにトマトとにんにく、オリーブオイル、バジリコで作ります。フランス料理のトマトソースはリッチな味ですが、バターや玉ねぎでトマトの旨さが消されてしまいます。素朴にトマトの甘さと酸味を生かす……これがイタリア料理のトマトソースなのです。フレンチからイタリアンに寝返った料理人は、それに気付かず、トマトソースの味が微妙に合わない。フレンチで習ったトマトソースの作り方に固執し、それが正しいと思い込んでいるのです。もちろん、北イタリアには、バターや玉ねぎを使う人もいますが。

トマトはスペイン領だったナポリから普及しました。コロンブスが新大陸を発見した頃に持ち込まれ、ベスビオス山周辺の火山灰地層に植えられました。すると、どんどん根付き、サンマルツァーノという楕円形のトマトができたのです。トマトや唐がらしをはじめ、海外から入った新食材は、イタリアの特産物に変貌しました。

北部のベニスには最近までトマトソースのパスタはありませんでした。トマトの生産地が近くになく、食べようという意識もなかったからです。日本人や中国人のように、何でも試食しようという感覚はないんですね。イタリア南部ではトマトの缶詰も用いますが、各家庭で育てた完熟トマトをもいで使うことが多いようです。トマトソースをビンに入れて湯煎にかけ、棚にズラっと並べてあります。このトマトソースを朝、昼、晩と何を食べるにもかけます。日本人が醤油や味噌を頻繁に使うのと同じ感覚です。

ナポリのトマト料理は、アメリカに渡った移民によって広まり、「ナポリタン」の名が付きました。日本では、当初トマトの缶詰がなかったので、ケチャップを使いました。

米料理　*riso*（リーゾ）

　北イタリア人は、日本人と同じく米が好きな地域。ピラフ、サラダ、スープ、コロッケ、デザートなどに幅広く用いる。わが国のように主食としてではなく、料理の中の1品として扱い、味わい方も異なる。パスタ同様にアルデンテに仕上げる。ピラフやサラダに用いる場合は、粘り気が出ないようにする。旨味を逃さず、芯を残すために、米を洗わないで使うのも特徴。

　イタリア料理における米の調理法は、大きく以下のように分けられる。

- ◆湯で塩ゆでする。ゆでた後、水で洗って水分を充分に切る。米の粘りが取れるので、主にサラダに用いられる。
- ◆ピラフ（pilaf）。オリーブオイルやバターを使い、米を一度炒めてからブロード（だし汁）を加え、オーブンで炊く。パラパラの状態に仕上げるために、炊きあがったら大理石の台に広げて水分を飛ばすこともある。
- ◆リゾット（risotto）。米にブロードを少量ずつ加えながら煮込む。米の4倍程のブロードを加えながら徐々に味を含ませる。リゾットは米の調理法の中で最も難しい。仕上げたらすぐにサービスする。煮込む時間は米の種類によって異なるが、20分程度が目安。

米料理の一例

【サルトゥー】*sartù*

　具の入ったリゾットを、タンパル型に入れ、オーブンで焼いたもの。18世紀末頃までは、詰め物をした米やパスタ全般を示す名称だった。ラグーで味付けしたミートボールやソーセージ、グリーンピースが入った赤い色のものと、鶏レバー、ゆで卵、グリーンピースを詰めてコンソメで味付けした白い色のものがある。米は、加熱に強いセミフィーノを用いる。

　豚ロース肉、もしくはソーセージを使う。トマト・パッサータは一度に加える。パンの耳を切り落とし、水に浸す。水気をよく絞り、ボウルの中で挽き肉と混ぜる。パルメザンチーズ、卵、パセリ、にんにく、塩を加え、フードプロセッサーでよく練りあげる。ミートボールを作り、油で揚げる。

　多めの塩を入れた湯で米をゆでておく。

　詰め物を作る。モッツァレッラチーズ、ゆで卵、ラグーで煮たソーセージをスライスする。グリーンピースは、ゆでて水気を切っておく。ミートボール数個とグリーンピース少量はソース用に別にしておく。アルデンテに仕上げた米は水気を切り、冷水にさらして余熱をとった後、ラグーで調味する。

　型にバターを塗り、パン粉をまぶす。型の底に米の3分の1を敷き、詰め物の半分を入れて、パルメザンチーズを振る。これを繰り返し、最後は米で終わるようにする。200℃のオーブンで30分程、軽く焼き色が付くまで焼く。オーブンから出して数分休ませ、皿に移す。ラグーとミートボール、グリーンピースを合わせて温め、中央に盛る。

イタリア料理

● 白いサルトゥー

sartù bianco（サルトゥー・ビアンコ）

ポルチーニ茸をマーガリンで炒め、白ワインを加える。小さく切った鶏レバーも同様に炒める。塩を加えた湯で米をゆで、卵、マーガリン、パルメザンチーズ、パセリを混ぜる。型に米、パルメザンチーズ、モッツァレッラチーズのスライス、ゆで卵、グリーンピースを層にして重ねる。最後にパルメザンチーズとパン粉を振り、マーガリンをのせてオーブンで焼く。

【ティエッダ】 *tiedda*

南イタリアの伝統的な炊き込みごはん。昔の主婦は、数週間分のパンをまとめて共同の釜で焼いていた。パンを焼いた後で、あり合わせの材料を釜に入れて焼いたのがこの料理。

胚芽米を軽く洗い、水気を切る。ムール貝は殻を開け、一方の殻に身を付けておく。深底の耐熱皿にオリーブオイルを塗り、薄切りにした玉ねぎとじゃが芋、トマト、オリーブオイルを入れ、塩とコショウをする。オレガノを加え、ムール貝と米をのせる。同様の順番で重ね、最後に玉ねぎ、じゃが芋、トマトをのせる。水を入れて蓋をし、250℃のオーブンで1時間程焼く。

【ライスコロッケ】

crocchette di riso（クロケッテ・ディ・リーゾ）

ローマの庶民的料理。残りもののリゾットを利用することが多い。

リゾットは冷蔵庫で冷やして固めておく。リゾットの代わりに冷えたバターライスをサルサ・ボロニェーゼと混ぜ合わせて使ってもよい。手にオリーブオイルを塗り、1個分のリゾットを取り分けて、中心にモッツァレッラチーズを入れる。丸く形を整え、小麦粉、溶き卵、パン粉の順に衣を付ける。180℃の油に入れ、表面にきれいな焼き色を付ける。揚がったら、油を充分に切る。

【リゾット】 *risotto*

上質のカルロナリ米や胚芽米をオリーブオイルで炒める。その後絶えずブロードの量をひたひたに保つのがコツ。米が吸い込んだ分だけをたしながら、ゆっくりと煮て、アルデンテに仕上げる。麺やパスタの場合と同様に、歯ごたえを楽しむ。

● 赤ワインのリゾット

米がバラ色に染まり鮮やか。ワインが苦手な人でも食べられる。バターで玉ねぎを炒め、米を加え、つやが出るまで炒める。赤ワインを一気に注ぎ、強火で混ぜる。温かいブイヨンを少しずつ加え、味を見ながら時々かき混ぜ、アルデンテに煮る。火を止めて生クリームを入れ、仕上げに角切りのバター、パルメザンチーズ、フォンティーナチーズを加える。

● イカ墨のリゾット

米がアルデンテに仕上がったら、イカ墨を加える。最後にバターとパルメザンチーズを加えて、鍋をゆすりながら全体をよく混ぜ合わせる。

● グリーンピースのリゾット

さやごと一緒にブロードで煮ると、グリーンピースの香りを生かすことができる。鍋でオリーブオイルを熱し、にんにくと豆のさやを軽く炒める。ブロード・

ディ・カルネを加え、10分程煮て豆のだし汁を漉す。鍋でオリーブオイルを熱し、玉ねぎを炒め、ハムと豆を加える。白ワインを注いで少し煮詰め、豆のだし汁を加えて10分程煮る。米を入れて、豆のだし汁を注ぎ、時々かき混ぜて20分程煮る。米がアルデンテになったら、塩とコショウで調味する。バター、パルメザンチーズを加え、鍋を揺すって混ぜる。

● サフランのリゾット

ミラノを代表する料理。サフランで黄金色を付ける。昔は煮た米の上に一面に金箔を敷いて食べたという贅沢な料理。黄金色に色付けするのは、その頃の名残。鍋でオリーブオイルを熱して、みじん切りにした玉ねぎを炒める。米を入れて炒め、白ワインを振り入れる。バルサミコ酢とサフランを加える。米が透き通ってきたら、熱したブイヨンを数回に分けて注ぐ。弱火にして時々かき混ぜながら食べ頃になるまで煮る。バター少々とパルメザンチーズを加えて全体になじませる。牛の骨髄を添えることが多い。

● 白いリゾット

ブイヨンを熱く煮立てておく。鍋でバターを弱火で溶かす。米を入れ、かき混ぜながら数分炒める。ブイヨンを少量加え、強火にして煮立てる。火を弱め、そのまま煮る。水分がなくなったら、そのつどブイヨンを補う。好みの柔らかさになったら火からおろし、バターとパルメザンチーズを入れ、かき混ぜる。塩で味を調える。

● ポルチーニ茸のリゾット

イタリア人は、秋になるとよくきのこ狩りをする。持ち帰った採れたての新鮮なきのこを使えば格別の味となる。ポルチーニ茸は秋のきのこの中でも最高。栗林に生えるものが良い。乾燥ものでも香りは充分だが、生のポルチーニ茸の食感は格別。

乾燥したポルチーニ茸は湯で戻す。玉ねぎ、ポルチーニ茸、米の順にオリーブオイルで炒め、じっくりと味を引き出す。ブロードを少しずつ加え、米が煮えたら、刻んだイタリアン・パセリ、バターを加え、パルメザンチーズをかけて混ぜる。

● 野菜のリゾット

さやいんげん、ズッキーニ、なすなどの野菜を使い、サルサ・ディ・ポモドーロで味を付ける。

鍋でオリーブオイルとバターを熱し、玉ねぎや旬の野菜、きのこを炒める。玉ねぎが透き通ったら米を加え、サルサ・ディ・ポモドーロと湯を入れる。ターメリックを加えてもよい。沸騰したら10分弱煮て、弱火でさらに10分煮る。水分がなくなったら塩、コショウで調味する。器に盛り、パルメザンチーズを振る。魚や鶏料理の付け合わせにもなる。

だし・ソース

だし、ソースの作り方、および使用する材料は、店や家庭により様々である。ここでは、その一例を紹介する。

だし汁

【コンソメ】*consumato*（コンスマート）

玉ねぎ、にんじん、セロリは薄切りにする。牛もも肉は角切りにする。鍋に牛もも肉、野菜、タイム、ローリエ、トマトピュレ、卵白を入れる。全体に粘りが出るまで混ぜ合わせる。

温めたブロード・ディ・カルネを加え、中火にかけてゆっくりと卵白に火を通す。沸騰直前に火を弱め、静かに煮続ける。固まった卵白、肉、野菜が表面に浮き上がってきたら、煮汁が静かに踊る程度の火加減で50分程煮る。肉や野菜が卵白で固められ、煮汁が透明になってきたら、レードルですくって目の細かい布などで漉す。すべて漉し終えたら、吸着性のある紙を煮汁の表面にすべり込ませ、浮いている脂を吸い取る。煮汁を鍋に移し、塩とコショウで味を調える。

- ジェラティーナ　gelatina

ゼリーのこと。ゼリー状のコンソメの作り方は、コンソメと同様。煮込む時に、水で戻したゼラチンを加える。冷たいスープにしたり、冷たい料理のゼリーがけに用いたり、付け合わせなどにする。

【ブロード】*brodo*

ブロードとは、だし汁一般のこと。多くのイタリア料理の味のベースやスープとして使われる。

- スーゴ・ディ・カルネ　sugo di carne

肉のソース。もともと肉や野菜を使った煮込み料理の煮汁を指し、肉や野菜は料理として食べ、煮汁はパスタを和えるなど、そのままソースとして利用された。これが近年になり、フランス料理の影響を受けて、フォン・ド・ヴォーに近い性質を持つ"ソースのベース"として用いられるようになった。使う材料や濃度は様々。肉料理の茶色いソースのベースなどに用いられる。

仔牛の骨は、細かく割る。肉は粗く切る。仔牛の骨と肉を天板に並べ、200℃で30分程焼く。焦げ付かないように何度か混ぜ合わせ、きれいな焼き色を付ける。

鍋で油を中火で熱し、粗く刻んだ玉ねぎ、にんじん、セロリ、にんにくを炒める。大きめの鍋に、焼いた仔牛の骨、肉、野菜、ブーケガルニを入れる。トマトペーストと水を加え、強火にかける。沸騰直前に火を弱め、アクを取る。弱火で5時間程煮て、シノワで漉す。

- ブロード・ディ・カルネ　brodo di carne

肉のだし汁。肉料理や野菜料理のソース、スープなど、ほとんどのイタリア料理のベースとして使われる透明のだし汁。肉や野菜をゆでる料理で得られたゆで汁は、スープとして飲まれていたが、フランス料理の影響を受け、スープのベースとなるだし汁的利用をされるようになった。材料、方法は様々である。

トマト、玉ねぎ、にんじん、セロリを適

当な大きさに切る。鍋に鶏がら、牛のすね肉、セロリ、パセリの茎、タイム、ローリエを入れる。玉ねぎにはクローブを刺し、野菜類を加え、水を入れて強火にかける。沸騰直前に火を弱め、アクを取る。弱火で3～4時間煮て、シノワで漉す。

● ブロード・ディ・ペッシェ　brodo di pesce

魚のだし汁。様々な魚介料理の味のベースとして利用される。新鮮な白身魚とあらを用いる。魚は舌平目、カレイ、タラなど。冷凍ものや鮮度の落ちたものは、一度炒めてから使う。

魚のあらを適当な大きさに切り、水にさらして血や臭みを取る。鍋にオリーブオイルとバターを入れ、中火で熱する。薄切りにした玉ねぎ、にんじん、セロリ、シャンピニオンを入れ、色が付かないように炒める。野菜類がしんなりとしたら、水気を切った魚のあらを入れる。白ワインと水を注ぎ、ブーケガルニと粒コショウを加えて強火で煮る。沸騰直前に火を弱め、アクを取る。弱火で30分程煮たら、シノワで漉す。

ソース

【サルサ】*salsa*

サルサはソース全般を意味する。

● サルサ・ヴェルデ　salsa verde

グリーンソース。「ヴェルデ」は緑という意味。赤ピーマンを少量加えると、彩りがきれいで風味が良くなる。ゆでた肉料理によく合うが、魚介料理に用いられることもある。作り置きができる。

バジリコ、イタリアンパセリ、アンチョビ、にんにくとオリーブオイルをミキサーに入れ、よく攪拌する。

● サルサ・ディ・ポモドーロ

salsa di pomodoro

イタリア料理には欠かせないトマトソース。現地では玉ねぎは使用しない場合もある。真っ赤に完熟したトマトは、サン・マルツァーノの生か、水煮の缶詰を使う。パスタ、ピッツァ、リゾット、肉料理など幅広く用いられる。

にんにくをスライスか、みじん切りにする。鍋でオリーブオイルを熱し、弱火で焦げないように、にんにくを炒める。生トマトか水煮を汁ごと加え、オレガノを振る。スパテラでトマトを潰し、塩とコショウで軽く下味を付ける。表面のアクを取り、弱火で煮汁が3分の1ぐらいになるまで煮詰める。最後に再度、塩とコショウで味を調える。

● サルサ・ボロニェーゼ　salsa bolognese

サルサ・ラグー（salsa ragù）とも言う。いわゆるミートソースのこと。

玉ねぎ、にんじん、シャンピニオン、セップ茸、セロリ、にんにくをみじん切りにする。鍋でオリーブオイルを熱し、玉ねぎとシャンピニオンを入れる。にんじん、セロリ、にんにくを加え、全体に軽く色が付くまで炒める。野菜に火が通ったら、牛、豚、鶏の挽き肉を入れて、ほぐしながら混ぜ合わせる。肉に火が通って色が変わり、パラパラの状態になるまで炒める。

赤ワインを加え、軽く煮る。ブロード・

ディ・カルネを注ぎ、塩とコショウを振って下味を付ける。ローリエとサルサ・ディ・ポモドーロを加え、弱火で煮る。煮汁がほとんどなくなるまで煮詰つめる。最後に塩、コショウで味を調え、煮上げる。

● サルサ・マイオネーゼ　salsa maionese

マヨネーズソース。主に冷たい料理やサラダに用いる。風味を生かすためにヴァージンオリーブオイルを使用する。ボウルに卵黄とマスタード、ワインビネガーを入れ、軽く塩とコショウをする。泡立て器で絶えずかき混ぜながら、オリーブオイルを糸のようにたらして加えていく。

【ペースト】*pesto*

● ペスト・ジェノヴェーゼ　pesto genovese

バジルペースト。バジルはイタリア北西部の港町ジェノヴァの代表的な香草。パスタ用ソースやスープなど、味にアクセントを付けたい場合に少量用いられる。

すり鉢に、バジルの葉、にんにく、パセリ、松の実を入れ、すりこぎやミキサーで充分にすり潰してペースト状にする。フードプロセッサーを用いてもよい。松の実から油が出て、全体が均一になったら、オリーブオイルを少しずつ加え、よく混ぜ合わせる。パルミジャーノ・レッジャーノを加えて混ぜ、塩とコショウで味を調える。カリアータと呼ばれるチーズに似た白いクリームを加えることもある。クリームを混ぜるとパスタとよくからまる。

特殊なソース

【フォン・デュ】*fonduta*（フォンドゥータ）

イタリア料理においてフォン・デュというと通常はピエモンテ風を指す。牛乳とフォンティーナチーズを煮溶かし、卵黄で仕上げたソースをトーストにつけたり、バターライスにかけて食べる。白トリュフを入れることもある。

● バーニャ・カウダ　bagna cauda

イタリア北部ピエモンテ州の郷土料理。バーニャは風呂、カウダは温かさを意味する。小鍋に入れたソースを食卓で煮立てながら野菜をつけて食べる。ソースは、アンチョビ、にんにく、オリーブオイルで作るのが一般的。生クリームを加えてもよい。家庭料理なので、それぞれの地域や家によって味付けに違いがある。赤ワインを加えたり、くるみやトリュフを入れて香りを楽しんだりと工夫を凝らし、わが家の味を作り出している。アンチョビは、すり鉢でペースト状にする。小鍋でバターを熱し、アンチョビのペーストとにんにくを炒める。オリーブオイルと白コショウを加える。鍋はフォン・デュ用のキャンドルで温めておく。卓上コンロならば、ごく弱い火にして使う。

スープ　*zuppa* (ズッパ)

ズッパは本来、トーストの薄切りや油で炒めたパンなどを浮かすのが特徴。ブロードはズッパのベースになるもので、ミネストラ（minestra）はスープものの総称。スープものは、おおむね以下の種類に大別される。

◆ヴェッルタータ　vellutata：バターと粉のルーをつなぎにしたスープ
◆クレーマ　crema：牛乳と米粉をつなぎにしたクリームスープ
◆ブロード　brodo：だし汁のスープ
◆ミネストローネ・ズッパ　minestrone zuppa：野菜スープ
◆リストレット　ristretto：コンソメスープ

スープ料理一例

【ヴァルペッリーネ風スープ】
valpellinese (ヴァルペッリネーゼ)

イタリアの山岳地帯のグラタンスープ。野菜とスープとパンが層を成している。野菜は季節のものを使う。

キャベツなどの野菜をブイヨンで柔らかく煮る。冷めたら耐熱容器に敷き、パンとフォンティーナチーズを重ねる。スープを注ぎ、溶かしバター、にんにく、セージ、ローズマリーを散らして塩を振る。180℃のオーブンで1時間程焼く。

【パスタ・ラーザ】*pasta rasa*

おろしパスタ入りの野菜スープ。別名パスタ・グラッタータ。ロンバルディア州で昔から作られていたスープで、パスタ生地を削りおろしてブイヨンに入れる。小麦粉の代わりにパン粉を用い、卵とチーズを加えて生地を作ることもある。

パンチェッタ、玉ねぎ、にんじん、セロリ、ズッキーニ、トマトは小さく角切りにする。鍋でオリーブオイルを熱し、パンチェッタを軽く炒める。野菜を入れ、さらに炒める。トマトを加え、ブイヨンと水を入れて、野菜が煮崩れするまで煮込む。粗いザルで潰してスープを漉す。パスタはチーズおろしで削ってゆでる。スープに加え、みじん切りにしたバジリコ、パルメザンチーズを振り、オリーブオイルを回しかける。

【ミネストローネ】*minestrone*

イタリアを代表する具だくさんの野菜スープ。土鍋でグツグツと煮込む家庭料理。田舎風は野菜の形がなくなるまで煮込む。レストランでは野菜の形を残し、あっさりとした味に仕上げる。最後にバジリコのペーストを加えると、彩りも鮮やかで味にもコクが出る。パスタの入ったミネストローネもある。

焼き物　cuocere（クオーチェレ）

肉料理

【カッチャトーラ】 *cacciatora*

　語義は「狩猟服」。猟師風、狩人風という意味。ローマに近いフラスカティ地方の素朴な料理。ラムチョップや鶏肉を用いる。きのこ類のソースを使うのが特徴。

　ラムチョップに塩、コショウをする。フライパンでオリーブオイルを熱し、ラムチョップを入れて両面を焼く。少し焼き色が付いたら余分な油を切る。ワインビネガーと白ワインを加える。ラムチョップを片側に寄せ、鍋の端で刻んだアンチョビ、にんにくのみじん切りを炒める。セージの葉、パセリ、ローズマリーを加え、ラムチョップとからめる。

【香草焼き】

all'erbe aromatiche（アッレルベ・アロマティケ）

●鶏肉の香草焼き

　鶏の骨付きもも肉を使用する。鶏肉の皮すべてと脂肪を取り除く。ひざの外側の骨の間にナイフで切り目を入れ、折り曲げる。ボウルにパルメザンチーズ、パン粉、にんにく、イタリアンパセリ、オレガノ、塩、コショウを入れ、混ぜ合わせる。鶏肉の片面に付け、具が乗った面を上にして耐熱皿に並べる。小鍋でバターを溶かし、上からかける。250℃のオーブンで50分程焼く。

【コストレッタ】 *costoletta*

　日本流に言えばカツレツ。衣にパルメザンチーズを入れ、オリーブオイルで焼く。最後に焦がしバターとレモン汁をかけてもよい。

　仔牛肉の薄切りをラップで挟み、肉叩きで薄くのばす。塩、コショウをして小麦粉をまぶす。溶き卵にくぐらせたら、パン粉、パルメザンチーズの衣を付け、包丁の腹で叩いて衣を落ちつかせる。フライパンでオリーブオイルを多めに熱し、肉を入れて両面を焼く。別のフライパンでバターを溶かし、レモン汁を入れて沸騰させる。焼きあがった肉に熱いうちにかける。トマト、ルッコラを添えるのが一般的。

【サルティンボッカ】 *saltimbocca*

　サルターレ（飛ぶ）、イン（中）、ボッカ（口）の３つの単語の合成語。「口に飛び込む」という意味で、それ程美味しいということ。ローマの代表的料理。

　薄く叩きのばした仔牛のもも肉に、セージと生ハムをはり付け、フライパンで強火で素早く焼く。ソースはマルサーラ酒と焼き汁で作ったシンプルなもの。スーゴ・ディ・カルネ（フォン・ド・ヴォー）を加える。

【ステーキ】 *bistecca*（ビステッカ）

　イタリアのステーキは、薄めで大きいのが特徴。網焼きやグリルが多い。焼く前に塩、コショウを振るのではなく、焼いた後に残った肉汁でソースを作る。焼き方は強火で片面をよく焼き、裏返して仕上げる。

　スカロッパ（scaloppa）は、仔牛肉を薄く叩きのばして塩、コショウを振り、小麦粉をまぶしてソテーした料理。スカロッピーナ（scaloppina）は、スカロッパを小さくかたどったもの。

●牛フィレ肉のイザベッラ風
filetto di manzo alla "isabella"

マントバ公に嫁いだエステ家の姫イザベラの名が付いた料理。この料理を作る際には、イザベラ自身が必ず厨房で見ていたという。フェラーラ市のシンボル的な料理でもある。クリームの白、ワインと干しぶどうの赤の2色のソースをかける。パルメザンチーズの薄切りを肉に挟み、波形に溶けかかったタイミングで供する。

干しぶどうは水に漬けて柔らかくする。フライパンでオリーブオイルを熱し、牛肉全体に焼き色を付け、塩とコショウを振る。片面に数本切り目を入れ、薄く切ったパルメザンチーズを挟む。生クリームを入れた耐熱皿に肉を入れ、200℃のオーブンで数分焼く。赤ワインを3分の1量に煮詰め、ブールマニエ(小麦粉とバターを練ったもの)でとろみを付ける。昔はブールマニエではなく、パン粉とオリーブオイルを混ぜたものを使っていた。火を止め、干しぶどうを加える。肉を皿に盛り、クリームを漉して塩、コショウ、バターで味を調える。赤いソースと白いソースを、肉に半分ずつかける。

●牛フィレ肉のエンリコ4世風
filetto di bue "enrico IV"

白トリュフの香りをふんだんに使ったステーキ。ベネチアの貴族コンタディーニ家がエンリコ4世をもてなした料理。

フライパンにオリーブオイルを熱し、牛肉に焼き色を付ける。塩、コショウを振り、赤ワイン、マルサーラ酒をかけてフランベする。ブイヨンを加えて数分煮てから牛肉だけ取り出し、皿に盛る。フライパンでバターを溶かし、じゃが芋とズッキーニ、マッシュルームを炒める。塩とコショウで味を調え、牛肉の上にのせる。煮汁に生クリームを加えて温め、白トリュフオイルとともに肉にかける。

【ロースト】 arrosto (アッロスト)

●仔牛肉のロースト

仔牛のもも肉の骨をはずして広げる。細かく刻んだアンチョビ、パンチェッタ、にんにくなどを振りかけて巻き込む。オーブンでローストする。中心部がピンク色のミディアムに仕上げる。

●仔牛のふくらはぎのロースト

イタリアの主婦にとってはポピュラーなメニュー。骨付きのふくらはぎを丸ごと1本使うダイナミックな料理。

ふくらはぎに塩を振って充分にすり込む。オリーブオイルをかけながら、220℃のオーブンで丁寧に焼く。焼き色が付いたら、肉汁をかけながら旨味をしみ込ませる。肉の中心がほんのりピンク色のミディアムに焼き上げる。オーブンから出したら白ワインを振りかけ、セージの葉とローズマリーをのせる。セージの香りをつけて焦がしたバターソースで食べる。レモン汁を絞ってかけるだけでもよい。

魚料理

【紙包み焼き】 cartoccio (カルトッチョ)

魚や肉を紙で包んで焼く調理法。食材の香りや味を逃がすことなく食べられる。

貝類は鍋から入れ、白ワインで蒸し煮する。口が開いたら、すぐに取り出して殻からはずす。煮汁は漉して残しておく。エビやシャコは、塩ゆでして殻をむき、頭と脚を切り落とし、食べやすい大きさに切る。魚は三枚におろし、塩とコショウをして、ムニエルにする。鍋を強火にかけ、オリーブオイルを熱し、エビ類を入れて炒める。みじん切りにしたにんにくを加えて炒め、貝の煮汁とサルサ・ディ・ポモドーロを入れる。弱火で煮詰め、塩とコショウで味を調える。

食材より数倍大きいパラフィン紙にアルミホイルを重ねる。中央にオリーブオイルを塗り、魚をのせる。煮汁とともに貝、エビをのせ、オリーブオイルを少々振りかける。パラフィン紙を中央で合わせて折り込む。両端も折り込んで閉じる。180℃のオーブンに入れ、紙が充分にふくらむまで焼く。こんがりと焼きあげた包みにナイフを入れると、中に封じ込められていた香ばしい匂いが食欲をそそる。ベニスの運河に浮かぶゴンドラに見立てて包んでみるのも面白い。

【グリル】 *griglia* (グリーリャ)

●イワシの船乗り風

イワシは、トマト、オリーブオイル、にんにくと相性が良い。魚料理以外にも様々な料理に用いられる。

イワシは開いて、尾とひれを取る。グリルを熱し、イワシを並べる。ローズマリーの小枝をはけの代わりにして、オリーブオイルを付け、イワシに塗る。焼きながら何度も塗り返す。イワシを裏返して同様に何度も塗る。焼けたら塩、コショウで味を調える。熱いうちにレモンを絞りかける。ローズマリーの小枝がない場合は、乾燥ローズマリーを振りかける。

●スカンピのグリル

スカンピは地中海やアドリア海で捕れるテナガエビ。エビは縦半分に割り、背わたを取る。エビに塩、コショウをして、オリーブオイルははけで塗る。エビにグリルの筋が付くように斜めに傾けて焼く。焼き目が付いたら、エビをずらして格子状に焼き模様を付ける。両面を焼いたら器に盛り、レモンとパセリを添える。アカザエビを代用してもよい。

【香草焼き】

all'erbe aromatiche (アッレルベ・アロマティケ)

イタリア風の焼き魚。ハーブとオリーブオイルをかけて、魚を丸ごとオーブンで焼いたもの。焼き汁と旨味がしっかりと残る調理法。

魚は内臓を抜き、うろこを取る。輪切りにしたレモンを敷き、魚を置く。魚の腹の中にフェンネルの葉を詰め、塩とコショウを振る。魚の上からも塩とコショウをして、刻んだフェンネルの葉、レモン汁、オリーブオイルを振りかける。180℃のオーブンで30分程焼く。

【ロースト】 *arrosto* (アッロスト)

●アンコウのロースト

アンコウ (rana pescatrice) は、イタリア語で「ヒキガエルの尾」という意味がある。ブヨブヨしているところがカエルに似ているからと思われる。頭を除き、丸

ごとローストにするのが一般的。淡泊な味を引き立てるために、焦がしたバターとケイパーを添える。

フライパンを強火で熱し、オリーブオイルとにんにくを入れ、アンコウの両面を軽く焼く。180℃のオーブンで焼き油をかけながら焼く。器に盛り、サルサ・ディ・ポモドーロをかける。バターを熱し、アンチョビとパセリのみじん切りを混ぜて、アンコウにかける。

卵料理

【田舎風オムレツ】 *frittata alla rustica*
（フリッタータ・アッラ・ルスティカ）

イタリアのオムレツは平たく焼くのが一般的。大きく焼いて切り分ける。

玉ねぎ、じゃが芋、ズッキーニ、なす、ピーマンなどを入れるが、チーズやソーセージ、ハム、アンチョビを入れることもある。野菜は小さく切り、塩ゆでしておく。鍋でオリーブオイルを熱し、野菜を柔らかくなるまで炒め、冷ましておく。ボウルに卵を入れ、塩とコショウをして、炒めた野菜を入れて混ぜる。フライパンを中火にかけ、バターを溶かし、溶き卵を一気に流し入れる。固まりかけたら火を弱める。表面が固まったら蓋をして押さえ、フライパンを返す。蓋にのせたオムレツをフライパンにすべり込ませ、弱火で両面に焼き色を付ける。

揚げ物 *friggere* （フリッジェレ）

【アーティチョークのから揚げ】
carciofo alla giudea （カルチョーフォ・アッラ・ジュデーア）

ローマのユダヤ人街の料理。付け合わせとしてよく出される。アーティチョークを丸ごとから揚げ（二度揚げ）して、塩を振っただけのもの。中までしっかり揚がっているので、ガク片から茎まで丸ごと食べられる。アーティチョークは、春先に出回る柔らかい小ぶりのものを選ぶ。

【じゃが芋のコロッケ】
crocchette di patate （クロケッテ・ディ・パターテ）

ジビエや牛肉のオーブン焼きに添える。ゆでたじゃが芋の皮をむいて潰す。卵、パルメザンチーズ、バターを加え、塩を振って混ぜ合わせる。冷ました後、角切りにしたフォンティーナチーズを中に入れ、角形のコロッケの形に整える。溶き卵とパン粉を付けて揚げる。

【馬車に乗ったモッツァレッラ】
mozzarella in carrozza （モッツァレッラ・イン・カッロッツァ）

ナポリの料理。"馬車"はモッツァレッラチーズ（またはスカルモッツァチーズ）を挟む2枚のパンのこと。パンは窯焼きのカセレッチョを使う。焼き立てではなく、2日程たったものがよい。

パンは耳をそぎ、モッツァレッラチーズを挟んで、小麦粉をまぶす。溶き卵に塩と牛乳を加え、パンを数分浸す。フライパンで油を熱し、きつね色になるまで揚げる。

【花ズッキーニの衣揚げ】
fiori di zucchino in pastella
（フィオーリ・ディ・ズッキーノ・イン・パステッラ）

　付け合わせ料理。ズッキーニの花は日本ではなじみが薄いが、イタリアでは夏の風物詩。ズッキーニを洗って水気を切り、5mm程の厚さで斜めに切る。花の中は掃除をする。小麦粉に卵と牛乳を加え、柔らかい衣を作る。ズッキーニに衣を付けて揚げ、熱いうちに塩を振る。

【ベシャメル・コロッケ】

　ベシャメルソースにパルメザンチーズを加え、塩で調味する。冷蔵庫に入れ、冷やし固める。手を濡らしてベシャメルソースを円形に丸め、軽く潰す。小麦粉、卵、パン粉の順に付け、熱い油で手早く揚げる。

Column －オリーブオイルはデリケート－

　昔のオリーブオイルは香辛料扱いされ、液体ではなく、ドロリとしたジャム状でした。植物油は主に種を搾って作りますが、オリーブオイルは実から作ります。つまりオリーブオイルはジュースでもあるのです。

　オリーブオイルは、火のそばに置いたり、栓を開けておくと、すぐに酸化します。開栓したら、賞味期限は1週間。ワインとほぼ同じ扱いが必要です。スーパーなどで売られている大ビンのオリーブオイルは、業務用、もしくは外国人向きです。イタリアの家庭では、ザブザブとオリーブオイルを使いますから、小ビンではたりません。

　保存は冷蔵庫が理想で、1カ月半程日持ちします。20℃以上の室内に置いておくと変質し、逆に寒すぎる場所だと白く固まってしまいます。直射日光に当ててもいけません。

　健康のためにオリーブオイルをコップでガブガブ飲む人がいますが、1日大さじ2杯で充分です。酸化したオリーブオイルを飲むと、肝臓を傷めます。

　イタリア人は、オリーブオイル以外の油は、ほとんど使いません。ただし、ハーブやにんにくなどを入れたオリーブオイルが何種類かあります。フランスのレストランには、オリーブ・オイル以外にも10種類ぐらいの油があります。グレープシードオイル（ぶどうの種の油）、ヘーゼル・オイル、アーモンドオイル、くるみ油など……。ほとんどが香り付けに、ちょっと使う程度です。

　日本の油は、白絞（しらしめ）、綿実（めんじつ）、ごまが代表的。白絞油は一般的な精製油で、綿実は綿の実から採取した粘性の強い油です。天ぷら油は、精製した綿実油とごま油を合わせて作ります。

　オリーブオイル（エキストラヴァージンオイル）は、血液中のコレステロールをコントロールするオレイン酸を74.5％も含んでいます。コーン油、ベニ花油はオレイン酸が低く、リノール酸を多く含んでいます。リノール酸は、血管中の善玉、悪玉のコレステロールを両方取ってしまうので、血管がスカスカになり、ヒビが入りやすくなります。そういった意味で、オリーブオイルは非常に優れた油です。

　近年、新たに注目されている油があります。それはつばき油。オレイン酸が85％以上含まれ、世界一の含有料です。つばき油は、相撲取りの髪結いに使う「びんづけ油」ですが、食用にもなります。大島でしか作られていませんが、この油を揚げ物に使うとなかなか美味しいのです。匂いが強いという人もいますが、それ程臭くはなく、クセもありません。

煮物・蒸し物
ebollizione（エボッリツィオーネ）

肉料理

【ソッフリット】*soffritto*

　軽くサッと炒めて煮る料理。豚レバーを水に漬けて血抜きをする。豚の食道は濃いめの塩水に20分程漬けて臭みを抜く。豚レバー、食道、バラ肉を小さめに切る。

　鍋でオリーブオイルを熱し、強火でバラ肉を炒める。表面の色が少し変わったら食道を入れて炒めレバーを加える。レバーの色が変わったら、水とローリエを入れる。混ぜ合わせて蓋をして、弱火で30分程煮る。トマトピュレ、ペペロンチーノピュレを加え、塩とコショウを振る。蓋をして40分程煮る。ゆでたスパゲッティと和える。

【煮込み】*spezzatino*（スペッツァティーノ）

●牛胃の煮込み

　イタリアには安く手軽にできる内臓料理が多い。仔牛や仔羊の脳みそ、牛の舌や尾、レバーなどが使われる。

　牛胃は30分程ゆでて水気を切る。表面の汚れを取り、細切りにする。鍋でオリーブオイルを熱し、玉ねぎとセロリを入れ、軽く炒める。牛胃とにんにくを加えて炒め、白ワインとサルサ・ディ・ポモドーロを注ぎ、軽く塩とコショウをする。強火にして少し煮込み、180℃のオーブンに入れる。ローズマリー、マジョラムを刻み、すりおろしたレモンの皮と混ぜたものを、牛胃が柔らかくなったら加える。パルメザンチーズを振り、塩とコショウで味を調える。

●牛肉のレモン・ソース煮

　北イタリアでは脂肪の少ない仔牛の肉をよく使う。塊のまま蒸し焼きにし、レモン・ソースの酸味と小玉ねぎの甘味でさっぱりと仕上げる。

●牛もも肉の煮込み

　ラ・ジェノヴェーゼ（la genovese）。パスタと和えると絶品。肉は別皿でサービスする。

　ロールタイプのパンチェッタ、生ハム、サラミ、玉ねぎ、にんじん、セロリ、パセリ、バジリコ、マージョラムを合わせ、みじん切りにする。鍋を火にかけ、マーガリン、オリーブオイル、みじん切りにした材料、ブイヨンを入れる。マーガリンが溶けたら、タコ糸で縛った牛もも肉を入れ、蓋をして弱火にする。時々かき混ぜながら煮込む。全体に色が付き始めたら、トマトペーストと赤ワインを少しずつ加え、塩で調味する。肉が色付き始めたら取り出す。ソースには少量の水を加え、弱火で煮詰める。最後に塩で調味する。

　肉からタコ糸をはずし、スライスする。温めた皿に肉を並べ、ソースをかける。玉ねぎ、グリーンピース、さいの目切りのパンチェッタを炒め、付け合わせにしてもよい。肉は冷えても美味しく食べられる。

●仔牛すね肉の煮込み

　オッソブーコ（ossobuco）。イタリア語で「穴の開いた骨」という意味。骨の中の髄がとろけて穴が開くまで煮込む。骨髄

はスプーンなどで先に取り出して食べる。サフラン風味のリゾットが付くことが多い。

すね肉に塩、コショウをして小麦粉をまぶす。フライパンでオリーブオイルを熱し、肉の両面を焼く。別鍋でオリーブオイルを熱し、玉ねぎ、にんじん、セロリを軽く炒め、小麦粉を加え、赤ワインを注いで半量に煮詰める。すね肉を入れ、サルサ・ディ・ポモドーロを注いで煮る。スーゴ・ディ・カルネ、セージ、ディルを加え、アクを取ったら蓋をして170℃のオーブンに入れる。1時間半程度煮込み、塩とコショウで味を調え、すりおろしたレモンの皮とパセリのみじん切りを入れる。

●鶏肉の煮込み

手間をかけずに作るイタリア料理の代表的な一品。鶏の骨付き肉をサルサ・ディ・ポモドーロと白ワインで煮込む料理。

鶏肉に塩、コショウをして小麦粉をまぶす。鍋でオリーブオイルを熱し、鶏の皮目を下にして焼く。裏返して片面にも焼き色を付ける。焼き油は捨てる。別鍋で玉ねぎ、赤ピーマン、ピクルスを炒め、にんにくの塊とオリーブの実を加える。炒めた野菜と刻んだアンチョビ、白ワイン、サルサ・ディ・ポモドーロを鶏肉の鍋に入れる。弱火で10分程煮込み、塩とコショウで調味する。

【蒸し煮】*brasare*（ブラザーレ）
●カッソエウラ　cassoeula
ロンバルディア州の古くからある料理。豚の足を15分ゆでる。湯を捨て、新たに湯を加え、15分ゆでる。もう一度湯を取りかえて1時間程ゆでる。パンチェッタも軽くゆでておく。鍋でオリーブオイルを熱し、玉ねぎ、にんじん、セロリを炒める。キャベツを加えて炒め、縦に割った豚の足とパンチェッタ、サルサ・ディ・ポモドーロを入れる。ブロード・ディ・カルネ、クローブ、ローリエを加え、塩とコショウで味を調える。蓋をして180℃のオーブンで2時間程蒸し煮する。ソーセージを入れてもよい。

●白ワイン蒸し

生ソーセージを使った北イタリアの家庭料理。マスカットやアレキサンドリアといったぶどうを合わせる。

ぶどうは皮をむき、半分に切って種を取る。生ソーセージは専門店で長くつながったものがあれば使う。長いまま とぐろ巻きにして、串で十字に止める。ソーセージの表面にフォークで数カ所穴を開け、小麦粉を振る。フライパンでバターを熱し、ソーセージの片面をサッと炒め、返してもう片面も炒める。甘口の白ワインを加え、中火で数分煮る。小麦粉が溶けたら、まわりにぶどうを置き、蓋をして2～3分蒸し煮する。

●ボッコンチーニ　bocconcini
ボッコンチーニとは、「一口で入る量」「少量」という意味。小さめの角切り肉の煮込み。ミートボール状のものを指す場合もある。牛肉を小さく切り、グリーンピースと煮込む。昔ながらの素朴な料理で、堅めのパンとともに食べる。

牛肉を一口大に切り、塩とコショウを振り、小麦粉をまぶす。オリーブオイルで炒め、焼き色を付ける。鍋でバターとオリーブオイルを熱し、みじん切りにした玉ねぎ、にんじん、セロリ、パンチェッタを炒める。牛肉、グリーンピース、赤ワイン、セージ、ローズマリーを加え、蓋をして蒸し煮する。ブイヨン、スーゴ・ディ・カルネ、トマトペーストを注ぎ、肉が柔らかくなるまで煮て、塩とコショウで味を調える。

【ラグー】 *ragù*

ミートソースのこと。ナポリ料理のシンボル。日曜日には家族全員でラグーを食べるという習慣は、ナポリの家庭では欠かせないものだった。また、門番一家の料理とも言われていた。ゆっくりと煮込む料理なので、門番の仕事をしながらでも煮え具合を見に行け、完璧なラグーを作ることができたからである。

玉ねぎとパンチェッタは、みじん切り。大きめの鍋にオリーブオイル、マーガリン、ブイヨンを入れ、火にかける。弱火でマーガリンをかき混ぜながら溶かす。豚バラ肉と糸で縛った豚ロース肉を鍋に入れ、蓋をして弱火で煮る。水分が不足して鍋底にくっつくようなら水を加える。

玉ねぎが薄茶色に色付き、柔らかくなったら蓋を取る。時々かき混ぜながら赤ワインを加える。鍋の中の水分がほとんどなくなり、玉ねぎがピュレ状になったら、やや強火にしてトマトペーストを加える。トマトペーストが焦げ付かないようにかき混ぜながら、全体に暗い色になるまで煮込む。

トマトペーストが鍋底に焦げ付いてしまった場合は、焦げ付き部分をはがしてはいけない。焦げていない部分だけを別鍋に移し、再度煮る。さらにトマトペーストを加え、暗い色になるまで煮る。同じことを繰り返し、多めの水を加え、蓋をして弱火で1時間程煮込む。常に充分な水があるかどうかを確認する。

柔らかくなった肉を取り出す。ソースは、とろりとしてツヤのある状態になるまで煮詰め、塩で調味する。パスタなどと和えて、パルメザンチーズをたっぷりと振る。

魚料理

魚を料理する場合は、焼く、ゆでる、煮込むといった素材の味を損ねない単純な調理法が多い。煮込み料理は、途中でアンチョビを加え、よりコクを出す。アンチョビの使い方がイタリア料理の特徴とも言える。イタリアでよく使われる魚は、イワシ、スズキ、マグロ、アンコウ、舌平目、イトヨリ、マトウダイなど。

切り身はムニエルかグリルにすることが多いが、1尾丸ごと使う場合は、ゆで煮やローストにする。淡水魚のウナギ、マス、コイなどは特有のくせがあるので、香辛料や他の材料と組み合わせて調理する。ウナギとグリーンピースを一緒に煮込むロンバルディア料理は、その代表的なもの。アサリ、ムール貝、ホタテ貝、マテ貝などの貝類は、白ワインで蒸したり、グラタンなどにする。一般的に欧米人があまり食べることのないタコやイカも、イタリアではよく使われ、墨煮やトマト煮にする。伊勢海老、

スカンピ、カニ、シャコなどの甲殻類も好まれる。

【アクアパッツァ】 *acqua pazza*

アクアパッツァ専用鍋を使った魚の蒸し煮。クロダイ、マダイ、スズキ、ホウボウ、カサゴなどを使う。

魚はえらとはらわたを除く。うろこを取り、水気を充分に拭き取る。アクアパッツァ鍋に魚を置き、魚の半分が浸るぐらいまで、白ワイン、オリーブオイル、水を注ぐ。にんにくは皮をむき、小さく切る。小型のトマトは半分に切る。鍋ににんにく、トマト、塩を入れ、唐がらしを加える。中火で40分程煮る。決して強火では煮ないこと。魚の皮が破れ、見栄えが悪くなる。魚の身の一番厚い部分にフォークを刺し、軽く通るようなら充分に火が通っている。刻んだイタリアンパセリをたっぷり振って供する。

【牛乳煮】 *arrosto al latte* (アッロスト・アル・ラッテ)

ヴェネト州ヴィチェンツァの干しダラの料理。牛乳とにんにくで気長に煮込む。アンチョビが隠し味。

干しダラ(棒ダラ)は水に漬け、冷蔵庫に1週間入れて戻す。うろこと骨を取り、ぶつ切りにする。鍋に干しダラを入れ、みじん切りにしたアンチョビ、パセリ、にんにくを振りかける。オリーブオイルを回し入れ、塩とコショウを加える。これを繰り返し、タラを3段に重ねる。牛乳を全体にかけて、中火で煮る。沸騰したら蓋をして、180℃のオーブンに1時間半程入れる。タラが柔らかくなったら、塩とコショウで味を調える。ポレンタを添えることが多い。

【ズッパ・ディ・ペッシェ】 *zuppa di pesce*

イタリア版のブイヤベース。ジェノヴァに近い古い港町のカモーリ風(camogli)は、乾燥唐がらしをきかせ、ガレッタという堅いパンにかけて食べる。

鍋でオリーブオイルを熱し、刻んだにんにく、イタリアンパセリを炒め、唐がらしを加える。一口大に切ったタコ、イカを入れて炒め、色が変わったら白ワインを注ぐ。粗く切ったトマトを加え、塩を振って15分程煮込む。

深鍋に玉ねぎ、セロリ、にんじん、水を入れ、煮立ったらキンメダイ、メバルなどの魚を加える。塩、コショウを振り、15分程煮る。煮えた魚は骨を取り除き、スープは漉して、タコとイカの鍋に移す。

別鍋でムール貝に火を通し、口が開いたらエビ、シャコを加える。5分程煮て味を調える。皿にパンを置き、魚介類を盛ってスープを注ぐ。

【煮込み】 *spezzatino* (スペッツァティーノ)

●ウナギ

ウナギは、ぶつ切りにする。塩、コショウをして、小麦粉をまぶし、余分な粉は払う。フライパンでオリーブオイルを熱し、ウナギを入れて焼く。少し色付いたら取り出し、油を充分に取る。

別鍋でオリーブオイルを熱し、玉ねぎ、セロリ、にんにくを炒める。全体にしんなりしてきたら、ウナギとグリーンピースを入れる。白ワインを注ぎ、少し煮詰める。サルサ・ディ・ポモドーロ、ブロード・ディ・カルネを加え、塩、コショウをする。ウナギとグリーンピースが柔ら

かくなるまで煮込む。

● タコ

「溺れダコ（polpi affogati）」と呼ばれる料理。通常トマトと合わせるが、ルチア風ではトマトを入れずに白く仕上げる。

タコは新鮮な真ダコを使う。墨が粒状になっているのは冷凍もの。トマトは、丸くて小さい房状のものがよい。真っ赤に熟したものを使う。このトマトは、バルコニーに吊るしておき、必要に応じて採って使うので、ペンドロ（吊るし）とも呼ばれる。

小ぶりのタコをよく洗い、水気を拭く。胴の袋状の部分をひっくり返し、軟骨やくちばしを取り除く。皮をむいたにんにくを2つ割りにして軽く潰す。トマトは湯むきにして、大きめに切り、種を除く。鍋にタコ、トマト、にんにく、オリーブオイルを入れる。混ぜ合わせたら蓋をして中火で40分程煮る。イタリアンパセリは、みじん切りにする。タコが煮えたら塩で味付けして、イタリアンパセリを加える。水分が多いようならば、タコを取り出して煮詰める。タコを鍋に戻し、食卓に出す直前に温め直す。ナポリでは、タコを煮る時にワインのコルクを入れると柔らかく煮えると言われている。

その他の煮込み料理

【カポナータ】 *caponata*

揚げたなすとセロリ、炒めた玉ねぎ、黒オリーブなどをトマトで煮込み、砂糖と酢で甘酸っぱい味に仕上げた野菜料理。シチリアの代表的料理で、なすが入っているのが特徴。温かくても冷たくても美味しい。シチリアはかつてアラブとの交流が盛んだったので、料理にもその影響が残っている。

【豆の煮込み】

ファジョーリ（いんげん豆）を使ったイタリアの全国的な料理。ナポリでは、ショート・パスタをミックスする。豆はカンネリーニという白いんげんの小粒種を使う。濃厚で水分が多すぎず、唐がらしがたっぷりときいていることがポイント。

土鍋に水と豆を入れ、弱火で豆が柔らかくなるまで煮る。乾燥豆を使う場合は、豆をよく洗い、水に一晩漬け、ふやかしてから煮る。

鍋でオリーブオイルを熱し、筋を取ったセロリ、潰したにんにく、唐がらしを強火で炒める。唐がらしとにんにくを取り出し、一度火からおろしてトマトパッサータを加える。塩を振り、再び火にかけ、蓋をして中火で数分煮る。豆の水気を切り、サルサ・ディ・ポモドーロの中に移す。豆の煮汁は土鍋の中にとっておく。豆を入れたサルサ・ディ・ポモドーロを15分程煮る。途中で煮詰まるようなら、豆の煮汁を少量加える。

パスタをゆでる。通常の半分の時間でパスタを取り出し、水気を切る。豆の入った鍋にパスタを入れ、パスタがアルデンテになるまで煮る。全体に粘っこい状態に仕上がったら塩で調味する。好みでオレガノ、唐がらしを振り、蓋をしてなじませる。

コース料理

イタリア料理のフルコースの基本
①アペリティーヴォ　aperitivo：
　食前酒
②アンティパスト　antipasto：
　前菜
③プリモ・ピアット　primo piatto：
　第1の皿
④セコンド・ピアット　secondo piatto：第2の皿
　コントルノ　contorno：
　付け合わせ
⑤フォルマッジョ　formaggio：
　チーズ
⑥ドルチェ　dolce：
　甘味のデザート
⑦カッフェ　caffè：
　コーヒー
⑧ディジェスティーヴォ　digestivo：
　食後酒

アペリティーヴォ　*aperitivo*

　食前酒の度数は15～16度。カンパリソーダ（campari soda）やマルティーニ（martini）、チンザノ（cinzano）、ロッソ・アンティコ（rosso antico）などがある。料理の合間にはブドウ酒が欠かせない。赤ブドウ酒はロッソ（rosso）、白ブドウ酒はビアンコ（bianco）で、キャンティー（chianti）やフラスカーティ（frascati）などいろいろな種類がある。ヴェネツィアのハリーズ・バーでは、ももジュースと白ワインをベースにしたものが有名。

アンティパスト　*antipasto*

　オードブル。アンティは前、パストは食事を意味する。冷たい料理（freddo）と温かい料理（caldo）がある。冷たいものには、魚介類や野菜のマリネ、カクテル、鶏レバーのムースなど。温かいものには、パイケース詰め、貝類のソテー、野菜のグラタンなどがある。レストランでは、テーブルやワゴンに並べられており、目で確かめながら選ぶことができる。メニューに載っていないアンティパストも数多くある。

　アンティパストの条件は、まず腹にもたれない量であること。酸味や辛さを適度にきかせた味付けにすること。目を楽しませる盛り付けで食欲をそそることである。

　家庭では、アンティパストとして特別に料理を作ることはない。豚肉の加工品などを盛り合わせて簡単に済ますことが多い。

＜前菜料理の一例＞
【カルパッチョ】*carpaccio*
●牛肉のカルパッチョ
　イタリア版の牛刺し。ベニスのハリーズバーのメニューで、1950年代に創作された。皿の白、牛肉の赤、ソースの黄色と配色が豊かであることから、原色好みのルネッサンス期の画家カルパッチョの名が付いたと言われる。霜降り肉よりも脂の少ない赤身の肉がよい。冷凍にした牛肉を半解凍する。薄切りにして皿に盛り付け、塩とコショウを振る。サルサ・マイオネーゼとウスターソースを混ぜ、絞り袋で糸を引くように肉にかける。

●マグロのカルパッチョ

イタリアでは、カジキマグロがよく使われる。レモン汁に漬けると生魚の臭みが抜け、身がしまる。香草をきかすのがイタリア風の食べ方で、コリアンダーやイタリアンパセリを用いる。

カジキマグロは薄切りにし、大皿に並べてレモン汁をかけ、冷蔵庫に30分程入れておく。途中一度、魚を裏返す。レモン汁、オリーブオイル、塩、コショウを混ぜ、ドレッシングを作る。粒のコリアンダーを潰し、ミントの葉とともにかける。

【ソテー】*saltare*（サルターレ）

●アサリのソテー

ナポリで人気の高い一品。アンティパストとしてサービスされる。ソテーはフランス語で、イタリア語ではサルターレ。食材を強火で炒めるという意味。アサリを流水でよく洗う。皮をむいたにんにくとオリーブオイルで炒める。アサリを加え、貝の口が開くまで加熱する。にんにくは日本よりイタリアのもののほうが香りがソフトで使いやすい。

【生ハムとメロン】*prosciùtto con melone*
（プロシュート・コン・メローネ）

紙のように薄く切った生ハムは、イタリアの代表的な前菜。いちじくが出回る季節には、いちじくと生ハムを合わせたりもする。春ならばグリーンアスパラガスに巻く。クリームチーズに生クリームを加えたソースを添えてもよい。

メロンは充分に冷やしておく。皮と種を取り、食べやすい大きさの拍子切りにして生ハムを巻く。

prosciùtto – ハム。
prosciùtto crudo – 生ハム。
prosciùtto cotto – 熱処理したハム。
prosciùtto affumicato – 燻製ハム。

【ブルスケッタ】*bruschetta*

ガーリックトースト。パンにオリーブオイルを塗って焼き、にんにくをすり込んだもの。堅くなったパンを美味しく食べるために工夫された前菜。

ブルスケッタ・フェガティーニは、レバーをトッピングにしたもの。鍋でオリーブオイルを熱し、にんにくを中火で炒める。鶏レバーを加えて炒め、ブランデーと白ワインを入れ、アルコール分を飛ばす。スーゴ・ディ・カルネを加え、塩とコショウで調味し、5分程煮る。ガーリックトーストにのせ、パセリを散らす。

コン・ケッカはトマトをメインにしたもの。チェリートマトを使うとよい。塩、コショウをしてガーリックトーストにのせ、オリーブオイルを数滴たらし、バジリコを飾る。

●黒キャベツのブルスケッタ

トスカーナ地方では、ブルスケッタをフェットゥンタ（fettunta）という。黒キャベツがよく使われ、トッピングにもされる。黒キャベツは沸騰した湯でゆがき、水気を切って1cm幅に切る。鍋でオリーブオイルを熱し、玉ねぎ、薄切りにんにく、赤唐がらしを加え、弱火でじっくり炒める。黒キャベツを加えて炒め、野菜のだし汁を注いで蒸し煮する。黒キャベツの芯が柔らかくなったら、塩とコショ

イタリア料理

ウで味を調える。ガーリックトーストの上に盛り、オリーブオイルを振りかける。

【マイアーレ・トンナート】 maiale tonnato

豚肉を魚のソースで食べる料理。夏向きのアンティパスト。仔牛の肉を使ってもよい。

にんにくは細切りにする。アンチョビは縦に細く切る。ピケ針に、にんにくとアンチョビをのせ、豚肉に数カ所刺し込む。玉ねぎ、にんじん、セロリは薄切りにする。鍋に豚ロース肉の塊、玉ねぎ、にんじん、セロリ、タイム、ローリエ、白ワイン、水を入れ、強火にかける。沸騰したら火を弱め、アクを取りながら1時間30分程煮込む。

煮汁を少し別に移し、ツナソースを作る。缶詰のオイル漬けマグロ、卵黄、アンチョビ、エストラゴンをミキサーで攪拌する。ピュレ状になったら、オリーブオイルを糸を引くように少しずつ加え、再度攪拌する。豚肉の煮汁、生クリーム、レモン汁を入れ、攪拌してから塩とコショウで調味して冷蔵庫に入れる。豚肉が冷めたら脂や筋を除く。薄く切り分けて皿に盛り、ツナソースをかける。

【ローマ風串焼き】 spiedini alla romana
(スピエディーニ・アッラ・ロマーナ)

堅めのパンとモッツァレッラチーズを交互に挟み、串で刺す。オーブン用の皿にオリーブオイルを塗り、パンとチーズをのせてグリルで焼く。フライパンでバター、オリーブオイルを熱し、アンチョビを炒め、イタリアンパセリとコショウを加える。焼きあがったパンとチーズの上からかける。

プリモ・ピアット primo piatto

第1の皿の料理は、スープもの(minestra in brodo)と、パスタや米などの料理(minestra asciutto)の中から1品を選ぶ。スープものには、ミネストローネ(野菜スープ)やクリームスープ、コンソメなどがある。パスタは手打ち生麺と乾燥麺があり、手打ち生麺にはカンネッローニ、タッリアテッレ、ラザーニャ、ラヴィオリ、乾燥麺にはスパゲッティやマカロニなどがある。米料理はピラフ、もしくはリゾット。じゃが芋やセモリナ粉のニョッキもメニューに含まれる。

セコンド・ピアット secondo piatto

第2の皿。メイン料理にあたる。肉、魚、鶏、ジビエの料理があるが、通常のリストランテでは火曜日と金曜日以外は魚のメニューを置かないことが多い。イタリア料理のメインディッシュの付け合わせは、フランス料理と異なり、別注文の皿に盛られたものの中から客が好みで選ぶ。付け合わせ料理は、加熱調理したじゃが芋や野菜、サラダなど。

＜付け合わせ料理の一例＞

【きゅうりとヨーグルト】 cetriolo e yogurt
(チェトリオーロ・エ・ヨーグルト)

古代ギリシャからイタリアに伝わった歴史ある料理。よく冷やしてから食べる。

ヨーグルトはガーゼに包み、1時間程水切りをする。きゅうりは細切りにする。ヨーグルトときゅうりを合わせ、にんにく、赤ワイン、ビネガー、塩、オリーブオイルを加えて混ぜ合わせる。ラップをして

冷蔵庫で数時間冷やして食べる。

【グリーンピースの生クリーム和え】
piselli con panna（ピセッリ・コン・パンナ）

　肉や米料理の付け合わせ。玉ねぎをバターで炒め、グリーンピースを加え、塩とコショウを振る。水を注ぎ、蓋をして煮詰める。生クリームを注ぎ、混ぜ合わせてさらに煮詰める。角切りハムなどを加えて煮てもよい。

【小玉ねぎと栗の煮込み】
cipolline e castagne in stufato
（チポッリーネ・エ・カスターニェ・イン・ストゥファート）

　鴨料理やジビエ料理の付け合わせ。栗は15分程ゆで、水気を切る。鍋に小玉ねぎ、栗、砂糖、バター、塩、コショウを入れ、材料が浸るぐらいのブロード・ディ・カルネを加える。弱火で煮て、煮汁がほとんどなくなるまで煮詰まったら、鍋を揺すって煮汁をからませる。

【ほうれん草のソテー】
spinaci alla romana（スピナーチ・アッラ・ロマーナ）

　松の実やレーズンを加え、歯ごたえと甘味を出す。ベーコンやハムを加えて炒めることも多い。

　ほうれん草は塩を加えた湯で軽くゆでる。冷ました後、粗く切る。鍋でオリーブオイルを熱し、にんにくを炒める。弱火にしてほうれん草を加え、数分炒める。松の実と干しぶどうを加え、塩とコショウで調味し、にんにくは取り出す。

フォルマッジョ　*formaggio*

　チーズ。イタリア料理では、デザートのひとつとしてチーズを出す習慣がある。数種類のチーズから1つを選ぶ。

ドルチェ　*dolce*

　デザート。フルーツ、菓子、アイスクリーム、シャーベットなどのうちから1品を選ぶ。

カッフェ　*caffè*

　エスプレッソ・コーヒー。小さなカップに少量入れて出される。非常に濃厚で、コーヒーのエッセンスを飲んでいるような味。ミルクは付かない。

ディジェスティーヴォ　*digestivo*

　食後酒の度数は30〜45度。リキュールやブランディーが出される。リキュール類はサンブーカ（san buca）やストレーガ（strége）、ブランディーはストック（stock）やヴェッキア・ロマーニヤ（vecchia romagna）、その他、白ぶどうの搾り残しを蒸留したグラッパなど、消化剤として飲まれる。

甘味 *dolce*（ドルチェ）

イタリアのデザート菓子は、北部と南部で異なる。北部の菓子は、フランスの影響を強く受けている。ナポリやシチリアなどの南部を発祥とする菓子は、古い形のままの作り方が残されているものが多い。

焼き菓子

【カンノリ】*cannoli*

筒状に丸めて揚げた生地にクリームを詰めた菓子。シチリアの名物菓子の1つで、チョコレートやリコッタチーズと、砂糖漬けのフルーツの入ったカスタードクリームを詰める。本場のものはかなり甘く、ボリュームがある。生地は小麦粉にココア、コーヒーなどの粉を混ぜ、白ワインで練ったもの。揚げ油は、ピーナッツ油とサラダ油を合わせて使う。イタリアにはカンノリ専用の金属製の型がある。日本にはないので、白木の棒に巻いて揚げるとよい。

【グラッファ】

じゃが芋を使った揚げ菓子。じゃが芋はゆでてほぐしておく。イーストは温めた牛乳で溶かす。ボウルに小麦粉、じゃが芋、イースト、砂糖、卵、柔らかく溶かしたバターを入れ、よく混ぜて練る。生地で細長い棒を作り、端と端をつないでリング状にする。粉を振った台の上で2時間程発酵させる。鍋で油を熱し、中火で穴を開けないように揚げる。油を切って砂糖をまぶす。

【米のトルタ（タルト）】

torta di riso（トルタ・ディ・リーゾ）

米を牛乳で柔らかく煮る。卵、ドライフルーツなどを混ぜ、タルト生地に詰める。ドライフルーツは、レモン、オレンジなどを使う。生地を160℃のオーブンで50分程焼く。冷めたら表面に粉砂糖を振る。ボローニヤ風ケーキは、詰め物にアーモンドを加え、パン粉をまぶした型に流して焼く。作りたてよりも数日おいたほうが風味が増して味が良い。

【ザレッティ】

ヴェネト地方の古いタイプの素朴な焼き菓子。形は様々で、巨大な塊で焼くこともある。ポレンタ粉と薄力粉、砂糖、ベーキングパウダー、塩、バター、牛乳、カレンズ、ピスタチオなどを使い、グラッパで香り付けする。貧乏時用と金に余裕がある時用という風変わりな2通りの作り方がある。貧乏時には砂糖と油脂を控え、イーストで増量する。金がある時は甘くこってりと仕上げる。

【サンタ・ルチア】*santa lucia*

いちご、バナナなどのアイスクリームを重ね、薄いスポンジケーキでおおったアイスクリームケーキ。アイスクリームとスポンジケーキを交互に重ねたものもある。

【サントオノレ】*saint-onore* [仏]

菓子職人の聖オノレのケーキ。もともとはサントノーレというフランス菓子。花びらのようなクリームのまわりに小さなシュークリームを並べ、冠のように飾るのが特徴。フランスでは、卵黄を使ったクリームで折り込みパイを飾る。イタリアで

はマスカルポーネ・チーズのクリームとスポンジケーキで作る。ケーキの側面には、漉して空煎りしたスポンジにココアを加えたものをまぶす。シュークリームには、卵黄、粉砂糖、マルサラ酒で作ったザバイオーネ・ソースをかける。

【ズコット】*zuccotto*

イタリアで最も有名なドーム型ケーキ。トスカーナ州の古都フィレンツェが発祥。聖職者が頭に被る帽子（ズコット）に似ているので、この名がある。リキュールをしみ込ませたスポンジ・ケーキの中に、2色のクリームがぎっしりと詰まっており、ボリュームがある。シチリア風はドライフルーツが使われ、マラスカというチェリーから作ったマラスキーノ酒をしみ込ませてある。ケーキの表面には生クリームを塗り、ココアを茶漉しで振りながら、二等辺三角形のシマ模様をつけていく。

【ズッパ・イングレーゼ】*zuppa inglese*

直訳するとイギリス人のスープ。イギリス人は皿に残ったスープをパンにしみ込ませて食べる。このケーキの作り方がそれに似ているため名付けられた。リキュールをたっぷり含ませたスポンジケーキとクリーム類を層にして作る。

スポンジケーキを焼き、5mm程の厚さに横に切る。小さめのボウルの底に敷き、側面にも貼り付け、アペロール酒をたっぷりと含ませる。堅めに作ったカスタード・クリームにココアを加えて混ぜる。ボウルに流し入れ、スポンジケーキをのせて蓋をする。アペロール酒を塗り、これを繰り返して層にする。冷蔵庫で冷やし固め、ボウルから出して、さらにアペロール酒をたっぷりと塗る。イタリアン・メレンゲを表面に塗り、バーナーで焼き色をつける。

【ストゥルッフォリ】*struffori*

晩餐の際に家で手作りされる素朴で簡単な菓子。粉と卵、バターを練った生地を小さく切って揚げる。はちみつをからめ、粉砂糖を振りかける。イタリアっぽく仕上げるには、ラード100%、もしくはラードを加えたサラダ油で揚げる。

【ツェッポレ】*zeppole*

カンパーニャ地方の菓子。3月19日の聖ヨゼフの祝日に食べる。鍋に水と小麦粉、マーガリン、塩を入れ、中火にかける。沸騰したら小麦粉を入れてよく混ぜる。火を止め、卵を加えてミキサーにかけ、20分程おく。生地を大きめの口金で絞り出し、ドーナツ型にする。深鍋で油を熱し、中火で生地を揚げる。ふくらんできたら強火にして焼き色を付ける。油をよく切り、冷めたら粉砂糖を振る。中央にカスタードクリームやチェリーの砂糖漬けをのせる。

【トルタ】*torta*

トルタは広い意味で焼き菓子を示す言葉。イタリアの菓子の中でも、最もオーソドックスでポピュラーなもの。パイ生地の台に、クリーム、フルーツ、木の実、チョコレートなどを詰めたものが多い。中身を

自在に変化させられるので、バリエーションは限りない。作る人の個性が出やすい菓子。

- ●カプリ風トルタ　capri

  粉をまったく使わない濃厚なチョコレート菓子。スイートチョコレート、バター、砂糖、卵を使い、甘味と油が強く、ねっとりとした口当たり。フランスのガトー・ショコラに似ている。粉や生クリームを加えないため、生地の混ぜ具合に気を使わずにすむ。溶かしたチョコレートが温かいうちに、材料を次々に合わせていく。

- ●乞食のトルタ

  北イタリアの菓子。カスタードクリームや生クリームを使わないことが、貧乏のイメージに結びついているようだ。タルト型を使わず、薄く平らに焼いたものもある。湯むきしたピスタチオ、アーモンド、ヘーゼルナッツ、くるみ、松の実などを用いる。

  生地の上にアーモンドクリームを塗り、ナッツ類をのせる。オーブンで20分程焼き、少し冷めたら粉砂糖を振る。

- ●トルタ・ディ・タッリオリーニ

  torta di tagliolini

  エミリア・ロマーニャ地方のタッリオリーニ（細い麺）を使ったトルタ。16世紀初頭、法王アレッサンドロ6世の姫ルクレツィア・ボルジアが、フェラーラ公国のアルフォンソ・デステのもとへ輿入れする時、姫の美しい金髪を賛美する菓子として作られた。卵黄を練り込んだ黄色いパスタを金髪に見立て、オーブンで焼いて巻き毛を表現した。タッリオリーニの下には、焼きりんご、ローストしたアーモンドを敷く。焼きあげたらマラスキーノを振りかけ、香りを付ける。タッリオリーニは、コシの強い手打ち麺を使う。

- ●パスティエラ　pastiera

  ナポリの伝統的な復活祭の祝い菓子。オレンジの花水と大麦を使うのが特徴。フライパンを弱火にかけ、大麦、牛乳、バターを入れ、クリーム状にして冷ます。リコッタチーズを裏漉ししてボウルに入れ、砂糖、卵黄と混ぜる。大麦、オレンジの花水、シナモン、ドライフルーツを入れ、メレンゲを加える。タルト生地を薄くのばし、タルト型に敷く。詰め物を入れ、生地の残りでリボンを作り、詰め物の上に格子状に並べる。中火のオーブンで1時間程焼き、粉砂糖を振る。1週間程保存ができ、時間がたつ程味が良くなる。

【パネットーネ】*panettone*

レーズンと果物の砂糖漬けの入ったパン菓子で、クリスマスによく食べられる。15世紀にミラノの貧しい菓子職人トニーが創作したという。練り込みと発酵を重ねるので、かなり手間がかかる。

ボウルに小麦粉、水溶きイースト、白ワインを入れて混ぜる。生地をよくこねて、温かい場所で2時間程発酵させる。ボウルに小麦粉、砂糖、温めた牛乳、卵を入れて混ぜる。生地にバターをのせ、手でバターを潰しながら混ぜ込む。発酵させた生地を加え、混ぜながらガス抜き

をする。温かい場所に置き、6時間程発酵させる。ボウルに小麦粉、砂糖、塩、温めた牛乳、卵、レモンの皮を入れて混ぜる。発酵させた生地とバターを加え、ドライフルーツ（レモン、オレンジなど）、レーズンを入れ、生地をひとまとめにする。温かい場所で2時間程発酵させ、丸くまとめて室温で20分程休ませる。型にバターを塗り、パラフィン紙を敷く。生地を入れて2倍にふくらむまで、30℃以上の場所で2時間程発酵させる。溶き卵を塗り200℃のオーブンで50分程焼く。焼きあがったら粉砂糖を振る。

【ボネ】 bonne〔仏〕

女中、子守の意味。プリンの一種。卵と牛乳がベースの生地に、アマレッティというビスケットをパウダー状にして混ぜて焼いたもの。ビスケットのザラザラした食感があり、生地がどっしりと重いのが特徴。パン・プディングに似ている。本場のものはチョコレート味。アマレッティ（amaretti）は、アマレット・リキュールとアーモンドの香りがするビスケット。日本にも輸入されている。

【モンテビアンコ】 montebianco

アルプス地方のロンバルディアの郷土菓子。リング状に焼いたケーキの真ん中に栗のクリームをぎっしりと詰め、雪を頂く峰のようにマスカルポーネ・チーズのクリームをかける。ケーキは薄力粉ではなく、強力粉を使用。生地の中には栗の甘露煮を入れる。栗のクリームは、栗のペーストを裏漉しして、生クリームとラム酒を加えて泡立てる。

冷菓

【カッサータ】 cassata

シチリア発祥のアイスクリームケーキ。チョコレート、バニラ、キャンディドフルーツとリコッタチーズを挟んだ生ケーキタイプもある。カッサータの語源は、アラブ語の「クワサット」で、大きく丸いスープ皿という意味。シチリアでは丸いケーキ型が一般的。アイスクリームは大量生産型のメーカー品が多い。シチリア風はマルツァパーネで包まれ、ナポリ風は砂糖のフォンダンでおおわれている。マルツァパーネは、アーモンドの粉や砂糖などを混ぜ合わせた生地。ベースとなるアイスクリームは、主に生クリーム。生ケーキの場合は、リコッタチーズが主材料となる。中に混ぜる具は、ドライフルーツと木の実。チョコレートを用いることもある。シチリアの家庭では、リコッタチーズで具を和えるだけのシンプルなものが出されたりする。

【クレーマ・コッタ】 crema cotta

エンリコ3世の娘でトップレディのアーナ・デ・フランチャが、お抱えシェフに作らせた古いタイプの菓子。バチカンで開かれたフランス皇帝の家族と法王のパーティーにも出された。アーモンドパウダーを加えて作るパンナコッタで、くるみソースで食べる。

くるみソースは次の要領で作る。乳鉢でくるみをすり潰し、鍋でくるみ酒とアペロール酒を加え、火にかける。くるみ酒は、ノッチェロというリキュールを使う。沸騰したら漉して鍋に戻し、弱火にかけ、生ク

リームで溶いた片栗粉でとろみをつける。

【セミフレッド】 *semifreddo*

卵黄、メレンゲ、生クリームを主材料にしたアイスクリーム。空気の混ざった軽い生地を型に流して作る。口当たりが柔らかいので、半冷凍（セミフレッド）と名付けられた。専用の機械を使わずに済むので家庭向き。バニラ、チョコレート、コーヒー、フルーツ、リキュール、ラム酒などで味付けし、カラメルをよく焦がしたプラリネを加えると美味しい。

【ティラミス】 *tiramisu*

100年程前、それまでザバイオーネとスポンジケーキで作っていたものを、ヴェネト地方の菓子職人が、ザバイオーネの代わりにコーヒーとクリームを使ったのが始まりと言われている。マスカルポーネ・チーズのクリームと、コーヒー入りシロップを吸わせたスポンジケーキ（またはビスケット）を重ね、表面にココアを振りかける単純構造の菓子。本場のものはコーヒーの味が強く、マスカルポーネ・チーズの乳脂肪分が濃い。ザバイオーネやメレンゲを加えることもある。テイクアウト用は、クリームにゼラチンを加えてしっかりと作る。食後のデザート用は、塩を加えた強い味にして、アングレーズ・ソースと合わせる。スポンジケーキは、パン・デ・スパーニャというシンプルなものがよく使われる。スポンジケーキやフィンガービスケットを、リキュールやラム酒に浸すが、夏場はグラッパを用いてあっさりさせるのもよい。エスプレッソ100％のコーヒーに浸して作るものもある。

【パンナ・コッタ】 *panna cotta*

パンナは生クリーム、コッタは聖職者の白衣の意。牛乳と生クリーム、砂糖、バニラビーンズ（またはコアントロー）をゼラチンで固めた冷たいデザート。ババロアに似ているが、生クリームを泡立てて使うので、弾力とコクがある。果実や木の実のソース、カラメル・ソースなどを添える。発祥はピエモンテ州のモンテ・フェラートの丘陵の町。

その他の菓子

【ザバイオーネ】 *zabaione*

卵黄と砂糖、マルサーラ酒で作るイタリア風卵酒。冷やして食べても美味しい。ボウルに卵黄を入れて溶きほぐす。砂糖を加えて泡立て器でよく混ぜ、マルサーラ酒を加え、湯煎にして泡立て続ける。2倍程の量になるまで泡立て、とろりとさせる。カップなどの器に盛って供する。ザバイオーネ・クリームをスポンジケーキで挟み、メレンゲでデコレーションしてもよい。

【マチェドニア・フルーツ】
macedonia di frutta

よく熟した果物をサイの目に切り、砂糖とレモン汁をかけ、果汁をしみ出させたもの。果汁が少ない場合は、水を加える。アイスクリームにのせて食べても美味しい。

果物はすべて食べやすい大きさに切る。ボウルに入れ、マラスキーノ酒と粉砂糖を全体に振り、レモンを絞り入れる。冷蔵庫で1晩ねかせる。器の縁にレモンの汁を塗り、粉砂糖を付ける。器に果物を盛り、ミントを飾る。

イタリア料理特殊食材

野菜類　*verdura*（ヴェルデューラ）

【アスパラソバージュ】

アスパラガスは南ヨーロッパから西アジアにかけてが原産。紀元前の古代ギリシャ・ローマ時代から栽培が始まった。西洋料理に使われるアスパラガスは太いものが多かったが、近年はグリーンアスパラガスを細く育てたソバージュが主流。

【アワビ茸】

ヒラタケ。日本、北アメリカ、シベリアからヨーロッパにかけて広く分布。古くから知られている食用きのこで、各地で栽培されている。コリコリした歯ごたえが特徴。7〜10月に広葉樹の切り株、倒木、枯れ木に重なり合って生える。かさは5〜15cm程で、形は扇形、肝臓形、半円形、円形など様々。表面はなめらかで、灰色か灰褐色をしている。柄（軸）は傘の側方にあって短い。

【ういきょう】 *finocchio*（フィノッキオ）

フランスではフヌイユという。南ヨーロッパ産のせり科の植物。正確にはういきょうの変種で、茎の基部を肥大させたもの。あまいいきょうという呼び名が正しいが、イタリアういきょうと呼ばれることもある。種は香辛料として使う。独特の香りがあり、生のままサラダにしたり、炒め物、グラタン、蒸し煮などにして付け合わせにもする。

【オリーブの実】 *oliva*（オリーヴァ）

緑色のリュック種と黒いピショリン種がある。グリーンオリーブは10月初めに摘み取られる。食べ方は2通り。オリーブ・カッセにしてクリスマス前に食べる。オリーブの実を1個ずつ叩いて皮を破り、長時間水に漬ける。何回か水を替えて苦味を出し、ハーブの香りを付けた塩水に入れる。もう1つの方法は、ピクルス。1年を通して食べることができる。

【白いんげん】 *fagiolo bianco*（ファジョロ・ビアンコ）

表皮が白い大型のいんげん豆。大福いんげんとも呼ばれる。小型で白地に茶色の斑点があるのは、とら豆。主に乾燥種が用いられ、煮ると皮も柔らかくなる。白いんげん豆の中でも「てぼ」という品種が最良。日本では煮豆、白あん、きんとん、甘納豆に使われる。

【デューラム小麦】 *durum* [英]

セモリナ粉（semolino）の原料となる小麦。パスタのためだけに作られていると言っても過言ではない。粗挽きにして乾燥パスタなどにする。主要栽培地は南イタリア、地中海沿岸の北アフリカ、アルゼンチン、ルーマニア、旧ソ連など。

【トレヴィス】 *radicchio*（ラディッキオ）

チコリの一種。イタリアのヴェネト州特産のサラダ用野菜。正式名は、ラディッキオ・デ・カステルフランコ・ヴェネト。ア

イタリア料理

ンディーブとレタスを合わせたような味で、少しほろ苦い。鮮やかな赤紫色でサラダの彩りに加えられる。葉が細長く結球したものもある。

【ビート】*barbabietla*（バルバビエトラ）

砂糖大根、甜菜。皮だけでなく芯まで濃い赤色をしている。根の部分を食用にするが、かなり堅く、アクも強いので、ゆでてから使う。甘みがあり、サラダや酢漬けにする。ボルシチに使われることでも有名。

【不断草】*bietola*（ビエトラ）

あかざ科の植物で、ビートの一種。春に種をまくと初夏から晩秋まで絶えず収穫できるので、この名が付いた。元来は家庭栽培用の野菜で、葉の部分を食用にする。洋種は葉が大きい。アクが強いので、ゆでて水にさらす。

【ポルチーニ茸】*porcino*（ポルチーノ）

イタリアの代表的なきのこ。ヤマドリタケの一種。肉厚で香りが良い。イタリア北部から中部にかけて採れる。市場に出回る9～12月頃は、レストランのメニューに必ず登場する。乾燥ものは一年中出まわり、生のものより香りが強い。戻し汁も使ってパスタやリゾットを作ると風味豊かになる。

【ライマビーン】*lima beans*［英］

らい豆。南米のペルーの首都リマから名をとったとされる。中南米の山岳地帯に原生していた。皇帝豆、シュガービーンとも言われ、豆類の中でも味と香りは最高。日本では、若い時期の青さやを代用にする。収穫期は7～8月。冷凍ものも出回っている。

【ルーコラ】*rucola*

キバナスズシロ。ロケットサラダ。風味付けよりも素材として使われることが多い。葉は柔らかく、ごまに似た風味とほろ苦さ、ピリッとした辛味がある。そのままサラダにしたり、カルパッチョに添えたりすると美味しい。生長とともに風味とアクが強まる。

【レンズ豆】 *lenticchio* (レンティッキオ)

草丈40cm程の1年草。中央アジアが原産だが、主産地はインド。花は青みがかった白。さやは短く、平らなレンズ豆が2つ入っている。肉の1.3倍というタンパク質を含んでいるため、ヨーロッパでは肉の代用にする。普通の乾燥ものは1晩、新しいものは4時間程水に漬けて戻す。指でつまむと潰れるが、形はしっかりしている状態に煮るのがコツ。消化が悪いので、ピュレにするのもよい。

魚介類 *pesce* (ペッシェ)

【スカンピ】 *scampi*

手長エビ。ラングスティーヌ。日本では「アカザエビ」とも呼ばれる。体長は15～20cmで、名前の通り前脚が長い。甘みが強く、風味が良い。イタリアの家庭では、丸ごとオーブンで焼いたり、パスタに使う。殻付きで調理すると頭とはさみから良いだしが出る。時間がたつと頭から黒ずんでくるので、購入の際は全体につやがあり、変色していないものを選ぶ。

【メカジキ】 *pesce spada* (ペッシェ・スパーダ)

メカジキは、マグロと同様によく使われる。上あごは下あごの2倍あり、体長は3～4m。加熱すると身がしまり、鶏肉のような食感になる。市場にはブロックや切り身で出回る。筋が少なく光沢があり、身割れしていないものがよい。新鮮なものは香辛料をきかせてサラダ、カクテル、マリネにする。ムニエルやソテーにも向く。

パン *pane* (パーネ)

【グリッシーニ】 *grissini*

ピエモンテ州のトリノに古くからあるパン。形が不ぞろいで細長い棒状をしている。外国では単にイタリアパンと言われている。ナポレオンの好物で、「トリノ棒」と呼んでいた。スープなどに細かく折って入れたり、焼きたてに生ハムを巻いて食べたりする。

【ノルマーレ】 *pane normale* (パーネ・ノルマーレ)

エミリア・ロマーニヤ州のチェントの町に古くから伝わるパン。大きく丸形で堅い。粉の風味を生かした飾り気のない味で、かむ程に深い味わいが出る。生地をこねて丸めた状態の時は、表面がかなりデコボコしている。2次発酵させて、200℃のオーブンで焼き上げる。

【ピアディーナ】 *piadina*

無酵母のパン生地を薄くのばして焼いたパン。メキシコのトルティーリャと同じ系統のもの。テラコッタ・デ・テストという素焼きの器で焼く。日本では手に入らないので、フライパンやほうろくなどを利用する。焦げ目が付くくらい焼き、ルーコラ、生ハム、クリームチーズなどを挟んで食べる。

【ピンツィン】 *pinzin*

フェラーラの町で昔から作られていた揚げパン。馬の脂で揚げられていた。形は主

に菱形で、ふっくらと揚げたピンツィンの中は空洞になっている。熱いうちに食べるが、冷めたものは中にサルサ・ボロニェーゼを入れて食べる。発酵させずに作るので手間がかからない。

加工食品

<肉・魚類>

【アッチューガ】 *acciuga*

英名はアンチョビ。南イタリアではアリーチ（alici）という。カタクチイワシやヒシコイワシのことで、上身を塩漬けにして熟成させ、オリーブオイルに漬けたものが有名。新鮮なカタクチイワシを塩漬けにした後、塩を抜いてすり身にしたペーストもある。

【サラミ】 *salame* (サラーメ)

豚肉や牛肉の挽き肉を腸詰めにし、低温で長時間熟成させた後、乾燥させた加工肉。イタリアのサラミス島が発祥の地で、サラミという名が付いた。「100メートル歩くと違う味のサラミに出合える」と言われる程様々な風味のサラミがある。北イタリアでは肉の挽き方が細かく、マイルドな味。中部ではやや味が強くなり、南部では肉の挽き方が粗く、スパイシーになる。唐がらしやフェンネルの種、トマトを加えたものもある。サラミは前菜の他、サラダ、トースト、パスタの下味にも使われる。サラミーニは一般のものより小さめで、イタリア全域で作られている。カラブリア風は南イタリアの代表的なソーセージで、厚めに切って食べる。

【ザンポーネ】 *zampone*

豚の足をくり抜いて挽き肉を詰め、3～4カ月間乾燥させて作ったソーセージ。エミリア・ロマーニヤ州のモデナの名物。レンズ豆などとじっくり柔らかく煮込むと、豚の足に含まれるゼラチン質が挽き肉と溶け合い、美味しさが増す。

【塩漬けラード】 *lardo salato* (ラルド・サラート)

豚背肉の脂身を塩漬けにしたもの。日本でいうラードとは別物。イタリアの珍味で、ワインのつまみなどにする。トーストしたパンに添えて食べても美味しい。

【生ハム】 *prosciutto crudo* (プロシュート・クルード)

豚のもも肉を塩漬けにし、乾燥させながら時間をかけて熟成させたもの。塩気が少なく甘みがあるものが上等。エミリア・ロマーニヤ州のパルマ、フリウリ・ヴェネチア・ジューリア州のサン・ダニエーレのものが有名。パルマはイタリアの生ハムの60%を生産。これらの地域の丘陵の気候条件が、生ハム用の豚の飼育や生ハムの熟成に適している。メロンやいちじくと組み合わせる。パスタ料理にも用いられる。

【パンチェッタ】 *pancetta*

豚のバラ肉、または豚のバラ肉の乾燥品のこと。但し、ベーコンよりも脂肪分が少なく、燻製にはしない。使い残しの肉は、表面の水分を拭き取ってラップで包み、冷蔵庫で保存する。

<チーズ>

イタリアでは一般的にフォルマッジョ（formaggio）と言うが、南部やトスカーナ地方ではカーチョ（cacio）を用いる。

【カチョカヴァッロ】 *caciocavallo*

ひょうたん形（フラスコ形）のユニークなチーズ。イタリア南部原産。現在もシチリア島で作られており、イタリアを代表するチーズの1つ。「馬上のチーズ」という意味があり、くびれた部分をひもで縛り、2個のチーズをぶら下げて熟成させる。その様子が馬の鞍から荷物を下げている姿に見えたため、この名が付けられたという説がある。原料は牛の全脂乳。凝乳を自然脱水してから熱湯の中で手でこねてのばして作る。熟成期間は2～4カ月。料理用は6カ月以上。若いものは弾力があり、上品な甘みがある。熟成が進むと堅くなり、コクが増して塩味と刺激が強くなる。若いものはそのまま食べ、熟成ものはすりおろして料理に用いる。

【ゴルゴンゾーラ】 *gorgonzola*

フランスのロックフォール、イギリスのスティルトンと並ぶ三大ブルーチーズの1つ。9世紀頃、ミラノ近くの村、ゴルゴンゾーラで初めて作られた。現在では、ロンバルディア州、ピエモンテ州のポー河流域で作られている。熟成中に、特有のカビの作用で、青緑色の模様が広がる。ブルーチーズ独特の舌を刺すような風味はあるが、ロックフォールやスティルトンよりもなめらかで柔らかい。直径25～30cm、高さ16～20cmの円筒形で、重さは6～12kg。デザートやサラダのソースなどに用いられる。

【スカモルツァ】 *scamorza*

カンパニア州などが産地。モッツァレッラ同様に凝乳を熱湯の中でこねて、糸状にのばして作る。組織は引きしまり、餅のような弾力がある。牛乳製と水牛製のもの、ナチュラルでほんのりとノワゼット風味のするもの、燻製にしたものがある。ワインやビールに合う。ピザにも使われる。

【タレッジオ】 *taleggio*

ウォッシュタイプのチーズ。ロンバルディア州ベルガモのタレッジオ渓谷で作られていたので、この名がある。現在はほとんどが工場製で、ミラノ北部のポー河流域で1年中作られている。昔ながらの製法による「山のタレッジオ」は、近郊の農家で作られており、春から秋にかけて生乳で作る。表面に塩をまぶし、山の自然の風に当てて、ヴァルサッシーナの洞窟の中で熟成させる。熟成期間は40日程。表面の青カビをはらい、塩水に漬ける作業を繰り返す。表面の色は淡い黄色、もしくは褐色。上面にCCTという文字が付けられている。中身は乳白色だが、熟成が進むと色が黄ばんでくる。クリーミーな味で、軽い酸味がある。赤ワインと合う。

【パルミジャーノ】 *parmigiano*

パルメザンチーズ。超硬質タイプで、一般に食卓用、料理用として粉末で使われる。イタリア国外でも作られているが、パルメザン発祥の地、パルマ地方を中心とし

た地域で作られているものを特にパルミジャーノ・レッジャーノ（parmigiano reggiano）と呼び、パルメザンの公式名となっている。搾った牛乳をしばらくねかせ、分離したクリームを取り去り、残った半脱脂乳が用いられる。大きな円筒形にされ、熟成の状態を調べながら2年程ねかせる。変質しにくく、古いもののほうが良質とされる。味は濃厚。非常に堅く、溶けたりべとつかないので、おろしチーズにされる。料理の仕上げやパスタに振りかける。日本では粉チーズとして市販されているが、塊のものを必要に応じておろして使うほうがよい。保存する場合は、塊のままアルミホイルで包んで冷蔵庫に入れる。

【フォンティナ】*fontina*

アルプス山中のヴァレ・ダオスタ州、およびピエモンテ州特産の牛乳から作られるチーズ。3000m近い山に移牧された牛のミルクを用い、5～9月の間に山小屋で作るものが香り高く、深い味わいがある。直径30～45cm、厚さ7～10cmの円形で、外側は薄い褐色、中は黄色。グリュイエールチーズのように小さな穴が開いている。半硬質で甘みのある風味。そのまま食べたり、溶けやすいのでフォン・デュやポレンタなどに用いる。

【プロヴォローネ】*provolone*

カンパニア州から始まり、現在は北部全体で作られている。弾力があり、糸状に裂ける。色はクリーム、もしくは淡い黄色。2～4カ月熟成のドルチェと、6カ月以上熟成したピカンテがある。若いものには穴が見られ、味はまろやか。熟成ものにはひび割れが入り、強い味わい。パルミジャーノのような香りと旨味がある。加熱すると溶けてよく伸びる。若いものはテーブル用に、熟成したものは魚介のグラタンやクロック・ムッシューに合う。

【ペコリーノ・ロマーノ】*pecorino romano*

新鮮な羊の乳に羊の胃からとれる凝乳酵素を加えて作られる。色はアイボリーか薄黄色で、中身は壊れやすい。酸味と塩が感じられ、後味はヨーグルトとバターの香りがする。熟成が進むと、舌を刺すような風味が出てくる。主な生産地はラツィオ州、サルデーニャ島。このチーズの歴史は、ローマ帝国時代にまで記録がさかのぼり、ヨーロッパ最古のチーズと言われている。

【マスカルポーネ】*mascarpone*

原産地はロンバルディア州。以前は秋、冬のみに作られていた。口当たりは泡立てた生クリームのようで、風味はバターに近い。乳脂肪分は60～70%。ティラミスの材料として有名。エスプレッソコーヒー、ブランデー、チョコレート、オレンジやイチゴなどの酸味の多い果物とも相性が良い。語源は、スペイン総督がこのチーズを食べ、「マス・ケ・ブエ（なんと素晴らしい）」と絶賛したからという説がある。

【モッツァレッラ】*mozzarella*

ナポリを中心とするカンパニア州、ラツィオ州特産のフレッシュチーズ。本来は水牛の乳で作る。牛の乳を用いる場合もある。水牛乳は牛乳に比べ、味が濃く風味も豊か。D.O.Cチーズは、1993年に指定されたカンパニア州の幾つかの産地で作られるものだけ。原料はメディテラネア種の水牛

乳で、脂肪分は52％。料理やデザートに用いられる。トマト、バジルとともに食べるカプレーゼ（caprese）がおなじみ。ピッツァにも最適。「今日買っても、昨日のうちに食べなければならない」と表現される程寿命が短く、一口サイズ（ボッコリーニ）、三つ編み（トレッチェ）、くるみ大（オーブリ）などの型がある。

【リコッタ】ricotta

牛乳や羊乳、水牛乳を使った熟成させないチーズ。南イタリアを中心にイタリア全土で作られている。清乳を再加熱して作るチーズで、「2度煮る」という意味の「ricotta」が名前になった。羊乳のものは味も濃く甘味もあり、脂肪分も高い。菓子、料理に広く利用される。フロマージュ・ブランのようにそのまま食べたり、ラザニアやラヴィオリの具、パイの詰め物に使われる。

香草・香辛料

【イタリアンパセリ】
prezzemolo（プレッツェーモロ）

日本でなじみのある縮れた葉のパセリとは異なる。えぐみが少なく、さわやかでソフトな香りがする。みじん切りにして、パスタやマリネ、スープなどに使う。ソースに混ぜても、他の味の邪魔をしない。ほのかな香りが料理の風味に奥行きを持たせる。

【オレガノ】*origano*（オリガノ）

イタリア南部では庭先でよく見かける。生よりも乾燥させたほうが香りが高くなる。長時間加熱しても香りが失われにくいので、肉の煮込みやローストなどに向く。トマトやチーズと相性が良く、ピッツァソースにも用いられる。香りが強いので、使いすぎに注意。

【オレンジの花水】*acqua di fiori d'arancio*
（アクア・ディ・フィオーリ・ダランチオ）

苦オレンジとも呼ばれるビガラディア種のオレンジの花。蒸留して作る香りの良いエッセンス。

【コリアンダー】*coriandolo*（コリアンドロ）

せり科の1年草。語源はポルトガル語の「コエンドロ」。モロッコで最も多く栽培されている。生の葉は香味野菜として使い、中国では「香菜（シャンツァイ）」、タイでは「パクチー」と呼ぶ。堅く熟した黄茶色の種は薬用にされる。甘い強い香りと苦味がある。種は丸のまま、もしくは粉末で市販されている。丸のままはピクルス、鶏肉料理や野菜料理には砕いて使う。粉末は豚肉の加工品やソーセージ、パン、クッキーなどに用いる。

【セージ】*salvia*（サルヴィア）

地中海沿岸原産のしそ科の多年草。秋に赤い花をつける。古くから薬用として栽培されてきた。葉には清涼感のある香りと苦味、渋味がある。イタリア料理には欠かせない香草で、生、もしくは乾燥させた葉を用いる。肉料理やレバーなど臭いが強いものに幅広く使われる。特に野鳥と相性が良く、ローストする時は腹の中に詰める。

【バジリコ】*basilico*

「ハーブの王様」とも言われ、イタリア料理のシンボル的な香草。しそ科に属する。新鮮な葉を料理に用いる。寒さに弱く、そのまま冷蔵すると黒く変色してしまう。

ジェノヴァ近郊は特に栽培が盛んで、生のバジリコを使ったペーストが有名。

調味料・料理酒
【オリーブオイル】
olio d'oliva（オーリオ・ドリーヴァ）

　良質の絞りたてオイルは、緑がかった黄色で濃厚な香り。一番絞りは、オーリオ・ヴェルジーネ（ヴァージンオイル）と呼ばれ、特に香りが強い。化学処理は一切されていない。食用に適しているのは、酸価4％以下のもの。酸価の割合が高いと酸素と結合しやすく、質が悪くなる。ピュアオイルは、ヴァージンオイルと精製オリーブオイルを合わせたもの。精製オリーブオイルは、脱色剤や水蒸気を通すので、香りや風味が落ちる。エキストラヴァージンは、酸価1％以下の最高級品。わずかな量で料理の味に深みが出る。サラダなどに用い、加熱調理にはあまり使われない。加熱用にはピュアオイルが適している。揚げ物には、サラダ油を混ぜたほうが軽く仕上がる。缶入りのものは、開缶後にビンの容器などに移しかえて保存する。

＜産地別の特徴＞

◆ウンブリア州産
　香りはフルーティー。ピリッとした辛口で、少しクセがある。肉料理や煮込みに適する。

◆カラブリア州産
　酸味があるタイプ。えぐみが少なく、すっきりした風味のオイル。

◆シチリア州産
　エトネア種やチェラーニ種のオリーブから作られる。甘口で口当たりが優しい。サラダなどの野菜料理、魚介料理に向く。

◆トスカーナ州産
　上級のオイルが多い。辛口でフルーティーな香りがあり、なめらかな口当たり。白身魚や鶏肉料理と合う。

◆プーリア州産
　イタリアのオリーブの半分以上が作られている。アーモンドに似た香りがあり、やや重めの風味。野菜や豆料理に向く。

◆リグーリア州産
　主にタジャスカ種で作られる。甘口で優しい香り。さっぱりした風味で魚介料理に向く。

【乾燥トマト】*pomodori secchi*（ポモドーリ・セッキ）

　南イタリアでは、夏に収穫したトマトを乾燥させて保存する習慣がある。各家庭でも作ったりする。生のトマトを2つ割りにし、塩を振って水分を出し、天日で乾燥させる。干すことで甘酸っぱい旨味が凝縮され、コクが出る。料理には湯で戻して使う。オリーブ漬けは、そのまま調理に使えるので便利。煮込みや炒めものに混ぜたり、ペースト状にしてソースにする。ワインのつまみや前菜にもなる。

【ケッパー】*cappero*（カッペロ）

　日本に輸入されているケッパーは酢漬けだが、イタリアでは塩漬けが使われる。主に料理のアクセントに使われる。保存食として作られるケッパーは、夏に花が咲く前のつぼみを採取したもの。シチリアのエオリア諸島が産地で、加熱しても風味が損なわれない良質のものが作られている。塩抜きして刻み、ドレッシングや肉のソースに

混ぜたり、パスタと和えたりする。

【バルサミコ酢】
aceto balsamico（アチェート・バルサミコ）

濃厚な香り付けをした芳香酢。黒褐色で甘酸っぱい味。「公爵の酢」とも言われる。11世紀にモデナ地方のエステ公爵が、城に招いた客に食前酒としてバルサミコ酢を飲ませて評判になり、この名で呼ばれるようになった。バルサミコ酢という名は、18世紀以降に「バルサム」という木の香油にちなんで付けられた。主な産地は、エミリア・ロマーニヤ州のモデナとレッジョ・エミリア。原料は主にトレッビアーノ種のぶどう。秋に収穫されたぶどう果汁を、材質が異なる樽に詰め、移し替えながら熟成させる。栗、桑、樫、桜などの樽が用いられる。4〜5年、10〜20年と熟成期間によって風味や価格が異なる。年数の若いものはドレッシング、熟成が進んだものは料理の仕上げに使う。

【ボッタルガ】 *bottarga*

イタリア版からすみ。イタリア南部シチリア産が有名。ボラや巨大なマグロの卵巣の乾燥塩漬け。市場に出回るのは真空パックのものや、パウダー状のもの。パウダーは、そのままパスタなどと和える。日本のからすみに比べると、やや塩気が強い。

【マルサーラ酒】 *marsala*

シチリア島の港町マルサーラ近辺で生産されるワイン。発酵中、もしくは発酵後にアルコールを添加して作られる。イギリスの商人によって広められた。色は褐色系でコクがあり、加熱濃縮したぶどう酒を加えるためキャラメル風味。デザート用の甘口と食前酒向きの辛口がある。辛口はステーキ用のソースに用いられる。

【モスタルダ】 *mostarda*

マスタード、洋がらし。もしくは果物のピクルス。ロンバルディア州のクレモナ地方に古くから伝わる調味料。パスタの具や詰め物、肉料理に使われる。保存食として瓶詰めでも売られている。カットされた洋なし、あんず、チェリーなどが入っている。

フランス料理

French cuisine

食材と郷土料理の傾向

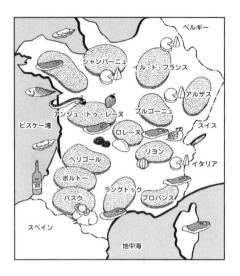

アルザス地方

　ドイツと国境を接する地域。ライン川までの平野にはぶどう園が広がり、有名なワイン街道がある。小麦、ライ麦、じゃが芋、とうもろこしなども栽培されている。名物料理は、じゃが芋と豚肉をリースリングで煮込むベーコッフル、ガチョウのフォワ・グラのパイ包み焼きなど。アルザス風の料理には、シュークルートが付いてくることが多い。

アンジュ・トゥ・レーヌ地方

　中世の城が点在するロワール川は淡水魚が豊富。ウナギ、コイの赤ワイン煮は名物。川カマスなどの川魚は、ブール・ブランソースが添えられる。いちご、あんず、桃、プラムなどの産地でもあり、乾燥プラムは仔牛、豚、ジビエなどの煮込みに使われる。

イル・ド・フランス地方

　「フランス島」という意味。セーヌ川などの河川に囲まれているため、この名がある。パリを中心とした肥沃な土地で、野菜の栽培が盛ん。また、フランス全土から食材が集まってくる所でもある。チーズ・フォンデュ、アーモンド菓子などが名高い。

シャンパーニュ地方

　発泡性ワインの産地。ぶどうや穀物の栽培、羊や豚の牧畜が盛ん。シャンパンは料理にも使われ、フルーツのシャンパン漬けなどもある。自然に恵まれた地方なので、秋のシーズンには各種のジビエが市場に出回る。

バスク地方

　スペインとの国境地帯。バスク風の料理には、トマト、赤唐がらしを使う。タコやイカ、オリーブオイルもよく使われる。ガチョウの脂を用いる地方もある。鶏の詰め物煮、ピペラードなどの料理が有名。デザートにはパイ生地にクレーム・パティシエールを入れて焼いたものがある。

ブルゴーニュ地方

　ワインの産地。コート・ドール（黄金の丘）がある。小麦の栽培、牛、豚の飼育が盛ん。ワインを使った料理が多く、ブルゴーニュ風と呼ばれる。エスカルゴ料理も有名で、ぶどうの葉で育てるブルゴーニュ産のグ

ロ・ブランは型が大きく黒い。

ブルターニュ地方

　海産物が豊富で、特にブロン川河口で養殖されているカキは美味。レモンを絞ってすする生ガキは絶品。オマール海老やナント産の鴨（カモ）も有名。ワイン煮や蒸し焼きにする。クレープはブルターニュが本場。そば粉で作るクレープにソーセージやチーズを挟んで軽食にする。

プロヴァンス地方

　地中海に面した地方。コート・ダジュールと呼ばれ、世界的に有名。ぶどう、オリーブ、ハーブの産地。料理にはトマト、赤ピーマン、にんにく、オリーブオイルなどを使うため、フランス料理というより地中海料理の色合いが濃い。名物料理は、地中海の豊富な魚を使ったブイヤベース、プロヴァンス産の野菜を使ったラタトゥイユなど。

ペリゴール地方

　ボルドーより内陸部にある地域。ガチョウのフォワ・グラとトリュフで有名。セープなどのきのこ類も豊富。

ボルドー地方

　ワイン、コニャック、アルマニャックで有名。海岸に面した地域では、ムール貝とカキの養殖が盛ん。ボルドー風の料理には、にんにく、エシャロット、パセリが入るか、赤ワインとエシャロットのソースが添えられる。代表的なものには、八ツ目ウナギのボルドー風など。

ラングドック地方

　ぶどうの収穫高はフランス全土の半分近くを占める。ガチョウの加工肉、羊肉、ジビエ、エスカルゴの産地。トゥールーズのフォワ・グラも有名。白いんげん豆と肉の煮込み（カスレ）や、豚や羊の内臓、エスカルゴ、干しダラを使った料理が名高い。菓子ではマロン・グラッセ。

リヨン地方

　森林と牧畜の土地。リヨンはフランス第2の都市で、食の都、美食の街と言われる。代表的な料理はクネル。内臓料理も有名。リヨン風（リヨネーズ）の料理には玉ねぎを使うことが多い。

ロレーヌ地方

　特産は豚肉の加工品。キッシュが有名で、生クリームとともにタルト風に仕上げたものなどがある。マドレーヌ、ババ、マカロンなどの菓子も名高い。

専用器具

包丁・ナイフ類

【エプリュシュール】*éplucheur*
　エコノム（econome）。皮むきナイフ。野菜や果物の皮を薄くむくためのもの。先端が尖っているので、じゃが芋やりんごの芯をくり抜ける。

【クトー・ア・カヌレ】*couteau à canneler*
　筋付けナイフ。裏側にV字形の刃が付いたナイフで、にんじん、レモンなどの表面に筋を付けることができる。縦に筋を付けてから輪切りにすると花形になる。

【クトー・ア・ジャンボン】*couteau à jambon*
　スライス包丁。等間隔の縦溝が付いた包丁。溝部分の刃は特に薄くなっている。ハムの塊やスモークサーモンをスライスするのに使う。

【クトー・ア・デゾセ】*couteau à désosser*
　さばき包丁。刃が堅く、柄は力を入れてさばいても、しっかりと握れる形になって

いる。肉から骨をはずしたり、鶏をさばくのに用いられる。

【クトー・ア・フィレ・ド・ソール】
couteau à filet de sole
　舌平目やヒラメをおろす場合に使われる。刃の薄い柔らかい包丁で、魚の中骨に沿って包丁を入れ、骨に身を付けないようにおろせる。

【クトー・ア・ユイトル】*couteau à huître*
　カキの殻開け用ナイフ。刃の部分が短く、殻でケガをしないように鍔が付いている。刃を貝柱の部分に刺し入れて切り離し、殻を開ける。

【クトー・ア・レギューム】*couteau à légume*
　野菜包丁。先端部の尖った刃の堅い包丁。幅が広く、刃の長さが20cm以上ある。

【クトー・シ】*couteau-scie*
　のこぎりの刃が付いた包丁。パンやスポンジケーキを切るのに用いる。

【クトー・ド・キュイジーヌ】*couteau de cuisine*
　牛刀。肉切り包丁。野菜を切ったり、魚をおろしたりと幅広く使われる。

【クトー・ド・フィス】*couteau de fils*
　ペティナイフ。小さなナイフという意味。野菜の皮をむいたり、面取りをしたり、

小さなものを切るのに使われる。

【クトー・ド・ブーシェ】*couteau de boucher*

　肉切り包丁。肉屋の包丁という意味。さばき包丁を大きくしたようなもの。肉を掃除したり、スライスしたり、細かく刻むのに用いる。

【クトー・トランシュラール】*couteau tranchelard*

　カービングナイフ。カービングとは、焼いた大きな塊の肉を切り分けること。ナイフとともにフルシェット（フォーク）を用いる。フォークは調理の際、肉を返すのにも使う。

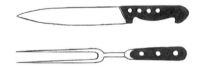

【クプレ】*couperet*

　骨切り包丁。だしに使われる鶏がらや仔牛の骨を切ったり、骨付きの肉を切り分けるのに使われる。

鍋・加熱用器具

【カスロール】*casserole*

　英語ではキャセロール。片手鍋。直径は12～30cmぐらいまで様々な大きさのものがある。煮込み料理によく使われる。

【カスロール・ポム・アンナ】
casserole pommes anna

　ポム・ド・テール・アンナ（pommes de terre anna）を作る専用鍋。何層にも重ねたじゃが芋の水分を逃がさずに火を通すための蓋が付いている。両面を色よく仕上げるために、途中で鍋をひっくり返す。

【グリヤード】*grillade*

　グリエに用いる器具。焼いている間に出てくる余分な油が溝をつたわって溝受けに溜まるようになっている。油で焼くステーキに比べ、さっぱりと仕上げる。

【ココット】*cocotte*

　煮込み、蒸し煮、蒸し焼きなどに使われる円形か楕円形の厚手の鍋。ブレジエールと同じく、オーブンに入れて用いることが多い。

【ソトゥーズ】*sauteuse*

　鍋の縁が外側に広がっている片手鍋。カスロールより底が浅いので、肉を焼いたり、量の少ない煮込み料理に使われる。

【ソトワール】 *sautoir*

　ソテー鍋。縁が真っすぐであまり高くない、長柄のついた鍋。

【バシーヌ・ア・フリテュール】 *bassine à friture*

　揚げ鍋。水気が多い材料を揚げた時に、油が吹きこぼれないように縁がまっすぐになっている。一度に大量のものを揚げる時や、形の崩れやすいものを揚げる時に便利な中網が付いている。

【プラ・ア・エスカルゴ】 *plat à escargot*

　エスカルゴ専用の皿。殻に詰めたエスカルゴを窪みに入れてオーブンで焼く。専用のハサミ、フォークとセットで用いる。

【プラ・ア・グラタン】 *plat à gratin*

　オーブンに入れて焼き上げるグラタン皿。肉や魚の切り身を焼いたりする場合にも使われる。鋳鉄にホーローを施したもの、丸や楕円など形は様々。

【プラ・ア・ソテ】 *plat à sauter*

　フライパン感覚の浅い片手鍋。肉や野菜などを炒めたりするのに用いられる。

【ブレジエール】 *braisière*

　蒸し煮（ブレゼ）に使われる四角い箱型の鍋。蒸気が逃げないしっかりとした蓋が付いている。オーブンに入れて調理されることが多い。

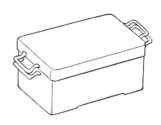

【ポワソニエール】 *poissonnière*

　魚（ポワソン）をゆでるのに用いられる鍋。細長い魚を丸ごとゆでることができる。穴が開いた中底が付いており、魚を崩すことなく引き上げることができる。

【ポワラ・グリエ】 *poêle à griller*

　溝の付いたフライパン。肉や魚をのせて焼き、途中で向きを変えて格子状の焼き目を付ける。

【ポワラ・クレープ】 *poêle à crêpe*

クレープ用のフライパン。クレープを裏返しにしやすいように縁が浅くなっている。

【ポワラ・ポワソン】 *poêle à poisson*

舌平目や虹マスを一尾丸ごとムニエルにできるフライパン。魚の形に合った楕円形をしている。

【ポワル】 *poêle*

最もポピュラーな丸い形のフライパン。肉や魚介をポワレする時は普通の厚みのもの、ステーキやムニエルを焼く時には厚手のものを用いる。樹脂加工もある。

【ポワロン・ア・シュクル】 *poêlon à sucre*

砂糖を煮詰めるための銅製の小鍋。

【ポワロン・ア・フォンデュ】 *poêlon à fondue*

主にフォンデュに使う鍋。鋳鉄にホーローを施したものもある。スープや煮込みにも使える。

【マルミット】 *marmite*

ズンドーとも呼ばれる深底の両手鍋。ポ・ト・フーのように時間をかけてゆっくりと煮込む料理や、ブイヨンやフォンなどのだしを取るのに使う。

【ロティソワール】 *rôtissoire*

複数の鶏をまとめて焼いたり、大きな肉の塊や、だし用の骨を焼くのに用いられるロースター。

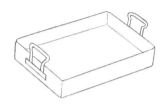

【ロンドー】 *rondeau*

浅手の両手鍋。柄がないので、オーブンで煮込むシチューや、炊きあげる料理に用いられる。

その他の器具

【エギュイユ・ア・ピケ】 *aiguille à piquer*

ピケ針。脂肪の少ない赤身肉に豚の背脂を刺し込む時に使う。細く切った背脂をラッパ状に開いた部分に刺し、針を肉に通すと背脂が肉の中に残る。

【エギュイユ・ア・ブリデ】 *aiguille à brider*

ロースト針。たこ糸を通して使う太い針。鶏を形よくローストしたり、ゆでたりするために縫って縛る。肉の塊を縛ったりするのにも用いる。

【カスノワ】 *casse-noix*

くるみの殻を割るための器具。ギザギザの金属部分にくるみを挟み、ペンチの要領で握ると殻が割れる。

【キュイエール・ア・レギューム】*cuiller à légumes*
　野菜やメロンなどの果物を丸く小さくくり抜くのに使う。大きさは大小あり、フットボール形にくり抜けるものもある。

【シノワ】*chinois*
　スープやソースを漉すための漉し器。逆円錐形の金属板に穴が開いている。漉すものに合わせて目の粗さを使い分ける。目の細かいものは、シノワ・エタミヌ・メタリック（chinois étamine métallique）という。

【スパテュール・スープル】*spatule souple*
　長いパレットナイフ。ステンレス製で、柔軟性があり、崩れやすいものの下にすべり込ませることができる。主に製菓用だが、料理にも使う。

【セルクル】*cercle*
　底のない側面だけの円形器具。主にステンレスで作られている。大きさ、厚さは様々。

【テリーヌ型】*terrine*
　肉や魚のテリーヌを焼くための型。長方形、丸、楕円など形はいろいろある。鋳鉄にホーローがけしたものは丈夫で厚手なので、じっくりと焼き上げることができる。

【パンス・ア・デノワイヨテ】*pince à dénoyauter*
　オリーブの種を抜くための器具。丸い窪みにオリーブをのせ、パンチして種を抜

く。さくらんぼの種抜きにも使われる。

【フュジ・ド・ブーシュ】*fusil de bouche*
　とぎ棒。細かい縦溝が入った金属の棒。包丁を金属棒の表面にこすりつけるようにして刃をとぐ。

【フルシェット・ア・ロティ】*fourchette à rôti*
　ロースト用フォーク。細長いU字形で、刺す部分は通常ステンレスを使用している。締まった堅いものに刺して扱う。

【プレス・アイユ】*presse ail*
　にんにくを潰す専用器具。にんにくは叩き潰して刻むほうが味や香りを引き出せるが、包丁やまな板に臭いがつくので、この器具を用いる。

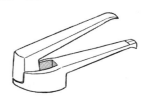

【プレス・ア・フリュイ】*presse à fruits*
　スクイザー。レモンやオレンジなどの果汁を絞る器具。

【マンドリーヌ】*mandoline*
　野菜を切るための薄刃の付いたかんな状の器具。刃の幅を変えれば、厚さや太さを

自由に変えて切ることができる。刃には溝が付いたものもあり、ジュリエンヌ等にも切れる。

【ムーラン・ア・レギューム】*moulin à légumes*
英語ではフードミル。ゆでた野菜を漉したり、スープを漉すために使う。漉すものに合わせて穴の大きさの異なる金属板を取り換え、ハンドルを回して通す。

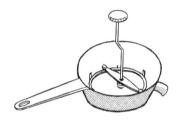

【ラープ・ア・フロマージュ】*râpe à fromage*
チーズ専用のおろし金。金属板に突起物の刃が付いており、ハードタイプのチーズなどの塊をこすりつけて細かくおろす。

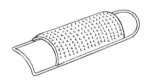

【ラープ・ア・ミュスカド】*râpe à muscade*
ナツメッグ専用のおろし金。使うたびにすりおろすと、挽き立ての香りを料理に付けることができる。

【ラルドワール】*lardoire*
ピケ棒。ピケ針と用途は同じだが大きな肉の塊に用いられる。溝に細い背脂を詰めて肉に刺して抜くと背脂が中に残る。

調理機器

【エプリュシューズ】*éplucheuse*
皮むき機。モーターによってザラザラした砥石を回転させる。一度に大量の皮むきが可能。特にじゃが芋の皮むきに多用される。じゃが芋を入れて蓋をしたら、水の流水口を開く。終了後は水を止め、じゃが芋を取り出し、手入れをしておく。

【キュイズール・ア・ヴァプール】*cuiseur à vapeur*
ボイラー付きの蒸し器。扉は蒸気がもれない仕組みになっており、加熱中は扉が開かない。底が平らな容器を何段かに重ねて入れられる。圧力は無圧から様々な段階に変えられる。保湿効果が高い。

【グリル】*gril*
焼く部分が取りはずし可能で、脂受けのほう（手前）に傾斜している。通常は筋が入った厚い鋳鉄でできている。熱源はガス、電熱線。炭焼き用グリルには、格子状の焼き板が付いている。網焼きステーキ、焼き魚、焼き野菜に用いる。

【コンビネ・ユニヴェルセル】*combiné universel*
ミキサー。モーターの回転速度が変えられる。泡立て機、攪拌機などのアタッチメントの交換が可能。パイ生地やケーキだねが作れる。おろし金、すり潰し、挽き肉機としても使用できる。

【サラマンドル】*salamandre*
扉のない開放型オーブン。横にはすべり

溝がある。加熱装置は天井にあり、非常に高い温度まで上げられる。卵黄を使ったソースやグラタン、粉砂糖などに焼き色を付けて仕上げるのに用いる。

【ソトゥーズ】*sauteuse*

ソテー用機器。通常はクランクハンドルか電動ジャッキで傾斜を変えられる。内部は長方形の槽になっており、底はかなり厚い。炒めたり、ソテーしたり、表面を固めるのに使う。

【トランシュール】*trancheur*

スライサー。回転する円形のスライド式カッターによってスライスする。刃と台の間隔を変えられるので、自由に切る厚さを選べる。ハム、ソーセージ、硬質のチーズなどを手早く均一にスライスできる。

【フール・ア・エール・ピュルス】*four à air pulse*

コンベクションオーブン。ステンレス製の個室になっており、横にはすべり溝がある。強制送風機付き。扉には強化ガラスの窓がある。熱源は電気、ガス。ロースト、製菓などに用いる。

【フール・ア・パティスリー】*four à pâtisserie*

製菓用オーブン。天井と床から熱を加える。表面はステンレス製で、扉は厚板ガラス使用。単一オーブンと、段層式オーブンがある。通常一番下は高温の保温器。保温器は、パイ生地の膨張や発酵、メレンゲの乾燥などに用いる。

【フール・ア・ミクロオンドゥ】*four à micro-ondes*

電子レンジ。マイクロ波発生装置付きで、調理が素早くできる。ただし、広さに限度があるため少量の調理向き。水分を多く含んだもの、複数の食材が混ざり合ったものに適する。焼き色や照りを付ける時にも用いる。

【フリトゥーズ】*friteuse*

フライヤー。ステンレス製の深槽。底部は円錐形で排出用の仕切り弁でふさがれている。容量は12ℓ以上。揚げ油を好みの温度にプログラムできる。フライドポテト、衣揚げなどに用いる。

【フルノー】*fourneau*

調理用ストーブ。上部には直火式レンジ台とプレート。下部には断熱式のオーブンがある。扉は手前に開く。熱源はガスか電気、もしくは上部がガスでオーブンは電気。熱伝導プレートは、ガラスセラミック製。熱が伝わるのはメタリック容器との接触部のみ。上部では、ゆでる、蒸す、ソトゥーズ鍋の加熱などができる。オーブンでは、ロースト、ケーキ、蒸し煮など。

【マルミット】*marmite*

大型鍋。ステンレス製の長方形、もしくは円筒形の槽になっている。上部から熱湯や冷水を入れ、正面のコックから排水する。湯煎用マルミットは、二重構造になっている。液体加熱調理に用いる。

【ロボクープ】*robot-coupe*

フードプロセッサー。カッターと野菜切り器の併用。カッターはステンレス製でタンクに内蔵されている。タンクは透明なので中の作業を見ることができる。細かく刻んだり、ペースト状にできる。野菜切り器は、押し棒付きの蓋があるタンク。

調理用語

【アシデュレ】 *aciduler*
少量の酸味を付けること。より酸っぱく味付けする場合はエーグル（aigre）。

【アセゾネ】 *assaisonner*
塩、コショウなどの香辛料で調味すること。

【アベッセ】 *abaisser*
台の上に小麦粉を振り、パイ生地の固まりをのせ、麺棒で必要な大きさにのばして薄くすること。できあがった生地はアベッス（abaisse）という。

【エカイエ】 *ecailler*
魚のうろこを取り除くこと。魚のぬめりを取ったり、うろこを落とす作業は総じてリモネ（limoner）という。

【エテュヴェ】 *étuver*
蒸し煮。食品をそのままか、ごく少量の脂肪とともに鍋に入れ、蓋をして、弱火で火を通すこと。

【クシェ】 *coucher*
絞り袋に詰めた中身を天板の上に絞り出すこと。絞り袋をやや斜めに傾けて押し出す。

【グラッセ】 *glacer*
サラマンドルなどで料理の表面に素早く焼き色を付けること。または、黄金色に焼くこと。凍らせる、冷やすの意味もある。

【グリエ】 *griller*
網焼きにすること。直火の放射熱で材料を調理する。

【コンカッセ】 *concasser*
材料を粗く刻んだり、砕いたりすること。

【サンジェ】 *singer*
煮込み料理などにする際、炒めた材料に小麦粉を振ること。その後、液体を加えて煮込み、煮汁にとろみをつける。

【セジール】 *saisir*
調理の最初に、高温で材料の表面を焼き固めること。

【ソテー】 *sauter*
厚手のフライパンで材料を炒めること。強火で素早く材料に火を通す。

【デカンテ】 *décanter*
ワインを寝かせておき、上澄みの部分だけを移し替えること。料理では一時的に材料を移し替えること。

【デグラッセ】 *déglacer*
鍋の底に付いた焼き汁に液体を加え、溶かしてのばすこと。

【デグレッセ】 *dégraisser*
余分な脂肪を取り除くこと。コンソメの表面に浮いた脂を吸い取り紙で除去する作業も含まれる。

【デゴルジェ】 *dégorger*
肉類の場合は、流水にさらして血や汚れを取り除くこと。野菜の場合は、塩を振りかけて余分な水分を出すこと。

【デゾッセ】 *désosser*
肉や魚の形を残したまま、骨を取り除くこと。

【トゥレ】 *tourer*
パイ生地の折り込み作業。麺棒や延圧機で生地をのばして折り、これを繰り返し行うこと。

【ドレッセ】*dresser*
盛り付け作業。調理済みの料理を皿に調和よく盛ること。

【パネ】*paner*
材料にパン粉をまぶすこと。

【パルフュメ】*parfumer*
香草などで香りを付けること。

【パレ】*parer*
肉の下処理。皮、筋、脂肪などを取り除くこと。

【フィルテ】*fileter*
魚をおろすこと。二枚おろし、三枚おろし、五枚おろし(節おろし)などが含まれる。

【フザンデ】*faisander*
ジビエの肉を数日間ねかせて熟成させること。肉が柔らかく、香り高くなる。

【ブランシール】*blanchir*
ゆでること。材料を冷水から煮立て、しばらく沸騰させる。もしくは、材料を沸騰した湯にしばらく入れておく。
製菓では卵黄と砂糖をよく混ぜて白っぽくすること。

【フランベ】*flamber*
火であぶったり、鶏の皮などの毛焼きをすること。または、酒を振って火をつけること。

【フリール】*frire*
フライにすること。熱した高温の油の中に材料を入れ、必要な時間だけ揚げる。

【ブリデ】*brider*
ロースト用などに鶏の形を整えること。糸を通したブリデ針で足と胴を縛り固定する。

【ポシェ】*pocher*
湯の中で材料に火を通すこと。沸騰寸前の状態にした液体、もしくは沸騰している液体の中に入れる。

【モンデ】*monder*
皮をむくこと。野菜や果物を熱湯に浸し、皮をむく。

【ラフレシール】*rafraîchir*
材料を冷水にさらして冷やすこと。

【リソレ】*rissoler*
焦げ目が付くまで強火で炒めること。

【ルヴニール】*revenir*
高温に熱した油で、材料を素早く炒めること。

【レデュイール】*réduire*
煮詰めてコクを出したり、とろみを付けること。蓋をした状態、または蓋をしないで液体の水分を蒸発させる。

【ロティール】*rôtir*
ローストすること。オーブン、またはロースト器で加熱調理をする。

野菜の切り方用語

【アッシェ】*hacher*
みじん切りにすること。

【アリュメット】*allumette*
マッチの軸のように細く切ること。

【エスカロップ】*escalope*
肉や魚を1cm前後のそぎ切りにすること。

【エマンセ】*émincer*
ごく薄切りにすること。

【キューブ】*cube*
さいの目切りのこと。

【ゴーフレット】*gaufrette*
　薄切りの断面に網の目状の切り目を入れたもの。マンドリーヌで切る。

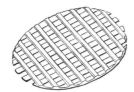

【シャトー】*château*
　長さ5cmぐらいのくし形切りを面取りし、ビア樽形かフットボール形にすること。

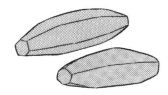

【シュヴー】*cheveu*
　髪の毛程に細く切ること。

【ジュリエンヌ】*julienne*
　細かくせん切りにすること。

【ジュリエンヌ・フィヌ】*julienne fine*
　ごく細いせん切りにすること。

【デ】*dé*
　さいの目切りのこと。

【ブリュノワーズ】*brunoise*
　1～2mm角の野菜のさいの目切りのこと。

【ペイザンヌ】*paysanne*
　一辺が約1cmの三角形や四角形の薄切りにすること。

【ポム（・ド・テール・）ココット】
pomme（de terre）cocotte
　じゃが芋の切り方。シャトーをやや小さめにしたもの。

【ポム（・ド・テール・）ノワゼット】
pomme（de terre）noisette
　キュイエール・ア・レギュームでじゃが芋を小球にくり抜くこと。ソテーにする。

【ポム（・ド・テール・）パイユ】
pomme（de terre）paille
　アリュメットよりも細く、じゃが芋をわら状に切ること。これを使って「じゃが芋の巣（pommes au nid）」が作られる。

【ポム（・ド・テール・）フォンダント】
pomme（de terre）fondante
　じゃが芋の切り方。シャトーより大きく、台座になる一面を広く平らに作る。脂肪で蒸し焼きにする。

【ポム（・ド・テール・）ポンヌフ】
pomme（de terre）Pont-Neuf
　ポンヌフは、セーヌ川にかかるパリ最古の橋。じゃが芋を6cm程の長さで、1.5cm角の拍子木切りにすること。

【マセドワーヌ】*macédoine*
　3～4mm角の野菜のさいの目切り、または1cm角の果物のさいの目切りのこと。

【リュバン】*ruban*
　かつらむきのこと。リボンのように薄く長くむく。

特殊な切り方

＜野菜＞

【アルティショー】artichaut

がくの付け根から折る。絶対に包丁を使わないこと。手で折ることで花托（かたく）の線維が一緒に抜け、花托の柔らかさが増す。ペティナイフでまわりからがくを切り取る。がくを全部切り終えたら、軸の付いていた底の部分を切り取る。頭の部分も切り取り、形を整える。全体にレモンをこすりつけて変色を防ぐ。

【アンディーヴ】endive

洗う時以外は水につけてはならない。芯は苦いので、ペティナイフの刃先で円錐形に取り除く。不要部分を除いたものは加熱調理に用いる。

【根セロリ】céleri-rave（セルリラーヴ）

茎と根を切り落とす。エコノムの刃を表面に押しつけ、すべらせながら皮をむく。エコノムの刃先で、芽をしっかりと取り除く。皮が厚い場合は、ペティナイフを使う。皮をむいて洗ったら、黒くならないようにレモンをこすりつけておく。

＜肉類＞

【ウサギ】lapin（ラパン）、lièvre（リエーヴル）

通常、皮をはぎ、頭と足先、内臓を除いた状態で売られている。煮込みにする場合は、部位ごとに切り分ける。前足は少し持ち上げて付け根から切る。後ろ足は丸く隆起している部分に刃を入れて関節を切り離す。胴の内側から肝臓と腎臓を取り、肋骨の中から肺と脂を手で除いて掃除する。胴を腰のあたりで2つに切る。

【仔牛背ロース肉の処理】côtes découvertes（コート・デクーヴェルト）

表面の薄い皮を取り除く。背筋に沿ってナイフを入れる。ロース肉を傷つけないように背骨を切り落とす。あばら骨の先から4cmの所に切り込みを入れる。骨に沿って両側に切れ目まで切り込みを入れる。切り込みを入れた部分の肉をめくる。めくった肉をナイフで切り落とし、骨の先を出す。端にある半月の形をした軟骨を切り離し、取り出す。骨に付いている筋や脂を削る。背骨を取った後に残る堅い筋を切り落とす。

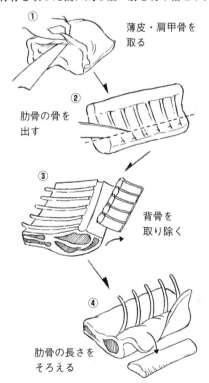

① 薄皮・肩甲骨を取る

② 肋骨の骨を出す

③ 背骨を取り除く

④ 肋骨の長さをそろえる

【鶏の一枚開き】crapaudine（クラポーディーヌ）

クラポーディーヌと呼ばれる形。鶏は首と手羽先、足先を関節で切り落とす。背骨

フランス料理

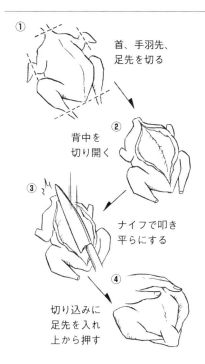

① 首、手羽先、足先を切る
② 背中を切り開く
③ ナイフで叩き平らにする
④ 切り込みに足先を入れ上から押す

の片側に沿って縦にナイフを入れ、切り開く。真ん中の部分を軽くナイフで叩き、平らに開いて背骨を切り落とす。尻の部分の皮に小さく２つ切り込みを入れ、切り込みに足の先を入れる。上から押して全体に平らに形を整える。

<魚介類>

【オマール海老】 *homard*

生きたオマール海老を仰向けに置く。手を挟まれないように海老の頭を持ち、ハサミを湿らせた布で包み、よく切れるナイフで頭から尾まで真ん中を２つに切り離す。

生きた海老をどうしても切り離すことができない場合は、塩水を沸騰させた鍋に２分間、海老を頭から漬ける。頭から砂袋を取り除き、ハサミをはずす。ハサミには、ひびを入れる。半分ずつにした海老をそれぞれ２つに切る。

サラダなどにほぐし身を使う場合は、クール・ブイヨンで10分程ゆでて、漬けたまま冷ます。頭の中央にナイフの先を刺し、先に胴のほうを叩き切る。海老の向きを変えて頭を切って縦に２つに割る。胴の身をはずし、一口大に切る。ハサミは、肉叩きで叩いて殻を割り、爪と軟骨をはずして身を取り出す。ブルターニュ産が有名。

【カキ】 *huitre*（ユイットル）

手を保護するために、折りたたんだ布巾の上にカキをのせて持つ。カキの尖ったほうを手前にし、ふくらんでいる側を下にする。カキの殻開け用ナイフの刃先から1cm程のところまで親指をのせる。刃先を殻の中に入れる。右側の接合部分に沿って刃を下ろし、刃を１cm程押し入れて貝柱を切る。上に向けて殻（上蓋）を持ち上げ、取り除く。この手法で、ムール貝やハマグリも開けることができる。カキを生食にする場合は直前に開ける。開けたら砕き氷や海藻類を敷きつめた皿に盛り、飾り切りしたレモンを添える。

【舌平目】 *sole*（ソール）

ハサミでひれを切り取る。尾びれは切りそろえる。尾から頭に向けて皮をはぎ取る。口を切り落として頭からはいでもよい。白い皮の面のうろこを削り取る。皮をはいだ側を上にして、尾を手前にし、右側の縁から1cmぐらいのところに縦に切り込みを入れて内臓とえらを取り除く。大きな舌平目は頭をすべて切り取る。この時、身を切り取らないように斜めに切る。冷水で洗い、水気を切る。

生地 *pâte* (パート)

【ヌイユ】 *nouilles*

ヌードルのこと。パスタ器を用いると粉を練ってのばす手間がはぶける。昔ながらの手作りの方法は、板の上で粉を山盛りにし、真ん中に窪みを作る。その中へ、卵、油、塩を入れ、粉が吸い込み始めたら指先を使って練る。水分がたらない時は水を少量たす。練った粉をちぎり、手のひらで押しつけて平らにする。それをかき集め大きな塊にする。これを2～3回繰り返し濡れた布をかけて1時間程室温でねかせる。

生地を幾つかに分け、布巾の上に粉を振って生地を1つずつ薄くのばす。軽く打ち粉をして6mmの幅に切る。できた生地は、ほぐして布の上に並べ、30分程おく。密封容器に入れておけば3日間は保存可能。大きな鍋に湯を沸かし、塩をひとつかみ入れる。2～3分間ゆでて、ざるにあける。フランス風に柔らかくする場合は、鍋を火からおろし5分程おく。

【パータ・クレープ】 *pâte à crêpes*

クレープ生地。ふるいにかけた小麦粉をボウルに入れ、中央に塩と卵を入れる。泡立て器で卵を攪拌し、小麦粉と合わせていく。堅くならないうちに牛乳、またはビールを少しずつ入れ、全体をよく混ぜ合わせる。目の細かいシノワで漉し、油を流し入れてのばし、蓋をして冷蔵庫に入れておく。製菓用は塩とともにグラニュー糖を入れる。生地にバニラやアルコール類、レモンなどを加えて香り付けをしてもよい。

【パータ・サヴァラン】 *pâte à savarins*

製菓用のサヴァラン生地。ふるいにかけた小麦粉の中央に、生イーストとぬるま湯を入れる。イーストが溶けたら卵を加えて混ぜ、塩と砂糖を加える。小麦粉以外のものから混ぜ始め、最後に小麦粉を加え、力を入れてこねる。ぬるま湯、溶かしバターを加えて混ぜ、型に入れる。焼く前に20℃で1時間程発酵させる。ババ用生地にする場合は、溶かしバターとともに干しぶどうを加える。

【パータ・ジェノワーズ】 *pâte à génoise*

製菓用のスポンジ生地。卵、塩、グラニュー糖をボウルに入れ、湯煎にかける。徐々に温度を上げながら泡立て器でかき混ぜる。とろりとした状態になったら、冷ましながらさらにかき混ぜる。小麦粉を少しずつ加え、切るように混ぜながら澄ましバターを糸状に流し込む。すぐに型に分けてオーブンで焼く。150℃で25分程度。

【パータ・シュー】 *pâte à choux*

シュー生地。鍋に水、塩、バターを入れて火にかける。沸騰したら火からおろしふるいにかけた小麦粉を一度に入れる。火にかけて強くかき混ぜ、生地が鍋につかない程のなめらかな塊状にする。火からおろし、卵を1個ずつ加えて生地とよく混ぜ合わせる。生地は粘り気が必要で、流れるようではいけない。製菓用には、塩と同時にグラニュー糖を加える。

【パータ・フリール】 *pâte à frire*

フライ用の衣。ふるいにかけた小麦粉をボウルに入れ、中央に塩と卵を入れる。泡立て器で卵を攪拌して小麦粉と混ぜる。堅

くならないうちにビールを少量ずつ流し入れ、全体を混ぜ合わせる。生地の上に油を流してのばす。使用するまで冷蔵庫に入れておく。ボウルに卵白と少量の塩を入れ、泡立て器でかき混ぜる。下から上に向けてかき立て、固まってきたら円を描くように強くかき立てる。生地と均一に混ぜて使う。

【パータ・ブリオシュ】*pâte à brioche*

ブリオシュ生地。小麦粉をふるいにかけ、まず4分の1を使う。中央にイースト、牛乳または水を入れる。全体に混ぜ合わせて球状にする。ステンレス製のボウルに入れ、上部に十字に切り込みを入れる。20℃に保ち、発酵させる。これをパン種という。残りの小麦粉の中央に卵と塩を入れる。手で混ぜ、力を入れてこねる。生地にコシが出てきたら、バターを練り込んで平らにのばしていく。生地とパン種を混ぜて球状にし、粉を振ったボウルに入れる。布巾で被い、20℃で発酵させる。生地が充分にふくらんだら、何度も折りたたみながらこねて、ガス抜きをする。布巾で被って冷蔵庫に保存する。

【パート・シュクレ／サブレ】*pâte sucrée/sablée*

製菓用のシュクレ、またはサブレ生地。ふるいにかけた小麦粉に塩と砂糖を混ぜる。中央に細かく切ったバターを入れ、指先で混ぜ合わせ、サラサラの状態にする。これがサブレ生地。この生地に冷たい水と卵黄を加え、かき混ぜる。生地を少しずつ手のひらで押し出すようにこねる。あまりこねすぎないように。生地がなめらかになったら球状にまとめ、冷蔵庫で保存する。焼く時は、あまり高くない温度で、薄いきつね色の焼き色をつける。タルトレットの台生地にする場合は、詰め物をせずに空焼きして用いる。

【パート・フイユテ】*pâte feuilletée*

折り込みパイ生地。小麦粉を振るってカルデラ状に広げる。中央に塩と水を入れ、内側のほうから混ぜていく。あまり練り過ぎず、なめらかな球状にまとめる。生地を休ませ、バターまたはマーガリンを生地と同じ堅さにしておく。生地をのばし、バターまたはマーガリンをのせて包み込む。のばす→3つ折りにする→90度回転させて折る、という作業を6回繰り返す。生地に爪で跡をつけ、折った回数の目印を付けておくとよい。アリュメット、ブーシェ、小型のパテなどに用いる。

【パート・ブリゼ】*pâte brisée*

練り込みパイ生地。小麦粉を振るってボウルに入れ、塩を加える。次にバターを入れてナイフで切る。全体が豆くらいの粒子になるまで切り混ぜる。両手で親指と他の指をこすり合わせるようにして、粒子をもみほぐす。全体がフレーク状になるまで続ける。パンくず状にしてはいけない。皮がぼってりとしてしまい、パート・ブリゼ特有の薄い皮ができない。水を適量加え、全体をひとまとめにし、生地が1つにまとまるまで手で混ぜる。水を入れ過ぎると粘りが出てしまうので注意。すばやく丸め、ラップまたはパラフィン紙でくるむ。冷蔵庫でねかす。

生地の一例

【クレープ】 *crêpe*
そば粉を用いるクレープは、塩、水を加え、薪の火で焼くと良い。卵やハム、ソーセージなどや栗などのペーストを詰め物にする。

● クレープ・グラタン
ベシャメルソースで和えたハム、グリュイエールチーズをクレープで包む。ベシャメルソースを温め、牛乳を加えてのばす。グラタン皿にクレープを並べ、ソースをかけてグリュイエールチーズを振る。200℃のオーブンで焼く。

● ボナス風クレープ
じゃが芋のピュレとクレープ生地を混ぜて平たく焼いたもの。じゃが芋は皮付きのまま柔らかく塩ゆでし、皮をむいて裏漉しする。小麦粉と卵を混ぜ、牛乳で堅さを調節。塩、コショウ、ナツメッグで味を調え、パセリを混ぜる。フライパンにバターをひいて薄く焼く。

【ゴーフル】 *gaufre*
ワッフル(waffle)のこと。小麦粉、卵黄、塩、砂糖、溶かしバターをボウルに入れ、混ぜ合わせる。牛乳を少しずつ加え、薄くのばす。少々水っぽいくらいでよい。堅ければ水を少量加える。別なボウルで卵白を泡立て、メレンゲを作る。先程の小麦粉の中に入れ、よくかき混ぜる。ベーキングパウダーとラム酒を加える。鉄製のワッフル型に油を敷き、熱くしておく。大きめのスプーンですくって、型の真ん中に置き、蓋を閉じて2分程焼く。生焼けにならないように薄くきつね色になるまで焼く。

【パテ】 *pâté*
肉や魚、野菜、果物等をパイ生地に包んでオーブンで焼いたもの。パリでは、アーモンドペースト入りのパテは四角い形だが、パテ・パリジャンは丸形。正方形のパテ・パンタンは、仔牛の肉、ハムの細切り、豚の挽き肉の詰め物で作られている。バルビゾンでは、猪を肝臓とトリュフで和えたパテが特産品。

● プティ・パテ petit pâté
刻んだ肉に豚脂、レーズンを混ぜ、赤砂糖、塩、コショウを加える。パート・ブリゼ(練り込みパイ生地)をごく薄くのばして、角形か丸形に大きめと小さめのものを偶数枚切る。大きいパート・ブリゼの真ん中に具をのせ、まわりを寄せて壺形にする。上に小さいパート・ブリゼをのせ、合わせ目を水で湿らせて指でつまんで閉じる。220℃のオーブンで30分程焼き、熱いうちに食べる。中身にレモンの皮をすりおろして入れると、パゼナ風になる。

【フイユテ】 *feuilletée*
薄い層の重なった折り込みパイ生地。打ち粉をした台にパート・フイユテをのせて麺棒で7mmの厚さにのばし、1辺が3〜4cmの長さの菱形に何枚か切る。水で濡らした天板に生地をのせ、表面全体に溶き卵を塗る。ナイフの刃先で木の葉の模様を付け、200℃のオーブンで焼く。フイユテの厚みを半分に切り分け、その間にホタテ貝やエクルヴィス、アスパラガスなどの具を挟む。

【フラン】 *flan*

タルトの一種で塩味、甘味がある。フラン型（ムーラ・フラン）に入れた液体状の詰め物を蒸したものが多い。

たとえば、玉ねぎとクリームチーズを詰めたフラン。無脂肪の生のクリームチーズとヨーグルトを混ぜ合わせ、冷蔵庫で1日ねかせておく。大きめの鍋で油を熱し、玉ねぎがしんなりするまで、ゆっくりと炒める。卵をよく泡立て、ねかせておいたクリームと混ぜ合わせる。塩、コショウ、ナツメッグを入れ、炒めた玉ねぎを加える。生地を3mmの厚さにのばす。フラン型かタルト型に敷き、詰め物を入れてもこぼれないように縁を高くしておく。クリームチーズと玉ねぎを合わせたものを流し込み、180℃のオーブンで30分程焼く。熱いうちに食卓に出す。

クリーム *crème* （クレーム）

【クレーム・オー・ブール】 *crème au beurre*

バタークリーム。作り方はいろいろあるが、一般的な方法は、ボウルにバターを入れ、ポマード状になるまで柔らかくする。鍋に角砂糖、水、レモン汁数滴を入れ、糸を引くような粘りが出るまで加熱する。卵黄を混ぜながら加える。完全に冷えるまでかき混ぜる。柔らかくしたバターを少しずつ加え、かき混ぜる。用途に応じて香料（ヴァニラ、リキュール類など）を入れる。

【クレーム・シャンティー】 *crème chantilly*

ボウルに生クリームと牛乳を入れる。生クリームは脂肪含有率30％以上の濃いものを使用。泡立て器で泡立てる。泡立て方は、下から上へゆっくりと動かし、ふんわりとしてきたら速度を上げる。仕上げる時は円を描くように素早くかき混ぜる。必要以上に泡立てるとバター状になるので注意。砂糖や香料（ヴァニラ、コーヒー、カカオなど）を加え、手早く混ぜ合わせ、すぐに使う。飾り付けやババロワ、パルフェなどに用いる。

【クレーム・パティシエール】 *crème pâtissière*

カスタードクリーム。鍋に牛乳とヴァニラを入れ、沸騰させる。ボウルに卵黄とグラニュー糖を入れ、かき混ぜる。色が白くなり、リボン状に流れるようになったらコーンスターチを加え、さらにかき混ぜ、沸騰した牛乳を入れて混ぜる。鍋に移し、絶えずかき混ぜながら弱火で加熱する。沸騰させないように注意。とろみがついたらシノワで漉す。できるだけ早く冷まし、表面に膜ができないようにかき混ぜる。様々に香り付けしたソースや、プディングなどに用いる。コーンスターチを加えないものは、クレーム・アングレース（crème anglaise）。カスタードソースのこと。

【クレーム・ランヴェルセ】 *crème renversée*

カスタードプディング。牛乳にヴァニラを加えて沸騰させる。カラメル、コーヒー、ショコラなどで香り付けをしてもよい。ボウルに卵と砂糖を入れ、かき混ぜる。沸騰した牛乳を流し込んで混ぜたら、プディング用の型に分け入れる。85℃の湯煎にし、固まったら冷蔵庫に入れて冷ます。

だし *fond* (フォン)

【ブイヨン】*bouillon*

英語ではスープストック（soup stock）。煮込み用のだしやスープに用いられる。材料を焼かずに水から煮出して作る。

● 牛と鶏のブイヨン

一般的なブイヨン。牛のすね肉は余分な筋や脂を取り、煮崩れしないように糸で縛る。牛のすねの骨は、15cm程の長さに切る。鶏は内臓と余分な脂肪、頭と足先を除き、縦に半分に切る。鶏ガラは残っている内臓や脂を取り、よく洗い、ぶつ切りにする。鍋に牛のすね肉と牛骨、鶏肉、鶏ガラを入れ、中身が隠れるくらいの水を入れて強火にかける。沸騰したら弱火にして、アクと脂を丁寧に取る。クローブを刺した玉ねぎ、にんじん、セロリ、ポワロー、皮付きにんにく、ブーケ・ガルニ、粒コショウ、粗塩を加える。時々アクを取りながら、弱火で4時間程煮る。目の細かいシノワか布で静かに漉す。

● クールブイヨン　court-bouillon

魚介や甲殻類をポシェするための液体。香味野菜や塩、コショウ、香辛料、ワイン等を水に加え、20分間煮出した、香りに主眼をおいたもの。

● 仔牛のブイヨン

スープ鍋に仔牛のすね肉（赤身）と砕いた骨を入れ、かぶるぐらいの水を入れる。中火で時間をかけて煮立たせる。表面のアクを浮いてこなくなるまですくう。玉ねぎ、にんじん、セロリの茎、ガーゼにくるんだハーブとスパイス、塩を加える。煮汁がたりなければ水をたし、中身よりも水位を少し高くする。もう一度煮立たせ、蓋を半分程して、必要に応じてアクを取る。5時間程弱火で煮る。煮汁が中身にかぶらない程度まで減ったら、さし水をする。味見をして程良い濃さになったら、ペーパータオルで脂肪分を吸い取る。冷蔵庫に入れて脂肪分を固まらせて取り除いてもよい。脂肪分を取り除いたブイヨンの味を見て、薄ければ煮立たせて水分を少し蒸発させる。

【フォン】*fond*

ソースを作るのに用いるだし。仔牛や鶏をベースにしたものが一般的。材料をフライパンで炒めたり、オーブンで焼いてから煮込む褐色系フォン（fond brun）と、材料を生のまま水から煮込んで作る白色系フォン（fond blanc）がある。

● フォン・ド・ヴォー　fond de veau

ロースト用の鍋に仔牛の骨を並べて入れ、サラダ油を少量振りかける。200℃のオーブンに入れ骨全体に焼き色を付ける。焦がさないように注意。焼きあがったら骨を取り出して、焼き油は捨てる。鍋を火にかけ、適量の水を加えて鍋底の旨味をこそげとる。フライパンを強火にかけ、サラダ油を熱し、仔牛の肉を入れて全体に焼き色を付ける。肉を取り出し、玉ねぎ、にんじん、セロリ、皮付きにんにくを入れて色付くまで炒める。鍋に焼いた仔牛の骨と焼き汁、仔牛の肉と野菜を入れる。トマト、トマトペースト、ポワロー、ブーケ・ガルニ、白粒コショ

ウを加え、中身が隠れるくらいの水を入れる。強火にかけ、沸騰したら弱火にして、アクや脂を取りながら6時間程煮る。3時間程煮たところで適量の湯を加え、さらに煮る。目の細かいシノワか布で静かに漉す。

●フォン・ド・ヴォライユ　fond de volaille
鶏ガラは、残っている内臓や脂、血をきれいに取り除き、水洗いをして、ぶつ切りにする。ひね鶏は内臓を除き、頭と足先、余分な脂を取り除いて縦半分に切り開く。

鍋に鶏ガラとひね鶏を入れ、中身が隠れるくらいの水を入れて強火にかける。沸騰したら弱火にして、アクと脂を丁寧に取る。クローブを刺した玉ねぎ、にんじん、セロリ、ポワロー、にんにく、ブーケ・ガルニ、白粒コショウを加える。アクを取りながら弱火で4時間程煮込む。強火で煮込むとアクがだし汁に混ざってしまうので注意。目の細かいシノワか布で静かに漉す。

●フォン・ブラン※　fond blanc
白い煮出し汁。骨と野菜を水から煮出したもの。

●フォン・ブラン※　fond brun
褐色の煮出し汁。骨と野菜を焼いてから煮出したもの。

※日本語では同じ「ラ」と表記するが、フランス語の発音は異なるので注意。

【フュメ】 *fumet*
魚をベースにしたフュメには、身のしまった白身魚が用いられる。骨、頭などのあらを使う。

●フュメ・ド・ポワソン　fumet de poisson
白身魚のあらは、ぶつ切りにし、冷水に30分程浸して血抜きをする。鍋を火にかけてバターを溶かし、玉ねぎ、エシャロット、シャンピニオンを入れ、色が付かないように炒める。野菜がしんなりとしてきたら、水気を切った魚のあらを加えて炒める。魚に火が通り、白くボロボロした状態になったら白ワインを加え、しばらく煮る。水、ブーケ・ガルニ、白粒コショウを加え、レモンを入れる。沸騰したら弱火にして、アクを取りながら20分程煮る。目の細かいシノワか布で静かに漉す。材料を炒めずに、生のまま白ワインと水で煮る方法もある。

ポタージュ *potage*

フランス料理における汁物の総称。温かいものと冷たいもの、とろみのついたものと透明感のあるものに大別される。温かいポタージュには、野菜で作るもの、甲殻類で作る濃厚な味のビスク、カキやムール貝、カエルなどをベースにしたものなどがある。

野菜のポタージュは、素朴な味わいのものから、ピュレに牛乳や生クリームを加えたコクのあるものなど種類が多い。トマトのポタージュは、色良く仕上げるために熟したものを使う。ほうれん草のポタージュは、火を通し過ぎると味も色も悪くなる。

かぼちゃのポタージュには、甘くてほくほくした西洋かぼちゃが最適。

冷たいポタージュの代表的なものは、ヴィシソワーズ。じゃが芋のピュレに牛乳と生クリームを加えて作る。冷製のトマトのポタージュは、ヨーグルトを加えてもよい。

透明感のある澄んだポタージュとはコンソメを意味し、冷やして固まったものはゼリーコンソメ（コンソメ・アン・ジュレ）と呼ばれる。近年、フランスのレストランでは、メニューにポタージュをのせない傾向が強くなってきている。

ポタージュの種類

ポタージュは、ポタージュ・クレール、ポタージュ・スペシアル、ポタージュ・リエの3つに大別される。

【ポタージュ・クレール】 *potages clairs*

コンソメ。透明系のスープ。牛、鶏、魚などからとったブイヨンに、脂肪の少ない肉や魚、野菜、卵白などを加えて煮立てる。卵白にアクを吸着させて、静かに漉し、浮いた脂を取り除いて仕上げる。

- コンソメ・ド・ヴォライユ
  consommé de volaille
  鶏のコンソメ。
- コンソメ・ド・ジビエ
  consommé de gibier
  ジビエのコンソメ。
- コンソメ・ド・ブフ　consommé de bœuf
  牛のコンソメ。
- コンソメ・ド・ポワソン
  consommé de poisson
  魚のコンソメ。
- コンソメ・リエ　consommé lié
  コンソメにデンプン質を入れ、とろみをつけたもの。

【ポタージュ・スペシアル】 *potages specials*

- スープ・ア・ロニョン　soupe à l'oignon
  オニオンスープ。
- ブイヤベース　bouillabaisse
  プロヴァンス地方の名物料理。魚介スープ。
- ポタージュ・エトランジェ
  potage étranger
  海外のスープ。ミネストローネ、ボルシチ、チャウダーなど。
- ポ・ト・フー　pot-au-feu
  ブイヨン、肉、野菜の料理が同時にできるフランス特有のポタージュ。

【ポタージュ・リエ】 *potages liés*

リエとは"つながれた"という意味。とろみのついたスープ。野菜、肉、魚、甲殻類をベースにして、ベシャメルソースやクリーム、卵黄、デンプン質でとろみをつける。ポタージュ・リエには以下の3つがある。

- ポタージュ・ヴルーテ　potages-veloutés
- ポタージュ・クレーム　potages-crèmes
- ポタージュ・ピュレ　potages-purées

ポタージュの一例

【オニオンスープ】 *soupe à l'oignon*

大きな鍋を弱火にかけ、バターとオイルを熱し、薄切りにした玉ねぎを入れて透き通るまで炒める。30分程炒めたら小麦粉を振り入れて、よく混ぜ合わせる。そこに白ワインと温めたブイヨンを加える。塩、

コショウで軽く味付けをし、40分程とろ火で煮る。味見をしてシェリー酒を加える。器を高温のサラマンドルに置き、表面が溶けてこんがりときつね色になったら食卓に出す。

バゲットとチーズをのせてグラタンにしてもよい。バゲットはトーストして、表面ににんにくをすりつけ、香りを付ける。耐熱皿の半分までスープを注ぎ、バゲットをのせる。さらにスープを8分目まで注ぎ、さらにバゲットをのせる。グリュイエールチーズをたっぷりと振り、200℃のオーブンに入れて焼き上げる。

【カニのビスク】 *bisque*

ビスクとは、カニやオマール海老、エクルビスなどの甲殻類で作る濃厚なポタージュ。身だけでなく殻やみそまで余さず使い、旨味を引き出す。

カニの前かけをはずし、足とハサミを切り落とし、胴を2つに割る。胴からみそを取り出し、器に入れ、コニャックをかけておく。足とハサミ、胴は、さらに殻ごとぶつ切りにする。

鍋を強火にかけてオリーブオイルを熱し、カニを入れて殻が赤くなるまで炒める。赤くなったら弱火にしてバターを適量加え、玉ねぎ、にんじん、セロリ、にんにく、エシャロットを入れて炒める。野菜がしんなりしたらコニャックをかけ、フランベする。白ワインを加え、鍋の旨味をこそげ取り、アルコール分が抜けるまで少し煮る。

トマト、トマトペーストを加えて混ぜる。フュメ・ド・ポワソンとブイヨン、ブーケ・ガルニを加え、弱火にして25分程煮る。カニのみそを入れて軽く煮て、ブーケ・ガルニを取り出す。シノワで漉しながら別の鍋に移す。カニの身は浮き身用に分けておく。鍋を火にかけて温めてから生クリームを加える。塩、コショウ、カイエンヌペッパーで味を調える。器に盛ったら、カニの身を浮き身にする。

【栗のスープ】

soupe aux châtaignes（スープ・オー・シャテーニュ）

プロヴァンス地方のリュセラムのスープ。生の栗を使う場合は、皮に切れ目を入れてゆで、冷めてから鬼皮と渋皮をむく。赤ワインに2時間漬け、汁気を切る。大きな鍋に栗を入れ、ポワロー、ブイヨン、塩を加え、蓋をして弱火で柔らかくなるまで45分程煮る。実の大きな物を幾つか取り出し、残りを裏漉しして火にかけ、米を加える。塩とコショウで味を調え、器に注いで栗の実とシブレットで飾る。フレッシュ・チーズを加えるとコクが出て、栗の素朴な甘味と合う。

【スープ・オー・ピストゥー】 *soupe au pistou*

薬味を加えたミネストローネ。新鮮なバジル、にんにく、パルメザンチーズ、オリーブオイルを練り合わせてペーストを作り、食べる直前にスープに混ぜ入れる。大きめのさいの目に切ったかぼちゃは、欠かせないものとされている。かぼちゃが入るとピュレ状になり、なめらかなスープとなる。採れたての白いんげん豆を使うと一段と美味しさが増す。

鍋に水を入れ、白いんげん豆を入れて火にかける。沸騰したら火を弱めて30分程

煮る。じゃが芋、にんじん、トマト、ポワローを加え、塩で味を調える。さらに野菜がすべてとろけるまで、弱火で45分程煮る。クルジェット（ズッキーニ）、いんげん、マカロニを入れて20分程煮る。

スープを煮ている間にピストゥーの用意をする。乳鉢に粗塩をひとつまみ、にんにく、コショウ、バジルを入れ、すり潰す。初めは崩すように、やや力を入れながら粗いピュレ状になるまで続ける。チーズを少々加え、ペースト状にして少量のオリーブオイルでのばし、かき混ぜる。さらにチーズを加えて潰し、オリーブオイルを入れるという作業を繰り返す。熱いスープを皿に盛った後、ピストゥーの入っている乳鉢を各自回して好みの量を入れる。

【パリソワスープ】 *vichyssoise glacée Paris soir*
（ヴィシソワーズ・グラセ・パリ・ソワール）

きれいに澄んだ琥珀色のコンソメを冷やし、ゼリー状にしてヴィシソワーズを注いだスープ。食欲が落ちる暑い夏向き。

コンソメを作り、温かいうちに塩でやや濃いめの味付けをする。目の細かいシノワで漉し、浮いている脂は柔らかい紙を使って吸い取る。コンソメを冷まし、粗熱が取れたら冷蔵庫で一晩冷やし固める。コンソメが上等である程、にかわ質によって自然なゼリー状に固まる。ゼラチンなどを加えて固めたりはしない。ゼリー状に固まったら、冷やしておいた器に盛る。ヴィシソワーズを注ぎ、刻んだシブレットを散らして浮き実にする。レモンの薄切りを添えてもよい。

【春野菜のポタージュ】

ポワロー、セロリ、ロメーヌをせん切りにしたものをよく洗い、水気を切る。コンソメスープを火にかけ、沸騰したら野菜、グリーンピースを加え、塩、コショウで味を調える。弱火で15分程度煮込み、野菜がしんなりしてきたら火を止める。

食卓に出す直前にスープを沸騰させる。卵黄をボウルに入れ、手早くかき混ぜる。ボウルの中へ熱いスープを少し入れ、ゆっくりとかき混ぜる。スープを火からおろし、混ぜた卵黄を入れ、塩、コショウで再度味を調える。クルトンは、別の器に入れて各自で取ってもらう。

【ビアロット風スープ】 *poissons à la biarrotte*
（ポワソン・ア・ラ・ビアロット）

ポワソン・メーグル（やせた魚の意味）。雑魚と呼ばれるスープにしかならないような魚で作ったもの。フランス南西部一帯でよく使われるガチョウの脂と、たっぷりのオゼイユ、サラダ菜を加えて食べる。

【マルセイユ風ブイヤベース】
bouillabaisse à la marseillaise
（ブイヤベース・ア・ラ・マルセイエーズ）

ブイヤベースは日本風に言えば寄せ鍋。船室や海岸で漁師仲間が1つの鍋をつつき合って食べていたもの。かがり火に大きな鍋をかけて煮ていた。

オリーブオイルで玉ねぎとポワローをエテュベする。魚介類を入れ、白ワインまたは水を注いで沸騰させる。トマト、フェンネル、タイム、ローリエ、サフランなどを加えて煮込む。材料を煮過ぎないように注意する。薄切りのパンを添える。

フランス料理

マリネ *mariner*

　肉、魚、野菜などの食材を柔らかくし、香り付けするために液体（マリナード）に漬けること。食材の保存のために行う方法の一つだが、各種の加熱調理の前にも行われる。マリネすることによって、食材に風味や味が付き、食材の繊維が柔らかくなり、味が和らぎ、保存性が高まる。生の材料を漬け込み、生のまま供される場合と、加熱して供される場合とがある。

　マリナード（marinade）には、用途に応じて以下のような種類がある。

● インスタント・マリナード　marinade instantanée（マリナード・アンスタンタネ）
　グリルやソテーなどにする前に漬けるもので、油、スパイス類、ヴィネガー、塩、コショウを合わせたもの。

● アルコールのマリナード
　marinade à l'alcool（マリナード・ア・ラルコール）
　ワイン、コニャック等アルコールを主とし、野菜やハーブ類、スパイスとともに合わせたもので、以下の2種類がある。

◆ 生のマリナード（火を通さないマリナード）
　marinade crue（マリナード・クリュ）
　食材の上ににんじん、玉ねぎの薄切り、パセリ、ブーケ・ガルニ、コショウをのせ、ワイン、ヴィネガーを注ぎ、油で表面に膜を張る。

◆ 加熱したマリナード（火を通したマリナード）
　marinade cuite（マリナード・キュイット）
　上記の生のマリナードと同じ材料を油で軽く色付く程度に炒め、ハーブ類、スパイス、ワイン、ヴィネガーを加えて30分程弱火で煮る。完全に冷ましてから食材にかける。

Column　－フランスの料理人のこだわり－

　「料理の鉄人」の特番で、フランスの城を借りて料理対決をした際、坂井宏行さんが一皿に2種類のスープを盛り付けたことがあります。

　中央にホワイトアスパラガスで仕切りを作り、左右に2色のスープを張ったのです。すると審査員のロビション、トロワグロ両氏が怪訝な顔をしました。1つの皿に異なる味のものを入れる感覚が理解できなかったのです。この手法は私が鉄人に頼んで試してもらったものですが、フランスやイタリアの料理人には、やっていいこととけないことのこだわりが強いようです。

　しかし、若い料理人達は、過去のスタイルに執着しなくなりました。現在ではロビションの流れをくむ正統派、ヌーベル・キュイジーヌ、ヌーベル・モデンヌの各手法をこなす料理人が増えています。ヌーベル・キュイジーヌの旗手、アラン・サンドラス氏などがその代表格です。

　世界的に高名な三ツ星シェフ、ジョエル・ロビション氏は、"50歳引退"を公言し、51歳で引退しました。三ツ星を維持する苦労は並たいていではなかったようです。彼が育てた弟子達は、フランス各地の有名レストランで活躍しています。その影響力は今でも凄まじいですが、自分の店は弟子ではなく、アラン・デュカス氏に渡しました。自分のスタイルを守らせるのではなく、一世代若い料理人の才能に未来を託したわけです。これも「食は一代」という巨匠のこだわりだと思います。

加熱調理法
cuisson（キュイソン）

肉料理

　ソテー（sauter）は、ステーキなどに代表されるように、材料をほとんど動かさず、フライパンで短時間で焼き色を付けて火を通す方法。肉の外側を焼き固め、旨味をすべて中に封じ込める。鍋底にこびりついた旨味は、だし汁やワインを加えてこそげ落とし、ソースにする。

　ロティ（rôtir）はロースト。大きな肉の塊をオーブンで焼き上げる方法。表面を香ばしくカリッと焼き、肉汁を逃さないようにする。天板に残った焼き汁を水で溶いてソースを作ることもある。オーブンを使う焼き方としては、他にパイ包み焼きやグラタンなどがある。

　グリエ（griller）は、グリルを使って網目状の焼き目を付けながら焼く方法。焼いている間に余分な脂がグリルの溝に落ちるので、さっぱりと仕上がる。ソテーとは異なり、ソースのベースとなるものはないので、別に用意をしたソースを用いる。

　ポワレ（poêler）は、蒸し焼きとも言える。少量の水やだし汁、食材の水分で鍋の中に蒸気を充満させて火を通す方法。一緒に入れた野菜や香辛料の香りが肉に浸透する。鍋底の煮詰まった旨味をソースに用いる。

　粗塩包み焼き（au gros sel／オー・グロ・セル）は、肉をオーブンで焼き上げる調理法の中でも独特のスタイル。粗塩で肉全体をおおう。水分や旨味を逃さずに火を通すので、肉が柔らかく仕上がる。詰め物に香草を使うと、香りもしみ込ますことができる。

【グラタン】*gratin*

　本来グラタンとは、オーブンか上火で料理の表面に焦げ目のある薄い膜を作ることをいう。材料は主に野菜が使われるが、チーズや卵も多用される。仔ウサギやカキのグラタンなどもよく作られる。

　野菜だけの軽い食感のグラタンは、オードヴルにも適する。一例としては、クルジェット（ズッキーニ）とトマトのグラタン。鍋にオリーブオイルを熱し、玉ねぎを薄いきつね色になるまで炒め、なす、にんじん、ピーマンを加える。塩、コショウで味を調えたら火を弱め、全体にしんなりさせる。野菜を天板に敷き詰め、クルジェットとトマトの薄切りを上から重ね合わせて並べる。タイムを振りかけ、塩、コショウで味を調える。オリーブオイルを振りかけたら、180℃のオーブンで30分程焼く。パルメザンチーズやパン粉をかけ、オリーブオイルで照りを付け、さらに15分程焼く。

●ラヴィヨル　raviole

　ほうれん草やチーズを細かく切り、小麦粉で作った麺生地で包む。そのままゆでるだけでもよいが、混ぜ合わせて団子状にし、ゆでた後にグラタンにする。

【グリエ】*griller*

●牛フィレ肉のグリエ

　ぶ厚いフィレ肉の網焼きは、パリの代表的な料理。アントレ・コート・マルシャン（商人風）は、シャトー・ブリアンのグリエ、赤ワインとエシャロットのソース添え。白ワインを添えて出すのは、ア

ントレ・コート・ワイン。ソース・ロベールは、中世からの伝統的なソースで、ピリッとした味をきかせるために白ワイン、ヴィネガー、マスタードで作る。

● 牛リブロース肉のグリエ

ボルドー風は、ワイン及びエシャロット入りのソースが添えられる。2つの異なるぶどうの木を燃やしてグリルするのが基本。カベルネ・ソービニヨンは、焦げ目を付けるのに用い、最後の瞬間にメルロ種の枝を1束加えると絶品のできばえになると言われている。

厚さが5cm程もあるステーキになると両面とも焼かなくてはならない。表面の肉汁が見えてきた時にメルロ種の枝を火に投げ入れ、1～2秒おく。仕上げに生のエシャロットを刻んだものを振りかける。厳密に言えば、にんにくとエシャロットは混ぜない。ボルドー風はエシャロット、南フランス風はにんにくというように使い分けられている。付け合わせには、牛の骨髄をゆでたものを添えたりする。

【ソテー】*sauter*

● 牛胃のソテー

牛胃はさっぱりとした味で、シコシコとした歯ごたえがある。フランスの牛胃の料理は、ノルマンディーのカン風煮込みと、リヨン風のソテーが有名。

鍋に牛の胃とたっぷりの水を入れ、10分程ゆでて取り出す。水にさらして表面の脂などを取り除く。鍋に牛の胃、クローブを刺した玉ねぎ、にんじん、にんにく、ブーケ・ガルニを入れ、水を注いで塩を加え、強火にかける。沸騰する直前に火を弱め、3時間程ゆでて冷ます。水気を切ったら、5mm幅で5cm程度の長さに切る。

鍋でバターと油を熱し、玉ねぎをじっくりときつね色になるまで炒め、塩、コショウをして取り出す。玉ねぎを炒めた後の鍋にバターと油を補って熱し、牛の胃を入れて色付くように炒め、塩とコショウで味を調える。炒めた玉ねぎを戻し、ワインとヴィネガーを振りかける。

● 牛フィレ肉のトゥール地方風

鍋にバターを入れ、エシャロットとエストラゴンをきつね色になるまで炒める。ワインを注ぎ、弱火で15分程煮詰める。牛すねの骨を縦に2つに割り、中の骨髄を取り出す。骨髄を2分間塩ゆでする。ゆであがったら4つに切り、塩、コショウをする。

フィレ肉をバターで焼く。焼きあがったら、塩、コショウをして、コニャックをかけてフランベする。骨髄をぬるま湯に漬けて温め、輪切りにし、フィレ肉の上に飾り付ける。ソースは、鍋にバターを溶かし、泡立ってきたらクレームフレッシュを入れて味を見る。フィレ肉を熱した皿にのせ、ソースをかける。

【包み焼き】*papillote*（パピヨット）

● トリュフのパート包み焼き

真っ黒なペリゴール産のトリュフを丸ごと1個使う大変贅沢な一品。パイ生地を平らにのばし、3mmくらいの厚さにして円形に切っておく。トリュフはきれいに洗い、皮をむく。フォワ・グラを大きめ

のさいの目に切り、ベーコンもしくはハムの上に分厚く塗り、生地の真ん中に置く。その上にトリュフをのせ生地を半分に折りたたんで半円形にする。端をしっかりと押さえつけ、中身が漏れないようにしたら、フォークで生地の端にひだを付けて飾る。表面に溶き卵をはけで塗り、バターを塗ったベーキングシートをのせて、220℃のオーブンで25分焼く。

●フォワ・グラのパイ包み焼き

アルザスを征服した軍の司令官コンタッド元帥のシェフ、ジャン・ピエール・クローズが考案したもの。刻んだ仔牛の肉とフォワ・グラをベーコンで囲み、全体をパイ皮で包む。この料理が大絶賛され、クローズは一財産を築いた。

だが、それよりさかのぼること120年程前に、セバスチャン・ストスコプフの絵画の中に、この料理が描かれていた。中身がはっきりとわかるようにスライスされたパイ包み焼きが籠に入れられ、テーブルに置かれていたのである。

【テリーヌ】 *terrine*

テリーヌ型にいろいろな詰め物をして焼きあげたもの。肉のテリーヌは、種類が豊富なテリーヌの中でも基本となるもの。鴨、ウズラ、キジ、鹿などの肉を使い分けることによって、バラエティーに富んだものができる。付け合わせには、サラダやピクルスなど。魚のテリーヌは、素材の鮮度が決め手。すり身を充分に冷やして生クリームを加えていく。なめらかさと適度な弾力、切り口の美しさに料理人のセンスが表れる。テリーヌは作ってから最低3日間おくと、味がなじんで一番美味しくなる。冷蔵庫に入れる場合は、1週間ぐらいおく。全粒粉パンか田舎パンを添える。

●ウサギのテリーヌ

鹿や猪の肉を代用してもよい。約1400〜1500cc程入る大きさで、蓋と蒸気穴のついたテリーヌ型を用意する。テリーヌ型にベーコンを並べて敷く。ウサギの肉を半分にして、一方だけを指ぐらいの太さの棒状に切る。ハム、豚脂とともにボウルに入れ、コニャック、マディラ酒、オールスパイス、クローブ、ナツメッグ、塩、コショウを加えて混ぜる。蓋をして1〜2時間そのまま漬け込む。

ウサギの肉の残りと豚の挽き肉、ベーコンを挽き肉器にかけて、より細かくする。漬けておいたウサギの肉の汁気を完全に絞り、挽いた肉と混ぜて卵を入れる。塩とコショウで味を充分に付けてかき混ぜ、全体がひと塊になるようにする。1つだけ小さな団子状に丸めて味付けして炒め、充分に香辛料がきいているかを確認。必要なら残りの肉の味を調える。

生地を4等分し、1つをテリーヌ型に広げて敷く。細い棒状にしたウサギの肉3分の1と、ハム、豚脂を少々混ぜ、層になるように並べる。その上に生地を4分の1のせ、これを交互に繰り返し、最後は生地で終わるようにする。

テリーヌ型の蓋をする。目張り用のパテを作る。小麦粉をボウルに入れ、水を加えながら軽くかき混ぜ、堅めのペースト状にする。それを板の上で、手で前後に

転がして長い紐状にする。テリーヌ型の蓋の周囲に隙間なく埋め込み、軽く押して密封する。

テリーヌ型の高さの4分の1程度まで水を入れた深鍋に、テリーヌ型を入れて火にかける。沸騰したら火からおろし、180℃のオーブンに入れ、1時間30分程焼く。蒸気穴から真ん中あたりに金串を刺し込み、30秒後に取り出した時に金串が熱ければよい。

テリーヌ型が人肌ぐらいまで冷めたら、目張りのペーストと蓋を取る。1kgぐらいの重さの平らな皿を重し代わりにテリーヌの上にのせ、冷えたらテリーヌ型の蓋を重し代わりにする。1晩冷蔵庫に入れておく。

【灰焼き】*sous la cendre* （スー・ラ・サンドル）

木炭の粉末とぶどうの枝を燃やした灰で包んで焼いたもの。フォワ・グラを丸め、小さな芋ぐらいの大きさにする。トリュフを刻み表面に振りかける。灰の中で蒸し焼きにし、柔らかめのミートゼリーを添える。

【ポワレ】*poêler*

●鴨（カモ）のルーアン風

鴨は血を残すように絞める。血は、ソースに用いる。トゥール・ダルジャンの支配人フレデリック氏が19世紀に鴨の血入りのソースを考案。血は、鴨の骨を機械（presse à canard）にかけて絞り取って使う。

●キジのポワレ

足を縛り、全体に豚の背脂を巻いて糸で縛っておく。ラードを鍋で溶かし、キジがきつね色になるまで返しながら焼く。

薄切りにした玉ねぎとにんじん、ブーケ・ガルニ1束を加え、塩、コショウをする。鍋に蓋をして弱火で40分程蒸し、時々にじみ出た汁を全体にかける。汁気が不足ぎみならば、鶏のブイヨンをたす。

●フォワ・グラのポワレ

ボルドー風では、20分程蒸し焼きにして、鍋に溜まった脂は捨てる。再び10分程蒸し焼きにする。蒸し焼きにする際に、皮をむいた未成熟のぶどうをコニャックに漬けておいたものを加える。

【ムニエル】*meunière*

●仔牛の脳みそのムニエル

仔牛の脳みそは、くせが少なく、豆腐のようになめらか。脳みそを冷水にさらし、充分に血抜きをする。表面の余分な薄皮や脂を取り除く。鍋にクール・ブイヨンを作り、冷ましてから脳みそを入れて火にかける。沸騰したら弱火にして10分程ゆでる。脳みその水気を切って冷まし、横に半分に切る。塩、コショウを振り、小麦粉をまぶす。鍋でバターと油を熱し、脳みそを入れ、表面にきれいな焼き色が付くように火を通す。脳みそを取り出し、油をよく切る。別の鍋でバターを熱し、ケイパーを加えて軽く焦がす。レモン汁を加え、塩、コショウで味を調える。脳みそを器に盛り、ソースをかける。

【ロティ】*rôtir*

●ウサギのロティ

ウサギのレバー少々とワイン、ヴィネガー、にんにくを混ぜ合わせたもので、ウサギを漬け込む。ウサギのレバー、そ

の他の内臓を細かく刻み、玉ねぎ、にんにく、ハーブ、パン粉を混ぜ、ウサギの血液でからめる。それをウサギの腹に詰め込む。ラードをたっぷりと塗り、オーブンで焼く。

● 仔牛肉（ランプ）のロティ

オーブンを220℃に熱しておく。大きな天板に油を塗り、仔牛肉を置く。挽いたソーセージ用の肉、エシャロット、にんにく、パセリに少量の塩、コショウを振り、よく混ぜる。それを仔牛肉の上に広げ、両手でしっかりと押し広げる。

油を振りかけ、50分程オーブンに入れて焼く。上にのせたソーセージの肉が焦げ過ぎるようなら、油を軽くかける。ボウルでパン粉とレモン汁を混ぜ、仔牛肉の表面全体にのせ、焼き汁をかける。焼き汁にさらにレモン汁を加えて食卓に出す。

● 仔羊の鞍下肉（セル）のロティ

ミルクで育てた仔羊の鞍下肉が最良。オーブンを220℃に熱しておく。大きめの天板に油を塗り、仔羊の肉を置く。肉の表面にオリーブオイルと塩、コショウを振り、すり込んでパン粉をかける。バターを数カ所にのせ、オーブンに入れて15分程焼く。

じゃが芋の皮をむき、丸い薄切りにする。鍋にじゃが芋を入れ、塩、コショウで味付けし、トリュフの薄切りを振りかける。その上に仔羊の肉をのせ、45分程焼く。肉の脂肪が少ない場合は、ブイヨンを加える。じゃが芋が乾かないように注意。

刻んだにんにく、パセリを炒める。にんにくが薄く色付いたら仔羊の肉を上にかける。肉汁は肉に塗りつけるようにかける。さらに15分程焼いて、熱いうちに食べる。

● 仔羊の骨付きもも肉のロティ

仔羊の足を糸で縛り、ロール状にして形を整える。肉に数カ所切り込みを入れ、にんにくを差し込む。塩、コショウで調味し、バターを肉全体に塗る。

バターをロースト用の平鍋に溶かし、エシャロットとにんにくを混ぜ合わせたものを底に敷いてタイムを散らす。仔羊の肉をその上にのせ、230℃のオーブンで10分程焼く。表面に焼き色が付いたら、オーブンの温度を200℃に下げる。焼き加減をレアーにする場合は、500gあたり10分。ミディアムならば15分程度。絶えずバターを塗りながら焼く。

切り分ける前に10分程、暖かい場所に置いておく。鍋底に残った煮汁にワインとブイヨンを加える。小型の鍋に漉して入れ、脂をすくい取り、5〜10分程煮る。温めた深めの皿に仔羊を入れ、薄くスライスしてソースを添えて出す。付け合わせには、いんげんなどが良い。

● 若鶏のマスタード風味

オーブンを220℃に熱しておく。若鶏を糸で縛り、全体にマスタードを厚めに塗っておく。小さめのグラタン皿を用意し、若鶏をのせ、オーブンでマスタードがきつね色になるまで40分程焼く。

生クリームを小鍋で熱する。若鶏をオーブンから出し、余分なマスタードを取り

除く。生クリームをかけ、さらに10分程焼く。若鶏を温めた皿にのせ、好みのソースをかけて味を見る。食卓に出す直前にバターをからめる。

魚介料理

ロティ（rôtir）は、魚を丸ごと1尾、オーブンで焼き上げる方法。香りよく仕上げるために、腹の中に香草を詰めたり、網脂を巻いて乾燥を防いだりする。他に紙包み焼きやパイ包み焼きなどがある。

グリエ（griller）は、グリルを使い、魚介の表面に網目状の焼き目を付ける。魚の乾燥とグリルに身がつくのを防ぐために、少量の油を敷く。あっさりと仕上がるので、魚の持ち味を生かすことができる。

紙包み焼き（papillote／パピヨット）は、パラフィン紙で食材を包み、オーブンで焼く方法。長い時間をかけて焼くことができないので、食材はあらかじめ火を通しておく。紙包み全体がきつね色に色付き、膨らんで肉の美味しさを中に充満させられる。

パイ包み焼き（en croûte／アン・クルート）は、主に魚をオーブンで焼く調理法。創始者は、ポール・ボキューズ。ボキューズは、パイ皮自体は食べる必要はないと述べている。パイ皮は魚を保護し、詰め物のムースは湿り気を与えるものとして使われる。魚を最高の状態で味わうための手間というわけである。

ムニエル（meunière）は、食材に粉をまぶして多めの油で香ばしく焼く方法。小さめの魚は丸ごと、大きな魚は切り身にして用いる。舌平目のムニエルがポピュラーだ

が、エイ、カエルなども使う。

魚料理のグラタン（gratin）は、ゆでた食材、蒸した食材にソースをかけ、オーブンで焼き色を付ける方法。伊勢海老やホタテ貝のコキユなどがある。

【グラタン】*gratin*

●コキユ　coquille

コキユは主に貝類を意味するが、貝類を器にして作るグラタンを示す言葉でもある。じゃが芋の裏漉しを卵黄と牛乳でつないだポム・デュシェスを貝類の縁に沿って絞ると、コキユの味が引き立つ。ホタテ貝、カニ、カキなどで作ることが多い。

●舌平目のグラタン

舌平目や小さいエビ、ムール貝、シャンピニオン、トリュフなどを加えた盛りだくさんのグラタン。白ワインをきかせたクリームをかけ、グリュイエールチーズを振りかけて焼き色が付くまで焼く。薄いパイ皮で作った小さなパイ（フロロン）を添えて出す。

【グリエ】*griller*

●サケのグリエ

厚く切った生のサケをオリーブオイルに1時間程漬け、時々裏返す。サケをオイルから出し、裏返しながら中火であぶる。焼き過ぎないように注意。骨のそばの身が赤からピンク色に変わるぐらいが目安。

オーブンを200℃に熱しておく。ベーキングシート、もしくはアルミホイルを、切り身1切につき2枚ずつ円形に切る。これに油を塗り、少量のハーブを敷く。

その上にサケの切り身をのせ、塩、コショウをして、もう1枚のベーキングシートをかぶせる。2枚のシートの端を折り込んで包む。これを5分程オーブンで焼き、レモンを添えて食卓に出す。添え物には、じゃが芋の蒸し焼きに溶かしバターをかけたものが合う。

【ソテー】*sauter*

● エスカルゴ・アン・ブリオシュ
escargot en brioche

エスカルゴに火を通して殻から出し、ガーリックバターをのせてブリオシュの上で焼く。ブリオシュがバターを吸い取るので、少しも無駄にならない。

● エスカロップ　escalope

トロワグロ兄弟が創作し、絶賛された魚料理。生クリームにオゼイユの葉を加え、まろやかに仕上げた軽いソースを用いる。

サケに塩、コショウをする。フライパンでバターを熱し、両面にサッと焼き色を付ける。鍋で白ワイン、エシャロット、ベルモット酒を煮詰め、フュメ・ド・ポワソンを注ぐ。半分の量になるまで煮詰め、生クリームを加える。漉してから塩、コショウ、レモン汁で味を調える。刻んだオゼイユの葉とバターの角切りを加え、鍋を揺らしながら溶かし込む。皿にサケとセルフィユをのせ、ソースをかける。

● カエルのソテー

カエルは西洋では魚介類扱いをされる。カエルの下ごしらえをして、辛口の白ワインに2時間漬けておく。カエルの足をワインから出し、よく水気を拭き取る。粉をまぶし、余分な粉を払う。鍋にバターを溶かし、カエルの足をゆっくりと色付くまで炒める。きつね色になり、柔らかく仕上がったら、塩、コショウをして皿に移して冷めないようにしておく。カエルの足を炒めた鍋で、エシャロットとにんにくをバターで炒める。きつね色に色付いたら白ワインとパセリを加え、中火で20分程煮詰める。卵黄と生クリームを泡立て、煮詰めたソースを加える。再び火にかけ、とろみが付くまで弱火で煮る。塩、コショウ、ナツメッグを加え、香りの高いなめらかなソースを作る。カエルの足にかけ、刻んだハーブやパセリを振りかける。

【包み焼き】*papillote*（パピヨット）

紙や葉、アルミホイルなどで包んで焼く方法。旨味が内部に封じ込められるので、コクのある味となる。

● スズキのパイ包み焼き

スズキにラングスティーヌのムースを詰めて焼く。トマト、卵黄、ワイン、ヴィネガー、バターを練り合わせたショロンソースをかけて食べる。

スズキは皮をはぎ、背開きにして中骨や腹骨、血合い骨を取る。塩、コショウを振り、タイムとエストラゴンを散らす。オリーブオイルをかけ、20分おく。

用意したパイ生地の半分を3mmの厚さにのばし、天板に敷く。スズキの油気を拭き取り、パイ生地の上に頭を左、腹を手前にしてのせる。スズキの腹にムースを詰め、スズキのまわりの生地に溶き卵を

フランス料理

塗る。残り半分の生地を3mmの厚さにのばし、スズキの上にかぶせる。空気が中に残らないように密着させ、生地をしっかりと押さえる。スズキの輪郭に沿って、1cm程大きめに生地を切り取る。縁はナイフの先を使って折り込む。切り取った余分な生地を再度のばし、目、えら、胸びれなどを切って作る。それを溶き卵で適所に貼り込む。スズキを被った生地の表面全体に溶き卵を塗る。丸形の口金で生地を起こしながら、うろこ模様を付けていく。ナイフの先で、ひれに筋を付ける。

180℃のオーブンで30分程焼き、全体に適度な焼き色を付ける。大皿に盛り、客の前で1人分ずつ切り分け、ソースをかけてサービスする。

【テルミドール】*thermidor*

伊勢海老やオマール海老を使った古典料理。1894年、ヴィクトリアン・サルドゥーの劇が初演された夜、パリのレストラン「メール」で考案された。結婚式などの祝いによく用いられる料理。

伊勢海老のヒゲを切り、縦半分に割る。わたを取り除き、塩、コショウを振る。フライパンでバターを熱し、中火で炒め、コニャックをかけてフランベする。180℃のオーブンで7～8分焼き、身を取り出して一口大に切り、殻に戻す。

ソースを作る。エシャロットをバターで炒め、フュメ・ド・ポワソンと白ワイン、エストラゴンを入れて煮る。ソース・ベシャメルとマスタードを加え、塩、コショウで味を調える。漉した後、バターを少しずつ加え、泡立て器でかき立てながら混ぜる。伊勢海老にソースをかけ、グリュイエールチーズを振る。バットに粗塩を敷き、その上に伊勢海老をのせて安定させ、250℃のオーブンで色良く焼く。

【ファルシ】*farci*

ファルシは"詰め物をした"という意味。ここでは焼き物のファルシの一例を紹介。

●ニシンのファルシ

うろこと内臓を取り除いた魚を、マリナードに漬け、時々返しながら1時間おく。詰め物を用意する。オゼイユ(すい葉)をバターで炒め、水分を飛ばす。そこに魚卵を入れ、10分程加熱する。塩、コショウを振り、卵黄を加え、よく混ぜ込む。オゼイユは魚の骨を柔らかくするので、小骨の多い魚には有効である。調理時間が長い程、オゼイユの骨を軟らげる効果は高まる。

火を通りやすくするために、魚の両側に数本斜めに切れ目を入れておく。魚の腹に詰め物を入れて閉じる。魚の水気を取り、マリナードは捨てずにとっておく。180℃のオーブンで30分程焼く。途中で魚を時々裏返してマリナードを塗る。

多めのバターを鍋で溶かし、オゼイユを弱火で炒める。ピュレ状になったら、塩、コショウで味を調える。酸っぱすぎる場合は、生クリームを加えて味をまろやかにする。オゼイユのピュレに魚をのせて食卓に出す。

●ムール貝のファルシ

詰め物を作る。にんにくとパセリを合わせて細かく叩き、柔らかくしたバターを

加える。パン粉を白ワインに充分に浸し、絞ってから、にんにくバターを加える。アーモンドパウダー、塩、コショウを加え、ペースト状に練る。

流水でムール貝を洗い、汚れを落としたら、大きめの鍋に入れて蓋をし、強火にかける。貝が開くまで鍋を揺すりながら熱する。熱がとれた貝の片方の殻をはずし、大きな皿に並べる。貝の上にアーモンド入りの詰め物を少しずつのせ、220℃のオーブンで5分程焼く。

【ポワレ】*poêlée*

●アンコウのポワレ

アンコウは野菜やハーブと一緒に焼く。玉ねぎ、なす、トマト、赤ピーマン、にんにくなどを油で炒める。アンコウは、ラムの肉を調理する時と同様に、にんにくを詰め込む。野菜を耐熱皿に敷き、アンコウをのせて焼く。

●ヒラメのポワレ

オーブンを180℃に熱しておく。鍋、もしくは耐熱皿でオリーブオイルを熱し、玉ねぎを色付くまで炒める。細切りにしたピーマンを加え、柔らかくなったら、なすの薄切り、トマト、潰したにんにくを加える。塩、コショウを振り、味を調えたら、煮崩れしないように弱火にする。鍋の中は絶対にかき回さないこと。ヒラメに、にんにくを飾るように埋め込み、野菜の上にのせ、コショウをする。鍋ごとオーブンに入れて焼く。焼きむらができないように、絶えずヒラメを返し、煮汁をかけながら25分程度焼く。身の色が透き通らなくなり、すぐにほぐせるようになったら、そのまま食卓に出す。

【ムニエル】*meunière*

ムニエルとは"粉屋風"という意味。材料に小麦粉をまぶして、サラダ油やバターで焼く。旨味が外へ逃げないので風味が生かされる。

揚げ物　*frire*（フリール）

多めの油で食材に火を通す調理法。高温の油で、衣を急激に固めて食材の旨味を封じ込める。カツレツは、日本では熱い油の中に浮かせて揚げるが、フランスでは食材の厚さの半分程度の油に浸すようにして火を通す。この方法で揚げると、肉が堅くしまらない。

【フリテュール】*friture*

フライのこと。揚げる油の量によって2通りの方法がある。肉を柔らかく仕上げたい場合は、食材が半分程浸るぐらいの油で、じっくりと火を通す。厚めの鶏肉や、はさみカツは、やや多めの油の中で揚げる。

【ベニエ】*beignet*

フリッター（fritter）のこと。卵白を泡立てたものなどを衣に使い、鶏肉、ハム、ソーセージ、小魚、白身魚、貝、エビ、カリフラワー、りんごなどを、ふんわりと揚げたもの。

煮込み
faire cuire (フェール・キュイール)

肉料理

　煮込みは、たっぷりの量の水やスープで煮込む方法。風味の高い肉料理に用いられる。直火よりオーブンで、じっくりと火を通すことが多い。塩やマスタードだけで、あっさりと味わう。煮汁はスープにも用いられる。肉をソテーしてから軽く煮込む料理もある。ナポレオンのために作られたという鶏肉のマレンゴ風 (poulet sauté à la marengo／プーレ・ソテ・ア・ラ・マレンゴ) などがそれである。

　シチューは、フランス語ではラグー (ragoût)。長時間煮込まないと柔らかくならない肉や、味付けを濃くしたい場合に用いられる調理法。オーブンを使用したほうが美味しく仕上がる。

　蒸し煮 (braiser／ブレゼ) は、少量の水やスープなどで火を通す方法。蒸気を逃さないように鍋の蓋を密閉し、オーブンやコンロでゆっくり火を通す。柔らかく火が通った肉と、野菜の旨味を含んだ煮汁のソースを同時に味わうことができる。

　総じて煮物系の料理は、その手法が多種多様で、酒類を使った煮込みも多い。牛肉のブルゴーニュ・ワイン煮込み (bœuf à la bourguignonne／ブフ・ア・ラ・ブルギニョンヌ) や、香草を詰めたホロホロ鳥のシャンパン煮などは逸品。また、使う食材によって個々に呼び名が付いているものもある。仔牛のクリームシチューはブランケット (blanquette de veau／ブランケット・ド・ヴォー)、羊の煮込みはナヴァラン (navarin d'agneau／ナヴァラン・ダニョー)、うさぎのワイン煮はジブロット (gibelotte de lapain／ジブロット・ド・ラパン)、鶏のフリカッセ (fricassée de poulet／フリカッセ・ド・プーレ) など。

【オリーブ煮】 *aux olive* (オー・ゾリーヴ)
●羊の肉 (ラム) のオリーブ煮
　鍋で油を熱し、羊の肉を炒めて焦げ目を付ける。塩で味付けをし、玉ねぎ、にんにくを加える。軽く炒め、オリーブ、じゃが芋、ブーケ・ガルニを入れる。全体が浸るぐらいの湯を加え、蓋をして1時間30分程弱火で煮込む。鍋のまま食卓に出す。

【シャンパン煮】 *à la royale* (ア・ラ・ロワイヤル)
●牛肉のシャンパン煮
　豚の背脂を5mm程の棒状に切る。ピケ棒で背脂を牛肉の線維に沿って刺し込み、塩、コショウを振る。
　鍋でバターと油を熱し、ベーコン、玉ねぎ、にんじん、潰したにんにく、セロリを充分に炒める。別鍋に油を敷き、牛肉全体に焼き色を付ける。底に溜まった脂は捨て、コニャックをかけてフランベする。牛肉を野菜の鍋に移し、刻んだトマト、トマトペースト、シャンパンを加えて煮る。フォン・ド・ヴォーとブーケ・ガルニを加え、塩、コショウをして、強火で煮立たせてアクを取る。鍋に蓋をして180℃のオーブンに入れ、じっくりと火を通す。牛肉が柔らかくなったら取り出し、煮汁を漉す。コーンスターチを水で溶いて加え、とろみを付けたら塩とコショウで味を調える。

煮込み

牛肉は線維に直角に切って皿に盛る。野菜のグラッセを添えて、ソースをかけて食卓に出す。

【シュークルート】*choucroute*

ソーセージやクネル（すり身団子）、豚の塩漬け肉、ベーコン、ハム、ガチョウやカモのコンフィなどの付け合わせに用いられる。

シュークルート（キャベツの酢漬け）をよく洗い、丁寧にほぐし、ざるにあけて水気を絞る。鍋にラードを溶かし、シュークルートを敷く。ベーコン、クローブを刺した玉ねぎ、ブーケ・ガルニ、にんにく、ねずの実を加える。その上にまたシュークルートをのせ、コショウを振る。白ワインとブイヨンを加え、蓋をする。ごく弱火で3時間程煮る。シュークルートがべとつかないように注意し、必要に応じて白ワインかブイヨンをたす。

【ファルス】*farce*

ファルスは挽き肉などの詰め物一般を示す。マルセイユ料理のパケ（paquet）は小包みの意味。仔羊の胃袋に、玉ねぎ、にんにく、パセリで風味を付けた豚肉の塩漬けを詰め込む。仔羊の足とともに、トマトとワインのソースで煮込む。

クー・ドワ・ファルシ（cou d'oie farci）は、ガチョウの首にパテ、豚肉、トリュフの厚切りを詰め込んだもの。冷たくして食される。

エポール・ダニョー・ファルシ・オー・タン（épaule d'agneau farci aux thym）は、仔羊の肩肉にグリーンオリーブとマグロ、堅ゆで卵、ハーブを詰め込んだもの。熱いまま、にんにくのピュレや、新鮮なタイムの香りをきかせたソースをかけて食べる。冷たくしてサラダとともに食べることもある。

●アルティショーのファルシ

アルティショーを下ごしらえしておく。スプーンで真ん中をくり抜き、けばだった部分を捨てる。柔らかくするために、詰め物をする前に10分程塩ゆでして、水気を切っておく。

詰め物を作る。豚肉、仔牛の肉。シャンピニオンを混ぜ合わせ、塩、コショウをする。つなぎには生クリームを使い、パセリを混ぜ合わせる。アルティショーの中に詰め物を入れる。豚バラ肉またはベーコンのスライスでくるみ、たこ糸で縛って形を整える。鍋にバターとオリーブオイルを溶かし、アルティショーを入れて、中火で焦げ目をつけ、ワインを浸るぐらい注ぎ入れる。蓋をして30分程弱火で煮る。たこ糸と豚バラ肉を取りはずし、軽くゆでたシャンピニオンを飾って食卓に出す。

【ぶどう汁煮】*au verjus*（オー・ヴェルジュ）

●ウズラのぶどう汁煮

ウズラは夏の終わりから秋の中旬にかけてが旬。ぶどうの葉に包んで、ヴェルジュ（verjus）で煮る。ヴェルジュは酢の代用品で未成熟のぶどう汁。

ウズラの翼を足にくくり、塩とコショウを振る。1羽ずつぶどうの葉でくるみ、糸を巻き付ける。鍋でバターを熱し、ウズラを強火で1分程炒める。玉ねぎ、にんじん、ブーケ・ガルニを加え、鶏のブイヨンで湿らせる。味付けをしたら蓋を

して、弱火で25分程煮込む。ウズラを取り出し、ぶどうの葉をはがして鍋に戻す。さらに柔らかくなるまで煮る。完熟する2週間前に摘み取ったぶどうを潰し、裏漉しにかける。その汁を鍋に注ぎ、5分程度煮る。

温めた皿にウズラを移し、煮汁を再度煮立たせる。コショウを加え、ピリッと辛くて濃厚な味にする。付け合わせは、きのこのソテーを全粒小麦粉の生地で包んだパイ。

【干し草煮】

jambon cuit dans le foin

（ジャンボン・キュイ・ダン・ル・フォワン）

冷やしてから食べる料理で、香りが格別。刈ったばかりの干し草が手に入らない場合は、ハーブで代用する。セージやローズマリー、野生のタイムを使用する。

ハムを24時間以上水に漬けて塩抜きしておく。大きめの鍋にたっぷりと水を入れ、よく洗ったハムを入れる。干し草を加え、煮立たせない程度の火加減で4時間程煮る。沸騰させると、せっかく煎じた干し草の香りがハムにしみ込まない。煮込んだら取り出し、皮をむいて薄く切って食べる。

【ポ・ト・フー】 *pot-au-feu*

●雌鶏のポ・ト・フー

肝臓、心臓、砂肝を細かく切る。パン粉を血に浸しておき、肝臓、心臓、玉ねぎ、にんにくを加える。卵黄を入れ、塩、コショウをしてまとめる。これを鶏の中に詰める。ラード、もしくはガチョウの脂を大きめの鍋で熱し、鶏を入れて表面にまんべんなく焦げ目を付ける。沸騰した塩水を注ぎ、鶏が柔らかくなるまで静かに煮る。煮る時間は、鶏の老若によって異なる。通常の鶏の場合は1時間程度。野菜を洗い、玉ねぎ、ブーケ・ガルニとともに鍋に入れ、1時間程煮込む。

鶏は水気を切り、まわりに野菜を盛り付ける。熱いうちに食べると美味しい。ペリゴール地方では、とろみのあるソース・ベルト（グリーンソース）をかける。堅ゆで卵の黄身、エシャロット、パセリ、セルフイユ、シブレットを細かくみじん切りにして、塩、コショウ、オイル、ヴィネガーを合わせて作る。

【蒸し煮】 *braiser* （ブレゼ）

●仔牛肉の蒸し煮

煮込み用の鍋にバターを溶かし、焦げつかないように玉ねぎを炒める。ベーコンを加え、脂身が溶け出したところへ仔牛肉を入れる。

全体に焦げ目が付いたら、にんじん、セロリ、トマト、ブーケ・ガルニ、ミントを加える。塩、コショウで味を調え、野菜にバター、ベーコンの脂をからませたら、ワインを注ぐ。煮立ったら火を弱め、煮汁がやや泡立つ程度にして蓋をする。オーブンに入れる場合は、160℃で1時間30分程焼き、串を刺してみて焼き具合を確かめる。コンロの火で仕上げる場合は、肉を転がして火を通す。

肉は厚く切り、鍋に残った煮汁から脂を除いたものをかける。ソースは、クリームを強火にかけ、かき混ぜながらとろみが出るまで煮詰めて作る。

【ラグー】 *ragoût*

● ウサギのシチュー

ウサギの肉は、下ごしらえして冷蔵庫に入れておいたもの、冷凍のものでもかまわない。ベーコンを冷水に入れ、とろ火で5分程煮てアクを取り、水気を切る。鍋でバターを溶かし、ベーコンを炒める。ベーコンが透明になったら玉ねぎを加え、時々鍋を揺らし、薄い焦げ目が付いたら鍋から取り出す。

ウサギを鍋で炒める。一度に全部入れずに、少しずつ炒める。全体に焦げ目が付いたら、シチュー鍋に移す。小麦粉を振りかけ、全体が淡いきつね色になるまで炒め、白ワイン、ブイヨン、にんにくを加える。沸騰したらブーケ・ガルニ、塩、コショウを加えて蓋をする。そのままとろ火、もしくは180℃のオーブンへ入れて15分程煮る。

玉ねぎとベーコンを入れる。この時、スープが濃すぎるようならば、新たにブイヨンをたして15分程煮る。ウサギの肉が柔らかくなったら、ブーケ・ガルニを取り出し、塩、コショウで味付けする。盛り付ける時には、マスタードをまぶすようにかける。付け合わせには、じゃが芋のソテーが合う。

● カン風煮込み

牛の胃、牛の脂、雄牛の足、根菜、にんにく、ハーブ、オールスパイス、シードル、カルヴァドスを土鍋に入れる。土鍋の口を密封し、オーブンで24時間低温で煮る。持ち帰り料理としても有名。

● カスレ cassoulet

ラングドック地方のシチュー。乾燥した白いんげん豆を一晩水に漬けておく。塩漬けの豚バラ肉、もしくは腹肉も一晩水に漬けておく。豚の皮は新鮮なものを使い、巻いて束ねて熱湯で1分程ゆがく。白いんげん豆の水気を切り、豚肉、豚の皮、玉ねぎ、にんじん、湯むきしたトマト、ブーケ・ガルニ、にんにくとともに深鍋に入れる。水を加え、白いんげん豆が柔らかくなるまで煮る。

大きめのソテー鍋で、ガチョウの脂肪を熱し、中火で羊の肉(ラム)を炒める。肉が浸るぐらいに白いんげん豆の煮汁を注ぐ。トマト、塩、コショウ、ブーケ・ガルニを加え、蓋をして1時間程とろ火で煮る。別鍋でトゥールーズ・ソーセージ(フレッシュ・ポーク・ソーセージ)を少量のラードで炒める。にんにく風味のソーセージとともに羊の肉の鍋に入れ、10分程煮る。

白いんげん豆の鍋から、ブーケ・ガルニ、にんじん、にんにくを取り出して捨てる。豚肉と豚の皮を取り出し、大きくぶつ切りにする。大きめの耐熱鍋の内側に、にんにくをこすりつける。そこに煮えた白いんげん豆を半量入れ、肉類すべてを入れ、その上から残りの白いんげん豆をかける。スープを入れ、ひと煮立ちさせたら、表面にパン粉を振りかける。180℃のオーブンに入れ、1時間30分程焼く。焼いている間に鍋の表面にできる皮膜は、崩して中にかき混ぜる。さらにパン粉を振りかけ、この作業を5回程繰

り返す。最後にできた皮は崩さず、焼き色を付けて食卓に出す。

● キジのバロティーヌ　ballottine

バロティーヌは、牛、羊、豚、鶏肉などの骨を抜き、内部にいろいろな詰め物をして煮込みやローストにした料理。

キジは形を崩さないようにして骨を取る。肉の両面に塩、コショウをして、冷所に置いておく。くるみを熱湯に入れ、柔らかくなるまで20分程煮る。くるみを取り出し、殻と渋皮をむき、潰しておく。詰め物を作る。キジの肝臓と心臓、ハムをみじん切りにして、潰したくるみとヨーグルト、ねずの実を加える。塩、コショウをして、溶き卵を入れて混ぜ合わせる。マール酒を振りかけ、好みでフォワ・グラを加える。骨を抜いたキジの肉を広げ、詰め物をのせて巻き込み、糸でしっかりと縛る。

鍋でバターを熱し、キジを転がしながら焼き色を付ける。ワインとブイヨンを注ぎ、蓋をして肉が柔らかくなるまで45分程静かに煮込む。ゆでたくるみをシャントレルとともにキジのまわりに飾る。シャントレル（ジロール）は、金色の釣り鐘形をした小さな野生のきのこ。じゃが芋のパンも添えると良い。バロティーヌは、冷めてもサラダと付け合わせにして美味しく食べられる。

● 鳩のシチュー

ハトを4つ割りにする。オリーブオイルできつね色になるまで炒める。角切りにしたバイヨンヌハム、小玉ねぎも軽く炒めておく。鍋でホワイトソースを作り、ボルドーワインを加える。さらにブイヨンを注いでのばす。ハト、小玉ねぎ、ハムを入れ、とろ火で1時間30分程煮込む。油とバターを半量ずつ混ぜたもので揚げパンを作り、ハトをのせ、ソースをかけて食卓に出す。

● ハム（jambon／ジャンボン）の煮込み

ハムは、白ワインで煮ることが多い。ハムは冷水に漬け、1晩おく。大きめの鍋に水を入れ、ハムを1時間程煮る。きれいな水でゆすぎ、水切りをする。

鍋にハム、仔牛のすね肉、足の肉、ハーブを入れ、ワインを加える。煮立てたら火を弱め、蓋をして煮る。ハムがフォークで押すと潰れるくらいに柔らかくなるまで煮込む。ハム全体を潰し、他の肉や脂身を混ぜる。潰した肉をボウルに入れ、刻みパセリを振りかける。もしくは、肉と刻みパセリを交互に重ねる。にんじん、ポワロー、トマト、レモンなどを加えても良い。

煮汁を漉して、味が薄ければ塩を加える。ワインヴィネガーを入れて熱し、肉の上から注ぐ。これを冷蔵庫で固まらせる。固まるとゼリーの部分は半透明になる。サラダに添えて食べる。

● ブランケット・ド・ヴォー

blanquette de veau

白いシチュー。仔牛肉は余分な脂や筋を取り、角切りにする。鍋に仔牛肉を入れ、浸るぐらいの水で煮る。沸騰したら水を注いでアクを洗い流す。鍋に水、もしくはフォン・ド・ヴォライユを入れ、仔牛肉、玉ねぎ、にんじん、ブーケ・ガルニを入れる。軽く塩をしたら、肉が柔らか

くなるまで弱火で1時間程煮る。

シャンピニオンは、少量の水とレモン汁、バターで軽く煮ておく。仔牛肉を取り出し、煮汁を漉す。鍋に仔牛肉の煮汁、シャンピニオンの煮汁を入れ、煮詰める。小麦粉をバターで炒めてルーを作り、煮汁を少し注いで溶いてから煮る。鍋を火からおろし、生クリームと卵黄を加え、泡立てる。鍋が熱すぎると卵黄が固まってしまうので注意。仔牛肉とシャンピニオンを入れ、弱火にかけてゆっくりとかき混ぜる。とろみがついたら塩、コショウ、レモン汁で味を調える。レモン汁が肉のしつこさを消してくれる。バターライスを添える。

●ブルゴーニュ風煮込み

牛のすね肉を小さめの角切りにする。小ぶりの鶏、軽く塩をした豚肉1切れ、にんにく入りソーセージ、キャベツの芯に近い白い部分、じゃが芋、かぶ、ポワロー、セロリと一緒に煮る。5時間程煮たら、肉と野菜は皿に移す。煮汁は、パンやクルトンとともに食べる。

●リ・ド・ヴォー　ris de veau

仔牛の胸腺の煮込み。仔牛の胸腺は、内臓の中で最もくせがなく柔らかいので、一流のレストランでは必ずと言ってよい程メニューに載っている。胸腺は成長とともに脂肪に変わってしまうので、希少食材である。

胸腺は、1日冷水に漬けて血抜きをする。鍋に胸腺と水を入れ、沸騰したら流水でよく洗う。脂や薄皮を取り除き、軽く重しをする。鍋でバターを熱し、玉ねぎとにんじんを炒める。胸腺に塩、コショウを振り、鍋に入れて両面を炒める。ポルト酒を注ぎ、蓋をして蒸らす。フォン・ド・ヴォーとブーケ・ガルニを加え、蓋をして180℃のオーブンに30分程入れる。

別の鍋にバターを溶かし、モリーユ茸を炒め、エシャロットを加えてポルト酒を振りかける。蓋をして弱火で蒸らす。煮汁は漉して濃いめに煮詰める。生クリームとモリーユ茸を加え、とろみがつくまで煮る。胸腺をスライスして、ソースをかけて出す。添え物には、レタスのブレゼなど。

●リヨン風煮込み

コショナイユ・リヨネーズ（cochonailles lyonnaises）という料理。豚の頭、耳、背骨肉、あばら肉、足、皮を用いる。これらをすべて1晩水に漬けておく。玉ねぎ、にんじん、パセリ、ハーブ調味料を加え、1時間以上煮込む。30分程煮込んだ時点で、ポークソーセージを入れる。熱いポテトサラダとオニオンソースを添えて食卓に出す。

【ワイン煮】 *ragoût au vin*（ラグー・オー・ヴァン）

●雄鶏のワイン煮

鶏は8つに切り、塩、コショウをする。大きめのキャスロールにバターを溶かし、ベーコン、小玉ねぎを色付くまで炒める。別の鍋でバターを溶かし、シャンピニオンを炒める。ベーコンと小玉ねぎが色付いたら取り出し、鶏を入れる。鶏がきつね色に焼きあがったら小麦粉を振り、粉が薄い茶色になるまで炒める。

にんにくとワインを加え、煮立たせる。炒めたシャンピニオン、ベーコン、小玉ねぎを入れ、ブーケ・ガルニ、マール酒、塩、コショウを加える。蓋をして、とろ火で45分程煮る。鶏、シャンピニオン、ベーコン、小玉ねぎを取り出し、深皿に入れて保温しておく。鍋の煮汁を漉して別な鍋に入れ、味を調え、弱火にかけておく。

鶏のレバーを細かく切り、バターで炒める。ミキサーに鶏の血とともに入れ、ピュレにする。レバーのピュレを別の鍋に入れ、煮汁を少しずつ注ぎ、鍋を揺り動かしながら混ぜる。鶏と野菜の上に、できあがったソースを満遍なくかけ、クルトンを散らす。

●牛の角切り肉のワイン煮

角切りにした牛肉を1晩マリナードに漬けておく。牛肉をマリナードから出し、軽く叩いて水気を切る。マリナードは残しておく。

大きめの鍋でオリーブオイルを熱し、ベーコンとエシャロットを炒める。ベーコンから脂がにじみ出てきたら牛肉を入れ、全体に焦げ目を付ける。マリナードの野菜を潰して鍋に入れる。全体をかき回し、少し焦げ目を付ける。赤ワイン、ブーケ・ガルニ、マリナードの残り汁を加える。鍋を密封するために、パラフィン紙を挟んで蓋をする。沸騰したら火を弱め、3時間程煮込む。

熱いうちに食べる場合は、ブーケ・ガルニを取り出し、表面に浮いている脂をすくい取る。冷たくして食べる場合は、煮込む際に仔牛の足を一緒に入れる。付け合わせは、パスタ類が多い。塩を加えて沸騰させた湯にパスタを入れ、ゆでる。天板にバターを敷き、パスタ、パルメザンチーズとグリュイエールチーズを混ぜたものを層にして並べる。少量の肉汁をかけ、200℃のオーブンで10分程焼く。

●牛のもも肉のワイン煮

牛の外もも肉は、マリナードに漬けておく。仔牛の足、細切りした豚脂、玉ねぎ、シャンピニオンの柄（軸）、ハーブとともにワインで4時間程煮る。牛肉を取り出し、煮汁を目の細かいシノワで漉す。小さく切った仔牛の足とシャンピニオンの傘の部分を加え、さらに1時間程煮る。バリエーションを変えて、薄切りにした牛のテール肉を、にんじん、ぶどうで煮込んだり、サーロインを白ワインで煮込んだものなどがある。

●シヴェ　civet

猪のワイン煮。若い猪の腰と足の部位の肉を大きめに切り分け、マリナードに漬ける。時々裏返しながら2日間浸しておく。

猪の肉を取り出し、水気を切る。マリナードは捨てずにとっておく。大きな鍋で、猪の肉と細切りにしたベーコンをラードで炒める。肉の表面に焦げ目が付いたら、エシャロットを加え、かき混ぜながら炒める。小麦粉を振り、焼き色が付いたら赤ワインでのばし、漉したマリナードを加える。塩、コショウをして鍋に蓋をし、1時間程煮込む。玉ねぎを入れ、さらに煮込むこと1時間。セープを

加え、また30分程煮る。できたての熱いものを食べる。付け合わせには、蒸したじゃが芋、グリーンサラダにくるみ油のドレッシングをかけたものが合う。

魚料理

　魚の煮込み（ragoût／ラグー）は、肉とは異なり気長にじっくりと火を通すものではない。魚介類は火の通りが早く、特に魚の身はすぐに崩れてしまうので、火が通り、煮汁に旨味が出た時点で火からおろす。ワインをたっぷり使った煮込みはマトロート（matelote）という。

　蒸し煮（braiser／ブレゼ）は、魚介類の料理で最もよく使われる方法。食材の半分程度が浸る水、スープで蒸すように煮る。煮汁には、白ワインや魚のだしなどを用いる。食材に火を通した後、煮詰めたものをソースのベースにする。生クリームやバターを加えてソースを作る。

　ゆで煮（pocher／ポシェ）は、クール・ブイヨンなどを用いて食材の持ち味を生かす調理法。クール・ブイヨンは、以前は材料をゆでるためだけのものだったが、煮詰めてソースに用いることも多くなった。牛乳、レモンなどで作られるクール・ブイヨンは、白身の魚をより白くゆであげる。魚の冷製料理には、ゆで煮が多く用いられ、宴会料理には欠かせないものだった。きれいに飾り付け、冷やしてサービスする。

【墨煮】

●イカの墨煮　chipirons en su tinta
（シピロン・アン・シュ・タンタ）

　コクがある香りの高い料理。イカを洗い、胴から足をはずす。さらに頭の部分と足を切り離し、頭のほうにある口を切り取る。胴から骨を取り、表面の黒い皮をむく。内臓は墨袋以外捨てる。

　詰め物を作る。イカの頭と足を細かく刻む。みじん切りにした玉ねぎ、潰したにんにくとともに、中火で30分程炒める。パン粉、塩、コショウを加え、イカの胴の中に詰めて端を楊枝で閉じる。

　ソテー鍋でオリーブオイルを熱し、みじん切りにした玉ねぎとにんじん、詰め物をしたイカを軽く色付くまで炒める。白ワイン、トマト、唐がらしを加え、蓋をしないで弱火で30分程煮る。墨にコーンスターチを少量混ぜて、鍋に注ぎ込む。全体が黒くなったらアルマニャック（アルマニャック地方産のブランデー）を少し加え、塩、コショウをする。蓋をして1時間程煮る。仕上げ前に再度味を調える。

【包み煮】

●スズキの葉包み煮

　スズキをよく洗い、うろこを落として適当な大きさに切る。頭、骨、あらなどはフュメ用にとっておく。スズキの代わりに舌平目、小ダラ、アンコウなどの淡泊な白身魚を用いてもよい。

　鍋にワイン、スズキの頭、骨、あら、玉ねぎ、にんじん、セロリを入れる。水とブーケ・ガルニを加え、30分程弱火で煮る。火を止める前に塩、コショウをして味付けをし、シノワで漉す。

　スズキに塩とコショウを振り、小麦粉をまぶす。ソテー鍋でバターを溶かし、スズキの両面を焼く。大きめの鍋に水を入

れ、塩を加えて沸騰させる。レタスの葉の良いところを30秒程ゆがく。充分に水気を切り、布巾の上に広げる。スズキ1切れに対し、2～3枚の葉でくるむ。鍋にバターを入れて熱し、エシャロットを弱火で炒め、フュメを加える。葉を巻いたスズキとベルモット酒を加え、沸騰させないようにとろ火で8時間程煮る。スズキだけ取り出し、煮詰めてソースを作る。生クリームを加え、なめらかにする。鍋を火からおろし、バターを入れ、ソース全体を切るようにして混ぜ合わせる。

【ポ・ト・フー】*pot-au-feu*

火にかけた鍋という意味。たっぷりの水に材料を浸して安定した熱を加える。スープを先に、肉や野菜はメインディッシュとして分けて食べる。

● ブルターニュ風のポ・ト・フー

フュメを作る。魚の骨以外の材料に軽く塩を振り、多めの水で40分煮る。魚の骨を加え、さらに20分間沸騰させて煮詰める。

大型の平鍋でバターとオリーブオイルを熱し、オマール海老を赤くなるまで炒める。オマール海老を皿に移し、保温しておく。鍋にオードヴィー・ド・シードル、白ワイン、フュメを入れ、15分程強火にかけ、少し煮詰めたらポワロー、エシャロット、ブーケ・ガルニを加える。塩、コショウで味を調え、15分程中火で煮る。ホタテ貝、カキ、ラングスティーヌ、ムール貝を入れ、煮えるまで火にかける。温めておいた深皿に、ホタテ貝、ムール貝、カキ、ラングスティーヌを並べ、その上にオマール海老をのせる。鍋の汁を漉して生クリームと混ぜ、ソースをオマール海老の上からかける。ふかしたじゃが芋、もしくは米を添える。

【ゆで煮】*pocher*（ポシェ）

● ショー・フロワ　chaud-froid

魚、鶏肉、野鳥などを用いて作る冷製料理。虹マスのぬめりをナイフの背を使って取る。尾びれの先をハサミで整え、他のひれは切り取る。割り箸を口から入れて、腹の中へ差し込み、ねじるようにして内臓を取り出す。腹の中を水洗いし、水気を拭き取る。虹マスのえらぶたに糸をかけ、身をU字形に曲げて尾のつけ根で縛って形を固定する。

クール・ブイヨンで虹マスをゆでる。火が通ったら取り出し、熱いうちに糸をはずす。頭と尾の部分以外の皮をはぎ取る。背びれなどの小骨もきれいに除き、冷蔵庫で冷やす。

ソースを作る。ゼラチンを水で戻して絞り、弱火にかけて溶かし、粗熱をとる。ボウルに牛乳、生クリーム、マヨネーズを入れて混ぜ合わせ、ゼラチンを加え、塩とコショウで味を調える。氷の中にボウルを入れ、ゆっくりと混ぜてとろみを出す。虹マスの頭と尾にアルミホイルをかけ、網にのせる。胴の部分にソースをかけ、冷蔵庫で冷やして固める。この作業を1～2回繰り返し、胴をソースできれいにおおう。

野菜で飾りを作る。赤ピーマン、エストラゴン、トリュフ、ゆでた青ねぎなどを

小さく切り、乾かないよう水に漬ける。
アスピックゼリーを作る。鍋に薄切りの野菜、トマトペースト、卵白を入れて混ぜる。水で戻したゼラチンとフュメ・ド・ポワソンを加え、ゼリー状のコンソメを作る。布などで漉してシェリー酒を加え、とろみがつくまで冷やす。
冷やした虹マスに、飾り用の野菜をアスピックゼリーをつけながら貼り付ける。冷蔵庫に入れ、飾りを固定させる。網の上に虹マスを置き、アスピック・ゼリーを全体にかけてツヤをつける。再び冷蔵庫に入れて冷やし固める。皿に虹マスを並べ、付け合わせを添える。

【ラグー】*ragoût*

●ウナギとコイの煮込み

ウナギは切り身、コイははらわたを出して、うろこを落とし、そぎ切りにする。頭と内臓は捨てずにとっておく。鍋で赤ワインと小口切りにしたエシャロット、にんにく、ブーケ・ガルニ1束を入れ、沸騰させたのち30分程煮る。

ソテー用の平鍋に多めのバターを溶かし、ウナギとコイを入れ、焦げないように鍋を揺すって転がしながら表面を焼く。塩、コショウで味付けし、コニャックをかけてフランベする。フュメと煮詰めた赤ワインを漉して平鍋に入れる。時間をかけてゆっくりと温度を上げ、煮立ったら火からおろし、煮汁の余熱で魚を煮あげる。

ソースを作る。鍋でバターを熱し、泡立ってきたら小麦粉を加え、かき混ぜる。なめらかな液状になるまで魚の煮汁を加え、生クリームを混ぜる。温めた深皿にウナギとコイを盛り付けて、ソースをたっぷりとかける。揚げたパン、焼いた小玉ねぎ、軽く炒めたシャンピニオンなどを添える。

●コトリヤード　cotriade

ブルターニュ風の魚のシチュー。タイ、小ダラ、ホウボウ、ヒメジ、ボラ、ベラ、アンコウ、アナゴの他、ムール貝、車海老など、いろいろな魚を使用する。魚はすべておろし、えらを取り除く。えらを取らないと苦味が出てしまう。魚の頭、骨、切りくずは捨てずにとっておく。

大型の厚手の鍋で、玉ねぎとにんじんをバターとにんにくで炒める。弱火で15分程度、時々かき混ぜながら静かに炒め、しんなりさせる。これに魚の頭、骨、切りくずを加える。かき混ぜて蓋をし、さらに15分程煮てから、オードヴィー・ド・シードル、ミュスカデ、ブーケ・ガルニ、トマトペーストを加える。充分な量の水を加え、中身がすべて浸るぐらいにして1時間30分程煮る。目の細かいシノワで漉し、塩、コショウ、カイエンヌペッパーで味付けをする。

玉ねぎとにんにくを大きな鍋の底に入れ、その上にじゃが芋をのせる。塩、コショウ、カイエンヌペッパーで味付けをする。ハーブ、サフランを加えてもよい。その上に魚の切り身を並べ、魚が浸る程度にフュメを注ぐ。230℃のオーブンの上段で10分程焼き、ムール貝と伊勢海老を魚の上にのせて20分程焼く。ムール貝はオーブンから出した直後に軽くに

んにくをこすりつける。輪切りにして焼いたフランスパンとともに食卓に出す。

● ムール貝のパスティス風味

moules au pastis（ムール・オー・パスティス）
パスティスとはマルセイユの人がよく飲むアニス酒の一種。ムール貝は1晩冷たい水に入れて砂を吐かせる。使う前に新しい水に20分程浸し、途中で2回くらい水を変える。鍋にワイン、パスティス、エシャロット、にんにく、コリアンダー、オリーブオイルを入れて煮立たせる。半分程に煮詰まったら、ムール貝とパセリを入れ、蓋をして強火で煮る。貝の口が開いたら温めた皿に移す。鍋に残った汁に生クリームを加え、塩とコショウで味を調え、ソースを作る。生クリームを使わず、さっぱりとしたソースにする場合は、煮詰める際にトマトを加える。ソースを一度煮立たせて、ムール貝に回しかける。ガーリックトーストを添える。

【ワイン煮】*matelote*（マトロート）

魚のワイン煮込みを総じてマトロートと呼ぶ。川カマスをメインに、コイ、川マス、スズキ、ウナギなどを小さめに切り、フュメ・ド・ポワソン、リースリングワインで煮る。魚が煮えたらバターと小麦粉を合わせたブール・マニエでとろみを付け、クリームと卵黄で仕上げる。パスタとともに食卓に出されることもある。

● エスカルゴのワイン煮

生きたエスカルゴを使う場合は、1週間の間、大さじ2〜3杯の小麦粉だけを与える。調理する前に、エスカルゴを数回洗い、酢で酸性にした塩水に2時間漬けておく。多量の冷水で洗い、熱湯で5分程ゆでる。

香辛料のきいたハム（プロシュートなど）を小さい角切りにして、エシャロット、にんにくとともにラードで炒める。粗めのパン粉、ワイン、ブイヨンを加える。塩、コショウで味を調え、エスカルゴとブーケ・ガルニを入れ1時間程とろ火で煮る。

缶詰のエスカルゴを使う場合は、鍋にワイン、ブイヨン、エシャロット、にんにく、ブーケ・ガルニなどを入れ、20分程とろ火で煮込む。エスカルゴを加え、弱火で10分程煮る。

エスカルゴバターで焼く場合は、エスカルゴを煮汁に漬けたまま冷ます。エスカルゴの殻にエスカルゴバターをかけ、グラタン皿に並べ、パン粉とシャブリを振りかける。180℃のオーブンで数分間焼く。エスカルゴに火が通ったら、温度を220℃に上げる。バターが、ジュ〜ッという音をたて始めるまで焼く。熱いうちに食卓に出す。デザートにヘーゼルナッツシャーベットを出されることが多いが、これは臭いを消し、消化を助けるという意味合いがある。

蒸し物

【ヴァプール】 vapeur

　ヴァプールは蒸気の意味。この料理法は、新しいスタイルのフランス料理が台頭する中で、注目を浴びるようになった。白身魚や鶏肉など、淡泊で柔らかい肉質を生かす場合によく用いられる。バターや油を極端にひかえて火を通す。油類をまったく使わず、食材から出る蒸気だけで火を通すと、食材本来の持ち味を損ねないソフトな仕上がりとなる。

●イトヨリのヴァプール

　イトヨリなどの皮のきれいな白身魚は、ヴァプールに適する。イトヨリは三枚におろし、塩、コショウをする。薄くバターを塗った皿にのせ、3分程蒸す。野菜のだし汁を煮詰めたものをかける。

【海藻蒸し】 à la vapeur d'algues
（ア・ラ・ヴァプール・ダルグ）

●舌平目の海藻蒸し

　舌平目を三枚におろし、皮に軽くナイフを入れて筋を切る。皮を上にして表と裏の身を重ね、両端から折り込む。全体に軽く塩、コショウをする。バットに、海藻を敷き詰める。舌平目の合わせた側を下にして、ホタテ貝（貝柱）と一緒に並べ、白ワインを振りかける。充分に蒸気を立たせた蒸し器にバットを入れ、火を通す。ホタテ貝は二枚にそぐ。舌平目とホタテ貝を皿に盛り、ソースをかける。キャビアや蒸した海藻で飾る。

【ワイン蒸し】 au vin （オー・ヴァン）

　鶏肉やウサギの肉などに用いられる調理法。シノンやブラン・ダンジュー（やや辛口の白ワイン）などで蒸す。

Column　ソース

　1940年代まではドミグラスやソースエスパニョールがソースの基本でした。主にクラシックな料理に用いられてきましたが、現在はほとんど使われていません。頻繁に使うのは日本の洋食屋ぐらいです。

　ドミグラスソースに代わって長い間使われたのがフォン、そして現在は、フォンよりも軽い「ジュ」。ジュはジュースという意味で、素材から抽出した液をソースにしたものです。ここ5年くらいは、「水のソース」と呼ばれるものもあり、水に野菜を入れて煮出し、その煮汁をソースにします。

　1990年代後半には「泡のソース」が登場します。野菜をミキサーにかけてジュースにし、カクテルソーダを作るボトルに入れ、圧縮窒素で泡にするのです。それを焼き物、蒸し物料理の上からジュッとかけます。手法は面白いのですが、やはりオーソドックスなフォンやジュのソースが主流になっていると思います。

　最近、日本ではコンソメゼリーをよく用いますが、昔は和の食材を固めた煮こごりを作り、それを刻んで料理にかけていました。やがて、日本料理がフォワ・グラ、キャビア、トリュフなどを用いるようになります。

　また、ソースで皿に芸術的な装飾をする料理人が増えましたが、その草分けがピエール・ガニエール氏です。彼が来日して、その技法を披露した際、日本の料理人は「ソースがはみ出してみっともない」と呆れ顔でした。その料理人達が、その後いっせいに真似を始めたのです。

ソース　*sauce*

　ソースを作る時間を惜しまないというのがフランス料理の鉄則で、それだけソースは大事にされてきた。だが、あくまでもソースは脇役。料理の味を生かし、彩りを添えるもの。ソースばかりが際立って料理自体の風味を損ねてはいけない。

　ソースは、通常、使われた食材と同種のフォンをベースにして作る。温かいソースと冷たいソースに分けられるが、基本となるソースを応用することにより、バリエーションは無限に広がる。残さずパンで拭き取って食べてもらえるソースを作ることが肝要。

ソースの派生

　ソースのベースには、フォン、マヨネーズ、澄ましバターなどがある。以下は一般的なソースを、基本材料別に体系づけて分けたものである。

【オランデーズ系】

　オランデーズソースを漉したものをベースに用いたソース。

●マルテーズソース
　ベース＋オレンジ果汁、オレンジの皮
●ミカドソース
　ベース＋マンダリン果汁、マンダリンの皮
●ムータルドソース
　ベース＋マスタード
●ムスリーヌソース
　ベース＋泡立てたクリーム

【トマトソース系】

　トマトソースに小麦粉、トマトペーストなどを加え、シノワで漉したものをベースにしたソース。

●シャスールソース
　ベース＋シャンピニオン、エシャロット、白ワイン、コニャック、フォン・ド・ヴォー
●ディヤーブルソース
　ベース＋エシャロット、白ワイン、酢、粗挽きコショウ、フォン・ド・ヴォー

【フォン・ド・ジビエ系】

　ジビエの骨、くず肉、鶏がらなどでとっただしをベースにしたソース。

●グラン・ブヌールソース
　ベース＋ポワブラード、グロゼイユのジャム
●シュブルイユソース
　ベース＋赤ワインのマリナード
●ポワブラードソース
　ベース＋豚バラ肉と野菜をバターで炒めたもの、酢、ドミグラスソース

【フォン・ブラン系】

　仔牛の骨と香味野菜のだしにルー（バターと小麦粉）を加えたものをベースにしたソース。

●ピカートソース
　ベース＋エシャロット、白ワイン、酢、ピクルス、香草
●ペリグーソース
　ベース＋トリュフ
●ボルドレーズソース
　ベース＋エシャロット、赤ワイン、コショウ

- マデールソース
  ベース＋マディラ酒

【ブルーテ系】
フォン・ド・ヴォー、フォン・ド・ヴォライユ、フュメ・ド・ポワソンにルーを加えたベースを用いたソース。
- アルマカンド、カープル、シャンピニオンの各ソース
  仔牛のブルーテを使用
- イボワール、シュプレーム、プーレットの各ソース
  鶏のブルーテを使用
- カルディナル、ナンテュア、ブルトンヌの各ソース
  魚のブルーテを使用

【ベアルネーズ系】
ベアルネーズソースを漉したものをベースにしたソース。
- アルレジエンヌソース
  ベース＋蒸し煮したトマト、アンチョビーのペースト
- ショロンソース
  ベース＋トマトペースト
- ティロリエンヌソース
  ベース＋バター、オイル、トマトペースト
- フォイヨソース
  ベース＋グラス・ド・ヴィアンド

【ベシャメル系】
牛乳にルーを加えたベースを用いたソース。
- クレームソース
  ベース＋クリーム
- スービーズソース
  ベース＋玉ねぎのフォンデュ
- テルミドールソース
  ベース＋マスタード、卵黄、カイエンヌペッパー
- モルネーソース
  ベース＋卵黄、グリュイエールチーズ

【マヨネーズ系】
マヨネーズをベースにしたソース。
- アンダルーズソース
  ベース＋トマト、ピーマン
- シャンティーソース
  ベース＋泡立てた生クリーム
- タルタルソース
  ベース＋玉ねぎ、ピクルス、ケイパーなど
- ヴェルトソース
  ベース＋ほうれん草、パセリ、セルフィユ、エストラゴン、クレソン

肉料理用ソース

【アバソース】 *sauce abats*
アバとは食用獣類の臓物やくず肉のこと。骨以外の食用部分の総称。

ハトの内臓を抜く。鍋に油を敷き、ハトの肉に焼き色を付ける。オーブンに入れて10分程焼く。ハトの肉を取り出し、ハトの肝臓と砂肝を軽く炒める。鍋にフォンを加える。フォンは、ハトの骨、にんにく、エシャロットで作ったもの。煮詰めたら内臓を取り出す。煮汁を漉して、さらに煮詰める。内臓を再び加えてソースとして用いる。

フランス料理

【オニオンソース】*sauce aux oignons*

(ソース・オー・ゾニヨン)

ソーセージとの相性が良いソース。薄切りにした玉ねぎを水にさらす。茶色く色付かないようにバターで軽く炒める。ベシャメルソースを加え、20分程煮る。これを漉して、再度煮立てる。フレッシュバターとクリームを加えてもよい。マスタードを加えると、ロベールソース（sauce robert）になる。

【ディヤーブルソース】*sauce diable*

悪魔風ソース。カイエンヌペッパーを入れた辛味のあるソース。

白粒コショウを粗く砕く。鍋に白粒コショウ、エシャロット、トマトペースト、白ワインを入れ、水分がほとんどなくなるまで煮詰める。フォン・ド・ヴォーを加え、軽く煮てシノワで漉す。塩、白粒コショウ、カイエンヌペッパーで味を調える。鶏のグリエなどに用いる。

【トマトソース】*sauce tomate*

鍋でサラダ油を熱し、ベーコンを炒める。玉ねぎ、にんじん、にんにく、セロリを加え、少し色付くまで炒める。小麦粉を振りかけ、粉気がなくなるまで炒める。トマト、トマトペーストを加えて混ぜる。フォン・ド・ヴォライユとブーケ・ガルニを加え、軽く塩とコショウを振る。沸騰したら火を弱め、アクを取り、40分程煮る。半分まで煮詰まったら、ブーケ・ガルニを取り出し、シノワで漉す。ソースを鍋に戻して温め、塩とコショウで味を調える。酸味が強い場合は、砂糖で調整する。

【ドミグラスソース】*sauce demi-glace*

褐色のフォンに、褐色のルー、ミルポワ、トマトペーストを加えて煮込んだソース（＝ソース・エスパニョール）をさらに煮詰めたもの。さらにマディラ酒が加えられることがある。

かなり煮詰められているため、ソースに鏡のような艶が出ることからこの名が付けられた。現在では、フォン・ド・ヴォーを煮詰めたものもこのように呼んでいる。

最近はソース全般にとろみが少なく軽くなっており、小麦粉等を使わずに煮詰めることによって味を濃縮する傾向になってきている。

【ペリグーソース】*sauce périgueux*

フォワ・グラを鍋で強火で焼き、フォワ・グラを取り出す。マディラ酒を加え、鍋底の旨味をこそげ取る。トリュフとトリュフ汁、フォン・ド・ヴォーを加えて軽く煮詰める。塩、コショウで味を調える。鶏肉、卵などの料理に用いる。

【ベルシーソース】*sauce bercy*

ベルシーと名がつく料理には必ず白ワインを入れる。これは昔、パリにワインを運ぶ船が、セーヌ川のベルシー河岸に接岸したことから由来する。

鍋にエシャロットとワインを入れて煮詰める。ブイヨンを入れ、沸騰させる。水で溶いたコーンスターチを少しずつ加える。すぐに煮詰まるので注意しながらクリーム状にする。塩、コショウで味付けをする。このソースは、料理を出す2時間ぐらい前に作り置きをしておいてよい。肉を焼いた鍋にグラス・ド・ヴィヤンドを入れ、沸騰

させる。かき混ぜて鍋の底についている焼き汁を溶かし込む。先に作っておいたソースを加えて漉す。鍋に戻して、ひと煮立ちさせ、味を確認する。

【マローソース】 *sauce marlou*

とろ火の鍋でバターを溶かし、小麦粉を加える。かき回しながらブイヨンを注ぎ、30分程煮詰める。骨髄料理に合う。骨髄を厚く切り、数分塩ゆでする。野菜と骨髄をグラタン皿に並べてソースをかけ、グリュイエールチーズを振りかける。チーズが溶けるまでオーブンで焼く。

魚料理用ソース

【アメリケーヌソース】 *sauce américaine*

エビの煮込み、鶏肉、魚、卵などの料理に用いるソース。伊勢エビの頭と胴の間にナイフで切り込みを入れる。頭と胴を持ち、ねじって離す。頭を縦半分に割り、砂袋を取り除く。みそは漉してコニャックを少しかける。頭と足は小さく刻んでおく。

強火の鍋でオリーブオイルを熱し、伊勢エビの部位すべてを入れ、充分に赤くなるまで炒める。中火にしてバターを加え、玉ねぎ、にんじん、にんにく、エシャロット、セロリを入れて炒める。コニャックを振りかけ、フランベする。白ワインを加え、鍋底の旨味をこそげ取る。トマト、トマトペーストを加え、軽く煮詰める。フュメ・ド・ポワソン、ブーケ・ガルニ、エストラゴンを加え、アクを取る。表面に浮いている伊勢エビの脂は取らないこと。10分程煮たらシノワで漉す。

胴から身をはずし、殻や野菜は鍋に戻し、細かく砕く。鍋に漉した煮汁を入れ、弱火で20分程煮る。煮上がる少し前に伊勢エビのみそを混ぜ合わせる。目の細かいシノワで殻と野菜をよく押し潰して漉し、煮汁を別の鍋に入れる。ひと煮立ちさせたらブール・マニエを加える。保存する場合はブール・マニエは加えず、塩とコショウ、カイエンヌペッパーで味を調える。仕上げに生クリームを加えてもよい。

【オゼイユソース】 *sauce oseille*

洗ったオゼイユの葉、白ワイン、生クリーム、塩、コショウで作る。ヒラメなどの料理に使われる。ピュレ状のソースにする場合は、バターを鍋で溶かし、オゼイユを弱火で炒める。柔らかくなったら、軽く塩とコショウで調味する。味見して、酸っぱ過ぎるようなら生クリームを加える。ニシン、スズキ、タラ料理などと合う。

【白いバターソース】 *sauce au beurre*
(ソース・オー・ブール)

19世紀初頭に1人のシェフがベアンヌ風のソースを作ろうとして失敗。しかし、このソースが評判を得て、現代に受け継がれた。マヨネーズを作るのとほぼ同じ手法。卵の蛋白質が油の脂肪分を乳化させ、脂肪球を集積させる。バターに含まれる蛋白質（カゼイン）は、脂肪球を均質化する。よって、バターと卵の黄身で乳化することができる。

エシャロットをみじん切りにして、白ワインかシードルヴィネガーを加え、汁気が蒸発してピュレ状になるまで煮る。ボウルに入れ、卵の黄身を混ぜる。泡立て器かミキサーで充分にかき混ぜ、溶かしバターを

少しずつ加える。ニシンの白バター添えのように、煮たり焼いたりした白身の魚に用いる。

【ナンテュア風ソース】 *sauce nantua*
（ソース・ナンチュア）

　川カマスのクネルに添えられるソースの代表的なもの。燻製の魚、エクルヴィスのすり身、生クリーム、ワインを使った薄い桃色をしたとろみのあるソース。エクルヴィスの小片が入っているものもある。リヨンではシャンピニオンを加える。レストランの川カマス料理には、白いバターのソースが添えられることもある。

その他のソース

【オランデーズソース】 *sauce hollandaise*
　バターを湯煎にかけ、ゆっくりと溶かす。バターが完全に溶けると、上から泡、澄ましバター、乳しょうの３層に分かれる。泡を取り除き、澄ましバターだけを使用する。ボウルに卵黄と水を入れ、泡立て器でよくかき混ぜる。70℃ぐらいの湯煎にかけ、攪拌する。混ぜた跡がしっかり残るくらいになったら、湯煎から出す。温かい澄ましバターを少しずつたらしながら、さらに攪拌する。塩、コショウ、カイエンヌペッパー、レモン汁で味を調える。

【ビネグレットソース】 *sauce vinaigrette*
　ボウルにマスタードとワインヴィネガーを入れる。塩、コショウをして泡立て器で混ぜ合わせる。混ぜながらサラダ油を少しずつ加えていく。塩、コショウで味を調える。

【ベシャメルソース】 *sauce béchamel*
　鍋は、アルミ製のものは避ける。金気が出て色や味が悪くなる。
　鍋を弱火にかけ、バターを溶かす。小麦粉を加えて混ぜ合わせる。焦がさないように、ゆっくりと炒める。ルーがなめらかになったら、鍋底を水につけて粗熱をとる。鍋を火に戻し、温めた牛乳を加える。沸騰するまで泡立ててよく混ぜる。沸騰したら火を弱め、へらで回しながら、しばらく煮る。塩とコショウで味を調え、シノワで漉す。

【マヨネーズソース】 *sauce mayonnaise*
　ボウルに卵黄とマスタードを入れ、塩、コショウをしてヴィネガーを加えて泡立て器で混ぜ合わせる。混ぜながらサラダ油を少しずつ加えて混ぜ合わせ、よく混ぜ合わせたら、塩、コショウで味を調える。

【レムラードソース】 *sauce rémoulade*
　マヨネーズにマスタード、きゅうりのピクルス、ケイパーなどを加え、酸味と辛味を強くしたもの。主にセロリに添えられる。冷たい肉や魚、甲殻類にも合う。

合わせバター
beurre composé (ブール・コンポゼ)

バターをベースにして、いろいろな食材を混ぜ合わせ、バリエーションをつける。

【赤ワインバター】
beurre de vin rouge (ブール・ド・ヴァン・ルージュ)

鍋に赤ワインとエシャロットを入れ、ほとんど水気がなくなるまで、ゆっくりと煮詰める。煮汁を別な器に移し、よく冷ます。

ボウルにバターを入れ、柔らかく練り、煮詰めた赤ワインを入れる。塩、コショウを加え、よく混ぜ合わせる。冷蔵庫に入れて冷やし固める。

【アンチョビーバター】
beurre d'anchois (ブール・ダンショワ)

ボウルにバターを入れ、柔らかく練る。アンチョビーを加え、コショウを振り、よく混ぜる。パラフィン紙の上に細長くのせ、棒状に巻き、形を整える。冷蔵庫に入れて冷やし固める。グリエした肉や魚、オードヴルの付け合わせとしても使われる。

【エクルヴィスバター】
beurre d'écrevisse (ブール・デクルヴィス)

ゆでたエクルヴィスの身を取り出し、殻をフードプロセッサーに入れ、バターを加えてよく潰す。よく混ざり合ったら、鍋に入れて火にかける。バターが溶けたら、160℃のオーブンに入れ、40分程煮る。オーブンから出して火にかけ、殻全体が浸るくらいの水を加える。軽く煮立て、浮いてくる赤い色の脂を丁寧にすくい取り、ボウルに入れる。すべてすくい取ったら、冷蔵庫に入れて冷やし固める。固まったら、バターの部分だけを取り出して鍋に入れる。ごく弱火にかけ、水分を飛ばす。色が澄んできたら漉して、再び冷蔵庫に入れて冷やし固める。

【エスカルゴバター】
beurre à la bourguignonne (ブール・ア・ラ・ブルギニョンヌ)

ボウルにバターを入れ、柔らかく練る。エシャロット、にんにく、パセリを加え、塩とコショウを振り、よく混ぜ合わせる。下ゆでしたエスカルゴの殻の上からのせ、オーブンで焼く。

【メートルドテルバター】
beurre maître d'hôtel (ブール・メートル・ドテル)

ボウルにバターを入れ、柔らかく練る。パセリ、レモン汁を加え、塩、コショウをして混ぜる。パラフィン紙の上に細長くのせ、棒状にして巻き、形を整える。冷蔵庫に入れて冷やし固める。

卵料理 *œufs*

卵料理は、総称して"ウー"と呼ばれる。単数形では"ウフ"だが、料理の場合は複数形で呼ぶ。肉や魚の代わりに卵料理をメインディシュとして出すことはほとんどない。また、フランスの家庭では、アメリカやイギリスのように朝食に卵を食べる習慣はない。夕食を軽めに済ませるため、オムレツやスフレなどに、スープとサラダを取り合わせる献立が一般的。

【揚げ卵】*œufs frits*（ウー・フリ）

卵をたっぷりの高温の油に直接落として揚げたもの。卵黄は柔らかく、卵白で全体を包むように仕上げる。フランス特有の調理法で、イギリスやアメリカのフライドエッグとは異なる。

【オムレツ】*omelette*（オムレット）

●田舎風　campagnarde（カンパニャルド）

トリュフを1個、粗めのみじん切りにする。溶いた卵の中に入れ、コニャックを少し加える。塩、コショウなど各家庭風の味付けでオムレツを作る。

●サルシフィ（salsifis）のオムレツ

サルシフィとは、西洋ごぼうのこと。黄色い花のつぼみを入れたオムレツで、ほのかな香りが楽しめる。花がフランスの市場に出回るのは春だけで、1年の大半はびん詰めの花が用いられる。付け合わせには、たんぽぽのサラダが良い。くるみの実を細かく刻んで散らし、くるみ油とヴィネガーを合わせたドレッシングをかける。

●ピペラード　piperade

赤、黄、緑のピーマンを火であぶって皮を焦がす。ラップなどに包んで数分蒸らし、皮をむく。種を取り除き、細切りにする。鍋で油を熱し、玉ねぎを柔らかくなるまで炒める。ピーマン、トマト、とうがん、にんにく、唐がらし、ローリエ、タイムを加える。中火で全体に火を通し、蓋をして余分な水分がなくなるまで煮詰め、塩で味付けする。

卵とパセリをボウルに入れて混ぜ、塩、コショウを振る。鍋に油を入れて熱し、卵を流し込む。火が通り始めたら、ピペラードを加えて卵とよく合わせる。表面が柔らかいうちにオムレツをたたむ。別の鍋で薄切りにしたハムを炒め、オムレツに添える。

●メール・プラール風　mère poulard's

プラールおばさんのオムレツ。ノルマンディー地方のモン・サン・ミッシェルにあるレストラン「メール・プラール」の名物。かつて女性料理人が作り出し、その名が付いている。

室温にした卵をよくかき混ぜる。オークの木を燃やした火に銅製の鍋をかけ、塩を振った多めのバターを溶かす。卵を入れ、フォークで時々縁をグルリとかき回し、ゆっくりと焼く。スフレのようにふんわりとなるように、頻繁に鍋を火から離す。オムレツを裏返して折りたたみ、すぐに食卓に出す。

【型入れ卵】*œufs moulés*（ウー・ムーレ）

卵1個が入る大きさの様々な型を用いて調理したもの。型にたっぷりとバターを塗

り、卵を割り入れて軽く塩を振る。湯煎鍋で10分程ポシェして半熟に仕上げる。オーブンで蒸し焼きにしてもよい。調理時間はかかるが、見た目の美しい卵料理ができる。

【ココット】 œufs en cocotte (ウー・アン・ココット)

陶器の小鍋で焼いたもの。熱しておいたココットにバターを塗り、軽く塩を振る。卵を割り入れ、軽く塩とコショウをし、オーブンで柔らかく蒸し焼きにする。ココットに蓋をして湯煎にかけて蒸し煮する手法もある。

【皿焼き卵（目玉焼き）】 œufs sur le plat
(ウー・シュル・ル・プラ)

陶器の焼き皿にバターを塗って熱し、卵を2個割り入れ、オーブンで数分焼く。卵白は堅く、卵黄は半熟状に仕上げ、塩を振る。卵黄の表面に白く薄い膜ができるので、「卵のミロワール風」とも呼ぶ。ミロワールは"鏡のような"という意味。フライパンで焼く目玉焼きと同じ。

【ポーチドエッグ】 œufs pochés (ウー・ポシェ)

ポーチドエッグは英語。落とし卵のこと。

浅い鍋に水を入れ、火にかける。煮立ったらワインヴィネガーを加え、水の表面が軽く踊るぐらいの火加減にする。煮立った湯に入れると白身が散ってしまう。卵を器に1個ずつ割り入れ、鍋に静かに入れる。フォークで卵白を中心に寄せ、卵黄を包み込むようにする。卵白が固まったら火を止め、卵黄を半熟にゆでる。穴じゃくしなどで卵を取り出し、氷水に静かに落とす。卵白のはみ出した部分を切り取り、丸く形を整え、布巾にのせて水気を切る。ナイフを入れると流れ出す黄身とソースの取り合わせが絶品。

【ムーレット】 œufs en meurette
(ウー・アン・ムーレット)

鍋に赤ワインを入れ、玉ねぎ、にんにく、ブーケ・ガルニ、砂糖、コショウを加える。汁が半量くらいになるまで煮詰めたら漉して鍋に戻す。鍋を弱火にかけ、卵を1個ずつボウルに割り入れ、煮えているソースの中に静かにすべり込ませる。蓋をして火からおろし、3分程そのままにしておく。卵をスプーンで壊さぬように取り出し、半熟が持続する程度に温めておく。柔らかくしたバターに小麦粉を入れて練って作ったブール・マニエを鍋に加え、どろりとするまで混ぜ合わせる。卵のまわりの余分な出っ張りを切り取り、形を整える。皿の上にパンを敷いて卵をのせ、熱い赤ワインソースを上からかける。

【ロティ】 rôti

●ディジョン風　dijonnais

「ディジョン風」の特色は、料理にマスタード、菓子にはカシスを用いること。堅めにゆでた卵を縦に切り、黄身を取り出して潰す。マスタード、生クリーム、刻んだエシャロット、ハーブを黄身に混ぜ、白身の窪みに詰める。バターと微量のヴィネガーを加え、オーブンに入れて10分程焼く。長く過熱すると、マスタードの風味がなくなってしまうので注意。

フランス料理

コース料理

フランス料理のフルコース
①アペリティフ　apéritif：食前酒
②アミュズ・ブーシエ
　amuse-bouche：付出し
③オードヴル　hors-d'œuvre：前菜
④ポタージュ　potage：スープ
⑤ポワソン　poisson：魚料理
⑥ヴィアンド　viande：肉料理
　（ロースト以外のもの）
⑦グラニテ　granité：氷菓
⑧ロティ　rôti：ローストした肉料理
　ガルニチュール　garniture：
　付け合わせ
⑨サラド　salade：サラダ
⑩フロマージュ　fromage：チーズ
⑪デセール　dessert：デザート
⑫フリュイ　fruit：果物
⑬ミニャルディーズ　mignardise：
　小菓子
⑭カフェ　café：コーヒー又はハーブ
　ティーなど
⑮ディジェスティフ　digestif：
　食後酒

アペリティフ　*apéritif*

　レストランで席につくと、まずソムリエ（sommelier）が来る。食前酒を薦めるためである。食前酒の役割は食欲を増進させること。強いものや甘すぎるものは敬遠し、クレーム・ド・カシスを控えめにしたキールやシャンパンなどを注文する。シャンパンは食前、食中を通して飲めるので合理的。アルコールが苦手ならば、ミネラルウォーターや炭酸水でもよい。

アミュズ・ブーシエ

　食前酒とともに一口で楽しむ付出し。アミュズ・グル（amuse-guele）ともいう。

オードヴル　*hors-d'œuvre*

　前菜のこと。元来、「作品外」という意味をもち、献立外の料理を示す。14〜17世紀のフランスの大宴会で、食事と食事の合間に出されたものがオードヴルと呼ばれた。現在のオードヴルの役割は、食前に出されることで食欲を呼び起こし、増進させること。形は小さく、量は少なめで、食材はメインとなる料理と重複しないよう心がける。味付けは、脂っこさを避け、香辛料や酸味をきかせて刺激的にする。盛り付けや色合いに工夫を凝らして創造性を発揮。季節感なども盛り込む。

　オードヴルは、冷たいもの（hors-d'œuvre froid／オードヴル・フロア）と、温かいもの（hors-d'œuvre chaud／オードヴル・ショー）に分けられる。冷たいオードヴルには、肉や魚のテリーヌ、パテ、リエット。程よい酸味をきかせたエスカベッシュやマリネ。フルーツ類と組み合わせるカクテル。サラダは、肉や魚介と合わせたり、ソースに凝る。火を通した材料を温かいうちに加えるサラダもある。キャビア、ハム、ソーセージ、スモークサーモン、魚介の缶詰などは、さほど手を加えず、そのままでも通用する。シーズンには、粗く砕いた氷に生ガキをの

せて出してもよい。

　温かいオードヴルには、パート（生地）を用いたスフレ、ニョッキ、キッシュ、パイケース詰め、パテ、ブーシェ、ブイユテなど。卵のココットやスクランブルドエッグ。エスカルゴのクリーム煮。寒い季節には、カキのグラタンなども良い。

＜オードヴル料理の一例＞

【エスカベッシュ】*escabèche*

　魚のフライの酢漬け。小麦粉を衣にした魚のフライの上に、にんじんや玉ねぎのせん切りをのせ、マリナードをかけて漬け込む。

【カナッペ】*canapé*

　薄切りのパンやブリオッシュにいろいろな材料をのせ、一口で食べられる大きさに作ったオードヴル。台は食パンの他、ブリオシュ、黒パン、クラッカーなど。パンはトーストして切り、充分に冷ましてバターを塗る。上にのせる材料は、ハム、サラミ、ローストビーフ、チーズ、スモークサーモン、オイルサーディン、キャビア、イクラ、ゆで卵など好みのものでよい。

【キッシュ】*quiche*

　パイ料理の一種で、起源はロレーヌ地方。本来は丸いタルト型で作られるが、長方形にしたり、タルトレット型で焼いたりすることもある。チーズ、ベーコン、玉ねぎを使うロレーヌ風（*quiche à la lorraine*）。ムール貝、アサリ、エビ、ほうれん草などの取り合わせたレストラン風などがある。必ず温め直してからサービスすること。

【コクテル】*cocktail* ［英］

　カクテルは英語。エビ、カニ、カキなどをソース・コクテルで和えて、カクテルグラスに盛り付けたものが一般的。エビはどんな材料にも合い、ゆでると色が美しく変化するので、オードヴルにはよく使われる。特にフルーツとの相性が良い。野菜やフルーツとケース詰めにして盛りつけることが多い。アボカドは森のバターなどと言われ、熱帯産のフルーツだが、料理にも頻繁に使われる。ドレッシングをかけるだけでもシンプルなオードヴルになる。

【ココット】*cocotte*

　本来「ココット」とは厚手の蓋付きの両手鍋、または卵料理に用いる１人用の小さな器を意味する。オードヴルにおいては、ココットに乗った料理を指す。卵のココットは、器に卵を割り入れて焼いただけのシンプルな料理だが、ソースに凝ると立派なオードヴルになる。

【スフレ】*soufflé*

　ふっくらと焼き上げるには、卵白の泡立てと、オーブンの温度に気を使う。ボウルに卵白と塩をひとつまみ入れ、角が立つまでしっかりと泡立てる。肉、魚、甲殻類、野菜などの材料を煮てピュレにし、卵でつないだものに泡立てた卵白を２回に分けて加え、泡を潰さないようにへらで混ぜる。スフレ型の内側にバターを塗り、小麦粉を振る。型を叩いて余分な粉を落とす。型の８分目までスフレの生地を入れ、高温のオーブンに入れて焼き上げる。焼きあがりをすぐにサービスする。

【ブーシェ】*bouchée*

　「ひとくち」という意味。一口大のパイケースにピュレなどを詰めたもの。打ち粉

をした台にパータ・フイユテをのせ、麺棒で5mmの厚さにのばし、直径8cm程の花形を偶数枚抜く。そのパイ生地のうち半分を直径5cmの花形に抜いてリング状にする。天板を水で濡らして、花形のパイ生地を並べて縁に溶き卵を塗り、リング形のパイ生地を重ねる。重ねたパイ生地の縁に溶き卵を塗る。この時、側面に溶き卵がつくと、パイ全体がきれいに仕上がらないので注意。200℃のオーブンに入れて焼き上げる。ブーシェをオーブンで温め直して皿に盛り、詰め物を入れる。

【ムース】 *mousse*

　調理用語としては、口当たりが軽く、ふんわりした料理や菓子のことを指す。本来は泡という意味。1人分ずつ小さな型で作るとかわいらしい。

●きのこのムース

　鍋を強火にかけてバターを熱する。きのこを入れて一気に炒め、塩、コショウ、レモン汁で下味を付け、冷ましておく。ロボ・クープで鶏肉をすり潰す。さらに卵を少しずつ加えていく。よく混ざり合ったらボウルに移し、氷水に浮かべて冷やしておく。炒めたきのこが冷めたら、ロボ・クープで細かくする。鶏肉にきのこを加えて混ぜる。生クリームを少しずつ加えて混ぜ、塩、コショウ、カイエンヌペッパーで味を調える。

　型にムースの生地を詰める。バットに湯を張り、ムースを入れた型をのせて湯煎状態にし、170℃のオーブンで20分程火を通す。きのこのムースを型からはずして皿に盛る。ソースやきのこのソテーを添える。

【リエット】 *rillettes*

　トゥレーヌ地方に伝わる郷土料理。保存食の一種。豚、ガチョウ、ウサギなどの肉を香草とともにラードでゆっくりと煮込む。細かくほぐし、煮た時に出た脂と混ぜ合わせる。トーストにたっぷりとつけて食べる。

ポタージュ　*potage*

　フランス料理では、スープ類は"食べるもの"として扱われる。ウェイターがサービスする時も、他の料理と同様に左側から差し出す。単にスープと呼ばれるものは野菜などがそのまま入ったもので、家庭的なものを示す。

　日本では、ポタージュ（ポタージュ・リエ）は、とろみのあるスープであるが、澄んだポタージュ（ポタージュ・クレール）などのコンソメ類も含まれる。

ポワソン　*poisson*

　魚の他、甲殻類や貝類、カエルの料理などが含まれる。主に煮物、焼き物、揚げ物の3種類に大別される。

ヴィアンド　*viande*

　牛・仔牛・羊・仔羊・豚などの家畜、鶏・鴨・七面鳥・ほろほろ鳥などの家禽類、野鴨・キジ・山ウズラなどの猟鳥や、猪・野ウサギ・鹿などの猟獣を使った料理。これらの肉は火を通した後の肉の色で、白い肉、赤い肉、黒い肉という分類をされている。内臓類の料理もポピュラーな1品。

グラニテ　*granité*

氷菓。シャーベットよりも糖度が低く、口中をさわやかにするため、料理の途中で出す。

ロティ　*rôti*

主にローストした肉料理を1品。

ガルニチュール　*garniture*

付け合わせだが、添え物や詰め物の意味もある。ビーフステーキにはフライドポテト、魚のムニエルにはボイルドポテトが一般的。一品料理に何種類かの付け合わせを添えることも多い。主材料の味を引き立て、全体の見栄えを良くする。野菜料理として1品で出す場合は、旬と持ち味を生かす。

＜付け合わせ料理の一例＞

【グラッセ】*glacer*

「グラッセ」とは、つや出しをすること。にんじんだけでなく、小玉ねぎ、きゅうり、かぶを用いてもよい。食べやすい大きさに切り、面取りをして色良く煮あげる。にんじんのグラッセは、皮をむいて3〜4cmの長さに切る。それを2〜3等分して面取りをする。鍋に、にんじん、バター、砂糖を入れ、軽く塩とコショウを振り、にんじんが浸るぐらいの水を加える。紙蓋をして中火で煮る。にんじんに火が通り、水気がなくなったら紙蓋を取る。鍋をゆすり、煮汁をからませて色良く仕上げる。

【クルトン】*croûton*

薄味の料理の付け合わせにする場合は、バターと油で揚げるか、バターの上澄みで揚げる。味の濃い料理には、オリーブオイルで揚げるとよい。

パンの耳を切り取り、三角形、ハート形、菱形に切る。大きめのソテー鍋を中火にかけ、油とバターを溶かす。油とバターがよく混ざったら、パンを入れる。強火にして、全体に焼き色が付くように転がす。焦げるようならば油をたす。揚げたパンは、紙タオルにのせ、油切りをする。作り置きをしておく場合は、料理とともに出す前にオーブンで温める。揚げる代わりにトーストしてもよい。油を塗っていない敷紙に、切ったパンを並べ、200℃のオーブンで片面を2〜3分ずつ焼く。

【じゃが芋料理】*pomme de terre*

（ポム・ド・テール）

じゃが芋は、添え物として最もよく使われる食材だけに調理法も多い。フライにしたものにはクロケット（croquette）。焼き物には、アネット（annette）、デュシェス（duchesse）、クレープ（crêpe）。ペースト状にしたムースリーヌ（mousseline）など。

フライドポテトは、切り方に応じて名称が異なる。ドーフィーヌ（dauphine）、ゴーフレット（gaufrette）、ポンヌフ（Pont-Neuf）、リュバン（ruban）、アリュメット（allumette）、パイユ（paille）、シップ（chip）、ノワゼット（noisette）など。ポンヌフは、揚げ色が付かないように低めの温度で揚げて取り出す。再度180℃の油に入れ、カラリと揚げる。油切りをして熱いうちに塩を振る。ゴーフレット、アリュメット、パイユなどは、初めから180℃の油でからりと揚げる。

- アネット　pommes de terre annette

じゃが芋をせん切りにする。水にさらし、布巾で充分に水気を拭き取り、塩とコショウを振る。鍋で澄ましバターを熱し、じゃが芋を入れる。バターを含んで、ややしんなりするまで炒める。ソテー用の鍋で澄ましバターを熱し、炒めたじゃが芋を入れる。へらでしっかりと押さえ付け、形を円形に整える。底の面に焼き色が付いたら、裏返して両面に焼き色を付ける。

- アンナ　pommes de terre Anna

皮をむいたじゃが芋を円柱形に切る。マンドリーヌで1㎜程の厚さの輪切りにする。じゃが芋の水気を充分に取る。ポム・アンナ用の鍋と蓋の内側に澄ましバターを塗る。鍋にじゃが芋の輪切りを、少し重ねるようにして、外側からきれいに並べていく。一面に並べたら軽く塩、コショウをして、澄ましバターをかける。この作業を数回繰り返し、じゃが芋を層にして重ねていく。蓋をして200℃のオーブンに入れる。ほぼ火が通ったら、蓋を閉じたまま鍋ごとひっくり返す。オーブンに戻し、両面に焼き色を付ける。

- ガレット　galette

皮をむいたじゃが芋を塩ゆでする。柔らかくなったら鍋から出し、水気を切る。少し冷ましたらなめらかになるまで潰す。大きめの鍋にバターを溶かし、玉ねぎをきつね色に炒める。バターと潰したじゃが芋を加え、塩、コショウ、ナツメッグを入れ、よく混ぜ合わす。グラタン皿に移し、表面をなめらかにして、その上に溶かしバターを流す。オーブン、もしくはサラマンドルで薄く焼き色が付くまで焼く。ステーキやローストした肉によく合う。

- デュシェス　pommes de terre duchesse

じゃが芋は、皮を付けたまま柔らかくなるまで塩ゆでする。熱いうちに皮をむき、裏漉しし、冷めないうちに卵黄とバターを加え、よく混ぜ合わせる。塩、コショウ、ナツメッグで味付けする。天板に薄くバターを塗る。口金を付けた絞り袋にじゃが芋を入れ、天板に絞る。200℃のオーブンで表面に焼き色を付ける。

【ピュレ】 *purée*

じゃが芋、にんじん、グリーンピース、根セロリ、栗などを使う。野菜を柔らかくゆでて裏漉しし、生クリームとバターを加えて、なめらかでコクのあるピュレを作る。ジビエ料理には欠かせない付け合わせ。

サラド　*salade*

サラダ（salad）は英語。オードヴルのサラダ、料理の締めくくりのサラダは、さっぱりと口当たりが良く、胃に負担のかからないものが良い。味と色合いの取り合わせや歯ざわりはもちろん、香りの取り合わせにも気を配る。初夏の野菜の出盛り時には、フレッシュなものを作る。ソースには甘酸っぱいフランボワーズソースなど。肉料理の後の口直しには、材料を1種類、または2～3種類の生野菜にドレッシングをかけたものなどが良い。温かいサラダという発想の転換も新しい分野を切り開いた。

セロリなどを柔らかくゆで、煮汁の中で冷まして味をしみ込ませ、パプリカ風味のマヨネーズで味わう。

フロマージュ　*fromage*

デザートのひとつとして出されるチーズ。ワゴンで数種類のチーズが運ばれてくる。チーズが苦手な場合は注文しなくてもよい。

デセール　*dessert*

チーズの後に出す食後のデザート。

フリュイ　*fruit*

デザートのひとつとして出す少量の果物の盛り合わせ。

ミニャルディーズ　*mignardise*

「愛らしさ」という意味。食後にコーヒーや紅茶と一緒に出される小さな菓子類。一人前でなくテーブルに盛り合わせて出される。

カフェ　*café*

小型のドゥミタス（demi-tasse）。ドゥミタスとは、2分の1のコーヒーカップという意味。やや濃いめのコーヒーで、砂糖や生クリームは好みで入れる。ドリップ式の方法は、フランスで発達したもので、コーヒー豆は中煎りにする。浅煎りは酸味が強く、淹れたコーヒーも酸化しやすいという欠点がある。

ディジェスティフ　*digestif*

食後酒はシャンパンやスパークリングワイン、甘口白ワイン、アルコール強化ワインなどが一般的。これらのデザートワインは、前コースでサービスされたワインに負けない芳醇さとコク、甘味に富んだ濃厚なものが出される。デザートワインを選択する上で注意すべきことは、次の2点。

◆食前、食中に出たワインと同系統で、品質の劣らないもの。
◆デザートの甘さに合い、同程度の甘みがある甘口ワイン。

Column －コース料理－

三ツ星や二ツ星レストランは、日本の料亭にあたります。高級レストランというと、すぐにコースを連想する方も多いでしょう。フランスでは、コースは晩餐会や結婚式といった宴会のメニューです。一般のレストランやホテルではコース料理は出ません。

1960年頃、日本料理の影響を受け、「おためしメニュー」という形で、料理を少しずつ食べるようになりました。オードヴルの前には、アミューズ・ブーシュ（アミューズ・グール）といって、「つきだし（さきづけ）」が出ることがあります。これはポール・ボキューズ氏等が取り入れたものです。1960年代に来日し、会席料理を食べたのですが、酒のつきだしが面白いと好評で、帰国してすぐにコースに組み込んだのです。アミューズ・ブーシュのメニューに入った影響で、スープが消えました。オードヴルの後は、魚料理か肉料理のどちらかを選びます。日本人のように両方食べる人はいません。サラダや温野菜をとるのは自由。チーズはワゴンに乗って出てきます。デザートの後は主にコーヒーですが、紅茶やハーブティーを飲む人もいます。

フランス菓子

焼き菓子

【オペラ】 *opéra*

フランスを代表するチョコレートケーキ。パリのオペラ座近くのケーキ屋が最初に作ったことから、この名が付いたと言われる。ビスキュイ・ジョコンド（台生地）、ガナッシュ、クレーム・オー・ブール・カフェを層に重ね、表面に金箔をあしらってある。

【オムレット】 *omelette*

果物のオムレットは、通常スポンジ生地に生クリームと果物を挟む。表面が乾きやすいので、まわりをカスタードクリームを塗ったクレープでくるむとよい。

【ガトー・シャンボール】 *gâteau chambord*

スポンジケーキに生クリームを塗り、いちごをたっぷり山盛りにした豪華なケーキ。フランスの美しい古城の名前が付いている。いちごはグラッセして、レモン汁と水溶きコーンスターチでとろみをつけ、キッシュまたはラム酒を加える。いちごを積み上げたら、上からグラッセをかける。

【クレープ・シュゼット】 *crêpes Suzette*

リキュールを振りかけてフランベすることで、クレープも高級なデザートになる。クレープは冷凍保存がきくので、作り置きしておくとよい。クレープ種を合わせる時、溶かしバター、牛乳の順を逆にすると、バターが浮いてしまうので注意。フランベに使うリキュールは、グランマニエ、コニャック、アルマニャック、キルシュなどアルコール度数の高いものを使う。

【サヴァラン】 *savarin*

シロップと酒をしみ込ませたイースト入りケーキ。小麦粉にドライイーストを振り、温めた牛乳、卵、砂糖、塩を加え、溶かしバターを入れてよく混ぜる。玉じゃくしで何回も生地をすくって空気を入れ、湯煎にして2倍に発酵させる。再び空気を入れ、型に入れて220℃のオーブンで焼く。熱いうちにシロップに浸し、ラム酒を振る。

【シュー・ア・ラ・クレーム】 *chou à la crème*

シュークリーム。小麦粉と塩をふるいにかけ、鍋で溶かしたバターを入れて混ぜる。まとまったらボウルに移し、卵を数回に分けて入れ、つやを出す。丸型の口金を付けた絞り出し袋に生地を入れ、粉を振った天板に絞り出す。卵を表面に塗り、220℃のオーブンで10分程焼く。180℃に温度を下げ、焼き色が付くまで焼く。詰め物は主にカスタードクリーム。表面をカラメル、チョコレート、粉砂糖、プラリネ（刻んだアーモンドを焼いたもの）などで飾ってもよい（エクレール éclair、サランボー salammbô、ルリジューズ religieuseなど）。

【タルト】 *tarte*

タルトケースの中に、甘味の材料を詰め、焼きあげた物。あるいは、焼きあげたタルトケースに同様の物を詰めたもの。小型のものはタルトレット(tartelette)という。

小麦粉と塩をふるいにかけ、バター、砂糖、レモン汁を加える。よくかき混ぜて、丸めてラップで包んで冷やす（冷凍にしてもよい）。タルト型にバターを塗る。薄くの

ばした生地をタルト型に敷き込み、型の底や周囲にしっかりと生地を付ける。冷やして固めたら、竹串で点々と穴を開け、アルミホイルを内側に敷き込んで重しを入れ、オーブンで10分程焼く。アルミホイルをはずし、3分程オーブンに入れ、薄い焼き色を付ける。

【ババ】 *baba*

サヴァラン生地にレーズンを加えたもの。サヴァランよりも古い歴史を持つ菓子で、17世紀頃に創作された。酒をきかせたシロップに浸し、ジャムを塗って好みのフルーツをあしらう。たっぷりとシロップをつけて食べる。

【パリ・ブレスト】 *paris-brest*

シュー生地を車輪のように丸い輪に絞って焼いた菓子。1891年、パリ―ブレスト間の自転車ロードレースを記念して、パリの菓子店が初めて出したと言われる。

【パルミエ】 *palmier*

パイシートを折りたたんで薄く切って焼いたもの。両側から折りたたみ、折り山が中心にくるようにして焼きあがるとハート形になる。軽く押さえて冷まし、ナイフで薄切りにする。砂糖をまぶし、麺棒で薄くする。冷やした後（冷凍にしてもよい）、220℃のオーブンで5分程焼き色を付ける。裏側にも焼き色を付ける。

【ビュッシュ・ド・ノエル】 *bûche de Noël*

フランス語で「クリスマスの薪」の意味。クリスマスを祝うケーキ。キリストの降誕を夜通し火をたいて待つという縁起から薪の形にされた。

スポンジケーキの生地で台を作る。ロールケーキにして、端を切り株に見立てて切り、上にのせる。全体にチョコレートクリームを塗り、荒れた木肌のようにナイフで仕上げる。メレンゲで作ったきのこをのせて演出する。

【フラン】 *flan*

生地を空焼きせず、生地の中に材料やクリームを流し込んで焼いたもの。中に入れるフルーツ類は、焼いて美味しいものなら何でもかまわない。ルバーブ（大黄）などを用いるとユニーク。

【マドレーヌ】 *madeleine*

主に貝形の焼き型で焼くバター風味の菓子。温かいうちが一番美味しい。砂糖を加えた卵を湯煎にして泡立てる。氷水をあてて冷えるまで泡立てて粉を入れる。卵が温かいと粉に粘りが出るので注意。専用の型に入れて焼く。

【ミルフイユ】 *mille-feuille*

上質のパイ生地で作り、カスタードクリームや生クリームなどを挟んだもの。美しい断層が特徴。

生地作りは、のばして折りたたみ、冷蔵庫で冷やす作業を繰り返す。オーブンで焼いたら、クリームを挟む。

側面にクリームを塗り、パイの切りくずをまぶして粉砂糖を振る。

【メレンゲ】 *meringue*

卵白を泡立ててオーブンで焼いたもの。卵白は塩を加えて堅く泡立てる。少しずつ砂糖を入れ、しっかりとしたメレンゲを作る。コーンフレークやチョコレート、ドライフルーツ、ナッツなどを好みで加え、さっくりと混ぜる。バターを塗った天板に

絞り袋で絞り出すか、スプーンで落とし、堅くなるまで焼く。焼きあがったら金網にのせて冷ます。ココアパウダーなどを振り、きのこに見せかけてもよい。

【ロールケーキ】 *biscuit roulé*
(ビスキュイ・ルーレ)

スポンジケーキの生地を天板に流して焼き、ロールケーキの台を作る。フィリングは、ジャム、クリーム、フルーツなど好みのものでよい。天板に合わせて紙を切り、上から柔らかくしたバターをはけでたっぷりと塗る。バターを塗った面に生地をのせる。焼きあがったスポンジケーキを堅く絞った濡れ布巾の上に置く。紙をはがし、端を持ち上げてくるくると巻く。

冷菓

【ウフ・ア・ラ・ネージュ】 *œufs à la neige*

ネージュは雪の意味。口当たりが雪のようにふわふわとしたデザート。よく冷えた卵白を氷水で冷やしながら泡立て、粉砂糖を数回に分けて入れる。丸口金の絞り袋に入れ、パラフィン紙の上に丸く絞り出す。同量の牛乳と湯を沸かし、卵白を入れてゆでる。表面がつるつるしてきたら取り出す。フルーツやアーモンドスライス、カラメルなどで飾る。皿に盛り、まわりにはカスタードソースを流し入れる。

【ソルベ】 *sorbet*

シャーベット。果汁や酒類、シロップなどを凍らせたもの。ソルベティエール（シャーベットを作る機械）がない場合は、ゼラチンを入れ、凍る途中で攪拌する。冷凍庫に入れる前に堅く泡立てた卵白を混ぜ合わせてもよい。

【バヴァロワ】 *bavarois*

16世紀にドイツのバヴァリア地方の領主に招かれたフランス人シェフによって創作された。バヴァロワのような柔らかいデザートは、客に刃物を向けないようにスプーンで取り分けるのが正式。

卵黄に塩と砂糖を少しずつ加え、攪拌する。牛乳と香料を温め、卵黄に徐々に混ぜる。鍋を弱火にかけ、沸騰直前に火からおろし、溶かしたゼラチンを入れて濾す。ラム酒を加え、氷水にあてて、とろみがつくまで冷ます。泡立てた生クリームに混ぜて型に入れ、冷蔵庫で冷やし固める。

【パフェ】 *parfait* (パルフェ)

パフェは生クリームをたくさん使った贅沢な氷菓。果汁入りのシロップと生クリームを混ぜ、冷凍庫で固めるだけの手軽なデザート。フランボワーズ（木いちご）などフルーツの味や香りで変化をつける。型はケーキやゼリー用のものを利用する。パフェをケーキのように生クリームやメレンゲで飾ったものがヴァシュラン(vacherin)。メレンゲを焼いて添えると、口の中でとろりと溶け、氷菓によく合う。

【ブランマンジェ】 *blanc-manger*

「白い食べ物」という意味のクラシックな冷菓。本来はアーモンドだけで作るが、牛乳を使うと作りやすい。アーモンドスライスを水に浸しておき、ロボ・クープにかけて濾す。鍋に牛乳を入れ、角砂糖と塩を加え、角砂糖が溶けたら、ふやかしたゼラチンを入れる。ゼラチンが溶けたら濾して、アーモンド液と混ぜ、型に流し入れて冷や

し固める。フランボワーズのソースをかけると美味しい。

【ムース】 *mousse*

本来はバヴァロワにメレンゲを加えたもの。レモンのムースの場合は、レモンの香りと白い色を生かすため、卵黄は使わない。ふんわりとした口当たりと軽さがポイントなので、気泡を潰さないようにサッと混ぜる。スポンジ生地を底や中に挟んだものもある。器に流し入れて固める場合は、ゼラチンを少し控えめにする。

果物　*fruits*（フリュイ）

【コンフィ】 *confit*

果物の砂糖漬け。グレープフルーツなどの皮を一口サイズに切る。鍋に水とともに入れて火にかける。沸騰したら湯を捨て、新たに水を入れてゆでる。皮が柔らかくなるまで数回繰り返す。別鍋に砂糖と水を入れ、砂糖が溶けたら沸騰させる。皮を入れ、透き通るまで煮る。金網にのせ、堅くなるまで2日程おく。砂糖をふって6時間程乾かす。

【コンポート】 *compote*

フルーツのシロップ煮。ヨーロッパの朝食にはコンポートがよく出される。肉食が中心なので、繊維質の摂取を目的としている。

コンポートを煮る時は、シロップの濃さを一定に保つ。煮るうちに水分が蒸発し、濃くなるので水をたす。煮あがったら、シロップごと氷水にあてて冷やす。粗熱がとれたら冷蔵庫で充分に冷やす。

【マセドワーヌ】 *macédoine*

各種フルーツをさいの目に切り、盛り合わせたもの。スプーンに2～3個乗る大きさに切りそろえ、彩りを考えて美しく盛る。シロップやフランボワーズを裏漉ししたソースをかける。

その他の菓子

【コンデ】 *condé*

米を使ったデザート。西洋では米のデザートは古い歴史がある。米をクリームと牛乳で甘く炊きあげ、型にはめて飾り付ける。米は粘り気を出さず、米粒が残るようにゆでる。粥状に崩れてしまわないように注意。ゆでこぼした後、サッと洗い、表面の粘りを取る。キャッサバ澱粉で作ったタピオカと同様に考えて作るとよい。

【チョコレート・トリュフ】 *truffe en chocolat*

チョコレートを刻んだものを丸く固めたもの。鍋にバターと生クリームを入れ、湯煎にかける。火からおろしてチョコレートを入れて溶かす。なめらかになったら、卵黄を一度に入れ、弱火にかけ、つやが出るまで加熱する。冷ました後、小さく丸めてココアパウダーをまぶす。オレンジやしょうがを入れたりもする。

【パンプディング】 *pudding au pain*

（プディング・オー・パン）

トーストパンを入れたボリュームのあるプディング。使うパンは残りものでよい。パンには独特の臭み（イースト臭）があるので、必ずトーストして臭みを抜いてから使う。焼きたてでも、冷やしても美味しい。冷やした場合は、カスタードソース、カラ

メル、酸味のあるフルーツソースなどを添えるとよい。

【マジパン】 *pâte d'amande*（パート・ダマンド）

アーモンドパウダーを練って冷やし固めたもの。いろいろな形に細工ができる。アーモンドパウダーと砂糖をボウルで混ぜ、レモン汁、シェリー酒を入れる。全体がまとまるまで卵白を入れる。生地が濡れたようになったら入れ過ぎ。粉砂糖をふった台の上で生地をこね、ラップでくるみ、冷蔵庫に入れておく。ナッツ、チョコレート、ドライフルーツ、食用色素などを用い、様々な形に作る。

デザート用ソース

【アングレーズソース】 *sauce anglaise*

牛乳と卵黄で作るバニラ風味のカスタードソース。菓子に使う基本ソースの1つ。くせがない味なのでいろいろな香りと合う。香り付けには、ラム酒、グランマニエ、コニャックなど。とろみはコーンスターチで付ける。

【サバイヨンソース】 *sauce sabayon*

白ワインをたっぷり使い、リキュールで香り付けしたもの。卵黄と砂糖を混ぜ、白ワインとリキュールを加える。レモン汁を加え、湯煎にかけながら泡立てる。生クリームを加えてもよい。泡立てたフワッとした口当たりが身上なので、使う直前に作り、気泡を潰さないように供する。

【ピスタチオソース】 *sauce aux pistaches*

ピスタチオをすって作ったソース。淡い緑色で、コクがある味わい。ピスタチオは殻を除いてゆで、皮をむく。ピスタチオに粉砂糖を加え、すり鉢でペースト状にする。アングレーズソースを熱いうちに加える。香り付けにはキッシュ。

【プラリネソース】 *sauce au praliné*

香ばしいアーモンドやヘーゼルナッツのソース。砕いたプラリネ（またはヘーゼルナッツ）を加えてもよい。水、砂糖、水飴、アーモンドでペースト状のヌガーを作り、アングレーズソースと混ぜる。色がたりない時は、カラメルで調節。香り付けにはラム酒。

【フランボワーズソース】 *sauce aux framboises*

生のフランボワーズが手に入らない場合は、冷凍を使う。色も味もはっきりしたソースなので、量は少なめでアクセント的に使う。ムースなどに使用する場合は、種を除くために裏漉しする。香り付けには、フランボワーズリキュール、キルシュ。

【ポワヴルソース】 *sauce au poivre rouge*
（ソース・オー・ポワヴル・ルージュ）

バターを溶かした濃厚な味わいに、赤コショウがきいている。砂糖を鍋で熱し、少し色付いたらバター、オレンジ汁、レモン汁を加える。とろみがついたら氷水で冷ます。使う前に赤コショウを刻んで加える。香り付けにはグランマニエ、コワントロー。

【メルバソース】 *sauce melba*

歌姫メルバの名が付いたソース。いちごのピュレがベースで、これを煮詰めて作る。いちごソースより色はくすむが、深みのある味わい。いちごのピュレを煮詰め、ジャムになる手前で火からおろす。シロップで濃度を調節。煮詰めた後で、もう一度漉す。香り付けは、いちごのリキュール、グランマニエ。

フランス料理特殊食材

野菜　*légumes*（レギューム）

【オゼイユ】 *oseille*

日本名は、すいば、すかんぽ。葉や茎に独特の酸味がある。魚料理のクリームソースやスープなどに用いる。

【サルシフィ】 *salsifis*

菊科の植物で、オイスタープラント、西洋ごぼうとも呼ばれる。若葉はサラダに使われる。根は肉類の臭いを和らげるので、肉類のクリーム煮やスープ煮に用いられる。

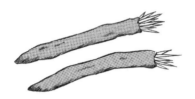

【シャンピニオン】 *champignon*

ロワール川の西岸、ソーミュール近辺の河岸は、石灰岩地層で無数の洞窟があり、マッシュルームの栽培に適している。シャンピニオン・ド・パリは、パリ産のマッシュルーム。

【セープ】 *cèpe*（セップ）

やまどり茸。イグチ属のきのこで、茎が太く傘が茶色い。野山に自生しており、樫や栗の落葉の腐葉土の下から生えてくる。保護色であるため見つけにくい。松茸同様に水洗いは禁物。乾燥もののセープを使う場合は、熱湯を注ぎ、1時間程漬けて戻す。にんにくを使って調理するとボルドー風、エシャロットを使うとプロバンス風になる。

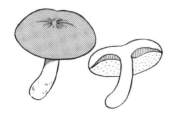

【卵茸】 *oronge*（オロンジュ）

オロンジュ・ド・セザール。テングタケ科。夏から秋にかけて、もみ、松などの林に生える。表面には朱色や赤色の模様があり、縁には放射状の筋がある。裏側は黄白色。幼いうちは根元のふくらみに入っており、その形が卵のように見えるため、この名がある。傘が開ききらないものが味が良い。汁物に入れるとコクが出る。淡泊な料理にも油料理にも合う。数分間、軽くあぶって、バターとくるみ油を塗り、ヴェルジュ（未成熟のぶどうの酢）をかけて食べると美味しい。

【トランペット・デ・モール】 *trompette des morts*

くろらっぱ茸。10月が旬の高級きのこ。ソテーした仔牛の肝臓や、仔羊の鞍下肉の付け合わせに用いられる。

【トリュフ】 *truffe*

日本名は西洋松露（しょうろ）。黒いダイヤモンドと称される芳香の強い寄生植物。樫やしばみの木の繊維根に共生し、地下30cm程の土中で成育する。

産地は、ペリゴール地方やボークルーズ。訓練をした豚、犬（プードルとビーグルの雑種）を連れて、カビュールと呼ばれる掘り師が探し当てる。11月の中旬頃に市場に出始め、クリスマスの頃に最もよく使われる。熟すのは1～2月頃で、濃厚な味となり、値段も手頃になる。瓶詰めは、コニャック漬けのものが良い。生のトリュフの味に最も近い。黒く薄っぺらい黒うす茸は、トリュフの偽物としてパイなどに使われる。

【根セロリ】 *céleri-rave*（セルリラーヴ）

普通のセロリとは異なり、地上茎ではなく根茎を食べる。香りはセロリと同じ。せん切りにしてマヨネーズで和えたり、クリーム煮やピュレにする。中ぐらいの大きさのものが身がしまっている。外側は筋が多いので皮を厚めにむく。サラダに用いる時は、レモン汁でアク止めをする。

【ポワロー】 *poireau*

ポロねぎ。日本の長ねぎに比べ、茎が太く葉は平らで厚い。味と香りはまろやか。調理には白い部分を使い、緑の部分はブーケ・ガルニに用いる。

【モリーユ】 *morille*

編笠茸（あみがさたけ）。傘の部分に蜂の巣状の小さな穴がある。4～5月にかけて雑木林などで採集される。高価で手に入りにくい。日本には乾燥品がフランスから輸入されている。水で戻して使うが、傘に泥などが入っているので、何度か水を替えて洗う必要がある。ソースやクリーム煮に用いる。

肉類　*viande*（ヴィアンド）

【イノシシ】 *sanglier*（サングリエ）

生後6カ月までのものをマルカサンと呼び、一番美味しい。生後1年までのものを食用とする。肉は赤身で豚よりも堅く、独特の臭いがある。野生のものが減り、飼育ものは臭いが薄い。マリネにして、あぶり焼きにする。ブローニュ地方の猪料理は名物。

【ウサギ】 *lapin*（ラパン）、*lièvre*（リエーヴル）

家ウサギ（ラパン）の肉はくせがなく、白ワインやプラム、ハーブなどで調理する。クリーム煮や煮込み向き。野ウサギ（リエーヴル）は、臭いが強いので、ワインに漬け込んでから調理する。テリーヌやパテ向き。

【ウズラ】 *caille*（カイユ）

フランス料理では野鳥（ジビエ）、日本では飼育されたものが使われる。ほぼ一年中出回ってる。詰め物にして、ローストにすることが多い。通常2羽で1人前だが、詰め物の場合は1羽で1人前。

山ウズラには2種類ある。灰色脚種は上質な肉でロースト向き。赤色脚種は肉質が劣るため、ベーコンや野菜とともに蒸し煮にしたりする。

【キジ】 *faisan* (フザン)

羽の色が鮮やかなほうが雄。肉は脂肪分が少なめで、独特の臭いがある。捕獲直後は肉が堅く、数日ねかせてから調理する。若鳥はロースト向き。年を取った鳥は蒸し煮にしたり、テリーヌやスープに用いる。レンズ豆と一緒に煮込むポタージュはサン・テュベールという。

【胸腺】 *ris de vedu* (リドボー)

成長するにつれ脂肪の塊になってしまう器官。仔牛のものがよく調理に使われる。他の臓器に比べ、くせがない。水にさらしてから下ゆでして汚れを取る。表面の余分な脂や薄皮を取り除いて、ソテーや蒸し煮にする。

【シカ】 *cerf* (セール)

種類が多く、高級料理の食材として用いられる。雄はシュヴルイユやダゲ、雌はシュヴレットやジューヌ・ビッシュと呼ばれ、生後6カ月までのものは両性ともファンという。晩秋から冬にかけては脂がのっている。野菜と香辛料のマリネ汁に漬け、強火であぶり焼きにする。

【ツグミ】 *grive* (グリーヴ)

秋が食べ頃。ぶどうを食べて太っているので肉に味わいがある。新しいものを選び、内臓を出さずに砂袋だけを取り除く。ぶどうの葉とベーコンで巻き、あぶり焼きにする。小さいものは6羽程度で1人前。豚の皮に包み、串に刺して調理する。パテなどにも使用する。

【脳みそ】 *cervelle* (セルヴェル)

仔牛の脳が最もよく使われる。血が付着しているので、長時間水にさらして血抜きをする。クール・ブイヨンでゆでて、ムニエルなどにする。

【鳩（ハト）】 *pigeon* (ピジョン)

肉汁に乏しいので煮過ぎや焼き過ぎは禁物。産地はブルターニュ、ヴァル・ド・ロワール、シャラントなど。くちばしを押して柔らかければ若い。一番美味しい時期は産卵直前。肉が柔らかく風味がある。2～3日おいて熟成させたほうが美味しい。山鳩（ピジョン・ラミエ）は、飼育された鳩に比べ、くせのある肉質で、ワインなどで作るソースと合う。日本で入手できる山鳩は、中国やアメリカ産の冷凍もの。生のものは、わずかにフランスから輸入されている。

【フォワ・グラ】 *foie gras*

極端に太らせたガチョウや鴨（カモ）の肥大した肝臓。トリュフ、キャビアと並ぶ世界三大珍味。

ガチョウや鴨は、夏の間は戸外で雑草を食べている。11月の強制飼養（カバージュ）の時期になると籠などに閉じ込めらる。少量の油と塩で味付けしたとうもろこしだけを強制的に飲み込まされ、クリスマス用のフォワ・グラとなる。

フォワ・グラに最適のガチョウは、グリーズ・ド・フォワ・グラとグリーズ・デ・ランデ。胸幅の広い灰色をしたガチョウである。鴨の良質品種は、アメリカ鴨と合鴨（ミュラール）。ガチョウのフォワ・グラが最高品とされているが、その品質の差は素人では見分けにくい。シミひとつない鴨のフォワ・キャナールは、木箱に詰められて市場に出る。日本には缶詰や生の真空パッ

ク、冷凍ものがフランスなどから輸入されている。

【ホロホロ鳥】 *pintade*（パンタド）

　鶏と同じ家禽類。キジに似た野性味で、鶏よりもキジの調理法が用いられることが多い。日本でも飼育されているが、味の良いフランス産の冷凍ものが輸入されている。

魚介類　*poisson*（ポワソン）

【ウナギ】 *anguille*（アンギーユ）

　太くて皮が堅いので、調理の際には皮をはいで使う。皮と身の間にある余分な脂も取り除く。筒切りにして煮込みにすることが多い。赤ワインで煮込むマトロットは有名。

【エクルヴィス】 *écrevisse*

　アメリカざりがに。フランス料理の普及に伴って使用量が増加し、養殖もされている。数日間きれいな水の中で飼って、泥臭さを抜く。ゆでて身を取り出した殻は、バターと合わせてエクルヴィスバターを作る。

【エスカルゴ】 *escargot*

　冬眠からさめた4月頃、暖かくなる前に集めたものが最良。リマソンという小さめの白い殻のものもある。調理に使う際には、それまでエスカルゴが食べた毒素をすべて排出させる必要がある。10日程何も食べさせない、1週間レタスとタイムと水を餌として与える、少量の小麦粉のみを与える、など料理人によって方法は様々。調理する段階になったら数回洗い、粗塩と酢で酸化させた水に2時間漬ける。その後、大量の清水で洗う。水気を切り、熱湯で5〜6分間軽くゆがく。実際には、時間のかかる作業なので、産地以外では料理人がこの作業をすることはない。準備のできたものを使う。

【オマール海老】 *homard*

　海に棲む大型のざりがに。レッド・ロブスターなどの名でアメリカやカナダから輸入されている。伊勢海老に比べ安値なので需要が伸びている。400〜500gのものが一般的。大きなものは、3〜4kgもある。アメリケーヌソースは、本来このオマール海老を使用して作る。

【カエル】 *grenouille*（グルヌイユ）

　フランスの食用ガエルは2種類。背中に3本の模様があり、水辺に住むグルヌイユ・ヴェルトと、交尾期に水辺にやってくるグルヌイユ・ルス。肉質は鶏肉に似ている。フランス料理では、魚と同じ扱いで調理される。食べるのは脚の部分のみ。市場では下処理されて出回っている。日本でもフランスからの輸入ものが手に入る。主にムニエルやスープに使われる。リヨン、アルザス、ポワトーの料理が有名。

【川カマス】 *brochet*（ブロッシェ）

　肉は白身で淡泊。水っぽいため刺身には向かない。焼き物や干物にすることが多い。活魚は歯が鋭いため扱いに注意。うろこがしっかりとついて、腹に張りがあるものを選ぶ。身が柔らかいので、うろこを取る時は、尾から頭に向けて軽く包丁をあててこする。

【サワラ】 *thazard*（タザール）

　料理に使われる種類は非常に多い。西太平洋沿岸で広く分布するのはヨコシマサワラ。年間を通して約1万t近い漁獲がある。

最大で体長2m。肉質は白く、脂肪も多いので美味。ヒラサワラは、サワラより体高が高く、体表に小斑点がある。カマスサワラは長い紡錘形で、体表に紺色の鮮やかなシマ模様がある。体長2mで、80kgになるものもある。フライやマリナード・ソテーに珍重される。

【パイロットフィッシュ】 *Poisson-pilote*
（ポワソン・ピロト）

ブリモドキ。アジ科の魚。体表に幅の広い6本の黒いシマ模様がある。全長は60cm程。サメなどの大型の魚に付き添って泳ぐことから、パイロットフィッシュ（水先案内魚）の名が付いた。煮物や焼き物にされるが、それ程美味ではない。

パン　*pain*

【エピ】 *épi*

麦の穂の形をしたパン。ベーコンが巻き込んであるものも多い。クープ（切り目）は7本。

【クロワッサン】 *croissant*

バターをたっぷり練り込んだ三日月形のリッチなパン。カフェ・オレに浸しながら食べると美味しい。

【シャンピニオン】 *champignon*

きのこをかたどったパン。中をくり抜いて具を詰めて食べても美味しい。

【タバティエール】 *tabatière*

「嗅ぎたばこ入れ」の意味。西洋のタバコ入れの形をしたパン。中はふんわりとして柔らかい。生地の重量は、50gと決まっている。

【バゲット】 *baguette*

最も一般的な形のフランスパン。フランスでは、バゲットを小脇に抱えて歩く人をよく見かける。クープは7本。

【バタール】 *bâtard*

食べやすい大きさのフランスパン。バゲットよりも太くて短い。クープは3本。

【パリジャン】 *parisien*

「パリっ子」という意味で、太くて長いのが特徴。中身は柔らかい部分が多く、食べごたえがある。クープは5～6本。

【パン・オ・ショコラ】 *pain au chocolat*

パン専用のチョコレートの棒（1cm幅で長さ10cmくらい）を長方形に切ったクロワッサン生地で巻き込んで焼いたパン。チョコレート好きのフランス人が、街なかでかじりながら歩いている。

【パン・オ・ノワ】 *pain aux noix*

「ノワ」はくるみの意味。ローストしたくるみ入りの香ばしいパン。クリームチーズやジャムをつけて食べる。桑の実ジャムなどと合う。

【パン・オ・ルヴァン】*pain au levain*

ぶどう菌などを発酵させて作った天然酵母100％のパン。普通のパンよりしっかり焼き込んであるので皮は堅め。かむ程に香ばしさが出てくる。焼きあがってから2〜3日したものを、表面がカリッとするくらいに焼き、無塩バターをつけて食べると美味しい。

【パン・オ・レ】*pain au lait*

「レ」は牛乳の意味。牛乳たっぷりの生地のパンは、上手にできると軽く焼きあがる。焼き色もよくつき、とても香ばしく仕上がる。

【パン・オ・レザン】*pain aux raisins*

デニッシュ生地を四角く広げ、カスタードクリームを塗り、ドライレーズンを散らして巻き込み、小口切りにして焼いたパン。ドライレーズンのみを巻き込んだものもある。

【パン・ド・カンパーニュ】*pain de campagne*

昔からフランスの田舎で焼かれていた全粒粉やライ麦を使ったパン。日持ちがよいので、薄くスライスして少量ずつ食べる。

【パン・ド・サラザン】*pain de sarrasin*

サラザンとは、そばのこと。強力粉、そば粉、ドライイーストに老麺（ろうめん）を加える。老麺とはフランスパン生地の残り生地。パンを作る時に入れて味と風味を高める。

【フィセル】*ficelle*

細長いひものようなパン。表面のパリパリとした皮が特徴。

【フーガス】*fougasse*

南フランス地方で食べられているパン。

ユニークな葉の形をしている。フワス（fouace）ともいう。

【ブール】*boule*

ボールという意味の球形パン。表面に格子状のクープが入っている。

【ブリオッシュ】*brioche*

ブリオッシュ型を用いたり、王冠形や円筒形など様々な形がある。

バターと卵をたっぷり練り込んだ黄色い生地のパン。レーズンやカスタードクリーム入りなどバリエーションが豊富。生地を前日にこね、じっくりと休ませて作る。

ハム・ソーセージ
jambon（ジャンボン）、*saucisse*（ソシス）

フランスの加工肉は個性的なものが多い。香料の強いセルベラ、豚の脳みそ入りソーセージ、コイル状のブーダン・ソーセージ、長くて赤い干しソーセージ（血のソーセージ）、仔牛のレバーソーセージ（ワデル、ビューレルベルブルスト）、三角形のすね肉のハムなどがある。

【アルル・ソーセージ】*d'arles*（ダルル）

プロバンス地方の豚肉製品。豚肉とロバの肉を混ぜたもので、カイエットとともに有名。カイエットは水気を絞ったほうれん草などを入れてあるので、あっさりしてい

る。

【アンドゥイエット】 *andouillette*

仔牛の肉を主体としたソーセージ。以前はリヨンの各家庭で独自に作られていた。サン・ブラン酒（マコン産の白ワイン）漬けや、からし菜添えにする。

【クネル】 *quenelle*

すりつぶした肉を卵や生クリームでつなぎ、型取り、ゆでたもの。味の良いロワールの川カマスがよく使われる。スプーン2本を使い、ラグビーボール形にしたり、絞り袋で筒状に絞る。

【コンフィ】 *confit*

ガチョウやアヒルの肉の塊を、それ自身の脂で煮て容器に入れて保存したもの。ガチョウの脂漬けは、コンフィ・ドワ。アヒルの脂漬けは、コンフィ・ド・カナール。

【ジャンボネット】 *jambonnette*

洋梨のような形のソーセージ。豚の脂と肩肉を細かく切って混ぜ合わせ、豚の皮に詰めたもの。

【セルヴラ】 *cervelas*

太くて短く、なめらかなソーセージ。豚の背脂入りで、コショウとにんにくが強い。魚肉、貝と甲殻類、ピスタチオやトリュフ入りのソーセージもある。

【ソシソン】 *saucisson*

大型のソーセージ。豚足の肉を長さ50cm程の豚の腸（ロゼット）に詰めたもの。作る前に塩をして1晩おいておく。一番堅い部位の肉を小さく刻んで加える。肉は、あらかじめ香辛料を加えたマール酒に漬けておく。

【バイヨンヌ・ハム】

jambon de bayonne（ジャンボン・ド・バヨン）

豚肉をバイヨンヌ塩と赤唐がらしで調味したハム。薄切りにして生で食べてもよい。料理には刻んで入れる。

【ブーダン】 *boudin*

太くて大きいソーセージ。ブーダン・ノワール（boudin noir）は、豚の血と脂を調理して腸に詰めたもの。赤褐色で、コクのある味。通常は焼いて食べるが、パンなどに塗って食べることもある。ブーダン・ブラン（boudin blanc）は、鶏や豚の白い肉、豚の脂、卵、クリームなどを詰めたもの。白っぽい色をしている。

【リヨン風ソーセージ】 *saucisson lyonnais*

リヨン地方で生まれたので、リヨネと呼ばれる。豚肉や牛肉を練り合わせたもの。ピーマン、グリーンピース、ピクルス、きのこ、チーズ、パプリカなどの香味野菜や香辛料を加え、牛の小腸か盲腸に詰めたものが一般的。豚肉の塊やベーコンを詰めたものもある。

チーズ　*fromage*（フロマージュ）

フランスのチーズは、牛乳、羊乳、山羊乳から作られ、以下の7つに分類される。フレッシュチーズ、ソフトタイプの熟成チーズ、シェーヴルチーズ、ハードタイプのチーズ、セミハードタイプのチーズ、ブルー（青カビ）チーズ、クリームチーズ。ソフトタイプには、白カビチーズとウォッシュタイプがある。古いチーズはアンモニア臭がある。

【ヴァシュラン】*vacherin*

フランスとスイスの山岳地方で作られる。まわりに巻き付けられた樹皮の芳香が中身にしみて美味。外皮を削ってスプーンですくって食べる。

【ガプロン】*gaperon*

オーヴェルニュ地方で作られる白かびチーズ。形は円錐形に近い。塩、コショウ、にんにくを加えて熟成させる。他の白かびチーズとは異なり、時間がたつと堅くなるが、味はマイルドなままである。

【コンテ】*comté*

コンテ地方産でグリュイエール・チーズの1種類。直径は40〜70cm、重さは35〜55kgと大型。外皮は黄色く堅い。内部は木の実のような香りがする。A.O.C.（原産地統制呼称）の審査が厳しく、一定の基準を満たしていないとグリュイエールとして出荷される。

【サント・モール】*Sainte Maure*

トゥーレーヌ地方のサント・モール台地が原産地の山羊乳チーズ。細長い円筒形で脂肪分は45％。作り方はカマンベールと似ている。サント・モール・アッシェは、サント・モールの木炭の粉末と、ぶどうの枝を燃やした灰（アッシェ）をまぶしたもの。中身は粉状でかすかな酸味がある。

【シェーヴル】*chèvre*

平たい円形、ドーム形、ハート形、ソーセージ形、ピラミッド形など様々な形のものがある。穴のあいた白いプラスチックの容器のまま、できたての状態で売られるのがフレ。クリーム色の薄皮が付いているものは、できあがってから2〜3日。ところどころに白いかびが生えた緑色をしたものは1カ月程たっている。褐色の固い皮に包まれているものは、一番古い4カ月もの。

ペラルドン（pélardon）は、南フランスのラングドック地方で作られる小型の山羊乳チーズの総称。乳の量が限られているため、各農家で作るものが多い。熟成は1〜3週間。白ワインに浸して熟成させることもある。臭みが薄く、辛口の白ワインや香りの強い赤ワインと合う。

【バノン】*banon*

栗の葉に包んで熟成させたチーズ。プロヴァンス地方の小さな村、バノンで作られている。山羊の乳を使ったものと、羊の乳のものがある。オードヴルやデザートに用いられる。

【ブーレット・ダヴェルヌ】*Boulette d'Avernes*

フランドル地方のマロワールを使って作るチーズ。砲弾のような形をしており、外皮は茶色。ハーブやスパイスを加えたマロワールをビールで洗いながら3カ月程熟成させる。

【ブリー】*Brie*

45％の脂肪分を含み、目方が450gから1kg、1カ月以上ねかせたものに限り原産地証明が得られる。原料となる牛乳は、ブリーからロレーヌの領域内の特定地域で産出されたもの。薄い車輪型はブリー・ド・モー。小型で厚いものは、ブリー・ド・メラン。熟したカマンベールのようなクロミエなどの種類がある。皮の厚い茶褐色のものもピリッとした味で美味しい。

【ブルサン】*Boursin*

ブルサン・プランとブルサン・ポワヴル

がある。ブランはトリプル・クリームチーズ。乳脂肪分は75％以上。真っ白なものが食べ頃。ポワブルは、表面に黒コショウをまぶして味を柔らげたもの。デザートとして薄く切ってビスケットとともに食べる。ガーリック風味をつけたものはブルサン・アイユ。

【プロヴァンサル】 *provençale*

ハーブ入りの香りの良いオリーブオイルに漬けたチーズ。少し堅めでしまっている。このオリーブオイルを使ったドレッシングで野菜を和えてサラダを作り、プロヴァンサルを崩して加えると美味。

【フロマージュ・ブラン】 *fromage blanc*

発酵させてないフレッシュチーズ。牛乳に凝乳剤を加え、24時間凝固させて作る。風味はなめらかで、水分が多くどろりとしている。砂糖や塩、香料を加えたり、ケーキの材料やデザートとして砂糖やジャムとともに食べる。

【ミモレット】 *Mimolette*

球形のチーズ。硬質チーズの中では、小型でエダム・チーズの1種類。中は鮮やかなオレンジ色に染めてある。味は淡泊で、サンドイッチなどに用いる。

【ルブロション】 *Reblochon*

サヴァワ地方産のチーズ。ルブロシャ（2回目の搾乳）という方言が名前の由来。外皮は赤みがかっている。中は味、香りともにクリーミー。

【ロックフォール】 *Roquefort*

アヴェロン県のロックフォール村の天然の洞穴で、2000年以上も前から作られている世界最古のブルーチーズ。羊乳のチーズで、熟成期間は3カ月程。特有の風味と舌にピリッとくる塩辛さがある。

香草・香辛料・調味料
herbe（ハーブ）、*épice*（エピス）

【アニス】 *anis*

原産地はエジプトからギリシャにかけての地域。葉の他に種（アニシード）をスパイスとして用いる。甘い芳香があり、辛味や苦味がなく、ヨーロッパでの需要は多い。ケーキやクッキー、チーズ、リキュールの風味付けに用いられる。葉はサラダの付け合わせ、香味、彩りに使われる。

【ヴァニラ】 *vanille*（ヴァニーユ）

ラン科。原産地はメキシコ南部から南アメリカにかけての熱帯地方。果実（ヴァニラビーンズ）を発酵させ、抽出した汁をアルコールで薄めたものがヴァニラエッセンス。アイスクリーム、ケーキ、クッキーなどの香り付けに用いられる。発酵後の果実を粉末にして砂糖と混ぜたヴァニラシュガーは、スイートチョコレート作りによく使われる。

【エストラゴン】 *estragon*

菊科の植物でヨモギに似ているが葉は細長い。フレンチ種とロシア種があり、料理に用いられるのは主にフレンチ種。アニスのような甘味とほのかな苦味があり、セロリに似た香りがする。鶏肉、エビ料理に合う。バターやクリームをベースにしたソースにも用いられる。ワインヴィネガーにエストラゴンを加えた酢もよく使われる。

【エルブ・ド・プロヴァンス】 *herbes de provence*

タイム、ローズマリー、ロリエ、バジ

リック、サリエットを乾燥させたものを、みじん切りにして混ぜ合わせたミックスハーブ。南フランスの料理に用いられる。

【カルダモン】*cardamome*（カルダモーム）

しょうが科の植物の種を乾燥させたもの。甘く強い芳香があり、辛味とほろ苦さがある。肉料理、菓子、飲物に用いられる。カレー粉にも含まれている。

【クミン】*cumin*（キュマン）

せり科の植物。トルキスタン原産。長さ6mmぐらいの種（クミンシード）をスパイスとして用いる。最も古くから使われているスパイスの1つで、「新約聖書」などにも記述が見られる。ケーキ、パンの風味付け、ミートローフ、シチューなどの肉料理、ソーセージ、ピクルスなどにも合う。精油はリキュールの香り付けに用いられる。

【サフラン】*safran*

クロッカスのめしべを摘み取り、乾燥させたもの。一輪の花から3本のめしべしか取れないので、とても高価なスパイス。わずかな量で色と香りを付けることができる。ブイヤベースをはじめとする南フランスの料理によく用いられる。

【ねずの実】*genièvre*（ジュニエーヴル）

ジュニパーベリー。熟して青黒色になったものを乾燥させて香辛料として使う。イタリアの手摘みのものが最高。松に似た独特の香りがあり、やや苦味と辛味がある。ジビエ料理と相性が良い。果実を蒸留した精油は、ジンに欠かせない。

【ブーケ・ガルニ】*bouquet garni*

香味のあるハーブ（薬草）や野菜を小さく束ねたもの。シチューやソースの香りを良くするために使われる。パセリ、ローリエ、タイム、セロリ、ポワローなどの香草類を用途により束ねて糸で縛る。乾燥粉末のタイムを使う場合は、薄く目の粗い袋状の綿布に入れ、全部を縛る。

【ホースラディッシュ】*raifort*（レフォール）

西洋わさび。ヨーロッパ南東部が原産。以前は薬用にもされていた。淡い黄色の根茎をすりおろすと、強い辛味と香りが出る。ビーフステーキやローストビーフ、魚料理に添えるソースなどに用いる。日本のわさびは主に清水の流れる場所で栽培されるが、ホースラディッシュは畑で作られる。

【マスタード】*moutarde*（ムタルド）

ムタルド。練りがらし。粉末のからしを赤ワインで溶いたもの、白ワインで溶いたもの、シャンパンで溶いたものなどがある。マスタードの種を加えたもの、エストラゴンやグリーンペッパーで風味を付けたものもある。フランスのデジョンが産地として有名。

料理酒

【アニス酒】*anisés*

アニゼ。アニス精油を溶かした酒。45度のアルコール。芳香とさわやかな風味がある。魚のスープ、ブイヤベースなど地中海料理によく用いられる。

【ヴィネガー】*vinaigre*（ヴィネーグル）

酢。マヨネーズやヴィネグレットソースには欠かせない。肉や魚のマリネ、ソースの隠し味として使われる。香草や香辛料、果汁を加えたものなど種類は多い。ワイン酢、りんご酢、シャンパン酢、シェリー酒

酢、フランボワーズ酢などがある。

【ヴェルモット酒】 *vermouth*

ヴェルムート。ドイツ語でニガヨモギの意味。白ワインにニガヨモギなどの薬草を加えたリキュール。甘口と辛口があるが、料理には辛口が使われる。魚との相性が良い。魚のだしにヴェルモット酒を加えてソースを作る。

【カルヴァドス】 *Calvados*

りんごが原料のブランデー。カルヴァドスは、フランスのノルマンディー地方の県の名。ただし、ノルマンディー産のりんごのブランデーだけが、カルヴァドスと呼ばれるわけではない。A.O.C（原産地統制呼称）で生産地と製造方法が規制されている。りんごを用いた料理に使われる。

【グラン・マルニエ】 *Grand marnier*

グラン・マルニエは商品名。コニャックにオレンジの皮を浸して作るリキュール。オレンジ・リキュールの中では最高級。鴨のロースト・オレンジ風や製菓などに広く用いる。コワントローも同様である。

【シェリー酒】 *xérès*（ケレース）

スペイン南部産のアルコール強化ワイン。発酵途中、もしくは発酵後にブランデーを添加。発酵途中に加えると発酵が止まり、ぶどうの糖分が残るので甘口になる。発酵後に加えたものは辛口。料理には辛口が用いられる。

【ポルト酒】 *Porto*

ポルトガル産の甘口でアルコール度の高いワイン。発酵途中でブランデーを加えて作る。熟成の度合によって、紅色（ルビーポート）から茶色（トニーポート）に色が変わる。白ぶどう酒を使ったものはホワイトポート。ソースに加えてコクや香りを出す。

【マール】 *Marc*（マール）

ワインの搾り残しから再発酵し、丹念に蒸留して樽熟・ビン詰めしたもの。なかでもブルゴーニュ、シャンパーニュ、アルザス（ゲヴェルットラミネール種を原料にしたもの）が、三大マールといわれている。

【マディラ酒】 *Madère*（マデール）

ポルトガル領マディラ島産のアルコール度の高いワイン。強い香りとコクがある。ステーキのソースなどによく用いられる。

スペイン料理

Spanish cuisine

食材と郷土料理の傾向

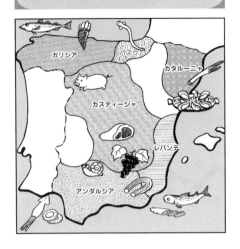

イタリア同様に郷土色の強い家庭料理で、山海の素材をたっぷりと使い、にんにくとオリーブを多用する。バスク地方にはトリバサルと呼ばれる食道楽が多く、料理の盛りつけにも凝る。南部は大衆食堂や居酒屋的な雰囲気で気取りがない。中央部では炭焼き料理が有名。

食事は1日に5回ほどとる。午後2時頃の昼食が中心で、食後に昼寝（シエスタ）をする。昼前にはサンドイッチ（ボカディージョ）、夕方にはおやつ、もしくは居酒屋（バル）でワインを飲みながら、おつまみを食べる。朝食や夜食は、パンやカフェオレなどの軽食ですませる。

アンダルシア地方

降雨の少ない地中海に面した地域で、中央部と同じく「乾燥スペイン」と呼ばれる。グラナダ、コルトバなどの都市は、イスラム色が色濃いが、食文化はキリスト教、イスラム教、ユダヤ教の3つの文化が共存している。夏向きの冷製スープ、ガスパチョや、魚やイカの揚げ物の他、酢を使った料理も多い。

カスティージャ地方

スペイン内陸部で首都マドリード周辺の乾燥地帯。乾いた硬い土地が多く、厳しい自然条件で「乾燥スペイン」と呼ばれる。雉（キジ）、ウズラなどの野鳥類、猪、鹿などの肉をまるごと使って焼き上げるロースト、煮込み（コシード）などの料理が一般的。コシードは肉、豆、スープの順で食べることが多い。

カタルーニャ地方

スペイン北東部の地中海沿岸地域。夏が長く、乾燥している。スペイン国内でもっとも人口が多い豊かな地域で、穀物、オリーブ、オレンジ、イチジクの産地。米の生産も盛んで、古来より水田が多い。

南部のバレンシアやムリシアは、レバンテ地方とも呼ばれるが、やはり多種の米料理がある。多種多用な素材を炊き込んだパエリアは、バレンシア地方の料理。

ガリシア地方

大西洋に面したスペイン北西部の海洋性気候地帯。有数の観光地で降水量が多く、1年の半分が降雨日。そのためオリーブや麦の栽培にはむかない。スペイン国内で漁獲量がもっとも多く、海鮮料理が盛ん。ゆでタコをオリーブオイル、パプリカで調理

したプルポ・ア・ラ・ガジェガが有名。スペインのバルの店主は、ガリシア出身者が多い。日本のような海産物を生で食べる客は少ないが、カキや大アサリなどはレモンをしぼっただけで食べる。エンパナーダ（パイ）の具もシーフードが多い。

バスク地方

　フランス国境と接する地域で、夏、冬とも温暖。政治、言語などの面で独立性が強い。フランス料理の影響を受け、干しダラ、メルルーサなどの海の幸を使った料理が多く、色鮮やかなソースで飾る。赤、白、緑、黒のソースがよく用いられ、赤はパプリカ、白はトマトやパプリカを加えないピルピル風ソース、緑はパセリを加えたグリーンソース、黒はイカ墨を使ったソース。串に刺したおつまみ、ピンチョスもこの地域の料理。スペインの有名なシェフは、ほとんどがバスク出身。美食家で料理が趣味という男性も多い。

Column　－バルとレストラン－

　外食は日本同様、大衆レストランや居酒屋が数多くあります。大衆向けの飲食店で定食を注文すると、最後にコーヒーかデザートかと尋ねられますが、コーヒー代は定食の料金に含まれていない場合が多いので要注意です。

　また、スペイン人は大食漢なので、一品料理でも量が多く、大皿に盛られてくることがあります。家族など大勢で食事に行き、1つの皿から適当に取り合って食べるのが習慣になっているためです。

　バルは、もともとは食事と食事の合間にとる軽食やおやつのようなものでしたが、最近では食事がわりの店に変貌しつつあります。バルのつまみは、一口で食べられる単品（ピンチョス）、小皿ていどのタパ、1皿分のラシオンに分けられています。メニューは、から揚げ、生ハム、オムレツ、漬け物（酢漬け）、ピーナッツ、ポテトチップなど、日本の居酒屋やパブ、カフェなどの定番とよく似ています。

　バスク地方では、ピンチョスといえば、フランスパンのスライスに具を乗せたオードブル的なものでした。近年は客の多様なニーズにこたえ、また食通が多い地域であることから、グルメ系の小皿が増えています。日本食などの他国料理も登場しています。

専用器具

【エスプーマ】*espuma*
　食材をムースにするサイフォン。液状にした食材に少量のゼラチンなどを加え、亜酸化窒素を注入して泡状にできる。炭酸ガスで荒い泡を作るタイプもある。日本では当初、二酸化炭素を用いた器具が多かったが、味に酸味が混じるという難点があった。2005年くらいから食品衛生法の改正に伴い、亜酸化窒素ガスを用いる器具が主流になった。ガスカートリッジを使用するタイプと、ガスボンベで長時間充填できるタイプがある。

【ガストロバック】*gastrovac*
　低圧力で沸点を下げる加熱調理鍋。低温で調理するため食材の食感や味、栄養をそこなわない。煮崩れも少なく、下ごしらえの調理にもむく。使い方は食材とかぶる量の水、スープなどの液体を入れ、密閉する。鍋内を減圧すると、食材に含まれる空気が抜ける。低気圧なので60℃前後で沸騰し、煮込んだあとにバルブを開いて気圧を戻すと、食材の空気が入っていた隙間に液体が浸透する。

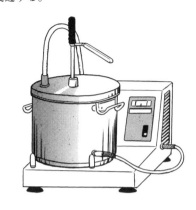

【サーモミックス】*thermomix*
　じゃが芋のポタージュを1つの器具で作るという発想からドイツで開発された調理器。超高速の攪拌と加熱が可能。パンやピザの生地をこねることもできる。

【スナックマスター】*snackmaster*
　食材の水分量を少なくする食物乾燥器。肉、野菜、果物などをスライスして器具の中に並べ、40℃ほどで加熱して乾燥させる。ビーフジャーキーなどの干し肉を作る場合、屋外で自然乾燥させずにすむので衛生的。

【ゼスタ】*zester*
　オレンジなどの柑橘類の皮を糸状にむいたり、飾り切りにする器具。

【チノ】*colador chino*
　中国人がかぶる帽子のような形をした円錐状のこし器。卵の黄身をこすと、鶏卵素麺のようになる器具もある。

【チュレーラ】*churrera*
　チュロスを作る時に生地をしぼり出す器具。容器が金属で棒が木製、全体がプラス

チック製のものがある。しぼり口の穴の形を変えられるオプションつきが便利。店で用いるのは電動式で、縄状に大量に作る。

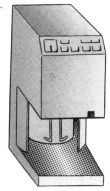
パコジェット

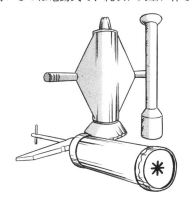

マドレーヌが楽に取り出せる。

【モルテーロ】*morteros*

砕くという意味のすり鉢。木製や石製、金属製がある。にんにく、木の実、香草などを潰して、ワインでゆるめて鍋に流し入れる。

【パエリア鍋】*olla de paella*

パエリア用の底が浅い大鍋。鉄製、アルミ、ホーロー、ステンレスのものがある。取っ手は2つ、もしくは4つ。肉をそのままオーブンに入れるロースト料理にも使われる。

【パコジェット】*pacojet*

食材を冷凍にして粉砕する器具。微粉末に加工できるので、ムースやシャーベットにする場合、裏漉しする必要がない。エビやカニも殻つきのまま凍らせて粉砕できる。

【マドレーヌ型】*magdalena*

樹脂やプラスチック製の型は、高温になると材質から出る物質の安全性が問われており、シリコン製のものが普及しつつある。シリコン製は軟らかいので、曲げると

スープ *sopa*

【アホ・ブランコ】*ajo blanco*

トマトを使わずに、にんにくとアーモンドで作る白いガスパチョ。ミントを加えて緑色にしたものはガスパチョ・ベルデ。

鍋に牛乳とスライスしたアーモンドを入れて温める。フランスパンは水につけて少し柔らかくしておく。にんにくはすりつぶす。牛乳が冷めたらミキサーに入れ、フランスパン、にんにく、オリーブオイル、酢を加えて攪拌する。塩で味をととのえ、冷蔵庫に入れて冷やす。攪拌する時にレーズンを加えてもよい。

【ガスパチョ】*gazpacho*

暑い夏場によく飲まれるスープで、スペインではどこのレストランでも必ずメニューにある。冷蔵庫に入れて作り置きにもできる。

スープ

トマトを熱湯につけて皮をむき、ミキサーで攪拌する。同様に赤ピーマン、にんにく、好みの野菜類をミキサーで攪拌する。フランスパンを野菜と共に攪拌してもよい。鍋に攪拌したすべての材料を入れ、オリーブオイル、酢、塩を加える。酢はシェリービネガーを使ってもよい。味が濃い場合は水で調整する。好みできざんだたまねぎ、フランスパンをトッピングする。

【サフランとパンのスープ】
sopa de pan perfumada azafran

生ハムを使ったスープ。オリーブオイル以外にラードを使うこともある。

にんにくはぶつ切りにする。トーストしたフランスパン、じゃが芋を小さく切る。たまねぎはみじん切り。鍋にオリーブオイルを入れ、にんにく、たまねぎ、唐辛らしを炒める。スープとサフランを入れ、弱火で煮る。フライパンにオリーブオイルを入れ、にんにく、生ハム、フランスパンを入れて炒める。鍋に炒めたものを移して混ぜ合わせ、塩、コショウを加える。

【サルモレッホ】 *salmorejo*

トマトの冷製スープ。ガスパチョよりもとろみがあり、濃い味つけにするとソースにも使える。

熱湯にトマトをつけて皮をむき、適当な大きさに切る。フランスパンを水にひたして柔らかくする。ミキサーにトマトとフランスパンを入れ、すりつぶしたにんにく、オリーブオイル、酢、塩を加えて攪拌する。冷蔵庫で冷やし、生ハム、ゆで卵などをトッピングしてもよい。攪拌する時に卵の黄身を入れるとマイルドな味になる。

【ソパ・デ・アホ】 *sopa de ajo*

冬場によく食べるにんにくスープ。カゼをひいた時に飲むと発汗作用がある。

鍋に水と塩を入れ、パンをちぎって入れる。パンは少し固くなったものを使うとよい。10分ほど煮て、すりつぶしたにんにく、オリーブオイル、パプリカを鍋に入れる。スープが赤い色になったら、とき卵を鍋のはしから回し入れる。

【ひよこ豆のスープ】 *sopa de garbanzos*

ひよこ豆とチョリソのスープ。ひよこ豆は硬いので缶詰を用いるとよい。

熱湯につけたトマトの皮をむく。トマト、たまねぎ、にんじん、チョリソを適当な大きさに切る。鍋にひよこ豆とスープを入れ、沸騰したらきざんだ材料とオリーブオイル、ローリエを入れ、1時間ほど煮る。塩、コショウで味を調整する。

【マヨネーズスープ】 *gazpachuelo*

アンコウを使ったアンダルシアの料理。冷製でも温かいスープでもよい。じゃが芋や米を加えたりもする。

鍋に水と少量の塩を入れ、アンコウ、エビなどを煮る。火が通ったら皿に移してさます。アサリなどの貝を入れる場合は、アンコウなどを取り出したあとに鍋に入れる。アサリの口が開いたら皿に移して冷まし、スープも同様に冷ます。米やじゃが芋は別な鍋でゆでておく。すべての材料をスープ皿に盛り、マヨネーズをのせる。スープを少しずつ注ぎ、マヨネーズと混ぜ合わせる。

サラダ　*ensalada*

スペインのレストランで生野菜のサラダを注文すると、ドレッシングがかかっていないことが多い。卓上に塩、コショウ、酢、オリーブオイルが用意されているので、好みの配分でドレッシングを作り、サラダにかける。

【赤ピーマンのマリネ】

フライパンに赤ピーマンを入れ、オリーブオイルをかける。ふたをして蒸し焼きにし、皮をむいて種を取り、細切りにする。フライパンに赤ピーマン、スライスしたにんにくを入れ、オリーブオイルで炒める。塩、酢またはレモン汁、シェリー酒、コショウで味つけをする。1日ほどねかせてから食べる。

【エスカリバーダ】 *escalibada*

カタルーニャの焼き野菜を使ったサラダ。赤ピーマンは縦に4分の1に切る。なすは縦に数本、切り目を入れておく。赤ピーマンとなすの表面にオリーブオイルをぬり、オーブンで表面がこげるまで焼く。皮をむき、一口サイズに切る。皿に盛り、オリーブオイル、酢、塩、パセリをかける。

【エスケイシャーダ】 *esqueixada*

スペイン料理ではもっともポピュラーな材料の干しダラを使ったサラダ。

干しダラは水にひたして塩抜きをしておく。ボウルにオリーブオイル、酢、塩、コショウを入れて混ぜる。干しダラをさきながら入れ、1時間ほど漬けこんでおく。皮をむいたトマト、玉ねぎ、赤ピーマン、黒オリーブをみじん切りにする。干しダラ、トマト、玉ねぎ、赤ピーマンを混ぜて皿に盛り、黒オリーブをトッピングする。

【米のサラダ】 *ensalada de arroz*

鍋で湯を沸かし、塩を少々入れ、15分ほど米をゆでる。ゆであがった米はザルにあけ、水気をきる。ボウルに赤ピーマンの角切り、オリーブの輪切り、ケイパー、米を入れ、混ぜあわせて冷蔵庫で冷やす。ドレッシングは、レモン汁、オリーブオイル、塩、コショウで作る。

【サランゴーリョ】

野菜が豊富なムルシアの郷土料理。ズッキーニは縦に半分に切り、一口大に切る。玉ねぎはみじん切り、じゃが芋はいちょう切りにする。フライパンにオリーブオイル、きざんだ野菜を入れ、弱火でゆっくりと炒める。全体がとろりとしてきたら塩で味つけをする。卵をといて回し入れ、半熟にする。肉料理のつけ合わせにしたり、冷製にして食べる。

【サルピコン】 *salpicon*

肉や野菜、魚介類を細かくきざんで、オリーブオイルと酢であえたもの。

エビ、タコはゆでて、食べやすい大きさに切る。皮をむいたトマト、赤ピーマン、玉ねぎ、ゆでたじゃが芋を小さく角切りにする。ボウルに酢、塩を入れて混ぜ、オリーブオイルを加えてドレッシングを作る。ボウルに切った材料を入れ、ドレッシングとあえる。

【タコのガリシア風】 *pulpo a la gallega*

タコはガリシア地方の名物。素材（タコ）のおいしさだけで食べる素朴な料理。

タコはゆでて、めん棒などでたたいて柔らかくする。鍋に水、玉ねぎを入れて沸騰させ、タコを入れて温めておく。タコをぶつ切りにして皿に盛り、スモークパプリカ、塩、レモン汁、オリーブオイルをふりかける。ゆでたじゃが芋を添えてもよい。

【パタタス・アリオリ】 *patatas-alioli*

スペインの居酒屋(バル)の定番おつまみ。じゃが芋を一口サイズに切り、ゆでておく。次にアリオリ・ソースを作る。ボウルに、にんにく、塩を入れてすりつぶし、卵黄、レモン汁を加える。泡立てながらオリーブオイルを少しずつ加え、やや固まってきたら牛乳を少量加えてゆるめ、コショウで味を調える。あら熱をとったじゃが芋にアリオリ・ソースをからめる。アリオリ・ソースは、牛乳のかわりにヨーグルトを使ってもよい。

【メルルーサの卵のサラダ】
ensalada de huevas

鍋に水、酢、ローレルを入れて沸騰させる。火をおとし、メルルーサの卵巣をまるごとゆでる。表面の色が変わるていどに火を通し、輪切りにする。皮をむいたトマト、赤ピーマン、玉ねぎをみじん切りにし、オリーブオイル、酢、塩を加え、ドレッシングを作る。輪切りにした卵を皿に盛り、ドレッシングをかける。

焼き物

【カルソッツ】 *calçots*

カルソッツは白ねぎのことで、カタルーニャ地方の郷土料理。木の実入りのロメスコソースをかけて食べる。

ロメスコソースを作る。アーモンドと松の実をオリーブオイルで炒める。赤ピーマンの表面を焼いて皮をむき、細かくきざむ。すべてをミキサーにかけて混ぜ合わせる。グリルで長ねぎの表面が黒こげになるまで焼く。こげた皮をむいて皿に盛り、ロメスコソースをかける。オリーブオイル、塩、コショウだけの味つけで食べてもよい。

【白身魚のカタルーニャ風】

木の実やドライフルーツをソースにした料理。こくのある甘ずっぱいソースなので、タラ、舌ビラメ、カジキなどの淡白な魚と相性がよい。

白身魚に塩、コショウ、白ワインをふりかけ、小麦粉をまぶす。フライパンにオリーブオイルを入れ、白身魚をムニエルにする。ムニエルを皿に移し、フライパンにアーモンドスライス、松の実、レーズンを入れ、塩、コショウをして炒める。ムニエルに木に実のソースをかけ、レモン、焼きトマトなどをそえる。

【手羽先のにんにく炒め】

にんにく、パセリをみじん切りにして、モルテーロでペーストにする。手羽先に塩をふり、ペーストとオリーブオイルをかけ、冷蔵庫でしばらくねかす。フライパンにオリーブオイルを入れ、手羽先にこげ目がつくまで炒める。皿に盛り、炒めた油を回しかけ、フライドポテトを添える。にんにくと唐辛子を加えたオリーブオイルをソースがわりに使ってもよい。

スペイン料理

【鶏肉のオレンジソースがけ】

バレンシア地方の料理。赤ワインのおつまみ（ピンチョス）にしてもよい。

鶏のむね肉、もしくはささみを使う。鶏肉に塩、コショウをして小麦粉をまぶす。フライパンにオリーブオイルを入れ、にんにくのスライスを入れて炒め、香りがついたらにんにくを取り出す。フライパンに鶏肉を入れて焼き、いったん取り出す。フライパンにオリーブオイルを入れ、玉ねぎ、にんにくのみじん切りを炒める。玉ねぎがしんなりしてきたらオレンジの果汁を加え、塩とコショウで味を調える。鶏肉をもどして数分煮る。鶏肉を皿に盛り、オレンジもしくはレモンの輪切りをそえる。

【トルティージャ】 *tortilla*

スペイン風オムレツ。じゃが芋やほうれんそうなどの野菜を加え、厚焼きにするのでボリュームがある。

じゃが芋と玉ねぎは薄切りにする。フライパンにオリーブオイルを入れ、じゃが芋と玉ねぎを炒める。柔らかくなったら塩、コショウで味つけをする。ボウルで卵をときほぐし、塩を加え、じゃが芋、玉ねぎを混ぜる。大きめのフライパンにオリーブオイル、にんにくを入れて熱し、香りがついたらにんにくを取り出す。ボウルの中身を入れ、半熟になったらひっくり返し、ふたをして弱火で蒸し焼きにする。数回上下を返して、こげつかないようにし、フライパンを回しながら形を丸く整える。

【ピンチョス・モルノス】 *pinchos morunos*

ピリ辛のスペイン風串焼き。豚、鶏、羊の肉を用いる。

マリネ液を作る。にんにくはすりおろし、香草はみじん切りにする。ボウルににんにく、香草、オリーブオイル、シェリー酒、唐がらし、パプリカパウダー、塩、コショウを入れて混ぜ合わせる。一口サイズに切った豚肉をマリネ液に入れ、冷蔵庫で1日ほどつけ込む。豚肉を串に刺し、フライパンで焼く。炭火焼にすると、いちだんとおいしさが増す。

【豚肉のシェリー風】

スペインでは豚肉料理のソースに、シェリー酒やシードル（りんご酒）などの酒類がよく使われる。

豚肉はソテー用の切り身にする。縮まないように筋切りをしておく。フライパンにオリーブオイルを入れ、豚肉を焼く。豚肉を取り出し、玉ねぎのみじん切り、にんにくを炒める。シェリー酒、水を加えて塩、コショウをし、豚肉をもどす。ソースが煮つまってきたら、皿に豚肉を盛り、ソースをかける。

【マダイのオーブン焼き】 *besugo al horno*

スペインではマダイは高級魚で、内陸部などではクリスマス料理として作られる。

マダイのうろこと内臓を取り、塩をふる。玉ねぎ、じゃが芋、レモンはうす切り、にんにく、トマトはみじん切りにする。マダイに切り目を数本入れ、レモンを挟む。フライパンにオリーブオイルを入れ、にんにく、玉ねぎ、じゃが芋を炒める。トマトを加え、塩と白ワインを入れる。これを耐熱の大皿に入れてマダイを乗せ、パン粉とレモン汁をふりかける。180度のオーブンで40分ほど焼く。

【マテ貝のピンチョス】

スペインでは白ワインや発泡ワイン（カバ）のおつまみとして、よく食べられている。

マテ貝は砂出しをし、殻と身をよく洗う。フライパンにオリーブオイルを入れ、マテ貝を並べて熱する。フライパンではなく、グリルを用いてもよい。殻が開いたら白ワイン、少量の塩をふり、ふたをして蒸し焼きにする。火を通しすぎると身が堅くなるので注意。マテ貝を皿に盛り、レモン汁をふりかけたり、白醤油をかけて食べる。にんにく、パセリのみじん切り、オリーブオイルをかけてもよい。

【マリネ焼き】

くせのある仔羊の肉などは香草をまぶしたり、マリネにして焼くとよい。

にんにく、パセリをみじん切りにし、白ワインビネガーを加えてマリネ液を作る。ラムチョップをマリネ液に2日ほどつけ込む。ラムチョップをグリルで焼くか、フライパンにオリーブオイルを入れて焼く。香草焼きにする場合は、ラムチョップに塩、コショウをし、香草をまぶして焼く。

揚げ物

スペインの揚げ物料理の大半は居酒屋（バル）の定番メニュー。日本でもおなじみのイカリングのフリッターは、ローマ風と呼ばれている。トマトや赤ピーマンで作ったブラバスソースやレモン汁、塩をふりかけて食べる。

【揚げなすの糖蜜和え】
berenjenas fritas con miel de cana

なすは薄切りにする。少量の塩を入れた水につけた後、キッチンペーパーなどで水分を取る。ボウルに小麦粉、水を入れ、衣を作る。にんにくのみじん切り、コーンスターチ、ベーキングパウダー、塩を加えて混ぜる。なすに衣をつけ、オリーブオイルできつね色になるまで揚げる。余分な油を取り、皿に盛りつけて糖蜜をかける。

【ピルピル】 *pil-pil*

ガーリックオイルで素材を揚げる料理だが、弱火でじっくりと煮るという感覚に近い。ピルピルの名の由来は、オリーブオイルを熱した時に出る泡の音。

エビは殻をむき、背わたを取る。干しダラは水でもどし、塩気を抜いておく。鍋にオリーブオイル、にんにく、唐がらしを入れて熱する。オーブンを使用して過熱してもよい。にんにくが浮いてきたら、エビ、干しダラを入れる。火が通るまで素揚げし、塩を加える。塩はオリーブオイルに溶けにくいので、よく混ぜる。トーストしたフランスパンに乗せて食べる。残ったオリーブオイルは、パスタ料理に用いてもよい。

【ブニュエロ】 *bunuelos*

じゃが芋を使ったスペイン風さつま揚げ。

干しダラは水でもどし、塩抜きをしておく。白ワインをふりかけて蒸し、骨と皮をとりのぞく。じゃが芋、にんにく、干しダラをゆでる。柔らかくなったらボウルに移してつぶし、卵黄、小麦粉を加える。卵白

を泡だて、軽く混ぜあわせたら、一口サイズにちぎって180度の油で揚げる。

【マスのナバーラ風】

エブロ川流域の料理。おもに虹マスを用いる。香草やシナモン入りのワインにマスを漬けておく。マスを生ハムでくるみ、小麦粉をまぶしてオリーブオイルで揚げる。生のマスの内臓を抜いて生ハムをさし込み、小麦粉をふってムニエルにしてもよい。レモンの輪切りを添える。

煮　物

スペイン人が好んで食べる煮物はコシード（ポトフ）。地方によって呼び名が異なり、オーヤ、エクスデーヤ、ポーレともいわれる。鍋ごと卓上に出すのではなく、スープ、豆や野菜、肉の順で3回に分けて皿に盛って出すこともある。

【アルボンディガス】*albondigas*

居酒屋（バル）で人気のスペイン風ミートボール。

肉だんごをあえるソースを作る。にんにく、玉ねぎをみじん切りにし、オリーブオイルで炒める。トマトの水煮、白ワイン、スープを加えて煮る。肉だんごを作る。パンを牛乳にひたし、ちぎってパン粉にする。ボウルに牛挽き肉、とき卵、パン粉、にんにくのみじん切り、すりつぶした松の実、塩を入れ、しっかりと練る。通常のパン粉をミキサーにかけて細かくする。練った肉をまるめ、微細にしたパン粉をつけて揚げる。ソースに肉だんごを入れて煮つめる。

【アンコウのソース煮】*rape en salsa*

アンコウの身を一口サイズに切る。塩をふり、小麦粉をつけ、フライパンにオリーブオイルを入れてアンコウを焼く。アンコウのあらを煮て、スープを作る。フライパンで玉ねぎをオリーブオイルで炒め、すりおろしたにんにくと混ぜる。白ワイン、スープを入れ、煮たったらエビ、貝類を入れる。塩、コショウで味を調え、アンコウを入れて数分煮込む。

【イカの墨煮】*calamar en su tinta*

スペインのイカの墨煮は、モンゴウイカやチピロンという小ぶりなイカも使われる。

イカの内臓を抜き、墨袋を破らないようにはがし、イカ墨を水でといておく。イカは皮をむき、輪切りにする。えんぺらと脚は適度に切っておく。玉ねぎはみじん切り、湯むきしたトマトはペーストにしておく。フライパンにオリーブオイルを入れ、玉ねぎを炒め、トマトのペーストを加えて、さらに炒める。イカを入れ、火が通ったらイカ墨と塩を加える。ふたをして10分ほど煮込み、パン粉を加えてひと煮たちさせる。

【オジャ・ポトリーダ】*olla podrida*

腐った鍋という意味。材料をどろどろになるまで煮込むので、この名がついた。塩漬けの豚肉、腸詰め、鶏のもも肉など数種の肉類をふんだんに使う。豆類や野菜類を加え、形がなくなるまで長時間煮込む。腸詰めを用いると香辛料のパプリカがにじみ出て、豆や野菜の甘みと溶け合ってコクと

香りのあるスープができる。

【カリョス】*callos*

マドリードの庶民料理。牛の胃などを使ったモツ煮込み。赤ワインやトマトベースのソースで煮込む。数時間煮込んで、モツが口の中でとろけるくらいがよい。パプリカ、唐辛子などでピリ辛に仕上げる。

【カルド・ガジェゴ】*caldo gallego*

ガリシアでは豚の背脂、かぶの塩漬け、生ハムの骨など日本ではなじみの薄い食材を使う。こくを出すために骨つきの豚肉を使うとよい。

白いんげん豆は水につけ、もどしておく。じゃが芋、かぶを一口サイズに切る。フライパンにオリーブオイルを入れ、豚肉に焼き色をつける。鍋に豚肉、白いんげん豆を入れ、水、塩、ローリエを加え、1時間ほどじっくりと煮込む。じゃが芋、かぶを加え、さらに30分ほど煮込む。塩、コショウで味を調える。

【牛肉のシェリー煮】

シェリー酒はドライシェリーを用いる。シェリーのかわりに赤、白ワインを代用してもよい。

牛肉は一口サイズに切り、塩、コショウをする。フライパンにオリーブオイルを入れ、にんにくのスライス、細切りにした玉ねぎを炒める。トマトの角切りを加え、塩、コショウをする。鍋に牛肉、炒めた玉ねぎとトマト、シェリー酒、ローリエを入れ、数時間煮込む。煮つまってきたら水をたしながら煮る。塩、コショウで味を調える。

【サルスエラ】*zarzuela*

カタルーニャ地方のスペイン風ブイヤベース。サルスエラはスペインのオペラで、魚介をふんだんに使う豪快さから、この名がついた。

白身魚、イカの輪切りに塩、コショウをし、小麦粉をまぶす。フライパンにオリーブオイルを入れ、白身魚とイカを炒める。玉ねぎ、赤ピーマン、にんにくをみじん切りにする。鍋にオリーブオイルを入れ、これを炒める。角切りにしたトマト、パプリカ、唐がらし、ローリエ、サフランを加え、さらに炒める。アーモンドを使ったソース、ピカーダを作る。アーモンド、にんにくをすりつぶし、白ワインと水を加え、塩、コショウをする。これを鍋に加え、エビ、貝類を入れて貝の口が開くまで煮る。白身魚、イカを加え、数分煮込む。

【チリンドロン】*chilindron*

アラゴン地方の料理。チリンドロンとはトランプなどのカード遊びの意味。色とりどりの野菜を、カードの上がりのいろいろな組み合わせにたとえたともいわれる。本来は料理名ではなく、野菜のソースの名称。

鶏肉は塩、コショウする。肉は仔羊の肉や牛肉でもよい。玉ねぎ、にんじんはみじん切り。赤ピーマン、マッシュルームは細切り。オリーブは輪切りにする。フライパンにオリーブオイルを入れ、鶏肉を焼く。鶏肉を皿に移し、切った野菜を炒める。鍋に鶏肉、野菜、トマトの水煮、塩、オリーブ、水、ローリエを入れ、30分ほど煮る。煮つめてクリーム状にし、パスタソースとして用いてもよい。

【鶏肉のアーモンドソース煮】

スペインの料理にはピカーダがよく使わ

れる。アーモンドや松の実、香辛料をすりつぶして作る。

　鶏肉に塩、コショウをする。フライパンにオリーブオイル、にんにくを入れ、鶏肉を炒める。焼き色がついたら鍋に移し、白ワイン、スープ、ローレルを入れる。フライパンで細切りにした玉ねぎを炒め、鍋に加えて1時間ほど煮る。アーモンドのピカーダを作り、鍋に加える。ボウルに湯を入れ、サフランと塩を加えてサフラン水を作る。これを鍋に入れ、煮汁がとろりとなるまで煮込む。

【ファバータ】*fabada*

　アストゥリアス地方の名物料理。現地では白いんげん豆の他に豚足、豚の耳、モルシーリャなどを用いる。こってりとした煮込み料理で、脂肪分が多い。日本のレストランではカキや大アサリなどを用いて、あっさりと仕上げたものが多い。

　白いんげん豆を一晩水につけてもどす。鍋に白いんげん豆、大きめに切った玉ねぎ、ブロック肉、チェリソを入れ、水とローリエを加え、ふたをして弱火で2時間ほど煮る。サフランをすり潰し、塩を加えて少量の水でゆるめる。おろしにんにくとサフラン水を鍋に入れ、15分ほど煮る。肉類は切り分けて皿に盛る。

【フラメンカエッグ】*huevos a la flamenca*

　フラメンコの衣装をイメージしたセビーリャの料理。

　フライパンにオリーブオイルを入れ、みじん切りにしたにんにく、玉ねぎを炒める。トマトの水煮を加え、さらに10分ほど煮込んでソースにし、塩、コショウで味を調える。皿にソースをしき、生ハム、チョリソを並べる。卵を入れ、好みでゆでた豆、野菜などをトッピングする。180度のオーブンに入れ、卵が半熟になるまで10分ほど火を通す。フライパンで火を通す場合は、こげつきやすいので、トマトソースを湯でゆるめ、ふたをして蒸し焼きにする。

【ポテ・ガリェーゴ】*pote gallego*

　ガリシア風煮込み料理。豚骨や豚足、腸詰めなどを用いる。

　白いんげん豆を一晩水につけてもどす。塩漬けの豚肉は塩抜きをしておく。鍋に水と少量の塩を入れ、沸騰させる。白いんげん豆、豚肉、豚骨を入れて2時間ほど煮込む。かぶとじゃが芋を一口大に切り、腸詰めと共に鍋に加え、野菜が柔らかくなるまで煮る。豚骨を取りのぞき、野菜と肉を別々の皿に盛る。

【マルミタコ】*marmitako*

　バスク地方のマグロ料理。マルミタは深鍋のこと。

　マグロは一口サイズに切り、湯通ししておく。玉ねぎは細切り、じゃが芋、赤ピーマンは適度な大きさに切る。鍋にオリーブオイルを入れ、にんにくのみじん切り、玉ねぎを炒める。じゃが芋、赤ピーマンを加え、さらに炒める。トマトの水煮、白ワイン、水、スープ、ローリエを入れて煮たたせ、マグロを加えて煮込む。塩、コショウで味を調える。隠し味に白醤油を用いてもよい。

【ミチロネス】*michirones*

　ムルシアの乾燥そら豆を使った料理。水

でもどしたそら豆にチェリソまたは生ハムの骨を加え、湯むきしたトマト、唐辛子、パプリカで味つけをして煮込む。玉ねぎ、じゃが芋を加えてもよい。未成熟のそら豆は、おつまみに用いられ、皮ごと食べる。

【ヤマウズラのアルカンタラ風】

スペイン独立戦争でナポレオンひきいるフランス軍が敗北した際、フランスが唯一手に入れた利益といわれるほどの料理。料理名の由来はアルカンタラ修道院。

ヤマウズラの胸を開き、フォアグラとトリュフを詰め、数日間赤ワインに漬け込む。マリネにしてから鍋で煮込む。キジやヤマシギなどの野鳥も使われる。

【ラ・マンチャ風ピスト】*pisto manchego*

肉類を使わない野菜の炒め煮。煮詰めてもよいし、とき卵を加えてとろみをつけてもよい。冷やして食べてもおいしい。

にんにくはみじん切り、赤ピーマン、ズッキーニ、なす、湯むきしたトマトは一口大に切る。鍋にオリーブオイルとにんにくを入れ、野菜を炒める。野菜がしんなりしたら、なすとトマト、水を加えて弱火でゆっくりと煮る。パプリカと塩で味つけをする。

甘味 *postre*

スペインの菓子などの甘味は短時間で作れるものが多い。アーモンドを小麦粉がわりに使ったり、香りづけにシナモンを使う。シナモンはレモンなどの柑橘類と合わせたりする。アニス、ラム酒などもよく使われる。トシニーリョ・デ・シエロなど修道院が発祥の菓子も多い。

【アロス・コン・レチェ】*arroz con leche*

「米のミルク煮」という意味のスペインでは一般的なデザート。アンダルシアのイスラム教徒の甘味。米を甘く煮たもので、オートミールのようにスプーンで食べる。

鍋に牛乳、レモンピール、シナモンを入れて熱し、米、砂糖を加えて混ぜながら弱火で15分ほど煮つめる。卵黄を加えたものもある。

【イェマ・デ・サンタ・テレサ】

yemas de santa teresa

アビラの銘菓で、卵の黄身だけで作った菓子。かなり濃厚な味で甘い。

まずシロップを作る。鍋に砂糖と水を入れ、シナモン、レモンピールを加えて煮る。卵黄をザルでこし、鍋に注ぎながら混ぜる。生地状になったら皿に移して冷ます。生地を丸くまるめ、砂糖をまぶす。

【クレマ・カタラーナ】*crema catalana*

カタルーニャの定番デザート。陶器の鍋にカスタードクリームを入れ、オーブンで焼いたものはクリームブリュレ。

鍋に牛乳、シナモン、レモンピールを入れて熱する。ボウルに卵黄、砂糖、コーンスターチを入れてよく混ぜる。ザルで漉し、鍋に少しずつ加えて混ぜる。クリーム状になったら器に入れて冷やす。表面に砂糖をふり、バーナーで表面に焼き色をつける。

【サングリア】 sangria

フレーバーワイン。ワインやカヴァに細かく切ったフルーツを入れたもの。スペインでは夏場になると、フルーツを加えたワインが好まれる。

オレンジ、桃、レモン、りんご、さくらんぼなどを、オレンジジュースやチェリーブランデー、ラム酒に砂糖や蜂蜜を加えたもので1日つけ込む。グラスに果物を入れ、ワインを注ぎ、氷を入れて冷やして飲む。

近年は低アルコールが特に好まれる。グラスに氷、赤ワイン、カセーラを入れ、レモンを浮かせた「ティント・デ・ベラーノ」が人気。食事向きのワインではなく、ソフトドリンク。

【タルタ・デ・サンティアゴ】

tarta de santiago

アーモンドカステラ。ガリシアのサンティアゴ・デ・コンポステーラが名前の由来で、修道院でも売られている。

小麦粉とアーモンドパウダーをふるいにかける。卵は卵白と黄身に分け、卵白は砂糖を加えて泡立てる。卵黄は砂糖、レモンピール、牛乳を加えて混ぜる。これに小麦粉を合わせ、卵白を加える。型に入れて180度のオーブンで15分ほど焼く。表面の中心に十字架のもようを入れ、砂糖をふる。

【チュロス】 churros

星形のしぼり器で生地をしぼり出して揚げた菓子。チュロスは複数形で現地ではチューロ。スペインにはチュロス専門の店（チュレリア）がある。

小麦粉をふるいにかけておく。鍋に水、バターを入れて熱し、火からおろして小麦粉を入れて混ぜる。あら熱がとれたら、専用のしぼり器かしぼり袋に入れ、適度な長さにしぼり出す。油できつね色に揚げて砂糖をふる。

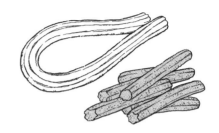

【トゥロン】 turron

トゥロンはバレンシア南部の村の名前。クリスマスの菓子で、1000年以上の歴史があるともいわれる。食感はヌガーに似ており、食後酒のつまみにされることもある。

ローストしたアーモンド、蜂蜜、砂糖、卵白をねり合わせ、ペースト状にし、平らに薄くのばす。ウェハースなどではさんだものもある。

【トリハス】 torrijas

トリッハとも呼ばれる伝統菓子。スペイン風フレンチトースト。スライスしたパンを牛乳、もしくはワインにつける。卵をつけ、フライパンにオリーブオイルをしいて焼く。揚げ物にしてもよい。蜂蜜、シナモ

ンなどをかけて食べる。

【パナジェッツ】*panellets*

　生地を小さく丸めた、ひと口サイズの素朴な菓子。カタルーニャでは祝日や日本のお盆にあたる「死者の日」などに食べる。アーモンド、ココナッツ、松の実で表面を包んだり、形も様々で動物に似せて作ったりもする。

　じゃが芋をゆでて皮をむき、つぶして練る。アーモンドパウダー、砂糖、レモン汁を加えてこねる。冷蔵庫でしばらくねかせ、木の実などで表面を包み、250度のオーブンで10分ほど焼く。

【パパラホーテ】

　レモンの葉の揚げ菓子。レモンの葉は軟らかく、大葉のてんぷらのように口に残らず食感はよい。レモンの葉にドーナツの生地をつけ、オリーブオイルで揚げて、シナモンやグラニュー糖をまぶす。脂っこい肉料理のあとのデザートとして出される。

【ピオノノ】*pionono*

　名前の由来はローマ教皇255代のピオ・ノヴェノ。細めのロールケーキを輪切りにし、その上にカスタードクリームを乗せ、表面をキャラメルがけ（キャラメリゼ）にする。バーナーで焼いて適度に焦げ目をつける。

【ポルボローネ】*polvorones*

　アンダルシアでクリスマスの時期に食べる菓子。柔らかく崩れやすいものが多い。フライパンできつね色になるまで小麦粉を焼き、皿に移して冷ます。ボウルにマーガリン、ショートニング、アーモンドパウダーを入れ、よく混ぜ合わせる。これに小麦粉を加えて混ぜ、生地にする。冷蔵庫に入れてねかせ、型に入れて150度のオーブンで20分ほど焼く。

【マサパン】*mazápan*

　トレドの尼僧が作っていた菓子。マジパンともいい、クリスマスによく食べられる。

　アーモンドパウダーと砂糖で生地を作り、冷蔵庫でねかせる。丸や円筒形の形にして表面に黄身をぬり、200度のオーブンで数分焼く。冷めないうちにシロップをかける。アリカンテでは、ナツメヤシをホットドッグのように割り、中にマサパンをつめたりする。

【マドレーヌ】*magdalenas*

　卵を卵白と黄身に分ける。卵白をボウルで泡立て、といた黄身と砂糖を少しずつ混ぜる。小麦粉とベーキングパウダーを加え、泡を消さないように静かに混ぜる。生地をマドレーヌ型に流し込み、しばらくねかす。180度のオーブンで15分ほど焼く。

【マルメロのゼリー】

　マルメロを使った赤い色の羊羹風ゼリー。ナッツをトッピングしたり、チーズと共に食べたりする。

　マルメロを鍋で40分ほど煮て、果肉が柔らかくなったらつぶす。これを漉してジュースにし、ゼリー、砂糖、バニラを加え、鍋で煮立たせてから型に入れる。漉しがらはクッキーにしてもよい。漉しがらに蜂蜜を加え、煮込んで作った生地をのばし、120度のオーブンで焼く。

【レチェ・フリータ】*leche frita*

　バスク、カスティーリャ地方発祥の揚げ菓子。

鍋に牛乳、シナモン、レモンピールを入れ、熱する。ボウルに砂糖、コーンスターチを入れて混ぜ、牛乳と卵黄を加えてさらに混ぜる。これをこ漉しながら鍋に注ぎ、弱火で練りながら煮る。皿に移して冷やし、適度な大きさに切ってフライにする。中にカスタードクリームを入れてもよい。

【レチェ・メレンガーダ】*leche merengada*

バレンシアの暑い夏のデザート。ふんわりとした飲み物で、牛乳に砂糖、レモンピール、メレンゲ、シナモンを加えて作る。冷凍庫で半分ていど凍らせてもよい。砂糖をまぶしたアーモンド（ガラピニャーダス）のクランチをトッピングして出す店もある。

その他の料理

スペインは日本と同様に米料理が数多くあり、パエリアはその代表だが、必ずしも米ばかりを使うわけではない。フィデウア（fideua）と呼ばれるパスタのパエリアもある。パエリアに用いるパスタは、米粒状の形のものや細麺タイプなど種類も豊富。

【アロス・アル・カヴァ】*arroz al cava*

発泡ワイン（カヴァ）で煮込んだリゾットのようなごはん。

深鍋にオリーブオイル、玉ねぎのみじん切りを入れて炒める。火をおとし、米を入れて炒める。カヴァを加えて一度沸騰させる。温めたスープを加えて再び沸騰させ、ふたをして弱火で20分ほど煮る。塩で味を調え、チーズや生クリームを加えて和える。

【エスプーマ】*espuma*

エスプーマはスペイン語で「泡」を意味する。食材に気体を混入する新しい手法で、メレンゲのような泡にする調理法。分子調理法とも呼ばれ、専用器具を使い、液体、固体にかかわらず、あらゆる食材を泡状に加工できる。料理のソースやカクテルのトッピングなど、様々な用途に使える。泡は凝固に使用するゼラチン、でんぷん、メレンゲなどの配分によって自在に質感を変化させられる。

この調理法を考案したのは、バルセロナにあるミシュランの三ツ星レストラン「エル・ブリ」のシェフ、フェラン・アドリア。前衛芸術的なオリジナリティーあふれる調理をすることで世界から注目されている。たとえば、エビの頭部、身、みそ（内臓）を、それぞれ異なる調理をして串に刺したり、コンソメゼリーをパスタ状にしたカルボナーラ、鶏の趾（通称もみじ）の皮のから揚げ、オリーブオイルの飴をコイル状に巻いたスイーツ、ユーカリ油とグロゼイユ（実）をオブラートで包んだ"香り"のみを楽しむ料理など。「エル・ブリ」は、一年のうち半年間しか営業をせず、残りの半年は店の新メニュー開発にあてていた。

【コカ】*coca*

スペインの地中海沿岸地方の伝統料理。具をのせたり、包み込んだりした調理パン。

ボウルに薄力粉、ベーキングパウダー、塩を入れて混ぜ、オリーブオイルを加える。水を少しずつたしながら練り、しばらくねかせておく。生地を適度な大きさにち

ぎり、薄く形を整える。200度のオーブンで数分焼き、取り出して好みの具をのせ、オーブンにもどして焼き色をつける。具にはチョリン、オイルサーディン、アンチョビ、焼きなす、野菜のソテーなどを用い、にんにくやパセリのみじん切りをふりかける。木の実やドライフルーツをのせれば菓子パン風になる。

【米の蜂蜜煮】 *arroz con miel*

デザート感覚の甘い米料理。鍋に多めの水を入れ、弱火で米を15分ほど煮る。一度ザルにあけ、米の水気をきる。鍋に蜂蜜を入れて煮たたせ、米、レモンピール、シナモンスティックを入れて軽く混ぜ合わせる。弱火で数分煮て、皿に盛り、あら熱がとれて冷えてから食べる。

【スフェリカス】 *sphaericus*

球状という意味。フェラン・アドリアが、人工いくらの製法を応用して開発した調理法。アルギン酸ナトリウムを使用して、食材を様々な大きさの球形に加工する。メロン果汁を細かな球形にし、イベリコを使ったコンソメに浮かべた料理が有名。

アルギン酸ナトリウムは海藻類に含まれる粘性物質で食物繊維の一種。カルシウムイオン、マグネシウムイオンと合わせるとゼリー状に変化する。錠剤などの医薬品や接着剤にも使われている。調理用のアルギン酸ナトリウム、塩化カルシウムなどは、現地では缶詰で販売されている。凝固財のアガル（agar）、カッパ（kappa）、メチル（metil）、増粘剤のチャンタナ（xantana）なども同様に売られている。

スフェリカスを作るには、まずアルギン酸水溶液を作る。果汁などを少しずつ攪拌して加え、シノワで濾す。一晩冷蔵庫に入れ、液体から空気を抜く。空気が入っていると、きれいな球形にはならない。液体を塩化ナトリウムの水溶液に落とすと、数分で表面がかたまる。すばやく取り出し、水洗いをする。表面に塩化ナトリウムがついたままだと、中まで硬くなってしまう。できあがった球状の液体は、熱湯に入れても溶けない。

【パエリア】 *paella*

スペインではパエジャという。国民料理でレストランのメニューには必ずある。バレンシアが発祥ではなく、もともとは山の幸の料理。米の他にウサギの肉やカタツムリ、いんげん豆などを鉄鍋で炊いたものだった。

パエリアの具は各家庭で異なり、白身魚、ムール貝、アサリ、エビ、カニ、鶏肉などの他、じゃが芋、イカスミを用いることもある。そのため味が自在に変化するので、いく通りもの異なった味が楽しめる。できあがったごはんと具をわけ、具を大皿に盛り、ごはんはパエリア鍋のまま食卓に出すこともある。この場合は、アロス・ア・バンダ（arroz a banda）という。

アンコウ、タラなどの魚は適度なサイズに切る。エビは殻をむく。イカは胴と脚にわけて軟骨を取り、輪切りかぶつ切りにする。玉ねぎ、にんにくはみじん切りにする。サフランはすりつぶして、少量の水でといておく。鍋にオリーブオイル、玉ねぎを入れて炒め、パプリカパウダーを加えて和える。水と塩をいれ、20分ほど煮込む。魚、

エビを入れて10分ほど煮て、ザルで漉して具とスープにわける。パエリア鍋にオリーブオイル、にんにくを入れて炒める。イカと魚、エビを入れて数分炒め、トマトピューレを加えて10分ほど煮込む。パプリカパウダー、サフラン水を加え、米を入れて混ぜ合わせる。スープを入れて沸騰させ、弱火にして20分ほど煮込む。鍋と接した面の米に多少こげができるくらい煮込んでもよい。具と米をわけて出す場合は、おろしにんにくを加えたマヨネーズなどのソースを添えるとよい。

【ミガス】 *migas*

ミガスはパンくずの意味。貧しい牧民が生み出した素朴な料理で、家庭で残ったパンを使ったチャーハンのようなもの。パンは外側の硬い部分は使わず、軟らかい部分のみを用いたほうがおいしい。レーズン、牛乳、砂糖、チョコレートなどを加えたデザート風のものもある。

フランスパンなどを細かくちぎる。にんにく、玉ねぎをみじん切りにする。チョリソ、赤ピーマンは小さめに切る。フライパンにオリーブオイルを入れ、具材を炒めてからパンを入れる。塩、コショウ、パプリカパウダーで味つけをする。パンが硬いときは水をふりかける。

スペイン料理特殊食材

野菜類

【イナゴ豆】 *algarroba*

地中海沿岸に生息する被子植物で、10メートルに成長する高木。果実はイナゴに似た形状で、果肉は黒く甘い。そのままでも食べられるが、乾物はチョコレートの代用にされる。種はコーヒー豆のかわりにもなる。ギリシャ語ではクラティオンだが、種の重さがほぼ一定であることから、宝石の重さを示す単位「カラット」の語源となった。

【小きゅうり】 *pepinillo*

インドが原産で、紀元前からエジプトなどで栽培されていた。パールオニオンやローレルと酢漬けにしてピクルスにする。

【チェリモヤ】 *cherimola*

原産は南米。標高の高い地域で栽培され、暑さ寒さに弱いデリケートな植物。果実は「森のアイスクリーム」と呼ばれ、甘く軟らかい。果皮には大きなうろこ状の凹凸がある。果肉は白っぽいが、熟しすぎると茶色く変色する。

【ナツメヤシ】 *dátiles*

北アフリカを中心に栽培されているヤシ科の果実。ビタミン、ミネラルが豊富。スペインではドライフルーツをよく料理に使う。肉との相性もよく、菓子にも使われる。アリカンテ南部のナツメヤシ林は世界遺産。

【ひよこ豆】 *garbanzo*

エジプト豆。球状で硬く、白、うす茶、黒いものがある。脂肪分は少なく、たんぱく質が多い。乾燥品は水でもどして使う。コシードなどの煮込み、サラダなどに用いる。

【マルコナ】 *marcona*

スペイン産マルコナ種のアーモンド。やや丸みをおびた形をしている。カルフォルニア産より香りが高いが、苦味が強いのでローストして用いる。油脂が多いので、やや粗挽きにすると食感がよい。マカロン、マサパンなどの焼き菓子、トマトを使わない白い色のガスパチョなどに使われる。

【マルメロ】 *marmelo*

西洋かりん。形は洋梨に似ており、強い酸味があり果肉が硬い。マルメロを甘く煮て固めた菓子メンブリージョや、ジャム、蜂蜜漬け、果実酒などに用いる。

【焼き赤ピーマン】 *piquillo*

赤ピーマンをブナなどの薪で黒こげになるまで焼き、こげた部分を落としてビンづめにしたもの。濃厚な味で、塩とオリーブオイルをかけるだけでもおいしい。シーフードや野菜と合わせてオーブンで焼いたり、サラダ、クリームチーズと合わせておつまみなどにする。

魚介類

【あん肝】 *higada de rape*

海のフォアグラと呼ばれ、濃厚なチーズのような味がする。パテ、テリーヌ、ガーリックオイル煮などに使われる。あん肝はアンコウのメスのもので、オスは体が小さく食用にならない。アンコウのメスは、カマキリ同様に交尾後にオスを食べてしまう。あん肝には寄生虫（アニサキス）がついているので、加熱するか、1日以上冷凍にして用いる。

【ウナギの稚魚】 *angula*

シラスウナギ。孵化したころは木の葉形で、筒状の体形になりはじめたものをいう。ほぼ透明で体長は5cmほど。養殖用に買い取られることが多いため高級食材。カニカマのように姿を似せたすり身の食品（gula）もある。ウナギはシガテラ魚（毒魚）なので、加熱調理をしなければ食べられない。

【カメノテ】 *percebe*

別名えぼし貝。磯の湿った岩のわれ目などに群生している。フジツボ種で、7cmほどの大きいものを食用にする。ガリシアでは高級食材で、塩ゆでにして根元の皮をむき、白ワインを飲みながらつまむ。石灰質の爪のような殻の部分は食べられない。フジツボと同様にうまみのあるだしが出るので、スープにも使える。

【スケトウダラ】 *bacalao*

北太平洋の寒い海に生息。スペインではカナダからの輸入ものが多い。いたみやすいので、塩漬けにして乾燥させた干しダラも重用される。干しダラは5時間ほど水につけ、時々水を取りかえながら塩を抜き、水分をとってから適当な大きさに切る。ピルピル、トルティーヤ、コロッケ、サラダなどに用いる。タラのスープには、二日酔

いなどに効く解毒成分がある。身に繊維質が少ないので、長時間煮込む料理にはむかない。

【マテ貝】*navajas*

うすく細長い殻をもつ二枚貝。10cmほどに成長したものを食用にする。塩水につけて砂出しし、表面を洗って白ワインで蒸し焼きにする。マテ貝獲りにはコツがあり、浅瀬の砂地にあるマテ貝の巣穴に塩をふり、飛び出してきたマテ貝を抜き出す。

【メヒジョン】*mejillone*

日本で用いられるムール貝より大きく、カキの身ほどある。アサリと共にスペイン料理には欠かせない食材。トマトソース煮、パエリア、白ワイン蒸しなどに用いる。紫貝や胎貝（イガイ）を代用することもある。フランス語のムール（moule）は胎貝全般を意味する。

加工食品

<肉類>

【チョリソ】*chorizo*

チョリンともいう。赤い色をした塩味のサラミソーセージ。細かくきざんだ豚肉に塩、にんにく、パプリカを混ぜて練り、腸詰めにして乾燥させる。日本とは違い、スペインのチョリソは辛味が強くない。豆類との煮込み、トルティーヤなどに用いる。

【トシーノ】*tocino*

豚の脂身の塩漬け、または燻製。フィリピン製は調味料で甘く味つけされている。生ハムのブロックを冷蔵庫で保存する場合、トシーノのうす切りを表面に巻いておくとよい。

【ハモン・イベリコ】*jamón ibérico*

イベリコ豚の生ハム。豚肉を塩漬けにし、気温の低い乾燥した場所に２～４年つるして塾生させる。ハモン・セラーノより生産量が少ない。色は濃い赤で脂肪の混入率が高い。どんぐりの実だけで育てられた豚の生ハムは一級品で、ベジョータ（bellota）の名がつく。

【ハモン・セラーノ】*jamón serrano*

白豚の生ハム。「山のハム（後脚）」という意味。熟成期間は数ヶ月～数年。色はピンクで軟らかい。

【豚の耳】*oreja de cerdo*

大部分が皮と軟骨で、ゼラチンとコラーゲンが豊富。食感はクラゲに似ている。調理ずみのパックは炒めるだけで食べられるが、豆と煮込んだりもする。スペイン北部では豚の鼻も食べる。こちらは脂っこく軟らかい。バルには豚の皮をカリカリに揚げて、煎餅のような食感にしたおつまみがある。

【ブティファーラ】*butifarra*

イベリコ豚のあら挽き肉を使用したカタルーニャの生ソーセージ。野菜と煮込んだり、ほぐして挽き肉としても使える。モルシーリャよりもあっさりしている。

【モルシーリャ】 *morcilla*

米と豚の血を腸詰めにしたもの。オーブンで焼いて酒のつまみにしたり、リゾットに加えたり、鶏肉のローストの詰め物にする。羊の血を使ったものは、ブスカンツァという。

<チーズ>

スペインのチーズは、牛乳よりも羊乳や山羊乳を用いたものが多く、全体の6割をしめる。地方によって飼育方法が違うため、チーズの風味も異なる。ワイン同様にDOP、DO、IGPという原産地呼称制度がある。

【アル・ヘレス】 *al jerez*

アンダルシアの羊乳チーズ。3ヶ月ほど熟成させたのち、シェリー酒に5ヶ月漬け込む。コクがあり食べやすい。外皮には縄もようがある。

【イディアサバル】 *idiazabal*

バスク地方の羊乳チーズ。脂肪分がかなり多い。燻製が一般的だが、生のものもある。レンネット（凝乳酵素）を混ぜ込むため辛味がある。

【オベハ・アル・ロメロ】 *oveja al romero*

カスティーリャ・ラ・マンチャの羊乳チーズ。表面にローズマリーをまぶしてある。食べるときは、ローズマリーの部分をそぎ落とす。マルメロやオレンジのジャムと合わせてもよい。

【カブラレス】 *cabrales*

アストリアス周辺の洞窟で作られる青カビチーズ。青カビは植えつけるのではなく、自然発生させる。牛乳がメインだが、羊乳や山羊乳を混ぜるものもある。塩水につけた楓の葉で包んであり、青カビと塩の風味が強く、味にばらつきがある。

【ケソ・デ・ラ・セレナ】 *queso de la serena*

羊乳の最高級チーズ。植物性のレンネットを使用。外皮は硬く青カビの辛味があるので、外皮をけずり、クリーミーな内側を食べる。賞味期限が1週間ていどと短い。

【テティージャ】 *tetilla*

ガリシアのチーズ。「尼の乳房」という意味で、丸みをおびた形をしている。牛乳の甘味が強く軟らかい。マイルドなマヨネーズ系の味。サン・シモン（san aimon）は形状がどんぐり状にとがっている。燻製の香りと甘味があり、コーヒーにカラメルを入れたような味。

【バルデオン】 *valdeon*

スペイン北部のブルーチーズ。原料は牛乳と山羊乳で、カブラレスをまねて作られた。カブラレスよりも青カビが細かく入っており、味は濃厚で、しっとりしている。

【マオン】 *mahon*

バレアレス諸島のメノルカ島の牛乳チーズ。形状は丸くなく四角い。パプリカ入りのオイルでウォッシュするので塩気が強く、古いものは家禽のにおいがする。

【マホレロ】 *majorero*

カナリア諸島で作られる山羊乳の最高級チーズ。脂肪やたんぱく質が多く、強い甘味とナッツの香りが特徴。山羊乳のチーズは全般的に白いが、マホレロはやや黄色い。

【マンチャゴ】 *manchego*

スペインでもっともポピュラーな羊乳チーズ。昔はイ草の籠で作られ、そのなごりで外皮に編目もようがつけられる。塩分

は少なめで味はうすく、やや苦味がある。

【ムルシア・アル・ビノ】*murcia al vino*

山羊乳のチーズで脂肪分が高い。赤ワインでウォッシュしながら熟成させる。外皮は紫色だが内側は白い。甘味と酸味があり、クリームチーズ系の味。乳酸菌ではなく、レンネットで固めたタイプは外側が辛い。

【ロンカル】*roncal*

バスク地方、ピレネー山脈のロンカル渓谷産の羊乳チーズ。スペインでは高級で値段が高い。素朴な味で藁(わら)の香りがする。半年を過ぎると劣化が進む。

香草・香辛料

【青唐がらし】*guindillas*

鷹の爪(赤唐がらし)の未成熟な緑色をしたもの。バスク地方の名産。ピクルスやオイル漬け、グリーンタバスコにもされる。アンチョビと合わせて、おつまみにしてもよい。

【サフラン】*azafrán*

薬用サフランで、色づけスパイス。めしべを乾燥させたもので、独特の香りがあり、水に溶かすと黄色くなる。パエリア、ブイヤベース、クスクス、サフランティーなどに用いる。米に色づけする場合は、湯にサフランを浸して色と香りを出し、米に入れて炊く。薬として用いると鎮痛効果があるが、大量摂取(5g以上)は危険で死にいたる場合がある。

【スモークパプリカ】*pimentón de la vera*

イベリコ豚の産地、スペイン西部のパプリカ。ブナなどのオークの薪で乾燥させて燻製にし、微細に挽いたもの。煮込み、ソテー、ソース、サラミのスパイスなどに用

Column ―フェラン・アドリアと「エル・ブリ」―

1970年以降、フランスではヌーベル・キュイジーヌ、すなわち料理を新たに創作していこうという傾向が強まり、レストラン産業の活性化が進みました。バスク地方でも、レストランのシェフ達が触発されて、新しい素材で見た目も美しい料理の創造をめざします。

スペインの経済成長に伴い、庶民の美食への関心も高まり、バスクのレストランやシェフは、世界からもっとも注目されるようになりました。特にカタルーニャの料理人フェラン・アドリアと、彼のレストラン「エル・ブリ」は、過去に例を見ない独創的な美術観と調理法で脚光を集めます。

フェランは37歳でミシュランから三ツ星の評価を受け、「エル・ブリ」は1年先まで予約が取れない人気レストランになりました。フェランの料理は"意外性"そのものであり、20皿以上におよぶコースメニューや、魚とフルーツの組み合わせ、フルーツのソテー、独自に開発した器具で食材をすべて泡状にしてしまうなど、奇想天外な発想で新メニューを次々と生み出します。

フェランは、アイデアにすこぶる貪欲で、来日するたびに駄菓子屋などに足を運び、ヒントを探っています。「エル・ブリ」は2010年7月に閉店しましたが、フェランに師事して感性を受け継いだ料理人は世界に拡散し、ヨーロッパ諸国で"食"の改革を促進しています。現在ではフェランの影響を受けた北欧諸国の若いシェフ達が台頭しはじめ、老舗のフランスのシェフも巻き返しをはかるなど、"食"のルネッサンス時代が到来しました。

いる。チーズやオリーブにふりかけてもよい。

【ピメントン】*pimentón*

パプリカパウダー。辛味のピカンテ、甘味のドゥルセ、酸味があるものもある。種を抜いた果肉のみを乾燥粉末にしたものが高級品。オリーブオイル、にんにくと合わせてスープにもする。

調味料

【海藻入りソース】

ガリシアのペースト。バジル、オリーブオイル、にんにくなどで作られるジェノバソースに、ワカメ、海苔などの海藻を加えたもの。パスタ、魚介類、ゆで野菜のソースに用いる。

【蜂蜜】*miel*

アンダルシアの百花蜜、オレンジ蜂蜜、栗やナラから採取される「森の秘密」と呼ばれる蜂蜜など多種がある。ラベンダー蜂蜜は、アロマテラピーにも使われる。米を蜂蜜で煮たり、トリハスにかけたりする。ソフトドリンクや紅茶にも入れる。

ワイン

Vin [仏] ／ Vino [伊] ／ Vino [西]

ワインは、ぶどうの果汁を酵母で発酵させた醸造酒の一種。他の果物でも醸造酒を造ることは可能だが、ぶどうから造る酒が大多数を占めるため、一般的にワインと言えば、ぶどうから造られるものを指す。

ワインの種類

－赤ワイン－
　黒ぶどうを用い、果皮が付いたまま発酵させたワイン。

－白ワイン－
　一般に白ぶどうを使い、果皮を取り除き、果汁のみを発酵させたワイン。ほとんど色は付かない。

－ロゼワイン－
　赤ワイン同様に黒ぶどうを使い、果皮を付けたまま発酵させ、ロゼ色になったところで果皮を取り除いたもの。

製造方法による違い

－非発泡性ワイン（スティル・ワイン）－
　炭酸ガスを含まず、発泡しないワイン。
－発泡性ワイン（スパークリング・ワイン）－
　一般的に炭酸ガスを含んでおり、栓を抜くと発泡する。3気圧以上のガス圧を持ったワインで、代表的なものがフランスのシャンパーニュ。気圧の低い弱発泡性ワインもある。
－酒精強化ワイン（フォーティファイド・ワイン）－
　スティルワインの製造途中で、ブランデー等の酒を添加し、アルコール度数を高めたワイン。ポルトガルのポートや、スペインのシェリーが有名。食前酒や食後酒によく用いられる。
－香味付けワイン（フレーヴァード・ワイン）－
　香草、果実、甘味料、エッセンスなどを加え、風味付けしたワイン。代表格はデュボネ、スペインのサングリアなど。

フランスワイン

フランスのワインの生産量は、イタリアと世界第1位を常に争っている。産地は北部を除く内陸部、ドイツやイタリアとの国境地域、沿岸部など全土に散らばっている。それぞれの産地の地形、地質、気候が変化に富むため、様々なタイプのワインが生産される。フランスを原産とするカベルネ・ソーヴィニョン種やピノ・ノワール種（いずれも黒ぶどう）、シャルドネ種（白ぶどう）は、フランス国内のみならず、世界中で栽培され、国際的に人気が高い。また、各国のワインのスタイルは、今なおフランスワインが目標、指針となっている。

フランスワインの格付け

フランスではワインの品質と身元の真正さを管理するため、EU（欧州連合）規定と、フランスのワイン法によって、ワインを大きく4つのカテゴリーに分類している。

フランスワインのピラミッド

【AOC】

AOC（またはAC）とは、Appellation d'Origine Contrôlée（アペラシオン・ドリジーヌ・コントローレ）の略で、原産地統制呼称の意。生産量はフランス全土の約40％。生産地域、使用するぶどう品種、醸造方法、面積あたりの収量等、厳しい規制にのっとって造られる最高ランクのワイン。AOCワインは、ラベルに原産地名を記入し、それをワイン名とすることができる。産地名には、地方名、地区名、村名、畑名があり、地域が狭くなる程上位とされる。

【AOVDQS】

Appellation d'Origine Vin Délimité de Qualité Supérieure（アペラシオン・ドリジーヌ・ヴァン・デリミテ・ドゥ・カリテ・シューペリュール）の略で、原産地名称上質指定ワインの意。AOCに次ぐワインで、規制はややゆるい。

【Vin de Pays】ヴァン・ド・ペイ

地ワイン。限定された生産地域名がラベルに記載される。

【Vin de Table】ヴァン・ド・ターブル

テーブルワイン。日常消費用のワインで、フランス国内の異なる生産地域のぶどうをブレンドできる。

ラベルの読み方

ラベルのことをエチケットとも言い、そのワインについての様々な情報が盛り込まれている。記載内容は以下の通り。

● 原産国名

小さな文字でFrance等の国名が記されている。

● ワイン名

<原産地名>

AOCに格付けされているワインの場合は、AppellationとContrôléeの間に記された原産地名がワイン名である。たとえ

ボルドーのAOCラベル

①シャトー元詰め ②ワイン銘柄 ③ヴィンテージ ④村名
⑤格付け ⑥ビン詰元名と住所 ⑦容量 ⑧原産国

ブルゴーニュのAOCラベル

①ワイン銘柄 ②畑名 ③格付け ④生産者元詰め
⑤原産国 ⑥容量 ⑦アルコール濃度 ⑧ビン詰元名と住所

ば、ポイヤックと記されている場合、ボルドー地方のメドック地区にあるポイヤック村が原産地で、村名がワイン名になっている。

<ぶどう品種名>
アルザス地方のワインは、ワイン名（原産地名）に品種名が併記されている。
例：Alsace Riesling（リースリングという品種を用いたワイン）

●収穫年
ぶどうの収穫された年を指す。最近まで重要視していたが、設備投資や醸造技術の進歩により、収穫年による差は以前より少なくなってきている。

●製造者元詰
Mis en bouteilles par 〜（ミ・ザン・ブティユ・パー）と記されており、「〜によってビン詰めされた」という意味。

●その他
アルコール度数、製造者名とその所在地、内容量などが記されている。

フランスワインのキーワード

【シャトー】*chateau*
　シャトーは「城」の意味。本来はぶどう園所有の領主の住居を示す言葉だが、現在はワイン生産設備を指すことが多い。但し、ボルドー地方は、AOCが制定される以前からシャトーに対する格付けがあったため、ボルドーワインにはシャトー名をワイン名としているものがある。

【スーペリュール】*supérieur*
　各地域のワインの中で、ややアルコール度が高く、上質なものを指す。

【ドメーヌ】*domaine*
　栽培醸造家の意味。ぶどうの栽培からワインの瓶詰めまで行う。多くは傑出したワインを造るが、生産量が少なく、入手しずらい。

【ネゴシアン】*négociant*
　ワイン商の意味。ぶどう、または発酵しただけのワインを購入し、瓶詰めまでの作業を行う。大手は安定した品質を誇り、比較的入手しやすい。

フランスワインの2大生産地

【ボルドー】*Bordeaux*
　フランスを代表する2大生産地の1つ。

フランス南西部に位置し、ジロンド川、その上流のガロンヌ川、ドルドーニュ川流域一帯でAOCワインを数多く生産している。ボルドーワインの約半分は単なるAOCボルドーに格付けされ、名高いシャトーは全体のわずか5％にすぎないが、この5％がボルドーの評判を担っていると言っても過言ではない。ボルドーワイン造りの特徴は、カベルネ・ソーヴィニョン、カベルネ・フラン、メルロー等、複数の品種をブレンドして造るところにあり、そこから複雑な香りと深みのある味わいが生まれる。ボルドー地方は、AOCの格付けにより、最もベーシックなタイプとしてAOCボルドーまたはAOCボルドー・シューペリュールというAOC地方名、その上に格付けされるメドックやグラーヴといったAOC地区名、マルゴーやサン・ジュリアンなどのAOC村名ワインに分けられる。それ以外に独自の格付けを行っている地域もあり、シャトーと名の付くものはAOC村名の中でも格上である。

《ボルドーのぶどうの品種》

赤：カベルネ・ソーヴィニョン、メルロー、カベルネ・フラン

白：ソーヴィニョン・ブラン、セミヨン

《ボルドーの代表的な地区》

① メドック（Médoc）

ジロンド川左岸に広がる地域で、ボルドーで最も名高いワイン生産地区。ぶどう品種は、カベルネ・ソーヴィニョンが中心。とりわけ有名な村は、サンテステフ、ポイヤック、サン・ジュリアン、マルゴーの4つ。それぞれの村のシャトーは、1855年にパリ万博で発表されたワインガイドのメドックの格付けで、1級から5級にクラス分けされている。1級シャトーであるシャトー・マルゴーやシャトー・ラトゥールなどは、その傑出した品質で高名。

② グラーヴとペサック・レオニャン（Graves、Pessac-Leognan）

グラーヴ地区はメドックの南に位置し、メドック同様、水はけの良い砂利（グラーヴ）層の土壌である。グラーヴ北部と、1987年に創設されたアペラシオンのペサック・レオニャンでは、素晴らしい赤ワインと、近年大幅に品質が向上した白ワインが生産されている。

③ サン・テミリオンとポムロール（St-Emilion、Pomerole）

サン・テミリオンは、ドルドーニュ川の北岸、ポムロールの隣に位置する中世の面影が残る美しい地域。ジロンド川左岸のグラーヴなどではカベルネ・ソーヴィニョンが主要なのに対し、右岸のサン・テミリオンやポムロールでは、粘土質の土壌にあったメルロー中心の赤ワインだけが生産される。格付けは3段階に分けられ、最上である第1級特別級A級にはシャトー・オーゾンヌ、シャトー・シュバル・ブランの2つの名柄がある。ポムロールは、サン・テミリオンと同じく、小規模なシャトーとぶどう畑が点在する。各シャトーとも生産量が少なく、入手しづらいため、高価格になることが多い。格付けはないが、世界的に非常に高く評価されているシャトー・ペトリュー

スやシャトー・ル・パン等が特級クラスとされる。メルロー主体の滑らかで芳醇な舌触りは、よくベルベットにたとえられる。

《ボルドー地方の料理とワイン》

ボルドーは地元だけでなく、近隣からも様々な食材が手に入る恵まれた土地である。特に有名なのがボルドレーズという赤ワイン（もしくは白ワイン）を使った濃厚な味のボルドー風ソースで、メドックや赤のグラーヴが特に合う。大西洋岸でとれるカキや貝類などには、すっきりしたアントゥル・ドゥ・メールやグラーヴの白がぴったりの組み合わせ。

【ブルゴーニュ】 *Bourgogne*

ボルドーと双璧をなすフランスワインの生産地域。北はシャブリから南はボジョレまで、南北に広がっている。ブルゴーニュワインは、ボルドーのように複数の品種をブレンドせず、赤も白も単一のぶどう品種から造られる。ボルドーが複雑でふくよかな風味から"ワインの女王"と言われるのに対し、力強い芳香と味わいのブルゴーニュは"ワインの王様"と言われてきた。ボーヌを挟み、北のコート・ド・ニュイ、南のコート・ド・ボーヌは、コート・ドール（金色の丘）と呼ばれる。約50kmにわたって細長く広がるぶどう畑で、ブルゴーニュの最高峰ワインは、すべてここから産出される。ブルゴーニュの格付けはボルドーとは異なり、AOCの最少単位は畑。AOCの格付けで最もベーシックなのが、AOCブルゴーニュなどのAOC地方名または地域名で、次にムルソー、ジュブレ・シャンベルタンなどのAOC村名、そして最少単位であるAOC畑名のワインと、範囲が小さくなる程格が上がっていく。これらの畑をクリマといい、より上質な畑はプルミエ・クリュ（1級畑）、グラン・クリュ（特級畑）と呼ばれる。グラン・クリュはブルゴーニュ全体の1％にすぎない。ブルゴーニュの畑は、革命後の農地改革の名残で、細分化された畑を、多数の栽培農家が所有している。そのため、同一の畑名のワインでも何人もの造り手がいるため、ブルゴーニュワインは複雑でわかりにくいと言われる。

《ブルゴーニュのぶどうの品種》

赤：ピノ・ノワール、ガメイ

白：シャルドネ、アリゴテ

《ブルゴーニュの代表的な地区》

①シャブリ（Chablis）

シャルドネ種から造られる辛口白ワインで有名。ブルゴーニュの最北端に位置し、特殊な石灰岩質の土壌から、はっきりした個性を持つワインが生まれる。AOCは、上からシャブリ・グラン・クリュ、シャブリ・プルミエ・クリュ、シャブリ、プティ・シャブリ。グラン・クリュの畑は、ブランショ、ブーグロ、レ・クロ、グルヌイユ、レ・プルーズ、ヴァルミュール、ヴォーデジール、の7つがある。プルミエ・クリュの代表的なものには、フルショーム、モンテ・ド・トネール、モン・ド・ミリュー、ヴォークパンなど。

②コート・ド・ニュイ（Côte de Nuits）

世界最大のピノ・ノワールの畑が広がり、名だたるブルゴーニュの赤ワインの大部

分がここで生産されている。コート・ドールに25カ所ある赤の特級畑のうち、24カ所までがコート・ド・ニュイに属す。村は北からマルサネ、フィクサン、ジュブレ・シャンベルタン、モレ・サン・ドニ、シャンボール・ミュジニー、ヴージョ、ヴォーヌ・ロマネ、ニュイ・サン・ジョルジュ。ジュブレ・シャンベルタンからヴォーヌ・ロマネまでグラン・クリュの畑が連なる。世界で一番有名なロマネ・コンティは、ヴォーヌ・ロマネ村のグラン・クリュである。一部の村では白、ロゼも造っている。

③ コート・ド・ボーヌ (Côte de Beaune)

コート・ド・ボーヌのワインの生産量は、白より赤が多い。だが、シャルドネ種のぶどうが本領を発揮する土壌であるため、モンラッシェ、コルトン・シャルルマーニュをはじめとする白ワインの生産地として有名である。ボーヌで白ワインのグラン・クリュがある村は、ラドワ・セリニー、アロース・コルトン、ペルナン・ベルジュレス、ピュリニー・モンラッシェ、シャサーニュ・モンラッシェ。

④ コート・シャロネーズ (Côte Chalonnaise)

コート・ド・ボーヌのぶどう畑の真南に位置する。コストパフォーマンスの高い赤、白ワインの生産地。なだらかな丘陵で、牧草や林の間にぶどう畑が点在する。村名AOCは次の4つ。香り高い白と赤を産するリュリー、特に赤が高品質なメルキュレイとジブリ、白のみのモンタニー。アリゴテで有名なブーズロン村では、エチケットにブルゴーニュ・アリゴテという名称とともに村名のブーズロンを併記することができる。他の村では、シャルドネとピノ・ノワール種が栽培されている。

⑤ マコネとボジョレ

(Maconnais、Beaujolais)

マコネはソーヌ川沿いの広大な産地。赤、白、ロゼを産する。主に日常消費用だが、南部ではマコン・ヴィラージュ、プイィ・フュイッセ、サン・ヴェランといった高品質な村名AOCの白ワインも造られる。ボジョレは有名なヌーボーに代表されるように、若飲みタイプのワイン産地。ほとんどがガメイ種を使った赤で、軽く冷やして飲んだほうが心地よく感じる。AOCボジョレ・ヴィラージュやサンタ・ムール、ムーラン・ナヴァンといった10ある村名ボジョレは、AOCボジョレよりも凝縮感があり、中には熟成に向くものもある。

《ブルゴーニュ地方の料理とワイン》

ブルゴーニュ地方は食材が豊かで、代表的なものはシャロレー牛。東西南北に流れる川ではマス、カワカマス、ザリガニなどの淡水魚がとれ、さらに野生のきのこ、ハト、キジ、カモ等も豊富。ザリガニの白ワイン煮にはシャブリや他のシャルドネ種のワイン、ブルゴーニュ風エスカルゴにはアリゴテ種のワインが相性が良い。ブッフ・ブルギニョン（牛肉の赤ワイン煮込み）やコック・オー・ヴァン（鶏肉の赤ワイン煮込み）には、コクのあるコート・ド・ニュイの赤ワインなどが合う。チーズも豊富で、エポ

ワースやサン・フロランタンなど風味が強烈なものには、滑らかな赤ワインや芳醇な上質の辛口白ワインが合う。

その他のフランスワインの大産地

【アルザス】 *Alsace*

ドイツと国境を接しているフランス東部の地域。断続的にドイツに占領されていた影響で、生産されるワインもドイツ的。だが、緯度が高いわりに温暖なため、アルコール度数が高くなり、風味が強い辛口ワインになるのがドイツワインと異なる点。アペラシオンは、アルザスとアルザス・グラン・クリュの2つしかなく、どちらもエチケットにはアペラシオンの次にぶどう品種が表記される。

《アルザスのぶどうの品種》

赤：ピノ・ノワール

白：リースリング、ゲヴュルツ・トラミネール、ピノ・グリ、ミュスカ

これら4種の白ぶどうは"高貴品種"とされ、グラン・クリュに使用される。高貴品質には糖度によりヴァンダンジュ・タルディーブ（遅摘み）、セレクション・ド・グランノーブル（貴腐を含む）と表記できる。遅摘みのワインとストラスブール産フォワ・グラとの相性は抜群。シュークルートにはリースリングなど。

【コルス（コルシカ島）】 *Corse*

コルシカ島はナポレオンの出身地として有名。地中海に浮かび、別名イル・ド・ボーテ（麗しの島）と言われる。イタリアに近いため、品種もイタリア系のものが多いが、近年南仏の品種も植えられている。黒ぶどうはシャカレッロ、ニエルッキオなどで、ミディアムからフルボディの赤ワインが造られる。白ぶどうはヴァルメンティーノを使い、フレッシュでフルーティーな辛口ワインを造る。パトリモニオやアジャクシオが代表的AOC。すべての赤、白、ロゼが認められている。

【シャンパーニュ】 *Champagne*

フランス最北のワイン産地。日本ではシャンパンの名が有名だが、正式にはシャンパーニュで、この地に伝わる独特な方法で造られている。一般にピノ・ノワール、ピノ・ムニエ（黒ぶどう）、シャルドネ（白ぶどう）の3種を使い、収穫年の違う原酒をブレンドして造る。そのため、通常は収穫年の表示がない。

シャンパーニュの製造方法は、まずワインを造る要領で透明な原液を造り、ブレンドしたものをボトルに詰め、糖分と酵母を加えて二次発酵させる。酵母と糖が炭酸ガスを発生し、ワインに溶け込む。この製造方法をシャンパーニュ方式という。通常3年以上熟成させるため、より風味豊かで気泡の細かいシャンパーニュとなる。

他にAOCコトー・シャンプノワ（赤、白、ロゼ）といった非発泡性ワインも造られている。

《シャンパーニュのぶどうの品種》

黒ぶどう：ピノ・ノワール、ピノ・ムニエ

白ぶどう：シャルドネ

《シャンパーニュのスタイル》

ノンヴィンテージ（年数表示なし）は、2つ以上のヴィンテージをブレンドして造るスタンダードタイプ。ヴィンテージは、当

たり年に収穫されたぶどうのみで造られる。ブラン・ド・ブランは、シャルドネ種のみで造られるシャンパーニュ。ブラン・ド・ノワールは、ピノ・ノワールとピノ・ムニエ（黒ぶどう）のみで造られる。ロゼ・シャンパーニュは、白と赤をブレンドするか、黒ぶどうの果皮を漬け込んで造る。

【ジュラ、サヴォア】 *Jura、Savoie*

スイスとの国境に近いジュラでは、サヴァニャンという品種を使い、ヴァン・ジョンヌ（黄色いワイン）というシェリータイプのワインを造る。ヴァン・ド・パイユ（麦わらワイン）は、ぶどうを麦の上で乾燥させて造るワインで、非常に甘い。同じタイプのワインがコート・デュ・ローヌのエルミタージュでも造られている。サヴォアは白ワインがほとんどで、スイスと同じシャスラーなどを使い、飲みやすい白ワインを造っている。

【スュド・ウエスト】 *Sud-Ouest*

フランスの南西部で、ボルドーの南と東に位置し、おおむねボルドーのスタイルを受け継いでいる。

《スュド・ウエストのぶどうの品種》

赤：カベルネ、メルロー、タナ、マルベック

白：ソーヴィニョン・ブラン、セミヨン、プティ・マンサン、グロ・マンサン

《スュド・ウエスト地方の料理とワイン》

代表的なAOCとして、カベルネ・フランやメルローなどを使うベルジュラック。辛口の白も造っている。ソーテルヌスタイルのお値打ち甘口白ワインのモンバジャック、肉付きの良い赤のカオール、この地方で人気の高い長熟タイプのマディラン（赤）などが有名。モンバジャックは、フォワグラやブルーチーズと合わせると美味しい。カモのコンフィ（カモ脂でじっくり火を通した保存食）には、マディランが最高の組み合わせ。

【プロヴァンス】 *Provence*

地中海沿岸に位置し、ブイヤベースで有名なマルセイユは、フランス最古のワイン造りの地域。熟成タイプの赤や白も造られているが、辛口ロゼワインが圧倒的に多い。

《プロヴァンス地方の料理とワイン》

広域をカバーする包括的なアペラシオンがコート・ド・プロヴァンスで、その6割はロゼワイン。バンドールは、ムールヴェードル主体のしっかりしたスパイシーな赤とロゼで知られ、やや内陸のレ・ボー・ド・プロヴァンスではカベルネなどを使って熟成型の力強い赤ワインを造っている。ブイヤベースには、キリリと冷えたロゼか白。ハーブやトマト、にんにく、オリーブを使った地中海料理には、白やカシーの赤が合う。

【ラングドック、ルーション】

Languedoc、Roussillon

地中海沿岸西部に位置し、フランスで最も生産量の多い地域。ラングドックとルーション地方で、フランスのぶどう栽培地の38％を占める。そのうちの大部分がヴァン・ド・ターブルとヴァン・ド・ペイで、フランスのテーブルワインの大半を生産する。ルーションでは様々なタイプのヴァン・ド・ナチュレルという甘口のワインを多く生産しており、赤の甘口ワインも造ら

れる。

《ラングドック、ルーションの料理とワイン》

　赤ワインが多いミネルヴォア、それよりやや肉付きが良いコルビエール、発泡酒のリムー、甘口ワインのバニュルスなどが有名。白いんげん豆と肉を煮込んだカスレにはコルビエールの赤、チョコレートのデザートには甘口のバニュルスが相性が良い。

【ローヌ】*Rhône*

　コート・デュ・ローヌは、ローヌ川沿いの南北にのびている畑。約9割が赤ワイン。天候に恵まれ、濃密でパワフルな赤が多い。生産地域は大きく北部と南部に分かれる。

《ローヌのぶどうの品種》

赤：シラー、グルナッシュ

白：ヴィオニエ、ルーサンヌ、マルサンヌ

《ローヌの各地区の傾向》

　ローヌ北部で生産されるコート・ロティは、シラー種主体の風味深い赤ワイン。コンドリュー、シャトー・グリエは、ヴィオニエ100％の華やかな香りの白ワインで、シャトー・グリエは3.5hの非常に小さな畑で希少。エルミタージュは、シラー主体の赤と、ルーサンヌ、マルサンヌを用いた白がある。ローヌ南部は、日常タイプのワインの産地。シャトーヌフ・デュ・パープのようなスパイシーな赤、タヴェルのようなしっかりしたロゼなどが造られる。

【ロワール】*Loire*

　ロワール川の本流、支流沿岸の地域。バラエティーに富んだワインの宝庫で、白ワインを中心に赤、ロゼ、甘口タイプ、発泡酒が造られ、全般に早飲み。ミュスカデが有名だが、これは品種名で別名ムロン・ド・ブルゴーニュ。口当たりの良い辛口白ワインである。ロゼで人気なのがロゼ・ダンジュでやや甘口。シノンやブルグイユは良質な赤ワインで、プイィ・フュメ、サンセールは、ソーヴィニョン・ブランから造られる良質辛口ワイン。ブール・ブラン・ソース（白ワインバターソース）にはミュスカデやプイィ・フュメなどが合う。

《ロワールのぶどうの品種》

赤：カベルネ・フラン、ガメイ

白：ソーヴィニョン・ブラン、シュナン・ブラン、ムロン・ド・ブルゴーニュ（ミュスカデ）

イタリアワイン

イタリアワインの歴史は古く、古代ローマ時代のギリシャ人は、イタリアを「エノトリア・テルス（ワインの地）」と呼んでいた。その名の通り、土壌はぶどう栽培に適しており、現在も世界第1位のワイン生産量をフランスとともに争っている。南北に細長いイタリアは、ワインのバラエティーも豊かで、各州ごとに様々な特徴を持っている。料理も州によって異なるため、飲まれるワインも料理に合わせて各種生産されている。これがイタリアワインの魅力だが、大きなくくりでの体系的な分類ができず、理解するのが大変難しい。近年、日本ではイタリアワインの輸入が急増し、人気を呼んでいる。手頃で価格が安定しており、味のバリエーションが豊かな事が大きな理由である。

イタリアワインの格付け

イタリアにもフランス同様に品質を管理、維持するための「ワイン法」がある。これはフランスのワイン法を手本にしたものだが、各州独立しているため、なかなか条件の統一が難しい。そのため各州、各ワインごとに細かく法律により規制がなされ、「一番厳しいワイン法」とも言われている。カテゴリーは、おおまかに4つに分かれている。

① D.O.C.G.

Denominazione di Origine Controllata e Garatita（デノミナツィオーネ・ディ・オリジネ・コントロッラータ・エ・ガランティータ）。統制保証原産地呼称ワインの意。法で産地が限定され、原産地保証委員会の基準をクリアしたワイン。イタリアワインの中ではクオリティーが最も高い。バローロ、キアンティーなどもこのクラスのワイン。

② D.O.C.

Denominazione di Origine Controllata（デノミナツィオーネ・ディ・オリジネ・コントロッラータ）。統制原産地呼称ワインの意。各州ごとに一定の規定をクリアした上級ワイン。300以上の銘柄がある。

③ V.d.T.I.G.T.

V.d.T.Indicazione Geografica Tipica（ヴィーノ・ダ・ターヴォラ・インディカツィオーネ・ジオグラフィカ・ティピカ）。地理的表示テーブルワイン。フランスのヴァン・ド・ペイ（地酒）に相当する。このカテゴリーに含まれるワインは年々増加しており、200種類に及ぶ。

④ V.d.T.

Vino da Tavola（ヴィーノ・ダ・ターヴォラ）。テーブルワイン。600種以上がある。V.d.T.I.G.T.も含め、テーブルワインの生産量は非常に多く、全体の85％を占

める。日本に輸入されているワインのほとんどはD.O.C.、D.O.C.G.なので、全く知られていないワインがイタリアには数多く存在する。

ラベルの読み方

イタリアワインの名称は、フランスワイン程統一されていない。産地の名称が主流であるが、逸話に基づく名称やワイナリー経営者の身内の名前を用いたものなど様々である。以下は代表的なワインのエチケットの読み方。

＜D.O.C.G.ワインの場合＞
①商号　②ワイン名　③D.O.C.G.の証明
④ワインを醸造した農園名　⑤収穫年の生産数量　⑥ぶどうの収穫年　⑦ビン詰元名
⑧ワインの容量（eはEU公認容量）　⑨製造業者公認番号　⑩アルコール度数

イタリアワインのキーワード

【ヴィーノ・ノヴェッロ】*vino novello*
　フランスのボージョレ・ヌーヴォ同様、年内に出荷される新酒。通常は赤ワイン。収穫年内にビン詰めされ、11月6日以降に売り出される。

【ヴェンデッミーア】*vendemmia*
　収穫年のこと。エチケットには、ワインが造られた年（ヴィンテージ）の前に記載されることが多い。

【カンティーナ】*cantina*
　セラー（貯蔵庫）、またはワイナリーのこと。

D.O.C.G.ワインラベル

①商号　②ワイン名　③D.O.C.G.ワインであることを示す
④ワインを醸造した農園名　⑤収穫年の生産数量　⑥ぶどうの収穫年
⑦ビン詰元　⑧ワイン容量（eはEC公認容量を示す）　⑨製造業者公認番号
⑩アルコール濃度

D.O.C.ワインラベル

①ワイン名　②D.O.C.ワインであることを示す　③ぶどうの収穫年
④商号　⑤ビン詰元　⑥ワイン容量（eはEC公認容量を示す）
⑦アルコール濃度

【クラッシコ】*classico*

D.O.C.、D.O.C.G.ワインの生産地区で、昔から栽培を続けてきた中心地区のぶどうで造ったワイン。

【クリュ】*cru*

ピエモンテ州でワイン名の一部に使われる畑。特別にフランス語を用いる。

【スーパー・トスカーナ】*Super Tuscan*

スーパー・タスカンともいう。トスカーナ地方産の高品質なV.d.T.ワインの通称。高級スーパーV.d.T.の中心的な存在。

【スプマンテ】*spumante*

スパークリング・ワイン（発泡酒）のこと。

【スペリオーレ】*superiore*

通常、高品質なD.O.C.ワインを意味する。アルコール度が高め、熟成が長期、特別な区画産などの条件を満たすもの。

【リゼルヴァ】*riserva*

一般的な法的熟成期間よりも長い期間を過ごしたワインに付けられる用語。D.O.C.、D.O.C.G.のワインに適応される。

【ロザート】*rosato*

ロゼワインのこと。

【ロッソ】*rosso*

赤ワインのこと。

イタリアワインの産地

テーブルワインを多く生み出す産地は、南部のプーリア州やシチリア州。シチリア島では、料理などにも使われるマルサラ酒などの酒精強化ワインも造られる。比較的高級で繊細なワインを生み出す産地は、北部のピエモンテ州や中部のトスカーナ州で、イタリアの2大生産地と言われている。イタリアで栽培されているぶどうの品種はあまりにも多いので、種類を記憶するよりも知名度の高いワイン名称を覚えたほうが早い。ピエモンテ州とトスカーナ州のワインの品質と知名度は別格で、フランスのブルゴーニュ、ボルドーと同じような存在である。

＜ピエモンテ州のワイン＞

イタリアの北西部の州で、フランスと国境を接しており、食生活などに影響を受けている。ピエモンテの直訳は「山の足」で、アルプス山脈の麓に位置し、有数のチーズと国内一の米の産地である。イタリアワインは通常ブレンドされることが多いが、ピエモンテ州には1つの品種で造られるバローロ、バルバレスコといった高級ワインがある。D.O.C.G.も7種と全州の中でトップ。

【アスティー】*Asti*

D.O.C.G.のスプマンテ。マスカットの香りが特徴的な甘口の発泡酒で、アルコール度数は7～9度と低い。果実や甘味類に向くが、特にマチェドニア（フルーツポンチ）、フルーツタルトによく合う。

【ガヴィ】*Gavi*

D.O.C.の辛口白ワイン。洋なしを思わせる香りを持つ。ソフトでフルーティー、豊かな酸味があるワイン。軽い前菜や魚料理に向く。

【バルバレスコ】*Barbaresco*

D.O.C.G.の辛口赤ワイン。ぶどう品種はイタリアワインには珍しいネッビオーロ種。名前はバルバレスコ村に由来。バローロの弟分とされ、色合いが似ている。味わ

いはバローロに比べるとソフトでエレガント。野鳥料理やローストした肉料理に向く。最低アルコール度数は12.5度。

【バローロ】 *Barolo*

D.O.C.G.の辛口赤ワイン。ぶどうの品種はネッビオーロ種。「ワインの王様」と言われ、名前はバローロ村に由来。オレンジ色を帯びた濃いガーネット色で、しっかりとした味わい。苦味（タンニン）もあるが、熟成する程にまろやかになる。煮込みの肉料理に向く。最低アルコール度数が13度と、かなりハードなワイン。

＜トスカーナ州のワイン＞

アルペン山脈の東からティレニア海に至る地域。ワイン造りの歴史は古く、世界的に知られるワインの産地である。近年、ワイン法の規定に合わないため、格付けがテーブルワイン（V.d.T.）になってしまったサシカイヤー、ティニャネッロ、ソライヤーなどの高級ワイン（スーパー・タスカン）が多数登場し、話題を呼んでいる。

【キャンティー】 *Chianti*

世界で最も有名なD.O.C.G.の赤ワイン。「こも」と呼ばれるわらを編んだカバーが付いているものもある。サンジョベーゼというぶどう品種から造られ、明るいルビー色で、調和のとれた飲み口の良いワイン。フィレンツェ風Tボーンステーキやトリッパー（牛胃袋の煮込み料理）などによく合う。近年、ボルドーを意識した色の濃いブラック・キャンティーも登場している。一時期、キャンティーは軽い赤ワインという印象が定着。製造エリアの有名メーカーは、イメージから脱するため、カベルネ・ソーヴィニョンを植えて人気のボルドーに対抗する赤ワインを発売。これがスーパー・タスカンで、高い人気を呼び、トスカーナ州以外の州でも手法を取り入れ始めた。

【ブルネッロ・ディ・モンタルチーノ】 *Brunello di Montalcino*

D.O.C.G.の辛口赤ワイン。しっかりとした味わい。歴史は新しく、約100年前にサンジョベーゼ・グロッソ種から造られた。熟成するたびにガーネット色をおびる。個性的でエレガントな香りがあり、タンニンと果実味のバランスが非常に良いワイン。赤身の肉、野獣肉料理、熟成したチーズなどと相性が良い。

＜その他の地域のワイン＞

【ヴァルポリチェッラ】 *Valpolicella*

ヴェネト州のフルーティーな軽い赤ワイン。いんげん豆のパスタ、米料理、硬質チーズと相性が良い。

【ソアーヴェ】 *Soave*

ヴェネト州の辛口のフレッシュ白ワイン。魚介類との相性が良い。

【タウラージ】 *Taurasi*

カンパーニャ州の濃いルビー色をした辛口赤ワイン。独特な濃密な香りと力強いコクがある。肉のローストに合う。

【フラスカティー】 *Frascati*

ロンバルディア州のフルーティーな辛口白ワイン。魚をベースにしたスープやパスタ、仔牛の肉など何にでも無難に合う。

【フランチャコルタ】 *Franciacorta*

ロンバルディア州の品質の高い発泡酒。繊細でフルーティーな味わい。アペリティフ、淡水魚料理、軽い前菜に向く。

スペインワイン

スペインのワイン用のぶどう栽培面積は世界第1位であるが、ワインの生産はイタリア、フランスに続く第3位である。スペインは、いろいろな民族の文化の影響を受けているが、3000年以上もワインの生産を続けている。しかも、フィロキセラの害も乗り越えた。また、フィロキセラの害が深刻であったボルドーの生産者がリオハに移住したことから、醸造技術が飛躍的に向上して、洗練されたものになった。

スペインは、ここ20年でまた、大きくワインが変化している。特にスーパースパニッシュと呼ばれるワインである。プリオラートとリベラ・デル・ドゥエロの醸造家による、地元品種で造る高級ワインが世界を驚かせ、注目されるようになった。

また、スペインのワインの中では特徴的な酒精強化ワインのシェリーも、世界で食前酒として大変人気のあるワインである。

スペインワインの格付け

スペインワインは保護原産地呼称（DOP）と保護地理的表示（IGP）に分けられる。

スペインワインのピラミッド

- VP【*Vino de Pago*】ビノ・デ・パゴ
- DOCa【*Denominación de Origen Calificada*】デノミナシオン・デ・オリヘン・カリフィカーダ
- DO【*Denominación de Origen*】デノミナシオン・デ・オリヘン
- VCIG【*Vino de Calidad con Indicación Geográfica*】ビノ・デ・カリダ・コン・インディカシオン・ヘオグラフィカ
- VT【*Vino de la Tierra*】ビノ・デ・ラ・ティエラ
- VM【*Vino de Mesa*】ビノ・デ・メサ

原産地呼称は約7つに大別されており、DOPにはVP、DOCa、DO、VCIGがある。

①ビノ・デ・パゴ（VP）

2003年のワイン法改正で国内法となった。単一ぶどう畑限定の高級ワインで、特定のぶどう園で生産される高品質なワイン。

②デノミナシオン・デ・オリヘン・カリフィカーダ（DOCa）

特選原産地の呼称ワイン。1988年に制定された。DO産ワインの高品質ワイン。

③デノミナシオン・デ・オリヘン（DO）

原産地呼称ワイン。原産地呼称委員会（コンセホ・レグラドール）が管理する地域で栽培される品種の厳選ワイン。

④ビノ・デ・カリダ・コン・インディカシオン・ヘオグラフィカ（VCIG）

地域名称つき高級ワイン。2003年に新設されたワイン法。特定地域で栽培されたぶどうで作られる地域特性を重視したワイン。5年以上実績をつむと、DOへの昇格申請ができる。

⑤ビノ・デ・ラ・ティエラ（VT）

カントリーワイン。ラベルには、Vino de Tierra deのあとに地方名（町名など）が入る。

⑥ビノ・デ・メサ（VM）

格付けがないぶどう園で栽培された原料を使用したテーブルワイン。もしくは、2つ以上の地域の原料を合わせたワイン。品種や収穫の年度はラベルに表示されない。

スペインワインのキーワード

【カバ】 *cava*
　シャンパンと同じく、ビン内二次発酵させたスペインの高級スパークリングワイン。主な生産地は、カタルーニャ州。ぶどうは、マカベオなど地元品種が中心で、ごくまれにシャルドネとピノ・ノワールを使用する。

【グラン・レゼルバ】 *Gran Reserva*
　［赤］5年以上熟成したワイン。うち樽熟2年。
　［白］4年以上熟成したワイン。うち樽熟6ヵ月。

【クリアンサ】 *crianza*
　［赤］2年以上熟成したワイン。うち樽熟6ヵ月。
　［白］1年以上熟成したワイン。うち樽熟6ヵ月。

【コセチャ】 *cosecha*
　ぶどうが収穫された年。

【ティント】 *tinto*
　赤ワインのこと。

【ビノ】 *vino*
　ワイン。

【ブランコ】 *blanco*
　白ワインのこと。

【ベンデミア】 *vendimia*
　ぶどうの収穫のこと。

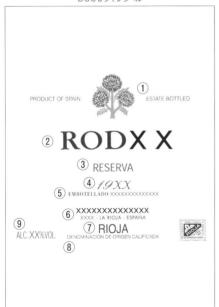

DOCaワインラベル

①生産者元詰め（英語）　②ワイン名　③熟成3年以上、うち樽熟1年以上　④収穫年　⑤生産者元詰め　⑥醸造所所在地　⑦産地　⑧DOCaワインであることを示す　⑨アルコール度数

DOワインラベル

①ワインのグレード名（ロブレ＝クリアンサより熟成が短いタイプ）　②ワイン名　③DOワインであることを示す　④醸造所、ビン詰めの会社名　⑤ワイン容量　⑥アルコール度数

【ボデガ】 *bodega*

ワインの醸造所。

【レゼルバ】 *reserva*

［赤］3年以上熟成したワイン。うち樽熟1年。

［白］2年以上熟成したワイン。うち樽熟6ヵ月。

【ロサード】 *rosado*

ロゼのこと。

スペインワインの産地

リオハ、プリオラート、リベラ・デル・ドゥエロが、赤ワインの中心的な生産地である。ラ・マンチャは、スペインで造られるテーブルワイン生産の中心地。シェリーは、酒精強化ワインの生産地として有名。

<北部地方>

【ソモンターノ】 *somontano*

ピレネー山脈のふもとで比較的新しい産地。固有種だけでなく、外来種も栽培されている。

【ナバーラ】 *navarra*

元はロゼワインの産地で、現在は赤ワインの産地。テンプラニーリョ、カベルネ・ソーヴィニヨンの栽培がメイン。単一品種のワインが多い。

【バスク】 *vasco*

雨が多いため、日本と同じく棚つり式で栽培。主に白ワインが作られている。りんごから作るシードラも有名。

【リオハ】 *rioja*

19世紀にボルドーからの移民によってワイン造りが影響を受けたエリアで、このときに生産量が急増した。高級ワインの生産地として有名。

<東部地方>

【アリカンテ】 *alicante*

リゾート地であるため、生産されるワインのほとんどが観光客によって消費される。フォンディヨンなどの酒精強化タイプのワインや、モスカテルなどの甘口のデザートワインが作られている。

【バレンシア】 *valencia*

地中海に面したリゾート地。辛口の白ワインや甘口のワインなど多種のワインが生産されている。

【フリーリャ】 *jumilla*

ムルシア州のDO地域。一般に消費される低価格ワインの産地。乾燥気候であるため、アルコール度数の高いワインが作られている。

【プリオラート】 *priorato*

岩山の斜面に切り開かれた畑で、昼夜の気温差により凝縮したワインを造る。1980年から4人組のスター醸造家が現れ、新しいスタイルのワインを生み出した。

【ペネデス】 *penedés*

バルセロナ南部のカバの中心的産地。酸化タイプ（ランシオ）からの脱却をはかり、ステンレスタンクの醸造所が増えている。外来種の栽培も盛ん。

<西部地方>

【リアス・バイシャス】 *rias baixas*

強い日差しを避けるため、棚式栽培（ペルゴラ）が行われている。スペインでもっとも上質な白ワインの産地。

<南部地方>

【ヘレス】 *jerez*

シェリー酒の産地。原料はパロミノが主体。シェリーの熟成方法は特異で、発酵後にフィノとオロロソに分類。フィノはアルコール度が15.5度になるように酒精強化されたもの。オロロソはアルコール度数が18度になるまで酒精強化されたもの。オロロソは10〜15年ほど熟成させるものがある。格付けは20年以上の熟成ものがV.O.P。30年以上のものをV.O.R.Sと呼ぶ。

【モンティーリャ・モリレス】 *montilla-moriles*

アンダルシア州の産地。品種はペドロ・ヒメネスが大半をしめる。夏は暑く乾燥気候であるため、ぶどうの糖度が高く、酒精強化をしなくてもアルコール度が高いワインになる。

<内陸部地方>

【トロ】 *toro*

夏の気温が高く、ぶどうの成熟が早い地域。品種はテンプラニーリョだが、独自性があり、ティンタ・デ・トロと呼ばれている。赤、白、ロゼが作られている。

【ラ・マンチャ】 *la mancha*

スペイン中央部の広大な平原地域。世界一のぶどう栽培地で、その面積は18万ヘクタールに及ぶ。品種は主にアイレン。手ごろな価格で親しみやすい味わいの白ワインが作られ、欧米に広く輸出されている。スペインワインの45%を生産する。

【リベラ・デル・グアディアーナ】 *ribera del guadiana*

「ワインの海」と呼ばれるほどの広大な地域。カエタナ、バルディーナ、ガルナッチャ、ボバルなどの多種が使われている。

【リベラ・デル・ドゥエロ】 *ribera del duero*

赤ワインの生産地。近年はベガ・シシリア ウニコで、高級ワインの産地として有名になったが、ボデガ（醸造所）は小さく、家族経営されているところが大半である。条件はあまり良くないが、努力と寒い秋のおかげで、低温で発酵が行われ、ぶどうの深い味がワインに出る。品種は、テンプラニーニョの一種、ティント・フィノとカベルネ・ソービニョンが主である。

【ルエダ】 *rueda*

もともとは酒精強化ワインの産地だったが、近年は若飲みの辛口白ワインの産地に変貌した。品種は主にベルデホ。

<諸島部地方>

【カナリア諸島】 *islas canarias*

品種はマルバシア、リスタンなどだが、島原産の固有種も栽培されている。諸島内最大の島、テネリフェでは赤、白、ロゼの酒精強化甘口ワインが作られている。リスタン・ブランコ純正のフルーティで酸味の強い白ワインが有名。ラ・パルマ島、エル・イエロ島は棚田栽培で、土壌がすべて火山灰であるため、ぶどう特有の病害がない。

中国料理
Chinese cuisine

食材と郷土料理の傾向

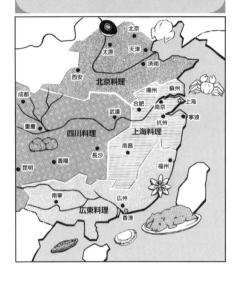

中国の食文化は、黄河、揚子江（長江）、珠江の3の大河の影響を強く受け、地方色豊かな現在の味が創られた。中国料理の味を大別して表現すると、「東酸、南淡、西辣、北咸」となる。東方の料理は酸味があり、南方は淡泊、西方は辛く、北方は塩辛い。この他に、回教料理、精進料理、モンゴル料理などがある。回教料理は、宗教上、豚肉を食べない人々の料理。精進料理は動物性の材料をいっさい使用しない。もともと禅宗から発したものだが、現在はヘルシーなメニューとして食べられている。モンゴル料理は、ジンギスカン料理とも呼ばれ、バーベキュースタイルで食べるものが多い。

上海料理

上海および蘇州、杭州、寧波など揚子江の下流に発展した地域の料理。上海は海に近く、川や湖が多いため、新鮮な魚介類が豊富。四季を通して野菜にも恵まれ、これらの食材をふんだんに用いる。1匹の魚でも頭の料理から尾の料理まであり、素材を無駄なく利用する。特にカニ料理は有名。中秋の名月が近づく頃は蒸して食べ、その時期が過ぎると「酔蟹（ツイシエ）」といって老酒に漬け込む。米や酒、醤油の特産地でもあり、味付けに醤油や砂糖を多く使い、甘辛いこってり味の料理も多い。紅焼（醤油煮込み）は、この地域が本場。つや出しの油を多めにかけて仕上げるのも特徴。

【上海料理の系統】

◆上海市：上海菜（本地菜、滬菜）
◆江蘇省：揚州菜（鎮江菜、揚菜）
　　　　　京蘇菜（南京菜、蘇菜）
　　　　　無錫菜（錫菜）
◆浙江省：杭州菜（杭菜）
　　　　　浙江菜（紹興菜）
　　　　　寧波菜（寧菜）
◆江西省：江西菜
◆安徽省：安徽菜（徽菜）

広東料理

「食は広州にあり」と美味しさを評されてきた。珠江流域と南部沿岸の潮州、東江、福建までの料理を含む。亜熱帯に属するため動植物などの材料が多く、特に魚介類は豊富。新鮮な材料を生かした淡泊な味付けが多い。軽くゆであげたものに、卓上の調味料を付けて食べるものもある。地理的に外国との交流が最も早く、海外移住者が多かったこともあり、トマトケチャップ、カレー、牛乳、レモンなどを使った洋風の味

付けもされる。広東人は好奇心が強く、机の足以外の四つ脚は全部食べると言われる。犬、狸、山猫、蛇、カエル、トカゲ、ゲンゴロウなども食べる。点心も広東料理。飲茶は広東人の日常生活には欠かせない。

【広東料理の系統】

通常、広東料理というと広州菜を指す。

◆広東省：広州菜（粤菜）
　　　　　潮州菜（潮菜）
　　　　　東江菜（客家菜、客菜）
◆福建省：福州菜（閩菜）
◆広西省：広西菜（桂菜）

四川料理

　四川省は、雲南、貴州とともに「天府の国」、すなわち豊かな土地と言われ、中国有数の穀倉地帯。米、小麦、とうもろこし、大豆、赤唐がらしなどが大量に作られている。四川料理の中心は、成都と重慶。内陸の盆地という気候の影響を受け、酸味、辣味、麻味、香味の4つの味が強いものが多い。海から離れているので海鮮は少なく、肉、淡水魚、野菜の料理が中心。「魚香」、「官保」と名付けられた独特な味付けの料理も特徴。20種類以上の調味料を使い、4000種におよぶ料理がある。また、「色、香、味、形」を重視。コースの中で配慮され、冷たい料理と熱い料理の変化で味を引き立てる。点心がコースの途中で出てくるのも特色。ピリ辛の調味料、香味野菜を巧みに生かす。代表的な料理には、「麻婆豆腐」「干焼明蝦」「棒棒鶏」「回鍋肉」「担担麺」など。冬が長いので漬け物などの保存食も発達している。塩だけで漬け込まれた泡菜や搾菜は有名。

【四川料理の系統】

　四川料理は、成都菜と重慶菜とに大別されるが、他にも以下の系統がある。

◆四川省：四川菜（川菜）
◆貴州省：貴州菜（黔菜）
◆湖南省：湖南菜（湘菜）
◆雲南省：雲南菜（滇菜）
◆湖北省：湖北菜

北京料理

　黄河沿いの北京市、山東省、河北省、山西省、河南省の料理。首都北京の宮廷料理を中心に発達し、宮廷の料理人の多くが山東省出身であったため山東菜が主体。これに蘇州、揚州などの地方出身のコックがもたらした地方料理も影響している。代表的な料理には、北京烤鴨子（ベイジンカオヤズ＝北京ダック）。小麦の産地なので、「麺食」と呼ばれる小麦粉を使った餃子（ジャオズ）、包子（パオズ）、花巻（ホアジュアン）、各種手打ち麺も有名。甘味の少ない塩味の素朴な料理が多い。油脂やみそを生かしたカロリーの高い料理も多く見られる。

【北京料理の系統】

◆北京市：北京菜（京菜）
◆山東省：山東菜（済南菜、膠東菜）
◆河北省：河北菜、天津菜
◆山西省：山西菜
◆河南省：河南菜

郷土料理別の特徴

＜東部＞

- 安徽菜（アンホイツァイ）
  上海料理に似ている。味付けは濃厚で油気が多い。
- 無錫菜（ウーシーツァイ）
  川魚の料理、一品料理が多い。味付けは濃厚で甘味をおびている。
- 上海菜（シャンハイツァイ）
  純粋な上海料理は、上海本地菜（シャンハイベンディーツァイ）という。北京同様に地方料理が一堂に集結している。
- 京蘇菜（ジンスウツァイ）
  南京料理と蘇州料理の併称。宴会料理など飾るものが多い。材料を柔らかく調理し、味付けは濃く甘味がやや強い。
- 江西菜（ヂアンシィツァイ）
  味付けは濃厚で、油気がやや多い。
- 寧波菜（ニンポツァイ）
  海産物をよく使う。調理法は「焼」が有名。味付けは少々塩辛い。
- 杭州菜（ハンヅォウツァイ）
  料理を美しく細やかに工夫する傾向が強い。東坡肉（ドンポウロウ）が有名。
- 揚州菜（ヤンヅォウツァイ）
  原湯、原汁、スープをよく使う。副材料を少なくして主材料を目立たせる。

＜南部＞

- 広州菜（グワンヅォウツァイ）
  広州料理。油気は少なめで、味付けもさっぱりしている。
- 潮州菜（チャオヅォウツァイ）
  宴会料理では、1つの料理ごとに醤碟（ジァンディエ）という混合調味料などを小皿で添える。海産物を使った料理が多く、味付けはさっぱりぎみ。甘味がやや強く、素材には完全に火を通す。
- 東江菜（ドンヂァンツァイ）
  客家(コジァ)料理ともいう。油気が多く、濃い味付けの素朴な料理が多い。
- 福州菜（フゥヅォウツァイ）
  独特の風格があり、日本料理にも強い影響を与えている。酒粕を使った料理が多い。

＜西部＞

- 貴州菜（グェイヅォウツァイ）
  素材の生臭みを極力抜き、油っこくしない調理をする。
- 四川菜（スゥチョアンツァイ）
  成都系、重慶系など数派がある。野菜、川魚が多く使われる。辛味のある味付けが多い。
- 湖南菜（フナンツァイ）
  味付けは酸っぱくて辛く、油気が多い。「燻」の料理が目立つ。
- 湖北菜（フベイツァイ）
  油気が多く、煨湯（ウェイタン）を使った料理が目立つ。
- 雲南菜（ユンナンツァイ）
  四川では珍しく「焼」の料理が多く、味付けは濃い。

＜北部＞

- 山東菜（シャンドンツァイ）
  済南（ヂナン）、膠東（ヂャオドン）の2派が主流。清湯、白湯料理に長じている。膠東は海産物の料理が多い。香菜などを使う独特の調味もされる。

●河南菜（ホナンツァイ）
　山西菜とともに北部系料理。山西菜は四川料理の影響を受けている。

●河北菜（ホベイツァイ）
　北京、天津が含まれる。山東省の料理人が集まり、山東菜の影響を強く受けている。

＜その他＞

●素菜（スゥツァイ）
　日本の精進料理の元祖。完璧に肉気を抜く。宴会料理も野菜を使い、肉、鶏、魚に似せて作る。

●清真菜（チンヅェンツァイ）
　回教料理。北方系は牛、羊肉を使う。調理法は北京料理風。南方系は鶏やアヒルといった食材を使う。

Column －中国料理概論－

　ヨーロッパではアジアンテイストが流行りですが、中国では逆にヨーロッパのテーブルマナーを取り入れ始めています。日本の大飯店のような大皿のサービスではなく、1人分ずつ皿に盛り分けて供します。国賓が招待される社交場などでは、箸の代わりにナイフとフォークが出されることもあります。西洋料理を作る料理人も増えていますが、内容的には西洋技法の中国料理。単に西洋風に見せているだけです。

　北京にはピエール・カルダン氏がオーナーのレストラン「マキシム」がありますが、1950年代に銀座に出店した頃の「マキシム」のほうが、まだ本場のフランス料理に近いものがありました。中国のフランス料理は、メニューはフランス風なのですが、出てくるものはすべて中国料理。新しい文化を取り入れ始めたばかりで、まだ手探り状態といったところです。

　100年以上前、日本の料理人が西洋料理にごはんを付けて、トンカツ、ハヤシライスといった独自の洋食を作り出した頃に似ています。技術面でもまだまだ途上で、フランス料理なのに中華鍋を使い、五香粉で味を付け、ソースには豆瓣醤を加えたりしています。ドミグラスやフォン・ド・ヴォーなどは使わず、上湯（シャンタン）や鶏湯（ティタン）がベース。必然的に中国料理になってしまい、レベル的にも"新しい味"と言える段階には至っていません。

　これは、本場のフランス料理を習った料理人がおらず、見よう見まねで作っているからです。この中国風フランス料理の味が広まる可能性はなく、将来的には国際化が進み、西洋の料理人を招くことになるでしょう。

　日本の中国料理のレストランは、当初はすべて中国人のシェフでした。横浜などで店をやっていた中国の料理人が、町場に進出したのです。その下で技術を習った日本人が現在、料理長を務めています。

　近年、中国では調理師の育成に力を入れ始めました。香港政庁が運営する調理師学校では、無料で料理人の教育を行っています。いわゆる職業訓練です。教室は、上海料理、広東料理、四川料理、北京料理に分かれ、3カ月、半年、1年のコースがあります。

　中国では、「中国料理」というくくりはなく、すべて違う料理と考えられており、それぞれに専用の調理器具が用意されているのです。たとえば、鍋ひとつを取り上げても、広東鍋と北京鍋とでは異なっており、火の位置も違います。

　海外からの留学も可能ですが、外国人は"ただ"というわけにはいきません。有料です。

専用器具

【穴杓子（あなじゃくし）】
　漏勺（ロウシァオ）という。細かな穴があいた玉杓子で、ゆでた物をすくい上げるのに用いる。

【鍋子（グォズ）】
　中華鍋のこと。片手鍋と両手鍋がある。底が丸く、火の当たる部分が広いので、熱の吸収が早い。鉄製が好ましいのは、耐久性が良いため。

●片手鍋
　北京鍋ともいう。底がやや深い。炒め物を作るのに適する。新しい鍋はサビ止めがしてあるので、クレンザーで洗い、一度湯を煮立たせる。湯を捨て、煙が出るまでから焼きし、油を多めに入れて、よくなじませてから使う。

●両手鍋
　広東鍋ともいう。片手鍋よりやや浅め。揚げ物や麺をゆでたり、蒸籠をのせて蒸したりするのに向く。片手鍋同様に鉄製が良い。

【五徳】
　ガスの炎のまわりを囲って熱効率を上げる。片手鍋を安定させるのによい。

【簓（ささら）】
　竹を細く割り、元を束ねたもの。たわし同様に鉄鍋洗いに使う。鍋が熱いうちに湯を流しながら洗う。

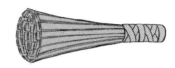

【砂鍋（シャグォ）】
　土鍋。煮込みやおかゆ作りに最適。大きめのものを使うと便利。

【玉杓子（たまじゃくし）】
　鉄勺（ティエシァオ）という。丸いものと、楕円形のものがある。柄が長いのが特徴。主に中華鍋の中の材料を炒めたり、混ぜ合わせたりするのに使われる。

【蒸籠（ヂェンロン）】
　中華せいろう。湯をたっぷり入れた鍋子の上にのせて使う。蓋が竹のあじろ編みになっているので、湯気が適度に逃げ、中の温度を程よく調節できる。湯気が蓋に溜まって、しずくになることもないので、蒸し物が水っぽくならない。何段も重ねて蒸すことができるので、一度にたくさんの蒸し物をする時に便利。ジュラルミン製やアルマイト製のものもある。蒸籠をのせる鍋

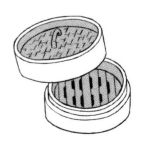

子は蒸籠の幅よりも数センチ大きいものを使うと安定する。鍋子は両手のものを使う。

【菜刀（ツァイダオ）】

中華包丁。肉や野菜を切る包丁で、切菜刀（チェツァイダオ）、切刀（チエダオ）ともいう。刃は長方形をしているが、上海のものは刃先がゆるやかにカーブしている。包丁の重みで材料を切ったり、潰したりできる。

薄刃（片刀：ピェンダオ）と厚刃（砍切刀：カンチエダオ）があり、厚刃は先のほうが薄く、元が厚いので、切る材料によって使い分ける。ばっぺい刀は刃のない中華包丁で、餃子や焼売などの薄い皮を作る時に用いる。

【菜墩子（ツァイトウンズ）】

中華まな板。砧板(チェンバン)ともいう。松やいちょう、けやき、柳、桜などの木を輪切りにしたもの。直径30〜50cm、高さ10〜20cm程。年輪のはっきりしたものが

良い。重くて厚いので安定性があり、まな板がずれる心配はない。重い包丁を叩きつけても割れない。使った後は汚れを包丁で削り取る。水洗いをしないのが伝統的な使い方。使い込んでいると、いつも使う部分がへこんでくるので、時々かんなで削って平らにする。プラスチック製の中華まな板もあるが、すべりやすい。

【炸鏈（ツァリェン）】

網杓子。中華鍋よりも一回り小さい。油切り、水切りなど、材料を一度に引き上げるために使う。油通しや揚げ物に使う時は、油受けの容器を用意し、その上に置く。

【のし板と麺棒】

のし板は麺板（ミェンバン）。餃子や焼売などの皮、麺などをのばす時に用いる板。麺棒の長さは様々で、中央が太めになっているものもある。

調理用語

※加熱調理用語に関しては、炒（炒め物）、烤（焼き物）、炸（揚げ物）、焼（煮物）、蒸（蒸し物）の項目を参照。

【油通し】

中華料理独特の手法で「泡油（パオヨウ）」という。切った材料を軽く油に通し、余分な水分を飛ばしたり、下味を付けた材料の表面を凝固させ、旨味を封じ込める。

炒め物の場合、火の通りが早いものと遅いものがある。油通しをすると熱の通りが均一になるため、水っぽさがなくなり、色も美しくなる。煮物やあんかけに使うと、型崩れせず、料理にコクが出る。油の量は多いほうが理想。油の温度が下がりにくく、油も変質も少ない。適温は材料を入れた時、泡が広がる状態。材料が沈んでしまうのは温度が低すぎ。材料が油っぽくなってしまう。

炒め物は、一気に仕上げたほうが色や味、歯ごたえが良くなるので、料理を仕上げる直前に油通しをする。油が適温になったら材料を一度に入れ、手早くほぐす。材料の表面に火が通ったら、網杓子ですくい上げ、油を切る。牛、豚、鶏肉は、160～170℃の中温。エビ、イカ、貝類は、170℃以上の高温の油に入れ、ひと混ぜしてすぐに上げる。

＜油通しの下味の付け方＞

肉類や魚介類、モツなどに下味を付けて油通しをすると、堅くならず、味が逃げたり形が崩れたりしない。下味の調味料は、塩、コショウ、酒など。材料をきつね色に仕上げたい時は、醤油なども使う。そのまま煮込む素材や野菜には下味は付けない。

●牛肉

最初に塩、コショウ、醤油で味付けし、重曹を少量加えると、堅くならず、歯切れが良くなる。牛肉は水を吸う性質があるので、水を加えると柔らかくなる。少しずつ水を加え、肉に吸い込ませるように混ぜ込む。サラダ油を振り、油通しの際にほぐれやすくする。つかむようにして、まんべんなく混ぜる。

●白身魚・エビ・イカ

冷凍ものの場合は、塩とコショウの他に重曹を加える。歯ごたえが良くなり、しっかりと仕上がる。さらに卵白をまぶすと、口当たりも良くなる。最後に片栗粉でまとめる。エビは片栗粉と卵白の順を逆にしてもよい。サラダ油を回しかけ、まんべんなくまぶして、ほぐれやすくしておく。白身魚などで形の大きいものは、この下ごしらえをする必要はない。

●豚肉・鶏肉

塩とコショウで味付けをしたら、卵白を加えて混ぜる。下味や卵白が流れ出さないように、片栗粉を振り入れてまとめる。片栗粉を入れ過ぎると、団子状になってしまうので注意。サラダ油を振り、手でよくつかみ混ぜる。全体にまんべんなくまぶすと、油通しの際にほぐれやすい。

●レバー

しばらく水にさらして血抜きをする。必

要な大きさに切り、しょうがの絞り汁をたっぷりとかけて臭みを抜く。紹興酒、もしくは老酒、日本酒を少量振りかけ、しばらく味をなじませる。酒で臭みが抜けたら片栗粉でまとめる。レバーはクセが強いので、油通しよりも下ゆでにすることが多い。油通しにする場合は、サラダ油以外の油を使う。

【塩水（イェンシュイ）】

肉類を塩水で味付けしてから調理すること。

【開陽（カイヤン）】

干したむきエビをだしに使うこと。開運の意味があり、縁起が良い料理とされる。

【塞（サイ）】

材料を詰め物にし、口をふさいで調理すること。

【家常・家郷（ジァチャン・ジァシャン）】

「家常」は家庭料理のこと。「家郷」は田舎料理。

【下ゆで】

炒め物やあんかけ用に、野菜を一度ゆでてから使うことがある。にんじん、アスパラガス、ブロッコリーなど堅い野菜に用いる手法。再度加熱調理する場合は、堅めにゆであげることが大切。

鍋に湯を沸かし、サラダ油と塩を加える。湯の量が多すぎると塩がきかなくなる。沸騰したら野菜を入れ、よく混ぜて全体に均一に火を通す。8分通り火が通ったら、ザルにあけて湯を切る。こうすると次の調理の際、味のなじみが良くなる。

【巻（ジュアン）】

材料を巻き込んで調理すること。

【雪花（シュエホア）】

卵白を使って、白く仕上げること。

【燻（シュン）】

いぶし焼きのこと。酒の肴や前菜によく利用される。いぶす材料は、主にもち米と紅茶の葉。日本茶の葉やコーヒーのだしがらでもよい。もち米の代わりに木くずを使う方法もある。紅茶ともち米の分量は同じ程度。ざらめを加えると煙がよく出る。大きめの肉や魚ならば、5分程いぶす。材料にすでに火が通っている場合は、香りと色を付ける程度でよい。

鍋にもち米と紅茶の葉を入れ、中火にかける。混ぜながら煙が充分に出るまで、じっくりと煎る。煙が出たところで火を通した材料を並べた網を置く。いぶし材料と網までの間に少し空間ができるように工夫しておく。煙が逃げないように、中華せいろうの蓋などをかぶせる。途中で蓋を取ってはいけない。

【酸辣（スァンラァ）】

唐がらしや胡椒、酢をきかせて味付けすること。

【碎米（スィミイ）】

材料などを細かく潰した状態にすること。

【灼（ズオ）】

ねぎ、しょうがを入れた熱湯で生の材料をゆでること。湯またはスープでゆでる場合は「白灼（バイズオ）」という。

【太太（タイタイ）】

「奥さん」という意味で、魚や鶏などの腹の中に詰め物をすること。一家の主婦は何でもしまい込むので、このような表現がされる。

【湯浸（タンヂン）】
　材料を沸かしたスープに浸すこと。繰り返し浸す場合もある。
【千層（チェンツェン）】
　材料や生地を何層にも重ねたもの。折り重ねたものは「琵琶（ピィパァ）」という。
【清香（チンシャン）】
　山椒と醤油で味付けをすること。
【凍（ドン）】
　寄せ物。豚肉や鶏肉を煮たりゆでたりして冷やし、寒天やゼラチンで固めること。
【粘糖（ニァンタン）】
　砂糖を水で溶き、材料を入れて熱し、煮つめて材料に砂糖をまぶしつける調理法。
【抜絲（バァスー）】
　火を通した材料に溶かした飴をからめること。表面に飴をからめ、ガラス状にしたものを「琉璃（リュゥリィ）」という。
【回鍋（ホイグォ）】
　煮た材料を使って調理すること。
【麻辣（マァラァ）】
　唐がらしと山椒を混ぜて味付けをすること。
【魚香（ユイシャン）】
　四川独特の味付け方法。一度沸かした塩水を冷まし、中に生きたフナと唐がらしを入れて漬ける。このだし汁を使って料理の味付けをする。
【湯引き】
　「氽（ツァン）」という方法。炒め物は、材料にあらかじめ火を通しておくことが必要。材料の水気を飛ばし、合わせる材料すべての火の通りを均一にする。湯引きは主に魚介類に用いる。軽く熱湯にくぐらせ、霜降りにする。材料の表面に皮膜を作り、材料に火が通り過ぎて堅くなるのを防ぐ。湯引きをすることにより生臭みも抜ける。白身魚、イカは、油通しよりも湯引きが用いられる。特にイカは、湯引きのほうが臭みが抜け、さっぱりと仕上がる。エビや貝なども、さっぱりした味にしたい時は湯引きにする。新鮮な魚介類は、そのまま湯引きにするが、冷凍ものは下味を付ける。片栗粉、卵白をまぶして湯引きにすると、下味が逃げず、口当たりが良くなる。
【油淋（ヨウリン）】
　調理の仕上げに油を回しかけること。
【羅漢（ルオハン）】
　鍋などの口を密封して加熱すること。
【丸子（ワンズ）】
　肉や魚をすり身にして、団子状に丸めること。「獅子頭（シィズトウ）」は大きな肉団子の意味。

包丁さばき

材料の切り方

【象眼（シァンイェン）】
　象の目のように小さくて細いという意味。日本人が付けた呼び名だが、中国人にも通用する。ねぎ、セロリ、グリーンアスパラガスなどの細長い野菜を斜めに切る。

【斜片（シャピェン）】
　材料を斜めに切ること。

【絲（スー）】
　せん切り、細切り、糸切りのこと。薄切りにしたものを線維に沿って細く切っていく。きゅうりは斜めに薄切りにして、せん切りにすると、上下に濃淡が出るのできれい。

【鬆（ソン）】
　あられ切りのこと。「粒（リー）」「米（ミイ）」も同様の意味に使うことがある。

【球（チゥ）】
　くり抜き用スプーンを使って作る。大根、にんじん、じゃが芋、フルーツなどに用いる。

【条（ティアオ）】
　拍子木切り、または太めの細切りのこと。

【丁（ディン）】
　小さめの角切り。サイコロ状に切る。材料を角の棒状に切り、同じ幅に切っていく。1cmぐらいの正方形が一般的。

【段（ドワン）】
　ぶつ切り。さつま芋やれんこんのような野菜のぶつ切りを「段」、肉類のぶつ切りを「塊（コワイ）」という。
　「段」は線維を切断するように切ると味がよくなじむ。

【片（ピェン）】
　一口大の薄切りや、そぎ切り。そぎ切りは包丁を斜めに寝かせ、材料をそぐ。薄切りは、小口切りした後、薄く輪切りにしたり、短冊状に切る。火の通りが早いので、炒め物に多く用いられる。

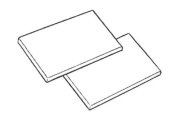

【方（ファン）】
　正方形の薄切りにすること。

【佛手（フオショウ）】
　長方形の薄切りにし、切り目を数本入れ、手を広げたような形にすること。切り目を1本入れた松葉切りは、「双飛絲（シュワンフェイスー）」という。

【花（ホア）】
　飾り切り。包丁で切ったり、型で抜いた

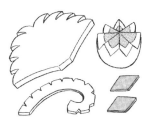

りする。

【馬耳（マァアル）】

乱切り。材料を回しながら、包丁を斜めにして切る。大きく切ると馬の耳の形になるので「馬耳」という。小さく切るとウサギの耳という意味で「兎耳（トゥアル）」という。

【粒（リー）・末（モォ）】

みじん切り。「粒」は大きいみじん切り。野菜やきのこに用いる。香り出しや薬味用のしょうが、にんにくは「末」というもう少し細かい切り方にする。「細末（シィモォ）」はさらに細かいみじん切り。丸ごと1個を潰す場合は、上から包丁を寝かせて叩く。さらに刻んで、みじんにする。ねぎは何本か切り目を入れ、ささら状にして小口から刻む。

【茸（ルォン）】

すり身状態にすること。「泥（ニィ）」も同様の意味。広東では、みじん切りのことを示す。

【龍（ロン）】

じゃばら切りにすること。

包丁の使い方

【刮（グワ）】

包丁を使って材料をそぐ。

【削（シャオ）】

前菜に用いる飾り野菜を作るために、根野菜などの材料を削る。

【巻（ジュアン）】

長い材料を巻いて切る。

【剞（ヂィ）】

味をよくしみ込ませたり、外見をよくするために材料の表面に隠し包丁を入れる。

【切（チエ）】

ごく普通の切り方。角切りや細切りに使う。

【撬（チャオ）】

材料に少し切れ目を入れ、手で裂く方法。包丁を使って鶏の毛をむしる作業も、これに含まれる。

【敲（チャオ）】

包丁を2本使い材料を叩く。もしくは棒で叩く。

【斬（ツァン）】

材料を固定し、勢いよく叩き切る。

【拍（パイ）】

包丁で材料を叩いて潰す。

【排（パイ）】

材料を叩いてのばし、平らにする。

【批（ピィ）】

包丁を横に寝かせて材料を薄切りなどにする。

【劈（ピィ）】

包丁で材料を2つに切り分ける。

【剖（ポゥ）】

魚類をおろす、もしくは部位ごとに解体する。

【剜（ワン）】

材料の中身をくり抜いて出す。

湯（タン）ーだし汁ー

「湯」は、だし汁やスープのこと。葷湯（フンタン）と素湯（スゥタン）に大別される。葷湯は、豚や鶏、干し貝柱などの動物性のものから取っただし。透明なものは清湯（チンタン）といい、一番、二番、三番だしまである。白く濁ったものは奶湯（ナイタン）といい、鶏の骨や豚の脂身、骨髄などを長時間煮出して作る。

●一番だし

上湯（シャンタン）。頂湯（ティンタン）、高湯（ガオタン）ともいう。最初に取る味の濃いスープ。フカヒレ、アワビ、ツバメの巣の他、一般的なスープにも用いる。鶏は1羽を縦半分に切り、流水で内臓や汚れをよく洗い流す。豚骨もよく洗う。鍋に湯を沸かし、鶏肉と豚骨を入れ、強火で沸騰させる。余分な脂肪や汚れが浮いてきたら、鶏肉と豚骨を上げる。鶏肉は、ていねいに洗う。豚骨は流水で脊髄の血などを取り除く。大きめの鍋に湯を沸かし、洗った鶏肉と豚骨を入れ、初めは強火、スープが熱くなってきたら中火にする。中の材料がおどらない程度に煮出す。途中でアクを取り除く。3分の2の量をとって一番だしにする。

スープを取る材料は、ガラ、鶏の脚先（もみじ）、豚すね肉、牛もも肉などを用いてもよい。鶏を使う場合は、若いものより"マル"と呼ばれる少し肉が堅くなったものを使うほうが美味しい。新鮮な材料を使い、下処理をていねいにすれば、臭みが出ることはない。良い材料が手に入らない場合は、ねぎと叩いたしょうがを加える。風味が付き、臭いも消える。

●二番だし

二湯（アルタン）。下湯（シャータン）ともいう。野菜スープや麺類の汁などに利用。一番だしを取った残りに湯を加える、再び火にかけ、材料がおどらないように煮出す。アクが出たらすくい取る。30分程度中火で煮たら、上のほうのスープを3分の2程取る。これが二番だし。

●三番だし

三湯（サンタン）。煮物用向き。スープに使う時は、旨味の出る肉や魚などと合わせると美味しくなる。二番だしの残りに湯を加えて煮出す。全体の4分の3にまで煮詰める。

【素湯（スゥタン）】

精進スープ。大豆、もやし、干ししいたけなどの植物性のものから取っただし。しいたけから取るだしは香菇湯（シャングータン）、野菜から取るだしは蔬菜湯（シューツァイタン）という。しいたけ、だし昆布、豆もやしから煮出したものが最も美味しい。

干ししいたけは、白い肉厚のものを水に漬けて戻す。スープを色良く仕上げるために、片栗粉で干ししいたけのかさをもんで黒い皮を除き、サッと洗う。だし昆布は、砂やホコリを布巾で拭き、水に5分程漬けて戻す。豆もやしはよく洗い、水切りをする。大きめの鍋に水を入れて火にかけ、材料すべてを入れる。煮立ってきたらアクを除き、中火で30分程煮出して漉す。

湯－スープ－

【白湯（バイタン）】

白濁のスープ。豚骨、豚足、豚の胃袋、鶏の足などを煮立てて作る。圧力をかけて潰した豚の頭や豚足を使うと髄を出しやすい。豚の頭は直径で20㎝、厚さ4㎝程に圧縮されている。ミンチ状にした溶けやすい背脂を加えると、仕込み時間が短縮できる。

白湯は毛湯よりコクがあり、淡泊な野菜料理の仕上げなどに用いられる。

白湯をさらに煮詰めたものを奶湯（ナンタン）という。奶湯はとろみがあるので、片栗粉を使う必要はない。

【毛湯（マオタン）】

高級料理に使われる。豚赤身の挽き肉、母鶏の肉、アヒル、中国ハム、干し貝柱などで作る。清湯（チンタン）は、この毛湯を澄ませたもので、卵蒸しの上にかけるスープや料理の仕上げに使われる。

湯（タン）－スープ－

スープは、コースの場合は締めくくりに出される。コースの初めに、フカヒレのスープが出た場合は、最後にもう一度スープが出ることもある。各地方で珍しいスープがあり、潮州料理には鳩と朝鮮にんじんの薬膳、四川料理の酸辣湯（ァンラァタン）には鶏の血が使われる。

上等のスープは、鶏を丸ごと1羽使う。具を入れる時は、必ずスープを煮立ててからにする。煮立たないうちに具を入れると、スープが濁ってしまう。片栗粉でとろみをつける場合は、スープが煮立っているところへ加える。スープを静かにかき混ぜ、水溶き片栗粉を細く流し入れていく。ひと煮立ちさせ、スープが透き通ってきたら火を止め、熱いうちに食べる。

スープの調理法

【二湯（アルタン）】

二番だしを使ったスープ。

【高湯（ガオタン）】

上等なスープの総称。

【羹（ゴン）】

食材を加えて、しばらく煮込んだスープに、水溶き片栗粉やコーンスターチでとろみをつけるもの。

【上湯（シャンタン）】

一番だしを使ったスープ。

【素湯（スゥタン）】

植物性の材料を使ったスープ。

【鶏湯（ヂィタン）】

鶏がらから取ったスープ。

【川（チョアン）】

生の材料を一度スープでゆでて取り出し、それを器に入れ、改めて熱したスープを注ぎ入れたもの。

【清湯（チンタン）】

濁りのない澄んだスープのこと。

【奶湯（ナイタン）】

濁った濃厚なスープや、ミルクを入れたスープ。

【葷湯（フンタン）】

動物性の材料を使ったスープ。

【紅湯（ホンタン）】
　醤油を加えたスープ。

スープ料理

【淡雪スープ】
●白身魚の淡雪スープ
　魚は皮と骨を取り除き、薄くそぎ切りにして、塩と酒を振りかけて下味を付けておく。ボウルに卵白を入れ、泡立て器で堅く泡立てる。泡は消えやすいので、魚を炒める直前に泡立てる。鍋を強火にかけて油を熱し、下味を付けた魚を入れ、軽く炒める。スープ、砂糖、醤油、酒を加え、ひと煮立ちさせる。水溶き片栗粉を流し入れ、とろみをつける。スープが透き通ったら泡立てた卵白を加え、優しく混ぜ合わせる。酢とごま油を入れて混ぜ、火を止める。
●鶏肉の淡雪スープ
　鶏の挽き肉をフードプロセッサーですり身にする。老酒、酒、しょうが汁、エバミルクを入れ、よく混ぜ合わせる。塩、コショウで調味し、水溶き片栗粉を加える。鍋にスープを入れて熱し、老酒、塩、コショウで味を調え、沸騰させる。ボウルに卵白を入れ、泡立て器で角が立つまで泡立てる。その中に鶏のすり身を入れて混ぜる。スープの中に、すり身と卵白を合わせたものを入れ、時々混ぜながら弱火でゆっくりと火を通して仕上げる。

【カニの卵スープ】
　カニの卵は、大変いたみが早いので、鮮度の良いものを使う。ウニを使っても美味しい。

　鍋で油を熱し、ねぎ、叩いたしょうがを炒め、香りを出す。湯を注ぎ、フカヒレを2〜3分ゆでる。ザルに上げて水気を切る。ワタリガニなどの卵に、卵黄と食紅を加えて混ぜておく。カニの身は軟骨を除いてほぐす。鍋に油を熱し、酒を入れ、スープを注ぐ。フカヒレとカニを加え、塩、コショウなどで調味する。ひと煮立ちしたら水溶き片栗粉を加え、とろみをつける。火を止めて最後にカニの卵を加え、再度加熱して煮立ててから器に移す。

【扣三絲（コウサンスー）】
　上海の伝統的スープ。祝祭日や客を招待する際に作られる。スープの具は、ゆで豚、ゆで鶏、ゆでた中国ハム、ゆでたけのこ。ゆで豚は肉と脂身に分け、すべての具を太さをそろえてせん切りにする。干ししいたけは戻して軸を切る。小鉢の底に干ししいたけを置き、中国ハムを放射状に並べる。間にゆで豚とたけのこを隙間なく並べる。中央にゆで豚を詰め、上に脂身を敷き詰めて塩を振り、肉のスープを注ぐ。小鉢を中華せいろうに入れて蒸す。蒸しあがったら小鉢ごとスープ皿に伏せる。上湯を塩とラードで味付けし、まわりから静かに注ぎ、小鉢をはずす。

【酸辣湯（スァンラァタン）】
　酸味とコショウの辛みをきかせたスー

プ。四川地方の名物料理。酢は火を止めてから入れると濁らない。冬場は体を温めるために辛くして食べる。大昔は梅酢を使っていた。

　たけのこ、にんじん、干ししいたけ、きくらげは、せん切りにする。下味を付けた豚肉に溶き卵と片栗粉を加える。よく混ぜて5分程おき、熱湯に入れてサッとゆでる。熱した鍋に油を入れ、強火のまま酒を振り入れてアルコール分を飛ばし、スープを注ぐ。具をすべて入れ、弱火にしてコショウ、醤油を加える。強火にして、水溶き片栗粉を回し入れてとろみをつけ、溶きほぐした卵白を混ぜる。火を止め、酢を加えて混ぜる。

【帯絲炖鷄湯（ダイスートゥンヂィタン）】

　昆布と鶏もも肉のスープ。鶏もも肉は、ぶつ切りにする。昆布は太めのせん切りにする。鍋に湯を沸かし、鶏肉と昆布を入れてサッとゆがき、水洗いをする。鍋に水を入れ、ぶつ切りのねぎ、薄切りのしょうが、鶏肉、昆布を入れ、蓋をして中火で煮る。煮立ったらアクを取り、塩を加える。鶏肉と昆布が柔らかくなったら、エバミルクを入れて仕上げる。

【白菜蝦米湯（バイツァイシァミイタン）】

　白菜と干しエビのスープ。余談だが、中国では弱々しく縮こまっている人のことを"干しエビのようだ"と表現する。

　白菜は葉も軸も幅1cm程に切る。干しエビは軽く洗って水に浸して戻す。鍋でスープを煮立て、干しエビを戻し汁ごと加える。再度煮立ったら白菜を加える。弱火で柔らかくなるまで20分程煮込み、塩で味を調える。

【火腿韭黄干絲湯（フオトェイジュウホァンガンスータン）】

　豆腐干を使った具だくさんのスープ。豆腐干はやや歯ざわりを残す程度にする。

　豆腐干を細切りにし、塩少々を加えた湯で数分ゆでる。これを3回繰り返して臭みを抜く。軽く水洗いし、水気を切る。鍋にスープを入れて熱し、塩を加え、豆腐干と細切りにしたベーコンを8分程煮る。黄にらを加え、味を調えて仕上げる。

【蘿蔔連鍋湯（ルオボリェングォタン）】

　豚肉と大根のスープ。大根は薄い短冊切りにする。ねぎは叩いてぶつ切り、しょうがは叩いて薄切りにする。鍋に水を入れて火にかけ、ねぎ、しょうが、豚ばら肉の塊を入れて煮る。豚ばら肉に8分通り火が通ったら、大根を加えて煮る。豚ばら肉に完全に火が入ったら、取り出して薄切りにし、鍋に戻す。ねぎ、しょうがを出して塩で調味する。醤油、ごま油、豆瓣醬、酢を混ぜてタレを作り、みじん切りのねぎとしょうがを加え、別に添える。

炒（チャオ）

　少量の油で、材料を強火で手早く炒めることを意味する。材料の旨味を引き出し、歯ざわりよく仕上げる。高温の油の中にくぐらせて炒めることを爆（パオ）という。下味を付けた材料を炒めたり揚げたりした後、調味料を回しかけて強火で手早く炒めあげることを烹（ペン）という。

　短時間に均等に火が通るように、材料の大きさや形を切りそろえる。切り方をそろえると、仕上がりの見た目も美しくなる。高温の油で調理するため、水気は禁物。水気があると油がはね、油の温度も下がってしまう。切りそろえた材料の水気を充分に切り、ザルなどに並べておくと、炒める時に手早く鍋に入れることができる。

　小さく切った肉や魚、エビ、貝など、火を通しすぎると堅くなるもの、大きく切った肉や魚、野菜など火が通りにくいものは、油で揚げたり、ゆでてから他の材料と合わせて炒める。細切りや薄切りの肉は、熱を加えると縮んでしまうので、卵白と片栗粉をまぶして低温の油にくぐらせる。この手法は油通し（仮揚げ）といい、肉の旨味を逃さず、柔らかくする。ぶつ切りや角切りの肉は、火が通るまで炒めると堅くなるので、溶き卵と片栗粉をまぶし、中温の油で揚げて火を通しておく。魚介類は、中温か高温の油でサッと揚げる。料理によっては卵白と片栗粉をまぶして揚げる。

　鍋が汚れていたり、材料を入れるタイミングが悪いと、炒め物がべとついてしまう。鍋は使い込んで油がなじんだものを使う。鍋は充分に焼き、炒めている最中に温度が下がらないようにする。鍋から薄く煙が立ってきたら油を入れ、鍋を回して油を全体になじませる。材料は少なめに入れ、2人前ぐらいを目安に作る。手早く混ぜて油を回す。

炒め方用語

【塩爆（イェンバオ）】
　油爆と似ているが、香り付けに中国パセリを用い、塩味で仕上げる。とろみはつけない。

【干炒（ガンチャオ）】
　材料を少量の油で直接炒め、汁気をほとんど残さずにカラリと炒める。

【醤爆（ジャンバオ）】
　材料に下味を付け、油通しをする。黄醤や甜麺醤で調味し、強火で手早くからめて炒める。

【抓炒（ジュアチャオ）】
　北京調理独特の炒め方。混合調味料を鍋に入れ、とろみがついたら湯通しした材料を入れてからめる。

【生炒（ションチャオ）】
　生の材料に下味を付けず、油通しをせずに炒める。材料によって塩味や醤油味を使い分ける。

【清炒（チンチャオ）】
　材料に下味を付け、油通しをする。少量の油で炒め、塩味で仕上げる。魚などの軟らかい素材には向かない。材料を1種類にして副材料をあまり用いない。

【葱爆（ツォンバオ）】
　多量のねぎを強火で炒め、その香りを材料に移す。羊肉や内臓類などの臭みの強い素材を炒める方法。

【㸆（ビエン）】
　主となる材料を少量の油で炒め、水分を徐々に飛ばす。6分通り火が入ったら、副材料を入れて炒める。

【滑炒（ホァチャオ）】
　材料に下味を付け、油通しをしてから炒める。調味料は合わせておき、一度に入れて手早くからめる。

【油爆（ヨウバオ）】
　材料を下ゆでして半分程火を通し、水気を切る。高温の油で油通しをして、調味料とともに強火で手早く炒める。ねぎやにんにくを先に炒めて香りを出し、仕上げに水溶き片栗粉でとろみをつける。調味料は合わせておき、手早く味を付ける。

野菜類の炒め物の下準備

●青菜
　生のまま鍋に入れて炒めると、青臭さが残る。軽く炒めてから少量の酒とスープを回し入れ、火を通したらザルに上げて汁気を切る。これにより青臭さが抜け、炒めた時に味がよくなじむ。青梗菜などは、均一に火が通るように、株を4～6つに割っておく。手早く炒め、塩を振り、紹興酒を少々回しかけてスープを加える。酒とスープは、風味付けと、早く火を通すためなので少量でよい。軽く炒めたら、歯ごたえがなくならないうちに上げる。

●キャベツ
　炒めるまで水に漬けておく。炒める直前に水気をしっかり取り除き、強火でサッと炒める。油が全体に回ったら火を止める。

●グリーンピース
　冷凍のものは熱湯をかけて戻す。生のグリーンピースは、さやから出して、塩をひとつまみ入れた熱湯で柔らかくゆでてから使う。生のほうが香りが良い。

●さやいんげん
　炒める前に塩を少々入れた熱湯で、色鮮やかにゆでておく。歯ごたえ、色を保つように手早くサッと炒める。生のまま斜めに薄切りにして炒めると、シャキっとした歯ごたえが残る。

●なす
　油は新しいものをたっぷりと使う。古い油は、なすに嫌な臭いを移し、なすの美味しさを損なう。なすは淡泊なので、臭いを吸収しやすい。最近のなすはアクが少なく、炒めるとアクが抜けるので、水に漬けなくてもよい。

●ブロッコリー
　水に漬けておき、水気を切ってすぐに炒める。クセの強い野菜は、砂糖や酒、しょうが汁などを入れると味がやわらぐ。

●もやし
　頭と根の先を全部ていねいに取ると美味しく仕上がる。下ゆでは柔らかくしすぎないこと。手早く強火で炒める。

肉類の炒め物の下準備

●ガツ（豚の胃）

ガツは塩と片栗粉をまぶし、よくもんでから水洗いしてぬめりを取る。

●子袋（豚の卵管）

子袋は、のれん状に切れ目を入れ、しょうが汁と老酒でよくもんでおく。

●ささみ

下味を付けて低い温度で油通しをするが固まってしまったら炒める前にほぐす。

●せんまい（牛の第3胃袋）

せんまいを掃除するのは難しいので、前もって肉屋に頼んで、皮をむいた掃除済みのものを使用する。せん切りか短冊切りにしてサッとゆでておく。

●ハツ（牛の心臓）

薄切りにして、のれん状に切り込みを入れる。軽くゆでて臭みを抜いておく。

●豚肉

ゆで豚を炒めものに使うことがある。湯を沸騰させ、長ねぎとしょうがを入れる。豚のもも肉を入れ、弱火で20分程ゆでる。ゆですぎると肉がパサつくので注意。肉を取り出し、粗熱を取ったら、温かいうちに、一口大の薄切りにする。肉が完全に冷めてしまうと切りにくくなる。切り口が薄いピンク色ならば、ちょうどよいゆで加減。薄切りにした豚肉には酒を振りかけておく。酒がしみて、旨味が加わる。

●豚マメ（豚の腎臓）

2つに切り、中の白いスポンジ状のものをえぐるようにして削る。30分程流水にさらし、血抜きと臭み抜きをする。新鮮でないマメは、アンモニア臭がしてくる。

魚介類の炒め物の下準備

●アサリ

殻から身がはずれないように軽く炒める。火を通しすぎると堅くなる。殻が開いてから味付けをする。

●エビ

熱した油に入れ、エビの色が赤く変わったら、穴杓子で上げて使う。エビが小さい時は、油通しをせずに使ってもよい。炒めたら熱いうちに食べる。冷めると生臭みが出ることがある。

●カキ

炒め過ぎないように注意。カキがふくらんできたら火が通っている証拠。炒め過ぎると堅く縮み、旨味もなくなる。

その他の炒め物の下準備

●卵

初めから最後まで強火で通す。火が弱いとふんわりとならない。半熟よりやや火が通ったところで仕上げる。

●豆腐

調味料を入れた後、火加減を弱火にすると煮崩れしにくい。時々鍋を揺り動かしながら火を通すと、味が全体に行きわたり形が崩れない。

●春雨

戻し過ぎて柔らかくしないこと。日本製のものは、長く水に漬けると溶けてしまうことがある。中国製の緑豆は、戻り過ぎることはないので安心して使える。

炒め物料理

【桂花豆腐（グイホアドウフ）】

　きんもくせいの花に似せた豆腐の炒め物。豆腐は粗く潰し、さらに裏漉しする。鍋で油を熱し、鶏挽き肉を炒め、みじん切りのトマトを加える。塩で味付けし、豆腐を入れて炒める。酒、コショウ、みじん切りのねぎ、卵黄を加えて混ぜる。水溶き片栗粉でとろみをつけ、鍋肌から油を回しかける。卵1個を油で炒め、みじん切りにして上からかける。

【宮保鶏丁（ゴオンバオヂイディン）】

　鶏肉とカシューナッツの炒め物。「宮保」は中国の宮廷の官職名。その職にあった人が創作したので、この名がある。

　皮を除いた鶏肉、ピーマン、たけのこは角切りにする。鶏肉に卵白と片栗粉をまぶし、油通しする。油を中温にして、カシューナッツを色付く程度に揚げる。鍋で油を熱し、鶏肉、カシューナッツを入れて炒める。味噌、醤油、酒、砂糖、酢、塩で味を調え、水溶き片栗粉でとろみをつける。好みで赤唐がらしを加えてもよい。

【少子炒全福（シァオズチャオチュアンフゥ）】

　四川泡菜と呼ばれる四川省の漬け物に唐がらしを加えて炒め、ピリ辛に仕上げたもの。四川泡菜は薄味なので、塩抜きをする必要はない。

　四川泡菜の汁気を切り、粗いみじん切りにする。赤唐がらし、長ねぎ、しょうがはぶつ切りにする。鍋で油を熱し、豚肉を炒める。しょうが、酒、老酒、甜麺醤、醤油、コショウ、赤唐がらし、四川泡菜を加え、強火にして炒める。最後に長ねぎ、ごま油を加え、一気に炒めあげる。

【蒜茸椒塩爆龍蝦（スァンルォンジァオイェンバオロンシァ）】

　初めに椒塩を作る。塩をから煎りし、五香粉、カイエンヌ・ペッパー、ガーリックパウダーを混ぜ合わせる。活伊勢エビを縦割りにし、ぶつ切りにして、全卵、豆瓣醤、椒塩、玫瑰露酒、片栗粉で下味を付け、カラリと揚げる。粗めのみじん切りにしたにんにくも揚げておく。ねぎのみじん切り、生の赤唐がらし、いんさいを熱した鍋で炒め、にんにく、伊勢エビを入れて、強火で鍋を一気にあおる。

【鶏茸魚翅（ヂィロンユイチィ）】

　フカヒレ入りの淡雪。フカヒレは水で3時間程煮て、水で洗う。ねぎ、しょうがを加えた水で、再度柔らかくなるまで煮て戻す。鶏挽き肉に水とエバミルクを少しずつ加えて混ぜる。片栗粉を加え、堅く泡立てた卵白を合わせる。鍋で油を熱し、挽き肉を入れ、油を少しずつたらしながら炒める。フカヒレを入れ、塩、コショウ、酒を加え、油を加えて炒める。焦げやすい料理なので、油を少量加えながら、玉杓子で材料を大きく動かして炒める。

【青豆蝦仁（チンドウシァレン）】

　むきエビとグリーンピースの炒め物。むきエビは背わたを取り、塩と片栗粉少々を振って軽くもみ、水洗いして水気を切る。冷凍のむきエビを使う場合は、必ずこの下処理をして、臭みを抜き弾力を出す。水気を切ったエビに塩、酒、片栗粉を混ぜ、泡立てた卵白を混ぜる。鍋で油を熱し、エビ

を油通しする。ぶつ切りのねぎ、薄切りのしょうが、にんにくを炒め、エビとグリーンピースを入れてさらに炒める。料酒を鍋肌にさし、塩、酒、コショウ、砂糖、スープ、片栗粉の合わせ調味料を全体に回しかけて炒める。ねぎ油を加えて香りを出して仕上げる。

【碧碌炒鮮鮑片（ビルチャオシャンバオピェン）】

活アワビを殻からはずし、バットにのせ、大根おろしをかぶるまで入れる。中華せいろうで2時間蒸す。さらにスープで2時間とろ火で炊き、スライスする。熱した鍋で、にんにく、しょうが、わけぎを炒め、湯通ししたブロッコリー、しめじを加える。アワビを入れて強火で一気に炒め、合わせ調味料でまとめる。合わせ調味料は、塩、砂糖、コショウ、スープ、水溶き片栗粉、ごま油で作る。黄にらを加え、皿に盛る。

【回鍋肉片（ホイグォロウピェン）】

「回鍋」とは、一度煮た材料を鍋に返して調理するという意味。豚肉をゆで、薄切りにする。キャベツ、ピーマン、ねぎは一口大に切る。鍋で油を熱し、豚肉を炒め、野菜を加える。甜麺醤、豆瓣醤、豆豉を加えて調味する。

【魚香牛肉（ユイシャンニゥロウ）】

牛肉とピーマンの細切り炒め。「魚香」とは、長ねぎ、にんにく、しょうがを使って魚の香りを出した炒め物のこと。四川地方は内陸部にあり、海から遠く離れているため、このような料理の演出をする。

牛肉は薄切り、ピーマンとたけのこは縦に細切りにする。牛肉に片栗粉と卵白をまぶし、油通しする。鍋で油を熱し、みじん切りにした長ねぎ、にんにく、しょうがを炒める。ピーマン、たけのこ、牛肉を入れ、酒を振る。砂糖、醤油、酢を加えて炒める。仕上げにごま油をたらし、水溶き片栗粉でとろみをつける。

【魚翅炒鮮奶（ユイチィチャオシァンナイ）】

生クリーム、コーンスターチ、塩、コショウ、チキンブイヨンをよく混ぜる。卵白を少しずつ加えながら軽く混ぜ、はしがかかる程度の状態にする。鍋をよく焼き、混ぜ合わせたものをへらでゆっくりと返しながら炒める。3分の2程に固まったら、戻したフカヒレを加える。さらにゆっくりと炒め、ふわっと柔らかく仕上げる。

Column －蒸し物－

日本の中国料理（特に広東料理）は、味がやや濃すぎる傾向があります。本場の名人と言われる料理人は、素材をうまく生かし、味もソフトです。

中国では高級な素材を扱う場合はもちろん、前菜、麺、だし、揚げ物など各ジャンルごとに専門の料理人がいます。料理長は自ら鍋を振ることもありますが、基本的には料理人達の束ね役です。高級魚の蒸し物は、専門の料理人の腕の見せどころ。蒸し魚は主にアカハタなどのハタ類を使いますが、ネズミハタや蘇眉（スーメイ）と呼ばれるナポレオンフィッシュは、1匹で1万～1万5000円もする高級な食材です。

これらの魚は、すべて岩場で一本釣りされ、肉は白身で柔らかく美味です。火の入れ方は、かなり熟練を要します。骨から身がはずれない程度に蒸し、熱したねぎ油と醤油を回しかけます。後は余熱で中まで火を通し、客にサービスする頃にちょうど良い仕上がりにします。

烤（カオ）

「烤」とは、中国料理の焼き物の調理法。直火であぶり焼くこと。「烤羊肉（カオヤンロウ）」は、その代表的な料理の1つで、北京の羊肉の鉄板焼き。昔は野戦料理だったもので、直火で焼いていた。

鍋貼（グォティエ）は、鍋に油を薄くひき、材料を鍋に張りつけるようにして焼くこと。魚を焼いたものは鍋貼魚（グォティエユイ）といい、焼き餃子は鍋貼餃子（グォティエジャオズ）と呼ぶ。

煎（チェン）は材料の両面をよく焼く調理法で、魚を1尾丸ごと焼いた「干煎魚（ガンチェンユイ）」などがある。少量の油と強火で材料に焦げ目を付け、外側に膜を作って旨味を封じ込め、香ばしく仕上げる。香味野菜は、炒め物のように細かくせず、大きめのものを包丁で叩いて潰して使う。肉類に下味を付ける時に加えたり、熱した油に入れて香りを移し、肉類や魚を焼く。

焼き物にする肉類や魚は、肉厚なものや姿のままの大きなものが多い。いきなり熱した油の中に入れると、油がはねて危険。鍋肌に沿って静かに滑り込ませる。初めに焼いた面はきれいに焼き色が付くが、裏返して焼いた面はきれいに焼けない。これは材料から出た油や水分のせいである。見栄えを考え、盛り付けた時に表になるほうを先に焼く。肉類は切り口がきれいで、脂身が向こう側になる面を先に焼く。魚は頭が左、腹を手前にして盛り付けることを考えて焼く。

厚みのある肉類や姿のままの魚は、火が通るのに時間がかかる。初めに強火で焼き色を付け、表面を焼き固めたら火を弱め、蓋をして焼く。裏返して強火にして焦げ目を付け、弱火にして蓋をして焼き上げる。火が通りやすい厚さの肉類や切り身は、蓋をせずに焼いたり、蓋をしても中火ぐらいで焼く。裏返すのは1度だけ。何度も返すときれいな焦げ目が付かず、魚は身が崩れやすくなる。

焼き物料理

【烤羊肉（カオヤンロウ）】

ラム肉のジンギスカン焼き。ラム肉を1cm程の厚さに切り、脂肪を除く。羊肉の脂肪は牛や豚より堅く、特有の臭みがあるので、きれいに取り除く。両面を包丁で筋切りする。長ねぎは、薄切りにしたしょうがとともに叩いて香りを出す。ボウルに砂糖、醤油、酒を入れ、漬け汁を作る。バットにラム肉を並べ、長ねぎ、しょうがをのせ、漬け汁をかける。30分程漬けて味をしみ込ませる。ラム肉の汁気を切り、片栗粉をまぶす。鍋で油を熱し、ラム肉を焦げ色が付くまで焼く。強火で中まで火が通るように、はしで肉を押さえつけながら焼くとよい。

【干煎魚（ガンチェンユイ）】

魚の丸焼き。マナガツオがよく用いられる。600gぐらいのものを用意。盛り付けの時、下になるほうのはらに切れ目を入れ、はらわたを出す。水洗いして、乾いた布巾などで水気をしっかり拭き取る。魚の両面に大きく切り込みを入れる。塩を振

り、全体にすり込んでおく。鍋を強火にかけ、油を熱し、薄く煙が立ち始めたら魚を入れる。強火で焼いて表面を焼き固めたら火を弱め、蓋をして焼く。焦げ付かせないように、時々鍋を動かして魚を回す。裏返して強火にし、表面が固まったら火を弱めて蓋をして焼く。焼きあがったら、魚の頭が左、腹が手前になるように盛り付ける。レモンの飾り切りなどを添えるとよい。

【卵の焼き方】

ふんわりと焼き上げるためには、鍋を充分に焼き、油を多めに入れる。卵を流し入れたとたん、卵がふくれあがるぐらいに熱する。油から紫の煙が立ちのぼりだしたら、溶きほぐした卵を入れ、フライ返しなどで大きく混ぜ、手早く焼き上げる。火加減は最後まで強火。かにたまや炒飯に卵を入れる場合も同じ。卵は堅く焼くとパサついて本来の味が失われる。焼き過ぎは禁物。

【叉焼（チャーシャオ）】

広東式ならば肩ロースを使用。脂肪が少ないほうがよい場合は、もも肉を使う。ブロックの肉を筋に沿って切り、きれいに筋を取る。筋は捨て、くず肉は腸詰めなどに利用する。細長く切り開き、筋切りをする。長さを切りそろえ、50分程タレに漬け込む。タレは蜂蜜、砂糖、醤油、塩、香辛料（五香粉）を混ぜ合わせて作る。タレに食紅を加え、鮮やかな赤色に染める。肉をタレに漬け込み、金串にひっかけて吊るし、砂岩で作られた石釜に入れる。1時間程かけてじっくりと焼く。薪には楢の木がよく使われる。材質が堅く、じわじわ燃え続ける香りの良い木が最適。スモークの香りが肉にしみ込んで、炭火やガスでは出せない風味となる。強いヤニ臭を持つ松や杉は使ってはいけない。北京ダックには、ナツメ、栗の木を薪として使うことが多い。

●家庭で作れる叉焼

豚の肩肉を均等な大きさの棒状に整える。たこ糸で巻き、しっかりと結んでおく。鍋で長ねぎとしょうがを炒める。香りが立ってきたら豚肉を入れ、転がしながら炒め、手早く全体に焦げ目を付ける。酒を振りかけ、砂糖、醤油、水を加え、転がしながら強火で煮る。煮汁が煮立ってきたら火を弱め、蓋をして20分程度煮込む。時々、煮汁がよくからむように肉を転がす。肉が汁気をすっかり吸収したら、竹串を刺してみる。スッと通るようなら焼きあがり。鍋から肉を取り出し、そのまま冷ましてから糸を取り除く。

焼き方は、揚げたり、オーブンで焼いてもかまわない。切る時は、完全に冷めてから切る。食べる分だけ切り、残りはラップに包んで冷蔵庫で保存する。完全に冷めてから冷蔵庫に入れる。

【脆皮炸子鶏（ツェイピィヅァズヂィ）】

鍋にたっぷりの湯を沸かし、下処理した鶏を入れて全体に湯をかけ、フックに吊るす。滾水（湯）を杓子3杯、麦芽糖0.5杯、酢2杯の割合で脆皮湯料を作り、鶏に回しかけて皮を張らせる。鶏の腹の中に塩をこすりつけ、風通しが良い所に一晩吊るしておく。中温の油をゆっくりと鶏にかけ、やや焼き色が付き、8分通り火が通ったところで一旦取り出す。再び中温の油で2度が

けし、徐々に油の温度を上げる。皮の表面が平均に色付き、パリッとしてくれば完成。切り分けて皿に盛る。

【片皮乳猪（ピェンピィルウヂウ）】

仔豚の丸焼き。広東の伝統的名菜で高級な宴席に出される。仔豚の腹の中に、すり潰したにんにく、味噌、紅腐乳、芝麻醤、五香塩などを塗る。皮の表面には専用の甘酢や酒を塗る。ピーナッツ油を塗りながら、皮をやぶらないようにあぶる。気泡ができてきたら針で潰しながら焼く。丸ごと食卓に出し、皮を切り取って供する。千層餅に甘味噌、甘酢漬けの野菜、ねぎなどを添え、皮を挟んで食べる。千層餅とは薄くはがれる蒸しパン。

【芙蓉蟹（フーロンシエ）】

かにたま。カニは軟骨を取り、身をほぐす。しいたけ、たけのこ、あさつきは細切りにする。ボウルで卵をほぐし、塩、カニを加えて軽く混ぜる。

別なボウルでスープ、薄口醤油、砂糖、酒を混ぜ合わせる。鍋に少し多めの油を入れて熱し、卵を流し入れ、返しながら焼いて器に盛る。鍋に油を入れ、しいたけ、たけのこ、あさつき、カニを入れてサッと炒める。ボウルに作った調味料を加えて煮立てる。水溶き片栗粉でとろみをつけ、卵の上からかける。

【北京烤鴨子（ベイジンカオヤズ）】

掛爐スタイルのものが一般的。鍋にたっぷりの湯を沸かし、粒山椒を入れる。下処理をした鴨全体に湯をかける。赤酢、水飴を加えた滾水を鴨全体に回しかけて表皮を張らせ、一晩風に当てて乾かす。爐釜でフックに吊るし、強火で輻射熱（ふくしゃねつ）を利用して焼き色を確認しながら仕上げる。

Column －調味料－

広東に行った日本人が、レストランで「エビチリ」や「餃子」を注文し、料理人を困らせてしまうケースがよくあります。中国は地方ごとに言葉が違い、互いに異国と考えています。従って広東には広東料理、四川には四川料理しかありません。

北京の味付けは、主に塩とコショウ。これは古くから西洋との交易が盛んだった影響です。日本の東北地方も塩味ですから、似ているかもしれません。

一方、上海は、日本で言えば関東料理にあたり、醤油や味噌、酢で味付けをします。もっとも、醤油は日本のものとは異なり、甘ったるい濃口です。

広東は、素材を生かした薄味で、京都風の料理と言えるでしょう。1980年代に登場したXO醤は、九龍半島のペニンシュラホテルの料理長が「広東（飲茶）の味にも刺激が必要」と考案したものです。XOとは、エクストラオールドということで、ブランデーやコニャックのこと。貝柱、蝦子、唐がらしなどを少量加え、マイルドな辛さに仕上げた調味料です。

四川は唐がらしと山椒がふんだんに使われ、韓国料理の味付けと似ています。

炸（ツア）

揚げ物の調理法。火を均一に通し、むらなく揚げるために、材料は大きさや形をそろえて切る。肉団子やすり身団子も同じ大きさに作る。肉類や魚介類の揚げ物は、ものによっては下味を付けておく。肉類は酒と醬油、白身魚やエビは色が付かないように酒と塩。手でよくもんでおくと味がまんべんなくつく。漬け込む時間は、小さな材料ならば10分程、大きな塊ならば20分程度が目安。時々、上下を返してむらなく味を付ける。下味を付けたものは、揚げる直前に汁気を充分切っておく。汁気が残っていると焦げやすく、パリっと揚がらない。油がはねて危険であり、油の劣化も早い。

たっぷりの油で温度を一定に保ちながら揚げる。油の量は、鍋の7～8分目程度。材料を一度にたくさん入れると油温が下がり、カラリと揚がらない。1回に揚げる量は、油の表面積の半分以下にする。揚げ油の温度は普通は中温。大きな素材にゆっくりと火を通す時や、焦げやすいものは低温、もしくは低めの中温。ものによっては温度調節も必要。油通しの時は、100～120℃の低温のぬるめがよい。こうして表面をカラッと香ばしく、内側は素材のジューシーな旨味を残して仕上げた状態を外脆裏嫩（ワイツェイリネン）という。

油の温度の目安

- ◆低温：衣を落とすと鍋底について、ゆっくりと上がってくる（150～160℃）
- ◆中温：衣が油の中間まで沈んで上がってくる（170～180℃）
- ◆高温：油の表面近くからすぐに上がってくる（180～190℃）

骨付きの鶏肉や身の厚い魚などは、たっぷりの油で充分に揚げるが、中まで火が通らないうちに焦げることがある。その場合は、初めに低温でゆっくりと揚げ、8分通り火が入ったら一度引き上げる。油を高温に熱し、サッと2度揚げをする。水分が飛んで、カラリと揚がる。大きな魚や鶏を丸ごと1羽揚げる時も2度揚げする。材料が大きすぎて全体が油に浸かりきらない場合は、玉杓子で鍋の熱い油をすくって、はみ出した部分にかけながら揚げる。途中で裏返す時は、油がこぼれて引火しないように鍋を火から下ろし、網杓子を使って静かに返す。

小さな材料を揚げる時は、時々上下を返し、均一に焦げ目が付くように揚げる。数がある場合は、穴杓子か網杓子で一気に上げる。数回にわけて揚げる時は、揚がった材料を全部取り出し、油の温度が適温に戻ったら、次の材料を入れる。前の材料を揚げているところへ次の材料を入れると、油温が下がり、カラリと揚がらない。

油の劣化を防ぐためには、揚げ物の順番を選ぶ必要がある。初めに揚げるのは、白く仕上げるもので、春巻や卵白揚げなど。次は衣を付けたものや片栗粉をまぶした油通し。最後は調味料に漬け込んだ肉類や内臓類という具合。

揚げ方用語

【高麗炸（ガオリィヅァ）】

　フリッターの衣を使って揚げる。堅く泡立てた卵白に片栗粉や小麦粉を加えて蛋泡糊を作る。ボウルに小麦粉と片栗粉を入れ、冷水を注ぎながら指先で溶く。泡立てた卵白を入れ、泡を潰さないように均等に混ぜ合わせる。下味を付けた材料に衣を付けて揚げる。油の温度は120～160℃。白くきれいに揚がるので、甘い料理に用いられることが多い。

【乾炸（ガンヅァ）】

　下味を付けた材料に片栗粉や小麦粉、パン粉などの乾いた粉を付けて揚げる。材料の持ち味を生かす揚げ物。油の温度は、140～180℃。清炸よりカラリと揚がる。

【酥炸（スウヅァ）】

　油を加えた衣を使って揚げるので、サクサクとした歯ごたえになる。卵、小麦粉、片栗粉、ベーキングパウダー、水、ラードで発粉糊を作る。ピーナッツ油やくるみ油を使ってもよい。みじん切りのピーナッツ、くるみを加えることもある。衣の材料を軽く混ぜ合わせ、冷水を少しずつ注ぎながら指先で混ぜる。なめらかになったら油を加える。下味を付けた材料に衣を付けて揚げる。油の温度は、140～180℃。

【清炸（チンヅァ）】

　材料に下味を付け、そのまましばらくおいて味をなじませる。味がしみたら、そのまま揚げる。焦げやすいので火加減が肝心。表面はカリカリに、中は柔らかくなるように揚げる。油の温度は、140～180℃。

【脆炸（ツェイヅァ）】

　材料の表面にあめがけをして揚げる。あめは、水あめ、酢、酒、片栗粉などを混ぜ合わせて作る。表面が固まり、パリッとした状態に揚がる。鶏や鴨など皮の付いた鳥類によく用いられる。

【軟炸（ルアンヅァ）】

　天ぷら風の揚げ衣を使う。一般的な衣は蛋白糊（ダンバイフ）と鶏蛋糊（ヂィタイフ）。蛋白糊は卵白に水、片栗粉、小麦粉、ベーキングパウダーを混ぜたもの。鶏蛋糊は全卵に水、片栗粉、小麦粉を混ぜたもの。素材が柔らかく揚がる方法で、最もよく使われる衣。

　ボウルに小麦粉、片栗粉、ベーキングパウダー、塩を入れて合わせる。冷水を少しずつ加えながら、指先でダマができないように混ぜ、とろりとした衣を作る。残った衣は、密閉して冷蔵庫に入れておけば、また使える。古ければ古いほど良いとされ、何でも揚げられる。賞味期間は冷蔵庫に保存して1週間。下味を付けた材料に衣を付けて揚げる。油の温度は、140～180℃。

※その他の揚げ衣

　サンドイッチ用の薄切り食パンを5mm程の角形に切ったもの、コーンフレーク、白ごま、カシューナッツ、くるみ、油条（ヨウティアオ）、春雨なども衣に使える。春雨は乾燥したまま適当な長さに折るか、ハサミで切って表面にまぶしつける。

食材別の下準備

●ウナギ

中国では、ウナギを揚げ物や炒め物にする。中国のウナギはタウナギという種類で、日本のものより太く、あっさりした味。宴会料理によく使われる。身に入れる切り込みが浅すぎたり、揚げる温度が低すぎると、皮がはがれたり丸まってしまう。

●カキ

溶いた衣を付ける時は、カキの水気を乾いた布巾などで充分に取る。小麦粉をまぶしてから衣を付けるとよい。180℃ぐらいの中温で揚げる。

●昆布

油の温度が高いと焦げて苦味が出る。低い温度でパリッと揚げる。揚げてから時間がたつと、しおれてしまうので、揚げたてに熱い汁をかけて食べる。

●砂肝

開いてえさ袋を出し、よく水洗いをする。とがっている部分を縦横に切り込む。できるだけ深く切り込むと食べる時に歯切れがよい。外側の白い部分はそぎ取る。高温で揚げ、泡立ちがおさまり、切り込みが開いたら上げる。砂肝はすぐに火が通るので、揚げすぎないこと。

●豆腐

木綿豆腐を使うことが多いが、用途に応じて絹ごしも用いる。絹ごしなどの軟らかい豆腐は水分が多いので、うまく揚がらない。必ず高温で揚げる。温度が低いとカラリと揚がらない。冷めたら揚げ直すよりも煮ものにするとよい。団子にする場合は、濡れ布巾に豆腐を包み、絞って水気を取り除いて使う。

●鶏肉

骨付きのものは、一口大に切り、骨は包丁の刃元で押すように切る。骨付きは火が通りにくく、下味を付けると焦げやすいので、低めの温度で揚げる。油の温度が低いと、肉から水分が出てカラッと揚がらないので、仕上げに油を高温にして水分を飛ばす。

●なす

揚げ物にする時は、アク抜きをしなくてもよい。油を通すとアクも抜ける。低い温度で揚げると中まで油が入り込み、しんなりとしてしまうので注意。高温に熱したたっぷりの油で揚げ、なすがふくらんで鮮やかな色になってきたら上げる。揚げすぎると特有の舌ざわりが失われる。揚げたてを食べる。

●鳩（ハト）

食用の鳩を用いる。太って味がのっている鳩は美味しく、特に皮が香ばしい。鳩の腹に酒、五香粉、塩を塗り、ねぎと叩いたしょうがを入れ、尾の部分を竹串で閉じる。水に水飴を混ぜ、酢と酒を加えて煮立てたものを、鳩にまんべんなくかける。皮が白くなったら、風通しのよい場所で乾かし、中温の油でゆっくりと揚げる。竹串とねぎ、しょうがを取り除く。半分に切ったものを出すと食べやすい。

●豚肉

蒸すなどして脂を抜くとよい。冷蔵庫に入れて脂身を固め、一口大に切り分けて

揚げる。

揚げ物料理

【香蕉魚巻（シャンヂャオユイジュアン）】

バナナと白身魚を薄焼き卵で巻いて揚げ、あんをかけたもの。

薄焼き卵を焼く。舌ビラメはそぎ切りにし、塩、コショウ、しょうが汁で下味を付け、片栗粉をまぶす。鶏挽き肉は、フードプロセッサーですり身にする。すり身をボウルに入れ、卵白、酒、水、塩、コショウ、片栗粉を加え、粘りが出るまで練る。バナナは縦割りにして片栗粉をまぶす。

薄焼き卵に片栗粉をまぶし、鶏のすり身を広げる。鶏のすり身を挟みながら、しその葉、舌ビラメ、バナナの順で重ねて巻き込む。耐熱皿にのせ、蒸し器に入れて中火で8分程蒸して冷ます。卵黄、塩、薄力粉、片栗粉、水を混ぜ合わせ、泡立てた卵白を加えて衣を作る。卵巻きに衣を付けて中温で揚げ、皿に盛る。醤油、酒、酢、砂糖、コショウ、水溶き片栗粉であんを作り、上からかける。

【紙包鶏絲（ヂーバオヂィスー）】

紙包み揚げ。鶏のささみは薄切り、長ねぎ、干ししいたけ、たけのこは細切りにする。グリーンピースは熱湯に浸して戻す。ボウルにすべての材料を入れ、塩、醤油、酒、ごま油、片栗粉を加えて混ぜ合わせる。セロハン紙の内側にサラダ油を薄く塗り、具をのせる。セロハン紙は1折りごとに手で押さえ、空気を抜く。中に空気が残っていると、揚げてる最中に熱で膨らみ、パンクする。160℃程度の低温で時々返しながら揚げる。紙の中の鶏肉が白くなったら上げ、充分に油を切る。

【炸芝麻蝦（ヅァジイマァシァ）】

ごま揚げ。芝エビの殻をむき、竹串で背わたを取り、洗って水気を取る。エビを包丁でよく潰し、ボウルに入れて卵白、塩を加えてよく混ぜる。すり身を食パンの上に平らに塗る。エビを塗った面に白ごまをたっぷり押し付ける。160℃ぐらいの中温で、ごまを付けたほうを下にして入れ、途中1度だけ返して色良く揚げる。揚げたパンを食べやすい大きさに切り、器に盛る。

【網油炸蟹鉗（ワンヨウヅァシエクァン）】

豚の網脂を使った包み揚げ。芝エビ、ホタテ貝、鶏の腿肉、叉焼、水煮たけのこをダイス切りにし、豚の背脂、長ねぎのみじん切りを熱した鍋で炒める。スープ、塩、グラニュー糖、醤油、オイスターソース、コショウ、ごま油、片栗粉を加え、さらに炒める。網脂に中国パセリと蟹のはさみをのせ、炒めた具をのせて包む。卵白をくぐらせ、片栗粉の衣で揚げる。

焼（シャオ）

"煮る"という料理法は、使う調味料、煮込み時間、煮汁の状態などにより区別され、呼び方も地方によって違う。また、主材料が肉であっても、一緒に煮込んだ野菜のほうが美味しくなる。肉団子と白菜の煮込みならば、白菜とスープが美味しくなる。

煮込み料理は、コトコトと気長に煮込むことにより、味が引き出される。上手に煮込むためには、厚手の鍋を使う。厚手の鍋は、火が柔らかくあたり、熱が周囲から均等に回るので、材料がふっくらと味良く煮あがる。薄手の鍋だと、焦げついてしまうことがある。土鍋は保温性に優れ、そのまま食卓に出せる。

切った材料を煮込む場合は、均等に煮あがるように大きさを切りそろえる。時間をかけて煮込むものは、小さく切りすぎると煮崩れする。肉類は、一口大。豚ばら肉は煮込むと縮まるので、やや大きめに切る。肉類や魚類は、炒めたり、揚げたりしてから煮込む。表面を焼き固めれば、長時間煮込んでも材料の旨味が流出したり、煮崩れすることはない。また、程よい歯ごたえが残り、油を使うことによってコクもプラスされる。

牛すね肉の煮込みのように、長い時間をかけて煮込むものは、肉をたこ糸で巻いて形崩れを防ぐ。内臓類は水で洗ったり、熱湯で軽くゆでたりして臭みを抜いてから煮込む。ゆで加減は、表面の色が変わる程度で、ゆですぎないこと。砂肝やレバーの強い臭みは、長ねぎやしょうが、八角などの香辛料を加えて煮込み、香り付けをする。

鍋に材料と水、調味料を入れたら必ず強火で煮始める。煮立つにつれてアクが浮いてくるので、ていねいにすくい取る。煮えくり返ってしまうと、アクが煮汁に混ざってしまう。アクをきれいにすくったら、煮汁がかすかに煮立つ程度に火を調節し、蓋をして煮込む。蓋をすることにより、煮汁の蒸発を防げる。味をじっくりとしみ込ませ、柔らかく煮あげる。

肉類の煮込みは長く時間をかけるが、魚介類は煮込む時間が長いと煮崩れしたり、風味がなくなるものがある。鶏の手羽先や牛すね肉などは、時々上下を返して煮込むと、味にムラがなくなり、焦げ付かない。煮汁が少なくなってきたら、鍋をゆすって焦げ付かせないようにする。

煮込み方用語

「煮る」調理法の代表的なものは"焼"で、一般的に材料を炒めるなどして下加熱した後、少量のスープと調味料を加えて弱火で煮込むものをいう。

【煨（ウェイ）】
　調味料を加え、長時間弱火にかける。材料が柔らかくなり、煮汁もどろりとした状態になるまで煮る。弱火で蒸し焼きにすることを示す場合もある。

【乾焼（ガンシャオ）】
　少ないスープで汁気がなくなるまで煮込み、煮汁をしっかりと素材に吸わせる。

【糟焼（ザオシャオ）】
　酒粕を加えて煮る方法。

【焗（ジュ）】
オーブンで焼く調理法。

【葱焼（ツォンシャオ）】
ねぎをたっぷりと入れて煮ること。生臭い材料を煮込む時に用いる。

【燉（ドゥン）】
内側の鍋に材料を入れ、外側の鍋には水を入れて間接的に長時間かけて煮る調理法。

【白焼（バイシャオ）】
充分な湯に塩を入れて材料を煮る。

【紅焼（ホンシャオ）】
醬油煮込み。醬油を加えたスープで煮る。火加減は弱火。

【燜（メン）】
油で揚げるか下煮した材料を鍋に入れ、ひたひたの水、またはスープに調味料を加えて煮る調理法。

【滷（ルー）】
濃厚な汁で長時間煮る方法。

肉類の煮込みの下準備

●きんかん（鶏の腹子）
ぬるめの湯に入れ、堅くなる程度にゆでる。鍋で油を熱し、きんかんを入れる。スープ、酒、オイスターソース、醬油、砂糖を加え、煮汁が8分通り煮詰まるまで強火で煮る。最後は水溶き片栗粉でとろみをつける。

●砂肝
いたみやすいので新鮮なものを使う。下ごしらえした後、一度熱湯にサッと通して臭みを抜いてから煮込む。煮汁が残ったら、ひと混ぜして砂肝に煮汁をからませると、こってりと美味しくなる。

●鶏手羽先
臭みを抜くため、冷たい水でよく洗ってから使う。弱火で焦げつかないように、時々様子を見ながら時間をかけて煮込む。

●鶏レバー
レバーや心臓は、長ねぎ、しょうが、八角を加えて煮込むとよい。紅焼にすることが多い。

●豚足
縦に2つ割りにして熱湯に入れ、サッとゆでる。水気を切り、醬油を塗って高温の油でカラッと揚げる。酒、南乳、八角、スープなどで煮込む。蓋をして弱火で25分ぐらい柔らかくなるまで煮る。豚足に串を刺し、堅かったらスープを加え、さらに煮る。ゼラチン質が出るので自然にとろみがつく。

●肉団子
長時間煮込む場合は、豚肉を使う。牛肉などで作った団子を長く煮込むと、堅くしまってしまう。挽き肉をこねる時は、長ねぎとしょうがで香りを付けた水を加えると、団子の仕上がりが柔らかくなる。大きな肉団子を使う時は、一度高温の油で揚げて表面をきつね色にする。大きくても長時間煮込めば充分に火は通る。

●はちのす（牛の第2胃袋）
塩と片栗粉でよくもんでから洗う。熱湯に油、ねぎ、しょうが、酒を入れ、はちのすを25分程ゆでる。水気を切り、一口大に切る。鍋で油を熱し、はちのすと野菜を炒める。スープ、砂糖、塩、醬油、八角などを加えて煮込む。

●豚アキレス腱

アキレス腱は戻しにくいので、肉屋で戻したものを求める。充分にふくらんだアキレス腱を使う。ねぎ、しょうがを炒め、酒を加えた湯に入れ、ゆでて臭みを抜く。水気を取ってサッと炒め、酒とスープで煮る。

●豚タン

きれいに掃除したものを使う。たっぷりの熱湯に入れてサッとゆで、臭みを取る。洗ってから鍋に戻し、ねぎ、しょうがと水を入れて煮る。煮立ったら弱火にして、8分通り柔らかくなるまで下ゆでする。タンを取り出し、食べやすい大きさに切る。鍋で油を熱し、にんにく、しょうがなどの香味野菜を入れ、香りが出るまで炒める。タンを入れて酒を振り、スープと調味料を加えて煮込む。

●豚レバー

丸ごと熱湯に入れる。ねぎの青い部分としょうがの皮を入れ、サッとゆでる。アクを取ってから煮込む。

その他の食材の下準備

●アワビ

アワビの表面に浅く細かく包丁目を入れる。食べやすくなり、味がよくしみ込む。包丁を寝かせ、包丁目と直角にそぎ切りにする。鍋を熱して油をひき、スープを加え、アワビを入れて酒を振る。薄口醬油、砂糖、オイスターソース、塩、コショウで調味。ひと煮立ちしたら、水溶き片栗粉を入れ、とろみをつける。

缶詰のアワビを使用する場合は、鍋にたっぷりの湯を沸かし、缶詰のまま入れる。蓋をして強火にし、沸騰したら火を弱める。8時間程度煮る。湯が少なくなれば、そのつどたす。缶汁ごと火を通すと、旨味が逃げず、柔らかくなる。缶詰の最高級のものはICC（国内産）で、手頃な価格の缶詰はオーストラリア産のものがある。

●ナマコ

乾燥ナマコを戻した後、縦半分に切り、一口大に斜め切りにする。ねぎ、しょうがを炒め、ナマコを入れて酒を振り、湯を入れて煮立てる。香りの付いた湯でゆでて臭みを抜く。

●ふくろ茸

缶詰のふくろ茸は臭みがあるので、縦に切れ目を入れ、中の水を出す。熱湯に入れてサッとゆでてクセを取り、水気を切って使う。

●ワタリガニ

カニの甲羅は、たわしでよく洗っておく。甲羅をはずして中のみそを取り出す。包丁で足を切り、胴の両脇にあるガニを取り除く。甲羅はそのままで、身の部分を縦に割る。太い足は包丁で切れ目を入れ、はさみは包丁の腹で叩いて潰す。

ボウルにカニの甲羅、身、足、はさみを入れ、片栗粉を多めにまぶす。たっぷりの油を高温で熱して、カニを1つずつ鍋肌に沿って入れる。玉杓子でかき混ぜ、油をすくってかける。甲羅が赤くなり、片栗粉が固まったら上げて油を切る。鍋で油を熱し、にんにく、沙茶醬を炒めて香りをたてる。豆瓣醬とカニみそを入

れ、焦がさないように炒める。スープ、オイスターソース、醤油、砂糖を加える。5分程煮て、仕上げにごま油を混ぜる。

煮物料理

【無錫排骨（ウーシーパイグウ）】

スペアリブを適度な大きさに切り、料酒、醤油、ねぎ、しょうがで漬け込み、30分ぐらいおいて高温の油で揚げておく。紅糯米（赤米）を炊いて紅色を出し、裏漉しする。熱した鍋にねぎ、しょうがを炒め、料酒、赤米水、塩、排骨を入れて沸かし、アクを取り除く。八角、桂皮、砂糖を加え、1時間程煮詰める。最後にごま油、ねぎ油で香りと照りを付けて仕上げる。

【干焼明蝦（ガンシャオミンシァ）】

車エビの四川風炒め煮。車エビは背わたを取って2つに切り、洗って水気を切る。塩、酒、コショウ、卵白で下味を付け、片栗粉をまぶす。鍋で油を熱し、低い温度で車エビに8分通り火を通す。鍋に油と豆瓣醤を入れ、みじん切りのしょうが、にんにくを炒める。ケチャップ、酒、水、塩、砂糖、酢を加え、車エビ、みじん切りのねぎの順で入れる。水溶き片栗粉でとろみをつける。溶き卵を全体に回しかけて仕上げてもよい。

【貴妃海参（グェイフェイハイシェン）】

鶏手羽先とナマコの煮物。ナマコは縦に割り拍子木切りにする。手羽先は両端を切る。

鍋で油を熱し、手羽先、ゆでたけのこ、しいたけを油通しする。鍋に油を入れて火にかけ、ねぎ、しょうがを炒め、手羽先、たけのこ、しいたけを入れ、スープを加える。醤油、砂糖、酒、コショウで調味し、煮汁が煮詰まってきたらナマコを入れて煮る。醤油を少々たして水溶き片栗粉でとろみをつける。油を鍋肌から回しかけて仕上げる。

【錦繍拼盤（ジンシウピンパン）】

10種類以上の材料を花や鳥などに似せ、美しい彩りで並べた大皿盛り。冷たい前菜。水煮した豚の内臓、アワビ、ひな鶏などの薄切り、蒸し卵、ハム、野菜類を使う。鳳凰などの吉祥動物を形作ることが多い。山水画をそのまま料理にしたような「拼盤」は四川が元祖。四川の人達は、祭や節句の時に家庭で盤子を作り、そのテクニックと出来栄えを競う。

【姿煮】

●フカヒレの姿煮

沸騰した湯に入れ、1時間程ゆでる。そのまま1晩おく。黒い皮と汚れを取り、再度たっぷりの湯で30分程煮て骨と汚れを取る。この作業を1日に3回ずつ、3日間繰り返して戻す。

鍋に油を熱し、ぶつ切りにした長ねぎとしょうがを炒め、スープと水気を切ったフカヒレを加える。弱火で5分程煮て、アクをしっかり取り除く。醤油、砂糖、オイスターソース、老酒を加え、ひと煮立ちしたら水溶き片栗粉を加え、とろみをつける。仕上げに油を回しかける。

【大蒜猪蹄（ダァスアンヂウテイ）】

豚足のにんにく入り煮物。豚足は洗って毛を取り、縦半分に切り開く。鍋でスープを沸かし、ねぎとしょうがを叩いて加え、

豚足を入れて中火で1時間煮る。塩、醬油、酒、コショウを加え、さらに1時間程煮る。爪を取り、拍子木切りにする。鍋で油を熱し、ゆでたたけのこ、にんにくを油通しする。鍋にスープ、たけのこ、にんにくを入れ、豚足を煮た煮汁を漉して適度に加える。豚足としいたけを入れて煮込み、醬油で味付けする。水溶き片栗粉でとろみをつけ、鍋肌から油を回し入れる。

【大蒜鰻魚（ダァスァンマンユイ）】
 にんにく風味のウナギの煮物。ウナギは頭と尾を切り落とし、縦に2つに割って5cm程に切る。たけのこ、にんじん、きゅうりは乱切りにする。鍋で油を熱し、低温でウナギを数分揚げる。ウナギは揚げると煮込んだ時に味がしみやすい。野菜はサッと油通しする。鍋で油を熱して豆瓣醬を炒め、スープ、ウナギ、野菜を加える。塩、酒、醬油、砂糖、コショウで味を調え、水溶き片栗粉でとろみをつける。鍋肌から油を少々回し入れる。

【鶏片蚕豆（ヂィピェンツァンドウ）】
 鶏のささみとそら豆の煮込み。そら豆はさやから出して皮をむく。ゆでて8分通り火を通し、水気を切る。鶏のささみは薄いそぎ切りにし、塩、酒、コショウ、片栗粉、卵白で下味を付ける。鍋で油を熱し、ささみを油通しする。鍋にスープを入れて火にかけ、ささみとそら豆を加える。塩、コショウで味を付け、水溶き片栗粉でとろみをつける。

【酒糧荷包蛋（ヂウリャンフゥバオダン）】
 落とし卵の蜜煮。体が温まるので、冬の朝食に出される。甘味は好みで加減する。

鍋に水を入れて火にかけ、沸騰したら弱火にし、卵を1個ずつ静かに割り入れる。アクを取り、砂糖と甘酒を入れて味付けする。半熟ぐらいになったら火を止める。

【九転肥腸（ヂウジョアンフェイチャン）】
 豚の大腸の醬油煮。北京を代表する内臓料理。腸の中に腸を詰めた様子から"九転"と名付けられた。腸は掃除に手間がかかるうえ、煮込み時間も3時間に及ぶ。適度な弾力を残し、簡単に噛み切れる柔らかさに煮る。煮込むことにより、余分な脂肪分やクセが抜け、上品な味に仕上がる。

【葱焼蛋餃（ツォンシャオダンジャオ）】
 卵餃子の煮物。卵を溶きほぐす。ねぎ、たけのこはせん切り、生しいたけはそぎ切りにする。豚挽き肉に醬油、酒、塩、砂糖、コショウ、水を加えて混ぜ、片栗粉をまぶす。鍋で油を熱し、溶き卵を大さじ1杯分流し入れる。薄焼き卵にして中央に挽き肉をのせ、2つ折りにして包む。フライパンや中華用の玉杓子を用いてもよい。鍋を熱して油を入れ、ねぎ、たけのこ、しいたけを炒め、スープを注ぐ。味を調え、水溶き片栗粉でとろみをつける。卵餃子の上からかける。

【東坡肉（ドンポウロウ）】
 皮付き豚ばら肉をブロックのまま30分ゆで、洗って水分をよく切る。皮のほうに濃口醬油をつけ、高温の油（200℃）で皮目が堅くなるまで揚げる。6cm角に切り、ゆでて脂を流す。圧力鍋に一度火を入れた水、醬油、氷砂糖、濃口醬油を入れ、薬味（長ねぎ、しょうが、八角、桂皮）を加え、40分煮る。肉を皿に盛り、たれを漉して水溶き

片栗粉でとろみをつけ、肉にかける。

【紅焼獅子頭（ホンシャオシィズトウ）】

豚肉の肩ロースを包丁で叩いて細かくする。よく水分を切った豆腐と全卵、料酒、塩、オイスターソース、しょうが汁、水、片栗粉と合わせ、よく混ぜて、数個の団子に分ける。よく焼いた鍋に、団子の半分強の位置まで油を入れ、両面を揚げる。団子が隠れる程油を入れてしまうと肉が縮み、堅くなる。熱した鍋にねぎ油を入れ、長ねぎ、しょうがを炒め、揚げた団子を入れる。スープ、醤油、料酒、砂糖、コショウを加え、蓋をして20分ぐらい煮る。煮汁を漉して水溶き片栗粉でとろみをつけ、ごま油、ねぎ油で香りと照りを付け、皿に並べた肉団子にかける。

【紅焼黄魚（ホンシャオホァンユイ）】

イシモチの内臓、うろこ、えらを取り除き、水洗いする。戻ししいたけ、水煮たけのこ、豚腿肉の薄切りを用意する。にんにくは揚げておく。イシモチに醤油を塗り、高温の油でカラカラに揚げる。鍋でねぎ、しょうがを炒め、豚肉、たけのこ、しいたけを入れる。にんにく、水、老酒、日本酒、醤油、砂糖で調味し、沸騰したらイシモチを煮込む。中火で10分、弱火で20分煮る。煮詰まった汁に水溶き片栗粉でとろみをつけ、最後に酢を少々、ごま油、ねぎ油で香りを付ける。

【麻婆豆腐（マァボドウフ）】

四川の代表的な一品。正式名は「陳麻婆豆腐（ツェンマァボドウフ）」。100年以上前に四川省の成都の陳富文の妻が創作した料理。顔に軽い疱瘡のあとがあり、陳麻婆と呼ばれていたので、この名が付いたと言われる。"麻"は中国語でアバタの意味がある。麻婆豆腐のように、少量のスープで煮込んで材料の水分を引き出す調理法を「𤂻（ドゥ）」という。昔は牛肉だけを使っていたが、現在は豚肉も使う。

豆腐は木綿、または絹ごし豆腐を使い、さいの目切りにする。にんにくとねぎはみじん切り。鍋で油を熱し、豚挽き肉を炒める。甜麺醤、豆瓣醤を加え、焦がさないように炒める。湯と豆腐を入れ、醤油とコショウで味付けして少し煮込む。ねぎを入れ、水溶き片栗粉でとろみをつけ、油を鍋肌から回しかける。

【蜜汁牛尾（ミイヂィニゥウェイ）】

牛尾のカラメル入り煮物。牛尾は洗って熱湯をくぐらせ、きれいに水で洗う。鍋にスープを入れて沸騰させ、叩いたねぎとしょうが、牛尾を入れて1時間煮る。カラメル、醤油、老酒、塩、コショウを加え、さらに1時間程煮る。鍋に湯を沸かし、薄切りのたけのこ、にんじんをゆでる。鍋に煮汁を入れ、たけのこ、にんじん、玉ねぎ、牛尾を加えて煮る。煮詰まったら水溶き片栗粉でとろみをつける。

蒸（チェン）

材料を蒸し器の中に入れて蒸すだけの簡単な調理法。蓋をして蒸気を充満させるので、材料に熱が平均して柔らかく伝わる。材料の持ち味を損なうことなく、香りや色を保ち、あっさりと仕上がる。煮崩れをしたり、焦げ付く心配もない。一度にたくさんの量を調理できるので便利。下味を付けて蒸しあげる料理や、蒸してから揚げたり、あんかけにするものもある。堅い材料を柔らかくしたり、乾燥材料を戻すなどの下調理にも使う。

上手に作るためには、アルミ製の蒸し器よりも中華せいろう（蒸籠）を使ったほうがよい。中華せいろうは、中華鍋に入れた水が充分に沸騰してからのせる。蓋はぴったりと閉めて蒸す。蒸気があがらないうちに中華せいろうをのせると、蒸気が出始めた時、湯気が冷たい材料に当たって水滴ができてしまう。料理が水っぽくなっては台なし。火加減は、中華せいろうの中に蒸気がいきわたってから調節する。途中で差し水が必要になったら、湯を鍋肌から注ぎ込む。

器に材料を入れて蒸す場合は、彩色や金銀の入った器は避ける。熱で変色したり、はげたりすることがある。熱のあたりが柔らかく冷めにくい陶磁器や、ほうろう製のものが良い。蒸し器に材料をじかにのせる場合は、せいろうにサラダ油を塗っておく。白菜やキャベツなどの葉を敷いて蒸してもよい。焼売やまんじゅうのように蒸すとふくれるものは、間隔をあけて並べる。間隔をとると蒸気のまわりがよく、熱がむらなく当たるので、ふっくらと仕上がる。

火加減は蒸すものによって異なる。卵と豆腐は弱火で蒸す。強いと"す"が入る。肉類は中火。魚介類は時間をかけて蒸すと生臭くなり、堅くなるので、強火で蒸す。焼売やまんじゅうも強火。火が弱いと具から水気が出てきてしまう。料理が蒸しあがるまでは蓋は開けない。途中で蓋を開けると、中の空気が冷えて、まんじゅうが充分にふくらまなかったりする。

蒸し方用語

【扣蒸（コウヂェン）】
塩漬けの材料を油で揚げてから蒸す方法。

【清蒸（チンヂェン）】
材料に塩、コショウなどの下味を付け、ねぎ、しょうがを入れて蒸す。魚や卵を蒸す時に、よく使われる手法。鮮度が決め手。ねぎやしょうがをあしらって蒸し、香りを生かす。仕上げに清湯をかけることもある。

【糟蒸（ザオヂェン）】
北京菜に多い調理法。酒粕を使って蒸し、香りを生かす。

【粉蒸（フェンヂェン）】
四川料理に多い調理法。下味を付けた材料に米粉、もち米粉、小麦粉などをまぶして蒸す。

食材別の蒸し方

●赤貝

赤貝（血蛤）は生のまま口を開け、サッと蒸気を通す程度に蒸す。血がしたたる

ぐらい生に近い蒸し方をする。甘酢につけて食べると美味しい。

●卵

"す"がたたないように、中華せいろうの蓋を少しずらして蒸気を逃しながら蒸す。長い時間をかけて蒸しすぎないように注意。卵の中に、カニ、春雨、フカヒレなどを入れると豪華な料理になる。

蒸し物料理

【金華麒麟紅斑（ジンホアクィリンホンバン）】

赤ハタを三枚におろし、身を12枚に切り、卵白、塩、ごま、片栗粉で下味を付けておく。金華ハム、戻したしいたけ、冬たけのこは薄切りにし、味付けしたスープに漬けておく。材料の水気を切り、魚、ハム、しいたけ、たけのこの順で皿に並べる。皿ごとオーブンに入れ8分、中華せいろうなら10〜12分強火で蒸す。頭と尾も別蒸ししておき、皿に飾って1尾全体を盛る。

【酸菜扣肉（スァンツァイコウロウ）】

豚肉と漬け物の蒸し物。豚ばら肉は塊のままゆで、水気を切って醤油をまぶす。高温の油で肉を色良く揚げる。鍋に水を入れ、揚げた肉をゆでて油を抜く。5mm程の厚さに切り、小さめのボウルに並べ、酒、醤油、塩、コショウを合わせたものをかける。粗いみじん切りにした高菜の漬け物をのせ、蒸し器で3時間ぐらい蒸す。皿にボウルを逆さにして肉を出す。汁は鍋で熱し、水溶き片栗粉でとろみをつける。仕上げに油を鍋肌から回し入れ、肉にかける。

【蒜茸蒸龍蝦仔（スァンルォンチェンロンシァズ）】

活伊勢エビは水洗いし、頭から尾まで縦半分に切る。にんにくのみじん切りは、きつね色になるまでよく炒める。冷めたらスープ、塩、ブイヨン、コショウを加え、味が整ったら片栗粉を入れて混ぜる。半身の伊勢エビにのせ、8分程度蒸す。皿に盛り、ねぎのみじん切りを散らし、熱したねぎ油をジュッとかける。パセリを飾って仕上げる。

【素火腿（スゥフオトェイ）】

ゆばは小さくちぎり、叩いたねぎ、しょうがを入れた塩水の中に漬ける。水分をよく切り、料酒、醤油、砂糖、五香粉で味付けする。さらしに巻いて、ひもでしっかり縛り、約1時間蒸す。蒸しあがったら熱いうちに取り出し、ごま油を塗る。冷めたら薄切りにして皿に盛る。

【姿蒸し】

清蒸海鮮（チンヂェンハイシャン）。魚の蒸し物は、弱火で時間をかけて蒸すと生臭くなり、身がしまって堅くなる。途中で蓋を開けず、強火で一気に蒸しあげる。甘ダイ、タイ、カレイ、スズキ、マナガツオ、イトヨリなどの大きめの白身魚料理に向く。特に甘ダイは、蒸しものによく合う。

甘ダイはうろこを落とし、えらを取り除く。盛り付けた時に下になる側の腹に切れ目を入れ、はらわたを出す。水洗いをして水気を拭き取る。甘ダイの腹に、しょうがの薄切りを詰める。大皿に甘ダイの頭を左、腹を手前にしてのせる。頭と尾の部分に長ねぎを敷き、細切りの干ししいたけ、ハム、しょうがをのせ、酒を振りかける。充分に湯気があがった中華せいろうに皿ごと入れ、強火で15〜20分弱蒸す。蒸しあ

がったら長ねぎと腹に詰めたしょうがを取り除く。熱いうちに、醤油とごま油を回しかける。

【豆豉蒸扇貝（ドウチヂェンシャンベイ）】

　活ホタテ貝の殻をあけ、貝柱を取り出す。切り離さないように横に２つ割りにし、かのこ形（まだら模様）に隠し包丁を入れる。殻の一方に長ねぎのぶつ切りをおき、その上にホタテ貝をのせる。ねぎとしょうが、青ピーマンをみじん切りにし、ボウルに入れる。にんにくのみじん切りを、ねぎ油できつね色になるまで炒め、ボウルに注ぐ。これに豆豉、オイスターソース、醤油、豆瓣醤、砂糖、コショウ、料酒、スープ、ごま油、片栗粉を合わせ、ホタテ貝の上に均等にのばしてのせる。中華せいろうで５分程強火で蒸しあげ、ねぎのみじん切りをのせ、熱したねぎ油をかける。上に中国パセリ（香菜）を飾り、殻ごと供する。活ホタテを使うので、蒸し過ぎに注意し、ミディアム感覚に仕上げる。

【鮑翅冬瓜盅（バオチィドングワヂョン）】

　冬瓜（とうがん）は前面に彫刻をし、上面も飾り切りする。中身をくり抜き、薄く塩味を付けた上湯を張り、１時間程蒸す。鶏レバー、砂肝、鶏腿正肉、戻したしいたけをダイス切りにし、それぞれゆでておく（食用ガエルがあれば加える）。スープに塩、料酒、チキンブイヨン、コショウを入れて味付けし、上湯を除いた冬瓜に注ぎ入れる。ゆでた材料を入れ、一番上に戻した排翅をのせる。味付けした頂湯（上スープ）を注ぎ、再度１時間蒸す。蒸しあがったら冬瓜を皿にのせ、絹さや、蟹肉、金華ハム、とさか海苔などで上面を飾って供する。

【粉蒸紅苕（フェンヂェンホンティアオ）】

　さつま芋の四川風蒸し。蒸したさつま芋をくり抜いて詰め物をし、さらに蒸しあげたもの。熱いうちに食べる。

　さつま芋は縦半分に切る。蒸し器に入れ、強火で10分程蒸し、皮をむいて中身をくり抜く。くり抜いたさつま芋、しいたけ、鶏肉を小さな角切りにする。ボウルに野菜、鶏肉、ぎんなんを入れ、みじん切りにしたにんにくとしょうがを加える。塩、砂糖、醤油、酒、上新粉、油、コショウで下味を付ける。さつま芋に詰め、蒸し器に入れて強火で20分程蒸す。皿に盛り、あさつき、粉山椒を振りかけ、熱した油をかける。

【蒸し鶏】

　鶏の骨付きもも肉は、水できれいに洗い、水気を拭き取る。塩を振ってよくすり込む。皮目を上にしてバットに並べ、包丁で叩いた長ねぎとしょうがをのせ、酒を振りかける。湯気が充分にあがった中華せいろうに入れ、蓋をして20分程蒸す。火加減は中火。竹串を刺してスッと楽に通り、澄んだ汁が出れば蒸しあがっている。中華せいろうから取り出して冷まし、皮をはぐ。骨の関節を折り、身をほぐす。皮は包丁で細かく切る。棒棒鶏やにんにくのソースで和える。

溜（リュウ）・燴（ホェイ）

あんかけの手法は2通り。溜は揚げたり、炒めたり、蒸したりした料理に、別に作ったあんをかける。燴は揚げたり、炒めたり、蒸したり、ゆでてからスープで煮込み、水溶き片栗粉でとろみをつけたもの。とろみのある汁で材料を包むことで、味がよくからみ、冷めにくい。

ソースや煮汁に片栗粉を加える場合は、ソースや煮汁を必ず煮立てておく。冷えたところへ加えると、あんにムラができ、味も悪くなる。煮立ったソースに水溶き片栗粉を細く流し入れ、玉杓子で絶えずかき混ぜて、まんべんなく混ぜ合わせる。中に具が入っている時は、鍋の縁から回し入れ、サッと混ぜ合わせ、あんが透き通ったら火を止める。

できたての料理に熱いあんをかけるために、料理がほぼ出来上がった時点であんを作る。

あんの種類

【糟溜（ザオリュウ）】
材料に下味を付け、酒粕を加えたあんをからませる調理法。

【鮮溜（シァンリュウ）】
材料の味を損なわないようにして、塩味を加えたあんで調理したもの。

【素燴（スゥホェイ）】
野菜類の煮込みあんかけ。

【糖醋（タンツウ）】
甘酢のあん。

【炸溜（ヅァリュウ）】
衣をつけて揚げた材料にあんをかける。甘酢を使ったものが多い。

【醤汁（ジャンヂィ）】
醤油あん。濃厚な醤油汁や、みそ味の汁の意味もある。

【茄汁（チエヂィ）】
トマトケチャップのあん。

【焦溜（ヂャオリュウ）】
材料を揚げた時に焦げ目を強く付け、あんをからめる。

【清燴（チンホェイ）】
塩味の澄ましスープによるあんかけ。

【醋溜（ツゥリュウ）】
酸味のあん。糖醋よりも酸味が強い。

【奶油（ナイヨウ）】
牛乳あん。ホワイトソースと同じ。

【白汁（バイヂィ）】
透明なあん。主に塩で調味する。水晶（シュイチン）、玻璃（ポーリ）とも呼ぶ。

【白燴（バイホェイ）】
塩味の澄んだあんかけ。

【滑溜（ホワリュウ）】
下味を付けた材料を油通ししてから、あんをからめる。

【紅燴（ホンホェイ）】
醤油を使って調理した煮込みあんかけ。

【軟溜（ルアンリュウ）】
材料を揚げてからスープに入れ、柔らかくなるまで煮てからとろみをつける。

各種あんの作り方

【甘酢あん】
糖醋、または醋溜。最も代表的なあん。

肉、魚、卵などを揚げたものにマッチする。砂糖と酢で作るのが一般的だが、トマトケチャップ、甘口ソース、ジャムなどを加えて、味にコクを出すこともある。

【グリーンピースあん】

塩味のあん。鍋蓋をせずに色良くゆでたグリーンピースを潰す。酒とスープでのばし、一度漉してから調味する。

【ごまあん】

白ごまをとろりとするまですり潰す。砂糖と醤油を加えて調味。アワビ、エビ、鶏肉など、あっさりした素材に合う。

【醤油あん】

醤汁。どんな素材にも無難に合う。材料によって薄口醤油を使ったり、オイスターソースを加えてコクを出す。

【白あん】

白汁。塩とスープがベースの透明なあん。色が鮮やかな野菜や淡泊な素材の味を生かしたい時に用いる。とろみは柔らかめ。仕上げに鶏油を使うと香りが良い。

【豆豉あん（ドウチあん）】

鍋に油を熱し、豆豉と刻んだ野菜を加えて炒める。酒とスープを注ぎ、砂糖、オイスターソース、醤油、コショウなどを加える。水溶き片栗粉を少しずつ回しかけ、火を止める。仕上げに鶏油をたらす。ゆで豆腐などに合う。

【腐乳あん（フルウあん）】

豆腐乳は熱いスープを加え、よくのばす。鍋に油を熱し、スープを入れる。豆腐乳、砂糖、醤油、コショウなどを加え、ひと煮立ちさせる。全体がなじんだら、水溶き片栗粉を回し入れ、ごま油で仕上げる。ゆでたなすや野菜類に合う。

あんを使った料理

【五柳魚（ウーリュウユイ）】

揚げ魚の甘酢あんかけ。主にコイが用いられる。コイはうろこを落とし、内臓を取り出し、水洗いをする。両面に斜めに格子の深い切り込みを入れ、水気を拭き取る。片栗粉をまぶし、腹の中にもつけて、余分な粉をはたき落とす。鍋で油を中温で熱し、コイを入れる。玉杓子で油をかけながら、また、時々コイを油から上げて、余熱で火を通し、油に戻す作業を繰り返す。最後に強火で、カラリと揚げる。

揚げている間に、あんかけを作る。鍋で油を熱し、細切りにしたピーマン、にんじんを炒め、しょうがを加える。酢、砂糖、トマトケチャップ、塩、スープを入れ、ひと煮立ちさせ、水溶き片栗粉を回し入れ、とろみをつける。コイは頭を左にして皿に盛り、熱いあんをかける。

【鍋巴（グォバァ）】

おこげのあんかけ。おこげは、ごはんを炊いた時に釜や鍋底にできた焦げた部分を乾燥させたもの。中国の四川地方の名物。きれいな油を高温に熱し、おこげを入れ、フワッとふくらむ程度に揚げる。

おこげは、もち米を使ってもよい。もち米を水に1日漬けて蒸し、粗熱をとる。天板に薄くのばし、塩を少々振り、弱火のオーブンに入れる。裏が少し焦げるくらいで取り出し、一口大に割れるように、表面に包丁で切れ目を入れる。1週間くらい風通しのよい所に干して乾かす。釜で炊いた

場合は、一口大にして、ザルに並べて干す。炊飯器で炊いた冷やごはんならば、ボウルの底に薄くなすりつけ、天日で干してもできる。

あんを作る。油を熱し、下処理した芝エビに卵白と片栗粉をまぶし、カラリと揚げる。鍋で油を熱し、たけのこ、しいたけ、グリーンピース、揚げた芝エビを入れ、強火で手早く炒める。スープ、トマトケチャップ、塩、砂糖、コショウなどを加え、混ぜながらひと煮立ちさせ、水溶き片栗粉を回し入れて、とろみをつける。揚げたてのおこげを器に盛り、先に作って温めておいた熱いあんを上からかけるとジューッという音がする。

【鮮黄魚翅（シァンホァンユイチィ）】

フカヒレを使った黄色いあんかけの煮物。フカヒレはゆでて水気を切る。鶏のささみは糸切りにして、塩、卵白、片栗粉を加える。白身魚はゆでて細かく刻む。鍋で油を熱し、ささみを油通しする。鍋に油を入れて熱し、カニの卵を入れてスープを注ぐ。魚とフカヒレを入れ、塩、酒、コショウで味を調える。ささみを加え、水溶き片栗粉でとろみをつける。鍋肌から油を少々回し入れて仕上げる。

【糖醋肉（タンツウロウ）】

北京風の酢豚。豚肩ロースは隠し包丁をして方形に切る。しょうが、酒、塩、醤油、コショウ、全卵、水を合わせた調味料で肉に下味をつけ、20分程味をなじませておく。揚げる寸前に片栗粉をまぶし、中温の油でゆっくりと黄金色に揚げる。薄い塩湯でゆでたたけのこ、戻してゆでたしいけ、青ピーマン、斜め切りにしたねぎを揚げ、網にあけて油を切る。スープ、醤油、酢、砂糖で甘酢だれを作り、鍋に入れて沸かし、水溶き片栗粉でとろみをつける。全材料をあんの中に入れ、軽く鍋を返し、ごま油をたらす。

【奶油青瓜（ナイヨウチングワ）】

きゅうりのミルク煮。燴の料理。奶油はエバミルクのこと。

きゅうりは皮をむき、拍子木切りにする。沸騰した湯で柔らかくなるまでゆで、水気を切る。鍋に油を入れ、きゅうりを油通しする。鍋にスープときゅうりを入れて火にかけ、塩、コショウ、酒で調味して煮る。エバミルクを加え、水溶き片栗粉でとろみをつける。皿に盛り、みじん切りにしたハムを散らす。

【包蛋（バオダン）】

半月卵の料理。鉄製の玉杓子をよく熱し、油を薄くひいて卵を1個ずつ入れて焼く。白身のまわりが固まりかけたら、2つ折りにして、黄身を崩さないように包んで半月形にする。サッと焼いて裏返し、半熟程度に焼きあげ、トマトあんなどをかける。

【鮑魚蚕豆（バオユイツァンドウ）】

燴の料理。そら豆は皮をむいてゆでて8分通り火を通し、水気を切る。アワビは薄切りにする。鍋でスープを熱し、アワビを入れてアクを取る。塩、酒、コショウで味付けし、水溶き片栗粉でとろみをつけ、そら豆を入れて軽く煮る。薄味に仕上げる。

拌（パン）

　拌とは材料をいろいろな調味料や香辛料で和えること。材料に火を通して熱いうちに和えるもの、熱いうちに和えて冷まして食べるもの、生のまま和えるものなどがある。冷たい和え物は涼拌といい、前菜にすることが多い。何品かを1皿に盛り合わせたり、小菜といって野菜だけの単品を出すこともある。

　和え物の材料は、形や大きさをそろえて切り、水気を充分に取る。和えてからすぐに食べるものと、しばらく味をなじませるものがある。白菜やキャベツの甘酢漬けは、4時間程漬け込む。かぶ、大根などの醤油漬けは、30分程度で漬かる。漬け込む場合は、時々上下を返して味が全体に付くようにする。

　かけ汁は、甘酢と醤油をベースとし、豆瓣醤、芝麻醤、ごま油、辣油などを加える。かけ汁を作る時は、酢などの液状のものを先にボウルに入れ、かき混ぜながら砂糖などを少しずつ加える。甘酢や醤油漬けは、容器に密封すれば冷蔵庫で数日保存がきく。

食材別の下準備

- かぶ
  薄く皮をむき、薄切りにして塩を振っておく。
- カリフラワー
  少し歯ごたえが残るぐらいにゆでる。短時間でゆでたい時は、小房に分けてゆでる。レモン汁を加えると白くきれいにゆであがる。
- キャベツ
  翌日に食べる場合は、生のまま漬け込む。すぐ食べる場合は、熱湯をかけてしんなりさせ、水気を切って和える。
- きゅうり
  縦半分に割り、皮を上にして並べ、包丁の腹で叩き潰しておくと味のなじみが良くなる。冷蔵庫で冷やしておき、食べる直前に作る。
- せり
  きれいに洗って水気を切る。束にして根元を縛る。熱湯に塩を入れ、サッとゆでる。すぐに冷水に取り、アク抜きをして水気を絞る。
- 大根
  天気が良い日に、切ったものをザルに並べて2～3時間干す。大根の甘みが増して美味しくなる。
- 金針菜（ジンヴェンツァイ）
  金針菜や山くらげなどの乾物は充分に戻してから使う。2～3時間水に浸し、2～3回水を替えながら柔らかく戻す。塩を少々加えた湯でサッとゆで、水気を切る。熱いうちに和える。
- にんじん
  皮をむいて細く切り、塩を振る。しんなりしたらサッと水をかけ、水気を切る。
- 海鮮（ハイシァン）
  サッとゆでて、沸かした油で香りを出す。鍋や玉杓子で、ごま油を少々沸かす。沸いたら上からジュッと回しかける。各種ボイルものに使うとよい。

和え物料理

【蒜泥白肉片（スァンニイバイロウピェン）】

薄切りにしたゆで豚に、にんにくの辣味ソースをかけたもの。雲白肉ソース（にんにくのソース）で調味する。ソースは醤油、酢、老酒、砂糖、甜醤油（甘醤油）、旨味調味料、にんにくのすりおろしを合わせて作る。甜醤油は、醤油、砂糖、酒、桂皮、八角、陳皮、ねぎ、しょうがをよく混ぜ、弱火で焦げないように攪拌し、3分の1まで煮詰めて漉したもの。

豚ばら肉のブロックを、料酒、ねぎの緑の部分、しょうがを入れた水で40分程ゆでる。火が通ったら氷水にとる。きゅうり、セロリはごく薄切りにし、氷水に漬けておく。豚ばら肉をできるだけ薄く切り、1枚ずつ皿に並べる。これをコンベクション・スチームで2分、中華せいろうなら4分程蒸し、浮いてきた水分をクッキングペーパーで取る。皿の中央に水気を切ったきゅうりとセロリを盛り、雲白肉のソースをかけ、辣油をかけて供する。

【四川棒棒鶏（スゥチョアンバンバンヂィ）】

鶏のごま辣味ソース和え。鶏は白油鶏（バイヨウヂィ）を用いる。白油鶏の作り方は、まず中型の雛鶏を、ねぎ、しょうがを加えた水に入れ、強火で沸騰させた後、弱火で30分程ゆでて火を通す。流水で冷まし、骨をはずす。冷ましたゆで汁に料酒、ねぎ、しょうがを加え、ほぐした鶏肉を漬けておく。棒棒鶏ソースは、醤油、酢、砂糖、芝麻醤を合わせ、辣油、しょうがと長ねぎのみじん切りを混ぜて作る。

干しクラゲは、たっぷりの湯でサッとゆでる。色が飴色になり、丸まったら温水にとる。よくもみ洗いし、途中で3～4回温水を替えながら徐々に温度を下げていく。水に10％の酢を加え、クラゲを入れる。充分にクラゲが戻ったら水に移す。水気を取り、適度な長さに切り、薄口醤油、油、塩、砂糖、ごま油で下味を付けておく。皿にきゅうりの細切り、クラゲ、鶏の拍子木切りをのせ、トマトを飾る。鶏の上に棒棒鶏ソースをかける。店によっては鶏肉を蒸して使っている。

【北京醤蘿蔔（ベイジンジァンルオボ）】

大根やにんじん、きゅうりのサクサクした歯ごたえが身上の即席漬け。ごはんの付け合わせに最適。

【辣白菜（ラァバイツァイ）】

白菜を甘酢漬けにしたもの。

【涼拌怪味鶏（リャンバンゴァイウェイヂィ）】

怪味鶏ソースを使った和え物。怪味鶏ソースは、醤油、酢、砂糖、潰したごま、辣油、豆瓣醤、にんにくとしょうがのみじん切りを合わせ、どろどろの状態にしたもの。

鶏肉はゆでて一口大のぶつ切りにする。きゅうりは包丁の腹で叩いて3分の1程に潰し、一口大の斜め切りにする。ねぎは1cm角に切る。カシューナッツは140～150℃の油で揚げ、きつね色にする。鶏肉、きゅうり、ねぎをボウルに入れ、怪味鶏ソースで和える。最後にカシューナッツを加え、素早く供する。

漬け物

【腌菜（イェンツァイ）】
　野菜を塩、砂糖、醤油、味噌、香辛料などで漬けたもの。各家庭で作られるが、主に塩漬けのものが多い。

【鹹菜（シェンツァイ）】
　高菜、からし菜などを塩漬けにしたもの。保存食として作りおきし、炒め物やスープに用いる。粥のおかずにもする。

【雪菜（シュエツァイ）】
　中国独特の漬け物。アブラナ科の葉菜の塩漬け。雪の中でも茂るので、別名雪里蕻（シュエリーホン）とも呼ばれる。軽く塩出しをして刻み、炒め物、煮込み、スープなどの料理に風味付けとして使う。上海料理によく用いられる。

【搾菜（チャーツァイ）】
　ザーサイ。中国の代表的な漬け物。四川省の特産物。高菜の変種で、塊状に肥大した茎部分を用いる。塩で粗漬けし、混合香辛料、唐がらし粉、塩などで、もう一度漬けたもの。

【醉蟹（ツイシエ）】
　生きたカニを酒に漬け込んだもの。火を通さずに食べる。作り方は様々だが、雌の毛ガニをきれいに洗い、少量の塩とちょうじをカニの腹に入れ、水を吐かせる。紹興酒と氷砂糖で1週間程漬け込む。カニの肉が黄金色になり、香りも良く、酒の肴に向く。あまり日持ちはしないので、早めに食べ切る。

【冬菜（ドンツァイ）】
　細かく切った白菜を半乾燥し、塩で下漬けし、にんにくと一緒にさらに漬け込んだもの。

【泡菜（パオツァイ）】
　四川風の漬け物。酸菜（スァンツァイ）ともいい、料理の材料としても使われる。泡菜に漬けた赤唐がらしは泡辣椒（パオラァジャオ）と呼ばれ、炒め物などに用いられる。

【梅菜（メイツァイ）】
　広東の大葉辛し菜の一種。干し菜にしたもの。

【芽菜（ヤーツァイ）】
　四川特産の漬け物。玉荷青菜（ユイフゥチンツァイ）という青菜を半乾燥させ、塩と五香粉で漬け込んだもの。密封して作る。独特な香りがあり、煮物や炒め物にも使う。細かく刻んで料理にかけることもある。

【蘿蔔乾（ルオボガン）】
　干し大根の四川漬け。四川省の正月料理には欠かせない漬け物。多めに作りおきし、1週間目が食べ頃。酒の肴にもなる。
　大根は洗って皮付きのまま拍子木切りにする。ザルにのせ、数日間天日で干す。大根を洗い、塩を振ってもむ。ボウルに入れて重しをして半日おく。ボウルに塩、醤油、粒山椒、一味唐がらし、豆瓣醤、ごま油を入れて合わせる。水洗いして水気を切った大根を入れ、冷蔵庫で1日程漬け込む。

点心（ディエンシン）

軽食のこと。小麦粉、米粉、もち米などの穀類で作られたものが多い。まんじゅう、餃子、焼売、麺、ごはんもの、粥などが代表的な料理。甘いものは甜点心（ティエンディエンシン）、甘くないものは鹹点心（シェンディエンシン）と呼んで区別される。

◆甜点心

あんの入ったまんじゅう類、シロップを使ったプディング、蒸し菓子、飴をからませた抜絲類、あん入り包（パオ）など。

◆鹹点心

甘味のない点心の総称。焼売、餃子、包（パオ）類、ワンタンなど。

包（パオ）は代表的な点心の1つ。網脂、薄焼き卵、はすの葉、セロハン紙などで具を包み、主に加熱して仕上げる。餃子やまんじゅうの皮などの粉ものは、よくこねることが大切。ベーキングパウダーは小麦粉と一緒にふるうとムラなく混ざる。砂糖は発酵を助けるので必ず入れる。

ボウルに粉と水を入れ、初めは指先で粉と水分がなじむように混ぜる。指で少しずつ、つかむようにして混ぜ合わせていき、1つにまとまるようにする。生地を手でつかんで返し、手のひらでグッと押すように力を込めてこねる。何度も繰り返し、表面がなめらかになるまで充分にこねる。弾力のある耳たぶぐらいの柔らかさにする。生地は発酵させすぎないように注意。発酵が進むと酸っぱくなってしまう。

生地を回しながら麺棒で丸く平らにのばす。皮の中央に具をのせ、手のひらで回しながら上部の口にひだをとっていき、包み込む。蒸し物は蒸したての熱いところがおいしいので、冷めたら蒸しなおす。たっぷりの油で、きつね色に揚げてもよい。

小咆は、丼飯、炒飯、粥類、麺類などの簡単な屋台料理や酒の肴を含む。広東地方は飲茶が盛んで、点心類や小咆を飲茶の店で食べる。

点心の区別

◆早点（ザオディエン）

朝食に相当する点心。

◆午点（ウーディエン）

午後3時以降のおやつに相当する点心。

◆晩点（ワンディエン）

夜10時頃の夜食に相当するもの。

鹹点心

【鮮竹巻（シャンヅゥジュアン／シンジュツグゥイン［広］）】

豚肉、エビ、たけのこ、しいたけ、魚の浮袋をみじん切りにして下味を付け、ゆばで包んで揚げたもの。味付けにはオイスターソースを用いる。

【餃子（ジャオズ／ガオズ［広］）】

蒸餃、水餃、蝦餃、鮮蝦韮菜餃、鳳眼餃などがある。餃子は中国では正月の御馳走。焼き餃子はほとんどない。タレで食べたり、生のにんにくをかじりながら水餃子を食べる地方もある。四川省のものは形が小さく、スープに味がしっかり付いている。

●鍋貼餃子（グォティエジャオズ）

具を包んだら1度台の上にのせ、形を整える。閉じ目を上にして、間を開けないように並べておく。すぐに焼かない時は、濡れ布巾をかぶせておく。時間がたつと皮が堅くなるので、なるべく早く焼く。

●四花餃子（スゥホアジャオズ）

卵、ハム、パセリなどで飾った餃子。3色に作ることもある。

戻した干ししいたけ、ゆでたけのこ、ねぎをみじん切りにする。薄焼き卵、ハム、パセリは細かくみじん切りにする。

鍋で油を熱し、豚挽き肉を炒め、酒、醤油、甜麺醤、砂糖、塩で味付けする。

たけのこ、しいたけを入れて炒め、ねぎを混ぜてコショウを振る。ボウルに移し、冷ます。餃子の皮を作り、中心に具をのせ、縁の3カ所をつまんで中心に寄せる。それぞれの端を広げ、卵、ハム、パセリを詰めて飾る。油を塗った中華せいろうに餃子を並べ、強火で7～8分蒸す。

●清湯水餃（チンタンシュイジャオ）

水餃子の美味しさは、手作りの皮にある。家庭や料理店によって配合や作り方が異なり、代々伝えられていく。皮は通常、強力粉と薄力粉で作る。"湯"を使って練るとよい。水で練った場合は、30分程生地をねかせる。生地を棒状にのばし、等分に手でちぎる。まな板に打ち粉をして、手のひらで押し潰す。さらに麺棒でよくのばし、好みの大きさの皮にする。

中に詰める具（あん）にキャベツを使う場合は、水分をしっかり絞る。水分が多いと水っぽくなってしまう。具は作ってから冷蔵庫に入れ、少し休ませると包みやすくなる。水餃子は柔らかく仕上がるので、包む時は閉じ目を薄く、ぴったりと合わせるようにする。残ったら熱いうちに1つずつ離しておき、翌日焼いて食べることもできる。蒸し餃子にする場合は、中華せいろうの底に油を塗って並べ、強火で10分程蒸す。

●芋頭炸餃子（ユイトウヅァジャオズ）

さと芋で作った皮を使った揚げ餃子。芋の味は蒸すより揚げるほうが生きる。小麦粉を加えると包みやすくなる。

さと芋の皮をむき、2つに割って蒸し器に入れ、中火で20分程蒸す。熱いうちにさと芋を潰し、薄力粉を加えてこね

四花餃子

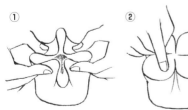

① 4カ所を中心によせる
② 縁を2枚ずつつける
③ 先端をつまんでとがらせる
④ 4色の飾りの具をのせる

る。打ち粉をした台で棒状にのばし、切り分けて薄く丸くのばす。戻した干ししいたけ、中国ハム、長ねぎをみじん切りにする。鍋で油を熱し、豚挽き肉、干ししいたけ、中国ハムを炒める。醬油と酒で味付けし、長ねぎを加えて炒め合わせる。皮の中央に具をのせて包み、低温の油で揚げる。鍋にスープを入れて煮立て、酒、砂糖、醬油、酢で調味し、水溶き片栗粉でとろみをつけ、油を少々加える。餃子を皿に盛り、あんを回しかける。

【焼餅（シャオビン／シューベン［広］）】
小麦粉を練って平らにのばし、オーブンで両面に焼き色を付けたもの。

【焼売（シャオマイ／シューマイ［広］）】
糯米焼売、翡翠焼売、珍珠鮑焼売、四方餃などがある。焼売の皮は、餃子の皮よりもやや堅めで薄く作る。打ち粉や手粉には片栗粉を使う。具を包む時は、指で輪を作った上に焼売の皮をのせ、具を詰める。皮の四隅を中央に寄せるようにすると形が整う。蒸す時は、充分に湯気があがった中華せいろうにのせ、火加減は終始強火で一気に蒸しあげる。

【腸粉（チャンフェン／チョンファン［広］）】
米漿に油を加えてかき混ぜ、水を入れて蒸した生地。この腸粉に、肉、エビ、鶏肉、チャーシューなどのあんを入れて巻き、醬油と油を混ぜたソースをかけて食べる。

【鶏粒芋角（ヂィリーユイジァオ）】
里芋を蒸して潰し、片栗粉を混ぜた生地に、鶏肉などのあんを包んで揚げたもの。

【抄手（チャオショウ）】
ワンタン。ワンタンの皮に具を包み、湯に入れてゆで、青菜もゆでる。碗に沸騰させたスープを注ぎ、ワンタンと青菜を入れて混ぜる。

【春巻（チュンジュアン／ツォングゥイン［広］）】
はるまき。豚肉、たけのこの薄切り、もやしなどに下味を付けて炒め、はるまきの皮に包んで揚げたもの。

【菜肉湯圓（ツァイルウタンユアン）】
肉あんを入れてゆでた白玉団子。豚挽き肉に調味料を加え、粘りが出るまでよく混ぜ合わせる。こねた白玉粉の生地で包み、数分ゆでる。

【糯米員子（ヌォミイユアンズ）】
肉団子にもち米をまぶして蒸したもの。おめでたい席用には、もち米の半分を食紅で染め、紅白団子にする。団子は肉、エビ、白身魚のすり身などを用い、つなぎをしっかり入れる。

【蘿蔔糕（ルオボガオ／ロバーツゴウ［広］）】
大根もちのこと。腸詰め、戻した干しエビ、干ししいたけを粗くみじん切りにしておく。大根は皮をむき、せん切りにする。煮立てた湯に大根を入れ、ひと煮してザルに上げる。大根のゆで汁はとっておく。ボウルに上新粉と浮き粉、コーンスターチ、水を入れ、こね混ぜる。粗熱をとった大根とゆで汁を加えて混ぜる。みじん切りにした材料を油で炒め、ボウルに入れて合わせる。油を薄く塗ったバットに流し入れ、中華せいろうにのせ、強火で1時間程度蒸す。ようかん状に固まったら冷まして切り分ける。油で両面をこんがりと焼き、からし醬油をつけて食べる。

飯（ファン）

　飲茶は、白飯の他、具の入ったスープをかけた燴飯や炒飯、具の入った粥なども食べる。

　中国の粥は、ほとんどが白粥だが、塩味の鹹粥（シェンジョウ）や甘みのある甜粥（ティエンジョウ）もある。広東や香港の煲粥（バオジョウ）は、麦、粟、コーリャンなどの雑穀で炊いたものもある。漢方的な効能がある小豆、緑豆、はと麦などもよく用いられる。

飯料理

【粥（ジョウ／ゾッ［広]）】

　おかゆ。中国の米は、パサついて粘り気がない。米をといで30分おき、厚手の鍋で気長に炊く。煮立つまでは強火で、煮立ったら火を弱め、1時間程かけてコトコトと炊きあげる。

＜粥の薬味＞

◆姜絲（ジャンスー）

　しょうがをせん切りにしたもの。

◆香菜（シャンツァイ）

　中国パセリ。

◆醤蘿蔔（ジャンルオボ）

　大根を切って天日で干し、香辛料を加えて醤油に漬けたもの。

◆葱絲（ツォンスー）

　長ねぎをせん切りにしたもの。

◆腐乳（フルウ）・紅腐乳（ホンフルウ）

　豆腐の水気を切って、塩、香辛料、麹などを加えて発酵させたもの。腐乳に赤唐がらしを加えて発酵させたものが紅腐乳。

◆油条（ヨウティアオ）

　小麦粉に天然イースト、塩、水などを加えて練り、発酵させて油で揚げたもの。薄切りにしたり、ちぎって入れる。粥の薬味としては欠かせない。

＜粥のおかず＞

◆五香牛肉干（ウーシャンニゥロウガン）

　牛肉を乾燥させたもの。中国食品の店で売られている。

◆五香肉鬆（ウーシャンロウソン）

　豚肉のそぼろ。中国食品の店で既製品が売られている。

◆雪葉毛豆（シュエイエマオドウ）

　雪菜と枝豆の和え物。ゆでた枝豆にみじん切りの雪菜（高菜）を加え、醤油、ごま油で和える。

◆桃仁（タオレン）

　くるみを低温の油で茶色になるまで揚げたもの。

◆茶葉滷蛋（チャアイエルーダン）

　色付き卵。紅茶の葉を煮出して漉し、醤油、五香粉を加える。殻にひび割れを入れた堅ゆで卵を入れ、5分程煮込んで色付けする。冷めてから皮をむく。

◆清炒蝦仁（チンチャオシャレン）

　エビに塩、コショウ、鶏がらスープ、酒を加えて炒めたもの。

◆清炒青梗菜（チンチャオチングンツァイ）

　熱した油に塩を入れ、青梗菜を軽く炒めたもの。

◆豆腐干絲（ドウフガンスー）
　おし豆腐。糸切りにした豆腐干を湯通しして、塩、ごま油で味付けしたもの。

◆紅焼蛎煌（ホンシャオリイホァン）
　カキをサッとゆで、醤油、砂糖、酒、赤唐がらし、コショウ、鶏がらスープなどを加えて炒めたもの。

◆腰果（ヤオグォ）
　カシューナッツを低温の油で揚げたもの。粗く刻んで使う。

※他に燗腸（腸詰め）、チャーシューの薄切りなど。

<粥の種類>

●三宝粥（サンパオジョウ）
　三宝がゆ。米は洗ってザルに上げておく。干しなつめとはすの実は柔らかくなるまで煮て、水気を切る。ぎんなんは殻をむき、塩少々を加えた熱湯に入れ、玉杓子の背でこすりながら薄皮をむく。鍋に米と水を入れ、蓋をして初めは強火で煮る。煮立ってきたら火を弱め、1時間程煮る。かゆ状になったら、なつめ、はすの実、ぎんなんを入れる。ひと煮立ちさせ、砂糖、塩を加え、軽く混ぜ合わせる。食後のデザートとして出してもよい。

●鶏粥（ヂィジョウ）
　骨付きの鶏肉を米と一緒に煮て、そのスープでおかゆに味を付ける。ごく弱火で煮込む。煮込んでる間は、かき混ぜてはいけない。鶏は途中で取り出し、肉をはずす。骨だけをまたおかゆに戻す。骨からは良いだしが出る。

●鶏柳条粥（ヂィリュウティアオジョウ）
　鶏のささみのおかゆ。ささみはそぎ切りにし、器の内側に貼り付ける。長ねぎ、しょうがを極細のせん切りにし、水にさらす。油条は薄切りにして、炊きあがった粥に入れる。ささみを貼り付けた器に、ねぎとしょうがを入れ、醤油を少量たらす。熱い粥を注いで、サッと混ぜる。

●豆漿稀飯（ドウジャンシイファン）
　大豆汁を入れたおかゆ。四川地方では、冷やして夏場の夜食として食べる習慣がある。
　生のピーナッツは皮をむき、大豆と一緒に一晩水に漬けておく。ピーナッツと大豆の水気を切り、ミキサーにかけて、どろどろの汁にする。洗った米にスープ、豆汁を加えて火にかけ、煮立ったら弱火にして鍋蓋をずらして40分程煮込む。

●荷葉稀飯（フゥイエシイファン）
　はすの葉で香りを付けたおかゆ。はすの葉は7〜9月が採取時期。
　洗った米に水を入れ、火にかける。煮立ってきたら鍋蓋を少しずらし、弱火で30分程煮る。柔らかくなったら、はすの葉を米の上にかぶせ、蓋をして弱火で5分程煮る。

●緑豆稀飯（リュウドウシイファン）
　もやし豆入りおかゆ。緑豆を水で10分程煮る。洗った米に水と緑豆の煮汁を加えて煮る。煮立ったら弱火にし、鍋の蓋をずらして30分程煮込む。緑豆の代わりに小豆を使ってもよい。冷やしても美味しく食べられる。

【炒飯（チャオファン／ツァオファン［広］）】
　粘りがなく、パサついた米を美味しく食べるために考え出された調理法。日本の米

を使う場合は、堅めに炊きあげ、ザルなどに広げて冷まし、水分を除いてから炒める。冷やごはんを使う場合は、多めの油で炒める。1度に炒める量は、鍋の半分まで。鍋を充分にから焼きして油を入れ、熱くなったら具を炒める。ごはんを加えたら練らずに大きくかき混ぜる。ごはんの固まりがなくなり、油が全体になじむまで炒める。仕上げに酒を振ると風味が付き、サラッとできあがる。

溶き卵を入れる場合は、塩、コショウを加えて先に味を付けておく。卵は炒めすぎないこと。半熟になったら、ごはんをすぐに入れて一緒に炒める。

●咸菜炒飯(シェンツァイチャオファン)

高菜の塩漬けを細かく刻んで加えた炒飯。さっぱり味なので酒の後の軽食に向く。

高菜、長ねぎをみじん切りにする。鍋を焼いて油を熱し、溶き卵をふっくらと炒める。ごはん、高菜、あられ切りにしたハム、ねぎの順で加えて炒める。ごま油と醤油を鍋の周囲からたらして混ぜ合わせる。

【粽子(ツォンズ/ゾンジー[広])】

粽子には、五目ちまき、小豆ちまき、肉ちまき、鹹蛋ちまきなど様々な種類がある。

もち米はきれいにといで、水に1晩漬けておく。ザルに上げ、水気を切る。中華せいろうに濡れ布巾を敷き、充分に蒸気をたて、もち米を入れる。強火で20分ぐらい蒸す。鍋で油を熱し、戻した干し貝柱、干しエビ、小さく角切りにした中国ハムを炒める。香りが出てきたら、角切りの干しし いたけを加える。スープを入れ、塩、醤油で調味し、さらに炒める。蒸しあがったもち米の上に具を広げ、混ぜ合わせる。

はすの葉は乾燥したものを用い、水に1晩漬けておく。夏場は新鮮な葉が手に入るので使うとよい。1枚を3～4等分に切る。具を混ぜたもち米を、はすの葉で包む。葉の軸を下にして広げ、真ん中に茶碗1杯分ぐらいの量をおく。両面から葉をかぶせ、軸側を内に折り込む。葉を押さえながら向こう側に倒し、四角い形に整え、しっかりと巻く。蒸気をあげた中華せいろうに並べて入れ、10分程蒸す。葉に包んだ状態で冷蔵庫に入れておけば、1週間程度は保存がきく。

【牛腩飯(ニュウナンファン)】

柔らかく煮た牛肉を炒め、ごはんにかけたもの。「腩」は柔らかく煮た肉という意味。日本の牛丼に似ている。香辛料を使っているので食欲を刺激する。

【有味飯(ヨウウェイファン)】

混ぜごはん。腸詰めや焼き豚などの具は全部みじん切り。ごはんが炊けたら、蒸す前に具をのせ、味を付ける。蒸している間に味がなじんでくる。

麺(メェン)

中国麺には、鹹水が使われることが多い。鹹水とは、炭酸カリウム、炭酸ナトリウムを主成分とする重合リン酸塩を含んだアルカリ性の液体。粉末のものもある。麺のグルテンを締め、コシを出し、独特の風味を付けるために用いる。炭酸カリウムは麺の酸化を防ぎ、発色と香りを良くする。

炭酸ナトリウムは中華麺特有の風味付け。リン酸塩は炭酸ナトリウムの補助剤で、変色、乾燥、酸化などを防止する。歯切れも良くし、保水効果もある。

卵麺は、麺作りの段階で卵を使用するもの。麺に弾力が出る。卵白の成分は、ほとんどが蛋白質で、小麦粉の蛋白質とからまって強いコシと弾力を持たせる。高級調理の麺料理では、鹹水を使わずに卵と水だけで練った全蛋麺を使うことも多い。通常、小麦粉1kgに対し、使用する卵は1～2個。卵麺の難点は、生麺状態では日持ちがしないこと。独特な風味が麺に付き、これを嫌う人もいる。

中国麺の種類

◆伊府麺（イフメン）
　全蛋麺を5mm幅に切り、ゆでて油で揚げた麺。

◆銀絲麺（インスーメン）
　極細に切った麺。

◆削麺（シャオメン）
　包丁で削って作った麺。

◆家常麺（ジャチャンメン）
　卵白を加えて練った麺。

◆小辺麺（シャオダオメン）
　鹹水を加えて練った麺。

◆全蛋麺（チュアンダンメン）
　全卵を加えて練った麺。

◆翡翠麺（フェイツェイメン）
　家常麺に緑葉汁を加えた緑色の麺。

◆辣麺（ラァメン）
　生地を手で引っぱってのばした麺。

麺料理

生そばは、必ず煮立っている熱湯にほぐしながら入れる。再び湯が煮立ったら、はしでかき混ぜ、そばがくっつかないようにして弱火でゆでる。スープを入れたり、炒める場合は、芯が少し残るやや堅め。

冷やしそばなどは、芯がなくなるまでゆでる。ゆであがったらすぐに上げ、水にとって余熱で火が通るのを防ぐ。手でしごくようにして洗い、ぬめりを取り、そばにコシを与える。ザルに上げ、水気を切る。タンメンや冷やしそばに用いる場合は、サラダ油かごま油を振る。

【三絲涼扣麺（サンスーリァンコウメン）】
　冷やし中華。鶏のささみをゆでて細く裂いたもの、ハム、きゅうり、薄焼卵のせん切りをゆでた麺にのせ、甘酢のたれを添えたもの。

【焼麺（シャオメン／シューミィン[広]）】
　炒麺（チャオメン）。焼きそば用の蒸し麺は、生麺を中華せいろうで蒸してから軽く乾燥させたもの。蒸し時間が長い程麺の色は濃くなる。麺を湯通しして醤油で和え、乾かしてからほぐして炒めると、麺がパリッと仕上がる。油も麺にまんべんなくからまる。表面はしっかりと焼き、少し焦げ目を付けるほうが香ばしくて美味しい。

●素菜両面黄（スゥツァイリャンミェンホァン）
　野菜の具をたっぷりとかけた焼きそば。麺は四川省独特の焼き方をする。まわりがカリカリになるように両面を焦がし、中は柔らかく仕上げる。

中国料理

【素条麺（スゥティヤオメン）】

精進うどん。ほうれん草は5cm程に切る。搾菜とねぎは、みじん切りにする。麺（うどん）とほうれん草を熱湯に通し、水気を切って皿に盛る。醤油、甜麺醤、芝麻醤、酢、辣油、ごま油、すりおろしたにんにくを合わせ、たれを作る。たれに搾菜を加え、うどんにかけて、ねぎを振る。

【担担麺（ダンダンメン）】

四川風そば。鍋で油を熱し、豚挽き肉を炒め、甜麺醤、酒、塩で味付けする。碗にみじん切りにした搾菜とねぎ、醤油、芝麻醤、酢、辣油、ごま油を入れ、沸騰したスープを注ぐ。麺とほうれん草をゆで、水気を切る。麺を碗に入れ、上に挽き肉とほうれん草をのせる。

【指耳湯麺（ヂイアルタンメン）】

手打ちの生地を耳の形にした麺。鶏腿肉、ハム、たけのこ、戻した干ししいたけは小さな角切りにする。ほうれん草は5cm程に切る。ボウルに薄力粉と強力粉を入れ、水を加えながら耳たぶぐらいの堅さにこねる。台に片栗粉を振り、生地を棒状にのばして包丁で縦に切る。小さくちぎり、金網に指で押しつけてのばし、耳のように形作る。鍋に湯を沸かし、手打ち麺をゆでて水気を切る。鍋に油を熱し、ねぎ、しょうがを炒め、鶏肉、ハム、たけのこ、しいたけを炒める。塩、酒、コショウで調味し、スープを入れてアクを取りながら少々煮込む。手打ち麺を入れ、溶き卵を静かに流し入れる。ほうれん草をのせ、鶏油を回しかける。

甜点心（ティエンディエンシン）

甘い点心。揚げまんじゅう、蒸しもち、蒸しパン、月餅、カステラ、パイ、ゼリー、プディング、しるこ、飴や砂糖をからめたものなどがある。

【銀絲糯米糍（インスーヌオミイツー）】

ココナッツの白玉蒸し団子。ココナッツを銀の糸に見立て、めでたい日に食べる点心。鍋に小豆あん、黒ごま、ラードを入れて混ぜ、弱火で練って冷ます。白玉粉と砂糖を混ぜ、水を徐々に加えて練る。生地でごまあんを包んで丸める。蒸し器にオーブンペーパーを敷いて団子を並べ、強火で10分蒸す。熱いうちにココナッツをまぶす。

【開口笑（カイコウシャオ）】

口を開けて笑っているような形の揚げ菓子。粉を混ぜすぎると、揚げた時に開きが悪くなる。

薄力粉とベーキングパウダーを合わせ、ふるいにかける。ボウルに粉と卵を入れ、水、ラード、砂糖を加えて混ぜる。生地を棒状にのばし、適度に切り分けて丸める。鍋で油を低温で熱して揚げる。口が開いたら温度を上げ、色良く揚げて油を切る。鍋に砂糖と水を入れて煮詰め、飴状になったら開口笑を入れで混ぜる。バットに移して急激に冷やす。ゆかりを振りかけてもよい。

点心

【桂花蒓菜羹（グイホアチュズツァイゴン）】

きんもくせいの香りを付けたシロップのスープ。冷たいデザート。中国では花は見て楽しむだけでなく、香り付けとしても多用される。

鍋に水と砂糖を入れ、砂糖を煮溶かしてシロップを作り、冷たく冷やす。じゅんさいは熱湯をかけて余分なぬめりを取り、同様に冷やす。きんもくせいの塩漬けを水に浸して塩抜きし、少量のシロップに漬ける。冷やした器にじゅんさい、きんもくせいを入れ、シロップを注ぐ。

【水中華（シュイヂョンホア）】

白きくらげを使ったデザート。白きくらげは豪華な料理にもよく使われる。水に砂糖を加えて煮立て、シロップを作り、冷たく冷やす。白きくらげは水に漬けて戻し、小さなボウルに入れて水を加え、20分程蒸す。蒸しあがったら水にとって冷ます。冷やした器に梅のシロップ漬け、白きくらげを入れ、冷たいシロップを注ぐ。梅のシロップ漬けは、青梅の皮をむいて数回ゆでてアクを抜き、シロップに漬けたもの。杏仁のような香りがする。青梅はアクをしっかり抜くと、マスカットのような色になる。

【寿桃（ショウタオ）】

桃まんじゅう。小麦粉を練って桃の形にして蒸したもの。小豆やなつめのあんを入れることもある。中国の伝説では、西王母が持つ蟠桃（平たい形の水蜜）を食べると長生きができると言われている。蟠桃は、3000年に1度実を結ぶ。実が熟すと西王母は宴を催し、祝いに来た各地の仙人に蟠桃を分け与えた。これにあやかって、寿桃は誕生祝いの時などに作られる。上等なものになると、大きな桃に小さな桃が入った形にする。50歳の祝いなら、大きな桃に49個の小さな桃を入れて50個にする。

【杏仁豆腐（シンレンドウフ）】

杏仁（きょうにん）入りの寄せ物。杏仁は、あんずの実の核中にある仁。アーモンドミルクを使ったものはニセもの。

寒天は水に漬けて柔らかくする。杏仁粉は水で溶いておく。鍋に小さくちぎった寒天と水を入れて煮溶かし、砂糖、杏仁、牛乳を加え、砂糖が溶けたら布巾で漉す。流し箱に入れて冷まし、固まったら菱形や角切りにする。器に入れて果物を合わせ、シロップを注ぐ。

【糖藕（タンオー）】

れんこんの穴の中にもち米を詰め、長時間甘く煮込んだもの。中国では格調の高い菓子の1つ。

もち米は洗って1晩水に漬けておく。れんこんは端を2㎝程切り落とす。穴にもち米を詰め、切れ端で蓋をして、たこ糸で縛る。中火で3時間程ゆで、皮を薄くむく。赤ざらめを入れた水で、煮汁がほぼなくなるまで2時間程煮る。1㎝程の幅で切り、器に並べる。煮汁に水溶き片栗粉を加えてとろみをつけ、れんこんにかける。桂花醤（きんもくせいの花の香りのジャム）で香り付けをしてもよい。

【鶏蛋糕（ヂィダンガオ）】

中国のスポンジケーキ。ザルで蒸しあげるので口当たりがソフト。

卵に砂糖を加えて泡立てる。牛乳を加え、振るった小麦粉を入れて混ぜ合わせ

る。深いザルに堅く絞った布巾を敷き、生地を流し入れる。蒸気が充分に上がった蒸し器に入れ、25分程蒸す。ラードや赤砂糖を使ったものは馬拉糕（マァラァガオ）という。

【豆沙麻球（ドウシャマァチゥ）】

　白玉団子のごま揚げ。あんは、小豆あんかごまあんを用いる。水、砂糖、ラードをひと煮立ちさせ、冷まして白玉粉と混ぜる。適当な大きさにちぎり、中にあんを入れて丸め、表面にごまをまぶす。低温の油で、5分程揚げる。

【牛奶豆腐（ニゥナイドウフ）】

　牛乳の寒天寄せ。寒天を水で煮て溶かす。砂糖、牛乳を入れ、火から下ろしてアーモンドエッセンスを加える。水で濡らした型に流し入れ、泡を除いて冷やし固める。水と砂糖を煮溶かして冷まし、レモン汁を加えてシロップを作る。牛乳寒天を菱形に切り、シロップを注いでフルーツ類を浮かべる。

【抜絲山薬（バァスーシャンヤオ）】

　山芋にあめをからめたもの。「山薬」とは滋養となる山芋のこと。長芋の皮をむき、棒状に切る。低温の油で数分揚げる。鍋で油を熱し、砂糖を入れて焦げないように混ぜる。砂糖が溶けたら揚げたての芋を加え、混ぜながらあめをからめる。糸を引くようになったら、薄く油を塗った器に盛る。

【八宝飯（バァパオファン）】

　もち米の蒸し菓子。もち米を糖果で包み、中には小豆あんが入っている。蒸しあがったら熱いシロップをかけ、取り分けて食べる。

　もち米は一晩水に浸す。水気を切ってボウルに入れ、水を加えて50分程蒸す。熱いうちにラードと砂糖を加えて混ぜ、すりこぎで少し潰す。ボウルの内側にラードを塗り、フルーツ類を貼り付ける。もち米を入れ、中心にこしあんを詰め、もち米で蓋をして軽く押さえる。アルミホイルをかけ、蒸し器に入れて40分程蒸す。砂糖と水を煮立て、水溶き片栗粉でとろみをつけてシロップを作る。蒸しあがったら逆さにして出し、上からシロップをかける。

【緑豆沙（リュウドウシャ）】

　緑豆しるこ。「沙」は小豆あんのこと。中国風しるこで日本のしるこの元祖。緑豆は洗い、水からゆでる。沸騰したら湯を捨て、新たに水を多めに加え、柔らかくなるまで2時間程ゆでる。砂糖を入れて少し煮る。白玉粉に水を徐々に加えて練り、丸めてゆでる。しるこを器に盛り、団子を加える。

コース料理

菜単（ツァイタン）について

献立を意味し、菜譜（ツァイプー）ともいう。中国料理の献立の立て方には決まりはない。だが、宴席でのコースには形式がある。

最初に出されるのは冷たい前菜。冷盤（ロンパン）、拼盤（ピンパン）などと呼ばれる。酒の肴的なもので、4皿に異なった冷菜を盛ったり、大皿に数種類の盛り合わせをする。宴会ならば花鳥風月の芸術的な前菜が出ることもある。

次が熱炒（ルーチャオ）と呼ばれる温かい前菜。主菜へのつなぎの料理で、簡単な炒め物や揚げ物などが2品程出される。

3番目が主菜で、大菜（ダァツァイ）、または大件（ダァジェン）と呼ばれるメイン料理。炒め物、煮込み物、揚げ物、あんかけ、焼き物、蒸し物などが数品出される。主菜の最初に最高料理を出すのが一般的。これを頭菜（トゥツァイ）と呼び、用いる食材により宴席の格付けが成される。豪華な宴席の場合、頭菜にツバメの巣を使っていれば、その宴席を燕窩席（イェンウォシー）、アワビなら鮑魚店（バオユイシー）、フカヒレなら魚翅席（ユイチィシー）と名付けられる。

続いて湯菜（タンツァイ）、点心、果物、お茶という順で出される。湯菜の中でもフカヒレやツバメの巣といった高級なものは、前菜の前に出される。点心には餃子や包子などの塩味のもの（鹹点）、甘いもの（甜点）、麺類やごはんものなども含まれる。

筵席（イェンシー）について

筵席とは中国の宴会。かつては筵（むしろ）で食事をしたので、この名がある。形態は以下の3つに大別される。

◆葷酒席（フンヂウシー）
各種材料を用いての普通の宴席。

◆素席（スゥシー）
精進料理の宴席。ねぎ、にんにくなども使用しない。

◆清真席（チンチェンシー）
回教料理の宴席。豚肉は使わない。

葷酒席には格があり、次の3つに分けられる。

◆満漢全席（マンハンチュエンシー）
中国の5大民族（漢族、満族、蒙族、回族、蔵族）の料理のうち、漢族の料理108種と満族の料理108種の合計216種を、それぞれ漢席、満席で2～3日かけて味わう。このスタイルは満民族の王朝清時代に始まった。

◆三畳水席（サンティエシュイシー）
満漢全席を簡単にしたもので、20～30種類の料理を1日がかりで楽しむ。昼食、夕食、夜食と宴会を3回重ねるので、三畳水席という。三畳水とは3段の滝の意味。

◆酒席（ヂウシー）
上記の宴会以外のものをいう。

中国料理特殊食材

野菜類

【芥藍（カイラン）】

チャイニーズ・ケールともいう。キャベツやブロッコリーの仲間だが、結球はしない。白花と黄花のものがある。開花直前のつぼみ、または若葉の付いた茎を食べる。葉には苦味があり、茎には甘味がある。太い茎は皮をむき、ゆでて使う。炒め物、煮物、サラダにする。

【広東白菜（グワンドンバイツァイ）】

結球白菜の1種。広東地方が産地。茎は純白、葉は緑色で柔らかい。炒め物、煮物に使われる。白菜は、日本では古来の野菜と思われているが、明治の初めに中国から入ってきた新しい野菜。

【芹菜（チンツァイ）】

中国セロリ。味と香りはセロリと同じだが、葉が小さく茎が細い。茎の中が空洞のものと詰まっているものがある。薬芹とも呼ばれ、抗菌、鎮静作用がある。肉や魚の臭みを消す効果もある。スープ、タレの薬味、炒め物、サラダに用いる。

【空心菜（コンシンツァイ）】

夏野菜。茎の芯が中空になっている。日本では"あさがおな"がこれにあたる。アクが少ないので、調理がしやすい。おひたし、炒め物にする。

【茭白（ジャオバイ）】

まこもだけ。"たけ"という名がついているが、たけのことは異なる中国特産の水生野菜。まこもというイネ科の植物の新芽に、食用菌であるマコモ黒穂菌が寄生し、その刺激によって肥大化した茎を食用にする。姿がたけのこに似ていることから、この名が付いた。日本でも栽培されているが、冷凍品や缶詰も輸入されている。生ものは、たけのこのように皮をむいてから調理する。炒め物、スープ、揚げ物などに用いる。

【香菜（シャンツァイ）】

中国パセリ。パクチー。地中海地方産のセリ科の1～2年草。特有の臭気があり、薬味として用いられる。料理に混ぜたり、細かく刻んで振りかけ、香りと彩りを楽しむ。朝粥には欠かせない。香りが非常に強いので、嫌う人もいる。小円形の実はコリアンダーと呼ばれ、香辛料として使われる。

【搨菜（ターツァイ）】

アブラナ科の1～2年草。「搨」は平らに潰れたという意味で、地面にはうように生える。葉は放射状に広がり、しわが多く、つやがある。本来は冬野菜だが、一年中出回っている。ビタミン類が多く、甘味があり、クセがないので炒め物に向く。

【大根】

蘿蔔（ルオボ）。中国の北方では、冬場に大根を果物の代わりに食べる習慣がある。生食用に作られた大根で、紅心美（ホンシンメイ）、青蘿蔔（チンルオボ）の2種がある。紅心美は皮が緑色で中が赤い。青蘿蔔は皮が濃い緑色で中も緑色をしている。

【青梗菜（チングンツァイ）】

日本では"チンゲンサイ"の名で売られている。アブラナ科の植物で、葉は肉厚で柔らかい。炒め物の他、高温調理でも煮崩れしないので、煮込み、スープなどにも用いられる。

【菜心（ツァイシン）】

つけなの一種。紅菜苔（ホンツァイタイ）と似ているが、葉茎とも緑色で、春から秋にかけて採取される。つぼみ、または花が開き始めたところを折り、太い茎は皮をむいて使う。ほろ苦さと甘味があり、加熱すると鮮やかな緑色になる。ゆでて炒め物やおひたし、汁物にする。

【豆苗（ドウミャオ）】

中国野菜。えんどうの若葉を摘み取ったもの。豆を作る品種とは別に豆苗を摘むために作られている。ほうれん草によく似た味で、えんどう特有の香りがある。炒め物やスープ料理に使う。塩味の炒め物は一品料理にしたり、煮物に添えたりする。

【髪菜（ファーツァイ）】

四川省などの山あいの谷に育つ黒褐色の水藻。乾物が輸入されている。水で戻すと毛髪のように細くなる。中国では、読み方が発財（ファーツァイ）、つまり財を成すという意味に通ずることから、縁起ものとして珍重されている。味はあっさりとしており、和え物、煮物などに使う。

【猴頭菇（ホウトウグー）】

やまぶし茸。ハリタケ科のきのこ。猿の頭のような毛並みがあるので、この名が付いた。中国料理の八珍八味の1つ。広葉樹の枯れ木に張りついて発生する。肉は多孔質のスポンジ状で、歯切れが良く美味。以前は乾燥ものしか手に入らなかったが、日本でも栽培されるようになった。白い色のものもある。アクが強いので、必ず下ゆでをしてから使う。炒め物、スープ、煮物、和え物などに用いる。

中国料理

【緑豆（リュウドウ）】

やえなり。グリーンマッペとも呼ばれ、3000年以上前から利用されている。小豆の近縁種だが、豆は5mm程で、黄金色や黒褐色のものもある。1さやに豆が10粒以上入っている。中国、タイ、ミャンマーなどで生産され、主に春雨、豆もやしの原料となる。豆類の中ではビタミンA、Bが多く、解熱にも有効と言われる。

【落葵（ルオクェイ）】

茎が紫色をした野菜。アクが少ないので、炒め物向き。下ゆでをしなくても調理できる。つぼみを付けたまま売られているが、花が開いたものは堅いので避ける。

【龍眼（ロンイェン）】

トロピカルフルーツ。ムクロジ科の常緑高木。中国南部、インドが原産。重さ5〜6gの小さな球形で果皮は黄褐色で堅く、細かな亀甲模様がある。果肉は白色の半透明で多汁。黒い種が1つある。味はライチに似ているが、風味はやや落ちる。生果と乾燥ものがあり、乾物は体を温める滋養薬として売られている。日本では南九州や沖縄などで栽培されている。

加工食品

<ハム>

【中国ハム】

火腿（フォトェイ）。豚の後ろ足を骨付きのまま1本丸ごと加工したハム。塩漬けにして乾燥させたもので、火は通していない。皮が薄く脂肪の少ない上質な豚の足を用い、かめに入れて塩と硝石で塩漬けにし、洗って陰干しにする。肉がしまり、皮が乾いたら保存する。香りが良く、高級料理に使われる。そのまま食べる場合は蒸す。スープや前菜、煮物などに少量用いると風味が出る。浙江省の金華市産の金華火腿や、雲南省の宣威火腿が有名。金華火腿は、塩漬けにした肉を風通しの良い所で自然乾燥させる。宣威火腿は、塩漬け肉を陰干しして作る。

<乾物>

中国の乾物には「八味」と言われる食材がある。干しアワビ（干鮑／ガンパオ）、干し貝柱（干貝／ガンベイ）、スルメ（干魷魚／ガンユウイ）、干しナマコ（海参／ハイシェン）、フカヒレ（魚翅／ユイチー）、干し浮袋（魚肚／ユイドゥ）、魚唇（ユイチュン）、龍腸（ロンチャン）の8品目。魚唇は、チョウザメ、サメ、ニベなどの口のまわりの肉や軟骨で、左右に開いて乾燥させたもの。龍腸は大きな魚の腸の干し物。

【干筍（ガンスン）】

シナチク、メンマのこと。たけのこを蒸して塩漬けにし、乾燥させたもの。1日水に漬けて塩抜きし、長時間煮て柔らかくする。水に浸してクセを抜き、用途に合わせた味付けをして使う。

【糟蛋（ザオダン）】

アヒルの卵を酒粕や塩を加えたタレで漬け込んだもの。四川省の宜賓市周辺で作られている。うまく漬けるには微妙な技術が

必要。殻をはいで茶褐色になった白身と黄身を混ぜ合わせ、調味料にする。砂糖と老酒を加えて混ぜ合わせると酒の肴になる。

【蝦子（シァズ）】

エビの卵を乾燥させたもの。赤い顆粒状でスープや炒め物に使い、コクを出す。

【蝦餅（シァビン）】

エビせんべい。エビのすり身と米粉を混ぜ、棒状にして蒸し、薄く切って乾燥させたもの。揚げ物料理に添えたりする。スナックにもなる。

【鹹蛋（シェンダン）】

塩漬けの卵。黄身はオレンジ色。アヒルの卵に食塩と泥土を練ったものを塗りつけ、灰をまぶして作る。皮蛋とは違い、生なので、水洗いをして泥土と灰を落とし、ゆでて殻をはいで食べる。油っぽく塩気の強い風味。前菜やおかゆに入れて食べる。蒸し物や月餅の具にも使う。

【山蜇（シャンヅァ）】

山くらげ（ぎほうし）のこと。歯ごたえがクラゲに似ている。ユリ科の擬宝珠という植物で、若い芽と葉柄を食用にする春の山菜。筆の穂のような若芽は、ぬめりがあり、クセのない淡泊な味。生長した葉は苦味があるので、ゆでて水にさらす。採取して時間がたつと、若芽も苦味が出る。葉柄をゆでて干し、山くらげ（山かんぴょう）にする。水で戻し、炒め物や和え物に使う。

【金針菜（ジンチェンツァイ）】

ゆり科のキスゲ、カンゾウなど花のつぼみを蒸して干したもの。色が黄色いので黄花菜（ホァンホアツァイ）とも言われる。繊維質でビタミンが豊富。水に漬けて柔らかく戻してから、炒め物、和え物などに使う。産地は湖南、広東など。

【竹蓀（ヅュスン）】

きぬがさ茸の乾燥品。たけのこのまわりに生えるきのこで、たけのこの子、つまり竹の孫という意味。白きくらげ、ツバメの巣と並ぶ中国人好みの乾物。値段が高い。

【ツバメの巣】

燕窩（イェンウォ）。金絲燕（ジンスーイェン）が海藻で作った巣を乾燥させたもの。金絲燕は、アマツバメ目のアナツバメの一種で、東南アジアから南太平洋にかけて生息。巣は噛み砕いた海藻に唾液を混ぜて作るので、寒天状になっている。ベトナム、タイ、マレーシアの海岸で採取されるが、金絲燕は断崖絶壁に巣を作るので、手に入れるには非常に危険を伴う。そのため大変高価な食材とされている。形が同じで整っているものは模造品。にかわ質が肌に良く、美容効果があると言われている。温湯、または熱湯でもどし、羽毛やゴミを取り除き、水洗いしてスープ、デザートに用いる。羽毛のあまり混ざっていない純白の高級品は、官燕（グワンイェン）という。ツバメの巣が料理に出る筵席（宴会）は、燕窩席（イェンウォシー）といい、最高のコースを意味する。

【蹄筋（テイジン）】

豚アキレス腱の乾燥品。ゼラチン質が多い。一度油で揚げ、柔らかく煮てからスープ、煮込み、炒め物に使う。牛は牛蹄筋（ニゥテイジン）、鹿は鹿筋（ルゥジン）という。

【冬虫夏草】

幼虫に菌が寄生したもの。地中のセミの

さなぎに寄生してきのこを作るセミタケ、アリの仲間に寄生するアリタケ、クモに寄生するクモタケなど種類は多い。健康を保つための高価な漢方薬で、煎じたり、焼酎に加える。スープや蒸し物に入れて旨味を出し、滋味を味わう。

【豆腐干（ドウフガン）】
　押し豆腐。豆腐の水分を押し出して堅くしたもの。和え物や煮込み、炒め物に使う。五香粉を加えたものは五香豆腐干。糸切りにして料理に用いる。

【百頁（パイイエ）】
　豆乳の蛋白質を薄くのばして紙のように固めたもの。豆乳を布の上に流し、折りたたみながら何段にも重ね、圧力をかけて作る。炒め物やスープの実などにする。

【海馬（ハイマァ）】
　タツノオトシゴを乾燥させたもの。漢方薬として知られる。鶏やアヒルのスープに加えて煮込み、だしを味わう。龍馬（ロンマァ）は、ヨウジウオを乾燥させたもの。

【莫大海】
　はくじゅの実で、"ばくだい"とも呼ばれる。日本に輸入されているものは、四川省産の乾燥品が多い。水または湯で戻すと、果肉が海面状になり、ふくれあがる。皮と種を取り除き、刺身のつまなどにする。

【皮蛋（ピィダン）】
　アヒルの卵に、塩、生石灰、茶汁、草木灰などをこねた泥状のものを塗り、もみがらをまぶして瓶（かめ）に入れ、密封して15〜30日間貯蔵した加工品。中が黒く変色し、表面に松葉模様の結晶ができているものが高級品で、松花蛋（スンホワダン）と呼ばれる。皮蛋は堅さにより、硬心、軟心、半軟心に分けられる。硬心は白身も黄身も堅く、軟心は白身は堅いが黄身は柔らかい。表面の泥を取り、殻をむいて縦に切り、前菜などに用いる。

【ビーフン】
　米粉（ミイフェン）。ビーフンは、うるち米の押し出し麺で、台湾や中国南部でよく使われる。原料が米粉なので、他の麺類とは戻し方が異なる。乾麺は一度火を通してから水にとるが、ビーフンはこの手法で戻すと、べとついてしまう。また、加熱のしすぎは、炒めた時に鍋にくっついてしまう。汁ビーフンの場合は完全にゆであげるが、焼きビーフンにする場合は、芯が残る程度にしておく。

　鍋にたっぷりの湯を沸かし、ビーフンを入れる。湯が少ないとくっつきやすい。温度が低いとべたつくので注意。手早くほぐすようにかき混ぜ、湯が再度沸きあがったら、ゆで加減を見る。炸鏈などで湯を切り、ボウルに入れる。炒める場合は、芯があるうちに使う。汁ビーフンにする場合は、蓋をして数分余熱で蒸らす。ビーフンは水に入れるとベタベタになるので、ゆでた後、水にはとらない。

【フカヒレ】

魚翅（ユイチィ）。ヨシキリザメ、モウカザメ、コトザメなどの大型のサメ類のひれを乾燥させたもの。食用とするのは、ひれの軟骨（筋）。尾びれが上等とされ、背びれ、胸びれなども使う。白と黒があり、白翅の尾びれは高級。戻して調理しても姿が崩れないので珍重されるが、現在はほとんど漁獲がない。日本で用いられているフカヒレは、主に国内産で、中国、台湾などにも輸出されている。原形のままのものは排翅（パイチィ）、ほぐしたものは散翅（サンチィ）。バラバラになったものを固めたのは翅餅（チィビン）といって家庭用。フカヒレ自体は無味で、上等なスープで味を含ませる。

水煮して戻すと臭みが残る。臭みの抜き方は料理によって異なる。皿に水煮したフカヒレ、ぶつ切りにしたねぎ、薄切りのしょうがをのせ、酒、鶏油、スープを加える。充分に蒸気をあげた中華せいろうに入れ、蓋をして10分蒸す。もしくは鍋で油を熱し、ぶつ切りにしたねぎ、潰したしょうがを炒める。油に香りが移ったら湯を注ぐ。ねぎ、しょうがを取り出し、酒とフカヒレを加え、中火で数分煮込んで臭みを抜く。

【干しアワビ】

干鮑（ガンパオ）。水煮したアワビを乾燥させたもの。生にはない良い味がある。身が厚くて重みがあり、傷やカビが付いていないもの、濃いべっこう色をしたものが良品。網鮑（ワンパオ）は日本産の大アワビで最高級品。薬用として用いられるものは明鮑（ミンパオ）、小型で灰白色のものは灰鮑（ホイパオ）、灰鮑より小さいものは麻鮑（マァパオ）と区別する。水洗いして1晩水に漬け、よく洗ってから柔らかくなるまで蒸す。戻した後は冷蔵庫に入れて保存し、煮込みや前菜、スープなどに用いる。

【干しエビ】

蝦米（シァミイ）。むきエビの乾燥品。味や風味が良い。湯で戻して足や殻を取り、焼売、餃子などに混ぜたりする。戻し汁はスープに利用する。

【干し貝柱】

干貝（ガンベイ）。ホタテ貝や平貝の貝柱を塩ゆでして乾燥させたもの。主に中国沿岸全域で生産されている。日本では北海道や東北地方で作られている。旨味成分のコハク酸やアミノ酸などを多く含んでいるため、少量で良い味が出る。形崩れやカビがなく、堅く乾燥した薄いべっこう色のものを選ぶ。通常は密閉缶やポリ袋に入れ、冷蔵庫で保存しておく。

戻す時は、軽く洗って水に漬け、1晩おくと自然に柔らかくなる。夏場はラップをかけ、冷蔵庫に入れて戻す。急ぐ場合は、水洗いして熱湯に浸し、冷めるまでおいて戻す。蒸し器に入れて水と酒少々を振りかけ、弱火で柔らかくなるまで蒸す方法もある。貝柱のまわりの薄い膜を取り、手のひらで上下に押さえると、バラバラになってほぐれる。白菜や大根などの淡泊な煮物やスープ、炊き込みごはん、焼売などに用いる。戻し汁は旨味がたっぷりなので、茶漉しか布巾で漉してスープや煮物に使う。

【干しクラゲ】

海蜇（ハイヅァ）。ミョウバンと塩を振っ

て天日に干し、これを3回繰り返して塩蔵にしたもの。浙江省沿海産のビゼンクラゲが良質とされる。無毒で、腎臓の滋養、食欲増進、肩こり、腰痛、風邪などに効力があるとされている。かさの部分は海蜇皮(ハイヅァピィ)、その他の部分は海蜇頭(ハイヅァトゥ)という。

戻す時は、コリコリした歯ごたえを損なわないように、加熱しすぎに注意。クラゲには独特の臭みがあるので、冷水に充分に漬けて臭みを抜く。鍋に湯を沸かし、クラゲをほぐしながら一度に入れる。後で水に漬けるので塩出しの必要はない。軽く混ぜて、15秒程したら手早く湯からあげる。湯を沸騰させると、堅く縮んでゴムのようになってしまうので注意。炸鏈などで湯を切り、水を張ったボウルに入れる。流水にさらし、クラゲが冷たくなれば水を止め、そのまま1晩漬けておく。

【干したけのこ】

玉藍片(ユイランピェン)。中国では、たけのこを乾燥させて保存する。孟宗竹を使った干したけのこは最高級品。採取時期で冬筍(ドンスン)と春筍(チュンスン)に分けられる。冬筍のほうが品質が良く、湖南省のものが有名。戻す時は、洗ったものを米のとぎ汁で30分程煮る。きれいに洗い、水でまた30分程煮る。再び洗い、5時間程水に漬ける。この作業を3～4回繰り返す。柔らかくなるまでには数日かかる。戻したものは薄く切り、炒め物や煮物に使う。味も良く、歯ざわりが絶妙。

【干しナマコ】

海参(ハイシェン)。中国では薬用にんじんと同じ滋養効果があるとして、海産のにんじんという名が付けられた。トゲのあるものを刺参(ツーシェン)、ないものを光参(グァンシェン)という。刺参でトゲがむらなくついているものが良品。水に4～5日漬けて戻す。

【紅棗(ホンヅァオ)】

なつめの実を乾燥させたもの。なつめは中国原産で、クロウメモドキ科の落葉高木。実は長円形で、生でも食べられる。煮てからいぶした黒色のものは烏棗(ウヅァオ)、蜜で煮たものは蜜棗(ミィヅァオ)という。

【魚唇(ユイチュン)】

サメの口のまわりにある肉や軟骨の乾燥品。魚肚と同様に煮込みに使われる。

【魚肚(ユイドゥ)】

サメ、イシモチなどの浮き袋を乾燥させたもの。水煮か低温の油で徐々にふくらませ、水にさらし、スープや煮込みに使う。

【蓮子(リェンズ)】

はすの実のこと。市販品はほとんどが乾燥品。主産地はタイ、ビルマ、中国。鶏肉の詰め物やデザートに使われる。スナックとしても食べられる。糖蓮子(タンリェンズ)は砂糖漬けにしたもの。

【肉皮(ロウピィ)】

豚の皮を干して油で揚げたもの。料理に用いる時は、油で揚げて戻す。

香辛料

【五香粉(ウーシャンフェン)】

桂皮(シナモン)、丁香(丁子)、花椒(山椒)、小茴(ウイキョウ)、大茴(八角)などの粉末

を混ぜたもの。混ぜる香辛料は5種類とは限らない。

【甘草（カンツァオ）】

かんぞう。豆科の根を乾燥させたもの。天然の甘味があり、鶏肉の煮込みに甘味を付ける時に使う。日本では佃煮、珍味を作る時に使ったり、醤油の製造にも用いられる。粉末のものもある。

【杏仁（シンレン）】

杏仁は、あんずの実の核中にある仁。粉末にして水を加え、絞った汁を用いる。砂糖と上糝粉でとろみをつけた杏仁茶（シンレンチャー）や、杏仁豆腐などの点心によく使われるが、そのままでも食べられる。

【松仁（ソンレン）】

松の実を乾燥させたもの。香りが高く、歯ざわりが良い。

【陳皮（チェンピィ）】

橘皮（ジュピィ）ともいう。みかんや橙（だいだい）など柑橘類の皮を乾燥させたもの。

【草果（ツァオグオ）】

ビャクズリの1種。ナツメッグに似た中国特有の香料。鶏肉の煮込みやアヒルの香り揚げなどに使う。

【丁香（ディンシャン）】

クローブ、丁子のこと。フトモモ科の常緑高木。芳香性のあるつぼみを乾燥させたもの、または粉末を用いる。魚、肉料理、菓子などに利用する。

【八角（バァジァオ）】

スターアニス。シキミ科の常緑低木のさや。形は八角の放射状で、乾燥品を用いる。アニスに似た香りとほのかな苦みがある。

【花椒（ホアヂァオ）】

山椒の完熟した実。粒のまま弱火で炒め、すり潰したものを麻婆豆腐に用いる。ピリリと辛いが、しびれるような刺激を楽しむ。

【肉桂（ロウグイ）】

にっけい。サイゴン、シナモンとも呼ぶ。クスノキ科の常緑高木。10年を経た木の幹の皮をはいで用いる。軽い刺激性の甘さと辛さがあり、各種料理や点心に使われる。

【肉荳蔲（ロウドウコウ）】

にくずく。ナツメッグのこと。古来、薬用に使われていた。料理の香辛料として幅広く用いられる。

調味料

【XO醤（エックスオージァン）】

干し貝柱、干しエビ、火腿（中国ハム）、唐がらしなど、10種類以上の材料で作られた高級調味料。近年、香港で発祥した。風味が高く、炒め物などに最適。

【椒麻（ジァオマァ）】

山椒と長ねぎの青い部分を叩き、どろどろの状態にしたもの。これを調味料やごま油で溶きのばし、冷製にかけるソースとする。自家製のものを作って使うとよい。

【蝦醤（シァジァン）】

蝦油（シァヨウ）ともいう。塩漬けにした小エビを天日にあて、攪拌して発酵させた上ずみ。独特の香りとクセがある。醤油と合わせて使うとコクが出る。炒め野菜向き。

【芝麻醤（ジイマァジァン）】

よく煎ったごまをどろどろにすり、白絞油とごま油を混ぜ合わせたもの。煎ったみ

がきごまをブレンダーで挽き、麻茸を作る。油にねぎの青い部分、しょうが（皮の部分）の薄切りを入れ、180℃に熱して漉す。ボウルに麻茸を入れて油を加え、泡ができている間に攪拌する。最後に香り付けのごま油を加えて混ぜる。

【沙茶醤（シャチャアジァン）】

バーベキューソース。干しエビ、にんにく、唐がらしなどが入った辛味調味料。焼き肉や炒め物、煮物などに使われる。

【鮓海椒（ヂァハイジァオ）】

ピーマンと、とうもろこしの粉から作った調味料。

【鶏油（ヂィヨウ）】

鶏の脂身から作る鮮明な黄色をした脂肪。加熱抽出して得られる。煮込みやスープに用いられるが、他の調味料と混ぜ合わせたり、料理の仕上げに回しかけたりもする。鶏油は多めに作っても保存が可能。充分に冷ましてからビニール袋などに入れ、封をして冷蔵庫に入れる。2～3カ月はもつ。

脂を早く引き出すために、鶏の脂身をぶつ切りにする。長ねぎのぶつ切り、しょうがの薄切り、粒山椒とともにボウルに入れる。蒸気のあがった中華せいろうで、蓋をして中火で2時間程かけてゆっくりと蒸す。蒸しあがった状態で上に鶏油、下には水が溜まっている。下に沈んでいる水を入れないように、静かに漉し網を通して鶏油だけを取り出す。

【甜醤油（ティエンジァンヨウ）】

甘醤油。醤油に砂糖、酒、香辛料を加えて煮詰めたもの。冷菜のタレや炒め物に使われる。

【甜麺醤（ティエンミェンジァン）】

小麦粉を主原料とした甘味噌。黒色で味はまろやか。炒め物、煮物、タレなどに使われる。

【豆豉（ドウチ）】

大豆を蒸した後、塩などを加えて熟成させたもの。半乾燥した黒褐色の豆で、日本の浜納豆や大徳寺納豆に似ている。塩辛く独特の香りがある。

【豆瓣醤（ドウバンジァン）】

そら豆を原料とする塩辛い味噌。四川料理には欠かせない調味料で、魚料理、肉料理を問わず、炒め物、タレなどに広く用いられる。

【豆瓣辣醤（ドウバンラァジァン）】

豆瓣醤に唐がらしを加えたもの。

【海鮮醤（ハイシァンジァン）】

大豆、小麦粉、砂糖、にんにく、唐がらしなどが原料の練り味噌。焼き物の味付けや、北京ダック、春巻用のソースに用いる。

【腐乳（フルウ）】

醤豆腐（ジァンドウフ）と糟豆腐（ザオドウフ）の総称。醤豆腐は、納豆菌で発酵させた5cm角、厚さ2cm程の豆腐を、紅麹、酒麹、酒粕、塩などを混ぜ合わせた中に漬け込んだもので、赤色をしている。糟豆腐は紅麹を加えずに漬け込んだもので黄白色。醤豆腐は豚ばら肉の煮込みや、しゃぶしゃぶのたれに使い、糟豆腐はごはんや粥に添えて食べる。玫瑰腐乳（メイクイフルウ）は、まなすを加えた香りの高いもの。

【紅醋（ホンツウ）】

黒っぽい色で、独特の良い香りを持つ酢。

【紅油（ホンヨウ）】
　植物油に唐がらし粉を混ぜた辛い油。文字通り真っ赤な色をしている。

【辣油（ラァヨウ）】
　和え物に入れたり、餃子の薬味に使われる辣油は、赤唐がらしとごま油で簡単にできる。
　赤唐がらしをみじん切りにし、ボウルに入れる。沸かしたごま油をかけて焦がす。茶漉しなどで漉して赤唐がらしを除く。保存する場合は、空きビンに入れて漬け込み、使う時に漉してもよい。

【料酒（リァオヂウ）】
　調理酒のこと。中国では主に老酒が用いられる。材料に下味を付ける場合や、料理の味付けに用いられる。

【滷水（ルーシュイ）】
　香辛料の香り付けと、カラメルの色付けを同時にできる調味料。香辛料は八角、ういきょう、桂皮、山椒、陳皮などを用いる。砂糖と水を火にかけ、カラメルを作る。色が変わり、小さな泡が出てきたら、スープを加える。醤油、砂糖、酒、塩、長ねぎの青い部分、しょうが、八角などを加え、しばらく煮込む。火を入れ直せば、繰り返し使える。分量が少なくなったらスープと調味料をたして煮込み直す。

Column －本場中国でも人気の「日式」餃子－

　中国の餃子は、皮が厚いのが特徴。日本とは違い、おかずではなく、主食として食べるからです。餃子は"子だくさん"という意味があり、子孫繁栄を祝うめでたい食べ物です。正月には一家総出で何百個も作り、ひとりで40～50個もたいらげます。形はラグビーボール形で、中国の銀貨を模倣しています。
　餃子の発祥は中近東で、イランには餃子そっくりの食べ物がたくさんあります。小麦粉が中国に渡ったのは1800年くらい前で、それまでは、コーリャン、稗（ヒエ）、粟（アワ）が主食でした。
　餃子はメソポタミア文明（小麦粉文化）以降の食品です。ネパールの山岳地帯に住む民族も餃子が主食。大根のスープなどに餃子を入れて食べます。
　日本では宇都宮の餃子が有名で、餃子専門店がたくさんあります。戦後、中国から引き揚げた宇都宮師団の人々が、中国の技法をまねて餃子を作ったのが始まりです。日本の餃子はにんにくを入れますが、中国では入れません。タレ（酢と醤油）におろしにんにくを混ぜて食べる人がいたので、そこから思い付いたのだと思います。
　中国では、日本のような焼き餃子はほとんどなく、99％が水餃子です。たくさん作って食べきれずに余った残り物を翌日に焼き餃子（ユウテオ）にしていました。一度ゆでたものを、鉄の釜の中に張り付けて焼くのですが、作ってから時間が経っていることもあり、あまり美味しくありません。
　ところが、近年、にんにくを入れて作りたてを焼く日本の焼き餃子が伝わり、爆発的に普及しつつあります。この手法は中国では「日式」と呼ばれ、オシャレな食べ物として流行の最先端のようです。
　ちなみにすしも日式と呼ばれています。

中国酒

中国酒の原料はコーリャン、粟、きび、豆などの穀類や果実など。醸造方法や麹の種類は日本より多く、多種の味付け酒や薬用酒がある。製法から分類すると、3つに大別される。

◆材料を発酵させて作る醸造酒。果実酒、奶酒、黄酒など。
◆材料を発酵させて作ったアルコール発酵液を蒸留した白酒。白蘭地酒など。
◆醸造酒や蒸留酒などをベースにして、糖汁、香料、薬草などを配合した混成酒。

醸造酒の種類

●果実酒
中国果実酒の大半はぶどう酒。紅ぶどう酒と白ぶどう酒に分けられる。原料はぶどうだが、山ぶどうで作られるものもある。紅ぶどう酒は、糖分の含有料が多く酸度は低い。白ぶどう酒は、糖分の含有料はやや少なく酸度が高い。張祐（ヅァンユウ）の紅、白、北京（ベイジン）の紅、白などがある。

●奶酒（ナイヂウ）
牛奶酒（ニュナイヂウ）ともいう。牛乳や馬乳などを発酵させたもので、アルコール分が低く、酸味が多い。これを蒸留して焼酒（シャオヂウ）にしたものもある。アルコール分は10度程で、乳の匂いはしない。産地は蒙古、東北地方。

●黄酒（ホァンヂウ）
中国の伝統的な酒。原料は江南地方では米、華北や東北地方では糯黍を使う。麹材料は主に麦麹だが、江南地方では米粉、辣、蓼草、陳皮、肉桂、甘草などを酒薬として加えたりする。紹興酒（シャオシンヂウ）、山東黄酒（シャンドンホァンヂウ）、福建老酒（フチェンラオヂウ）、沈缸酒（チュンガンヂウ）が代表的。アルコールは13～20％。黄酒の30～50年経たものを老酒と呼ぶ。

蒸留酒の種類

白酒（バイヂウ）。無色の酒で、焼酒（シャオヂウ）、火酒（フオヂウ）ともいう。北方では庶民的な飲物。中国産の酒類の中で最も生産量が多い。コーリャン、とうもろこし、米、大麦を主原料とし、麹を加えて発酵させた酒をさらに蒸留して造る。アルコール度数は65度。名称は原料名や麹の種類、産地別で呼ばれる。高梁酒（ガオリャンヂウ）、山西汾酒（シャンシィフェンヂウ）、貴州茅台酒（グェイヅォウマオタイヂウ）、四川老窖酒（スゥチョアンラオヨウヂウ）、陝西西鳳酒（シャンシィシィフォンヂウ）などがある。

混成酒の種類

醸造酒、蒸留酒を土台にして、その中に果物、花類、薬材骨類などを直接浸漬したり、エキス分を入れた酒。玫瑰露酒（メイクイルヂウ）、五加皮酒（ウーヂャピィヂウ）、桂花陳酒（グイホアチェンヂウ）、蛤蚧酒（コヂュヂウ）、竹葉青酒（ヅゥイエチンヂウ）、菊花酒（デュホアヂウ）、虎骨酒（フグウヂウ）などがある。

日本料理

Japanese cuisine

専用器具

【赤おろし金】（あかおろしがね）
　銅製のおろし金。裏側は目が細かく、わさびおろし用。柄の部分は、アワビを貝からはずすのに用いる。金属製、プラスチック製、陶器製などいろいろあるが、銅製は丈夫で目立てもでき、最良とされている。

【当たり鉢（あたりばち）・当たり棒（あたりぼう）】
　すり鉢とすりこ木（擂粉木）のこと。

【編捨籠（あみすてかご）】
　竹を薄く削り、亀甲形に編み、縁を結ばずに作った籠。一尾付きや切り身などの煮つけや佃煮に用いる。鍋底に焦げ付かず、煮崩れせずに仕上がるので便利。

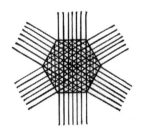

【一文字（いちもんじ）】
　金属製のへら。一般に「金べら」と呼ばれる。「へがし金」とも言う。蒸し箱に入れた柔らかい材料を平らにしたり、お好み焼きや卵焼き作りに用いる。

【入子（いれこ）】
　同形の漆塗りの木箱（器）をひとまとめに収納できるようにしたもの。大きいものから順に重ねられる。現在のバットにあたる。

【鱗引（うろこひき）】
　魚の鱗を取り除く道具。「こけひき」とも呼ぶ。おおざっぱに鱗を取るもので、魚によっては出刃包丁や刺身包丁を使って丁寧にすき取る必要がある。

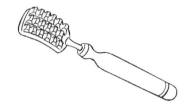

【落とし蓋（おとしぶた）】
　鍋よりも一回りか二回り小さい木蓋。煮物などを作る際、落とし蓋をすることで熱の対流がよくなり全体に煮汁が回る。

【切溜（きりだめ）】
　内外とも薄く漆を塗った長方形の蓋付き木箱。板場で切って準備した材料や、膳に盛り付ける料理を入れておく容器。三重、五重、七重の入子（いれこ）になるように組み合わされている。昔は、火事場見舞いの時などに、煮しめ、沢庵、にぎり飯を入れて、差し入れをする習慣があった。

【銀簾（ぎんす）】
　「ぎんすだれ」ともいう。ガラス製の細い棒を天蚕糸（てぐすいと）で、すだれのようにつないだもの。魚の洗いなどを盛る際に使われる。器に銀簾を敷き、氷をのせて洗いを盛る。洗いが水っぽくなるのを防ぐことができる。けん、つまをあしらって清涼感を演出する。

【げんべら】
　樫の木のへら。木型に打ち物の生地を詰め、こすって形を整える時に用いる。使用

する時は、こする面を油布巾で拭き、すべりをなめらかにする。

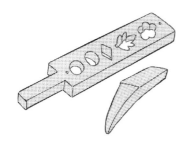

【小間板（こまいた）】
「駒板」とも書く。打ったそばの生地を切る時に使う道具。かぎ形をしている板。

【簓（ささら）】
大きい魚のえらや腸を取り除き、水洗いする際、腹の中の血合いぎしを洗うための道具。竹を割いて束ねたもの。かつては染物屋で使われていた。

【三角べら】
三角形をした木製の棒。和菓子（練切など）の仕上げに用いる。細くなったほうの端の木口には、花のしべ模様が彫り込まれている。三角形の1辺にはV字の溝があり、もう1辺の角は丸くなっている。しべ模様をつける時は、堅く絞った濡れ布巾で拭き、練切あんをつけ、本体に三角べらを押しつける。

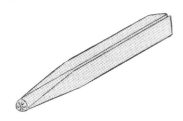

【七輪（しちりん）】
土製小型コンロ。関西方面では「かんてき」と呼ぶ。名前は「七厘」（貨幣の単位）ぶんの炭で、煮炊きができることから付けられた。

【じょうご】
ビンなどの口の細い器に液体（調味料や酒）を注ぐ道具。メガホンのような円錐形をしている。

【水嚢（すいのう）】
漉し器の一種。曲げ物の底部に馬の尾毛、羽二重、金属などの網が張ってある。だしや寒天液などを漉したり、粉ふるいとして用いる。毛水嚢はだし、味噌汁を漉す道具。一寸四方の面に120程の細かい目があることから、昔は「120目の水嚢」、もしくは「裏漉し」と呼ばれていた。

【造り板】
造った刺身を器に盛り付けるまで、一時的におくための板。塵取形と足が互い違いに付いているものがある。

【付包丁（つけぼうちょう）】
刃がなく、へらの代わりに使う包丁。かまぼこなどを作る際、すり身を付けて板にのせ、形を整える。

【つま桶】

刺身用のつまを入れておく小判型の桶。「あしらい箱」ともいう。現在のものはステンレス製で、蓋付きのバットの中に小さい角形のバットが並んでいる。

【砥石（といし）】

包丁を研ぐための石。砥石は粒子の粗さによって荒砥、中砥（青砥）、仕上げ砥（合わせ砥）に分けられている。砥石は使用前に20〜30分水に浸す。通常は中砥で研ぐが、刃こぼれがある時は荒砥を使い、中砥で仕上げる。本焼包丁は仕上げ砥で仕上げたほうがよい。

研ぎ方は、両刃包丁は両面を同じ回数だけ研ぐ。片刃包丁は、鉄で被われているほうを50回研いだら、鋼のほうは3回の割合。刃先が手前ならば押す時に力を入れ、刃先が向こうならば引く時に力を入れる。めすき砥石と仕上げ砥石は必ず用意すること。包丁をしまう時は熱湯をくぐらせ、乾いた布巾で水気を拭き取る。

【どらさじ】

焼きさじ。平鍋に生地を流す時に使う。柄が付いていないので、持ちやすい太さの竹の棒などを差し込んで用いる。真ちゅう製のものは軟らかいので、すくう部分に使いやすいカーブを付けて曲げることができる。

【波形包丁】

「すだれ包丁」ともいう。切り口に波形の模様を付ける時に用いる。ステンレスと真ちゅう製がある。包丁全体に細かい縦溝があり、刃は付いていない。切り口の模様を生かすために、真っすぐに押して切る。

【抜板】

足付きの板。焼き魚の串を抜く時に用いるので抜板という。薄板を貼り付けて焼いた厚焼き卵を並べたりする。重ねて置くと場所をとらず、風通しも良い。

【羽二重漉し（はぶたえごし）】

羽二重を張った裏漉し器。「絹漉し」とも呼ぶ。羽二重を一重に張ったものや、毛漉しの目の粗い一番漉しに羽二重を張り、二重にしたものがある。布巾漉しと同じ効果が得られる。白和え、ウニ衣などをごく滑らかに仕上げる時に用いる。使用後はカスを取り、乾燥させておく。

【盤台（はんだい）】

すし飯を入れる平らな浅い木桶。水で湿らせてから使う。

【引筒（ひきづつ）】

魚そうめんなどを作る道具。小さな穴が開いた筒で、練り物を押し出し、糸状にする。「押し筒」「小田巻突（おだまきつき）」ともいう。魚そうめんは、湯の中に絞り出す。

【火床（ひどこ）】

長方形の金属の箱。炭火を入れ、焼き鳥、みたらし団子などを焼く。最近は、電気やガスを用いたものが多い。

【坊主鍋】

「やっとこ鍋」「だるま鍋」ともいう。柄がないので、鍋の縁をやっとこ（ペンチのような専用器具）で挟んで火にかける。柄がないぶん、安定性が良い。アルミ製や銅製で蓋はない。

【包丁】

中国で「庖（ほう）」は料理を意味し、有

名な「荘子」に出てくる料理人"丁（てい）"は庖丁（ほうてい）と呼ばれていた。彼の刃さばきの腕は見事で、それにちなんで庖丁は料理人を意味する言葉となり、やがて調理器具としての包丁を指すようになった。

野菜を切るのに適した包丁は、薄刃、鎌形薄刃など。魚をおろす場合は、大出刃、小出刃、合出刃の他、フグ、ウナギ、ドジョウ専用のものもある。刺身用には、関東のたこ引き包丁、関西の柳刃包丁がある。たこ引き包丁は、魚屋や鮨屋でよく使われている。

菜切り包丁は、特殊鋼を極軟鋼で挟んだ両刃で、薄刃包丁より幅が広い。刃先は平らで打ちっぱなし。峰の部分は黒い。鯵切（あじきり）包丁は、出刃包丁の小型のもの。アジ、キスなどの小ぶりの魚をおろす時に用いる。霞包丁は、軟鋼に堅い鋼を貼り合わせて作られた合わせ包丁で、初心者向き。職人は鋼のみで作られた本焼包丁を用いる。本焼は研ぐのに時間がかかる。この他、鮨包丁、栗むき包丁、はも切り包丁などがある。

【まな板】

食物を包丁で調理する時に用いる台のこと。まな（真魚）とは魚のこと。すなわち、まな板は本来、魚を調理するための板。これに対して野菜（蔬菜）を調理するためのソナ板（ソサイ板）があり、かつてこの2つははっきりと区別されていた。

昔はひのき、樫、いちょう、ほおなど、重くてきめが細かく、傷が付きにくい木材で作られた。中でもいちょうは硬さや香り、木目などの点で最良とされている。単に平らな板ではなく、足付きものも多かった。現在ではプラスチック、合成ゴム、塩化ビニール被覆、ポリプロピレンなど、材質の種類も多い。砂と塩を混ぜ、まな板の表面をこすり、水洗いすると臭みがとれる。時々日に当てて消毒。使う前には必ず水で全体を濡らす。

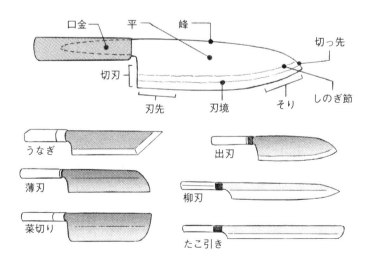

【目打ち】
　魚を固定させるキリ状の道具。ウナギ、アナゴ、ハモなどの長い魚をさばく時に使われる。魚の目の下を刺し、まな板に打ち込んで固定する。

【物相（もっそう）】
　扇、松、梅、ひょうたん、末広などの形に作った抜き型。ひのき、桜などの木製の他、ステンレス製のものもある。

【行平（ゆきひら）】
　粥を炊く器。注ぎ口、取っ手、共蓋の付いた土鍋で、白いうわぐすりをかけて焼いてある。行平の名は、歌人在原行平が海女に塩を焼かせたという故事にちなみ、「塩を焼く器」から起こったといわれる。木製の柄の付いた金属製の打ち出しの和鍋のことも行平（雪平）という。

【羊羹包丁（ようかんぼうちょう）】
　鋼鉄製の薄い両刃で、寿甘、ういろう、ようかんなどを切る。切る時は少し前に押し出すように切る。ようかんはすべりやすいので、まな板に堅くしぼった布巾を敷き、その上にのせて切る。

【ワタシ】
①木製の枠で、底部に２本のさんがあり、すだれが敷いてある。蒸しあげたまんじゅう、焼き菓子を並べて冷ます。使う時は、すだれに薄く油を塗り、くっつかないようにする。

②魚や肉を焼くための鉄製の棒や網。熱源の両端に渡して使うもの。

【割子（わりこ）】
　そばを盛る椀のこと。昔は春慶塗の杉、ひのき製の角型であったが、現在では木地の丸い漆器が用いられている。

【破子（わりご）】
　「破籠」とも書く。ひのきなどの薄皮を曲げて造った蓋付きの容器。四角、扇形、円形などの形で、中には仕切りがある。昔は弁当箱に使われていた。

調理用語

【あおる】
　熱湯にサッと入れ、ゆでること。

【あく取り】
　魚や肉の"アク"は、煮ると表面に泡状になって集まるので、繰り返し取り除く。アクを取らないとクセや臭みが残り、煮汁の色も悪くなる。

【あく抜き】
　アクとは、野菜、肉、魚のクセやえぐみのこと。野菜のアクは水に溶けやすいので、切ったらすぐに水や酢水にさらす。アクの強いものは、ゆでてから水にさらす。アク抜きをすると素材の持ち味が生き、変色も防げる。あまり長時間水にさらさないこと。

【あしが出る】
　材料に粘りが出てくること。

【油抜き】
　揚げ物食品（油揚げ、厚揚げなど）の油っこさや臭みを抜くこと。熱湯をかけたり、軽くゆでて表面の油を抜く。味の含みが良くなり、煮上がりがふっくらとする。

【粗熱を取る】
　加熱した食品を少し冷ますこと。鍋底を氷水につけたり、ざるなどに広げてうちわであおぐ。

【板ずり】
　きゅうり、ふきなどを柔らかく色鮮やかにする方法。材料を濡らし、塩を多めに振り、両手で押すように転がす。生で使う時は塩を洗い流し、ゆでる時はそのまま熱湯に入れる。

【裏漉し】
　裏漉し器で漉して、きめ細かくすること。裏漉し器は使用前に水につけ、網を張らせる。材料をのせ、木杓子で向こう側から手前に少しずつ漉す。

【落とし蓋】
　鍋より一回り小さい蓋を、煮物をする時に材料の上にのせること。木蓋は水で濡らしてからのせる。紙蓋やアルミホイルを使う場合は、中央に穴を開けておくこと。材料の煮崩れを防ぎ、煮汁が全体によく回る。

【風干し】
　風通しがよく、直射日光が当たらない場所に干すこと。

【から煎り】
　鍋に材料だけを入れて火を通すこと。弱火でかき混ぜ、水分を飛ばす。水気の多い食材は、余分な水分が抜け、調味料の味がしみやすくなる。

【生あげ（きあげ）】
　「おかあげ」ともいう。材料をゆで、水にとらずにざるにあげること。

【こそげ取る】
　ごぼうなどの皮をこすり取ること。たわしや包丁の峰でこすり、ごく薄く皮を除く。新じゃが芋の皮は、たわしでこすり落とすとよい。

【酒蒸し】
　魚介類や鶏肉に酒を振って蒸し、クセや臭みを消すこと。器に酒を入れて材料を漬け、器ごと蒸し器で蒸す場合もある。

【塩抜き】
　「塩出し」ともいう。塩蔵品を薄い塩水に

漬け、真水で洗う。このとき、塩気を抜き過ぎないように注意すること。

【霜降り】

熱湯をかけたり、熱湯を通したりして、材料の表面を霜が降ったように白くすること。手早く冷水にとって冷まし、水気を拭く。ぬめりや臭み、余分な脂肪などが抜け、表面が固まり、旨味が逃げにくくなる。鶏のささ身や白身魚などに用いられる。

【すが立つ】

「すが入る」ともいう。茶碗蒸し、卵豆腐、湯豆腐などを作る時、火が強すぎたり、加熱時間が長すぎたことが原因でおこる、表面に細かい泡状の穴のこと。口当たりが悪くなるうえに、風味も落ちる。また、大根やごぼうの芯に小さな穴ができた状態のことも指す。

【すじ切り】

肉の赤身と脂身の間にある白っぽい筋（すじ）を、包丁の刃先で切ること。火を通した時に身が縮まず、火の通りも良くなる。

【酢じめ】

魚を酢に浸して身をしめること。塩をたっぷりと振り、3～4時間おく。塩を洗い流して水気を拭き、酢に漬ける。脂の多い青魚によく用いられる。

【立て塩】

魚介類を洗ったり、貝の砂抜きなどに用いる塩水のこと。水1カップに対して塩小さじ強を加え、海水程度（約3％）の濃さにする。魚介類は水に浸すと水っぽくなるので、立て塩で洗う。

【血抜き】

血を多く含むレバーや豚マメ（腎臓）の下処理のこと。水にさらしたり、薄い塩水でもみ洗いしてもよいし、軽くゆでてもよい。血とともに臭みも抜ける。

【天盛り】

煮物や和え物、酢の物などの料理の上や皿の脇に添える物。彩りや香りが付くことで料理が引き立つ。糸がつお、白髪ねぎ、ゆずの皮、木の芽、針しょうが、青じそなどを、材料との相性や季節によって使い分ける。

【とろ火】

火が消えない程度の弱い火加減。長時間煮込む料理や、火が強いとすが立つ茶碗蒸しや卵豆腐などの蒸し上げに用いる。

【鍋返し】

煮物をしている途中で、鍋を動かして中の材料の上下を返すこと。向こうから手前にすくい上げるようにして材料の上下を入れ替える。煮汁の味が、まんべんなくゆきわたる。野菜中心の煮物には効果的だが、身が崩れやすい魚には禁物。

【鍋肌】

鍋の内側の面。調理の途中で調味料などを鍋の縁から伝わらせて入れる時、「鍋肌から入れる」という。醤油やごま油を縁から入れると、鍋肌で焼けて香ばしい匂いと風味が出る。

【煮えばな】

材料に火が通った直後の状態。味噌汁などは、煮立つ瞬間（煮えばな）が最も味や香りが良い。煮立てると香りが飛んでしまう。

【煮切る】

料理に使う酒やみりんのアルコール分を飛ばすこと。調味料として用いるのは、ア

ルコール分以外の成分なので、煮立ててアルコールを蒸発させる。

【煮含める】
材料をゆっくりと煮て、味を充分に含ませること。大根などは面取りをし、落とし蓋をして弱火で煮る。煮詰まるので、煮汁の味付けは薄めにする。

【ひたひた】
材料を鍋に平らに入れ、材料すれすれまで水を加えた状態。煮含める時の適量で、材料が柔らかくなる頃、煮汁もちょうどなくなる。

【ひと煮立ち】
鍋に調味料や煮汁、材料を入れ、煮立ったらひと呼吸おいて火を止めること。材料にサッと火を通す場合や、調味料を溶かして味をなじませる時に用いる。

【火どる】
直接火にあて、あぶるように焼くこと。

【振り洗い】
材料を深めのざるに入れ、水の中でざるを振るようにして洗うこと。材料に塩を振って洗う方法と、薄い塩水の中で洗う方法がある。

【振り塩】
材料に薄く塩を振ること。手に塩を握り、30cm程の高さから塩をまくように振る。焼き魚用に振る場合は、にがり成分のある粗塩をから煎りして振ると良い。

【水に放す】
切ったり、ちぎったりした生野菜を、たっぷりの水に浸すこと。野菜をパリッとさせたり、アクを抜くのが目的。ゆでた野菜の火の通りすぎを防ぐため、水に放って冷ます場合は、「水にとる」という。

【湯煎】
鍋を二重にして外側の鍋の湯を熱し、中の鍋に入れた材料を加熱する調理法。間接的に熱を通し、焦げ付きや熱し過ぎを防ぐ。バターなどを溶かすのに向く。

【ゆでこぼす】
材料を軽くゆでて、ゆで汁を捨てること。アクや渋味、ぬめりなどを除く効果がある。小豆はゆでこぼして渋味（タンニン）を抜いてから煮ると良い。

【湯止め】
材料をゆでた後、冷めるまでゆで汁に漬けておくこと。

【湯むき】
材料を熱湯にくぐらせ、すぐに冷水にとって皮をむくこと。トマトの皮むきや、ナッツ類の薄皮むきなどに用いられる。

包丁さばき用語

【あられ切り】
さいの目切りの一回り小さいもの。8mm角程に切る。

【銀杏切り（いちょうぎり）】
切り口が丸いものを縦に十文字に切る。さらに端から切っていく。いちょうの葉のような形になるので、この名がある。煮物や椀種などに用いる。

【烏帽子切り（えぼしぎり）】
筒状の材料を小口切りと斜め切りを交互に繰り返す切り方。奈良時代から江戸時代にかけて男性がかぶった烏帽子に似ているので、この名が付いた。

烏帽子切り

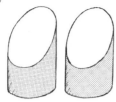

皮を切り、1cm程の厚さに切る。

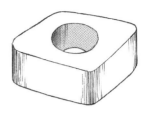

【押し切り】
　刃先をまな板に付けたまま材料を切る。安定して速くきれいに切れる。刃先に丸みのある両刃包丁を使う。

【飾り切り】
　材料を細工して切ること。多くは引き切りによって作る。末広、すすき、松葉、折れ松葉、糸作り、菊花など種類は無数。椀種やあしらいに用いる。

●碇防風（いかりぼうふう）
　はま防風の茎の先に十文字に深く切り込みを入れる。水に放っておくと切った所が丸まり、船の碇のような形になる。刺身、酢の物などのあしらいに用いる。

●折れ松葉
　紅しょうが、ゆずの皮などに用いる。1cm幅に切り、交互に切り込みを入れて、端のほうをねじる。吸い物の吸い口などに用いる。かまぼこをこの形に切り、吸い物や茶碗蒸しに使うことも多い。

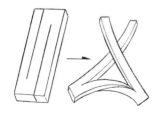

●角とり
　きゅうりの芯を抜く、四角になるように

●唐草（からくさ）
　切り方の一種で、刺身のつま、和え物、酢の物などを美しく見せるための手法。野菜、イカ、赤貝などに用い、野菜は水に放し、他は霜降り（サッと熱湯に通す）にすると、切り口がはぜて、唐草のようになる。

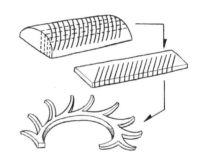

●菊花切り
　かぶ、大根などを輪切りにして、表面の縦横に深く細かく切り込む。切り離さないように注意。少量の塩を振り、しんなりさせ、洗って適度な大きさに切って菊花形に広げる。酢の物、焼き物、前菜のあしらいに用いる。

●切りちがい
　うどやきゅうりを適当な長さの円筒形に切り、縦中央に切り目を入れる。この切り目まで両側から斜めに切り、2つに分ける。

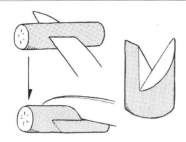 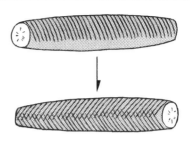

●管ごぼう（くだごぼう）

芯を抜いたごぼうのこと。ごぼうを5〜6cmに切り、堅めにゆでる。皮の内側にある年輪のような部分に金串を刺し、ごぼうを回して芯を取る。管のままか、中に詰め物をして調理する。酢ごぼう、煮物などに用いる。

●ざかごれんこん

れんこんを1.5cmの輪切りにして縦半分に切り、角を丸くむく。もしくは3〜4cmに切り、縦に桂むきにして適当な長さに丸める。

●末広切り

扇子のような形に切る方法。材料を拍子切り、または形を残したまま一方の端を4分の1程残し、縦に切り込みを入れる。塩を振ったり、煮たりすると扇子のように開く。きゅうり、にんじん、たけのこなどを用いる。

●たづな切り

手綱に似せて切ること。材料を1cm程の厚さに切る。中央に切り目を入れ、一方の端をくぐらせてねじる。こんにゃくなどを煮物にする場合に用いる。

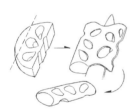

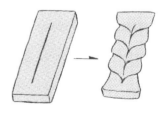

●じゃばら切り

きゅうりに3分の2の深さまで斜めに細かい切り込みを入れ、裏返して同じように切り込む。返してから真横に真っすぐ入れる方法もある。

●茶せん切り

茶せんのように見せる切り方で、主に小

なすを使い、できたものを「茶せんなす」という。縦に切り込みをぐるりと一回り入れ、調理した後、ねじるようにして押さえる。

●ねじ梅

厚めの花形切りを作る。花弁の境目から中央まで切り込みを入れ、左側の切り込みまで斜めに薄く切り取る。これを各花弁ごとに繰り返す。各花弁が浮き上がり、立体感が出る。煮物用に使われる。

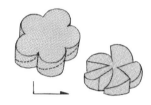

●花形切り

花の形に切る切り方。ねじ梅、桜形、ききょうなど季節に応じて花を変える。主ににんじんを用い、椀物や煮物に使う。にんじんを5～6cmの長さに切り、正五角形になるように端を落とす。五角形の頂点を丸く切り、花びら形にして端から適度な厚さに切っていく。

●花れんこん

れんこんを4cm程の長さに切り、穴と穴の身の厚い部分に切り目を入れ、穴の丸みに沿って皮をむく。適当な厚みの輪切りにする。

●筆しょうが

はじかみしょうがを筆のように先を細く切ったり、杵（きね）のような形に先を切り落とし、甘酢にする。焼き物の付け合わせに用いたりする。

花れんこん

●松笠烏賊

イカの表面に細かく格子状に包丁目を入れ、焼いたり煮たりする。切り口が松笠のようになる。

●松葉切り

材料を松葉のように切る切り方。材料を5mm程の幅の短冊切りにし、先を少し残して中央に切り目を入れる。吸い口や天盛り、あしらいに用いる。

●結びかまぼこ

かまぼこを薄めに切り、中央に切り目を入れる。左右にも等間隔で反対方向から切り目を入れる。両端を中央の切り目に通す。

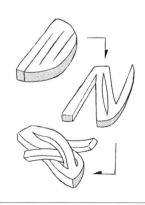

● 面取り

野菜の飾り包丁の1つで、大根、芋などの切り口の角を取って形を整え、さらに煮崩れを防ぐ。「角面取り」は、角切りの材料の全面の角を包丁を動かして取る。「丸面取り」は、輪切りにした材料の表裏の面を取ることで、材料を動かして取る。

● 矢羽根れんこん

「矢ばす」とも呼ぶ。れんこんの皮をむき、手前に厚く、向こう側が薄くなるように斜め切りにし、次は反対に切る。厚みのあるほうを向こうにして、中心を縦に切る。左右に広げると切り口が矢羽根の形になる。祝儀の料理などに用いる。

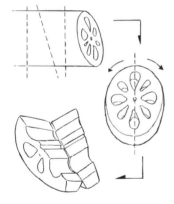

【桂むき（かつらむき）】

主に大根に用いられる。巻き紙をとくように帯状に薄くむく。材料を包丁の側面で支え、刃の中央を使って切る。材料を左の手のひらにのせ、親指で押して材料を回し、刃を材料に付けたまま包丁を動かす。刺身のつま、酢の物、和え物などに用いる。

【亀甲切り（きっこうぎり）】

亀の甲羅のように六角形に切ること。

【櫛形切り】

玉ねぎなど球形のものを半分に切り、端から櫛の形に切る。

【五角切り】

大根、にんじん、芋などの円柱形の材料を正五角形に切る。五弁の梅、桜、ききょうなどの飾り切りをする一歩手前の処理。

【小口切り】

細い野菜を端から適当な厚さに切る。

【さいの目切り】

さいころのように正六面体に切る切り方。材料を1〜1.5cmぐらいの拍子木形に切り、そろえて小口から切る。材料、料理とも用途は広い。

【笹掻（ささがき）】

包丁の先を使う。ごぼうなどを人差し指の先へ長く出し、鉛筆を削る要領で水中へ削り込む。柳川鍋や汁の実、和え物などに用いる。

【地紙切り】

いちょう切りにし、先端を丸く切る。

【色紙切り】

大根、にんじんなどを正方形の板状に薄く切ったもの。料理の付け合わせや汁物の浮かしに用いる。

【四半切り】

色紙切りにした材料を、さらに包丁を入れて長方形に切る。

【鮨の切り方】

基本的に押し切り。最初に包丁を引きながら3分の1まで切り、次に押して包丁の根元に近い所で切り落とす。包丁は刃先が丸みをおびているものを使う。

調理用語

【せん切り】
　大根、にんじんなどを5〜6cmに切ったものを縦に薄切りにして重ね、さらに細かく切る。汁の実、酢の物などによく用いる。

【千六本】
　せん切りよりはやや太く、マッチの軸ぐらいに切る。

【そぎ切り】
　包丁を横に寝かし、前後に動かしながら薄く切る方法。

【短冊切り】
　大根、にんじんなどを長方形に薄く切る。酢の物や椀種に用いる。

【斜め切り】
　細長い野菜などに斜めに包丁を入れ、輪切りにする。煮しめなどに用いる。

【布目包丁】
　味がしみにくく、煮崩れしない材料に用いられる。材料に縦横、もしくは斜めに布目模様の切り目を入れること。刺身用のモンゴウイカの歯切れをよくするために入れたり、煮物用のこんにゃくなどに用いられる。「鹿の子切り（かのこぎり）」ともいう。

【刃打ち（はうち）】
　材料の表面を包丁の刃で叩き、柔らかくすること。

【針切り】
　わさび、しょうがなどをできるだけ薄く切り、そろえて針のように細く切って水にさらす。吸い物、酢の物、和え物などの添え物に用いる。

【半月切り】
　大根、にんじんなどを縦に2つ割りにし、さらに端から切る。煮物や汁物などに用いられる。

【引き切り】
　刃先をまな板に付け、手前の刃を浮かせて切る。漬け物などを切る時に、包丁を押して使うと、切ったものが包丁に付いてしまう。

【拍子木切り】
　拍子木のように四角柱に細長く切ったもの。じゃが芋などの揚げ物によく使われる。

【みじん切り】
　すでに細かくなっている材料をさらに細かく切る。せん切りにしたものを小口から刻む。包丁の先をまな板に付けたまま左手の指を軽く包丁の背にあてがい、押さえて切る。蒸し物、和え物、椀種、薬味などに用いる。玉ねぎをみじん切りにする場合は、縦半分に切り、それを寝かせ、芯を切り離さないように芯と平行に薄く切る。横に数段切り目を入れ、小口から切る。

【よりうど】
　うどを使った飾り切り。うどを5〜6cm幅の桂むきにして広げ、約0.5〜1cm幅の斜めに切る。水に放すと、らせん状によじれる。天盛りや刺身のつまなどに用いる。

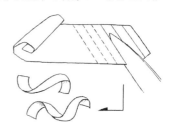

【乱切り】
　形はいろいろ違うが、大きさ、かさがそろった切り方をいう。「まわし切り」は、長細い材料をまな板で回しながら、包丁を

斜めにして切りつけたもの。
【輪切り】
　大根、にんじん、さつま芋などの切断面のまるい材料を小口から切ること。料理の目的に応じて厚さを加減する。

魚の切り方用語
【一文字切り】
　刺身を平造りにしたり、魚を切り身にする時に用いる切り方。魚の上身に包丁を垂直に入れ、まっすぐに切る。
【尾頭つき】
　神事や祝いの膳に用いられる切り方。うろこを引き、あごを切り離さないように包丁の先でえらを取る。裏身のえらびれの横から包丁を入れ、小さく開き、内臓を出す。姿焼きなどにし、頭を左、腹を手前にして盛る。
【皮引き】
　外引きは、皮を下にして尾を左にしておく。皮を引っぱりながら身との間に包丁を入れ、手前から向こうへ包丁を動かし、一気に切り離す。内引きは、尾を右にして皮の端を握り、右から包丁を入れ、左へ切り込んで皮を引く。カツオなどの身の柔らかい魚に用いられる。サヨリ、サバ、アジなどは、手で頭から尾に向かってはぐこともある。
【観音開き】
　厨子（ずし）の扉を開くように切る方法。身の厚い魚の中央に厚さの半分まで切り込みを入れ、切り目から両開きにする。鶏肉などにも用いられる。
【五枚おろし】
　カレイ、ヒラメなどの切り方。頭を落として中央を縦に切り、中骨に沿って左右のひれまで切る。裏側も同様に切る。上身、下身各2枚と中骨1枚で5枚となる。
【三枚おろし】
　二枚におろした骨付きの身を上身と中骨に分ける。上身が2枚と中骨1枚で3枚となる。
【定規切り】
　三枚におろし、適度の幅で線維に対して横一文字に切る。身の皮目を下にして背を左、腹を右におき、背側から厚めにそぎ切りにする。腹側は身が薄いので少し大きめに切る。
【背開き】
　魚を背から開くおろし方。背びれの上の頭のほうから包丁を入れ、尾びれの所まで切り開く。腹のほうには切り目が出ないようにする。中骨を除く場合は、尾から背びれの上を切り、頭と尾の付け根を切って中骨を取る。
【大名おろし】
　身幅の狭い、中骨の高くない魚（アジ、サバ、キス、サヨリなど）を裏身の頭のほうから包丁を入れ、一刀両断に尾まで切り下げるおろし方。

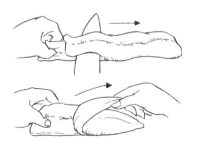

【筒切り】

　頭を落として切り口からわたを出し、輪切りにする。

【吊るし切り】

　アンコウに代表されるおろし方。あご骨にかぎを引っかけて吊るし、ひれや上身などを切る。

【手開き】

　イワシなどの身の柔らかい魚を開く方法。頭と内臓を取り、水洗いする。中骨に指を入れ、頭から尾のほうへ中骨に沿って身をはずし、広げる。尾の所で中骨を折り、頭のほうへ骨をはがして取る。包丁でおろすよりも小骨が除きやすい。天ぷら、鮨種などに用いる。開いてから洗うと味が落ちる。

【二枚おろし】

　頭を切り落として水洗いし、片身を中骨に沿っておろす。中骨の付いていない身と、中骨の付いている身の2つになるので、このようにいう。

【はね切り】

　魚を切り身にする時の切り方。二枚おろし、三枚おろしにした魚の身を斜めに厚くそぎ切りにする。

【腹開き】

　魚の腹側を真っすぐに開くこと。頭のほうから中骨の上を背びれの所まで切り開く。背のほうに切り目を出さないようにする。

【節おろし】

　「五枚おろし」と同じだが、主にカツオなどの身が厚い身割れしやすい魚に用いる方法のこと。カレイ、ヒラメのような身が薄く幅が広い魚にも用いられる。魚の表身、裏身をそれぞれ背身、腹身と中骨の5つに分ける。カツオの場合は頭を落とし、背の厚いうろこを削り落とす。背びれは身の内側にくい込んでいるので、叩きながら切る。三枚におろし、血合いの中央を切り離して五枚にする。血合いの中の小骨と腹骨をすき取る。

【骨切り】

　小骨の多いハモやアイナメ、コイは、あらい以外の料理には骨切りをする。皮目を下にして、できるだけ間隔を狭く包丁を押しつけながら皮ぎわまで切る。皮が少々切れても大丈夫なので、大胆に突くように切る。

特殊な魚介のさばき方

●赤貝（あかがい）

　包丁の刃先で蝶番（ちょうつがい）の黒いところを切る。包丁の刃元を割れ目の間に差し入れ、次に峰を蝶番の間に押し入れ、静かにひねってはずす。身を殻に沿ってはずし、周囲のわたとひもを取る。身を2つにそぎ取り、開いて黒いわ

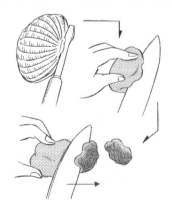

たを取り除く。

●鮑（あわび）

身に塩を振り、たわしでこすり、ぬめりと黒い部分を落として磯臭さを取る。へらを殻の薄い方から刺し込み、身をはずす。身の裏側のわたをつまみ、切り取る。くちばしも取り除く。身の周囲の縮れた部分も臭みがあるので、そぎ取る。

●鮟鱇（あんこう）

体が大きく、身がブヨブヨとしているため、まな板の上では切りにくい。あご骨にかぎを引っかけて吊るし、口から水を入れて安定させ、下にはバケツを置いておく。まず、ひれを切り、口のまわりに包丁を入れて皮をはぐ。骨のつがいを離して身をおろす。アンコウは、俗にいう"七つ道具（肉、肝、水袋［胃］、ぬの［卵巣］、えら、ひれ、皮）"を食べる。

●伊勢海老（いせえび）

頭と胴の付け根に包丁を入れ、一回りさせる。尾を引き抜き、腹の両横に包丁を入れる。腹の薄皮を尾のほうへ向かってはがす。身をはずし、一口大に切る。舟盛りにする場合は尾びれを広げ、逆に組み合わせて形を整える。

●牡蛎（かき）

専用のへらを貝に刺し込み、貝柱をはずして殻を開ける。口の部分から開けると殻は割れない。貝柱を切り、へらを一回転させると、きれいに殻がはずれる。生で使う時は、貝柱を身に付けておく。おろし大根と混ぜて水洗いし、さらに塩水で洗う。

●鯉（こい）、鮒（ふな）

目と目の間を包丁の峰で叩いてしめる。尾の方から中骨に沿って切る。苦玉を潰さないように腹のわたを残して頭まで切り進む。腹びれの部分から頭を切り落とし、身を広げてわたを出す。頭のほうから中骨を取っていく。中央に切り目を入れ、身がそらないようにする。腹骨はすき取る。

鮟鱇のさばき方

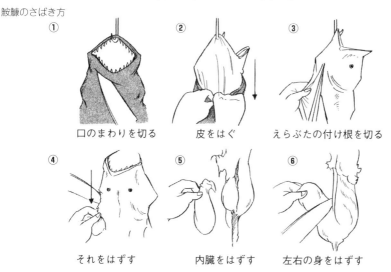

① 口のまわりを切る　② 皮をはぐ　③ えらぶたの付け根を切る

④ それをはずす　⑤ 内臓をはずす　⑥ 左右の身をはずす

●栄螺（さざえ）

蓋の端からテーブルナイフなどを刺し込み、殻を右に回しながら身を引き抜く。身からわたを切り取る。殻に水を入れて網で焼き、蓋がゆるんでから身を抜き取ってもよい。

●鼈（すっぽん）

腹側を上にして置き、起き上がろうとして首をのばしたら左手で握り、首の付け根を切り落とす。酒を入れた容器に生血をたらして取る。甲羅の外側に包丁を入れ、首から尾のほうへ切って甲羅をはがし、内臓を出す。腹の軟骨と縁を切り離し、手足を切り取る。甲羅、腹骨、手足に湯をかけて霜降りにする。ぬるま湯の中で、手でこすって薄皮をむき、血や脂を洗って落とす。さらにもう一度霜降りにする。

●鯛（たい）の頭

頭を手前にして、出刃包丁で力を入れて押し切る。左右2つ割りにした頭を、口や目を残すようにして、裏側から4つ程にたたき切る。あらだき、吸い物などに用いる。

●蛤（はまぐり）

薄い塩水に入れ、静かな暗い場所に1日おいて砂を吐かせる。1日以上おく場合は、塩水に漬けずに濡らした新聞紙で包

鼈のさばき方

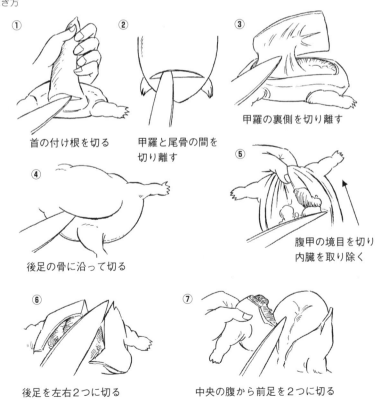

① 首の付け根を切る
② 甲羅と尾骨の間を切り離す
③ 甲羅の裏側を切り離す
④ 後足の骨に沿って切る
⑤ 腹甲の境目を切り内臓を取り除く
⑥ 後足を左右2つに切る
⑦ 中央の腹から前足を2つに切る

んで冷暗所におく。焼きハマグリや酒蒸しにする時には、蝶番（ちょうつがい）を包丁で切り取っておく。熱している時、口が開いてしまうと、香りが逃げたり、汁がこぼれてしまう。

●鱧（はも）

口先の歯で指を切らないように注意して、包丁で皮のぬめりを取る。あごの下から尾に向けてしごく。あごの下を切り、腹側を尾のほうへ切り進む。血合いとわたを取る。目に目釘を打ち、二枚に開く。中骨を取り、背びれを抜き取る。頭を切り取り、腹骨を除き、骨切りをする。専用の骨切り包丁を使うとよい。

●紋甲烏賊（もんごういか）

甲があるイカなので、背の中央に切り目を入れ、胴から甲を取る。身と足をはずし、足のほうを引っぱると、薄皮とともにわたも付いてくる。墨袋を丁寧に取り除き、水洗いをした後、身と皮の間に指を入れて両端をはずす。皮をはがすと薄皮も取れる。薄皮が残っていると、刺身で食べた時に歯にはさまったりする。また、焼き物にする際、卵黄などの付きが悪くなる。足は目と目の間に包丁を入れ、開いてくちばしと目を取り除く。水洗いをした後、ぬめりを取る。

●渡り蟹（わたりがに）

蒸した後、腹ぶた（ふんどし）を取る。甲羅をはずし、ガニを取り除き、適当に切る。松葉ガニのような大きなカニは、足をつけ根から切り取り、2つにそぎ切る。はさみ（爪）は殻の色の薄いほうから叩いて2つに割る。身を取り出し、ほぐして軟骨を取る。他の足は各関節の所で切り離す。すりこ木などで、殻の細いほうから太いほうへ押しながら身を押し出す。ほぐして軟骨を取る。

刺　身

　鮮度が高く、旬のものを選ぶ。小さいものは脂肪がのっておらず、反対に大きすぎるものは大味で身が堅く、味が落ちる。研ぎたての包丁で切ると、鉄分の移り香がすることがあるので注意。魚の身の硬軟により、刺身の厚さや大きさを考慮する。身の柔らかいものは、比較的厚い平造りでもよいが、身の堅いものは薄造りなどにする。

　盛り付けは、平造り、引き造りの場合は、7、5、3という奇数に盛る。けんは食べられる程度の少量にとどめ、色彩と調和をとる。つけ醤油は、一般的には濃口醤油、みりんと削り節を加えた土佐醤油。甘味がある淡泊な魚には、しょうが醤油。脂肪が多い魚には、だいだいのしぼり汁を合わせたポン酢。他に甘辛く独特な匂いがある名古屋地方のたまり醤油などがある。

刺身のあしらい

①けん（剣）

　大根、きゅうり、うど、かぶ、にんじん、みょうが、ワカメ、かぼちゃといった野菜の細切りの添え物のこと。切り方は、せん切り、短冊切り、輪切り、桂むき、桂むきの輪切り、千六本、よりうどなど。冷水、氷水にさらして臭いを抜き、歯切れを良くしたものを水気を切って盛り合わせる。

②つま（妻）

　刺身にとっての"妻"であり、刺身を引き立て、彩りや風味を添えるもの。関西では、つまとけんを分けているが、関東では造身以外の添え物をすべて"つま"と呼んでいる。関東に比べ、関西では茶懐石の影響が強いため量が少ない。魚や季節によって変え、添えるのは一種類で充分。つまは大別すると、以下の3つに分けられる。

（ⅰ）つま

　芽じそ、穂じそ、青じそ、防風、きゅうり、花付ききゅうり、なす、片栗、みょうがなど、一般に"つま"と呼ばれるもの。

（ⅱ）添えつま

　岩海苔などの淡水産の海苔や岩茸、ウップルイ海苔など。

（ⅲ）敷きつま

　けんと造身の間に敷くもの。しそ、なす、みょうがなどの葉。

通常、つまは飾りだけでなく食べるものだが、カツオの敷きつま（桂むき大根）は、血抜きのために下に敷かれている。カツオは鮮度が良い程血が多く出るため、敷きつまが必要。つまみ出して食べるものではない。鯨の尾の身に"うご"が敷かれているのも同様の理由。

③辛味

　刺身に大根やしょうが、わさびなどをすりおろしたものを添えるが、これを「辛味」「おろし類」などという。魚特有の臭いを除き、魚の旨味を引き立て、また解毒作用の働きもする。どれを添えるかは魚の持ち味との相性による。

刺身の造り

【洗い】

夏の刺身の代表的な一品。コイ、タイ、スズキなどの白身魚を用い、そぎ切りにして氷水に入れる。水を注ぎながら身が縮むようになるまでさらし、水切りをして盛る。余分な脂が抜けて身がしまり、魚の淡泊な旨味、弾力、歯ざれの良さをより引き出すことができる。コイの洗いには、氷洗いの他に湯洗いがある。手引き湯（50～60℃）につけ、身が白くなりかけたら、すぐに冷水に取る。

【糸造り】

「細造り」ともいう。おろした身を細長く切る方法。身に厚みのあるものは薄くそぐ。包丁の刃先をまな板に付け、斜めに引いて糸切りにする。身幅の狭い魚や身のしまった白身魚、イカなどに用いる切り方。箸ですくうときれいに盛り付けられる。

【翁造り】

とろろ昆布、おぼろ昆布を、酢じめにした魚や刺身に巻いたり、まぶしつけたりしたもの。

【沖なます】

別名「たたきなます」。本来は船でとれた魚をその場で叩き、生で食べる料理。小ダイ、小アジ、イワシなどを三枚におろし、腹骨と小骨を取る。出刃包丁で細かく叩いて切り、さらに刻んだしょうが、みょうが、しその葉、たでなども加えて叩き込む。

【大原女造り（おはらめづくり）】

「大原木造り（おはらぎづくり）」「たばね造り」ともいう。材料を細く切り、束ねて結ぶ。京都の大原女が、頭にのせて運んだ花や薪に似ていることから、この名がある。キス、サヨリなどの身の薄い魚に塩を振り、昆布じめにする。縦に5mm程の細い引き切りにして、長さを5cmぐらいに切りそろえ、5～6本ずつ束ねて、三つ葉などで結ぶ。イカの細切りは、海苔で巻いて束ねたりする。

【角造り】

「さいの目切り」「角切り」ともいう。魚の身を四角に切ったもの。マグロ、カツオなどの身が厚く柔らかい魚に適する。

【逆造り】

さく取りした身の高いほう、厚いほうを手前にし、薄いほうを向こうにして造る。切り方は平造りと同じ。タイの腹身は平造りにすると身割れしやすいが、逆造りにするときれいに切れる。他の刺身にもたせかけるように盛ったり、底が斜めの器に盛ったりする場合に、この方法を用いる。

【切りすて】

活け魚を洗いにする場合に用いられる切り方。魚を左手で押さえ、包丁で外側へそぐようにして切り離す。

【銀皮造り】

カツオの造り。三枚におろした腹身のほうを銀皮という。カツオは新鮮であれば、銀皮造りが最上の味といわれる。皮の際が美味しいので、皮を付けたまま浅く包丁を入れる。一般にカツオは皮霜や焼き霜にして刺身にするが、小ぶりのカツオならば皮も柔らかいので、生のまま「銀皮造り」で楽しめる。和からし、おろししょうが、大根おろしなどで食べる。

刺　身

【下駄造り】
「高歯」の歯のように厚く切るので、この名がある。主にカツオに用いられる。カツオを厚めに引き、しょうが醤油を付けて豪快に食べる。

【木の葉造り】
「藤造り」ともいう。キス、サヨリ、アジなどに用いる。アジは鮮度の良いものを三枚におろす。振り塩をして小骨を抜き、酢洗いをして薄皮をむく。2枚の片身を上にし、方向を逆にして背と腹を重ね、中心で切る。それをもう1回繰り返し、切断面を上にして皮目を外側にして合わせる。できたものが藤の花や木の葉のようなので、この名がある。

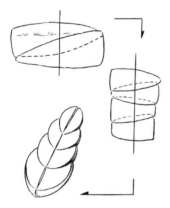

【昆布じめ】
「松前じめ」ともいう。タイ、ヒラメなどの淡泊な白身の魚や、タイラガイ、イカなどに用いる。身に軽く塩をして昆布で挟み、軽く重しをする。素材の鮮度、種類、季節、切り方によって、しめる時間は異なるが、だいたい2〜5時間といったところ。そぎ造りや細造りにする。

【さざなみ造り】
アワビ、イカ、タコといった身がしっかりした堅いものに用いる。包丁の峰をやや右に倒し、包丁をうねらせるようにして切る。こうすると、つけ醤油が付きやすくなる。

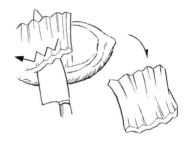

【霜降り造り】
皮の美味しい魚を皮付きのまま刺身にする方法。皮を上にして熱湯をかける。すぐに冷水にとり、水気を拭き取る。

【じゃばら造り】
皮をむいたイカを縦に切り、小口から斜めに細く切り目を入れ、裏側からも切り目を入れる。形を整えてから引き切りにする。

【そぎ造り】
包丁の刃先を左にして、刃の根元から刃先まで使い、薄く手前にそぎ切る。切り身を左手で左側へ置く。にぎりの材料を切る時に用いられる。洗いなどにする場合は、平造りよりもさらに包丁を傾け、外側へそぎ切る。頭のほうへ向かってそぎ落とす。

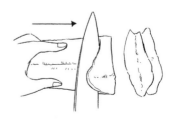

【たたき造り】

　焼き霜にしたカツオを平造りにして、にんにく、青ねぎ、みょうがをたっぷりと振りかける。塩少々と三杯酢をかけ、包丁の腹で軽く叩く。

【鳴門造り】

　身の薄いイカを用いる。皮をむいたイカを2つに切り、横に細かく切り目を入れて裏返す。火であぶった海苔をのせ、堅く巻いて輪切りにする。

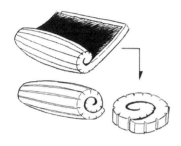

【引き造り】

　包丁を真っすぐに切り下げて手前に引くように切り、切った身を右へ送らず、そのままにして次々と切っていく。タイ、サワラなどの身が薄い腹身に適する。イカ、アジにも用いる。

【平造り】

　皮側を上、身の厚いほうを向こうにして、包丁の重みだけで刃の元から手前いっぱいに引いて切る。切ったものは包丁に付けたまま右へ送り、少しずらすように重ねる。タイ、ヒラメなど少し身が厚い魚に適している。平造りのうち、身に対して垂直に真上から切ったものを「一文字」という。包丁の峰をやや左に傾けて切ることで、切り身を大きく見せたものは「切り重ね」と呼ぶ。

【まぶし造り】

　平造りになりにくい尾の部分、腹の部分などを角造りにして、大根おろし、薬味、もみ海苔、おぼろなどをまぶす。

【八重造り】

　「切りかけ造り」「二枚造り」ともいう。一刃おきに浅く切り目を入れ、等間隔で切り離していく方法。カツオ、サバ、サゴシなどは身が柔らかく、厚く切ったほうが美味しいが、皮が堅い場合には、この切り方を用いる。

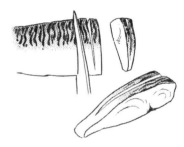

【焼き霜造り】

　皮造りの一種。「松皮造り」「皮霜造り」とも呼ぶ。タイ、スズキ、カツオの背節などの皮は堅いので、皮目をサッとあぶり、焼き目を付けてから氷水に取り、刺身にする。皮の生臭みや余分な脂肪が取れ、香ばしさも加わる。カツオの場合、節取りして金串を数本、末広形に刺し、強火で皮の部分に軽く焦げ色が付く程度に焼く。すぐに氷水に漬け、金串を抜き、充分に冷まして乾いた布巾で水気を取る。

【焼き目造り】

　皮をむいたイカに縦に細く切り目を入れる。焼いた金串を縦に数カ所軽く押し付け、焼き目を付ける。横に引き切りにして盛る。

刺身

【湯引き造り】

マグロ、カツオなどの身の柔らかい魚に用いると、身がしまって口当たりが良くなる。身を節取りにして、沸騰した湯の中に入れ、表面が白くなったら氷水に漬ける。充分に冷たくなったら水気を切る。あるいは節取りした身を抜き板に取り、熱湯を上からかけ、すぐに冷水に取って冷ます。

刺身料理

【イカそうめん】

北海道の郷土料理。新鮮なイカを細く引き、すすって食べることからこの名が付いた。器に盛り、おろししょうが、醤油をかける。

【菊花じめ】

秋の花である黄菊と秋のしめさばの造り。サバの薄皮をむき、昆布じめにする時に、ゆでた黄菊を挟む。軽い重しをして2～3時間おき、そぎ身にする。器に菊の葉を敷き、サバのそぎ身と黄菊を混ぜたものを盛る。もみじおろし、花穂じそを添えて秋の風情を演出。春の風情を出す造りには「鯛（たい）の桜じめ」がある。

【鯉（コイ）の洗い】

魚の淡泊な味と弾力、歯切れの良さを賞味する夏向きの作り方。コイは必ず生きたものを用いる。中骨と腹骨を取り、上身と下身にする。皮を尾のほうから外引きにしてはぐ。身を薄くそぎ切り、もしくは糸造りにする。やや温度の低い手引湯（50～60℃）で洗い、手早く氷水に取る。氷片、白髪大根、みょうが、大葉などとともに盛り付ける。酢味噌やからし酢味噌で食べる。

【酢貝】

貝の酢の物。一般にアワビを用いるが、その他、赤貝、タイラ貝、ホタテ貝なども用いる。貝を適度に切り、酢洗いをして、しょうが酢、二杯酢、三杯酢などをかける。

【鶏わさ】

鶏の刺身のこと。ささ身を用いることが多い。ささ身は筋を取り、霜降りにして適度に切る。わさび醤油で食べる。湯通しした三つ葉とわさび醤油で和え、海苔をかける方法もある。

【なます】

日本料理における刺身の原点に当たる料理。本膳料理のなますは海の幸、山の幸を蓬莱山をかたどって盛る。一般には魚介類、野菜類を二杯酢、三杯酢、しょうが酢などの合わせ酢で和えたものをいう。大根とにんじんを合わせ、紅白和えにする大根なます、かきなます、氷頭（ひず）なますなどがある。

【馬刺し】

馬肉の刺身。熊本県、長野県の名物料理。鞍下肉を薄切りにして、しょうが醤油、にんにく醤油で食べる。

【ハモちり】

熱湯の中で身をちりっと縮ませるので「ちり」という。骨切りをしたハモを、塩を加えた熱湯に入れ、氷水に取る。梅肉酢や、からし酢味噌と合う。きゅうり、花ゆず、ワカメなどを添える。

【フグ刺し】

フグの刺身。「てっさ」とも呼ぶ。フグの身は弾力があるので、ごく薄造りにする。身の他に身皮（皮）や、とおとうみ（身

と皮の間のゼラチン質）も霜降りにして細かく切り、もみじおろし、あさつきとともに盛り付ける。ポン酢醤油で食べる。

【舟盛り】

「姿盛り」とも呼ぶ。魚料理の盛り付け方法。魚の頭を付けたまま三枚におろし、尾頭の付いた中骨を舟に見立てて盛り付けに用いる。身は刺身の他、揚げたり焼いたりして、同じ調理法で処理した中骨の上に盛り付ける。

【水貝】

塩味だけのアワビ料理。一般に身の堅いオガイ（クロアワビ）を水洗いし、身を大きめの角切りにする。器に氷片と海水程度の塩水を入れ、アワビときゅうり、しょうが、果物などを合わせる。磯の香りが漂い、風情を出す。そのままでもよいが、わさび醤油で食べると一層美味しい。

【山かけ】

「山芋かけ」の略語。山芋を酢水に漬け、鉢ですりおろし、器に盛ったマグロの刺身や豆腐、そばの上から山芋をかける。マグロの場合は角切りにして器に盛り、山芋を上からかけ、おろしわさび、もみ海苔、針海苔、青海苔などを添え、醤油で食べる。

【山ふぐ】

こんにゃくの刺身。群馬県の郷土料理。歯ざわりがフグ刺しに似ているので、この名がある。薄く引いたこんにゃくをからし酢味噌などで食べる。

【ルイベ】

アイヌ語で溶ける食べ物、凍った食べ物を意味する。冬場に凍結した海面に穴を開け、釣った氷下魚（こまい）を刺身で食べるのがルイベだが、現在ではサケやタラ、コマイなどの冷凍魚の刺身のことを言う。サケのルイベは青じそとワカメをつまにして、しょうが醤油で食べる。

Column －世界の料理人が認める日本料理－

世界的な健康ブームの中、日本食はヘルシーという理由もあって、外国の料理人が広く取り上げるようになりました。すしをはじめとして、日本料理の店も増えています。日本の料理法を参考にし、次々に新しいコンセプトで、ニューバージョンの料理が生まれています。

しかし、日本の料理人は、伝統を重んじて、さらに極めようという努力をしていません。だしをきちんととろうとしない。経費をかけずにインスタントで済ます料理人が増えています。手間をかけず、健康志向の料理も作らず、すべてに中途半端。

せっかく世界が認めてくれているのですから、日本料理はもっと自信を持ち、新食材を使った新しい料理を開発すべきです。そして外国も認める味を、どんどん送り出していく必要があります。

鮨（すし）

すしの原点は「みさごずし」と言われる。海辺の鳥"みさご"が魚を岩陰に蓄え、これに海水がかかって自然発酵し、すしの味になったという記載が「日本書紀」に見られる。江戸時代に飯酢（いいず）、早酢という即製酢が開発され、現在のすしの形となった。

すしめしは、やや堅めに炊き、炊き上がりを盤台に移し、すし酢を合わせる。

① 合わせ酢

関西のすしめしは砂糖をきかせてある。つけ焼きや、しめた魚を用いるためで、甘味のあるすしめしのほうが合う。関東では生の魚を使うにぎりが主流なので、魚の淡泊な味を生かすため、すしめしもさっぱりとした味にする。塩、酢は具によって加減。炊いた米は盤台にあけ、木杓子に合わせ酢をたらし、すしめし全体にもかける。粘りを出さないように、切るように混ぜる。うちわであおぎながら冷ますと光沢が出て、すしめしがふっくらとする。冷めたら、すしめしが乾燥しないように、堅くしぼった濡れ布巾をかけておく。

② 薬味

（ⅰ）わさび

根茎が太めで葉先が青く、黒い部分がないものを使う。辛味のもととなるシニグリンという成分は、中央、上端に多く、下端部に少ないので上端からおろす。葉先を鉛筆を削るように切り落とし、目の細かいおろし金、鮫皮などで、円を描くように充分に粘りを出しながらおろす。

（ⅱ）土しょうが

根しょうがともいい、口直しに用いる。皮をむき、繊維に沿って薄く切り、水に漬けてアクを抜く。熱湯にくぐらせ、水気を切り、塩を振って甘酢に漬ける。

（ⅲ）海苔

よく乾燥して黒光りし、香りが良いものを選ぶ。表面がざらつき、厚みが一定でないもの、穴が開いてるもの、赤茶色や紫色がかっているものは質が悪い。火であぶる時は、2枚を表合わせにする。両手で海苔の対角を持ち、2、3度回してあぶり、反対側も同様にあぶる。火加減は弱火。強火で焼くと湿気を含みやすくなり、味も落ちる。

③ 葉らん（はらん、ばらん）

ゆり科の多年草。料理を盛り付ける際の仕切りや掻敷（かいしき）などに用いる。「葉らん切り」は、松竹梅、鶴亀、蝶などの形に葉らんを切ること。主に関所葉らんと菖蒲葉らんに大別される。葉らん

は水で濡らし、表を下にし、まな板に貼り付ける。関所葉らんは、菜切り包丁を鉛筆を持つようにして、刃先でくしの歯のように切りおろす。菖蒲葉らんは、2つ折りにして、半分の形を刺身包丁で切って作る。

鮨の種類

【飯ずし（いずし）】

魚とごはんと麹を一緒に漬け込み、乳酸発酵させたもの。北海道、東北などの寒い地方に多い。北海道の「サケずし」、秋田の「ハタハタずし」などがその代表。

【いちじくずし】

濡れ布巾の上に海苔をのせ、すしめしとそぼろをのせる。布巾の端をつまんでしぼる。丸くなったすしに十文字の切り込みを入れ、反対側から軽く一押しして広げ、中を見せる。

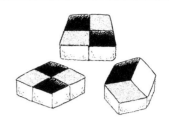

【市松ずし】

巻きすの上に堅く絞った濡れ布巾を敷き、すしめしをのせ、棒状にのばして四角に巻く。布巾を取り、半分に黄身おぼろ、残り半分に青のり粉を振り、市松（チェック模様）に組み合わせる。菱形に作ると「菱ずし」となる。黄身おぼろ、エビおぼろ、青海苔粉の三色を用いれば「三菱ずし」。

【いなりずし】

油揚げを上手に煮ることができれば、いなりずしは成功。油揚げは、たっぷりの湯でゆでて油抜きをして、だし汁の味をしみ込みやすくし、だし汁、砂糖、醤油で煮る。前日に煮含めておくとしっかりと味が付く。油揚げを2つに切り、袋状にして、すしごはんを詰める。かんぴょう、ごぼうなどの具を入れる場合は、すしめしが温かいうちに少量の煮汁とともに混ぜ合わせておく。

【印籠焼きずし】

イカに梅風味のすしめしを詰め、醤油を付けて焼く。さわやかな酸味と焦げた醤油の香ばしさが楽しめる。印籠とは、昔、印判や朱肉、薬などを入れ、腰に下げた長円形の小さな重ね箱のこと。調理用語としては、材料の中身（内臓、種、芯など）を取り出し、他の材料を詰めた料理を「印籠〜」と呼ぶ。イカは、スルメイカを使う。胴から足、わた、甲羅を取る。横に細かく切り込みを入れ、半ゆでにして冷ます。すしめしに梅肉、みょうが、青じそを混ぜ、イカの胴に詰める。焼き網にのせ、醤油を塗り

ながら香ばしく焼く。

【大阪ずし】
　「押しずし」「さばずし」「蒸しずし」など関西方面で作られるすしの総称。大阪ずしは、すしだねを酢じめや煮たりして使うのが特徴。すしめしも江戸前ずしに比べ、甘味が強く濃厚な味。

【大村ずし】
　長崎県大村市に伝わるすし。昆布で炊くので、すしめしは濃厚な味。具には魚や野菜を多彩に使う。値段にも重ね、最上段には錦糸卵、ゆず、木の芽を散らす。

【押しずし】
　型の底に濡らした葉らんを敷き、たねのきれいな面を下にして隙間なく並べる。すしめしをのせ、平らにし、濡らした葉らんを一面に並べる。上から重しをして数時間おく。

【柿の葉ずし】
　奈良の郷土料理。昭和の初期の頃までは、吉野地方の山里の人々の生活は貧しく、麦や栃の実を主食としていた。そのため夏祭りにだけ贅沢をする風習が生まれ、熊野の塩サバと柿の葉を使い、風情のある押しずしを作った。塩サバは洗って薄切りにし、酢に白っぽくなるまで漬ける。冷たいすしめしを握り、塩サバをのせ、柿の葉で包む。専用の押し箱に並べ、重しをして半日以上おく。柿の葉は香りの良い6月中旬以降のものを用いる。吉野川のアユの塩漬けを使うこともある。

【軍艦巻き】
　すしめしを小さめに握り、約3cm幅の帯状に切った焼き海苔を側面に巻く。上にイクラ、ウニ、ねぎとろ、小柱などをのせる。

【笹巻きずし】
　小ダイ、コハダ、アジ、アユなどを酢じめにして、すしめしとともに熊笹の葉に包んだり、巻いたりしたもの。魚の小骨を取るために毛抜きを使ったことから「笹巻き毛抜きずし」、または単純に「毛抜きずし」ともいう。

【サンマずし】
　南紀州が発祥。姿に作るのが比較的簡単。あまり脂が乗っていない紀州サンマを用いる。サンマは腹開きにして中骨をはずし、腹骨や小骨を除く。塩水に浸して30分程おき、水気を切って酢で洗う。サンマを広げ、皮目を下にし、せん切りしょうがと棒状にまとめたすしめしをのせる。巻きすできっちりと押さえ、棒ずしにする。ゆず酢やゆずの皮をすしめしに混ぜ、香り付けをするのもよい。

【姿ずし】
　魚を開いてすしめしの上にのせたもの。アユ、マスなどの小ぶりで姿のきれいな魚を用いる。魚は腹を切り、えらと内臓を取り、水洗いする。腹開きにして中骨を取り、濃いめの塩水で洗い、40分程おく。三杯酢に10分程漬ける。皮の色を悪くしないように、背中合わせにして漬ける。濡れ布巾の上に魚の皮を下にして置き、すしめしをのせ、布巾で包んで魚の形に合わせる。布巾のまま表を上にして形を整える。

【雀ずし（すずめずし）】
　和歌山のすし。カスゴダイを頭を付けたままにぎり、胸びれ、尾びれを雀の羽に見立てて形作るので、この名がある。カスゴ

ダイは、腹開きにして、振り塩をして酢でしめる。すしめしにかぶせて握る。

【竹の葉巻き】

きゅうりの外側を半月形に切り、1本から4枚取る。切ったきゅうり2枚の切り口を合わせ、間に海苔を挟む。海苔の上にすしめしを広げ、きゅうりを芯にして、しずく型に巻く（藤ずしと同様）。切り口を上にして盛り付ける。

【たづなずし】

巻きすの上に濡れ布巾を敷き、短冊に切ったエビ、イカ、薄焼き卵などを交互に斜めに置く。すしめしをのせ、棒状にまとめ、たづな形に作る。巻きすをはずし、ラップを一巻きした上から切ると、きれいに切れる。

【茶巾ずし】

薄焼き卵の上に、ちらしずしを湯呑み型に固めてのせる。茶巾のように卵で包み、口の部分をかんぴょう、細切り昆布などで結ぶ。

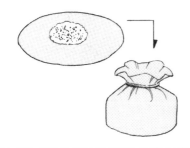

【ちらしずし】

関西では「起こしずし」ともいう。すしめしに下ごしらえをした具を混ぜたり、上にのせて飾ったもの。焼きアナゴ、かんぴょうなどはすしめしに混ぜ込む。れんこん、しいたけ、錦糸卵、紅しょうがなどは上から散らして彩る。残ったすしは、翌日蒸しずしにすると美味しい。酒を振って蒸し、具をのせて飾る。

【椿ずし】

丸く握ったすしめしの上に、マグロ、またはスモークサーモンの薄切りで椿の花弁を形作る。中心に汁気を絞った菊の酢漬けをのせ、しべに見立てる。

【手こねずし】

志摩半島の海女の料理。カツオの身を崩さないように手で混ぜ合わせるので、この名がある。醤油に刻んだ木の芽を加え、カツオを10分程漬け込む。すしめしに、漬け汁を切ったカツオ、しょうがを入れる。手酢をつけながら、両手でカツオの身が崩れないように混ぜる。

【手鞠ずし】

すしめしを一口大に握り、すしねたや様々な具をのせ、ラップで包む。ラップの端を1つにまとめ、ねじって丸い形に作る。彩りを考えて数個合わせて盛る。折り

詰めにも用いられる。

【巴ずし】

具を少なめにした太巻きずしを、曲玉(まがたま)に作り、2つ重ねて丸く巻き込んだもの。3つ重ねると三つ巴となる。2色の混ぜごはんを用いると色鮮やかになる。

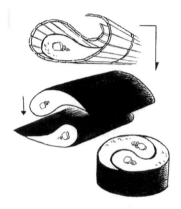

【にぎりずし】

魚介類、厚焼き卵などのたねを、すめしの上にのせ、にぎったもの。すしめしの握り加減は、指で持ったり、箸で挟んでも崩れない程度。口に入れた時、パラッと崩れるようにする。新鮮な生の魚を使うことが多いので、通常のすしめしより合わせ酢の砂糖の量を少なめにする。

● たねの作り方

◆ 赤貝

肉だけでなく、ひもも使う。ひもが付いている身のほうから包丁を入れ、開いてわたを取り、塩を振る。水をかけてぬめりを取り、酢洗いして用いる。

◆ 穴子 (アナゴ)

開いて金串を末広形に刺し、直火で焼く。煮だし汁、砂糖、醤油、みりんを煮立て、焼きアナゴを入れ、蓋をして10分程度煮る。煮汁に漬けたまま冷ます。

◆ 鮑 (アワビ)

殻から身をはずし、水洗いする。くちばしと縁を切り取り、薄くそぎ切る。

◆ 烏賊 (イカ)

身の厚いモンゴウイカをよく使う。水洗いして皮をむき、そぎ切りにする。

◆ 海老 (エビ)

ボタンエビなど生で用いる場合は、尾を残して皮をむく。背わたを取り、腹開きにする。ゆでて用いる時は、背わたを取って竹串を刺す。塩を入れた熱湯でゆでて、水に取る。串を抜いて尾を残して皮をむき、三杯酢にくぐらせて腹開きにする。

◆ 鱚 (キス)・細魚 (サヨリ)

三枚におろして腹骨を取り、立て塩で洗い、40分程おく。三杯酢に数分漬けて皮をむく。

◆ 小鰭 (コハダ)・鯵 (アジ)

三枚におろして腹骨を取り、多めの塩を振り、30分程おく。水洗いして水気を切り、三杯酢に10分程漬ける。アジは頭のほうから薄皮をむく。コハダは皮のほうに骨切りをする。

◆ 鯛 (タイ)・平目 (ヒラメ)

皮を引き、マグロ同様に切る。

◆ 蛸 (タコ)

塩を振りかけてもみ、足をしごくようにしてぬめりを取る。ゆでた後、うねるようにそぎ切りにする。

◆ 鳥貝

熱湯にサッとくぐらせ、霜降りにす

る。酢洗いして用いる。
- ◆鮪（マグロ）
さく取りをしたものを、刺身よりやや大きめにそぎ切る。

【箱ずし】

木製のすし箱の底に下ごしらえをしたたねを敷き、すしめしを詰め、押し蓋で押して形を整える。たねの上に木の芽をのせると見ためが良い。形良くするコツは、四隅に心持ち多めにすしめしを入れ、角をしっかり作る。木型の外枠は水で濡らして軽く拭き、底と押し蓋は酢水で湿らせ、葉らんを敷く。

【ばらずし】

昔、倹約令によって一汁一菜を命じられた岡山の町人が、一見粗末な混ぜごはんに見せかけ、中身に贅沢な材料を存分に使ったすし。新鮮なサワラなどを用い、味や盛り付けを競って自慢しあったという。

【ふくさずし】

薄焼き卵にちらしずしをのせ、ふろしきを折りたたむように包む。折った部分を下にして、上部に斜めに十文字の切り目を入れる。

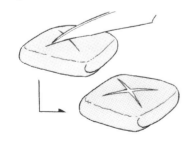

【藤ずし】

「藤巻きずし」ともいう。細巻きをしずく形に巻き込み、小さく切って藤の花の花弁に似せて並べたもの。エビおぼろ、黄身おぼろのすしめしを用いると彩りも美しい。2本、または4本を組み合わせ、下がり藤をかたどると一層見栄えがする。

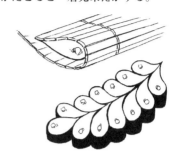

【鮒ずし（フナずし）】

琵琶湖周辺で古来から作られているすし。フナのえら、内臓を取り除き、ごはんと麹を混ぜたものを詰め、1年以上桶で漬け込む。詰め物の腐敗から生じる酸味で、フナにすしの味加減を付ける。薄切りにしてそのまま食べることもあるが、茶漬けに用いるほうが一般的。

【棒ずし】

バッテラ。ポルトガル語でボートのこと。コハダのすしの形がボートに似ていたので、この名が付いた。関西では、サバの棒ずしのことをいう。しめサバを使う場合は、頭のほうから皮をはぎ、身の厚い部分をそぎ切る。形が長方形になるように、そいだ身で補う。すしめしを堅くまとめ、サバの身のほうにのせて形を整える。布巾にのせ、巻きすで巻く。端の布巾を絞り、すしの両縁を丸くする。巻きすをはずし、白板昆布をのせ、再度巻きすで巻く。昆布が乗ったサバの部分は、手前に引くように切る。すしめしの部分は向こう側へ押すよう

鮨

にして切る。

【朴葉ずし（ほおばずし）】

岐阜の郷土料理。五目ずしを朴の葉で包んでなじませたもの。五目の具は酢じめのサバ、塩マス、ふき、しいたけ、かんぴょう、卵焼き、しそ、紅しょうがなど。

【細巻き】

鉄火巻きやきゅうり巻き。「鉄火」の意味は諸説あり、芯の赤いまぐろが火で焼いた鉄棒に見えるとか、わさびをきかすので江戸っ子の鉄火肌の気性を表しているとも言われる。きゅうり巻きは、別名「かっぱ巻き」。切り口が牛頭天王（ごずてんのう）を奉る祇園社の紋に似ており、その祭神が水に縁があるカッパ天王であることから俗称としてついた。カッパの好物がきゅうりだからという別説もある。

【巻きずし】

一般的に「海苔巻き」のことをいう。にぎりずしよりも起源が古い。大阪では芯に厚焼き卵、しいたけのせん切り、おぼろ、三つ葉を入れたものを「上巻き」という。高野豆腐、かんぴょうなどを入れたものは「並巻き」。たくあんを巻いたものは「こうこ巻き（新香巻き）」といい、大阪特有のもの。

巻く時は、すしめしの量を一定にする。平均に広げないと、具が真ん中にいかない。具をのせる部分は、すしめしを少なめにする。汁気の多い具は、汁を絞ってから用いないと、すしめしに汁がにじんで見栄えが悪くなる。具をきっちりと押さえて巻く。押さえ方が不充分だと、具が押し出され、巻き上がりが片寄る。切る時は、包丁を湿らせる。包丁を手前に引きながら切り、次に向こう側へ押し切る。

【鱒ずし（マスずし）】

富山の名物。マスの押しずし。マスは薄く塩を振り、酢洗いし、そぎ身にする。笹を敷いた曲げ物の器にすしめしを詰め、その上にマスをのせ、笹をかぶせる。これを２段重ねにして蓋をする。割った青竹で上下から挟み、しめ込む。作ってから１～２日後が食べ頃。駅弁で全国的に有名になった。

【蒸しずし】

関西では「ぬしずし」と呼ばれ、寒い季節に食べられる。ごはんに合わせ酢をして、器に盛る。鶏肉のそぼろ、いり卵、下煮したにんじん、干ししいたけ、さやいんげんのせん切りなどの具をのせ、蒸し器で５分程蒸す。

麺（めん）

そばは関東、うどんは関西と言われる。地方によって、かけ汁の味がはっきりと分かれている。関東地方では、濃口醤油を用いるため色が濃い。関西では色が薄いものが好まれ、薄口醤油が使われる。麺類の具には、しいたけがよく使われるが、すしや煮物用とは異なり、薄味に仕上げる。煮上げたら冷水にくぐらせ、汁気を切って用いる。薬味は、うどんには粉山椒や赤唐がらし、削りがつお、おろし大根、もみ海苔など。そばには、わさび、刻みねぎ。そうめんには、おろししょうがが一般的。

うどん

基本は手打ちうどん。小麦粉をふるいにかけ、塩水を加え、ぱさつく程度まで混ぜる。根気よく練って弾力を出す。濡れ布巾に包み、30分程おく。表面がなめらかになったら、再度練り込み、打ち粉を振りながら麺棒でのばす。麺棒に巻き付け、両手を中央から両端に8の字にすべらせるように転がす。向きを変え、これを繰り返し、5mm程の厚さにする。打ち粉を振って屏風のように折りたたむ。5mm程の間隔で切り、そろえて持ち、軽くさばく。

大きめの鍋にたっぷりと湯を沸かし、手打ちにしたうどんをほぐしながら入れる。沸騰したら差し水する。これを数回繰り返す。うどんをちぎり、断面が中心まで同じ色ならば、ゆで加減は調度良い。流水をかけて冷まし、手でもむように洗い、水気を切る。

【沖縄そば】

"そば"と名が付いているが、そば粉は使われていない。きしめんに似た太めの麺を用いる。昔は木灰を加えて練って作った。汁は豚骨の濃厚なだしに塩と醤油を加え、吸い物よりも濃いめの味に仕上げる。砂糖、みりん、醤油、泡盛、だしで煮しめた豚の三枚肉をのせる。

【お切込（おきりこみ）】

群馬の郷土料理。煮込みうどん。野菜汁、もしくは野菜がふんだんに入った味噌汁に、手打ちうどんを入れたもの。うどんはゆでずに直接入れて煮込む。

【きつねうどん】

ふっくらと甘く煮含めた大きな油揚げをのせたうどん。油揚げは熱湯に入れ、木杓子で押さえながら5分程煮て油抜きをする。だし汁に多めの砂糖を入れ、油揚げを弱火で煮て甘味を含ませ、醤油を加えて煮汁が3分の1になるまで煮る。熱湯で温めたうどんに油揚げ、小口切りの青ねぎなどをのせ、熱いかけ汁をかける。薬味は一味唐がらし。

【鍋焼きうどん】

1人用の鍋にかけ汁を入れて沸騰させ、温めたうどんを入れる。アクを取ったら再び沸騰させ、斜め切りの青ねぎ、しいたけをのせ、卵を割り落とす。蓋をして卵が半熟になったら火から下ろす。合い鴨、鶏肉、エビ、焼きアナゴなどを好みで取り合わせてもよい。

【味噌煮込みうどん】

名古屋の名物。八丁味噌（豆味噌）仕立

ての煮込みうどん。小ぶりの土鍋に、かつおだしのきいた味噌汁を張り、手打ちうどん、鶏肉、かまぼこ、ねぎ、卵などを入れて煮込む。

【もち麦うどん】

鍋うどん。もち麦は徳島や高知の山間地や瀬戸の島々で栽培されていた。野菜と同じくらいのビタミンB1、カルシウム、鉄分、食物繊維を含んでいる。コシが強く、のびにくいため、うどんすきなどに向く。つけ汁は濃いめのだしを使う。薬味は、青ねぎ、すだち、七味唐がらし。

そ ば

そば粉だけで打ったものを「生そば(きそば)」、そば粉と小麦粉を混ぜて打ったものを「割りそば」といい、その混合率により「一九」「二八」「同割」などと呼ぶ。「一九」は小麦粉1割、そば粉9割。「二八」は小麦粉2割、そば粉8割。「同割」は小麦粉、そば粉を同量用いたもの。「外一(といち)」は、そば粉10に対し、小麦粉1。

粉を合わせ、水を加えて耳たぶぐらいの堅さに練る。体重をかけて押し付け、生地を外側から中へ押し入れるように丸める。打ち粉を敷いて、生地を広げる。打ち粉をしながら麺棒で生地を回し、厚さを均一にする。打ち粉を振って4つに折り、さらに半分に折る。打ち粉をしたまな板の上で、包丁の重みを利用して、2〜3mm幅に切る。沸かした湯に、余分な粉を払ったそばをほぐしながら入れる。沸騰したら差し水する。生そばは、差し水は1回で充分。ゆで上がったそばを冷水に取り、流水できれいになるまで静かに水洗いする。かけそばにする場合は、1人分ずつ湯通しして温める。

干しそばは、そば粉に多めの小麦粉を加えて製麺機にかけ、乾燥させたもの。貯蔵向きで風味はやや劣る。ゆでる時は、煮立った湯にほぐしながら入れ、沸騰したら差し水する。これを繰り返し、冷水に取って冷まし、もみ洗いをして水気を切る。

そばだしは、鍋に水、切り目を入れた昆布、削りかつおを入れ、醤油、砂糖、みりんで味を調える。沸騰寸前に昆布を出し、火を弱めて2割程煮詰めて漉す。

そば湯は、そばをゆでた"ゆで汁"のこと。つけ汁の残りにゆで汁を加えて飲む。そば屋によっては、そば湯を湯桶に入れて出す。これは自信の象徴で、つけ汁にそば湯を入れても味良く飲めるという意味合いを持つ。そば湯はそのまま飲んだり、だし汁と合わせて薄め、お茶がわり、吸い物がわりにする。そば粉には高血圧に有効なルチンやビタミンB1、B2が豊富に含まれており、そば湯も栄養たっぷり。

【あられそば】

冬場(11〜2月)限定の小柱(青柳)のかき揚げをのせたそば。貝柱をあられに見立てたもの。上に海苔を散らす。

【かちんそば】

かちんとは「搗飯(かちいい)」、つまり餅を指す女房詞(ことば)。温めたそばの上に、こんがりと焼いた餅をのせたもの。熱い煮だし汁をかける。とろろ昆布をのせることもある。

【鴨南蛮（かもなんばん）】

合い鴨とねぎを使ったそば。うどんを用いることもある。スペイン、ポルトガルとの通商が盛んになり、これらの諸国を総称して「南蛮」と呼んだ。そのため南蛮から入ってきた材料や調理法を用いた料理に「南蛮」という言葉を付けた。赤唐がらしやねぎを用い、辛味をきかせた料理によく付けられる名称。

【そばずし】

すしめしの変わりに、そばを使った巻きずし。そば自体に味を付ける。そばをゆで上げ、すぐに合わせ酢をかけて混ぜる。そばは充分に冷ます。巻きすに海苔を敷き、そばをのせ、具を芯にして海苔巻きの要領で巻く。中に入れる具は、厚焼き卵、焼きアナゴ、エビ、しいたけなど。

【そば蒸し】

観音開きにした白身魚でゆでたそばを巻き、酒とみりんを振りかけて蒸したもの。耐熱皿に昆布を敷き、そばを巻いた白身魚（アマダイ、ハモなど）、長ねぎ、しめじなどをのせて蒸す。ポン酢醤油と大根おろしなどで食べる。

【たぬきそば】

「たぬき」は、関東と関西では意味が異なる。関東では、「たぬきそば」「たぬきうどん」と言えば"かけ"に揚げ玉を入れたもの。関西では、「たぬきそば」はかけそばに油揚げをのせたもの。

【二八蕎麦（にはちそば）】

二八の解釈は、そば粉8割と小麦粉2割の混合比率という説と、江戸時代の価格を示したという説がある。そば一杯が16文であったので、2×8＝16とシャレたわけである。「絵本江戸土産」「東海道中膝栗毛」の絵に「二六蕎麦」という看板が出てくるので、代価説を有力とする向きがある。

【晦日そば（みそかそば）】

月の末日に食べるそば。商家では集金を終えた後、経営の伸長を祈り、そばを食べた。この習慣が一般に広がった。大晦日には「年越しそば」として食べる風習が今もある。鶏肉などをそばだしとともに煮て、ねぎ、かまぼこを加え、そばの上に注ぐ。

【むきそば】

そばの種実を軽くゆでた後、自然乾燥してそば殻を除いたもの。「そば米」ともいう。そばの栄養をそのまま丸ごと得られる。

【山かけそば】

「山かけ」とは「山芋かけ」の略。とろろをかけそばにのせたもの。山芋は厚く皮をむく。すり鉢の縁ですりおろすとキメが細かくなる。溶き卵ですりのばしてもよい。そばにつけ汁をかけ、山芋をのせる。おろしわさび、青ねぎなどの薬味は小皿に入れて添える。つけ汁を別の器に入れ、好みの量だけかけるようにしてもよい。

【椀子そば（わんこそば）】

岩手県の名物。「椀子」とは、本来は椀種、椀の実のこと。椀に一口で食べられる量のそばと、少量のかけ汁を入れたもの。給仕人が次から次へと客の椀にそばを投げ入れていくもので、一種のふるまい料理。食べた直後に次のそばが入るので、中断する際には素早く自分の椀の蓋をしなければならない。

そうめん

主原料は小麦。「機械そうめん」と「手延べそうめん」がある。前者は小麦粉、塩、水をミキサーでこねて機械で切り、乾燥する。後者は小麦粉に塩、水を加え、よく練り、そうめん種に食用油を塗って引きのばし、天日乾燥する。冬季に作り、梅雨明けまで倉庫に保管する。作りたてのものより2年ものの古物（ひね）が、しこしこして美味しい。程良く油が抜け、でんぷんが退化しているためである。3年以上たっているものは、逆にまずくなっている。鍋でゆでる時の差し水は1回で充分。色が透き通ったら水に取り、流水で冷ます。手を使うとそうめんの油が手の油をよぶので、箸を使って冷水で洗う。

【魚めん】

魚の中骨からとった煮だし汁を使った温かい麺料理。スズキなどの魚を用い、小麦粉をまぶして中温で少し長めに揚げ、めんにのせる。タイの素焼きや鶏肉でも美味しい。冷やして食べる時は、ゆでた魚を盛り、エビ、しいたけ、ゆずなどで飾る。冷たいかけ汁を張り、おろししょうがを添える。

【三色そうめん】

いっぺんに混ぜてゆでると、盛りつけた際に見栄えが悪くなる。白色、黄色、緑色の順にゆでると、色良くゆで上がる。器に彩り良く盛り、ゆでた車エビなどをつけ合わせる。つけ汁と薬味を添える。

【鯛（タイ）めん】

広島、愛媛の祝儀料理。ゆでたそうめんと薄味で煮たタイを盛り合わせたもの。1～2kgのタイは下処理し、表を上にして竹の皮にのせる。酒、醤油、みりん、水を煮立て、タイを竹の皮ごと入れ、落とし蓋をして煮る。大皿にゆでたそうめんを波のように盛り、タイを姿のままのせる。ゆでたエビ、下煮したしいたけ、ゆず、木の芽などで飾る。つけ汁は、タイの煮汁を利用する。おろししょうが、刻みねぎなどを添える。

【煮麺（にゅうめん）】

「にめん」が変化した言葉。温かいそうめん。ゆでたそうめんを、やや薄味のかけ汁で食べる。しいたけ、青味、ゆずなどを添える。

【冷や麦】

そうめんより太く、うどんより細いめん。日本農林規格（JAS）の定義では、「乾麺類のうち小麦粉を原料として作られたもので、長径を1.3mm以上、1.7mm未満、短径を1.0mm以上、1.7mm未満に成形したもの」となっている。色が白く光沢があり、コシが強く、きめ細かいものが良質。ゆでる時の差し水は2回。充分にゆでてから冷やし、氷を浮かせた器に入れる。そばつゆよりやや辛めのつけ汁で食べる。

ごはん物

炊き込みごはん

いろいろな具を米とともに炊き込んだごはん。材料や調味料を入れて炊くので焦げ付きやすい。通常のごはんを炊く時よりも、中火の時間を短くし、弱火の時間を長くする。

【黄飯（おうはん）】

小豆のゆで汁のかわりに、くちなしのゆで汁で色付けしたもの。黄飯は邪気を払うという言い伝えがある。

【牡蠣飯（カキめし）】

カキは小粒なものを選ぶ。塩水で洗い、水気を切る。酒、醤油でカキを1分程煮て、煮汁は漉しておく。釜に米と煮汁、水を加えて沸騰させる。カキを加えたら弱火にして、15分程炊く。蒸らし時間は10分程度。

【かやくごはん】

「加薬」と書く。鶏肉、にんじん、ごぼう、こんにゃく、油揚げなどを煮る。具の煮汁にだし汁をたし、味を調えてごはんを炊く。炊き上がりに具をのせ、火からおろしてから混ぜる。下煮した具を、つけ汁ごと米に加えて炊いてもよい。全体によく混ぜ、弱火で20分程炊く。

【栗ごはん】

栗は水に浸して鬼皮と渋皮をむく。さらに一晩水に漬け、アクを抜く。釜に米と水、塩、栗を入れて火にかける。沸騰したらみりん、または酒を加え、弱火で15分程炊く。最後に強火にして火を止め、10分程蒸らす。

【桜飯】

醤油で色付けしたごはん。具にタコをよく使う。タコは水洗いして湯通しする。薄切りにして、醤油、砂糖、酒で軽く煮て、その煮汁でごはんを炊く。炊き上がりにタコをのせる。おひつに移す時に混ぜてもよい。

【白蒸し】

もち米だけを蒸したもの。黒豆を柔らかく煮て、火から下ろす時に塩で味付け、蒸し上がった白蒸しと混ぜ合わせることもある。関西では昔、病気の全快祝いの配り物などに用いられた。

【赤飯】

おこわ。小豆は身割れしないように弱火で気長に煮る。小豆のゆで汁を冷やし、洗ったもち米を漬ける。蒸し器に布巾を敷いて、もち米と小豆を混ぜてのせ、途中で打ち水をしながら40〜50分蒸す。蒸して作ると時間がかかるので、炊き込んでもよい。米と小豆の割合は10対1ぐらいが目安。小豆のゆで汁の色がたらない場合は、色紅で補う。米ともち米は合わせて洗い、ざるに上げて1時間程おく。米、もち米、小豆のゆで汁と小豆を釜に入れ、塩を少々加えて中火で炊く。

【そぼろごはん】

おぼろごはん。鶏肉、カツオ、アナゴなどをゆでたり、炒めたりしてほぐす。砂糖、醤油、みりんを加えて混ぜながら煮詰め、そぼろを作る。ごはんの上にそぼろをのせる。

ごはん物

【鯛（タイ）ごはん】
　骨付きのタイを煮て身を取り出し、ゆで汁を漉す。ゆでたタイは、骨と皮を取り、身をほぐす。すり鉢に入れてすり、色紅で色を補い、砂糖、塩、みりんで味を付ける。鍋で煎り、そぼろにする。米はゆで汁と薄口醤油、塩、みりんで味付けし、炊き上げる。器にごはんを盛り、タイのそぼろをかける。錦糸卵、紅しょうが、木の芽などで彩り良く飾る。焼いたタイを米とともに炊き、タイの身をほぐして、ごはんに混ぜる方法もある。

【たけのこごはん】
　ゆでたたけのこを、酒、醤油の中にしばらく漬けておく。釜に米と水を入れ、切り目を入れた昆布をのせる。中火にかけ、沸騰したら昆布を取り出す。たけのこを汁ごと混ぜて炊く。鶏肉や油揚げを加えて炊いてもよい。

【茶飯（ちゃめし）】
　禅寺の精進もの。食欲がない時に向く。番茶を煮出した水に塩を加え、煮立ったら米を入れて湯炊きにする。煎茶を用いたり、蒸らす前にほうじ茶の粉を振りかけてもよい。

【深川飯】
　「あさりごはん」の別名。殻からむいたアサリを、醤油で味付けした米（桜飯）と炊き込む。炊き上がったら、針しょうがをへらで混ぜる。

【吹寄おこわ（ふきよせおこわ）】
　主に秋の食材をふんだんに使ったおこわ。「吹寄」とは、風に吹き寄せられた落葉を意味し、秋の味覚を取り合わせた料理名に使われる。具には松茸、ぎんなん、栗を中心に、鶏肉、にんじん、生しいたけ、油揚げなどを用いる。鶏肉、にんじんなどは小さく切り、醤油、砂糖、みりんで味付けしておく。もち米は洗って一晩水に漬け、蒸す30分前に水気を切る。具を混ぜ合わせて蒸し器に入れ、表面を平らにして強火で20分程蒸す。煮だし汁と酒をかけ、さらに20分蒸す。同じ材料で炊き込みごはんにしてもよい。

【松茸ごはん】
　松茸は石づきを削り取る。布巾で軽くこすり、汚れを取る。虫が入っている時は、傘と柄（軸）のつけ根を切り、塩水に漬けて虫を出して洗う。小さく短冊切りにして、合わせ醤油をかけ、5分程おく。つけ汁に漬けて下味を付ける。米と水を入れた釜の中に汁ごと松茸を入れ、15分程炊く。つけ汁に漬けすぎると堅くなる。松茸を入れる時は火を弱め、香りを逃さないようにする。また、昆布だしで水加減をし、塩、薄口醤油、酒を入れて飯を炊き、ふいてきたら薄切りの松茸を加えて炊き上げる方法もある。

【間蒸し（まむし）】
　「うなぎごはん」のこと。間蒸しは関西での呼び方で、別名「まぶし」。器にごはん、ウナギの蒲焼きの順で2層に重ねる。小さく切ったウナギの蒲焼きを、ごはんに混ぜて作ることもある。

【蒸しおこわ】
　「強飯（こわめし）」とも言う。古代では蒸したもち米（赤米）は常食であった。小豆、ささげなどを米の量の1～2割程用い、色

紅で色付けする。色紅を使用しない場合は、小豆を米の2割程用いて煮汁はすべて使用し、小豆は半量だけ使う。小豆の煮方は、強火でゆでてアクを取り、水を加えて沸騰したら火を弱め、8分通りゆでる。ざるにあけて濡れ布巾をかぶせ、しわがよらないようにする。ゆで汁は杓子ですくって空気と触れさせ、繰り返して色を出す。

　もち米を洗い、布巾を敷いた蒸し器に入れる。布巾は目の粗いものを用い、蒸気の上がりを良くする。布巾にもち米を広げたら、中央を少しくぼませる。蓋をきっちりとして強火で蒸す。10分程蒸したら、つけ汁を全体に振りかけ、再び蒸す。これを10分間隔で行い、色がなじんできたら水を振る。蒸し器の縁の米粒をつまんで、楽に潰れれば蒸し上がっている。盤台（はんだい）に広げ、うちわであおぎ、つやを出す。ごま塩は、黒ごまをサッと煎ったものと塩を合わせる。

【わっぱ飯】
　新潟地方の料理。「わっぱ」とは檜（ひのき）などの薄い皮を曲げて作った器（曲げ物）。この中に桜飯を詰め、好みの材料をのせ、軽く蒸す。のせる具は、サケ、カニ、イクラ、しいたけ、絹さや、ぎんなん、栗、三つ葉、錦糸卵、ゆでたうずらの卵など。

丼　物

　汁加減が肝心。合わせだしは、昆布と削りがつおをベースに、醬油、砂糖、みりんで作る。

【親子丼】
　鶏肉の卵とじをごはんにかけたもの。鶏肉を合わせだしで煮て、三つ葉を散らす。溶き卵は一面に流し入れ、蓋をして弱火で10～20秒蒸らす。

【カツ丼】
　豚肉は筋切りをして、塩、コショウを振り、フライにする。食べやすいように適度な大きさに切る。合わせだしを火にかけ、煮立ったらカツをのせ、三つ葉を散らす。溶き卵を糸状に一面に流し入れる。蓋をして弱火にし、10～20秒程蒸らす。

【木の葉丼】
　玉子丼の関西風の呼び方。薄切りかまぼこ、ねぎ、生しいたけを木の葉に見立てて作った丼物。仕上げにもみ海苔を振る。

【他人丼】
　鶏と卵ならば親子だが、豚と卵では他人という意味。関東では豚肉を卵でとじるが、関西では牛肉を卵でとじる。関西では、豚肉を使ったものは"豚玉丼"という。

【天丼】
　エビは花揚げにする。削りがつお、醬油、みりん、水を一煮えさせ、漉しておく。深めの器にごはんを少なめに盛り、天ぷら各種をのせて熱い煮だし汁をかけ、蓋をして出す。

【はも皮丼】
　冷やごはんに酒と醬油を振り、混ぜ合わせておく。ハモの皮は小骨を抜き、細切りにして、醬油、みりんに5分程漬けて味を含ませる。器にごはんを盛り、蒸し器に入れ、強火で5分程蒸す。ハモの皮をのせ、つけ汁をかけてさらに5分蒸す。しょうがのせん切り、青じそをのせる。ごはんに付ける下味は、控えめにしておく。ウナギの

白焼き、焼きアナゴを用いてもよい。

【山かけ丼】

山芋とマグロを合わせ、ごはんにのせたもの。山芋は皮を厚くむき、酢水に漬けてアクを抜く。アク抜きが完全でないと色が黒ずむ。山芋はおろし金でおろすとキメが粗くなるので、すり鉢ですりおろす。溶き卵を少しずつ加え、塩とみりんで味付けをする。器に盛ったごはんに山芋とマグロをのせ、土佐醤油をかけ、もみ海苔を振りかける。マグロは醤油あらいをしておいてもよい。

お茶漬け

冷たい、または温かいごはんに熱い番茶か煎茶をかけたもの。関西では、京都に美味しい漬け物が多いことから「京風ぶぶ茶漬け」という。この定番が各地方で工夫され、多様なスタイルとなった。お茶のかわりに吸い地（だしに味付けしたもの）をかけることもあるが、これは本来のお茶漬けではない。汁かけ飯に属するものである。タイやマグロの刺身、塩干しした魚、佃煮、海苔など使われる具も様々。生の魚を用いる場合は、炊きたての熱いごはんのほうが美味しい。少し堅めに炊き上げて、お茶をかけるとほぐれるような状態にする。

【梅干し茶漬け】

梅干しの種を抜き、海苔と三つ葉をかける。熱いお茶かだしをかけて食べる。

【タイ茶漬け】

タイは鮮度の良いものを使う。タイは皮を引き、できるだけ薄く切る。つけ汁をかけ、おろしわさび、刻み海苔を添える。タイの身をごま醤油でからめると一味違う。お茶は上等の煎茶、玉露の粉茶などを用いる。食べる直前に熱いお茶をかけ、蓋をして少し蒸らしてから混ぜて食べる。

【タラコ茶漬け】

タラコを弱火でこんがりと焼き、輪切りにする。ごはんの上にのせ、お茶をかける。

【天茶】

揚げたての天ぷらをのせた茶漬け。天ぷらは車エビ、小エビ、イカ、アナゴ、かき揚げなど。衣は粘りすぎないように軽いものを使い、エビなどは花揚げにする。割り塩を振り、熱いお茶をかける。吸い物くらいの味のだし汁をかけても美味しい。おろししょうが、ごま、ねぎをのせる。

雑　炊

おじや。どんな材料を使う場合も、できあがりの汁を濁らせず、淡泊な味に仕上げる。冷やごはんを使うが、べとつかせないために、ざるに入れて水をかけ、粘りと水気を切って用いる。煮汁を多めに使い、煮すぎないように注意する。

粥（かゆ）

粥は病人食のイメージが強いが、昔は「粥の十徳」をお経のように唱え、常時食べられてきた。十徳とは、以下の効能を示す。顔色や肌つやを良くする。体力や気力を保つ。長寿。精神の安定。声を明瞭にする。食欲不振の解消。水分の補給。風邪の予防。消化不良の改善。排尿、排便を促す。

粥の濃さは水の量で調節する。全粥は米の量の5倍、七分粥は7倍、五分粥は10倍、

三分粥は20倍の水を用いる。炊く時は土鍋に入れ、最初は強火で、ふき上がったら弱火にし、米がおどらないようにする。1時間以上かけ、ゆっくり炊き上げる。途中で蓋を取ったり、かき回したりすると、粘りが出て焦げやすく、まずくなるので注意。火からおろす直前に塩を適量入れる。

【小豆粥】

小豆は皮をやぶらないようにゆでておく。鍋に米と水を入れて沸騰させ、小豆を入れたら火を弱める。時々混ぜながら気長に煮る。塩で味を調える。

【あんかけ粥】

煮だし汁に塩、醤油を加え、水溶き片栗粉を入れてとろみを付け、あんを作る。熱い粥を器に盛り、あんをかける。おろししょうがを添える。

【芋粥】

小豆粥の小豆のかわりに、さつま芋を用いた粥。さつま芋は皮を厚くむき、さいの目切りにして水にさらす。すぐに濁るので水は数回かえる。米が煮え始めたら芋を入れ、塩を加えて炊く。

【重湯（おもゆ）】

病人食や乳児食として用いられる流動食。米を煮て、可流分だけを集めた粘り気のある汁。米1に対して水10〜11の割合で炊く。米は糠の臭いがなくなるまでよく洗い、水に浸す。夏は30分、冬は50分程度漬けておく。土鍋などで強火で煮て、煮立ったら弱火にして50分程煮る。漉してから塩味をつける。

【白粥】

水が澄み、ぬかの臭いがなくなるまで米をよく洗う。水を切って鍋に入れ、米の約5倍量の水を加える。30分〜2時間浸して水を含ませる。強火にかけ、吹き上がったら火を弱め、米がおどらないようにする。1時間以上かけ、ゆっくり炊き上げる。病人食や離乳食に用いられる。

【茶粥】

番茶、ほうじ茶を煮出したもので炊いた粥。米1に対して水10程度の割合で炊く。番茶用の粉茶をさらしの布袋に入れ、煮立てた米の中へ入れてもよい。30分程煮たら火を止め、数分蒸らす。茶の入った袋を除いて器に盛る。白粥を器に盛り、溶いた挽き茶をかけたり、玉露の葉を混ぜる手法もある。

【七草粥】

1月7日は、七日正月とも言われ、朝食に七草粥を炊いて祝う。本来の七草は、せり、なずな、ごぎょう、はこべら、ほとけのざ、すずな、すずしろ。都会や北国では、七草をそろえにくいので、せり、小松菜、かぶの葉、ほうれん草、京菜などの青菜を用いる。七草は細かく刻んでおく。粥を煮て、塩で味を調え、七草を加えて5分程蒸らす。吸い物ぐらいの味を付けたり、卵でとじたりしてもよい。

出汁（だし）

美味しいだしを取るには、良質の昆布と削りたてのかつお節を使う。だしを作る時には、水に昆布を浸して2～3時間おき、火にかけて煮立つ寸前に取り出す。煮立ったら火を弱め、削り節を入れて火を止める。アクをすくい、削り節が沈んだら静かに漉す。昆布、削り節の量は用途や季節に応じて加減する。煮立つ寸前に昆布を取り出す理由は、湯が80～90℃の時に昆布のだしが最もよく出るため。グラグラと煮立てると、昆布臭さが出て味が落ちてしまう。濃いだしを作る場合は、割箸が立つ程削り節を加える。椀物に用いる場合は、つけだし（昆布だし）に、削りたてのかつお節を使い、煮出した直後に味付けをして椀に注ぐ。

だしの材料

①かつお節

本節と亀節がある。本節とはカツオを三枚におろし、二枚の片身をそれぞれ背身と腹身に分けて作ったもの。背身からできた背節を雄節（おぶし）、腹身からできた腹節を女節・雌節（めぶし）と呼ぶ。亀節は、小さいカツオを三枚におろし、二枚の身をそのまま加工したもの。背節は淡泊で、腹筋は濃厚。本節はカツオの脂がだしに出て、味わいが今一つという人もいれば、亀節は血合いがあるので、それを避けながら削るのは手間という人もいる。かつお節、そうだ節、さば節、うるめ節の順で味が劣る。よく乾燥していて手に取って重いもの、叩くとカチンと響くものが良品。

②昆布

日本でとれる昆布は約20種だが、食用は10種にも満たない。産地により格付けがされている。また、その年の昆布の品質により、一番昆布から五番昆布までのランク付けがなされている。

(ⅰ) 真昆布

別名「山だし昆布」。渡島（おしま）半島南部でとれる。よくだしが出る最高級品。葉に2筋の葉脈があるのが特徴で、色は褐色。葉は厚い。切り口の色により白口、黒口に分けられ、白口が上質。

(ⅱ) 利尻昆布

別名「だし昆布」。北海道北部の利尻島、礼文島、稚内周辺でとれる。真昆布に次ぐ高級品。濁りのないだしがとれるので、吸い物用のだしに最適。料理屋では、香りが強すぎる真昆布より利尻昆布をだし用に使う。色は黒褐色。

(ⅲ) 羅臼（らうす）昆布

知床半島の羅臼を中心にとれる昆布。茶褐色で幅広。味は淡く、だしは濁るので煮物用として利用される。

(ⅳ) 三石（みついし）昆布

日高地方の沿岸でとれる。別名「日高昆布」。黒緑色で葉に葉脈が1本あるのが特徴。だしはあまり出ず、煮物用として使われる。

(ⅴ) 長昆布

　　北海道東部の根室、釧路地方でとれる。幅は狭いが、10m前後と長い。煮物に利用される。

③煮干し

　惣菜用の煮汁に適する。カタクチイワシの稚魚をゆでて、天日で乾かしたもの。イカナゴ、小アジ、小エビなどの煮干しもある。色、形が良く、乾いたものを選ぶ。赤茶色をしたものは不良品。鮮度の落ちたものを加工したものは、腹が割れている。

だしの種類

【あらだし】

　「くさだし」ともいう。新鮮な魚のあらと骨付きの身でだしを取る。潮汁、船場汁、赤だしなどに用いる。だしを取るために使った材料が、そのまま椀種となる。

【かつおだし】

　かつお節だけで取っただし。日本料理の基本を成し、用途が広い。味が淡泊なので、夏場の料理向き。

【かつおと昆布のだし】

　昆布に切り目を入れておくと、だしがよく出る。沸騰直前に昆布を取り出し、弱火にして削りがつおを入れる。煮立ったら火を止め、削りがつおが沈むのを待ち、濡れ布巾などで漉す。このようにしてとった最初のだしを「一番だし」といい、主に吸い物に用いる。一番だしをとった"だしがら"を鍋に戻し、水を入れて火にかけ、漉したものを「二番だし」と呼ぶ。煮物や材料の下煮用として使う。

【精進だし】

　野菜や乾物の旨味、香りを利用しただし汁。

●昆布のつけだし汁

　冬は3～4時間、夏は2時間程、水に漬ける。すしごはんを炊く時の水や、精進料理の煮物に用いる。

●しいたけのつけだし汁

　浮き上がるものは皿などをのせて沈ませる。1時間以上おいてから漉す。かんぴょうと漬けることもある。昆布で取った煮だし汁を加えると一層味が良くなる。

【そうだ節のだし】

　惣太鰹（そうだがつお）は、かつお節の代用として、そうだ節に加工される。うどんやそばのだしとしても利用される。

【鶏の骨のだし】

　鶏の骨は熱湯をかけて洗う。薄切りにした野菜くずと煮る。煮立てないようにしてアクを取る。煮汁が半量になるくらいまで煮詰める。スッポンの水炊きなどのだしに用いると美味しい。

【煮干しだし】

　主に味噌汁に用いる。煮干しの頭とはらわたを取り、旨味がよく出るように身を2つに割り、水にしばらく漬けておく。これを火にかけ、沸騰したら火を弱める。アクをすくいながらしばらく煮て、火を止めて漉す。煮干しの分量は水の2～5％。

【八方だし】

　醤油、みりん、昆布、削り節、干ししいたけ、酒などを全部鍋に入れ、ひと煮立ちさせ、冷めてから漉したもの。

汁　物

　刺身、焼き物とともに昔から日本料理の中核を成す。大別すると、すまし汁と濁り汁。すまし汁は清く澄んだ汁で、吸い物、吉野汁、潮汁などに用いる。濁り汁は味噌汁や粕汁。ともにおかずや酒の肴になる。

吸い物

　日本料理には欠かせないもので、一口食べただけで料理人の腕前がわかる。煮だし汁は、昆布とかつお節から取る一番だしが最適。味加減は塩と薄口醬油で決める。種、あしらい、吸い口の三拍子で彩りや季節感を出す。椀種が冷めた時は小鍋に入れ、味付けに煮だし汁を少量加えて温め、椀に入れる。じかに入れると煮だし汁が濁る。

吸い物の椀種

- ●椀種（わんだね）
  汁物の主体となる実のこと。白身魚、貝類、鶏のささ身、豆腐、卵、そうめんなどを用いる。キスは大名おろしにして中央を切り、"結びキス"などにして工夫する。ゆですぎると身が崩れるので注意する。
- ●椀妻（わんづま）
  椀種の添えになるものをいう。椀種との大きさ、色合い、味などの調和をとり、季節感を窺（うかが）えるものを選ぶ。
- ●吸い口
  吸い物に芳香を添えるためのもの。季節のものを使い、つまとのバランスを考える。木の芽、ゆずなどが代表的。ふきのとう、しょうが、わさび、ねぎ、溶きがらしなども用いる。三つ葉、せりなどの香りの良いものは、つまと吸い口兼用にしてもよい。

吸い物料理

【大煮（ウーニー）】
　大切りの豚肉、大根、きざみ昆布を合わせた沖縄の汁物。祝儀や旧大晦日に作る。沖縄では年越しそばを食べる習慣がないので、大晦日には大鍋いっぱいに大煮を作り、家族がそろって食膳に向かう。豚とカツオでだしを取り、塩と醬油で吸い物味に仕立てる。

【潮汁（うしおじる）】
　「うしお仕立て」「うしお」ともいう。鮮度のよい魚介類を用いた吸い物。かつおだしは使わず、水から材料を煮出して材料の旨味を生かす。タイの頭やあらを用いるのが代表的。スズキ、アマダイ、キス、ハマグリなども用いる。貝類を使った場合は、多少濁る。材料と昆布を水から火にかけ、沸騰直前に昆布を取り出し、しばらく煮てから酒と塩で調味する。

　タイの潮汁は、春を賞味するという意味で材料の取り合わせが昔から決まっている。椀種は桜ダイ、つまはうど、吸い口は木の芽。タイは振り塩をして、しばらくおき、霜降りにする。

【宇治仕立て】
　色付け、香り付けに挽き茶を用いて仕立てた汁物。京都の宇治が茶の名産地であることから名が付いた。「抹茶仕立て」「挽茶

仕立て」ともいう。

【梅椀】
　5種類の実をたっぷり使った椀物。通常はタイの塩焼き、才巻エビ、だし巻き、しいたけ、梅の花びらを盛る。熱い煮だし汁を張ってすすめる。

【肝吸い】
　ウナギの肝は苦玉を取り、塩水で洗う。煮だし汁を煮立て、肝を入れる。沸騰させ、浮いた脂肪をすくい取る。吸い物程度の味付けをする。あしらいは菊菜、ゆずなど。

【錦糸吸い】
　きんかん卵（鶏の胎内にある卵）をしぼり袋に入れ、沸騰した湯の中へ糸のように流す。固まったら水に取り、水気を切る。のし餅を焼いて錦糸卵と椀に入れ、煮だし汁を注ぐ。吸い口には、ゆずの皮。

【けんちん汁】
　けんちん地を使った実だくさんの汁のこと。けんちん地は、細切りにした大根、にんじん、ごぼう、しいたけなどを油で炒め、その中に水気を絞った豆腐を崩し入れ、さらに炒めたもの。「けんちん」の名は、中国料理の「ケンチェン」に由来すると言われるが、鎌倉の建長寺で作られ、建長汁がなまってけんちん汁になったという説もある。「ケンチェン」は豆腐、野菜、乾物を油で炒め、中国湯葉で巻いて揚げたもの。

【沢煮椀】
　野菜と豚の背脂を使った汁物。昭和初期に東京の料亭の板前が、洋風のスープと和風の汁物を合わせて考案したとされている。せん切りにした豚の背脂に塩を振り、熱湯をくぐらせて水にさらし、水気を切る。煮だし汁に豚の背脂を入れ、沸騰させる。にんじん、ごぼう、しいたけなどを加えて煮た後、吸い物の味付けをする。豚の背脂は、そのまま用いると汁が濁り、臭みも出るので、必ず下ごしらえして用いる。吸い口に多めのコショウを用いる。

【三平汁】
　北海道の郷土料理。名の由来は定かでなく、江戸時代の末期に北海道開拓団の斎藤三平氏が考案したからとか、有田焼の三平皿に盛るからなど諸説がある。塩出しした"すしにしん（ぬかと塩で漬けたもの）"をぶつ切りにし、じゃが芋、大根、にんじん、しいたけ、ねぎなどと昆布だしで煮たもの。魚はサケ、タラなどを用いることもある。

【船場汁（せんばじる）】
　大阪船場の汁という意味。塩サバのあらと大根を使った惣菜風の汁物。本来は塩サバの塩気だけで仕上げる。サバを三枚におろした後の中骨や腹骨に塩を振り、昆布とともに弱火で水から気長に煮る。大根やにんじんは、あらかじめゆでておき、サバのアクが抜けた後に入れる。最後に豆腐、わけぎを加えてもよい。吸い口は、すだち、しょうがのしぼり汁、木の芽、粉山椒など。コショウを使ってもよい。

【蕎麦米汁（そばごめじる）】
　徳島の郷土料理。平家の落武者の一族から伝わったと言われる。そば殻を取った「そば米」をゆでたものと野菜の素朴な椀物。鶏肉、大根、にんじん、長ねぎなどの材料を使う。熱い煮汁を椀に盛り、うずらの卵を落として蓋をして出す。

汁物

【たぬき汁】

精進料理の一種。別名「むじな汁」。本来は狸の肉、大根、ごぼうなどを入れた味噌味の汁のこと。現在は狸の代わりにこんにゃくを使う。こんにゃく、ささがきごぼう、しいたけなどを炒め、煮だし汁を加える。数分煮て味を付け、水溶き片栗粉でとろみを付ける。三つ葉、錦糸卵を盛り、しょうがのしぼり汁を少量加える。

【玉吸い】

沸騰した湯の中に卵を割り入れ、半熟にしたものを椀に入れる。三つ葉やゆずの皮を散らす。味を付けた煮だし汁をひと煮立ちさせ、中に卵を割り落としてもよい。この仕立て方だと汁は多少濁る。

【のっぺい汁】

のっぺりしたとろみのある汁という意味。鶏肉、大根、にんじん、ささがきごぼう、里芋、しいたけ、油揚げなどを、だし汁で柔らかくなるまで煮たもの。吸い物よりも濃いめに味付けし、水溶きした葛粉でとろみを付ける。青ねぎは煮上がりに入れる。吸い口は、しょうがのしぼり汁。「のっぺい」は、能平、濃餅、野平と書く。

【はまぐりの吸い物】

正月や結婚披露宴の定番。ハマグリの貝殻は一度離れてしまうと、他の貝殻とは合わない。夫婦の契りもこうありたいという縁起ものとして考え出された。水洗いしたハマグリと煮だし汁を鍋に入れ、煮立てる。貝が開いたら取り出しておく。煮汁を漉し、塩、薄口醤油、酒で味を調える。貝殻の両側に身を入れて椀におく。軽くゆでたほんだわら（海草の一種）と木の芽をあしらい、熱くした汁を張る。

【鰭椀】（ひれわん）

別名「おひれ」。長崎の卓袱料理の最初に出される吸い物。タイのかま下の胸びれ部分、餅、はんぺん、大根、しいたけなどを椀に入れ、濃いめに味付けした煮だし汁を注ぐ。ひれが椀の外に出るように盛り付ける。

【松茸豆腐】

走りの早松茸（ころ）と、形抜きして温めた絹ごし豆腐、青ゆずを使った昔ながらの高級吸い物。走りの松茸は高価なので、紙のように薄く切る。生のまま椀に入れ、蓋をして出すと、本当の松茸の香りを楽しむことができる。

【みぞれ汁】

大根やかぶをおろしたものを加えた、さっぱり味の吸い物。だし汁はやや濃いめに味付けし、仕上げにおろしを入れる。一般的には椀種に白身魚の黄味衣揚げ、つまは菜の花、吸い口に木の芽をあしらう。

【吉野汁】

すまし汁に葛を溶いて入れたもの。吉野が葛の産地であることから「吉野仕立て」とも言われる。夏には冷やして食べることもある。冷めると味が濃く感じるので、薄めの味加減にする。葛粉のかわりに片栗粉やコーンスターチを用いる方法もある。種は柔らかいものを使う。吸い口は、おろしわさび、おろししょうがなど、ピリッと辛みのあるものが適する。

【吉野もどき】

汁の実に葛をまぶして仕立てたもの。カキ、ハマグリなどに葛をまぶし、熱湯に入

れて沸騰させ、数分ゆでる。椀に入れ、だし汁に味付けしたものを注ぐ。

味噌汁

煮だし汁は、一番だしよりも二番だし。煮干しの煮だし汁を使うとコクが出て美味しい。味噌は２種類以上を混ぜたほうが味に深みが出る。味噌を入れたら煮立つ寸前に火を止める。煮立てると味噌の風味が損なわれる。パン食用には、バターやチーズを加えることもある。

●味噌

各地方の気候風土などにより、独特な味と色の味噌がある。原料により、米味噌、麦味噌、豆味噌に分類される。麹を使い分けて豆を発酵させたり、焦がしたりして作られる。夏は辛口でさっぱりと仕立て、冬は甘口味噌でコクを出すとよい。

●実

肉類、魚介類、野菜、乾物、豆類、きのこ、卵など幅広く使われる。味噌と最も相性が良いのは油揚げ。野菜類も適する。堅い根野菜は八分通り煮てから味噌を入れる。豆腐、ねぎ、ワカメなどは味噌を入れた直後に入れる。貝類は水から火にかける。

●吸い口

木の芽、ごま、みょうが、おろしゆず、しょうが、七味唐がらし、溶きからし、粉山椒などが主に用いられる。

味噌汁料理

【赤だし汁】

赤だしの味噌は、煮立てると酸味が出るので注意する。桜味噌仕立てのものが本節で、八丁味噌、赤味噌を用いたものは「赤だし」とは言わない。桜味噌は、昔は徳島県で製造され、大阪天満（てんま）の味噌問屋に運ばれ、全国の割烹店に出荷された。割烹用としては京桜が主流。カキを用いる場合は、煮だし汁で煮た後、椀に移し、煮だし汁に味噌を加えて椀に注ぐ。吸い口は粉山椒。

【打ち込み汁】

煮だし汁で手打ちうどんを煮て、味噌を溶き入れて、ねぎを加えたもの。

【粕汁】

煮だし汁に塩ザケと野菜を入れる。酒粕を湯で戻し、味噌を加えて混ぜる。これを煮だし汁に入れて20分程煮る。酒粕をちぎり、じかに入れてもよい。

【こいこく】

「鯉濃漿（こいこくしょう）」の略。コイの濃漿仕立ての汁物。コイは料理する前に清水に放ち、はらの中のものを吐き出させておく。うろこやはらわたが美味しいので、そのまま煮込む。苦玉を潰さないように筒切りにし、たっぷりの水と酒で2時間程弱火で煮る。薄味噌でさらに弱火で30分程煮て、ささがきごぼうを加えてサッと煮る。長ねぎを散らし、粉山椒を吸い口とする。

【呉汁（ごじる）】

豆汁のこと。水で戻した大豆、もしくは枝豆をすり鉢でする。すったものを器に移し、鉢に味噌と煮だし汁を少しずつ加えてのばす。鍋に入れて沸騰したら、すった大豆を入れ、強火で絶えずかき混ぜて短時間

に仕上げる。

【薩摩汁（さつまじる）】

鹿児島県の郷土料理。骨付きの鶏肉と野菜をじっくり煮込んだ濃厚な汁物。鶏肉は水から煮て旨味を出す。野菜は柔らかくなるまで煮る。味噌を煮汁で溶きながら加え、ひと煮立ちしたら、ねぎを入れる。吸い口は七味唐がらし、コショウなど。豚肉や牛肉を用いてもよい。

【水団汁（すいとんじる）】

小麦粉で作った団子を実とした汁。だし汁で先に野菜を煮る。沸騰している中に、水を加えて練った小麦粉を一口大にして入れる。小麦粉の団子が浮き上がってきたら、味噌を溶いて加える。吸い口は七味唐がらし。

【すり流し汁】

すり潰した材料を汁でのばして仕立てた汁物。材料は魚介類、鶏肉、豆腐、枝豆、そら豆、ぎんなんなど。材料をすり鉢ですり潰し、味噌汁で少しずつ溶きのばす。吸い口は、粉山椒、水がらし、みょうがなど。

【つみれ汁】

材料をつまんで汁に入れるので、摘入汁（つみいれじる）を略して「つみれ汁」と言う。材料は一般に魚のすり身を指すが、芋や豆腐を用いることもある。イワシの場合、出刃包丁で身を細かく叩き、小麦粉を加えて、すり鉢ですり身にする。しょうがのしぼり汁、赤味噌を加えると臭みがなくなる。沸騰した湯の中に、すり身を団子にして入れ、10分程煮てから味噌を溶いて加える。吸い口には溶きからし、粉山椒。

【ドジョウ汁】

ドジョウを用いた赤味噌仕立ての味噌汁。生きたドジョウは酒をかけ、蓋をしてしばらくおく。ドジョウを割いた後、薄い味噌味で柔らかくなるまで煮る。赤味噌仕立ての汁を作り、ドジョウとささがきごぼうを入れ、煮たてる。ねぎをあしらい、吸い口に粉山椒を振る。

【とろろ汁】

自然薯（じねんじょ）、長芋、いちょう芋、つくね芋などの山芋をすりおろして加えた汁物。酢水に漬けてアクを抜いた山芋をよくすって粘りを強くだし、味噌汁ですりのばす。仕上げに青海苔粉を振って香りを出す。薬味には、おろしわさび。卵黄と八方地（だし、醤油、みりん）ですりのばすと本格的。江戸時代には駿河の鞠子宿の名物であった。

【団亀汁（どんがめじる）】

「どろがめ汁」とも呼ぶ。なすに亀甲形に包丁を入れ、亀に似せたので、この名がある。なすと味噌の相性の良さを利用した汁。なすはサッとゆで、だしに味噌を溶いた汁で煮る。ゆでた春菊を細かく刻んで入れ、溶きからしを加える。

【納豆汁】

煮だし汁でこんにゃくや油揚げを数分煮た後、味噌を加える。納豆は包丁で細かく叩いてからすり鉢ですり、煮汁でのばして加える。山形県でよく作られる。

焼き物

　一般的には強火の遠火が良いとされ、魚介類はほとんど強火で手早く仕上げる。味噌漬けなどは焦げめが早く付くので、火加減をやや落とす。化粧塩をしたものは、火をおさえて焼く。アユ以外の川魚は、ゆっくりと時間をかけて焼く。

　焼き方は、海の魚は身から、川の魚は皮からと言われるが、表にして盛り付けるほうから先に焼くのが常道。

●直火焼き
　火が直接材料に当たるように焼く方法。塩を振って焼く、醤油を塗って焼く、焼いたものに塗ってさらに焼く、漬け込んでから焼くなどがある。放射熱を利用した焼き方。

●間接焼き
　フライパン、ほうろく、アルミ箔などを用い、直接火を当てない焼き方。器や鍋などを用いる焼き方もある。伝導熱、放射熱、対流熱によって加熱。鉄板焼き、包み焼き、ほうろく焼き、貝殻焼きなどがある。

●焼き物のあしらい
　焼き物を引き立て、濃厚な後味をさっぱりさせる役割をする。焼き物は水分が少なくなっているので、しっとりした材料を用いる。材料には彩りの良い旬の野菜類が最適。味に変化を持たせるため、甘味や酸味を付ける。

串打ち

　「串打ち」とは、材料に串を刺すことで、主に材料を直火焼きする時に用いる方法。昔から材料に合わせた串の打ち方が工夫されている。盛りつけた時、表になる面には串目を出さない。焼く時は一般に表身から焼くが、姿焼きの場合は上火、下火の関係で裏身から焼くこともある。串を回しながら焼くと串がうまく抜ける。

【イカ串】
　イカに細い金串を何本か刺し、竹串を横から添える方法。ウニ焼き、黄金焼きなどに用いる。姿焼きにする場合は、足、わた、背骨を取り、皮はむかずに切り目を入れ、末広形に金串を打つ。

【うねり串】
　「おどり串」「のぼり串」と同じ。おどり串は海魚に、のぼり串は川魚にと使い分けることも多い。尾頭付きの魚を焼く時の串の打ち方で、魚が泳いでいるようにうねらせて串を打つ。魚の目、口、あごから打つ方法がある。アユは目のあたりから金串を刺す。尾を起こして中骨をくぐらせる。尾のつけ根あたりから金串を刺す。尾やひれには化粧塩をする。串が1本だと不安定な場合は、2匹のアユの頭のほうを持って末広にし、中骨をくぐらせた部分に竹串を刺して固定する。

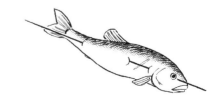

焼き物

【エビの串打ち】
身を開いて打つ場合は、腹のほうに切り目を入れて広げ、包丁の背で軽く叩く。皮と身を通すようにして末広形に刺す。

【扇串（おうぎぐし）】
「末広串」のこと。小魚に平串を打つ場合や、節取りしたカツオなどを焼き霜にする時に用いる。手元を狭く、先を広くして放射状に数本打つ。片手で持ちやすく、材料に無理がかからない。

【鯛の串打ち】
姿焼きに用いる。えらと内臓を取り、目の横に金串を刺し、尾を起こして中骨をくぐらせる。背びれのそばを突き抜く。同様にもう１本串を刺す。尾やひれに塩をすり込む。大根の切り端を金串に刺し、尾を立ち上げる。尾と胸びれはアルミ箔で包んでおくとよい。

【つま折り串】
身が薄く細長い魚の串の打ち方。端を折り曲げて串を打つ方法で「片づま折り」と「両づま折り」がある。両づま折りは、三枚におろした身の両端を折り曲げて串を打つ（ア）。片づま折りは、身が短い魚に用いる。両づま折りと同様に刺し、向こう側の端は折り返さずに刺し抜く（イ）。ともに立体感が出て盛りばえがする。

【のし串】
「えび串」ともいう。エビの尾の裏側から頭に向かって串を打つ。焼いたりゆでたりした後、冷めてから串を抜くと、まっすぐに形が整う。

【ハモの串打ち】
骨切りして身を上にし、皮に沿って串を打つ。身がそりやすいので、4本程末広に刺す。焼きあげた時、骨切りした所が開かないものは鮮度が落ちている。

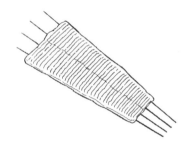

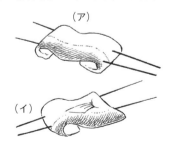

直火焼き料理

【石焼き】
石を熱して、その熱伝導により材料を焼く方法。川魚を味噌とともに石の上で焼いたりする。石焼き芋のように石の中に埋めて焼く方法、甘栗のように熱した小石と一緒にかき回しながら焼く方法もある。

【磯焼き】
酒蒸しにしたハマグリを金串に刺し、卵黄を混ぜたつけ汁を繰り返し塗りながら焼

く。ハマグリは弱火で時間をかけて焼くと堅くなるので注意。

【御狩場焼き（おかりばやき）】

御狩場で捕った野性の鳥や動物の肉と野菜を、鉄板や網で直火焼きにする。これに似せた料理のことを示す場合が多い。

【鬼殻焼き】

車エビ、伊勢エビなどを、殻付きのまま2つ割りにし、串を打って焼く。車エビは背割りする。塩焼き、つけ焼きなどにして、粉山椒を添える。

【蒲焼き】

魚を開いて骨を取り、串を打ったものに濃厚なたれをつけて焼いた料理。ウナギの他、アナゴ、ドジョウ、サンマ、イワシ、ハモなどを用いる。たれは醤油、砂糖、酒、みりん、水飴などで作る。

ウナギの蒲焼きは、関東と関西でさき方から焼き方まですべて異なる。関東では背開きにし、2つに切ってから竹串数本を打つ。皮目から火であぶり、白焼きにする。蒸した後、たれをかけて焼き、照りを出す。関西では別名「地焼き」といい、腹開きにして頭は落とさない。蒸さずに長いまま数匹を並べ、金串を打って焼く。

【兜焼き（かぶとやき）】

魚の頭の焼き物で、主にタイやブリが使われる。頭を割り、照り焼きや塩焼きにする。タイの照り焼きは、タイの頭を割り、末広に数本串を打って、8分通り焼く。たれを数回かけて焼き、照りを出す。木の芽、粉山椒で仕上げる。

【雉子焼き（きじやき）】

美味なキジの肉に似た料理、もしくは何もつけない生地のままの料理という意味。現在では、カツオ、ブリ、サバなどの魚の切り身、鶏肉、獣肉を醤油、みりんに漬けて焼く料理のことをいう。カツオの切り身は醤油に漬けた後、ごま油を塗って焼く。カツオは火を通すと身がぱさつくので油を補って調理する。「雉子焼き漬け」は、醤油をくぐらせた切り身の両面を焼き、たれに漬けたもの。たれは、醤油、酒、みりんを合わせ、大根、にんじんなどをおろしたものを加えて作る。

【木の芽焼き】

照り焼きなどの焼き上がりに、叩いた木の芽（山椒の若芽）を振りかけたもの。または、かけ醤油に叩いた木の芽を入れ、かけ焼きにしたもの。タイの頭、カツオ、ブリ、ハマチ、カマスなどの魚介類の他、あらゆる材料に向く。

【残酷焼き】

とれたての魚介類を浜などで網焼きにしたもの。包丁でさばいたり、下ごしらえをせずに、すべての材料を生きている状態で直に火にかけて焼く。

【山椒焼き】

山椒の香りを付けた照り焼き。くせのある野鳥や魚介類に用いる。焼き上がりに叩き木の芽や粉山椒を振りかける。

【塩焼き】

魚の持ち味を生かした調理法。塩は両面に平均して振りかける。アユ、エビ、イカ、貝類などは、塩がしみすぎると味が落ちるので、塩を振りかけたらすぐに焼く。タイ、サワラなどの切り身は、しばらく置いてから焼く。イワシ、サンマといった皮の薄い

ものは、塩が溶け込む前に焼く。姿焼きの化粧塩は、以前は赤や青に染めて使った。火が通っているものは目が白く、尾のつけ根を指でつまむと窪みができる。

【つけ焼き】

照り焼き程は濃厚ではない焼き方。または、材料を7～8分通り素焼きにし、照り醤油をかけたり、はけで塗りながら照りを出す焼き方。脂の乗ったものは、つけ汁にやや長めに漬けておく。焦げやすいので強火は避ける。

【照り焼き】

魚介類、獣、鳥の肉などを、たれを塗りながら焼き、光沢のある照りを付ける焼き方。身の厚い魚や鶏肉に用いられる。一般的にたれは、醤油、みりん、砂糖、酒などを煮詰めて作る。材料に焼き色を付けてから、たれを塗る。たれは焦げると苦味が出るので、中火で焦がさないように焼く。

【浜焼き】

尾頭付きのタイの塩焼きのことで祝儀料理。本来は浜で焼いていたので、この名が付いた。塩田の製塩中の熱い塩に、とれたてのタイを埋めて蒸し焼きにしたり、海岸の小石を熱して焼いたりしていた。現在では新鮮なタイを用いているという意味で浜焼きと呼ぶ。

【焼き松茸】

京風と江戸風で、焼き方が異なる。京風は、つぼみの松茸を数本にさき、サッと水を通して、塩を振って焼く。酸味のきいた割だし、ポン酢醤油などをかける。江戸風は、さいた松茸を醤油、みりん、すだちの汁を合わせたものに数回つけながら焼く。

【幽庵焼き（ゆうあんやき）】

ゆずの香りを付けた焼き物。カツオ、ブリ、サワラ、甘ダイなどの魚を幽庵地（醤油、みりん、酒を合わせ、ゆずの輪切りを入れた液）に浸してから焼く。皮目を見せて盛る。冷めても味が変わらないので、茶懐石の八寸や弁当にも用いられる。

【蝋焼き（ろうやき）】

材料を素焼き、または塩焼きにし、焼き上がりにたれを塗り、乾かす程度にあぶったもの。たれは卵黄に醤油、みりんなどを加える。少量の小麦粉や片栗粉を加える方法もある。黄味焼きや黄金焼きともいう。

間接焼き料理

【カキの味噌焼き】

貝焼き料理の一種。カキの身を殻から出し、塩水で洗う。焼き網の上に殻をのせ、身を入れて焼く。煮立って身が縮みだしたら田楽味噌をはけで塗る。

【鍬焼き（くわやき）】

幕末や明治の頃は、仏教的な戒めから動物の肉を家の中で食べることが敬遠された。そのため納屋などで、鍬や鋤（すき）を焼き鍋代わりにして、肉を焼いて食べていた。これが「鍬焼き」「鋤焼き」の語源となった。鍬焼きに用いる肉は主に鳥類。

【塩釜焼き】

材料を塩で包んで、天火で焼いたもの。材料をそのまま、または紙で包む方法がある。白身魚や松茸などに用いられる。卵白を泡立て、塩を必要量加えて混ぜ合わせる。パラフィン紙の中に材料を入れ、四隅をねじる。表面を塩でおおい、オーブンで

過熱する。表面がきつね色になるまで焼く。

【しょうが焼き】

豚肉を、しょうがのすりおろし、酒、醤油、みりんを合わせた中に漬けて焼く方法。しょうがは皮ごとすりおろし、調味料と合わせてつけ汁を作る。豚肉は筋切りをして、肉叩きで軽く叩いておく。肉をつけ汁にしばらく漬け置きしてから焼く。

【包み焼き】

アルミ箔などで包んで焼く。直接火の上に置いたり、フライパンやオーブンで火を通す。材料から風味が逃げないのが長所。魚介類や野菜、果物などに利用する。

【つぼ焼き】

サザエなどの巻き貝を殻ごと焼いた料理。小ぶりな姫サザエは、殻ごと網にのせ、醤油を落として焼く。吸い物仕立ては、サザエを殻ごと直火にのせ、水を入れて蓋がゆるんだら手早く身を取り出す。身は、わたを取り、薄切りにして殻に戻す。吸い物の味付けをした汁を入れ、火にかけ、沸騰したら三つ葉をのせる。煮物仕立ては、煮だし汁、塩、薄口醤油、みりんなどを殻に入れ、煮立てる。塩にアルコールをたらして火をつけ、つぼ焼きをのせて供する店もある。

【伝法焼き】（でんほうやき）

貝焼き料理の一種。貝殻を利用して天火で焼く「宿かり焼き」のこと。アワビ、サザエ、ホタテガイ、タイラガイなどの貝殻を用いる。焼き物の他、蒸し物にも使用する。土器にタイ、カツオ、マグロなどの魚の切り身をのせ、蒸焼きにしたものを総称して呼ぶこともある。「伝法」とは小型の

ほうろくのこと。

【ほうろく焼き】

「ほうろく」とは素焼きの平たい丸平形の土鍋のことで、ほうらく、いり鍋、早鍋（わさなべ）とも呼ぶ。ほうろく焼きは、材料を蒸し焼きにする調理法。ほうろくの中に小石、または塩を敷き詰め、青松葉を散らし、材料を盛る。もう1つの器をその上にのせ、よくおこった炭火をのせて焼く。オーブンに入れて焼いてもよい。車エビ、松茸、栗、ぎんなんなどを用いる。

【焼きはまぐり】

砂出ししたハマグリの殻の蝶番を切り、殻のまわりに塩をたっぷりまぶして網焼きにする。貝の間から蒸気が出てきたら火からおろす。盛り付けの際に、塩を少量おき、その上に貝をのせると安定が良い。

特殊な焼き物

【ウニ焼き】

素焼きしたイカ、エビ、白身魚などの魚介類に、練りウニや粒ウニを卵黄、みりんでのばしたものを塗り、焦がさないように焼いたもの。ウニは薄く塗る。身をよく乾かして塗らないと、ウニがはげ落ちてしまう。ウニを塗りはじめたら火加減は弱火にする。

【雷豆腐】

豆腐を使った精進料理。豆腐を煎る時の音が雷鳴のようにバリバリと大きいので、この名が付いた。油を熱した鍋に水気を切った豆腐を入れて炒める。醤油で味を付け、刻みねぎや大根おろしなどを加える。

焼き物

【ぎせい豆腐】

義省（ぎせい）という名の尼が作った精進料理。崩した豆腐を元の形に模して作ったので"擬製"を意味するという説もある。豆腐をしぼり、すり潰したものに、ごぼう、にんじん、しいたけなどを細切りにして下煮したものを混ぜ、砂糖、みりん、薄いだしで味を付ける。卵焼き用の鍋に油を敷き、具を入れ、とろ火で両面を焼くか蒸す。焼き上がったら、ようかんのように切る。

【魚田】

田楽の一種。姿のまま白焼きにした上に、田楽味噌を塗って焼きあげたもの。アユ、キス、ヤマメ、マス、ヒメマスなどに用いられる。田楽味噌は、赤味噌に煮だし汁、みりんを加え、弱火で練り混ぜる。さらに卵黄を加え、混ぜ合わせて仕上げる。

【黄金焼き】

「黄味（黄身）焼き」ともいう。白焼きした魚に卵黄を塗りながら焼いたもの。前菜によく用いられる。一度塗った黄味がよく乾いてから次のたれを塗る。卵黄はみりんで溶いておく。

【田楽】

田楽法師の姿に似ているため、この名が付いたとされている。もともとは豆腐、こんにゃくが使われた。2つ割りにしたなすや豆腐に田楽味噌を塗って焼く。田楽の一種、「鴫焼き（しぎやき）」は、昔は鴫の肉を叩いて味噌と混ぜ合わせ、なすに詰めて焼き、その上に鴫の首をのせ、三方に奉書を敷いて盛り付けた。

【南蛮焼き】

ねぎや玉ねぎのみじん切り、赤唐がらしの小口切りを漬け汁（醤油、みりん、酒）に混ぜ、鶏肉や魚類を漬けて焼いたもの。

【松風焼き】

「浜の松風浦さびし」の文句から、裏が寂しいので、この名が付いた。鶏肉、エビ、イカなどの材料で作る。末広に切り、鉄扇串を打ったものは「鉄扇松風」「末広松風」と呼ばれ、正月料理の口取りや前菜に用いられる。

鶏肉の松風焼きは、挽き肉を使う。醤油、砂糖、酒、コショウで味付けし、玉ねぎやしょうがのみじん切り、パン粉と混ぜ合わせる。天板にのせて平らに形を整え、表面にけしの実を振りかける。オーブンで焼きあげ、末広に切る。

イカの松風焼きは、裏漉しした粒ウニに卵黄を加えて塗り、串焼きにする。青海苔粉とけしの実を振りかける。イカを短冊、末広に切って形よく盛り付ける。

【味噌漬け焼き】

味噌、酒粕、麹などに酒やみりんを加えて床を作る。そこに魚や肉を漬け込んで味付けし、焼き上げる。焦げやすいので火加減に注意。甘ダイ、カツオ、ブリ、サワラなどの魚に適する。床に漬けて1〜2日が食べ頃。漬け方はバットに味噌を平らに敷き、ガーゼをのせる。その上に塩をした魚を並べ、ガーゼをかぶせて味噌を塗る。

揚げ物

"揚げる"とは、多量の油を熱の媒体として食品を加熱すること。加熱温度は食材や揚げ物の種類によって異なるが、だいたい140～200℃の間。揚げることにより、食材から水分を奪い、食材の持ち味に油の旨みが加わり、風味が増す。短時間の加熱なので、栄養損失も少ない。

揚げ油には植物性と動物性の油脂がある。植物性油は大豆油、なたね油、ごま油、米油、コーン油、パーム油などで、これらを配合したものもある。カラッと揚がるので、魚や野菜に向く。動物性油には、ラード（豚脂）やヘッド（牛脂）が用いられ、しっかりと揚がる肉類向け。油は比熱が小さいので、温度の上昇、下降が早く、一定温度を保つのが難しい。そのため鍋は厚手を選び、たっぷりの油を使う。揚げる材料は、鍋の表面積の4分の3までにおさえることが大切。

油の温度は専用の温度計を使うのが最適だが、揚げ衣の浮き具合で目安をつけることができる。天ぷらの場合は、衣をひとしずく油の中央に落とし、底に沈んでなかなか浮き上がらない状態は160℃以下。油の中頃まで沈んで浮き上がるのは170～180℃。沈まずに表面で衣が散れば200℃以上。現在の油は精製技術が進み、240℃まで温度を上げても青い煙が立つことはない。プロの料理人の中には、油の上に手をかざすことで温度がわかる人もいる。

揚げ物料理

【揚げだし豆腐】

豆腐（主に木綿豆腐）を油で揚げ、調味だしなどで食べる料理。豆腐は軽く水気を切り、片栗粉や小麦粉をまぶしてすぐに揚げる。180℃の油でカラッと揚げる。大葉、海苔を巻いて揚げても美味。器に調味だし、豆腐を入れ、おろし大根、削りがつお、醤油などをかける。

【あられ揚げ】

材料に片栗粉をまぶし、天ぷらの衣を付けてあられをまぶす。大きなあられは細かく砕いて付ける。160～170℃で気長に揚げる。高温で揚げると色が黒く焼け、見栄えが悪くなる。

【かき揚げ】

天ぷらの一種。細かい材料を何種か合わせ、衣でまとめて揚げたもの。衣は少し粘りが出るようになるまで混ぜてもよい。魚介では貝柱、貝のむき身、イカ、小エビ。野菜では三つ葉、長ねぎ、玉ねぎ、にんじん、ごぼうなどが用いられる。

【から揚げ】

材料に小麦粉、上新粉、片栗粉、葛粉などをまぶして揚げたものの総称。中華料理では揚げ物の上に汁気をかけるため、二度揚げをすることが多い。日本料理では材料の持ち味を生かす揚げ方をする。材料に粉をまぶして数分おき、粉をよくはたいて揚げる。油に粉が混じると油の劣化が早くなる。

【からしれんこん】

熊本の郷土料理。からし味噌をれんこん

の穴に詰め、天ぷらの衣をつけて揚げたもの。れんこんは皮をむき、軽くゆでる。からし味噌の中へれんこんを立てて入れ、押さえながらすり込むと、穴の中へ味噌が徐々に入り、上にあがってくる。

【けんちん揚げ】

けんちん地を用いた揚げ物。けんちん地は、一般に、細切りのにんじん、ごぼう、きくらげ、たけのこなどを油で炒め、その中に崩した豆腐を入れ、さらに炒めたもの。豆腐に重しをして水分を抜き、フードプロセッサーにかけ、溶き卵、しいたけ、カニなどを加え、砂糖、薄口醤油、塩で味を付ける。巻きすに湯葉を広げ、豆腐をのせて棒状に巻く。水溶き片栗粉を塗り、湯葉がはがれないようにする。170℃程の油で、巻き終わり部分を下にしてカラッと揚げる。食べやすく切り、おろし大根としょうがを添え、天つゆとともに食べる。

【甲羅揚げ】

カニの甲羅の中に材料を詰めて揚げる料理。カニのほぐし身と季節の野菜を、卵、西京味噌を加えたホワイトソースと合わせて甲羅に詰め、片栗粉やパン粉を付けて揚げる。

【五色揚げ】

材料に小麦粉、溶き卵を付け、黒ごま、新挽き粉（赤、白、黄、緑）などの五色をそれぞれに付けて揚げる。

【骨煎餅（こつせんべい）】

カレイやキスの中落ちやウナギやウツボの骨を揚げたもの。小麦粉を薄くまぶし、低温の油で揚げる。塩を振り、柑橘類の汁を添えて出す。

【精進揚げ】

れんこん、さつま芋、いんげん、ごぼうなどの野菜を用いる。衣が付きにくいので、厚い衣を用いる。少し低めの油で気長に揚げる。

【素揚げ】

材料に衣を付けずに揚げる方法。油の温度は150〜160℃。心持ち長めに揚げると色が良くなり、パリッとした食感となる。じゃが芋などは薄く切り、水にさらし、水気を切って揚げる。透き通ってきたら取り出し、少し冷まして再度やや高めの温度の油でカラリと揚げる。

【龍田揚げ】

材料に下味を付け、片栗粉や葛粉をまぶして揚げる。味の付いているもの、骨付きのものは、焦げつきやすいので、やや低めの温度の油で気長に揚げる。学校給食などによく用いられる。揚げた表面の醤油がしみた赤い部分が"龍田の錦"、つまり紅葉のように見えるため、この名称がついた。

【天ぷら】

魚介類、野菜類などを、卵、水、小麦粉を混ぜた天ぷら衣で揚げたもの。小麦粉はふるいにかける。加える水がぬるいと粘りが出るので氷水を使う。混ぜすぎると粘るため、太めのはしでざっくりと混ぜる。小さな粉の固まりが多少残っていてもかまわない。溶いた衣は長くおくと粘るので、他の準備ができてから最後に作る。決して火のそばには置かないこと。

油を適温に熱してから、材料（たね）に衣をつける。鍋の端のほうから振るような気持ちで入れる。油の中に滑べり込ませる

と、片側だけ衣が厚くなる。一度に揚げる量は、鍋の表面積の3分の2まで。それ以上入れすぎると油の温度が下がり、カラッと揚がらない。揚げている材料をはしで挟んでカチッと堅ければ出来上がり。揚げたてのものを重ねると、油の切れが悪くなる。新しく油をさす時は、揚げている材料を全部取り出してからつぎたす。適温になったら揚げ物を再開する。揚げ玉が焦げると油が汚れるので、網杓子などでこまめに取り除く。

添え汁には、天つゆ、ポン酢など。薬味には、おろし大根、もみじおろし大根、さらしねぎ、割り塩などを添える。

【東寺揚げ】

材料に湯葉を付けて揚げたもの。材料を生湯葉、中あげ湯葉で包んで揚げる。もしくは干し湯葉を細かく刻んで、小麦粉、溶き卵、湯葉の順で付けて揚げる。天つゆ、塩を添える。

【道明寺揚げ】

衣に道明寺粉を用いて揚げること。材料に下粉をまぶし、卵白をからませ、道明寺粉を付け、色が付かないように揚げる。キス、エビなどが多く用いられる。

【南蛮漬け】

魚介類を素揚げして、ねぎや唐がらしを入れた合わせ酢に漬けたもの。小アジがよく使われる。小麦粉をまぶした小アジは、170℃の油で気長に揚げる。揚げたらすぐに玉ねぎ、青唐がらしの薄切りをのせ、三杯酢をかけて50分程漬け込む。揚げたてのものを三杯酢に漬けると味がよく浸透する。

【ひすい揚げ】

ぎんなん、えんどう豆、そら豆などを刻み、衣として用いた揚げ方。美しいひすい色の揚げ物になる。キスなどの天ぷらに用いたりする。材料に下粉、卵白をからませ、衣を付ける。

【飛竜頭(ひりょうず)】

「飛竜子」とも書く。関東では「がんもどき」という。豆腐を巻きすで巻き、重しをしてしばらくおき、水分を抜いて堅めにする。すり鉢で豆腐を潰し、よくすってなめらかにし、すったやまの芋や卵を加える。にんじん、ごぼう、しいたけ、きくらげ、ぎんなん、ごま、昆布などを混ぜ合わせ、塩、薄口醤油、みりんで味付けをする。一定の大きさに整えたものを低温の油に少しずつ入れ、気長に色付くまで揚げる。大根、しょうがをおろしたものを添える。

【松葉揚げ】

乾めんを短く切り、松葉に似せて揚げたもの。そばや卵そうめんなどを細かく切り、卵黄を付けた材料にまぶして揚げる。焦げやすいので、油は高温で熱してから少し温度を下げて揚げる。卵黄のかわりに天ぷらの衣を用いてもよい。

【みの揚げ】

変わり揚げの一種。みのをまとったように衣を付けて揚げたもの。じゃが芋、くわい、にんじんなどをせん切りにして水にさらし、水切りした後、片栗粉をまぶす。材料に下粉、卵白をつけ、せん切り野菜を付けて揚げる。

煮　物

　"煮る"とは、煮汁の対流によって食品を加熱すること。水だけで加熱することを「ゆでる」というが、「煮る」は煮汁の中に調味料を入れて加熱すること。材料の鮮度、持ち味や色により煮汁の量を加減したり、煮る前に材料を油で揚げたり、素焼きにしたり、煮汁に葛を入れてとろみをつけたりなど工夫をする。

　野菜でアクの強いものは皮を厚くむき、よく水にさらす。鮮度の良いものは、あっさりと煮る。鮮度が落ちているものは、味付けを濃くするか、炒めてから煮る。切り目は繊維に沿って入れるが、直角に切ると煮崩れしにくくなる。煮だし汁は、主に二番だしが使われる。火加減は、根野菜や魚は中火、葉野菜はやや弱火、肉類は長く煮るものは弱火。煮あがりに要する時間は、芋類は15〜20分、根野菜は20〜30分、葉野菜は2〜4分、穀類は20分以上。煮魚は10分程度で、味噌煮は時間がかかる。豆類は1〜2時間かかり、大豆はさらに時間を要する。うずら豆は火の通りが早い。

煮物料理

【青煮】
　炊き合わせ用の青い野菜の色を損ねない煮方。ふき、絹さや、三度豆などに用いる。薄口醤油とたっぷりの水で煮る。煮汁を切り、材料を別な器に移し、煮汁を冷ましてから材料を戻して味を含ませる。

【揚げ煮】
　材料を油で揚げてから煮る。煮崩れしやすい、アクが強い、淡泊といった材料に向く。なす、豆腐、鶏肉、こんにゃくなどは油との相性が良い。小麦粉をまぶして揚げてもよい。少し色が付くまで揚げ、揚げたてを沸騰させた煮だし汁に入れて煮る。煮る時間が短くてすむので煮崩れせず、色つや良く仕上げられる。

【甘煮】
　砂糖やみりんなどを使い、甘味を主体にして煮ること。金時豆、うずら豆などに用いる煮方。アクが強いので、ゆで汁は捨てる。砂糖は数回に分けて入れると柔らかく煮え、味の含みもよい。鍋に豆を入れ、水を少しずつ加えながら煮てアクを取り、水分を切る。水を加え、沸騰したら弱火にし、水をたしながら落とし蓋をして、柔らかくなるまで煮る。ゆで汁をひたひたにして、砂糖を間隔をおいて2〜3回入れ、最後に塩を加えて煮る。火からおろして味を含ませる。

【飴炊き（あめだき）】
　甘露煮の1つ。醤油、砂糖、酒、みりんで炊くと、飴のように糸を引くことから付けられた名称。水飴を入れて炊く場合も同様に表現される。コイ、フナなどの飴炊きがある。大津の名物「飴炊き」は、琵琶湖でとれた小魚を煮たもの。

【あら炊き】
　「あら煮」のこと。タイの頭やかま、ブリのかまなど"あら"と言われる部分を煮つけたもの。新鮮な材料でも濃いめに味付けする。仕上げに醤油を少したして強火に

し、煮汁をすくってかけて照りを出す。

【炒め煮】

油で材料を炒めてから煮だし汁を入れ、中火で気長に煮たもの。油で炒めることで材料の旨味を逃がさず、コクを出す。冷めても美味しく食べられる。

●いり鶏

「筑前煮」ともいう。鍋に油を熱し、鶏肉、根野菜やこんにゃくを炒め、酒を加えて、から煎りする。その後、煮だし汁と砂糖を加え少し煮て、醤油を加え、落とし蓋をして中火で10分弱煮る。鍋返しをしながら煮詰めて、つやを出す。

●きんぴらごぼう

きんぴらの語源は、江戸初期に流行した「金平浄瑠璃」。材料を炒め煮したものを総じて「金平風」という。ごぼうは、ささがきにし、水に浸してアクを抜き、炒めてしんなりとさせる。砂糖、醤油、赤唐がらしを入れ、煮汁がなくなるまで混ぜながら煮る。好みでにんじん、れんこんなどを合わせる。

【いとこ煮】

畑のものと田のものを一緒に煮て、味噌で味付けしたもの。大豆、小豆、枝豆が田のものとされ、小豆がよく使われる。

【田舎煮】

野菜を甘辛く煮あげたもの。なすなどの材料を炒め、水と赤唐がらし、砂糖を加え、落とし蓋をしてしばらく煮る。醤油を加え、煮汁が3分の1程度になるまで煮る。味噌仕立てにしてもよい。

【イラブー料理】

沖縄の郷土料理。「イラブー」は海蛇のこと。イラブーを長時間煮込んで濃厚なだしを取る。このだし(イラブーシンジ)は、そのまま強壮剤としても用いられる。イラブーシンジで煮込んだ料理は妙味で高級料理。不思議な薬餌性を秘め、沖縄では「イラブー会」と称して盛んに食べられている。

イラブーを直火であぶり、米ぬかと熱湯の中で、たわしを使ってよく洗う。のこぎりで適当な大きさに切る。イラブーの切り口を上にして束ね、昆布で巻き、糸でしばる。水から火にかけ、沸騰したら弱火にして6～7時間煮る。アクを取り、煮汁を漉す。そのまま煎じ汁として飲む場合は、1人当たり80cc。束ねたイラブーをほどき、イラブーの腹側に包丁を入れて開く。わたと骨を丁寧に取り、再度糸でしばる。豚足は皮をこそげ取り、湯洗いする。鍋にイラブーシンジ、イラブー、豚足を入れ、強火にかける。煮立ったら中火で3時間程煮る。鶏肉、結び昆布を加え、塩とコショウで調味。昆布は柔らかくなったら取り出す。イラブーと豚足をとろけるように柔らかく煮る。

【煎り煮】

鍋に材料を入れ、かき混ぜながら煮汁がなくなるまで煎りあげた煮物。焦げやすいので、鍋底までしっかり混ぜて煮る。うの花、えびおぼろ、なたね卵(煎り卵)などがこの煮方。

【おろし煮】

大根おろしを煮汁に加えてサッと煮上げること。サバ、アジ、サンマなどの身の柔らかい魚は、から揚げ、衣揚げなどにしてから用いる。おろしゆず、おろししょうが

煮物

などを添えてもよい。大根おろしを入れることで、材料の臭みを中和し、さっぱりとした味わいになる。

【角煮】

豚ばら肉の角煮、または角切りのカツオの佃煮のこと。豚ばら肉の角煮は卓袱料理の代表的なもので、三枚肉の大きな角切りを柔らかく甘辛い味で煮たもの。中国の東坡肉（トンポウロウ）の影響を受けてできた料理なので「東坡煮」ともいう。

【辛煮】

食材を醬油、または醬油にみりん、酒を少量加えたものの中で、じっくりと煮汁がほとんどなくなるまで煮詰めた料理。とても塩辛い。

【甘露煮】

「あめ煮」ともいう。醬油、みりんの他に砂糖、水飴をたっぷりと使い、照りよく煮あげた煮物。アユ、ハゼ、フナ、コイなどの川魚を煮つける場合、甘味に砂糖やみりんを用いると身がしまり、堅くなる。水飴を使うと内部までしみ込まず、表面に甘い膜ができ、つやが出て柔らかく煮あがる。魚は白焼きにして用いてもよい。独特な臭みを抜くため、番茶や酢が入った水で煮ることもある。栗、ゆず、きんかんなどの果物を、砂糖や蜜で甘く煮たものも甘露煮と呼ぶ。

【伽羅煮（きゃらに）】

「伽羅」とは濃い茶色のこと。醬油と隠し味のみりん少々で辛めに煮つけたもの。きゃらぶき（ふきの佃煮）などがある。

【具足煮】

「具足」とは鎧や兜のこと。エビを殻ごと筒切りにして煮ると、殻が赤くなる。これが朱塗りの胴丸を付けているように見えるので、この名が付いた。伊勢エビ、車エビなど大きめのエビやカニをぶつ切り、筒切り、縦2つ割りにして用いる。

【栗渋皮煮】

大きめの栗を渋皮を付けたまま煮たもの。栗は渋皮にきずをつけないように鬼皮をむく。柿渋、灰アク、重曹、おはぐろなどを加えた水の中に1晩漬ける。1時間程ゆでて、ぬるま湯に入れ、竹串で渋皮と筋を取る。柔らかくなるまで6時間程煮る。さらに別の湯に移し、30分程ゆでてアクを抜く。砂糖蜜で煮含ませ、仕上げに醬油をごく少量加える。お茶うけ、折り詰めなどに用いる。

【けば照り】

葛粉を使って照りを出したもの。照り醬油に水で溶いた葛粉、もしくは片栗粉を少量加える。煮物が煮あがった際に粉を加えて照りを出す方法もある。

【香梅煮】

魚を梅干し、だし、酒、醬油、砂糖で煮たもの。イワシ、サンマ、サバ、ワカサギなどを用いる。わたは取らずに、ぶつ切りにする。塩を振り、1時間程おいて身をしめる。下ゆでしてから煮る。煮あがりにみりんを加え、つやを出す。

【黄金煮】

「黄身煮」のこと。材料に卵黄をつけて煮たもの。材料に片栗粉をまぶし、卵黄をつけ、合わせだしの中に入れて煮る。エビや淡泊な魚介類、鶏肉などが用いられる。

日本料理

【ごった煮】

"ごった"とは乱雑なさまのこと。いろいろな材料を1つの鍋で煮込んだ料理。それぞれの材料の持ち味を合わせ、惣菜向きに作った煮物。

【沢煮（さわに）】

郷土料理。かつて「多い」を「さわ」と言ったことから、沢山の食材を取り合わせた煮物のことを沢煮と呼ぶ。山家の地で主に猟師が作って食べていた煮物。干したごぼう、にんじん、たけのこ、しいたけなどを水で戻し、旨味の多い肉を加え、薄味の多めの煮汁で煮込む。野菜は干したものを使ったほうが美味しい。

【直炊き（じかだき）】

「直煮（じかに）」ともいう。食材を下ゆでなしに煮汁で煮ること。食材の持ち味、香りを生かすことができる。アクの強いものは避ける。

【時雨煮（しぐれに）】

しょうがを入れて煮るところから「しょうが煮」ともいう。魚介類を佃煮風に煮しめたもの。伊勢のハマグリをしょうがで煮たのが始まりといわれる。桑名のハマグリの時雨煮は有名。その他、アサリ、アカガイ、カツオ、マグロなども用いられる。

【芝煮】

新鮮な小魚やエビをサッと煮上げたもの。江戸の芝あたりでとれたものを、佃島の佃煮と対照的に煮たもの。川エビは、つのを切り取り、酒、醤油、塩を煮立てた中に入れて軽く煮る。

【治部煮（じぶに）】

「治部」の名の由来は、料理を考え出した人の名、「じぶじぶ」と煮える、長野県渋温泉の郷土料理など諸説がある。鴨の治部煮は金沢の名物料理。肉にそば粉、または小麦粉をまぶした煮物で、汁気が多いのが特徴。鴨のかわりに鶏肉を用いてもよい。鴨肉に粉をたっぷりとまぶし、しばらくおく。醤油、砂糖、酒で濃いめに味付けした汁でサッと煮る。下煮したつけ合わせの野菜（すだれふ、ゆり根、しいたけ、せり、ほうれん草など）を加えて煮込む。椀に盛り、わさびをのせる。

【白煮】

含め煮と同様の煮方をする。材料の色を生かすため、醤油はほとんど使わない。煮だし汁、塩、砂糖、みりんを煮立て、材料を入れてゆっくりと煮る。れんこん、うどなどのアクの強い野菜は、厚く皮をむき、酢水に漬ける。アク出しが不充分だと煮た時に黒ずんでしまう。

【酢醤油煮】

小アジに用いられる煮方。小アジのぜいごとえらを取り、塩水で洗う。小麦粉をまぶし、気長に油で揚げる。酢、醤油、砂糖を煮立て、揚げたてのアジを入れる。赤唐がらしを散らし、弱火で15分程煮る。

【スッポン煮】

スッポンを油で炒めて、こってりと煮た料理。おろしたスッポンを霜降りにし、薄皮をむいたら油で炒め、砂糖、酒、みりん、醤油などで煮詰める。煮あがりに、つゆしょうが（おろししょうがのしぼり汁）を加える。スッポンを使わず、スッポン煮のように多量の酒を用いて煮たものを、献立名として用いることもある。すっぽんのことを

"丸（まる）"ともいうため「丸煮」ともいう。鶏肉、アマダイ、ウナギ、アナゴなどを用いてもよい。ウナギ、アナゴは白焼きにしてから煮る。

【卵とじ】
　煮た材料の仕上げに卵を流しかけ、蓋をして半熟に蒸したもの。

【筑前煮】
　「いり鶏」のこと。博多の郷土料理。鶏肉と野菜の煎り煮。鶏肉、にんじん、ごぼう、たけのこ、里芋、しいたけ、こんにゃくを下処理して油で炒める。砂糖、醤油、酒で煮あげ、青味をあしらう。油で炒めて煮た後、仕上げに水溶き片栗粉で薄くとろみをつけた料理もこの名で呼ぶ。

【佃煮】
　保存をきかせる煮方。魚介類、海草、野菜を醤油、砂糖、みりんで甘辛く煮しめたもの。酒の肴や弁当に用いられる。佃島の漁師達が使いものにならない小魚を煮詰めたのが始まり。

●塩昆布
　厚めの昆布を角に切り、酢を入れた水に漬けて1時間程おく。水と醤油を加え、沸騰したら落とし蓋をして煮汁がなくなるまで数時間煮込む。煮汁が少なくなると焦げやすい。だしに使った昆布を用いる時は、水にみりん、酢を加えた中で数時間煮る。削り節のだしがらを刻んだもの、戻したしいたけのせん切りなどを煮てもよい。たまり醤油を加えると一段と美味しくなる。

【筒煮】
　サバなどの胴の丸い魚に用いる。筒切りにしたサバは薄い塩水で洗っておく。煮汁を沸騰させた中にサバを入れ、しょうがのせん切りを散らす。落とし蓋をして煮汁が半分程になるまで中火で気長に煮る。

【照り煮】
　材料に照りを出して、つやよく煮あげる。材料に煮汁をからませるので濃厚な味となる。冷めても美味しく食べられる。貝類は、煮汁がなくなるまで煮つけると、身が堅くなり、縮んで味も悪くなる。煮た材料を取り出して、煮汁を煮詰めてからからませる。イカは、松笠（まつかさ）に切ったものを用いるとよい。

【当座煮】
　野菜を醤油、酒で辛めに煮たもの。佃煮程ではないが、当分の間、保存がきくように濃い味付けで煮あげる。ふきの当座煮などがある。

【土佐煮】
　土佐醤油で煮た煮物のこと。または煮だし汁に削り節を入れ、濃厚な旨味を出して材料を煮て、仕上げに粉がつおをまぶしたもの。たけのこ、ごぼう、ふき、こんにゃくなどに用いられる煮方。

【煮しめ】
　野菜や乾物類を時間をかけて味をしっかりしみ込ませた煮物。煮ては冷ましを繰り返し、煮汁が少し残る程度までゆっくりと煮る。

【煮つけ】
　魚介類や根野菜を、煮汁をほとんど残さずに甘辛こってりと煮あげたもの。魚の煮つけには底の浅い鍋を用い、魚が重ならないようにする。水と調味料を入れ、魚を

1切れずつ並べる。時々煮汁をかけて表面に火を通す。鍋底に竹の皮や経木を敷いて煮ると、身が鍋に付かず、焦げつかない。煮詰めすぎると佃煮のようになるので注意。魚などの材料に臭みがある場合は、しょうが、梅漬けのしそ、カレー粉などをまぶすとよい。

【煮浸し（にびたし）】

薄味のたっぷりの煮汁の中で時間をかけて材料に味を含ませたもの。主に川魚に用いられる。アユなどの新鮮な川魚を素焼きにして干したものを、薄い醤油味でゆっくりと時間をかけて柔らかく煮る。野菜を使う場合は、下処理をして薄味の煮だし汁でサッと温める程度に煮る。春菊の煮浸しなどがある。

【煮豆】

乾燥豆を水で戻し、甘く煮たもの。豆は身が肥えて粒のそろったものを使う。乾燥したものを用いることが多いが、戻す時は水に塩か重曹を入れる。煮る時に強火で豆を踊らせると皮が破れてしまう。皮にしわがよるのは、煮ている最中に冷たい空気に触れたため。中火から弱火で布蓋をして煮る。砂糖を入れ過ぎると身が堅くしまってしまう。

【含め煮】

薄味のたっぷりの煮汁で、ゆっくりと時間をかけて弱火で煮て、材料に味を含ませる煮方。材料の風味を生かすことができる。高野豆腐、京芋、栗、湯葉などに用いる。くわいは煮る時に芽を切らないようにする。盛り付けの時に芽をそろえると見栄えがする。皮は亀甲形にむいたり、祝儀用には松笠の切り目を入れることもある。

【ふろふき】

「風呂吹き」と書く。大根、かぶ、とうがんなどを昆布とともに柔らかくゆでたもの。煮あがった材料を器に盛り、赤味噌、ゆず味噌、ごま味噌などを敷いたり、かけたりする。赤味噌に鶏ミンチ、エビ、煎りごま、おろししょうが、おろしゆずなどを加えてもよい。

【棒煮】

身欠きにしんの煮物。ニシンは油焼けしておらず、触れてみて少し柔らかいものが良品。作り方は、ニシンを米のとぎ汁に一昼夜漬け、頭、尾、うろこを取り除く。番茶で30分弱火で煮る。煮だし汁に砂糖、酒、醤油を加えて煮立て、ニシンを入れる。しょうがのせん切りを振りかける。40分程弱火で煮て火からおろし、味をなじませる。

【味噌煮】

魚介、肉、野菜を味噌でこってりと煮たもの。味噌を使うと生臭さが抜けるので、サバ、アジ、イワシなどの背の青い魚向き。桜味噌、ちくま味噌など甘口でコクのある味噌が合う。最初から味噌味で煮る方法と、薄味で煮た後に味噌を加える煮方がある。濃度が高く、焦げつきやすいので注意。味噌は砂糖、酒、みりん、水でゆるめておく。おろししょうが、すりごまを入れてもよい。鍋に水と酒を入れて煮立たせ、魚の皮目を上にして並べる。味噌を加えて落とし蓋をして煮る。針しょうが、おろしゆず、木の芽など好みで添える。さっぱりと仕上げたい時は、酢を少々加えて煮る。カキな

煮 物

どの貝類を用いる場合は、溶き卵をつけて食べても美味しい。

【もつ煮】

牛、豚、鶏の臓物を、しょうが、長ねぎなどの野菜とともに味噌で煮込んだもの。「ホルモン煮」ともいう。七味唐がらしや粉山椒を振って食べる。

【山羊汁（やぎじる）】

沖縄料理。ヤギは山羊菜（フィージャーグスイ）として昔から庶民の栄養補給源であり、大勢が集まって一挙に食べる習慣があった。ヤギの肉は、骨付きのまま、ぶつ切りにする。鍋にヤギの肉と水を入れ、かつおだしを加える。水洗いしたよもぎの葉先とともに煮る。おろししょうがと塩を添え、各自が好みの味にして食べる。

【大和煮】

牛肉、鯨肉などを醤油、砂糖、しょうがで甘辛く煮つけたもの。缶詰にされて市販されている。

【やわらか煮】

タコ、イカ、干しアワビなどを特に柔らかく煮る方法。タコは味が乗りにくく、身がしまって堅くなりやすい。そのため重曹やサイダーなどで煮ることもある。材料によっては長時間煮込んで柔らかくする。タコは糠や塩でぬめりを取り、大根で叩いてから使う。すりこ木で叩くと身にきずがつき、裂けてしまう。鍋にタコ、煮だし汁、酒を入れ、しばらく煮る。濃口醤油、みりんで味付けし、40〜50分程煮る。そのまま冷まし、味を含ませる。

【吉野煮】

「くず煮」ともいう。葛粉を用いた煮物。片栗粉を用いてもよい。材料に葛粉をまぶして煮る方法と、材料が煮えてから葛粉を入れ、とろみをつける調理法がある。口当たりが良く、材料の持ち味を逃さない。鶏肉、ハモ、エビ、カキなどの淡泊な素材に向く。

【落花生煮】

落花生を細かく刻み、すり鉢でよくする。柔らかく煮た材料の中に入れ、煮あげる。くるみ、煎りごまなどを代用してもよい。野菜類と合うが、特になすを使うと美味しい。煎りごまを用いたものは「利休煮」「ごま煮」と呼ぶ。

【若竹煮】

たけのことワカメの煮物。砂糖、塩、薄口醤油で調味する。だしは吸物程度の味付け。刺身にできるような若竹ならば、煮ている最中に出たアクは取り去らず、少し残しぎみにする。一般に売られているたけのこは、えぐみが強いので、アクはしっかり取る。仕上げにワカメを入れ、数分煮てからおろす。

蒸し物

"蒸す"とは、水を沸騰させ、水蒸気を利用して食品を加熱すること。他の調理法と比べ、形、香り、旨味などを逃さず、内部まで加熱することができる。魚介類、鶏肉、卵、豆腐、野菜などの淡泊な食材を用いる。もち米などを除き、一般に蒸し器の水が沸騰してから食品を入れる。そうしないと仕上がりが水っぽくなり、旨味が流出する。

弱火で蒸すものは卵豆腐、茶碗蒸し。鍋の蓋を少しずらして温度の調節をする。これにより容器内温度は85℃前後に保たれる。豆腐は中火で蒸す。火力が強いと"す"が立ち、堅くなる。強火で蒸すものは、赤飯、饅頭、魚の蒸し物。蓋をきっちりとしめて蒸す。これにより水がある限り100℃の加熱が続けられる。魚の蒸し物の蒸しあがりは、指で押さえて弾力があるかどうかで確かめる。卵を使う料理は、中央に竹串を刺して抜き、濁り汁が出なければよい。蓋なしの器に入れた材料や、蒸し器に直に並べるものは、乾いた布巾を蒸し器の蓋の下に挟む。こうすると蒸している最中にしずくが落ちない。蒸し器の蓋を開ける時は、蓋の裏側についた蒸気を材料に落とさないように気をつける。

蒸し物料理

【飯蒸し（いいむし）】

もち米をふやかしてから蒸したもの。具を入れて蒸すこともある。または白身魚の腹にもち米を入れて蒸したり、別に蒸したもち米を白身魚の上にのせて蒸したものも指す。道明寺粉を戻して使うこともある。薄味の葛あん、つゆしょうがで食べる。

【エビしんじょ】

エビのすり身に調味料、つなぎなどを加えて混ぜ合わせたもの。エビだけでなく、白身魚の上身なども叩いて混ぜ合わせる。蒸す、揚げる、ゆでるなどして調理する。

【小田巻き蒸し】

うどん屋の茶碗蒸し、もしくはうどん入り茶碗蒸しのこと。うどんは醤油を少々かけ、ほぐしておく。卵豆腐よりも少し柔らかめの卵汁とうどんを器に入れる。鶏肉、ほうれん草、しいたけなどの材料を加える。弱火で15分程蒸す。

「小田巻き」は当て字で、確かな意味合いは不明。白い帯状のうどんが苧環（おだまき）に見えるという理由の他、静御前の舞い衣に見立てたなどの諸説がある。苧環とは紡いだ麻糸の輪のこと。

【重ね蒸し】

数種の食材を流し箱などに重ね入れて蒸したもの。蒸しゆでした白菜に塩を振る。片栗粉をつなぎにし、他の材料と層を成すように重ね、中火で蒸す。葛あんをかけて仕上げる。白菜のかわりにキャベツを使ってもよい。

【兜蒸し（かぶとむし）】

魚の頭を蒸した料理。タイやアマダイの頭を用いる。頭を2つに割り、霜降りにして血合いやうろこを取る。大きめの器に昆布を敷き、魚の頭をのせ、塩と酒を振る。強火で蒸して、柑橘酢と醤油の合わせだ

蒸し物

れ、もみじおろし、あさつきを添える。

【蕪蒸し（かぶらむし）】

　かぶをおろして卵白と混ぜたものを、白身魚の切り身の上にのせて蒸したもの。タイ、アマダイなどに振り塩をし、酒で洗ってバットに入れ、強火で10分程蒸し器に入れる。かぶの汁気を適度に取り、しっかり泡立てた卵白を加え、塩、みりんで味付けする。魚の上にかぶせるようにしてのせ、弱火で10分程蒸す。蒸しあがりに濃いめの葛あんをかけ、木の芽を添える。

【菊花蒸し】

　栗をせん切りにし、白身魚の上に菊の花のようにのせて蒸したもの。栗は一晩水に漬け、鬼皮、渋皮をむく。せん切りにした後、水に漬けてアクを抜く。卵白と混ぜて材料の上にかけ、強火で10分程蒸す。大根おろしを堅めにしぼって卵黄と混ぜ、材料の中央にのせて数分蒸す。煮だし汁に吸い物ぐらいの味を付け、吸いだしにする。

【空也蒸し】

　「空也豆腐」のこと。元は精進物であった。空也和尚が考案した料理、もしくは空也念仏を唱えながらお堂のまわりを踊り回る様子を模して作られた料理と言われている。本来は豆乳を入れて蒸し、あんかけにして、つゆしょうがで食べる。一般には豆腐とその他の具を卵汁で蒸し固めて作る。煮だし汁に、塩、薄口醤油、みりんを加え、吸い物よりも少し濃いめの味付けをする。絹ごし豆腐を奴（やっこ）に切り、だし汁に入れ、落とし蓋をして弱火で10〜15分煮る。鶏肉、エビ、しいたけなどを入れ、4倍の煮だし汁を加えた溶き卵を注ぎ、20分程蒸す。また、お堂に見立てた豆腐のまわりに具を入れ、卵汁を注いで蒸す方法もある。仕上げに葛あんをかけ、わさびやしょうが汁を添える。

【けんちん蒸し】

　けんちん地を魚や鶏肉で包み、蒸したもの。蒸しあがりに葛あんをかける。おろししょうがや、せん切りにしたしょうがを加える。けんちん地は、にんじん、ごぼう、たけのこ、きくらげなどの細切りを油で炒め、その中につかみ崩した豆腐を入れて炒めて作る。

【甲羅蒸し】

　カニ料理の一種。カニのほぐし身、たけのこ、ゆり根、きのこ類、ぎんなん、三つ葉などの季節の材料を合わせ、軽く泡立てた卵白でまとめ、甲羅に詰めて蒸したもの。まろやかな味のだし酢を添える。

【酒蒸し】

　材料に酒をかけて蒸した風味のある蒸し物。材料の持ち味を生かし、旨味を増す。また材料の生臭みを取る効果もある。魚介類、鶏肉、豆腐などに用いられる。

【桜蒸し】

　香りの良い桜の葉で材料を包んだり、挟んだりして蒸したもの。主に白身魚に用いられる。薄紅色に染めた道明寺粉で魚を包み、その上から塩漬けの桜の葉を巻いて蒸す方法もある。薄味の葛あん、つゆしょうがで食べる。桜漬けをのせて蒸した飯蒸しのことも桜蒸しという。

【薯蕷蒸し（じょうよむし）】

　山芋をおろして白身魚の上にのせて蒸したもの。アマダイやメバルを用いる。魚を

七分がた蒸しあげてから、すりおろした山芋をのせ、さらに蒸す。山芋に卵白を混ぜることもある。吸いだしや葛あんをかける。椀種に用いることもある。

【信州蒸し】
「そば蒸し」のこと。そば類を用いた蒸し物。茶そば、卵そばなどを魚の上にのせて蒸す。三つ葉を入れた薄味のそばつゆをたっぷりとかけて食べる。魚はアマダイ、ハモなどの白身魚を用いる。魚でそばを包んだり、そばを魚に巻き付けたりする方法もある。

【そぼろ蒸し】
鶏の挽き肉や牛の合挽き肉に片栗粉、溶き卵を加えて味付けする。酒、水で柔らかくして流し箱に入れ、強火で蒸す。にんじん、たけのこ、しいたけのせん切り、ゆで卵の黄身を裏漉ししたものなどを層にして、重ね蒸しにしてもよい。葛あんをかけて、おろししょうがをのせる。

【卵豆腐】
卵とほぼ同量の煮だし汁を混ぜて蒸したもの。卵は泡立てないように溶きほぐす。塩、みりんで味を付け、流し箱の上で布巾に流し込み、布巾を絞って漉す。蒸し器で20分程弱火で蒸す。夏は冷やし、冬は温かいものを食べる。冷蔵庫で冷やすと少し堅めになるので、その場合は煮だし汁を卵の量の1.5倍にして蒸して冷やす。

【丹波蒸し】
秋の栗を魚の上にのせて蒸したもの。丹波は栗の名産で、江戸っ子は栗のことを「丹波」と言った。生の栗をカンナで薄く切り、スズキなどの魚の上にのせて蒸す。秋のスズキは腹太で脂が乗っている。薄い八方だしをかける。

【粽（ちまき）】
もち米、うるち米、米粉で作った餅を、笹やまこも竹の葉で包み、茅草（ちぐさ）で5カ所を結び、元を切りそろえて蒸すかゆでたもの。最古のものは茅（かや）の葉で包み、5色の糸で巻いたので「茅巻き」と書いた。

【茶碗蒸し】
卵の量の3〜4倍の煮だし汁を加え、器に入れて蒸したもの。煮だし汁は吸い物よりもやや濃いめの味にする。エビ、しいたけ、ゆり根、ぎんなん、三つ葉などを加える。白身魚を使う場合は、霜降りにして使う。鶏肉、貝類などは醤油あらいしておく。干ししいたけ、ぎんなんはゆでておく。最初の数分間は強火で蒸し、卵汁の色が白くなったら弱火にして15分程蒸す。吸い口には、そぎ切りにしたゆずの皮、木の芽など。"す"ができた場合は、葛あんをかけ、もみ海苔、青海苔粉などを少々振りかける。

【ちり蒸し】
白身魚や豆腐などを用いた蒸し物のこと。ちり鍋風にした蒸し物という意味。あらかじめ材料には薄塩をしておく。大ぶりの器にだし昆布を敷き、その上に白身魚、エビ、豆腐、生しいたけをのせ、酒を振って中火で10分程蒸す。強火で蒸すと豆腐のきめが荒くなる。もみじおろしやポン酢で食べる。

【道明寺蒸し】
道明寺粉を材料にまぶして蒸したもの。薄塩をあてた材料に道明寺粉を付けて蒸し

あげ、葛あんなどをかける。または、水で戻して蒸した道明寺粉、もしくはゆでた道明寺粉を材料にのせたり、包んだりして蒸す。材料には白身魚や鶏肉を用いる。蒸したもち米を乾燥させ、細かく砕き、ピンク色に色付けすることもある。

【徳利蒸し（とっくりむし）】

一人前のちり蒸し用の器を使う。3段に分かれたとっくりの形をしている。下段の器に昆布を敷き、白身魚や鶏肉、白子、豆腐、野菜類、きのこ類などを入れ、だし汁を注いで蒸す。中段に薬味、上段にポン酢醤油を入れて出す。

【土瓶蒸し】

小さめの土瓶に材料と吸い物を入れ、火にかけたもの。会席では吸い物として用いられる。松茸、ハモ、すだちといった初秋の味覚を用いる。松茸は石づきを取り、濡れ布巾で汚れを拭き、食べやすい程度に縦に切る。味付けをした煮だし汁を入れ、沸騰したら弱火で1分蒸し煮する。煮汁が濁っている場合は、蒸し方がたりない。濁りは材料から出たアクのせいで、直火で仕立てると濁りは薄れる。蓋をして、すだちを添え、温かいうちにすすめる。

【南禅寺蒸し】

豆腐、または豆乳を使った蒸し物のこと。豆腐で有名な南禅寺にちなんで名付けられた。豆腐、卵、だしをすり混ぜ、ウナギの蒲焼き、きくらげ、三つ葉、ぎんなんなど好みの具を入れ、蒸し茶碗で30分程弱火で蒸す。蒸しあがったら葛あんをかけ、わさびを飾る。具は本来は精進ものを用いる。

【萩しんじょ】

秋の蒸し物料理。しんじょ地に車エビ、小口切りのぎんなん、ゆでた小豆を混ぜ、つみれのように丸くとって蒸す。蒸し缶に流し入れて蒸し、三角に切ってもよい。大根の桂むきを丸く切り、その中に詰めて形を整え、蒸しあげる方法もある。

【柱蒸し】

具の入っていない茶碗蒸しの上に生の小柱をのせ、熱い葛あんをかけた料理。小柱は、ばか貝の貝柱。卵汁の蒸しあがり寸前に小柱を散らし、再びサッと蒸す。小柱の一部を卵汁に混ぜて蒸す方法もある。薬味には、つゆしょうが、またはわさび。

【ゆず釜蒸し】

ゆずは葉付きのほうを釜蓋にして器にする。塩を振った白身魚、エビ、堅ゆでにしたかぶなどを入れ、酒を振って強火で7～8分蒸す。練り味噌をかけ、さらに数分蒸す。練り味噌は赤味噌とだし汁を混ぜ、砂糖とみりんを加え、弱火でとろみが出るまで練ったものを使う。

【わかめ蒸し】

磯蒸し。春先に出回るワカメの香りを生かした蒸し物。ワカメに卵白をからませ、淡泊な魚の切り身の上にのせて蒸し、かけ汁をする。

鍋　物

鍋ごと食卓に出し、食材を煮ながら食べる料理。日本全国、地方色豊かな鍋料理がある。

鍋の種類と性質

● 土鍋

土鍋は冷めにくく、鍋物には最適。粗陶製なので壊れやすく、取り扱いには気をつける。使う前に水を入れ、30分程おく。鍋の外側の水気を拭き取り、弱火にかけて冷ましてから使う。材料を煮る時は強火にせず、中火以下。新しい土鍋の異臭が強い時は、番茶を入れて煮ると臭いが消える。ひびが入った時は、おかゆ、おもゆを炊くと、ひび割れの隙間が埋まり、再度使用できる。熱の伝導がゆっくりなので、煮えるまでに時間を要する。一旦鍋が熱くなると、なかなか温度は下がらないので、じっくり煮るものや強火で煮ると堅くなる材料に向く。豆腐を土鍋で煮ると、しっとりと柔らかく煮える。

● 鉄鍋

重みがあり、底の厚いものが良い。鍋全体に平均して熱が保たれる。使い始めは金気、油気が出るので、野菜くずなどと煮る。使用後は水を入れ、一度煮立てて洗い、水気を切る。しまう時は薄く油を塗るとサビが出ない。アルミ製の鍋に比べ、加熱の度合はおだやか。保温性もある。焦げつきやすい煮込みやすき焼きに向く。すき焼き用には底の平らなものを使う。

● アルミ鍋

熱伝導が良く、煮込みや煮物向き。

● 銅鍋

熱伝導が最も良く、平均に熱が伝わるので、しゃぶしゃぶ鍋やおでんに向く。

● ほうろう鍋

火の通りが柔らかいので、おでんなどのじっくり煮込む料理に向く。酢を多く使う料理に適している。

鍋物料理

鍋物は煮立つまでは強火で、煮立ったら火を弱めるのが基本。じっくりと味を出す煮込みは、弱火にして煮立てない。魚などの生臭い材料は、ねぎ、せりなどの香味野菜と煮る。根野菜、芋類は煮えにくいので、ゆでてから用いる。アクの強い春菊、ほうれん草は、一度ゆでておき、巻きすで白菜と巻くと見栄えがする。春菊、三つ葉、水菜は煮すぎると味が落ち、煮汁が濁る。湯豆腐や水炊き、ちり鍋、しゃぶしゃぶのように、湯または昆布だしで煮たものは、ポン酢醤油やつけだれで食べる。薬味は大根おろし、もみじおろし、刻みねぎ、七味唐がらし、粉山椒、溶きからしなどを添える。

【あすか鍋】

奈良県橿原（かしはら）の郷土料理。味噌仕立ての牛乳鍋。鶏肉やハマグリの煮汁を一度漉して牛乳を加える。塩分は少なめで、マイルドな味に仕上げる。

【あら鍋】

タイ、ヒラメなどのあらを入れた鍋。土鍋に昆布を敷き、水を入れてしばらく漬け

ておく。火にかけ、野菜類を先に入れ、煮立ったら、あとから豆腐を入れる。たれ、薬味はなし。

【あんこう鍋】
　関東の代表的な冬の味覚。鹿島灘でとれるアンコウを使った鍋物で、茨木県水戸や千葉県銚子の名物。あんきもをすり潰して漉し、味噌を合わせて煮だし汁で溶く。アンコウを骨付きのままぶつ切りにし、霜降りにして煮る。吊るし切りという特殊な方法でおろし、「あんこうの七つ道具」と言われる内臓や肉を霜降りにする方法もある。醤油とみりんで味付けした、さっぱり味のだし汁で煮てもよい。

【石狩鍋】
　北海道の郷土料理。サケの旨味に味噌とバターの風味を加えた鍋物。サケはあらかじめ湯通しして、臭みを抜く。甘塩ザケを使用する。腹骨やかまの部分を使うと一層旨味が増す。バターのかわりにモッツァレッラチーズを溶かして使ってもよい。

【いしる鍋】
　「いしる」は魚醤の一種。北陸でとれるアマエビ、寒ムツなどの旬の魚を、いしるで味付けしただしで煮る。

【磯鍋】
　ワカメをたっぷりと加え、磯の香りを感じさせる海鮮鍋。魚や他の素材の味を生かすため、塩味だけで煮る。

【一松鍋】
　だしを使わず、イカの旨味と玉ねぎの甘味だけで食べる鍋。内臓と皮を取り除いたイカに塩を振り、しばらくおく。玉ねぎはすりおろしておく。イカを油で軽く炒め、塩で味付けして、水と玉ねぎを入れて煮る。イカの色が変わったらすぐに食べる。たれは酢醤油、薬味はあさつき。

【芋煮】
　島根県津和野町に伝わる郷土料理。里芋とタイの身、季節の野菜を入れる。煮込めば煮込む程、味が出る鍋。山形県に伝わる芋煮は、魚ではなく肉を用いる。牛肉を使ってもよいが、豚バラ肉を少々加えると旨味が増す。

【うどんすき】
　大阪の美々卯（みみう）の登録商標。寄せ鍋の味付けとほぼ同様。魚介類や野菜から出た旨味のあるだしで、うどんを煮る。ベースとなるだしは昆布と削りがつお。酒、みりん、薄口醤油、塩で味を付ける。鶏肉、殻付きハマグリ、白菜、しいたけ、湯葉、生ふ、三つ葉などと一緒に煮て食べる。使う鍋はアルミ製が多い。

【おでん】
　「煮込み田楽」の略。関西では「関東煮」と呼ばれる。好みの材料を取り合わせて気長に煮る。温め直しができるので、多めに作り置きしてもよい。大根やこんにゃく、卵、練り製品などのなじみの材料に、ころ、牛スジなどを加えると一味違う。"ころ"は、クジラの皮を脂肪抜きして乾物にしたもの。油揚げの中に、豚肉、大根、にんじん、しらたき、しいたけを詰めた福袋を入れても美味しい。味付けは、関東では昆布、かつお節のだしを使った濃いめの醤油味。関西では鶏がらスープを使った薄味。好みで練りからしをつけて食べる。関東では、すじなどの練り物を多用するが、関西では

あまり使われない。

【かっけ】

「かっけ」とは、そばのかけらのこと。そばを切った時の切れ端を使った鍋で、そばが主食だった頃に生まれた。現在は小麦粉で作られたものもある。ワンタンの皮よりも大きめに切ったかっけを昆布だしで煮て、ねぎ味噌、にんにく味噌などのたれをつけて食べる。

【鴨鍋（かもなべ）】

鴨の旬は冬。鴨肉は脂の白い膜を取り除き、薄いそぎ切りにする。醤油、みりん、だしなどを合わせた汁に入れ、中心がピンク色になる程度に煮えたら食べ頃。ねぎを入れるだけの簡単な鍋物にしてもよいが、豆腐、水菜を加えると一味違う。

【きりたんぽ鍋】

秋田県の郷土料理。「きりたんぽ」の作り方は、堅めに炊いたごはんをつき潰し、秋田杉の串に握りつける。塩水の中で絞った濡れ布巾の上で転がして形を整え、炉端に立てて焼く。この形が"たんぽ槍"に似ているので、きりたんぽと呼ばれるようになった。新米が出回る10月頃が美味しい。秋田名産の比内鶏とささがきごぼうを加えただし汁で、きりたんぽを煮る。

【昆布鍋】

昆布を舟形にして鍋がわりにする。煮汁を入れすぎると昆布が柔らかくなり、形が崩れてしまうので注意。昆布にカキ、きのこ類を入れ、炭をおこしたコンロの上に網を置いてのせる。水と酒を少量入れ、材料から出る水気だけで煮る。すだちのしぼり汁、もみじおろし、ポン酢で食べる。

【卓袱鍋（しっぽくなべ）】

関西の家庭向き寄せ鍋。大正時代まで大阪の家庭では、個別の箱膳で食事をする習慣があったが、大正後半から家族が食卓を囲んで食べるようになった。卓袱台（ちゃぶだい）は、中央にコンロが置けるように穴が開き、ここに鍋をのせて食べたので、この名が付いた。

【しゃぶしゃぶ】

牛肉の他に「豚（とん）しゃぶ」「たこしゃぶ」などがある。鍋に酒を入れて沸騰させ、アルコールを飛ばす。昆布だしを加え、極薄切りの牛肉を軽くゆでる。箸で肉を挟み、左右に動かしながら火を通す。肉から出るアクは、こまめにすくい取る。だしは常に煮立てた状態にしておく。ポン酢やごまだれで食べる。薬味として、もみじおろし、あさつきのみじん切りなどを添える。

【しょっつる鍋】

秋田県の郷土料理。「しょっつる」とは、ハタハタなどの魚の塩漬けから作った魚醤。秋田でとれるハタハタを、しょっつるで味付けした鍋物。ホタテガイの貝殻を使い、しょっつるのだしで小鍋仕立てにした貝焼きは、「しょっつるかやき」と呼ばれ、しょっつる鍋の元祖。材料は、ハタハタ、長ねぎ、しいたけ、豆腐など。

【すき焼き】

「牛すき」「牛鍋」ともいう。牛肉の薄切りや野菜などを割り下で濃厚な味に煮込んだもの。農耕用の鋤（すき）を用いて作ったことが語源と言われているが、魚の"すき身"が語源という説もある。関西風の煮方は鍋を強火で熱し、牛脂を敷き、肉を1

枚ずつ広げて入れる。やや焦げめが付いたら、砂糖を入れて焦がし、みりん、醬油を加える。先に入れた肉は食べ、新たに肉、しらたき、野菜を少しずつ入れて煮込む。煮上がったものは、溶き卵をつけて食べる。関東風の煮方は、鍋を熱して牛脂を敷き、煮だし汁に砂糖、醬油、みりんを加えた割り下を入れる。煮立ったら肉を広げて入れる。肉に火が通ったら、煮えにくい野菜から入れ、水気の出るものは後から入れる。煮えたら卵をつけて食べる。

● 鶏すき

　柔らかい若鶏を用いたすき焼きのこと。臓物類を用いてもよい。割り下は、醬油、砂糖、みりんに水を加えて作る。

● 豚すき

　味噌仕立てにして豚肉のくせを消す。鍋を熱して豚脂を敷き、割り下に赤味噌と酒を加えたものを注ぐ。煮立ったら肉を広げて入れる。溶き卵をつけて食べる。

● 魚すき

　関西風の鍋。季節の魚、野菜を鍋に入れて煮ながら食べる。割り下はだし汁を加えて用いる。タイ、サワラ、エビなどを割り下に5分程漬けておく。鍋に割り下を入れて熱し、魚を並べ入れ、軽く煮る。1度裏返して火が通ったら、卵をつけて食べる。赤身の魚は、ぱさつくので使用しない。ブリ、ハマチは腹身を使うと美味しい。「沖すき」ともいう。

【だまっこ鍋】

　東北の郷土料理。ごはんに小麦粉を加え、すりこ木でついて、団子状にする。鶏がらと薄口醬油、酒、みりん、塩でだし汁を作る。鍋にだし汁を入れて火にかけ、団子、鶏肉、野菜を入れて煮る。

【ちゃんこ鍋】

　相撲業界独特の鍋料理。「ちゃんこ」とは「おっさん」という意味で、相撲部屋の料理人のこと。大別して「水炊き風」と「ソップ炊き（鶏がらだし）風」がある。前者はちり鍋風。魚と季節の野菜を水炊きにし、この煮汁に酢、醬油を加え、つけ汁にする。後者は鶏がらスープに醬油を入れた寄せ鍋風で、煮汁ごと食べる。相撲部屋ごとに材料、味付けが異なり、工夫されている。鶏肉や肉団子などの肉類を中心に、豆腐、油揚げ、野菜、きのこなどを煮る。しかし、四つ足の獣肉だけは"四つんばいになる"、つまり"負け"を意味するので使わない。

【ちり鍋】

　タラ、タイなどの魚介類を使った冬の代表的な鍋物。「ちり」とは、活魚を沸騰した湯に入れると"ちり"と縮まる様子を表現したもの。新鮮な材料を使い、淡泊な味わいにする。魚は白身のものが良く、フグ、コチ、オコゼ、ハゼなど用いられる。昆布だしで、魚、野菜類を煮ながらポン酢醬油につけて食べる。薬味は、もみじおろし、あさつきなど。

【つみれ鍋】

　イワシ団子鍋。イワシの臭みを消すために味噌を加えて味付けをする。だし汁は薄口醬油であっさりと仕上げる。しょうが、ゆずなどの香りを付ける。

【土手鍋】

　貝類（一般にカキ）と野菜類を煮る味噌味

の鍋物。鍋のまわりに味噌を土手のように塗るので、この名がある。カキは塩水の中で振り洗いし、水気を切る。白味噌に赤味噌を合わせ、みりん、酒でゆるめ、鍋の縁に塗り付ける。だしを張り、カキとその他の材料（白菜、ねぎ、せり、ごぼう、春菊など）を鍋に入れ、味噌を溶きながら弱火にかける。煮詰まったら、だしを加える。

【葱鮪鍋】（ねぎまなべ）

脂の乗ったマグロとねぎの鍋物。昔はマグロが安く、特に脂肪の多い砂付は、あら同様に扱われた。そのため庶民的な下町風の鍋料理だった。トロの部分や胴車からはずした"かま"の部分、刺身として作（さく）取った時に出る手屑（てくず）を用い、ねぎとともに濃いめのつゆで煮ながら食べる。つゆは、だし、醤油、みりん（砂糖）で作る。ブリ、ハマチの腹身を使っても美味しい。

【はりはり鍋】

秋から冬にかけ、京野菜が出回る頃が旬の鍋物。クジラの肉と水菜を醤油で味付けしただし汁で煮ながら食べる。クジラの尾の身を薄切りにし、薄味のだし汁で煮る。最近は油揚げを代用することが多い。水菜と合わせて食べる。水菜はクジラの臭みを消してくれる。この水菜の食感から「はりはり」の名が付いた。最後に焼いた餅を入れると美味しい。好みで七味唐がらしを振る。

【へっちょこ鍋】

「へっちょこ」を入れた、おやつ鍋。上新粉で作った団子を岩手では「へっちょこ」「うきうき」と呼ぶ。小豆を1晩水に漬け、強火で煮る。煮立ったら湯を捨て、水を加えて煮て砂糖と塩で調味する。へっちょこを沸騰した湯に入れ、浮き上がったら、小豆と堅めにゆでたかぼちゃを入れる。

【牡丹鍋】（ぼたんなべ）

「いのしし鍋」「しし鍋」のこと。馬肉を桜肉というのに対し、風流めいた表現をしようと「牡丹」と名付けられた。生後1年前後のいのししが美味とされ、成熟したいのししの肉は堅く、好まれない。白菜、春菊、ねぎ、ごぼう、しいたけ、こんにゃく、豆腐などと一緒に味噌仕立てで煮る。

【松前焼き】

切り目を入れた昆布を鉄板の上に敷き、カキ、ねぎ、春菊などの材料を並べる。かぶる程度の煮だし汁を入れて煮る。カキの縁がちぢれてきたら裏返す。もみじおろし、さらしねぎを加えたポン酢につけて食べる。

【水炊き】

一般には博多名物の鶏の水炊きを指す。本来は鶏肉だけを先に味わい、煮汁をきれいにして、野菜や豆腐を入れて食べる。

骨付きの鶏肉と昆布でだしを取る。肉がぽろりと骨からはずれる程じっくり煮ると、煮汁に鶏肉の旨味が充分に出る。強火にかけ、沸騰したら昆布を取り出し、野菜類、きのこ、豆腐の順で入れる。煮すぎないうちに、ポン酢、もみじおろし、さらしねぎにつけて食べる。鶏肉には、ゆずコショウをかけてもよい。最後にうどんやごはんを入れ、溶き卵を回しかけて食べると美味しい。

【蒸し鍋】

　野菜と肉を交互に重ね、鍋に敷き詰めて蒸し煮した鍋。白菜と豚バラ肉、キャベツと豚バラ肉、またはじゃが芋、玉ねぎと豚バラ肉を取り合わせ、隙間なくぎっしりと鍋に詰める。酒と塩を振りかけ、火にかける。ポン酢やレモン汁、あさつき、大根おろしなどで食べる。

【もつ鍋】

　牛もつの味噌仕立て鍋。もつの臭みを消すために、すりおろしたしょうがやにんにく、酒を加えて煮る。アクは丁寧に取り除く。牛もつは小腸、しま腸などを用いる。

【柳川鍋】

　「どじょう鍋」のこと。江戸時代に日本橋横山町のどじょう屋「柳川」が創案したとされているが、名前の由来は福岡県の柳川産の土鍋を用いたからという説もある。生きたドジョウは、酒を振りかけて蓋をして、しばらくおく。さばいたドジョウは、薄い味噌汁で下煮しておく。浅い鍋にささがきごぼうを敷き、ドジョウを並べ、濃いめのだしで煮る。仕上げに卵を落とし、半熟になったら三つ葉を散らす。粉山椒を添える。

【雪鍋】

　真っ白な雪に見立てた大根おろしをたっぷりと入れた鍋。甘塩ダラなどを用い、だし、みりん、醤油で調味した煮汁で煮て、大根おろしを入れる。しょうが汁、きざみねぎも加える。サバ、イワシ、アジ、カレイ、サンマ、アマダイなども用いる。大根の甘味が魚の風味とよく合い、魚の臭みも消える。揚げた餅を加えてもよい。

【湯豆腐】

　豆腐の旨味を直に味わえる鍋物。大阪では「湯奴」という。鍋に切り目を入れた昆布を敷いて水を入れ、煮立ったら豆腐を入れる。再び煮立ったら、豆腐をすくって器に取る。つけ醤油と、さらしねぎ、花がつお、おろししょうが、大根おろしなどの薬味で食べる。豆腐は煮すぎると"す"が立ち、堅くなるが、湯に塩をひとつまみ入れると防ぐことができる。鶏肉、ハマグリ、カキ、ねぎ、生しいたけなどを取り合わせても美味しい。

【寄せ鍋】

　様々な食材を吸い物程度の味加減の汁で煮ながら食べる。魚介類、鶏肉、野菜類、きのこ類、ふ、豆腐などを用いる。素材の丁寧な下ごしらえが味を引き出す。水気や脂の多い材料は、下ゆでしておく。タイの切り身は酒と塩を振り、10分程おく。鶏肉、タイ、ハマグリなど、だしの出るものを最初に鍋に入れ、旨味を出す。煮汁とともに小鉢に取り、すだちのしぼり汁や、ポン酢醤油で食べる。

【わた鍋】

　イカのわた、アンコウの肝など魚介類の内臓が味の決め手となる。煮汁に独特のコクと旨味が出る。わたや肝は必ず鮮度の良いものを使う。だし汁、味噌、酒、砂糖などと合わせ、材料を煮る。

和え物

　和え物とは、魚介、肉、野菜などの食材を下調理して、調味液や粘稠性（ねんちょうせい）のある和え衣をからませた料理。食材と衣の組み合わせは無数にあり、それぞれ独特の風味を生み出すことができる。具の味の濃淡により、和え衣の味や分量を調節したり、具の水分量によっては下処理をするなど工夫が必要。材料は新鮮なものを使い、充分に冷めたものを食べる直前に和えることが大切。早くから混ぜると水気が出て、味や彩りが悪くなる。

下処理の仕方

【洗い】

　ほうれん草や春菊を焼き物などのつけ合わせにする場合は、それらをゆでて水気を切り、醤油をサッとかけ、軽く醤油分を切って用いる。これを"醤油洗い"という。これにより料理が水っぽくなく仕上がる。カキ、アカガイ、トリガイ、タコ、薄切りにした魚などは、生酢、または水で薄めた酢に通して用いることがある。これを"酢洗い"という。これにより材料の生臭みが抑えられ、出来上がる料理が水っぽくならない。

【酒煎り（さかいり）】

　青柳、ハマグリ、アサリなどのむき身は、生臭さやクセを取るため酒で煎り、ざるに上げて冷ましてから用いる。これを"酒煎り"という。

【立て塩】

　立て塩とは海水程度の塩水のこと。魚介類の生臭みをとることができる。

●カキ

　殻を取り除いてから用いる。おろし大根の中できれいに洗い、さらに立て塩の中で洗う。

●魚類

　塩でしめてから用いると生臭みが取れる。夏は3〜4時間。冬は倍の時間をかける。タイ、ヒラメなどの淡泊な魚は1〜2時間。キス、サヨリなどの身の薄い魚は立て塩にくぐらせ、40〜50分おく。

【野菜の下処理】

●うど

　うどなどのアクの強い野菜は、切ってすぐに酢水に漬ける。その後、水洗いして、水気を切る。

●大根・きゅうり

　冷水に放って歯切れを良くしたり、逆に塩もみしたり、塩水に漬けて、しなやかにして使う場合もある。

●葉野菜

　白菜、青菜、キャベツなどは、ゆでてから水気をよく切って用いる。青菜など色を鮮やかに残したいものは、ゆでてからすぐに冷水に取って冷ます。

●れんこん

　酢水にしばらく漬けてから水気を切る。変色を防ぎ、白さもいっそう増す。

合わせ酢

【甘酢】

　材料は酢、塩、砂糖、みりん、水。甘い

和え物

合わせ酢。

【木の芽酢】
木の芽を刃叩きしたり、すり鉢ですって、合わせ酢を加えて混ぜたもの。酢どり魚などに用いる。

【黄身酢】
卵黄が主体。卵黄、酢、砂糖、塩を合わせ、湯煎にかけて練り、とろりとさせる。仕上げに絹ごしにかけると、つやが増す。

【ごま酢】
白ごまを弱火でよく煎り、すり鉢で油が出てくるまでする。二杯酢、三杯酢、土佐酢などを少しずつ加え、どろりとしたペースト状にする。あたりごまを用いてもよい。野菜のごま和えに用いる。

【三杯酢】
材料は酢、砂糖(またはみりん)、醬油、塩、だし。和え物全般に広く用いられる。

【しょうが酢】
二杯酢、または三杯酢の中に、しょうがのしぼり汁を入れ、混ぜ合わせたもの。

【たで酢】
たでの葉を細かく刻み、塩ひとつまみを混ぜ、よくすり潰す。冷めたおもゆ少量を加え、さらにすって酢でのばす。アユの塩焼きに用いる。

【土佐酢】
かつお節の旨味豊かな合わせ酢。三杯酢に削りがつおを入れて煮立て、火からおろす。上等の酢の物に用いる。

【二杯酢】
酢と醬油を同量ずつ混ぜ合わせ、だし割りしたもの。酒の肴、野菜の酢の物に用いる。

【梅肉酢】
梅肉に砂糖を加え、煮切り酒でのばす。梅肉に合わせ酢を合わせたものもある。白身魚などに用いる。

【ポン酢】
醬油と橙(だいだい)などの柑橘類のしぼり汁を合わせたもの。水炊き、ちり蒸し、から揚げのつけ汁などに用いる。また、ポン酢は果汁酢(主に橙のしぼり汁)そのものも意味する。橙などの柑橘類は、オランダ語でポッス(pous)という。

【松前酢】
昆布の旨味が豊かな合わせ酢。三杯酢に昆布、みりんを入れ、一煮立ちさせ、昆布を取り出す。上等の酢の物に用いる。

【みぞれ酢】
「おろし酢」ともいう。大根おろしの水気を軽く切り、三杯酢、二杯酢、ポン酢などに加え、砂糖、塩で味を調える。鶏肉、魚、カキ、ナマコ、きのこ類などに用いる。

【吉野酢】
葛粉でとろみをつけた合わせ酢のこと。土佐酢、二杯酢、三杯酢などの合わせ酢を加熱し、水で溶いた葛粉を入れ、とろみをつける。材料に味がからみやすく、口当たりもなめらか。

【わさび酢】
すりおろしたわさびを合わせ酢に溶き込ませたもの。二杯酢や三杯酢におろしわさびを加え、よく混ぜる。アワビ、カニの酢の物に用いる。

合わせ醤油

【からし醤油】

溶きからしと醤油をよく混ぜ合わせたもの。だしを加える場合もある。青菜類の和え物に用いる。

【ごま醤油】

すりごま、切りごまに醤油、または割り醤油を合わせたもの。主に野菜類と和える。

【落花生醤油】

落花生を粗く刻んで、すり鉢でなめらかになるまでする。砂糖、醤油を入れ、充分にのばす。主に野菜類と和える。

合わせ味噌

【からし酢味噌】

溶きからしをすり鉢に入れ、充分にする。砂糖と白味噌、または玉味噌を加え、さらによくする。酢を少量ずつ加え、ペースト状にする。ゆるやかさは、だしなどで調節する。魚、タコ、貝類の他、はもちり、洗いにも用いる。

【木の芽味噌】

「さんしょう味噌」とも呼ぶ。すり鉢で木の芽をよくすり、ゆでてきれいな緑色のほうれん草を入れ、すり混ぜる。白味噌、砂糖（みりん）を加え、よくする。イカ、野菜などに用いる。

【酢味噌】

白味噌に砂糖を加え、すり鉢でよくすりながら酢とみりんを入れる。

和え物料理

【鰻ざく（うざく）】

小さく切ったウナギの蒲焼きときゅうりを合わせ酢で和えたもの。きゅうりは薄切りにし、塩を振ってしんなりさせ、水気をしぼる。ウナギを蒲焼きにし、冷ましたら小口切りにしてきゅうりと合わせ、針しょうがを加える。甘味を控えた三杯酢、もしくは土佐酢で和える。

【うの花和え】

「からまぶし」「吹雪和え」「雪花和え」ともいう。魚や野菜を、煎ったうの花（おから）で和えたもの。だし汁、砂糖（みりん）、塩、うの花に下味を付ける。よく煎って充分に冷まし、材料と合わせる。温かいうちに混ぜ合わせると、いたみが早い。塩水で洗い、三杯酢に漬けたイワシ、しめたサバやアジとの相性が良い。

【覚也和え（かくやあえ）】

糠味噌床に残った酸味の強い古漬けの大根、きゅうり、なすなどを塩抜きして細かく刻み、針しょうがと酒、醤油で和えたもの。「覚也」とは沢庵和尚の弟子の名で、沢庵和尚の沢庵漬けに対抗して名付けられた。

【粉節和え（こぶしあえ）】

花がつおを弱火で香ばしく煎り、手でもんで粉にする。食卓に出す直前に料理にまぶす。

【ごまよごし】

「ごま和え」のこと。白ごま、または黒ごまを煎って香ばしくする。すり鉢で粗ずりして砂糖と醤油、塩で味を付け、材料と和

える。ごまの色は、和える材料により彩りを考えて使う。
【白和え】
　豆腐と白ごまの和え衣で和えたもの。豆腐は重しをして水分を抜く。ごまを煎り、すり鉢でする。裏漉しした豆腐を加えて混ぜ、薄口醤油、みりん、砂糖などで味を付ける。下ゆでし、下味を付けた野菜、こんにゃく、ヒジキなどと和える。
【酢ごぼう】
　ごぼうの皮を包丁の背でこそげ取り、適度に切って水にさらし、アクを抜く。湯に少量の酢を加え、強火で数分煮る。熱いうちに塩を振り、すりこ木で叩いて味をしみ込ませる。ごま酢で和える。
【酢れんこん】
　別名「酢ばす」。れんこんの皮は厚くむく。酢水にさらし、ゆでる。熱いうちに塩を振り、薄切りにして三杯酢に漬ける。先に薄切りにしたものを酢水にさらし、三杯酢に入れ、弱火で一煮立ちさせ、煮汁に漬けて冷ましてもよい。
【高砂和え】
　兵庫県高砂市はアナゴの産地。アナゴを白焼きにし、裏漉しにする。煮切りみりん、醤油、だし、白ごまを加えてすり、ゆでた青菜、春菊などと和える。煮つけた白身魚の身をほぐし、すりごまと合わせてもよい。魚の煮汁とだし汁でのばし、味を調える。
【鉄砲なます】
　別名「てっぱえ」。食べた時に鼻をどんと突くような赤唐がらしの刺激があることから、この名がある。からし味噌に刻んだねぎと種を抜いた赤唐がらしを加え、薄切りにしたフナ、大根、にんじんと和えたもの。フナは三枚におろして皮を引き、三杯酢で酢洗いして用いる。
【東海寺和え】
　「たくあん和え」ともいう。たくあんを和え衣にしたもの。沢庵宗彭が開いた東海寺の名をとって付けられた。具は魚か貝に限られる。たくあんは嫌な臭いのないのを選び、小さいさいの目切り、みじん切り、せん切りなどにし、水でサッと洗って塩抜きをする。割り醤油や土佐酢などに漬けて味を含ませ、具と和える。
【なます】
　野菜を使った場合は「膾」。魚を使った場合は「鱠」と書く。魚介類、野菜類を二杯酢、三杯酢、甘酢、酢味噌などで和えたものをいう。大根なますは、大根、にんじんをせん切り、または短冊切りにする。塩もみをして洗い、水気を堅くしぼる。三杯酢とゆずのせん切りで和える。魚の焼き物などに添えてもよい。
【沼田（ぬた）】
　「ぬた」とは、とろりとした味噌の質感を表したもの。青柳、ハマグリ、トリガイ、川魚、タコ、イカなど魚介類、野菜類を、酢味噌やからし酢味噌で和えたもの。からし酢味噌のことを、「ぬた味噌」ともいう。昔は雛節句の前後に作った料理で、タニシ、若ねぎ、新ワカメ、うどなどの旬の材料を使った。青柳とわけぎのぬたは、わけぎを白い根の部分と青い部分に切り分け、白い根の部分を先にゆでる。1分程ゆでて水気を切る。青柳は酒をかけて煎り、冷ま

しておく。からし酢味噌は少し堅めに練り、材料と合わせる。

【梅肉和え】
　裏漉しした梅干しに醤油、砂糖、みりんを合わせて和える。ハモ、イカ、れんこん、ゆり根などの淡泊な材料に用いる。

【氷頭なます（ひずなます）】
　氷頭を合わせ酢で和えたもの。作り方は土地土地により異なる。サケの氷頭（頭部の軟骨）を小口から薄切りにする。30分程水に浸して塩抜きをし、酢に1日漬ける。酢を捨て、少量の土佐酢で1日、本漬けをして仕上げる。針しょうが、大根おろしを混ぜ、酒の肴にする。

【姫皮の木の芽味噌和え】
　皮付きのまま、たけのこをゆで、むいた皮の内側にある柔らかい部分を木の芽味噌で和えた料理。姫皮（甘皮）は、柔らかい部分を指で送り出し、堅く巻いてせん切りにする。イカを細く切ったものに酒と塩を振り、煎って冷ます。姫皮とイカを混ぜ、木の芽味噌と和える。ウニと和えてもよい。

【真砂和え（まさごあえ）】
　カズノコやタラコをほぐし、酒、薄口醤油で味付けし、イカやシラウオなどと和える。

【もみじ和え】
　真っ赤なもみじを思わせる赤みのある和え物を指す。たとえば、タラコをほぐし、みりんを加え、イカの糸造りなどと合わせたものがある。ゆず釜などを利用して盛りつけるとよい。

【焼きなます】
　別名「炒めなます」。材料を炒め、薄味を付けてから合わせ酢と和えたもの。根野菜を薄切りにし、水気を切っておく。鍋に油をひいて野菜を入れ、炒めて8分通り火を入れる。三杯酢などの合わせ酢を加え、一煮えさせる。ごま油で炒めてもよい。

【山路和え】
　山海の材料を合わせ、酒、薄口醤油、みりんを一煮えさせた合わせ醤油で和える。酒蒸し鶏、カズノコ、イクラ、ワカメ、しいたけ、ぎんなんなどを器に盛り、合わせ醤油をかける。カズノコ、スルメ、昆布の細切りを、大根、きゅうりと合わせて漬けると、酒の肴になる。

練り物

材料を練って作った料理や加工品を指す。かまぼこ、ちくわ、きんとんなど。かまぼこは、白身魚、エビ、カニなどの材料をすり身にして固めて作る。塩とみりんで味を付けておいてもよい。一品料理にすることは少なく、前菜や椀種、煮物に用いることが多い。

【魚ぞうめん】
「うおぞうめん」または「ぎょぞうめん」と読む。魚のすり身を引き筒でそうめん状にしたもの。柔らかくのばした白身魚のすり身を、引き筒に入れる。湯を煮立て、はしでかき回して渦を作る。渦が消えないうちに、すり身を突き出して流す。ひも状に固まったものを杓子で取り出し、水に入れて冷まし、水気を切る。卵黄、ウニ、挽き茶などを加えると風味が良くなる。

【きんとん】
栗や芋類、いんげんなどを甘く煮て、一部を裏漉しし、それぞれとからめたもの。代表的なものは「栗きんとん」。正月料理の口取り、折り詰めなどに用いられる。

【すり身の作り方】
白身魚の生身を粘りが出るまでする。つなぎには片栗粉、浮き粉、山芋などを用い、だし汁でのばす。エビは皮をむき、薄い塩水に10分程さらし、水気を切ってすり潰す。鶏肉は筋と脂肪を取り除き、包丁で叩いて潰す。すり鉢でする時は、すりこ木を2本使い、交互に動かすと手早く仕上がる。これを裏漉しすると、すり身（たね）ができあがる。

【つみれ】
「つみいれ」とも言う。材料をつまんで入れるので、この名がある。材料は主にイワシ、サバ、小アジなど。芋や豆腐を用いたものもあり、種類は様々。魚のつみれは、頭と皮を取り、小骨が付いたまま叩き潰す。すり鉢に入れ、粘りが出るまでする。しょうがのしぼり汁、赤味噌、小麦粉を加え、よく混ぜる。煮立った湯に入れてゆでる。浮き上がって数分したら、すぐに取り出す。

寄せ物

材料を寒天、ゼラチン、葛粉、卵などで冷却、または加熱して固め、形作ったもの。魚肉に含まれるにかわ質（ゼラチン質）を利用して作る煮こごり、寒天を用いる甘味の羊羹（ようかん）などがある。寒天の原料は、てんぐさなどの海草類。角、糸、粉状の寒天がある。成分は糖質で、35℃で固まり、80℃で溶ける。

ゼラチンは、牛、豚、クジラなどの結合組織や真皮が原料。板と粉状のものがあり、成分は蛋白質。10℃で固まり、25℃で溶ける。

寒天の中に素材を入れる場合は、水を少なめにする。砂糖と酸味を加える場合も少なめにする。砂糖から水気が出るし、酢を加えると寒天は固まりにくくなる。角寒天を溶かす時は、よく洗ってゴミを取り、堅

くしぼる。細かくちぎり、水に1時間浸しておく。砂糖や材料は、寒天を弱火にかけて煮溶かしてから入れる。溶かし方が不充分で砂糖を入れると、きれいに溶けない。流し箱は濡らしてから用いると、固まった時に出しやすい。

裏漉しした材料や卵白、あんなどを入れる場合は、寒天を溶かした鍋の底を水につけ、粗熱を取りながら混ぜる。寒天が熱いうちに混ぜると、材料が分離する。鶏肉、野菜、果物を混ぜる場合、熱い寒天に入れると変色して浮き上がってしまう。卵白を泡立てたものは、溶かした寒天を少しずつ加えながら混ぜる。層にする場合は、下の段が7分通り固まったら、表面にフォークで細かく溝をつけ、新たに寒天を流し込む。香料は流し箱へ入れる直前に加える。熱いうちに入れると香りが飛んでしまう。アルコール類は固まり方を弱らせるので、入れる量に気をつける。

粉ゼラチンは、水を振って数分おく。板ゼラチンは、15分程水に浸すと柔らかくなる。酸味を加える場合は、温度が下がってから混ぜる。熱いうちに混ぜると固まり方が弱くなる。流し型から抜く時は、型を軽くぬるま湯に浸すと楽に取り出せる。

【葛寄せ】

材料に葛粉を加えて練り、型に流して固めたもの。冷製にする場合は、柔らかく仕上げる。必ず本葛を用いること。片栗粉が混ざった葛粉は、固めた後にまたゆるくなってしまう。葛を練る時は、水を加えて裏漉しをする。鍋に入れて弱火にかけ、静かに煮ながらかき回す。粘りが出て、半透明になればよい。流し箱の水気を取り、一気に流し入れて平らにする。常温で冷ましてから冷水に入れて冷やす。材料を混ぜる時は、材料に薄味を付けておき、練り上げた葛に入れる。煮汁は濁るので入れない。材料の量は、葛の2割以内にとどめる。八方だし、味噌あんなどをかけて食べる。ごま豆腐、くるみ豆腐は葛寄せの一種。

【ごま豆腐】

煎ったごまをすり鉢でする。葛粉を加えて水を少しずつ入れ、混ぜて裏漉しをする。鍋に入れ、塩、酒で味付けをして、中火にかける。よく混ぜ合わせ、透明になるまで気長に練る。流し箱を濡らして流し入れ、濡れ布巾をかぶせて乾きを防ぎ、自然に冷ます。くるみ豆腐、枝豆豆腐も同じ要領で作る。葛は練る程に強いコシが出るので、ごま豆腐のようなねっとり滑らかな料理には、よく練ることが大切である。

【地豆豆腐（ジーマーミトウフ）】

沖縄では落花生のことを「ジーマーミ」という。土の中にできる豆という意味。さつま芋でんぷんと落花生のしぼり汁を練り上げ、豆腐のように白く仕上げる。手でつかんで振ってもちぎれない程、コシの強いものが上等とされる。落花生は熱湯に浸して皮をむく。水を加えてミキサーにかけ、布巾などで漉す。芋くず（さつま芋でんぷん）は、水で溶いて裏漉しする。鍋で混ぜ合わせ、一度堅くなったものが再び柔らかくなるまで練る。粘りと透明感が出たら流し缶に入れ、濡れ布巾をかける。水をかけて自然に冷やし固める。かけ汁で食べる。

寄せ物

【煮こごり】

「煮こごり」とは、魚を煮込んだ汁を放置して固まったもの。この凝結作用を利用し、材料を煮詰めて冷やし固めた料理のことをいう。ゼラチン質の多いフグやヒラメ、サメなどを用いる。これらの身や皮を適当に切り、煮汁で煮詰め、冷やし固める。ゼラチンや寒天を補う場合もある。

●寒天を利用した煮こごりの一例

魚はだし汁に漬けておき、野菜は下ゆでする。寒天を煮溶かし、材料を入れて数分煮て味を調える。鍋底を水につけ、粗熱を取る。流し箱の内側を濡らし、彩り良く流し込み、冷やして固める。煮こごりは刺身扱いをされるが、濃いめに味付けをすれば前菜になる。

Column

－水へのこだわり－

ごはんを炊く時にミネラルウォーターを使う方は多いと思います。しかし、米を洗う時に水道の水を使ったのでは、何の意味もありません。

精製米の水分量は18％ですが、一度水に浸すと30％吸収します。合わせて50％近くになり、繰り返し水洗いすると、さらに水分を吸収します。米はスポンジと同じで、最初が一番水をよく吸います。しみ込んだ水は芯に残り、後の水は入りにくくなります。炊く時にミネラルウォーターを使っても、充分に吸収されないわけです。先に水道の水で洗うと、カルキ臭も入り込んでしまいます。米の中に入ったカルキは、炊いても少し残ってしまうのです。

日本の水は軟水（硬度100以下）ですが、日本人の体はこの水に慣れています。しかし、近年、硬度の高い外国のミネラルウォーター（硬度300～500）を飲む人が増えてきました。これは、食生活の西洋化が影響しているとも考えられます。水がまずくなったことも事実ですが、一方で欧米型の食事や清涼飲料水、スナックなどを多量に摂取すると、ミネラルやビタミンが不足します。それを補うために、体がミネラルウォーターを欲しがるようになったと考えられます。食事の西洋化で成人病が急増している現在、日本人の食生活の基本であった"菜食"が見直されています。おそらく将来はまた日本人のDNAに合った食生活になり、軟水の食文化に回帰していくと私は考えます。

－煮物－

明治時代にイギリス経由で入ったカレーは日本人の料理として、すっかり定着した感があります。もちろん本場のインドカレーとは形体が違ったものですが、大変な人気です。カレー作りのこだわりは、やはり隠し味。ビターチョコ、コーヒー、ココア、りんご、にんじん、バナナ……などいろいろありますが、せん切りにした玉ねぎをふんだんに使い、水を加えずに作るのが、旨味が増して美味しいものです。インドでは、野菜、香草や香辛料から出る汁で作るのが一般的です。

香辛料に関しては、総じて日本人は使い方が今ひとつです。カレーに欠かせない"ガラン・マサラ"は、すなわち「辛い香辛料」という意味。インドでは各家庭でオリジナルのものを作ります。クミン、フェンネル、コリアンダーをベースに、4～5種類の香辛料を合わせます。コショウやクローブも加えたりしますが、しょうがはあまり入れません。一般的に唐がらしは北は乾燥もの、南はフレッシュなものを使います。香辛料の割合は各家庭ごとに異なり、独自の"おふくろの味"になっています。野菜は玉ねぎとにんじんがベース。すったりんごも使います。玉ねぎは5時間程かけて火を入れ、きつね色にすると甘味が増します。170℃の油で揚げて使うと早く甘くなります。ガラン・マサラは最後の香味付けに入れます。日本人のように先に入れて煮込むことはありません。

卵料理

卵は白玉、赤玉があるが、鶏の種類が異なるだけで栄養的に違いはない。卵1個の重さは40～75gぐらいまでで、大きさによりSS～LLまで6段階に分かれる。いずれも卵黄の量は変わらず、卵が大きくなる程卵白の量が多くなる。

卵を振ってみて、中で黄身が動かないものは新しい。割った時に卵黄とそのまわりの卵白が盛り上がっているものは新鮮。殻の表面がつるつるで、光沢があるものは古い。6％の塩水に卵を入れると、産卵直後の卵は横になり、古くなるにつれ殻の丸いほうが上を向くようになる。卵黄の表面や卵白に血液が混じっていることがあるが、これは鶏を手荒く扱った証拠。血液は輸卵管からの出血で、鮮度には関係ない。

卵の成分

卵殻の大部分は炭酸カルシウムで、0.25～0.35mmぐらいの厚みがある。表面に多数の気孔があり、ここで呼吸が行われている。卵白は卵が古くなる程水様化していく。卵白の88％は水分。蛋白質は約10％。卵黄には蛋白質が約15％、脂質が約31％含まれ、ビタミンA、B群、D、鉄などが豊富である。卵の消化吸収率は比較的良いが、半熟、堅ゆで、生の順で吸収率が落ちる。卵白は多量に食べると、吐き気をもよおすことがあるので注意。卵殻の表面にはサルモネラ菌が付着している場合があり、卵を割る際には殻が中身に混じらないよう気をつける。

ゆで方

●殻ごとゆでる場合

あらかじめ卵を水の中に浸しておくと、熱した時に割れにくい。火加減は弱火で、静かにゆでる。水に塩、酢などを加えると、加熱中に殻にひびが入った時、流れ出した卵白がすぐに固まり、ゆで上がった卵の殻もむきやすい。15分以上ゆでると、卵黄と卵白の境目が黒くなる。水の中で殻をむくと、半熟卵でもキズがつかない。生みたての卵は、多少殻がむきにくい。

●殻の中身だけをゆでる場合

鍋に湯を沸かし、塩と酢を入れて静かに煮立てる。卵は器に1個ずつ割り入れ、熱湯の中に落とす。すくい上げる時は、網杓子で丁寧に扱う。ラップに卵を割り入れ、包んでねじり、堅さを加減しながらゆでる方法もある。

卵料理

【厚焼き卵】

卵焼きの一種で、地方により作り方が異なる。関東では溶き卵に砂糖、少量のだしを加え、甘口にすることが多い。関西では溶き卵にタイ、エビ、キスなどのすり身、山芋のすりおろし、だし、醤油、砂糖、塩などを加える。鍋に一度に入れると、まんべんなく焼けないので、数回に分けて加え、折り重ねるようにして焼く。

【いり卵】

溶き卵を塩、砂糖、酒などで調味し、焦

がさないように箸で混ぜながら、から煎りしたもの。最初は中火で、卵白が白くなりはじめたら火を弱め、底のほうが固まってきたら、手早くかき混ぜる。湯煎にかけながら、ゆっくりと煎ると、卵の持ち味が生かされる。

【薄焼き卵】

溶き卵を薄っぺらく焼いたもの。細く刻めば錦糸卵になる。鍋の熱し方が充分でないと卵は焦げつく。熱しすぎると大きくふくらみ仕上がりが悪い。表面が乾いたら、箸を鍋の縁に沿って回す。卵の下に箸を差し込み、真ん中まで入れて静かに持ちあげる。返して裏を焼き上げる。

【う巻き卵】

ウナギの蒲焼きを芯にして焼き上げた卵焼き。ウナギのかわりにサンマ、イワシの蒲焼きを使っても美味しい。

【温泉卵】

「温度卵」ともいう。卵黄のほうが卵白よりも凝固温度が低い性質を利用した料理。65〜68℃の温泉に30分以上入れて作ることから温泉卵と呼ぶ。鍋で作る場合も同温で30〜35分程ゆでる。卵黄は半熟で、卵白はふるふると流動性を帯びている状態のゆで卵ができる。卵は必ず新鮮なものを使うこと。夏は冷やしてガラスの器などに入れ、冷たいだしをかけて食べる。

【だし巻き卵】

関西風の厚焼き卵。多めのだし汁を卵に混ぜて厚焼きにしたもの。卵を溶き、だし汁、塩、薄口醤油、砂糖（みりん）で味を付ける。焼きあがったら巻きすにのせ、軽く巻いて形を整える。大根おろし、酢どりしょうがなどと合う。

【卵酒】

酒を煮立て、火を入れてアルコール分を抜く。ボウルに卵黄を溶き、酒を注ぎながら混ぜる。砂糖やしょうがのしぼり汁を加えても美味しい。昔から風邪をひいた時の発汗を促す飲物として用いられてきた。

【茶碗蒸し】

「蒸し物」の茶碗蒸し（369p）を参照。

【煮しめ卵】

だし汁に、醤油、砂糖、酒を加える。殻をむいたゆで卵を入れ、20〜30分弱火で煮る。

【吹寄卵】

堅ゆでの卵黄と卵白を別々に裏漉しする。ふるいにかけた砂糖、塩少々を卵黄と卵白に混ぜる。卵黄のほうは砂糖を多めにする。流し箱に卵白を入れて平らにし、その上に卵黄をのせる。蒸し器に入れ、強火で10分程蒸す。卵白と卵黄に同じ量の砂糖を入れると、卵白は流れてしまうので注意。

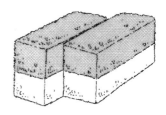

【袱紗卵（ふくさたまご）】

白焼きにした白身魚の身をほぐし、彩り用の三つ葉、にんじんなどとともに溶き卵に加える。調味して卵焼き鍋や蒸し缶に入れ、天火で焼き上げる。厚焼き卵と焼き方は同じ。

漬け物

　漬け物は、野菜を食塩、ぬか、味噌、酒かす、醤油、酢などの調味液や漬け床に漬け込んだ加工食品。漬け込むことにより浸透圧の差が生じ、野菜の細胞内の水分が抜け、逆に食塩やぬかなどの細胞外成分が入り、旨味が加わる。また、漬けることで乳酸菌が繁殖し、酸味も生じる。酵母の発酵を伴う漬け物（ぬか漬けなど）は、特有の香気と旨味がある。

　漬け物の塩は、精製塩より並塩が良い。即席漬けや一夜漬けは、野菜の重量の1〜2％、早漬けは3％、1カ月程保存するならば6％、それ以上の長期保存をする場合は15％以上の塩を使う。食塩の濃度が高いと微生物の繁殖を抑えられる。

【赤かぶら漬け】

　北海道や岐阜の名産。北国の赤かぶは肉質がしまって歯切れが良い。形の大きな赤かぶをぬかで漬ける。赤かぶは、皮は赤いが中は白っぽい。漬け込むうちに発酵が進み、白い部分も真紅にそまる。

【阿茶羅漬け（あちゃらづけ）】

　酢漬けの一種。「あちゃら」の由来は、ペルシア語で漬け物を意味する「アチャール」。赤唐がらし、昆布、ゆず皮を細かくせん切りにし、三杯酢を加えて漬け汁を作る。大根、にんじん、きゅうりなどを浅漬けにする。

【一夜漬け】

　「大阪漬け」「即席漬け」とも言われる。大阪では「きざみ茎」という。漬け込む時間が短いので、長期保存はできない。大根、きゅうり、キャベツ、かぶ、なすなどの材料全体に軽く塩を振ってもみ、落とし蓋をして軽い重しをのせ、1晩漬ける。薄味なので、洗わずに水気をしぼり、醤油をかけて食べる。長期間漬け込むものよりも、ビタミン類の損失は少ない。

【いぶりがっこ】

　秋田などの雪国の漬け物。いぶして干した大根のたくあん漬け。大根を外に干すと凍ってしまうので、囲炉裏（いろり）の上に吊るしていぶす。燃やす木の香りが大根にしみ込み、特有の風味がある。「がっこ」とは放言で漬け物のこと。

【うの花漬け】

　魚や野菜を、うの花（おから）に漬け込んだもの。コハダなどの背の青い魚を用いる。コハダは小骨や脂肪が多いので、酢をきかせて柔らかくする。三枚におろし、上身が見えなくなるぐらい塩をまぶす。おからはよく洗って水気を切り、鍋で焦がさないように煎る。酢、砂糖、酒を加え、ねぎ、しょうが、ゆずの皮、赤唐がらしを混ぜる。コハダは酢で洗い、そぎ切りにして、おからに加える。冷蔵庫に入れ、1晩なじませる。

【梅干し】

　梅の果実を塩蔵し、日に干して、さらに漬け込んだもの。青梅の収穫時期は6月中旬から梅雨の頃。堅すぎたり、黄色く熟したものは使わない。容器を熱湯で消毒し、よく乾かす。青梅のへたを取り、1晩水に漬けてアクを抜く。水切りした梅に塩をまぶして紙蓋をし、冷暗所に置く。10日か

ら2週間すると水が上がってくる。これが白梅酢。料理や薬用に用いる。赤じその葉に塩を振り、手もみをしてアクを出す。これを数回繰り返し、白梅酢に浸す。赤くそまった梅酢と葉を、梅漬けの容器に戻し入れて蓋をし、土用（7月下旬）まで梅を漬ける。土用の晴天が続く日に梅を出し、ザルに入れて干す。土用干しをすると柔らかくなり、実から種がはがれやすくなる。時々梅を裏返し、梅酢も日光に当てておく。夜干しをして夜露にあてる。3日続けると皮が柔らかくなる。4日目に本漬けに入る。梅に赤じそをのせ、梅酢を注いで蓋をする。2週間程で、程良い加減になるので、別な器に移す。1年程おくと味がなじみ、一層美味しくなる。残った赤梅酢は、料理や薬用にも使える。

【おみ漬け】
　青菜（せいさい）という高菜の1種を漬けたもの。蔵王菜ともいう。青菜を刻み、にんじん、きゅうり、しょうが、菊とともに薄塩で漬ける。農家の庭先に捨てられていた青菜を、近江の商人が持ち帰り、刻んで漬けたのが始まり。「近江漬け」「おみ漬け」と呼ばれるようになった。

【粕漬け（かすづけ）】
　魚介、肉、野菜などを酒粕、みりん粕に漬けたもの。野菜は白うり、大根、なす、きゅうりがよく用いられる。魚はサケ、タラ、ブリなど。酒粕を細かくちぎって容器に入れ、焼酎を振りかけ、その上にまた酒粕をのせる。これを繰り返し、ラップでおおい、落とし蓋をして冷暗所に置く。半年程たつと、べっこう色に変色する。材料を塩漬けにして粕に漬ける。ぬか床を少し混ぜると良い味になる。奈良漬け、守口漬けは、粕漬けの一種。

【かぶらずし】
　加賀百万石の食文化を代表する"なれずし"の1種。大型の青かぶらを輪切りにし、薄塩で漬ける。漬けたかぶらで薄切りの塩漬けブリを挟み、米こうじに漬ける。北陸の厳しい寒気で熟成させる。

【からし漬け】
　練りからし、米こうじ、砂糖、醤油、みりんを合わせて練る。なすなどの野菜を塩と焼きミョウバンで煮る。重しをした後、水で塩出しをする。練り合わせたからしに2週間程漬け込む。秋なすの小型のものを丸のまま漬けたものは有名。

【かりかり梅】
　堅い歯ざわりの梅干し。梅の産地、群馬の名産。完熟前の5月下旬から6月初旬に収穫した梅を漬ける。漬け込む際に、卵の殻を細かく砕いて入れた小袋、焼酎を加えることもある。

【吉四六漬け（きっちょむづけ）】
　「吉四六」は豊後の昔話に出てくる農民の名前。とんちにたけて村人に愛されたため、その名が付けられた。大根、にんじん、きゅうりなどを、もろみに漬け込んだ素朴な漬け物。

【金婚漬け】
　白うりを味噌床で漬けたもの。白うりをくり抜き、大根、にんじん、ごぼうなどを昆布で巻いたものを詰める。漬け込む程に味わいが出るので、金婚式を迎えた老夫婦にたとえ、この名が付いた。

【黒糖漬け】

沖縄のにがうりを使った漬け物。にがうりは縦半分に切り、スプーンで種を取る。塩をまぶして重しをのせ、冷暗所に3日間おく。塩漬けにしたにがうりは、1時間程水に漬け、塩出しをする。黒糖は水で煮溶かして冷まし、泡盛、醤油を加える。にがうりを黒糖で2日間漬ける。にんにくを漬けてもよい。

【西京漬け】

西京味噌（白味噌）に酒やみりんを加えてのばした漬け床に、ふき、うどなどの野菜や白身魚を漬けたもの。魚は身に塩を振り、よくしめてから漬ける。焼く時は味噌をおおざっぱに取り、焼き網をよく熱してから焼く。ステーキ用の牛肉を、1～2日味噌床に漬けて焼いても美味しい。

【桜漬け】

桜花の塩漬けのこと。七分咲きの八重桜を摘み、水洗いして塩をまぶす。白梅酢に水を加えて漬ける。長期保存する場合は、陰干しして塩をまぶし、ビンに詰めておく。桜湯や吸い物の椀種、酢の物、飯などに使う。

【三五八漬け（さごはちづけ）】

会津若松の名物。塩、こうじ、もち米を蒸して冷やしたものを、3、5、8の割合で混ぜて床を作る。この割合は、地方により塩3、もち米5、こうじ8に変わる。これに大根、きゅうり、なす、かぶなどの野菜を漬け込む。

【薩摩漬け】

鹿児島特産の桜島大根を使う。桜島大根は直径が40cm、重さが10kgもある。3cm程の厚い輪切りにし、半年間塩漬けにする。酒粕で数度漬け替え、塩抜きをする。その後、酒粕、みりん粕、味噌などを合わせた床に漬け込んで、べっこう色に仕上げる。

【砂糖漬け】

砂糖を用いた保存漬けの一種。砂糖の防腐性により、果物や野菜を保存することができる。あんず、梅、ゆず、さくらんぼ、きんかん、さつま芋、ふき、れんこんなどを用いる。梅の砂糖漬けは、若い青梅を使う。梅は焼きミョウバンを加えた塩水に1晩漬ける。梅を軽く潰し、果肉に砂糖をまぶして容器に入れる。翌日、焼酎を注ぎ、数日おく。漬け汁の量をひたひたにして冷蔵庫へ入れる。しそを巻いて砂糖漬けにしたものは「甘露梅」という。焼き魚に添えたり、正月料理に用いる。漬け汁は冷水で薄めると梅ジュースになる。

【山海漬け】

新潟県の特産。海の幸と山の幸を酒粕、砂糖、塩、みりんで漬けたもの。カズノコを塩抜きしてほぐし、越後の野菜の塩漬けと合わせて漬け床に漬ける。

【塩辛】

魚介類の肉、内臓、生殖巣などを塩漬けにし、自己消化により発酵熟成させたもの。イカの塩辛、ウニの塩辛、うるか（アユの内臓や生殖巣）、このわた（ナマコの腸管）、めふん（サケの腎臓）などがある。イカの塩辛は、通常は「赤造り」。イカの皮をむき、白く仕上げるものもある。墨袋を加えて黒く仕上げたものが「黒造り」で富山の名産。塩辛は、1～2週間程おいて味をなじませ

たほうが美味しい。イカの新鮮なわたは塩漬けにして、浮いてきた水を捨て、2週間程漬ける。わたを輪切りにして、レモンを絞ると酒の肴になる。塩味がきつい時は、酒を少量振って塩気を抜く。

【塩漬け】

野菜類、獣鳥魚肉を塩で漬ける最も基本的な漬け物。白菜漬けの場合、白菜を半日程干す。樽の底に塩を振り、白菜の切り口を下にして隙間なく並べる。塩を振り、押し蓋をして重しをのせる。水が出てきたら重しを減らし、1週間程おく。ここからが本漬けで、干しエビ、煮干し、昆布、赤唐がらし、ゆず皮、塩を合わせる。白菜の水気をしぼり、再び押し蓋をして冷暗所に置く。水が上がってきたら重しを減らす。半月程で美味しく仕上がる。ゆず、すだち、橙（だいだい）のしぼり汁をかけると一味違う。

【しそ巻き梅干し】

水戸の名産。塩漬けにしたしその葉で梅干しを巻いて仕上げたもの。しその香りと独特な酸味で、お茶漬けにも合う。

【しば漬け】

京都大原の名産。なす、きゅうり、みょうがの薄切りに、赤じそを加えて漬ける。塩漬けにしただけの生しば漬けを脱水し、調味液に漬け直した味しば漬けもある。

【すぐき漬け】

「すぐきな」は、かぶの1種。室町時代から京都で作られていた漬け物。すぐきは、洛北の上賀茂神社周辺で栽培されている。11月上旬が収穫期。天然の乳酸発酵法で仕上げる酸味の強い漬け物である。

【千枚漬け】

かぶや大根の薄切りの漬け物。薄く切ることを"千枚にする"といい、かぶ（または大根）の薄い輪切りを用いることから千枚漬けと名付けられた。容器にかぶ（または大根）を1枚ずつ輪を描くように重ねる。間に昆布を挟み、赤唐がらし、砂糖、みりんを加えて漬け込む。

家庭で作る場合は、容器に塩を振り、薄切りにしたかぶ（または大根）を並べ、重しをして1晩おく。上がってきた水は捨て、別容器にかぶを移し、昆布、赤唐がらし、ゆずの皮を振りかける。最後にかぶ（または大根）の葉をかぶせる。酢、砂糖を合わせた漬け汁をかけ、押し蓋をして重しをのせる。1日程で食べられる。

【高菜漬け】

高菜は葉がらしとも呼ばれる"からしな"の一種で、辛味と風味が独特。九州各地で栽培されている。べっこう色になるまで漬けた古漬けだが、現在では約10日で漬けあがる当座漬けも人気がある。

【たくあん漬け】

生干しした大根を、米ぬかと塩を混ぜた漬け床に漬け込んだもの。名僧・沢庵和尚によって考案され、広められた。沢庵和尚は徳川三代将軍家光が建立した東海寺の開祖。幕府と朝廷の争いに巻き込まれ、出羽の国の上山（かみのやま）に流された。上山は雪深いので、冬場は野菜が不足していた。秋に収穫した野菜を保存するために農民達と知恵をしぼり、考え出されたのが「貯え漬け」。これが後に「たくあん漬け」と呼ばれるようになった。東京品川の東海

寺にある沢庵和尚の墓石が、たくあん石に似ているからという説もある。たくあん漬けの製法は、古くから中国にあったもので、教養の高い和尚が農民に伝授したものと思われる。

11月上旬から12月が漬け頃。塩とぬかの量は食べる時期によって調整する。米ぬか、塩、赤ざらめで塩ぬかを作る。樽の底に塩ぬかを敷き、干した大根を並べる。これを繰り返して層にする。赤唐がらし、みかんの皮を干したものなどを加えると美味しくなる。最後に塩ぬかを振り、干した大根の葉でおおう。押し蓋をして重しをのせ、水が上がってきたら、紙やビニールで密閉する。

【つぼ漬け】

唐から輸入された壺に漬けたので、昔は「唐漬け」とも呼ばれた。鹿児島の山川港の名を取って「山川漬け」ともいわれる。干した大根を海水で洗い、杵（きね）でついて線維をもみほぐす。再度洗って風干しし、1本ずつ塩もみする。大きめの壺に詰め、あめ色になるまで6カ月程漬け込む。

【鉄砲漬け】

白うりをくり抜き、しその葉で包んだ葉唐がらしを詰め、もろみ醤油で漬け込んだもの。くり抜いたうりを鉄砲の筒、詰め物を弾丸に見立てた。千葉県成田市の成田山の参道には、黒塗りの大樽に入った鉄砲漬けが並べられている。

【唐人菜漬け】

唐人菜は白菜の原種。長崎の気候風土で改良され、長崎のみで栽培されている。12月頃収穫され、塩漬けにした後、薄い醤油味で仕上げる。長崎の雑煮には欠かせないもの。

【納豆漬け】

水戸の名産。納豆に切り干し大根を混ぜた漬け物。納豆と戻した切り干し大根に塩を振り、軽く重しをする。1年程漬け込む。

【奈良漬け】

奈良地方で最初に作られたので、この名がある。本来は白うりの粕漬けだが、現在では野菜類を丸ごと漬けたものもある。素材は大根、きゅうり、なすなど。風味のある吟醸粕を用いる。新漬けが出回るのは、7月下旬。灘の酒粕で漬けたものは「甲南漬け」という。

【ニシン漬け】

保存漬けの1つ。魚と野菜を合わせた北海道の漬け物。生のニシンや戻した身欠きニシン、キャベツ、大根、にんじんを塩と米こうじで漬け込む。発酵して少し酸味が出た頃が美味しい。粕漬け、ぬか漬けにするものもある。

【ぬか漬け】

主に野菜を米ぬかと塩に漬けたもの。材料の水分を抜き、代わりに塩分と旨味成分を浸透させる。ぬかに含まれる酵素の作用や、酵母や乳酸の発酵により、ぬかの成分が分解されて、旨味や香りが生じる。「四季漬け」「どぶ漬け」「やど漬け」「一夜漬け」などともいう。ぬか床の良し悪しが風味を左右する。ぬか床は新しいものより、長年よくならした古いもの程美味しく漬かる。漬け物桶、樽、かめなどを用い、季節の野菜をそのつど漬け込んで、1年を通して利用する。ぬかは、鍋で弱火で香ばしく煎り、

紙の上に広げる。鍋に塩と水を入れ、煮立ててよく冷ます。ぬかに塩水を入れながら、少し堅めに床を作る。古いぬかがあれば、少し混ぜると味が良くなる。粉からし、赤唐がらし、昆布、しょうが、ゆず皮、ビール、古釘などを加える。

きゅうりは軽く板ずりをして使う。白うりは2つ割りにして、芯をくり抜き、振り塩をする。にんじんは、そのまま漬けるとしなびるので、皮をむいて漬ける。なすは漬けたままにしておくと、辛くなりすぎるので、色つやを見て全体に一混ぜする。四季の温度差により漬け時間を調節するが、きゅうり、なすはだいたい6〜8時間。大根などの根野菜は8〜12時間。キャベツのように水気の多い野菜は5〜10日くらい漬け込む。

● ぬか床の長期保存方法

残っている野菜を取り出し、溜っている水を捨てる。煎ったぬかを床がぽろぽろになるくらい加える。塩をたっぷりと振り、和紙をかぶせて密閉する。再度使用する際、容器のまわりにカビが生えたら拭き取り、上部のぬかと塩を取り除き、かき混ぜる。夏は特によくかき混ぜる。1日、2日手をふれないと、使えなくなることもある。毎日2回、上下を入れ替えるように混ぜ、平均して発酵させる。10日に1度、粉からし、赤唐がらしを少量加えると、虫がつきにくくなる。溜った水は酸味を呼ぶので取り除く。酸味が強くなった時は、煎りぬか、重曹、洋がらし粉などを床に混ぜる。

【野沢菜漬け】

長野県の野沢温泉を中心に、晩秋になると大樽に野沢菜を塩漬けにする。塩漬けの際に、味噌、こうじ、かつお節を加え、各家庭で独自の味に仕上げる。

【パパイア漬け】

沖縄の漬け物。熟していない青く堅いパパイアの皮をむき、種を取り出す。沖縄味噌に漬け込む。

【晩菊漬け】

晩秋に摘んだ蔵王菊に、なす、きゅうり、みょうが、わらび、しその実などを加えて漬け込む。菊の花の色が鮮やか。紅色の菊を白梅酢に漬けた「もってのほか」という漬け物もある。もったいなくて他人には食べさせられない、ということから名が付いた。

【日野菜漬け(ひのなづけ)】

滋賀県の特産。日野菜は、かぶの1種。首の部分が緋色をしているので緋の菜、海老菜、赤菜とも呼ばれる。晩秋に収穫し、1日干す。薄味で下漬けして、ぬか床で本漬けにする。

【福神漬け】

大根、なす、白うり、れんこん、しょうが、かぶ、しいたけ、うど、しその実など、多種の野菜が入っていることから七福神になぞらえ、福神漬けと呼ばれる。半月切り、いちょう切りにしたきゅうり、にんじんに塩と水を加え、重しをして2日程下漬けをする。なすは塩、焼きミョウバン、水で2日間下漬け。れんこんは酢を加えた水でゆでておく。たくあんは塩抜きをし、れんこんとともに風干しする。鍋で醤油、砂糖、

水あめを煮立たせ、漬け汁を作って冷ます。容器に野菜と赤唐がらしを入れ、漬け汁を注ぐ。重しをして冷蔵庫で漬け込む。

【べったら漬け】

　江戸時代からの東京名物。大根の麹漬け（こうじづけ）で、表面についた麹がべとべとしているので、この名が付いた。他の漬け物より甘味が強く、長期保存はきかない。大根の皮をむいて漬けるものと、干した大根を用いるものがある。皮をむくと白く仕上がるので、市販のものはこの方法で漬けている。米こうじ、砂糖、塩を混ぜた床に、塩漬けにした大根を並べる。上からも床を振り、押し蓋をして重しをのせる。10日程して水が上がってきたら食べられる。毎年10月19日に日本橋本町の宝田神社で開かれる、えびす講の夜い祭（よいまつり）には、「べったら市」が立つ。

【紅しょうが】

　根しょうがを梅酢に漬けたもの。しょうがに塩を振り、しわがよるまで乾かし、一晩放置する。長く梅酢に漬け過ぎると、カビが生えて汚い色になるので注意。梅酢から出し、3時間程干す。再び1週間漬けて取り出し、汁気を切る。保存する時は、梅干しに入っている赤じそと交互に重ね、容器に入れる。食紅でそめる場合もある。

【ほろほろ漬け】

　岩手の漬け物。うこぎの新芽をゆでて、みじん切りにし、くるみ、大根の味噌漬けと混ぜたもの。箸でつまむとぽろぽろとこぼれるため、ほろほろの名が付いた。

【松浦漬け】

　佐賀県呼子町の名物。明治時代に捕鯨で有名な玄界灘で、鯨の頭部の軟骨を使った粕漬けが作られた。風味が良く、長期保存もきくが、捕鯨が制限されたため幻の粕漬けになりつつある。

【松前漬け】

　細切りにした昆布、するめ、にんじん、大根、かぶなどを、みりん醤油に漬けたもの。北海道では、カズノコを加えたりする。

【ママカリ漬け】

　ママカリの酢漬け。ママカリをおかずにすると、美味しくて食が進み、たりなくなって隣に飯（まま）を借りに行くということから、この名が付いた。ママカリは、ニシン科の魚で、サッパともいう。瀬戸内海で漁獲が多く、酢と合うので酢魚として利用され、すしにも使われる。

【味噌漬け】

　野菜、魚介、肉などを味噌床に漬け込んだもの。味噌床は赤味噌、または白味噌にみりん、酒などを混ぜ合わせて作る。味噌床はカビやすいので、夏場は冷蔵庫で保存。カビが生えたらカビを取り、焼酎かみりんを加え、焦げないように火を通し、冷まして使う。2カ月程度しかもたないので、長期間漬ける場合は、新しく味噌床を作って取りかえる。野菜は下漬けや生干しにし、魚介は塩をあててから漬ける。

【壬生菜漬け】（みぶなづけ）

　壬生菜の塩漬け。壬生菜は主に京都の壬生地方で栽培されている。寒さに強い冬野菜で水菜（京菜）の1種。ピリッとした特有の味と、からしの香りがある。薄塩で浅漬けにして、緑の鮮やかさと歯ごたえを味わう。

漬け物

【もみ漬け】

野菜を早く漬けあげるための方法。材料に塩を振りかけ、手でもみ、塩を早く浸透させる。きゅうり、なすなどを塩でもみ、醤油、酢、みりん、しょうが、青じそ、みょうがを加え、重しをして浅漬けにする。

【守口漬け】

名古屋の西部から岐阜にかけては、守口大根の産地。守口大根は、太さが2〜3cm、長さが1m以上ある細長い大根。これを粕漬けにしたものが守口漬け。べっこう色に漬け上がるまでに2〜3年かかる。

【もろみ漬け】

もろみにみりんや酒を加えてゆるめ、柔らかくする。塩を振った野菜を漬ける。30〜40分程度で漬かる。もろみをゆるめず、そのまま床にする場合もある。

【与一漬け】

塩漬けにした小なすを、からし漬けにしたもの。那須与一の"那須"を"なす"にかけて付けられた名称。那須与一は、屋島の合戦で扇の的を射た源氏の武将である。

【養肝漬け】

戦国時代の武将、藤堂高虎が陣中の食糧として常備させた漬け物。武士の士気を養うということから「養肝」と名付けられた。白うりの芯をくり抜き、大根、なす、しょうが、しそなどを細かく刻んで詰め、たまり醤油に漬け込んだもの。

【らっきょう漬け】

●甘酢漬け

らっきょうは薄皮と茎、ひげ根を切る。甘酢を煮立て、熱いうちにらっきょうに注ぎ、種を抜いた赤唐がらしを入れる。冷めたらビンに入れて密封し、冷暗所で保存する。らっきょうを塩漬けにして水気を切り、半日陰干しした後、合わせ酢に入れて漬け込む方法もある。

●醤油漬け

鍋に醤油、黒砂糖、種を抜いた赤唐がらし、しょうがのしぼり汁を入れ、弱火で10分程煮立てる。冷めたら、らっきょうを入れて漬ける。この他、塩漬け、みりん醤油漬けもある。

【わさび漬け】

静岡県の名物で、粕漬けの一種。江戸時代に田尻屋利助が、わさびの粕漬けを工夫して作り出した。これが評判となり、参勤交代の諸大名の土産になった。わさびの茎と根をいったん塩漬けにし、水気を切って細かく刻み、塩、砂糖、みりんなどを加えた酒粕と練り合わせて作る。

正月料理

「おせち」は、もともとは節句料理で行事食だったが、現在では正月料理だけを"おせち"と呼ぶ。正月は農耕の祭日で、江戸時代以降は農耕に関する祝い肴がおせち料理の筆頭とされた。五穀豊穣、子孫繁栄、文化、経済、平安などを祈念する意味の縁起が込められている。

おせちの重は、「一の重」が祝い肴、「二の重」が口取り、「三の重」と「与の重」は山海の幸を使った鉢肴。三の重には主に西京焼き、幽庵焼きなどの焼き魚。与の重には、うま煮、含め煮、甘露煮、煮しめ、柔らか煮、花れんこんなどを盛る。京都ではおせち料理を「お重詰め」「組重」といい、三段重が多い。祝い肴、取り肴、炊き合わせ、焼き物の順で盛る。タイのおぼろずし、アナゴの棒ずし、小ダイの笹巻きずしなどの重を合わせることもある。江戸おせちは、長崎の卓袱料理（しっぽくりょうり）の影響を受け、大皿盛りにしたりもする。

一の重の主な料理

【かずのこ】

ニシンの卵巣。ニシンはかつては大量にとれた魚で、干して保存し、米のとぎ汁に漬けて戻して使った。現在は塩カズノコが大半をしめる。薄い塩味が残る程度に塩抜きをする。白い薄皮を取り除き、だし汁に漬ける。えぐ味のあるものは、1晩酒に漬けてから用いる。切る時は、そぎ切りにする。

【紅白なます】

なますは、生魚や野菜を細く切り、和え物や酢の物にしたもの。大根とにんじんをせん切りにし、塩水に漬けるか塩を振る。しんなりしたら塩気を洗って水気を絞り、甘酢に漬ける。昔は砂糖が貴重であったため、干し柿を加えて作った。氷頭なますは、サケの頭の軟骨を薄く切り、紅白なますに加えて和えたもの。

【照りごまめ】

五穀豊穣を願って「五万米」の字を当てたものといわれる。「田作り」ともいう。この名は、昔、田植えの祝い肴に利用したり、イワシを田の肥料としたことから付いたといわれる。カタクチイワシの乾燥品をから煎りする。鍋に砂糖と醤油を溶かし、弱火で蜜を作る。蜜が熱いうちにカタクチイワシを入れてからめる。

【ぶどう豆】

黒豆を弱火で時間をかけて柔らかく煮て、薄い砂糖蜜を含ませたもの。黒豆は重曹と熱湯を加えて1晩おき、火にかけて柔らかくなったら鍋のまま冷ます。完全に冷めたら煮汁を洗い流し、別に作った砂糖蜜の中に入れ、味を含ませる。蜜が濃すぎると豆にしわがよる。ちょろぎの赤梅漬けを添える。

【ぼたんゆり根】

ぼたんは中国では王華と称され、めでたい花とされている。ゆり根を使って、ぼたんの花に見立てる。ゆり根は小鬼ゆりの鱗茎で、アクの少ないものを用いる。よくしまったゆり根の鱗片を外側から中央に向けてそぐ。鍋に水、酒、ゆり根を入れ、紙蓋

をして弱火でゆでる。柔らかくなったら砂糖を数回に分けて入れ、塩を加えて火を止める。2～3日おいて甘味を含ませる。

二の重の主な料理
【栗きんとん】
栗の甘露煮をさつま芋を裏漉しして作った衣で和えたもの。さつま芋は、焼きミョウバンを溶かした水に30分程浸しておく。さつま芋の皮を厚めにむき、皮の線維をきれいに取ると色良く仕上がる。芋とくちなしの実を一緒にゆでて、熱いうちに裏漉しする。鍋で栗蜜と砂糖を焦がさないように練り、裏漉ししたさつま芋と混ぜ合わせる。練り込まずに柔らかく仕上げる。最後に栗と塩少々を加えて冷ます。

【だて巻き】
関東地方の正月料理。魚のすり身を入れた卵焼き。長崎の卓袱料理の口取り。カステラかまぼことして江戸に伝えられた。卵、魚のすり身、砂糖を使い、当時としては、ぜいたくな料理だった。卵焼き鍋で弱火でゆっくりと焼き、上が乾いたら裏返して焼く。200～240℃のオーブンで焼いてもよい。焼き上がりを鬼すだれや巻きすの上に置き、巻いてから形を整えるため、ひもでしばる。冷めるまで立てておく。

【錦卵】
卵の黄身と白身を金銀に見立てて固めたもの。金糸銀糸を使った綿織りの織物の名をもじった料理。堅ゆで卵を卵黄と卵白に分け、裏漉しする。砂糖と塩をそれぞれに混ぜ、ふるいにかける。型に卵黄を上にして2層に詰め、蒸し器に入れて中火で5分程蒸す。

【矢羽根羹（やばねかん）】
矢羽根模様を付けた羊羹（ようかん）のこと。大和芋やゆり根を蒸し、裏漉しして寒天と砂糖を混ぜる。流し缶に流し入れ、温かいうちに食紅で矢羽根模様を描く。もしくは、寒天液を食紅で着色したもので矢羽根を描く。矢羽根は"破魔矢"を意味する。破魔矢は初詣で神社から受ける矢で、邪気を払うといわれている。

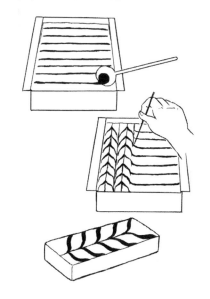

三の重・与の重の主な料理
【編み笠ゆず】
ゆずの皮の蜜煮。編み笠の形に似ているため風流な名が付けられた。ゆずの表面に軽くおろし金をかけ、縦半分に切り、中の果肉を抜く。皮を水煮して、一度水をかえて柔らかくする。水気を切って蜜煮にする。あめ状に色良く仕上げる。

【粟漬け】

コハダ、イワシ、コノシロなどの青魚を粟を用いて漬け込んだもの。魚を強めの塩でしめ、さらに酢じめにする。粟は、くちなしの実で色を出した汁に漬けた後、蒸すか煎っておく。粟と魚を交互に重ね、軽く押しをして漬け込む。

【えび松風の扇面】

エビのすり身と魚のすり身を混ぜ合わせ、ゆでたエビの上にのせ、オーブンで焼いたもの。サイマキエビの頭と背わたを取り、竹串を刺して塩ゆでにする。冷めたら殻と尾を取り、腹側から2つに開く。薄口醤油、みりん、卵白をだし汁で溶き、葛を加えたものを、魚とエビのすり身に入れ、すり混ぜる。バットにサイマキエビの背を下にして並べ、その上にすり身をのせる。けしの実を全体に振りかけ、オーブンで焼く。エビ側とけしの実側を切り分け、2色の扇を閉じた形(末広形)にする。対にして合わせ盛る。

鉄扇串：竹を上下にさいて、鉄の扇に似せた串

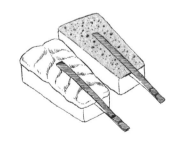

【風干し】

三枚おろしの魚に塩をして、日光に当てること。キス、サヨリを三枚におろし、醤油洗いする。金串に刺し、1～2時間くらい風干しにする。これにより旨味が凝縮され、風味が加わり、保存性も増す。干し物に比べ、しっとりしている。表面がべたつかない程度になったら、焼き網にのせて軽くあぶる。少量のみりんを塗り、けしの実を散らす。

【昆布巻き】

材料を昆布で巻いて煮たもの。昆布巻きに使う早煮昆布は、長昆布を加熱加工したもの。早く柔らかくなるが、だしは取れない。身欠きニシンは米のとぎ汁に漬け、2日程かけて戻す。焼きアユ、焼きワカサギ、焼きモロコなどを用いて巻いてもよい。昆布巻きを結ぶかんぴょうは、長いまま水煮する。塩もみして20分程おき、塩気を落として使う。

【たたきごぼう】

新ごぼうを使う。すりこ木などで叩き、長さを切りそろえる。ごぼうを酢を入れた湯でゆでて、熱いうちにごま酢をからませる。

【芽出しくわい】

くわいは水田で作られ、初冬に葉が枯れてから収穫される。保存がきかない季節野菜。「やがて芽が出る」という縁起から芽を切らずに料理する。くわいを鈴や松笠の

形に飾り切り、ミョウバン水に20分程浸す。水にくちなしの実を入れ、竹串が軽く通るぐらいまでゆでる。その後、調味しただし汁にくわいを入れ、弱火で煮汁が半分になるまで煮る。そのまま1晩漬け置きしておく。

【八幡巻き】

味付けしたウナギ、アナゴでごぼうを巻いたもの。ごぼうのかわりに、うどを使ってもよい。「八幡」は山城の国八幡山（現在の京都府八幡市）。この付近でごぼうが産出したことから、この名がある。ごぼうは、煮だし汁、薄口醤油、みりん、塩で煮る。ウナギをごぼうにらせん状に巻き、金串を打ち、白焼きにする。たれをかけて焼き、巻きすで巻いて形を整える。食べる間際に数回たれをかけて焼くと美味しく仕上がる。

雑　煮

雑煮は餅を使った熱物。九州では「ナホライ煮」という。本来は年越しの夜に、神を迎える祭の"直会"で、供物の餅を下げて汁で煮て食べる。直会とは神事にたずさわる者が、神に供えた飲食物を分かちあって食べる儀式。雑煮は宮中の"歯固め"の儀式にも由来している。歯固めとは、正月三が日に鏡餅、いのしし、鹿、押しアユ、大根、うりなどの堅い食材を食べる習わし。歯は齢（よわい）を意味し、長寿を願う。雑煮を食べる習慣は、鎌倉から室町時代にかけて京都を中心に定着した。

かつて雑煮は、内臓の保養を意味する「保臓」と呼ばれていた。体力を養う食べ物を煮炊きするという言葉が転じ、「雑煮」となった。江戸時代の雑煮は、乾物が多く用いられた。スルメ、干しアワビ、干しナマコ、山芋、かち栗などを柔らかく煮て、大根、かぶ、餅を加えて醤油味の汁物にした。京都の旧家では、白味噌の雑煮に干しナマコを加える習わしがあった。現在は、汁の仕立て方、餅の形、具の種類は地方により異なる。

●雑煮の餅

関西では小丸餅、関東では四角いのし餅を使う。元来は丸餅が一般的だったが、関東では江戸時代から簡素になり、長方形になった。仙台では、「丸のし」という大きな鏡餅を押し潰した形のものを切って用いる。福島や山形では、分厚い角形の「角のし」。平家の落人で知られる徳島祖谷では、雑煮に餅を入れず、里芋と豆腐だけ。四国の高松では、あん入りの丸餅を使う。のし餅は焼き、小丸餅は湯で煮ることが多いが、金沢ではのし餅をゆで、長崎では丸餅を焼く。

●雑煮の具

晩秋から冬にかけて旬の食材が多く用いられる。魚類は、北方ではサケやイクラ、西方では塩ブリ。野菜は、鏡草と称される大根が最もよく用いられる。これに各地方特産の野菜が加わる。長崎では唐人菜、博多ではかつお菜、熊本では京菜。関東では、ほうれん草、小松菜、三つ葉などを入れる。東北では水芹、雪菜。江戸前の浅草海苔は、古くから江戸雑煮に使われてきた。東北では、布海苔（ふのり）などを添える風習がある。

●だし

昆布、かつお節、煮干しが一般的。三河や瀬戸内海沿岸では、ハゼの素焼きを風干しにしたものでだしを取る。鹿児島では、クマエビを焼いて吊るし、干したものを水でもどして用いる。博多では焼いたトビウオ、青森では焼き干しイワシを使う。だしを取ったエビやハゼをそのまま椀に入れ、尾頭付きにする地方もある。関東の雑煮は、すまし汁。関西では白味噌仕立てが中心。山陽から九州にかけては、すまし汁が使われる。

雑煮の種類

【小豆雑煮】

鳥取の三朝地方の雑煮。小豆は古くから祝儀に使われ、めでたいものであった。小豆を柔らかく煮て、砂糖と塩を加える。ゆでた小丸餅に小豆をよそって食べる。

【あん餅雑煮】

高松の白味噌仕立ての雑煮。讃岐三白といわれる砂糖、塩、綿は、松平藩が藩政として奨励したもの。名産の和三盆糖を生かし、あん餅雑煮を作る。汁はいりこだしと白味噌。小豆あん入りの小丸餅を湯煮して椀に入れ、汁を張り、青海苔を振る。高松の白味噌は京都のものより塩分が強いので、あんの甘味と合う。

【出雲雑煮】

昆布とかつお節でだしを取り、塩と醤油で味付けして、すまし汁を作る。湯で煮た小丸餅とともに椀に張り、結び芹を入れる。生のうっぷるい海苔を天盛りにする。

【宇和島の雑煮】

愛媛の宇和島では紅白のかまぼこを入れる。餅は珍しい小判形。あぶる程度に餅を焼き、紅白かまぼこ、刻んだ白菜を加え、熱い汁を張る。

【江戸雑煮】

江戸前の車エビを用いる。腰が曲がるまでという長寿の願いを込めている。車エビは背わたを取り、腹側に切り目を入れ、酒、塩を加えた熱湯でゆでる。焼いたのし餅、小松菜、浅草海苔の色紙切り、小田原かまぼこなどの具を椀に入れ、すまし汁を張って、ゆずを添える。ゆずの黄色は邪気を払う。同じ江戸でも山の手では、エビが手に入りにくいので、鶏肉が使われた。

【金沢の雑煮】

前田藩が京都からの風習を伝え、江戸時代に徳川家の姫が輿入れしたことから、京都と江戸の習慣がミックスされた。武家出身の家では、のし餅を5㎝角ぐらいに切り、湯で煮る。昆布とけずり節でだしを取り、塩と醤油ですまし汁を作る。結び昆布、芹のみじん切りをあしらう。町民の家では、だしはかつお節だけで取り、塩と醤油で味を付ける。湯煮した小丸餅の上に、柔らかく煮た黒豆、刻んだ芹を添える。

【京雑煮】

白味噌仕立ての雑煮。米こうじがたっぷりの白味噌を使うので、まったりと甘めで濃厚な味。人の頭（かしら）になれるようにと大きなかしら芋、地に根を張るようにと雑煮大根を入れる。餅は丸餅を湯煮したもの。かしら芋、雑煮大根は正月限定で使う野菜なので、暮れの数日間しか売られな

い。かしら芋は亀甲、もしくは八角に皮をむき、米ぬかを加えた水でゆでる。水をかえて数分ゆでて、ぬか抜きをする。雑煮大根は皮をむかずに輪切りにしてゆでる。椀に盛り、糸がつおをかける。

【粥の汁（けのしる）】
　青森県弘前の雑煮。大豆を煎り、小豆は水から入れて柔らかく煮る。大根、大根の葉、にんじん、ごぼう、油揚げ、こんにゃく、塩漬けわらび、ワカメなどを細かく刻む。昆布とかつお節のだしで気長に煮て、赤味噌を溶き入れる。カタクチイワシの焼き干しでだしを取り、煮た具を入れ、赤味噌を加える。焼いた丸のし餅を入れたり、焼き干しをそのまま椀に入れる所もある。

【さけ雑煮】
　新潟の雑煮。「歳取り魚」として扱われる塩ザケと、サケの腹子を使う。具はサケの角切り、裂きかんぴょう、大根、にんじん、里芋など。煮干しだしと醤油のすまし汁で仕立てる。

【薩摩雑煮】
　鹿児島では餅を"オカチン"という。小丸餅を焼いて用いる。だしは、干ししいたけ、焼きエビ。塩と醤油で味付けする。焼きエビは不知火海の出水（いずみ）の特産。具は鶏肉、さつま揚げ、八つ頭、白菜、にんじん、春菊など。

【塩ぶり雑煮】
　長野県松本の雑煮。「歳取り魚」として出世魚のブリを用いる。米のできも良く、蚕も順調だったので、能登の塩ブリを1本買うことができたという喜びを表現したもの。塩ブリは一口大に切り、湯引きにする。

大根、にんじん、里芋、干ししいたけとともに水からゆっくりと煮る。潮汁に似ただしの中へ焼いた角餅を入れ、塩ゆでしたほうれん草を添える。

【博多雑煮】
　筑前雑煮。"焼きあご"という小ぶりのトビウオの素焼きと、かつお菜を使う。焼きあごは、昆布と干ししいたけとともに1晩水に漬ける。そのまま弱火にかけ、だしを取る。味付けは塩、醤油、みりん。小丸餅は、だしを取った昆布と水でゆでる。塩ブリは酒蒸しにして加える。

【焼きはぜ雑煮】
　仙台の雑煮。大根やにんじんを細切りにしたものを引き菜という。引き菜は福を引き寄せるという縁起物。これをゆでて、冷凍庫で凍らせて保存する。松島湾のハゼを焼き干しにしたものを、前夜から水に漬けておく。火にかけて一煮立ちさせ、10分程弱火で煮て濃いめのだしを取る。塩と醤油で味を付け、引き菜、凍み豆腐、笹かまぼこを入れる。焼いた丸のし餅と焼きハゼを椀に盛り、具を入れた熱い汁を注ぐ。イクラを天盛りにし、ゆでた芹を添える。

懐石

本来は茶事で供される料理。懐石は禅宗の「薬石」に由来する。修行中の禅僧は、戒律により食事は朝と夕の2食。朝まで腹がもたないので、夜に薬石と称して粥を食べた。「温かくした石を懐に抱き、一時しのぎをする」といった意味で、軽い食事のことを懐石というようになった。

茶事で美味しい濃茶を飲むには、空腹では味を楽しめない。濃茶の前に適当な腹加減を作っておくために懐石料理を出す。正式なコースは、一汁三菜が基本。三菜は、向付（むこうづけ）、椀盛、焼き物。これに強肴（しいざかな）、小吸い物、八寸を加え、香物（こうのもの）、湯桶（ゆとう）でしめくくる。向付と椀盛以外は、1つの器を客が取り回す。あくまでも家庭料理が基本で、濃茶と合うものがよい。油の強すぎる味、香辛料の強いものなどは避ける。土地と季節の材料を用い、持ち味を損ねない淡泊で品のある味付けにする。器も工夫し、出来上がった料理を客前に出すタイミングも考慮する。

会席との相違

懐石料理は、最初に折敷（おしき）と呼ばれる膳を用意する。左に飯椀、右に汁椀。中央に向付を置く。招く側は膳をひざ前に置いて座り、膳を運び入れる。客は、その膳を受け取り、下に置く。その後は膳はそのままにして、1つ菜を食べ終わった頃に、次の料理を出す。客は湯漬けを食べた後は、柔らかい紙で器を清める。最後に濃茶を出して締める。懐石はあくまでも茶料理で、一般の料理屋の会席とは異なる。

会席は宴席に出す料理で、酒を楽しむためのもの。江戸初期に始まり、俳人の集まりである俳席を会席と呼ぶようになった。吸い物、刺身、焼き物、煮物の一汁三菜を基本に、お通し、揚げ物、蒸し物、和え物、酢の物などを加える。酒を最初に出す。飯と汁を最後に出す。濃茶や菓子は出さない。会席を弁当仕立てにする場合は点心にする。弁当箱は仕切りのある正方形の松花堂、杉箱、かご、盆などを用いる。

懐石料理

【主菓子（おもがし）】

濃茶と生菓子のセット。懐石で腹八分目にしたところで出すデザート。本来は季節感を込めて菓子は手作り。懐紙（かいし）に取って、黒文字（楊子）で食べる。本式の茶事では、主菓子と濃茶の後、干菓子と薄茶が出される。

【香物（こうのもの）】

湯桶とともに締めくくりに出される。季節の野菜の漬け物を、2、3種盛り合わせる。「暁の茶事」では、せめて香物と湯漬けでもという気持ちから、5種を盛り込むこともある。形がある漬け物を、必ず1種入れるのが原則。

【小吸い物】

「箸洗い」「一口吸い物」とも言われる。一通り食事を終え、献酬（けんしゅう）と呼ばれる酒の杯のやり取りの前に、箸の先を清めて口を改めるという意味で出される。

薄いだしに、わずかに塩味が付いている。針しょうが、梅干し、蘭花、むかごなどを少量浮かべる。椀は小さく細長いものを用いる。

【強肴（しいざかな）】

「進肴（すすめざかな）」ともいう。少し腹を満たすためのもの。炊き合わせが多い。1品ではなく、酢の物、和え物と合わせる。酒に合った味付けにする。

【汁】

味噌仕立ての熱いものを少量。関西では白味噌が主体だが、暖かい季節には赤味噌が多くなる。関東では三州味噌主体の合わせ味噌。汁の実は精進もの。

【八寸】

献州の際の酒の肴。一辺が8寸の杉の四角い器に盛ったことから、この名が付いた。海の幸と山の幸の2種を盛り合わせる。調理法、色、形すべてが対照的になるように作る。対角線上に、こんもりと盛る。

【向付（むこうづけ）】

汁と飯の向こう側に置くので、この名が付いている。料理を盛る器のことも向付と呼ぶ。略して「向」「お向」などともいう。酒の肴で、生魚や昆布じめなどに合わせ酢、合わせ醤油をかける。和え物、酢の物でもよい。

【飯】

一口程度の少量の炊き立てごはん。茶道の流儀で一文字や丸形、山形に盛る。炊き加減は、やや柔らかめ。2杯目以降の飯は、人数分を飯器に入れて出す。

【焼き物】

人数分を大きな皿や鉢に盛って出す。あいた向付に取り分ける。魚の切り身は骨を取り除いておくこと。

【湯桶（ゆとう）】

締めくくりに出される。湯桶は煎り米、湯の子（おこげ）に湯を注ぎ、塩を少量加える。湯の子を飯の上にのせ、湯を注いで湯漬けにしてもよい。食べ終えた後、椀の中をきれいにするという意味合いもある。本来は釜の底に残った焦げ飯を、とろ火できつね色に焦がし、熱湯を注いで薄く塩味を付けて作る湯。

【椀盛】

「煮物椀」「平椀」とも呼ばれる。たっぷりの具に、ひたひたのだしを張る。通常、だしはすまし汁。具はしんじょや魚の切り身。客が蓋を取った時、季節を感じるようなあしらいを合わせる。

主な懐石用語

【青竹の箸】

鉢盛りなどには、緑色をした青竹の箸を用いる。中節、留節（とめぶし）、両細（りょうほそ）の3種類がある。焼き物には中節、鉢盛には留節、八寸は両細で生ものと精進ものを取り分けて使う。

【預鉢（あずけばち）】

炊き合わせなどを盛り、招く側（亭主）

が客に預ける鉢。取り箸をつけて、自由に取り分けてもらう。取り箸は青竹の留節を使う。

【折敷（おしき）】
脚のない御膳。古くは紙を折って敷き、御膳のかわりにしたので、この名がある。懐石で用いる器は、ほとんどが丸形なので、昔の茶人は四角い折敷を使うことで調和をとった。

【皆具（かいぐ）】
漆塗りの懐石道具。黒漆塗りだが、家元の茶事には朱塗りのものが使われる。

【開炉（かいろ）】
風炉から炉に変わる最初の行事。茶事では1年を炉（11〜4月）と風炉（5〜10月）に分けている。

【燗鍋（かんなべ）】
酒をつぐ道具。主に鉄製だが、銀製、陶器製のものもある。昔は燗鍋に酒を入れて直に温めたが、現在はあらかじめ温めた酒を燗鍋に入れて用いる。

【口切り】
茶事で最も重要な新年の行事。八十八夜の頃、新茶の茶壺の口を切る。正月の献立が組まれ、京風の白味噌仕立ての雑煮が出される。

【松花堂（しょうかどう）】
江戸時代の茶人、松花堂昭乗が好んで使った点心用の箱。正方形で中が十字に仕切られ、縁が高い。型抜きしたごはんや、陶器に熱い料理を盛って入れたりする。

【初風炉（しょふろ）】
炉をふさぎ、釜をかけて催す茶事。5月からは初夏の風情を演出する。

【杉箸】
吉野杉の箸。水に漬けてから使う。折敷の右縁に少しのせて出したり、手前中央に置いたりする。
両細の杉箸は、茶人の千利休が考案したので「利休箸」ともいい、会席でも使われる。

【茶事（ちゃじ）】
濃茶を中心とした茶の湯の作法（茶礼）に懐石の作法（食礼）を合わせたもの。

【名残（なごり）】
10月中に風炉をしまい、11月から炉になるので、夏の風情への名残を意味する。哀愁を感じさせる献立と器を取り合わせる。

【初釜】
年頭に催す茶事。祝意のこもった気取りのない献立にする。

【縁高（ふちだか）】
菓子を盛る折敷。黒の真塗りで縁が高い。
生菓子を1つずつ入れ、客の人数分を重ねて蓋をして出す。

【丸前角向（まるまえかくむこう）】
杉箱の料理の盛り方。丸形はとじめを前、角形はとじめを向こう側にする。

【寄向（よせむこう）】
「わび」の風情を演出するために、客それ

懐石

それに異なった器を出す手法。形、焼き、絵付けが違うものを使う。

【夜咄（よばなし）】
　12月から2月に催される茶事。温かい料理を出し、焼き物を鍋物にしたりする。

【脇引（わきびき）】
「長手盆」「湯桶盆」ともいう。煮物、小吸い物、湯桶などを出す時に用いる長方形の盆。

Column

－ウナギの串打ちの変遷－
　ウナギに串を打って焼くようになったのは奈良時代。当時は串は1本でした。蒲（がま）の穂を1本刺して焼いたので、「蒲焼き」の名が付きました。
　室町時代には串は2本になり、江戸時代には3～4本になります。串の数が増えたのは、ウナギを蒸すようになったため。蒸したウナギは、とろっと柔らかくなるので、支えるために串の数が必要になったのです。
　ちなみに「ウナギ」は「胸黄（ムナギ）」が転じた名で、天然もののウナギは胸が黄色だから付いた名前です。

－ガスバーナーの弊害－
　「料理の鉄人」で調理にガスバーナーを使った影響で、巷の料理人も使用する人が増えてきました。
　ガスバーナーは、菓子の表面に色を付けるため香ばしい焼き色を演出する補助器具だったのですが、料理に使われる傾向が強まっています。
　カツオをガスバーナーで焼いて、たたきにする人もいますが、炭火で表面を焼くほうが旨味が数倍出るのです。確かにガスバーナーは便利ですが、藁（わら）の煙でいぶしたような燻煙効果が得られず、香りが立ちません。食欲を刺激するには香りが大切です。炭火だと経費がかかるという理由で、見た目だけの料理にしてしまうのは感心しません。

－食材－
　21世紀は、健康＝発酵食品という考え方から、発酵調味料の時代と言われています。日本の味噌や醤油、タイやベトナムの魚醤（ナンプラー、ヌクマム）などが世界から注目されています。魚醤は東南アジア諸国のどこにでもあり、エビ、小魚や貝から作るものもあります。東南アジアを訪れたヨーロッパの人達が、味の面白さから使い始め、発酵物が体に良いという結果を導き出したのです。
　日本にも能登の「いしる」、秋田の「しょっつる」などの魚醤があります。「いしる」はイカの汁と小魚の塩漬けを合わせて発酵させたものです。「しょっつる」はハタハタという魚を使うのですが、最近は漁獲高が少なくなり、ハタハタだけで作られるものは少なくなりました。

和菓子・甘味

生・半生菓子と干菓子に大別される。生菓子は、出来上がり直後の水分含量が40％以上のもの。または、あん、クリーム、ジャム、寒天などを用いた菓子で、出来上がり直後の水分含量が30％以上のものをいう。餅、蒸し物、焼き物、流し物、練り物、岡物などがある。半生菓子は、生菓子と干菓子の中間に位置するもの。「五訂日本食品標準成分表」では、水分含量20％以上のものを生、半生菓子に入れている。干菓子は、水分含量10％以下のもので、打ち物、あめなどがある。干菓子は乾燥しているため日持ちがよい。

用途別の分類

●工芸菓子

雲平生地、あん平生地、アルヘイ糖などを使って、花鳥風月や名所を写真的に表現した芸術作品。飾り菓子、または雲平細工ともいわれる。江戸時代の頃から鑑賞用として作られてきた。

●上生菓子

季節に応じて彩りや形を変え、手間をかけて作った高級な生菓子。もてなしや進物に用いられる。練切（ねりきり）、きんとん、求肥（ぎゅうひ）、雪平、ういろう、羊羹、錦玉などがあり、これらを合わせて作るものもある。

●茶席菓子

茶会に用いられ、濃茶と薄茶向きのものがある。濃茶には主菓子（おもがし）といって、まんじゅう、練切などの生菓子が用いられる。薄茶には、打ち物などの干菓子だが、現代では生菓子も用いられる。

●並生菓子

「朝生菓子」ともいう。最も庶民的な茶菓子。行事に使われるものや、季節を表すものがある。餅菓子、蒸し物、焼き物など。

●引き菓子

引出物に用いられる。羊羹、練切などを2、3、5、9個の組み合わせで、折り箱いっぱいに詰める。

●蒔物菓子 （まきものがし）

日本舞踊や長唄、清元、小唄、琴などの発表会の招待客に渡す菓子。出演者が演じる題材をもとに図案化した生菓子が用いられる。

あんの種類

●加合あん

並あん、割あんに卵黄、栗、木の実、ごま、味噌などを加えたもの。桃山、月餅、黄味時雨などに用いる。

●並あん

一般的なあん。砂糖を加える前の生あんに対し、75％以下の量の砂糖を加えて練ったもの。こしあん、粒あん、小倉あんがある。

●練切あん

白こしあんに、つなぎを加えたもの。つなぎには求肥がよく使われる。

●火取りあん

"火取る"とは、材料を温め、乾かすように遠火にあてて焼くこと。通常のあん

よりも堅めに練り上げたもの。練切などに用いる。

● 最中あん

最中に使うあんで、割あんに寒天を加える。

● 割あん

並あんよりも甘い。加える糖分により、中割、上割となる。日持ちがするので焼き物、打ち物に使う。並あんに砂糖や水あめを加えて練る。最初から砂糖や水あめを多めに使って作ることもある。

あんの作り方

● 小倉あん

こしあんに大納言などの蜜漬けにした小豆を加えたもの。小倉山の鹿の斑点に似ているので、この名が付いた。蜜漬けの小豆を潰さないために、こしあんに水を加えて火にかけ、柔らかくしてから小豆の蜜漬けを混ぜる。

● こしあん

小豆や白小豆をゆでて漉し、甘味を付けたもの。小豆のこしあんは、練り上がりに塩を隠し味程度に加え、味を引きしめる。白小豆のこしあんは塩を入れず、砂糖の量も少なくして、あっさりとした味にする。できるだけ白く仕上げるために、手早く漉して練る。短時間で冷まし、余熱で色焼けするのを防ぐ。こしあんを用いた汁粉は「御膳汁粉」という。

● 粒あん

小豆、白小豆などの粒の形を残したまま練る。おはぎや大福餅に用いる。あんを詰める時、手で丸めると粒が潰れてしまうので、竹へらなどで皮にのせて包む。粒あんを使った汁粉は「田舎汁粉」という。

餅・餅菓子

もち米、うるち米で作るものと、上新粉で作るものがある。餅菓子も同様だが、上新粉に甘味を付けた生地だけで作るものと、あんを包むものがある。

【安倍川餅】

つき立ての餅を小さくちぎり、きな粉、砂糖、塩少々を合わせてまぶしたもの。東海道の安倍川付近の茶店で売られていたので、この名がある。

【おはぎ】

別名「萩の餅」「ぼたん餅」。餅をつく音がしないことから「隣知らず」ともいう。彼岸には欠かせないもの。米粒をすりこ木で半つき程度に潰して丸める。粒あん、こしあん、白あん、青海苔、きな粉などで包む。青海苔、きな粉で作る場合は、もち米の中にあんを入れる。江戸時代から春秋の彼岸に作り、仏前に供える風習がある。

【鏡餅】

正月に神仏に供える餅。鏡の形に似せて作ったので、この名がある。大小2つの丸餅を重ね、下のほうを「台」、上のほうを「星」という。三方に紙を敷き、裏白を置いて鏡餅をのせ、ゆずり葉、橙（だいだい）、エビ、昆布で飾る。鏡開きの日に雑煮や汁粉にして食べ、干し餅、氷餅にして保存する。6月1日や夏至に歯固めとして食べる地方もある。

【柏餅（かしわもち）】

あんを挟んだ餅を柏の葉で包んだもの。ちまきとともに端午の節句に食べる。柏の葉は、新芽が育つまで古い葉が落ちないので、子孫繁盛の縁起をかついだといわれる。新粉餅でこしあん、味噌あんを包み、柏の葉で巻く。

【草餅】

よもぎの若葉を餅とつき混ぜて皮を作り、あんを包んだもの。あんを包まないものもある。3月3日の雛節句に食べる。木魚、ハマグリなどいろいろな形に作る。生のよもぎを使用する場合は、重曹を少量入れた熱湯でゆでる。水に浸し、水気をしぼって刻んで用いる。

【桜餅】

塩漬けの桜の葉を巻いた餅。あんを包む皮は関東と関西で異なる。関東では小麦粉で種を作り、薄い小判型に焼いたものが多いが、関東にも関西のような道明寺種を使ったものもある。関東の桜餅は、江戸時代に向島の長命寺の門番が売り出したのが始まり。白と薄いピンクの2種類の皮を作り、白い皮にはこしあん、ピンクの皮には粒あんを入れる。関西では道明寺粉を蒸したもので、あんを包む。桜の葉は裏を外側にして巻く。

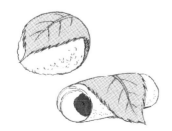

【寿甘（すあま）】

「素甘」とも書く。上新粉を湯で練って蒸したもの。砂糖で甘味を付け、薄いピンク色に着色する。円筒形にのばし、鬼すだれで巻いて表面に筋を付ける。底は平らで、まわりを丸くする。

【大福餅】

餅を薄くのばし、粒あんを包んで作る。餅には砂糖を加え、柔らかい皮にする。赤えんどう豆、よもぎ、栗を混ぜた皮には、こしあんを入れる。

【ちまき】

投身自殺をした中国の詩人、屈原の命日（5月5日）に、竹筒に米を詰めて水に投じたのが始まりといわれる。昔は茅の葉を巻いていたが、今では笹の葉が使われる。ういろう、ようかん、葛などを笹で包み、いぐさでしばる。ちまきを5本束ねて強火で蒸し、笹の香りをつける。冷水に浸して冷ます。

【月見団子】

陰暦の8月15日（中秋満月）と9月13日（十三夜）の月見に供える団子。上新粉にぬるま湯を加え、耳たぶ程の堅さにこねて蒸した後、粘りが出るまでついたものを団子に丸める。十五夜には15個、十三夜には13個盛る。里芋、栗、すすき、秋草と一緒に供える。

【鳥の子餅】

卵形に作った紅白の餅。祝儀に用いる。"鳥の子"とは卵のことで、「つるのこ餅」ともいう。

【なまこ餅】

なまこ形にした餅。大寒の頃に作るので

「寒餅」ともいう。薄切り、さいの目切りにして干して保存し、焼いたり揚げたりする。薄い塩味を付けたり、干しエビ、青海苔、赤豆、黒豆、黒ごまを混ぜ込んで作るものもある。

【はなびら餅】

「菱はなびら餅」からヒントをえた、裏千家独特のもので、茶会の初釜の主菓子。白い求肥を丸くのばした中に、小豆汁で赤くそめて菱形にのばした求肥と白味噌を敷き、ふくさごぼう（ごぼうの蜜漬け）を1本包む。内側が金箔と銀箔の赤楽の重ね茶碗で濃茶を喫する。

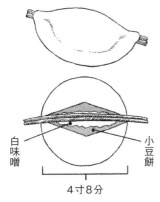

4寸8分

【羽二重餅】

福井の名物。求肥に似ているが、上質の餅粉だけを使い、蒸したり練ったりしたもの。卵白を加えることもある。絹の羽二重のようになめらかという意味。

【菱餅（ひしもち）】

雛節句に供える菱形の餅。赤、緑、黄などに着色し、白い餅と合わせて3段から5段に重ねる。

【焼き団子】

上新粉と米粉で作った柔らかい餅を串に刺して焼き、醤油だれをからめる。団子1個は8g程度で、1本の串に3～4個ずつ刺す。あん団子にする場合は、あんを柔らかめに作る。

蒸し物

蒸し菓子の代表、まんじゅうは、南北朝時代に中国から帰化した林浄因が、奈良で作ったのが始まりといわれる。まんじゅう類の皮は、小麦粉、上新粉、葛粉などで作る。重曹などの膨張剤や山芋を使い、ふくらませるものもある。蒸し器で蒸して作る。枠物と呼ばれる羊羹、ういろうなどは、蒸して包丁で切り分ける。

【ういろう】

上新粉に白玉粉や砂糖などを加えて練り、蒸したもの。「枠蒸しういろう」は、木枠に流して固めたもの。ちまきのような形にしたものは「のばしういろう」。ういろうを皮にして、あんを包んだものは「包みういろう」という。枠蒸しは、小豆こしあん、黒砂糖、抹茶、梅肉などを加えたものもある。色鮮やかに仕上げるために、白ざらめを使用している。

【浮島】

卵白の起泡性を利用して、あんを浮かせた蒸し物。あんの中に卵黄と砂糖を加え、小麦粉、上新粉、泡立てた卵白を混ぜ合わせる。型に流して蒸す。小豆こしあん、白

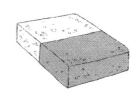

こしあんを使い、2層にして蒸してもよい。

【黄味時雨（きみしぐれ）】

　白あんに卵黄と砂糖を加えて練り上げ、みじん粉（いり粉の一種）を混ぜて作った生地に、小豆あんなどを包んで蒸したもの。蒸すと表面にひび割れが入る。そこから中の小豆の赤い皮が見えるので、花にたとえて「黄味牡丹（きみぼたん）」とも呼ばれる。中に小豆あんを入れずに蒸したり、平鍋で焼いて仕上げることもある。

【葛桜（くずざくら）】

　葛粉、砂糖、水を混ぜ、弱火で練り上げたものであんを包み、蒸して桜の葉を巻いたもの。夏場の涼しげな菓子。冷やして食べる。白あんを用いたり、蒸した道明寺を葛に加えたり、形を茶巾しぼりにしたりする。

●おぼろ葛

　ラップに水をつけて器の中に敷き、葛桜の皮を入れて平らにする。その上に丸めた白こしあん、栗の甘露煮をのせる。葛桜の皮をかぶせ、ラップの口を結んで蒸す。

●みぞれ葛

　葛桜の皮に蒸した道明寺を混ぜる。取り粉（片栗粉）を入れたバットに入れてまとめ、ピンポン玉くらいに分ける。この皮に小豆こしあんを入れ、鶯餅（うぐいすもち）の形に包み、閉じた口を上にして蒸す。

【栗蒸し羊羹】

　あんに小麦粉と少量の塩、片栗粉、砂糖を加えて練る。微温湯を加え、栗を入れて型に流して蒸して固める。蒸し羊羹は、練り羊羹より歴史が古く、鎌倉時代に中国から伝わった羹（あつもの）に由来する。表面にはグラニュー糖を加えた寒天液を塗る場合もある。

【薯蕷まんじゅう（じょうよまんじゅう）】

　高級まんじゅう。紅白にして慶事に用いたり、仏事には緑、黄、白を合わせて引き菓子にする。上新粉、つくね芋、砂糖で作った皮であんを包んで蒸す。

【並時雨（なみしぐれ）】

　晩秋の木枯らしが吹く季節の時雨を表現した菓子。あんをそぼろ状にして、型にはめて固める。あんが、ばらばらと崩れる様子から名付けられた。あんに上新粉と新引き粉（しんびきこ）を混ぜ、粗めのふるいで押し出し、そぼろにする。型は時雨専用の木型の他、抜き型を利用してもよい。

【利久まんじゅう】

　皮に黒砂糖を入れて作り、独特な風味がある。小判型で腰高のものが主流で、中のあんは小豆こしあんが多い。奄美大島が黒砂糖の産地であることから、「大島まんじゅう」とも呼ばれる。

焼き物

　平鍋、彫り型、オーブンなどを用いて焼いて作る。

【鮎焼き（あゆやき）】

　あゆの季節に出回る夏菓子。皮は裏漉しした卵と砂糖を混ぜ、蜂蜜、みりん、水あめ、小麦粉を加え、平鍋で長い小判型に焼いて作る。皮の中には求肥を棒状にしたものを入れる。皮には、目、胸びれ、尾を焼き印で付ける。

鮎焼き

【金鍔（きんつば）】
　刀の鍔に似せて作ったので、この名がある。皮は、中のあんがうっすらと見える程度の厚さにする。あんに寒天液を加え、型に流す。半日程かけて自然に固め、正方形に切る。白玉粉を水で溶き、砂糖と卵白を入れて泡立て、小麦粉を加えて粘りがなくなるまで混ぜる。水を数回に分けて入れ、冷蔵庫で30分おいて生地を作る。あんに生地を付け、焼き色を付けないように焼く。本来はまるい平型。

【栗まんじゅう】
　皮に栗あんを入れ、型にはめて小判形にしてオーブンで焼く。皮は小麦粉、砂糖、水あめ、卵などを混ぜ合わせて作る。栗は丸ごと入れたり、刻んだり、裏漉しして白こしあんと混ぜる。上側は栗の鬼皮のように焼き色を付け、側面は色付かないように焼く。上側には卵を塗り、乾いたらまた塗る。焼きあがったら、油をしみ込ませた布巾で卵を塗った部分を拭き、つやを出す。

【残月（ざんげつ）】
　中花の皮に、しょうがの香りを付ける。中花とは、小麦粉、上白糖、卵、水を主原料とした焼き物菓子。固形のすり蜜を溶か

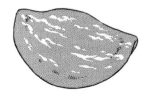

し、表面に糸状に塗る。霞がかかった有明の月を表現する。

【茶通（ちゃつう）】
　卵と砂糖を混ぜ、小麦粉と抹茶を加えて練った生地で、ごまあんを包む。上部に煎茶の葉を付け、平鍋で両面を焼く。両面を焼きながら側面に火を通すので、時間をかけてゆっくりと焼く。溶かしたすり蜜を糸

状に塗って仕上げる。

【中花（ちゅうか）】
　「中化」「中華」とも書く。どら焼きの生地の卵と砂糖の量を増やし、膨張剤を加えずに楕円形に薄く焼いたもの。生地の流し方を工夫して、様々な形を作る。

【どら焼き】
　平鍋で焼く菓子の基本。小麦粉、卵、砂糖で生地を作り、重曹を加えてふくらます。銅鑼（どら）の形に焼き上げ、粒あん、小倉あんを挟む。皮はきめ細かく、ふんわりさせる。

【桃山】
　白あんに卵黄、砂糖、みじん粉などを加え、練り混ぜて木型や焼き型で形作り、天

火で焼いたもの。中にあんを入れるものと、入れないものがある。

流し物

寒天にあんや砂糖を混ぜ、加熱して型に流して固めたもの。寒天にあんを加えずに作る錦玉羹（きんぎょくかん）と、あんを加える羊羹に大別される。

【淡雪羹】

錦玉羹に泡立てた卵白を加えたもの。卵白はきめ細かく泡立てる。泡が消えないうちに、煮詰めた寒天液を加えて混ぜる。とろみがつくまで冷まし、型に入れる。涼しい場所におき、1〜2時間かけて自然に固める。

【芋羊羹（いもようかん）】

ゆでたさつま芋を裏漉しして、少量の寒天で固めたもの。

【黄味錦玉羹（きみきんぎょくかん）】

錦玉羹に卵黄を加えたもの。煮詰めた熱い寒天液と卵黄を混ぜると、分離してしまうので、つなぎにコーンスターチを入れる。コンデンスミルクを入れると、口当たりがなめらかになる。

【錦玉（きんぎょく）】

錦玉羹の寒天と砂糖の量を増やし、煮詰めて流し固めたもの。型にはめて作り、乾燥させて仕上げる。表面は乾いているが、中は柔らかい。固めたものを型で抜いたり、細く切って結んでもよい。2層にして作る場合は、下の寒天液が固まりかけたら上に寒天液を流す。

【錦玉羹（きんぎょくかん）】

水に寒天、砂糖、水飴を加えて煮詰め、型に流して固めたもの。清涼感があり夏向き。蜜漬けにした小豆を1〜2粒アクセントに付ける。冷やして食べると美味。

【上南羹】

錦玉羹に上南粉を加えたもの。練り羊羹と組み合わせて2層に作ることが多い。上南粉は米を加熱加工し、製粉したもの。新引き粉よりもきめが細かい。

【上用羹】

山芋で作ったあんを用いる。山芋を熱いうちに裏漉しして、砂糖を加える。冷めないうちに煮詰めた寒天液と混ぜ、きめ細かく仕上げる。

【練り羊羹（ねりようかん）】

「あん羹」とも呼ばれる。あん、砂糖、寒天、水を混ぜて練りながら煮詰め、型に流して固めたもの。引き菓子用には日持ちするように堅めに作る。竹筒などに流し入れる場合は、少し柔らかめにする。小豆こしあんと白こしあんを加えた半小豆（はんしょうず）、小倉あん、塩抜きした梅干しの裏漉しなど、あんの種類や配合するものにより多種多様のものがある。

【水羊羹（みずようかん）】

夏場向きの菓子。練り羊羹よりも寒天とあんを少なめにして、煮詰めずに作る。水分が多いので、口に入れるとトロッと溶ける。あっさりした味に仕上げ、冷やして食べる。京都鴨川の駿河屋の「竹露」は有名。地下水を使って作られている。夏場のみの販売で、竹筒に入れて笹で蓋をしてある。

【みぞれ羹】

錦玉羹に蒸した道明寺を加えたもの。道明寺が白く見えるように、寒天液を薄いピ

ンクや緑に色付ける。道明寺は食べた時に口に残らないように、柔らかく蒸して用いる。

【吉野羹（よしのかん）】

葛粉を水で溶いたものに砂糖を加え、弱火にかける。つやのあるのり状になったら流し箱に入れて固める。青や緑に着色することが多い。

練り物（ねりもの）

加熱しながら練って作りあげたもの。水溶き白玉粉を練った皮であんを包むもの、練ったあんにつなぎ材料を加えて皮を作るものがある。

【鶯餅（うぐいすもち）】

春の菓子。皮は求肥を用いることが多い。蒸したもち米に砂糖を加え、火にかけて練った生地で作ることもある。こしあんを包んで両端を引っぱり、鶯の形に似せ、青きな粉を全体にまぶす。求肥は熱いうちに包むと、表面が乾いて堅くなるので、粗熱を取ってから包む。逆に冷めきってしまうと皮がのびない。

【求肥（ぎゅうひ）】

白玉粉に砂糖、水飴などを加えて練りあげた餅状の菓子。水で溶いた白玉粉をこねて固め、ゆであげた後、砂糖を加えて練りあげたり、水で溶いた白玉粉を蒸してから砂糖を加えて練る。あんを包むだけでなく、羊羹や練切あん、そぼろあんを飾って季節を表現する。求肥は唐の時代に中国から伝来した。その頃は黒砂糖を使用していたので、色や手触りから「牛皮」と書かれたが、後に「求肥」となった。

【熟し（こなし）】

火取りあんに小麦粉、もち粉を混ぜて蒸し、砂糖を加え、よくもみ込んで柔らかくした生地。もみこなすと粘りと弾力が出て、形が作りやすくなる。ひび割れやすいので、日持ちはしない。練切と比べ、もちもちとした重厚味のある食感がする。関西地方で主に用いられている。

【雪平（せっぺい）】

練りあげた求肥に卵白を加え、さらに白練切あんを入れ、練りあげたもの。色付けや細工はあまりしない。へらで表面に線を描いて仕上げる。大きなサイズに作り、引き菓子に用いたりする。求肥よりも弾力がなく、硬化が早い。

【練切（ねりきり）】

白あんに粘性を持たせるため、求肥またはつくね芋、みじん粉を入れて練りあげたもの。色や形を工夫して四季や自然物を表現する。へらやはさみで筋や切り込みを入れたり、茶巾しぼりやそぼろにしたりする。玉椿、三本桜などの形が一般的に多い。古くから祝儀用や茶の湯の菓子として用いられてきた。

岡物・かけ物・打ち物

岡物は、もなかの皮や丸種、京種などで、

あんを挟んだ菓子。かけ物は、こんぺいとうなどの糖衣菓子。

【石衣（いしごろも）】

かけ物菓子。小豆こしあんを堅めに練りあげ、丸や楕円にして乾かし、すり蜜で固めたもの。すり蜜とは、砂糖に水を加えて熱し、あめ状になったら冷まして、すりこ木などですり混ぜ、白くクリーム状にしたもの。すり蜜がきれいに固まるように、あんをよく乾かす。あんの乾きが不充分だと蜜がべとつく。すり蜜は常温でよく練る。すり蜜の温度が高いと、固まった時に斑点ができる。逆に温度が低すぎると乾きが悪く、固まった後にしわがよる。着色する場合は、色粉を水で溶き、すり蜜に混ぜる。

【打ち物】

砂糖、焼きみじん粉を混ぜ、模様が彫り込まれた木型に詰めて固め、打ち出したもの。軽く蒸気をあてて湿らせて固める。蒸気で乾かすと色も鮮やかになる。風味を付けるために、和三盆糖を用いたりする。着色する場合は、砂糖に水溶きした色粉を混ぜ、蜜を加える。小麦、大麦、あわ、大豆、小豆などの穀物の粉を加えることもある。「落雁（らくがん）」は穀類を使った打ち物で、店によっては打ち物と押し物を総称して落雁と呼んでいる。

引き菓子に用いる打ち物は、慶事用には松竹梅、鶴亀。仏事用には蓮、菊などにかたどる。2個、もしくは5個合わせて折り箱に詰める。中にあんを入れることが多い。あんには水あめを加え、あんの水分が生地に吸収されないようにする。日持ちを考えて、味は甘め。

【鹿の子（かのこ）】

「岡物」と呼ばれる。求肥や羊羹をこしあんで包んで丸め、まわりに蜜煮した小豆の粒を付けたもの。鹿の背のまだら模様を思わせるので、この名がある。昔はあんの中に餅を入れたので「鹿の子餅」と言われた。

【塩釜】

江戸時代から作られていた打ち物菓子。宮城県の塩竈（しおがま）神社の祭神、塩土老翁（しおつちのおじ）が、この地の人々に製塩法を教えた時に、この菓子の作り方も教えたといわれている。砂糖、蜜、みじん粉を混ぜた生地に、塩と海草の粉末、ゆかりで風味を付ける。木枠に押し詰め、固めて仕上げる。青海苔、梅肉などを生地に入れ、あんを挟むこともある。

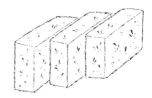

その他の和菓子・甘味

【かるかん】

鹿児島地方特産の薯蕷を、すりおろして泡立てる。砂糖とうるち米粉を加え、こねて蒸し上げる。あっさりとした甘味で、羊羹より軽く、ふんわりしているので、この名が付いた。薯蕷とは、つくね芋のこと。

【葛きり】

葛粉を水で溶き、容器に入れて平らにする。できるだけ薄く流し入れ、湯に浮かべる。葛が固まったら熱湯の中に沈め、透明

和菓子・甘味

になったら上げて、容器ごと水に浸す。葛をはがし、適度な幅に切る。黒蜜、梅蜜などをつけて食べる。

【栗汁粉】

栗を蒸したり煮たりして柔らかくする。餅、塩とともに、濡らしたすりこ木でついて混ぜる。手に水をつけながら丸め、小豆こしあんの汁粉に入れる。

【黒みつ豆】

黒砂糖を加えた寒天のさいの目切りを入れたみつ豆。赤えんどう豆は、重曹を加えた水に1晩漬けて戻す。ゆでてざるにあけて洗う。塩を加えた湯で一煮立ちさせ、火から下ろして、そのまま冷やす。寒天、白玉団子などと合わせて器に盛り、白蜜をかける。

【鶏卵素麺（けいらんそうめん）】

福岡市の名産。400年程前にポルトガル人から伝えられた南蛮菓子をもとに、今日の姿に改良された。上質の氷砂糖を煮溶かして沸騰させた蜜に、卵黄をそうめん状に細く流し入れて固め、取り出して冷まし、20cmくらいに切りそろえたもの。かなり甘味が強いが、くどさはない。

【御手洗団子（みたらしだんご）】

小さい団子を竹串に5個刺して、醤油でつけ焼きにしたもの。京都下鴨神社で6月19日から晦日まで御手洗詣が行われた時、茶店などで売られた。先端の団子は他よりやや大きくし、2番目の団子を少し離して刺す。先端のものは人の頭、それ以外は手足と体を表しており、これを神前に供えて無病息災を祈ったという。

【わらび餅】

わらび粉で作った餅のこと。きな粉を付けて食べる。わらび粉とは、ワラビの地下茎を粉末にして精製したもの。

日本料理特殊食材

野菜類

【赤いんげん】
金時豆。やや大きめの長円形で赤紫色をしている。斑点があるものもある。大正金時、紅金時、前川金時などの種類があり、北海道で多く栽培されている。甘納豆、煮豆、製あん用に用いられる。

【あしたば】
せり科の多年草。「今日摘んでも明日には葉が生える」という生命力の強さから名付けられた。種をまくと一面に生育するので、次々に摘み取れる。茎葉を切ると、黄色の液汁が出てくる。苦味があり、不老長寿の妙薬と言われてきた。この汁には利尿作用があり、母乳の出を良くするといわれている。伊豆の八丈島で栽培している。春から秋が最盛期。若葉を、おひたし、天ぷら、和え物、炒め物などに調理する。

【伊勢芋】
山芋の一種。栽培種の中では粘りが強く、でこぼこした拳(こぶし)のような形をしている。三重、奈良の特産。すりおろして時間がたっても、あまり変色しない。

【いたどり】
「虎杖」とも書く。たで科の多年草で、山野に自生する。皮をむき、塩をつけて生のまま食べると、ほのかな酸味がある。煮物、和え物、おひたしにする。根茎は薬用に用いる。地方では「すいば」「すかんぽ」などとも呼ぶ。

【岩茸（いわたけ）】
イワタケ科の食用きのこ。主に花崗岩の絶壁などに着生する。生の岩茸は黒く、香りが良い。生のものは2日間程水に浸す。乾物は沸かした灰汁に浸してもどす。ゆでてきれいに洗い、汁の実、和え物、おひたし、酢の物にする。

【えび芋】
里芋の中のとうの芋の一種。関東では「京芋」「西京芋」という。京都、大阪、静岡で生産されるが、特に京都が有名で「くじょう芋」ともいう。形がエビのように曲がるので、この名がある。肉質は粉状。煮ると粘りが出る。京都名産の「芋棒」は、えび芋と棒ダラの炊き合わせ。葉と柄も"ずいき"として食べられる。

【加賀太きゅうり】
北陸地方の特産。直径が6〜8cm程もある。白いぼきゅうりは、ほとんどが中国系だが、このきゅうりはシベリア系。肉詰めや煮込みに用いる。

【京菜】
京都で古くから栽培されている「水菜」で、関東などでは京菜と呼ばれる。シャキッとした歯触り、ほのかな苦味が特徴。関東より関西の京菜のほうが、葉の切れ込みが深く長い。切り口のわりに株が大きい

ものが良品。霜にあったほうが美味しく、暖かい時期のものは葉が堅い。葉先が黒ずんだもの、茎にキズがあるものは避ける。和え物、鍋物、漬け物、煮物、汁物などに用いられる。

【聖護院大根】
京都の聖護院付近が原産の球形の大型大根。10～11月に収穫。関西で需要が多い。4kgを超えるものもあるが、2.5kg程のものが"す"の入りが少なくて手頃。柔らかく甘味があるので、ふろふき大根に向く。千枚漬けや、かぶら蒸しには欠かせない。葉が首の部分にしっかりと付き、みずみずしいものが新鮮。

【松露（しょうろ）】
春と秋に海岸の黒松林の砂の中や地上に生える食用きのこ。2cm前後の球状で、松の香りがする。肉の白いものが良質。新鮮なものは汁物にする。ゆでて和え物などにしたり、佃煮にしても美味しい。

【白いんげん】
いんげん豆の種実用の一品種。扁平腎臓形の大粒。「大福いんげん」とも呼ばれ、煮豆、甘納豆、菓子材料とされる。小型で白地に茶色の斑点があるものは「とら豆」という。

【橙（だいだい）】
冬に成熟し、だいだい色になるが、採取しないと緑色になり、その後再びだいだい色になる。1樹に3代の果実を見ることができるため"代々（だいだい）"と呼ばれ、縁起ものとされて正月の飾りにはつきものとなった。果汁は酸味が強く、ポン酢に用いられる。絞る時は皮の苦味を混ぜないようにする。マーマレードの原料としても用いられる。

【たけのこ芋】
八つ頭の仲間で、長い円筒形。芋の半分以上が地上に出ており、その姿がたけのこに似ているので、この名が付いた。寒さに弱く、主に宮崎で栽培されている。肉質は粉質で、煮崩れしにくいので煮物に向く。12～2月にかけて市場に多く出回る。

【たで】
日本全土に自生。たで科の一年草で、特有の辛味成分を含んでいる。柳たで（本たで、真たで）、紅たで、青たで、細葉たで、麻布たでなどの品種がある。「あゆたで」とも呼ばれアユ料理には欠かせない。葉に香りと辛味があり、酢で調味して添える。揚げ物、汁の実、和え物にも使用する。

【たらの芽】
たらの木の新芽。たらの木は、幹にトゲが多いため「鳥止まらず」ともいわれる。4～5月に新芽が出る。10cm程の葉が開く前の芽を取って利用する。天ぷら、汁の実に使う。おひたし、和え物には、軽くゆでて用いる。

【ちょろぎ】
「甘露子」「草石蚕」「千代呂木」「長老喜」などの当て字がある。しそ科の多年草で晩秋から春に収穫する。地下茎の先端の塊茎を使用する。塩漬け、梅酢漬け、粕漬け、味噌漬け、醤油漬けなどの漬け物に向く。

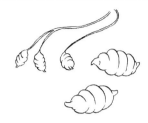

また、ゆでて、汁の実、酢の物、炒め物にもする。煮ると、ゆり根のような味がする。しそで赤く染めたものを正月料理の黒豆に加えて飾る。

【突羽根（つくばね）】

「衝羽根」とも書く。びゃくだん科の半寄生落葉低木。もみや杉などの木の根に寄生する。直径5㎜くらいの卵形をした果実に、羽根のような淡い緑色のものが付いている。正月の羽子板の羽根に似ているので、この名で呼ばれる。10月頃に実をつける。果実が青いうちに塩蔵やビン詰めにして、正月のおせちや椀盛に使う。

【野蒜（のびる）】

ゆり科の多年草。山野や水田の農道などに群生。野に生える"ひる（ねぎやにんにくの総称）"から、この名がある。にらに似た臭気がある。3～4月頃、球形をした地下茎をそのまま、または焼いて味噌をつけて食べる。葉とともにゆでて、酢味噌で和え物にしたり、おひたしにもする。酢漬け、味噌漬けにしてもよい。

【はやとうり】

うり科のつる性一年草果菜。白色種と緑色種があるが、白色種が一般的。洋なしに似た形で、こぶだらけ。肉厚で歯切れが良く、生で食べたり、漬け物などにする。幼果は甘煮や汁の実にも利用する。

【ほうき茸】

秋の山野に自生するサンゴ状のきのこ。別名「ねずみ茸」。ゆでたり、酒と塩を振って火を通し、和え物やおひたしにする。汁物や炊き込みごはんにしてもよい。ほうき茸の仲間には、はなほうき茸、こがねほうき茸のような毒性のあるものもあるので、注意すること。

【防風（ぼうふう）】

「浜防風」ともいう。本来は海岸の砂地に自生。砂地の砂が飛ぶのを防ぐ役割を果たしているので、この名がある。市販品は促成軟化栽培されたもの。香りが強く、刺身のつまや酢の物に使う。ゆでて和え物にもする。

【堀川ごぼう】

京都の堀川で栽培が始まった短めで太いごぼう。関東の「大浦ごぼう」と同品種。直径は4～5㎝。肉質は柔らかく、中心には"す"が入っている。滝野川ごぼうを移

植栽培して土の中で2〜3年かけ、じっくりと育てるので、肉質が細かくしまっていて香りが高い。

【壬生菜（みぶな）】

京都の壬生地方の特産。京菜の一種で葉が細長く、切り込みがない。京都あたりでは京菜も壬生菜も「みずな」と呼ぶ。特有の香りと辛味があり、京菜同様おひたし、和え物、汁の実などに用いる。

【みょうがだけ】

みょうがの幼茎を軟白栽培したもの。形がたけのこに似ているので、この名がある。茎が白く、茎を巻いている葉先が薄い紅色のものが柔らかい。緑色のものは生長しすぎている。辛味があって香りも良く、酢の物やひたし物、吸い物に用いる。

【むかご】

山芋属のつるの葉のつけ根にできる小粒の玉。晩秋から初冬にかけて収穫される。竹串に刺してつけ焼きにしたり、蒸して汁の実にしたり、むかごはんにする。

【守口大根】

主に岐阜、愛知で栽培されている細長い大根。直径は3cm程で、長さは1〜2m程になる。塩漬けにし、酒粕、粕などに漬け込んで「守口漬け」にされる。

【嫁菜（よめな）】

きく科の多年草で、特有の香気がある。別名「うはぎ」「のぎく」という。山野に最も普通に生えている。春になると女性達が好んで摘んでいたことから名付けられた。ビタミンAを豊富に含む。椀物、和え物に用いる。つぼみは天ぷらにする。

肉類

【合い鴨（あいがも）】

合い鴨というカモは存在しない。野生のマガモの雄とアヒルの雌をかけ合わせた雑種。アヒルは、もともと野生のマガモから作り出されたもので、一般にアヒルを含めてアイガモと呼ぶことが多い。市販されているアイガモ肉の大半はアヒルの肉。アイガモは飼育種で周年出まわり、普通の鴨肉と同様に用いられる。主に胸肉が市販され、煮物、焼き物、鍋物などに使われる。

【くじらの尾身】

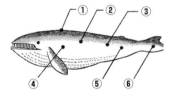

①かぶら骨　②赤身　③木皮
④うね須　⑤尾身　⑥尾羽

尾身は尾肉ともいう。立羽（たっぱ）は、背びれから尾のつけ根までのロースの総称。クジラ肉の最高級品。肉は霜降り状。刺身にして食べる。うど、おろししょうがを添える。うどは血抜きのための敷きづまなので、食べる必要はない。

【雀（すずめ）】

小鳥の中で最も美味とされ、冬季のものは"寒スズメ"として珍重される。つけ焼きにして「小鳥焼き」にするのが一般的。粉山椒や七味唐がらしを振って食べる。

【山くじら】

イノシシの肉。または獣肉の異称。獣の肉を食べることを避けていた時代に、イノ

シシなどを"山くじら"と名付け、偽って食べていた。クジラは動物だが、当時は魚と同様の扱いを受けていた。イノシシ肉は「ぼたん肉」とも呼ばれ、旬は冬。雑食性なので肉にはやや臭みがある。味噌仕立ての鍋にして食することが多い。

魚介類

【揚巻き貝（あげまきがい）】

ナタマメガイ科の二枚貝。「キヌガイ」「ヘイタイガイ」とも呼ぶ。殻の長さは7〜10cm。通常は殻付きのまま売られている。九州の有明海が主産地。旬は冬。「マテガイ」とは全く別種で、マテガイより短く丸みのある四辺形。身は柔らかく、殻付きのまま塩焼き、煮つけ、味噌汁の実にする。新鮮なものは、むき身にして塩水できれいに洗い、酢の物にする。佃煮や干物などにもする。乾物や缶詰は輸出されている。

【あぶらぼうず】

本州中部から北海道にかけての太平洋岸に生息。体長1m以上になるマグロのような体型の魚。体表は黒褐色で、肉は美味。多量の脂を含み、食べすぎると肛門から脂がにじみ出る。腹身の脂の含有量は48％にも達し、成分は植物油に近い。栄養価が高いため、昔は農作物の収穫期になると、精力をつけるために食べられた。

【アンコウ】

アンコウ類は世界に17科270種が知られているが、日本近海には60種程が生息する。そのうち食用とされるのは、アンコウ科とフサアンコウ科に属する数種。一般にアンコウと呼ぶのは、クツアンコウとキアンコウ（ホンアンコウ）のこと。キアンコウのほうが味が良い。クツアンコウは日本近海では茨城県以南にすみ、キアンコウは東北地方沿岸、北海道南部から東シナ海沿岸に生息する。冬場が旬。アンコウの体は極端に柔らかく、まな板の上ではさばけないので、下あごにかぎをかけて吊るし、口から水を入れて腹をふくらませてさばく。これを「アンコウの吊るし切り」という。アンコウは、身の他にも"七つ道具"と呼ばれる部位があり、すべて調理に使われ、捨てる部分がない。七つ道具とは、皮、肝、ぬの（卵巣）、水袋（胃）、えら、とも（手羽、腕、または胸びれ、尾びれ）、柳肉（身肉、ほお肉）。身、皮、肝は「あんこう鍋」にするのが一般的。肝は肝蒸しにしてもよい。

【イワナ】

サケ科の淡水魚であるイワナ類の総称。山間渓谷の冷水中にすむ。俗にアユの上れぬ上流にヤマメがすみ、ヤマメも上れぬ上流にイワナがすむといわれる。関東より西側に生息しているイワナは、体表に赤色の斑点がある。北海道、本州北部のものは、白い斑点がある。天然ものは5〜6月から夏にかけてが旬。ぬめりの濃いものが新鮮。腹が弱いので、腹のしっかりしたものを選ぶ。塩焼き、魚田（ぎょでん）、から揚げなどにする。

【落ちアユ】

秋になって産卵のために下流に下るアユ。背中の色がさび色になるので「さびアユ」ともいう。上流に登る若いアユは「登りアユ」という。塩焼きが美味。

【カジカ】

「鰍」「杜又魚」「河鹿」などと書く。全長15cmくらいのハゼに似た魚で、水の澄んだ川の上流に生息。地方名が多く、石川で「ゴリ」、滋賀で「オコゼ」、岐阜で「カブ」、和歌山で「チチカブ」、高知で「ナイラギ」、山口で「ミヤマゴリ」などと呼ばれる。金沢には「ごり茶屋」という専門店がある。旬は冬。淡泊な味わい。姿のまま味噌汁にしたり、から揚げ、甘露煮などにする。

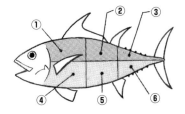

① 背筋カミ（赤身）　② 背筋ナカ（赤身）
③ 背筋モモ（赤身）　④ 腹筋カミ（大トロ）
⑤ 中筋（中トロ）　　⑥ 腹筋シモ（中トロ）

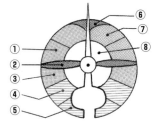

① 血合いぎし　② 血合い　③ 血合いぎし
④ 中トロ　　　⑤ 大トロ　⑥ 分け身
⑦ 皮ぎし　　　⑧ テンパ

【喜佐古（きさご）】

別名「ナガラミ」。ニシキウズガイ科の巻き貝。本州中部から九州にかけての泥砂海岸の砂底に生息。殻幅は約4cm。旬は冬から春にかけて。昔は浜に住む人しか食べなかったが、現在は塩ゆでにして、料理店の突き出しに使われる。

【黒マグロ】

北半球の温帯、熱帯の暖流に分布する黒マグロは、マグロ類中の最高級魚。「本マグロ」「シビ」とも呼ばれ、体長3m、700kgになるものもいる。幼魚は「チュウボウ」「ヨコワ」、若魚を「メジ」「マメジ」と呼ぶ。冬が旬で、たっぷりと脂が乗る。背側は赤身と中トロで、上物はトロのしめる割合が大きい。茶褐色の部分はビタミン、ミネラルが豊富。血合いと接した部分(血合いぎし)は、濃い赤色で美味しい。腹1丁からは大トロ、赤身、血合いを取り除いた中トロが取れる。腹身のかました部分には最高の大トロがある。大トロは、脂肪のきめの細かいものが良い。

【コノシロ】

ニシン科の海水魚。地方によってかなり呼び名が異なる。東京では「シンコ」「コハダ」「ナカズミ」「コノシロ」と名がかわる出世魚。10cm以下のシンコが出回るのは晩夏。中型のコハダ、体長25cmに達する大型のコノシロの旬は晩秋から冬。小型のシンコは、さっぱりした味で、夏場のすしだねに用いられる。皮に厚みのあるものがよい。コハダの粟漬けは、おせち料理に用いられる。

【小柱（こばしら）】

バカガイの貝柱。水管に近い大きいほうを「大星」、小さいほうを「小星（じゃみ）」

と呼ぶ。大星は高価で、高級店のすしだねやかき揚げ用に用いられる。

【シマアジ】

アジ科の海水魚。アジ類の中で最も美味とされる高級魚。全世界の暖海に分布し、南日本に多い。体長は65cmに達する。養殖物は4年で体長約50cm、体重約3kgになる。1～2kg前後の天然ものが美味。千葉、三浦半島、伊豆七島などで、春から初夏にかけて水揚げされる。漁獲量が少ないため高価。夏が旬。身はしまって甘味があり、刺身は絶品。名の由来は、体側の中央にある鮮やかな黄色の縦帯で、この縦帯が金色に光っているものが新鮮。

【平貝（たいらがい）】

「タイラギ」とも呼ばれるハボウキガイ科の二枚貝で、大きな貝柱がある。殻は長さ22cm、高さ15cm、幅10cmの三角形。旬は冬から春。有明海、瀬戸内海、伊勢湾などが産地。ほとんど貝柱だけで出荷される。ホタテガイ程甘味はなく、あっさりとした味。身崩れしにくいが、貝柱の表面が白くなっているものは鮮度が落ちている。刺身、すしだねに用いる。

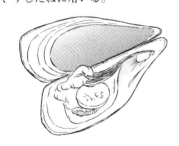

【ドジョウ】

北海道から九州まで各地の池、沼、稲田、小川などに生息。現在は韓国産のものが多く出回っている。旬は夏で、腹子を持ったドジョウは脂が乗って特に美味しい。冬期は泥の中で冬眠するので、やせてまずい。独特な泥臭があるので、2～3日水に泳がせて泥を吐かせ、下ごしらえをする。水からあげて酒を振りかけると扱いやすくなり、特有のぬめりも取れ、骨も柔らかくなる。丸ごと鍋や味噌汁にする時は、小ぶりのものを使う。大きなものは背開きにする。柳川鍋、どじょう汁、フライ、天ぷらなどにする。

【トラフグ】

食用フグは、九州や山口では「フク」、関西ではあたると死ぬので「鉄砲」「テツ」という。トラフグは、下関や北九州で「ホンフグ」、大分や高知で「モンフグ」とも呼ばれ、胸びれと背びれの近くに大きな黒斑がある。よく似たカラスフグは、尾びれが白い。旬は秋から冬。トラフグは、フグの中では最も美味で最上種とされている。刺身、ちり鍋は冬の味覚の代表。ひれは熱かんで、ひれ酒にする。皮は煮こごり、白子は塩焼き、酢の物、椀種にする。卵巣、肝臓に強毒、腸に弱毒を持つ。

【ナマコ】

日本近海に見られるナマコは約100種だが、そのうち食用にされる種類はマナマコなどごく少数。全国各地でとれるが、日本海のものが上質。身が柔らかく風味も良い。旬は初冬。体長は20～30cm、太さ6～8cm。褐色で濃淡の斑紋をもつ赤ナマコと、暗緑色から黒色に近い青ナマコがある。赤ナマコは浅海の岩場に生息。新潟、能登、淡路などが産地だが、能登の穴水の

ものが最良。青ナマコは浅海の砂場に住む。赤ナマコに比べ、身が堅く風味も劣る。体表の突起が崩れ、肌が溶けかかっているものは鮮度が落ちている。調理する時は内臓を抜いて両端を切り取る。一般に酢の物にされる。加工品では、コノワタ（内臓の塩辛）、コノコ（卵巣の干物）などがある。

【花咲きガニ】

旬は秋から冬。右のはさみが大きく、全身に堅いトゲがある。北海道の根室半島から北方四島にかけて漁獲される。タラバガニの近縁で、海藻の間にいることから「イソガニ」「コンブガニ」とも呼ばれる。市場では脚だけ売られていたりする。タラバガニの代用にされるが、タラバガニより小さく脚は太くて短い。

【ハモ】

鋭い歯でかみつくので"食む（はむ）"が名の由来。広島や高知では「はむ」と呼ばれる。全長は2ｍ。旬は夏。関西ではなじみのある魚で、夏場の魚料理には欠かせない。白身魚で脂肪含量が高い。ビタミンＡが豊富で、ビタミンＤも含む。骨が堅く、小骨が多いので、骨切りをしてから調理する。椀種、照り焼き、天ぷらなどにする。すり身にした残りの皮は、つけ焼きにして「はもざく」にする。浮き袋は、形が笛に似ていることから「はもの笛」といわれる。包丁でしごき、箸を通して裏返す。きれいにそうじをしてゆでる。

【ホッキ貝】

バカガイ科の二枚貝。和名は「ウバガイ」。殻長10cmくらいの卵形。旬は春から夏で、北日本で多くとれる。ゆでるとピンク色になり、味はややクセがあるが、香りと甘味がある。生食の他、吸い物や酢の物にする。

【真子（まこ）】

関東ではムツ、タラの卵巣、関西ではタイの卵巣のことをいう。血管の細いほうから太いほうへ、包丁でこそげて血抜きをし、裏返して薄い塩水に漬け、ザルに取って水気を切る。煮たものは「花煮」という。八方だしを煮立てた中に入れると、きれいに花が咲いたような形になる。季節の野菜と取り合わせる。

【マトウダイ】

「マトウオ」「マトハギ」「マトハゲ」とも呼ぶ。全長50cmの長円形で、体が平たく頭と内臓が大きいので、身の部分が少ない。味は上品で高級料理店で珍重される。刺身や焼き物にする。旬は4～5月で、常陸、房州、紀州、九州などが産地。体側の中央に大きな黒斑があり、弓の的のようなので、この名が付けられた。この黒斑が残っているものが新鮮。鮮度が落ちると黒斑が消える。

【ミル貝】

「海松貝」「水松貝」と書く。和名は「ミルクイ」で、バカガイ科の二枚貝。水管が長く、常に殻の外へはみだしている。殻口に海藻（みる）が密生して、それを食べようとしているように見えるので「ミルクイ」と呼ばれる。ミルガイは、ほぼ全国的にとれるが、主な産地は関西と九州。殻長は約15cm。貝殻は暗褐色で、水管は黒褐色の皮で被われており、この皮をはぐと淡紅色の肉が現れる。この水管の部分が食用。塩を振って霜降りにし、冷水に浸して黒い皮をむき、横から切り開く。すしだね、刺身、酢の物に使う。ナミガイ（シロミル）は、ミルガイ同様に水管が長大だが、ミルガイとは全く別種で、キヌマトイガイ科に属する。ミルガイより味は劣るが、ミルガイの代用品として用いられる。

【ムツ】

ムツ科の深海魚。東北から九州沿岸まで生息。"寒ムツ"と言われる程冬場は脂が乗る。特に産卵期に浅い所へ集まってくる12～1月が美味しい。刺身や煮つけ、照り焼きなどにする。ちり鍋は格別。黒みを帯びたムツは「クロムツ」という。「ムツコ」と呼ばれる卵巣は身よりも珍重される。スーパーなどで"ムツ"の名で売られている切り身は、南米から輸入されている1m程の魚の場合が多く、正式な日本名は付けられていない。

【藻屑ガニ（もくずがに）】

イワガニ科のカニ。「木蔵ガニ（もくぞうがに）」ともいう。サハリン、千島以南、台湾まで分布する。甲長、甲幅は5～6cmで、丸みのある四角形。色は緑褐色。沢ガニとともに川にすむカニの代表で、淡水で生活し、卵は海で生む。肺臓ジストマの中間宿主なので、生食は避ける。生のまますり潰し、味噌を加え、だしでのばす。一度漉して鍋で、一煮立ちさせる。豆腐、芹、三つ葉などを入れて食べると珍味。

【諸子（もろこ）】

コイ科の淡水魚。琵琶湖産が名高い。"寒モロコ"というように旬は冬だが、春の子持ちモロコも美味。南蛮漬けにしたり、焼き物や天ぷらにする。

加工品類

＜穀類・野菜類加工品＞

【芋柄（いもがら）】

「干しずいき」とも呼ぶ。里芋の葉柄を乾燥させたもの。熱湯に10分程漬けて戻し、煮物、汁の実、五目飯の具に用いる。えぐみを抜くには、唐がらしを1～2本入れた湯でゆでる。

【浮き粉】

小麦粉の中のグルテンを取り除き、力の弱い澱粉（でんぷん）に精製したもの。魚のすり身などに混ぜる。かまぼこの増量材などの他、製菓材料としても用いられる。

【葛粉（くずこ）】

「葛デンプン」ともいう。マメ科の葛の根

からとったデンプンで良質。奈良の吉野葛、熊本の筑前葛などが有名。ごま豆腐、葛そうめん、和菓子などに用いられる。

【凍りこんにゃく】

　冬場にこんにゃくを凍らせ、寒風に当てて乾かしたもの。表面に白い粉が付いたようなスポンジ状になる。山形県や茨城県で冬の農閑期に生産される。水に浸し、絞って使う。煮物の材料にしたり、豆と一緒に煮たりする。

【さらしな】

　そばの実（玄そば）を挽き、ふるいにかけた純白の一番粉（さらしな粉）。「御膳粉」「さらし粉」ともいう。一番粉を使って打ったそばが「さらしなそば」。「更科」はそば屋の屋号で、「更級」は長野県の地名。ひらがなは商品名。

【新引き粉（しんびきこ）】

　もち米、うるち米を蒸して乾かし、煎って粉にしたもの。白、赤、黄、緑などの色を付けたものもある。鶏のささみや魚介類の揚げ物に使われる。和菓子の原料にも用いられ、主として蒸し時雨や落雁の原料となる。

【大徳寺納豆】

　塩納豆のことで、京都の大徳寺塔頭（たっちゅう）、真珠庵で作られ、僧侶が食べていた蒸し大豆にこうじ菌をつけて大豆こうじを作り、水分35％以下に乾燥した後、塩水を加えて仕込み、3カ月以上熟成させて作る。酒の肴に珍重される。静岡三ヶ日町の大福寺で作られるものを「浜納豆」という。

【とうふよう】

　沖縄の珍味。中国の調味料の腐乳に似ている。チーズのようなコクがあり、酒の肴などにされる。米こうじを泡盛に漬け込んで漬け汁を作る。これに下処理した豆腐を漬け、1年程熟成させる。

【道明寺粉】

　もち米を蒸して乾かした「道明寺糒（どうみょうじほしい）」を粗く挽いたもの。挽き方により大粗、中粗、小粗の3種に分類される。鍋に道明寺粉と同量の水を入れ、蓋をして炊き、蒸らしてから料理に使う。桜餅、つばき餅、道明寺羹、みぞれまんじゅうなどの和菓子にも用いる。

【浜納豆】

　「浜名納豆」ともいう。浜名湖の北岸の大福寺で作られた塩納豆。代々徳川将軍家に献上された。山椒豆（みかんの皮、しょうが、しそを乾燥させたもの）を加え、辛さを増したものを「唐納豆」と呼ぶ。

【干葉（ひば）】

　大根の葉や茎を干したもの。冬に青菜が乏しい雪国などで行う貯蔵菜の1つ。たくあんを漬ける時に樽の下に敷いたり、上にかけたりする。水で戻した干葉を炒め、油揚げとともに煮ると美味しい。

【みじん粉】

　もち米を蒸し、ローラーでのばして乾燥させ、微細な粉にしたもの。みじん粉をさらに細かく振るったものを寒梅粉という。梅の花が咲く頃に作られたものが良質とされるため、この名がある。

【麦焦がし】

　大麦を煎って粉に挽いたもの。昔は砂糖

と水、塩少々を加え、おやつとして食べた。「はったい」「こうせん」とも呼ぶ。落雁などの和菓子の原料としても用いる。

<魚介類加工品>

【鮫皮（あんぴ）】

フグの皮を板に張り付けて乾燥させたもの。関西では「鉄皮（てっぴ）」という。火であぶり、香味を出してから、ゆでて戻す。酢の物、煮こごり、椀づまなどに利用する。

【うるか】

アユの内臓などの塩辛。岐阜県長良川や山口、大分の名物。「潤香（うるか）」の意味で、苦味と渋味を味わう。白子（精巣）で作ったものは「白うるか」、真子（卵巣）は「真子うるか」「子うるか」、肝や腸を一緒にしたものは「黒うるか」、内臓全体を用いたものは「苦うるか」「渋うるか」、内臓を充分に洗わずに用いたものは「泥うるか」「土うるか」という。頭とひれ以外を丸ごと細かく刻んで混ぜたものは「切り込みうるか」。

【おご海苔】

オゴノリ科の海草。「オゴ」「ウゴ」「ナゴヤ」などと呼ばれる。暗赤色、または暗褐色で、糸のように細く、長さは10〜30cm程度。寒天の材料や刺身のつまに用いる。

【おぼろ昆布】

真昆布や利尻昆布を薄い酢酸液に漬け、薄く幅広く紙状に削り取ったもの。上皮の黒い部分を削ったものは「黒おぼろ」、残った黄白色の部分を削ったものは「白おぼろ」「雪おぼろ」「太白おぼろ」という。白黒入り混じったものは「白黒おぼろ」。適度な湿り気があり、幅3cm、長さ9〜15cmくらいの薄いものが良質。酢の物、椀種、炊き合わせなどに使われる。おぼろ昆布を削った残りの葉先は「爪昆布」という。形が親指の爪に似ているため、この名がある。潮汁を仕立てる時の差し昆布、炊き合わせなどに用いる。

【海藤花（かいとうげ）】

真ダコの房状の卵。海藤花の名は、海藻やたこつぼに産みつけられた卵の姿が、藤の花に似ていることから付いた。酢の物や椀種に使う。瀬戸内の塩漬けは名産。

【蕪骨（かぶらぼね）】

クジラの上顎骨部分の軟骨。氷頭の一種で、生、塩蔵もあるが、薄く削って乾燥させたものが多い。水か熱湯で戻し、酢の物、刺身のつまに使う。懐石料理の箸洗いにも用いられる。佐賀の名産「松浦漬け」は、蕪骨を粕漬けにしたもの。

【からすみ】

ボラの卵巣の塩乾品。長崎県の野母崎産の「泊ぼら（とまりぼら）」が有名。最近は台湾産もあるが、品質は劣る。10〜11月にとれるボラの成魚の卵巣を水洗いし、血抜きをする。塩漬けした後、塩抜きし、昼は天日干し、夜は板の間に挟み成形する。2週間程かけて製品にする。形が整っていて、薄いあめ色をした光沢のあるものが良品。そぎ切りにし、大根の薄切りとともに食べたり、軽くあぶって食べる。形が中国の唐墨に似ているため、この名が付いた。

【くさや】

ムロアジやトビウオをくさや液に漬けたもの。伊豆諸島の名産。独特の臭いを発するため、この名がある。塩水にムロアジな

どの内臓を加え、熟成させて作った"くさや液"に、腹開きにした新鮮な魚を8～20時間漬け、真水で洗って天日で干す。熟成したくさや液中にある抗菌性物質により、塩分が低いわりに保存性が高い。焼いて食べる。

【コノコ】
ナマコの卵巣をひもにかけ、三味線のばちのような形に干したもの。「クチコ」「バチ」「干しコノコ」などともいう。1週間程度寒風に干すが、コノコのそうじの仕方が悪いと黒ずむ。能登産のナマコは大きく、コノコも太いので良質。白くなるまであぶり、酒の肴にする。茶懐石の八寸などに用いられる。

【コノワタ】
ナマコの腸を裂くと、細長い腸管がある。これを洗って塩漬けにしたものが「コノワタ」。酒の肴にする。腸の形がそのまま残り、こはく色の光沢があるものが良質で、寒中に製造されたものが最上とされる。

【雑節】（ざつぶし）
節類のうち、かつお節以外のものの総称。「いわし節」「うるめ節」「さば節」「さんま節」「まぐろ節」などがある。一様に臭みが強いが、味は濃厚で、そばつゆなどのだしには最適。

【さらしくじら】
クジラの尾の部分の加工品。「尾羽華（おばけ）」ともいう。クジラの尾（尾羽）は、脂肪とコラーゲンに富んでいる。これを薄く切り、熱湯をかけて余分な脂を抜き、コラーゲンをゼラチン化させ、冷水にさらす。からし味噌で食べる。白色で臭いも少なく、弾力がある。

【白板昆布】
おぼろ昆布の一種で、黒おぼろを削った残りの芯。良い原料を使用しているものは色が白い。水、酢、砂糖で15分程煮て、バッテラなどの押しずし、酢じめに用いる。正月の鏡餅にも白板昆布をかける。

【水前寺海苔】
「川海苔」ともいわれる。熊本県の水前寺水系の江津湖あたりで見つかったため、この名がある。現在は福岡県甘柿や久留米市周辺が主産地。浜名湖でも養殖されている。食用は一般に養殖のもので、1～6月か、9～10月にとる。ざるに広げて干し、ローラーで圧縮して再度干す。水で戻して形良く切り、椀づま、酢の物、刺身のつまにする。水で戻すと10倍程になる。

【すじ】
「筋かまぼこ」の略で、東京特有のおでんの材料。すり身を作る過程で残った魚の筋を練り潰し、混ぜ合わせて成形した後、ゆでたもの。一般的にすり身は、サメや黒皮カジキなどの大型の魚を使うので、筋がたくさん出る。動物の腱や腱膜、筋膜のことも「すじ」と呼ぶ。

【たたみいわし】
カタクチイワシの稚魚を生のまますいて、天日に干したもの。異物が混じらず、色の白いものが上質。軽くあぶって酒の肴にする。保存がきくので便利。

【天上昆布】（てんじょうこんぶ）
真昆布を元ぞろえした高級品。切り口の色によって「白口」「黒口」に分けられる。おぼろ昆布や菓子昆布として使われる。

【生利節（なまりぶし）】

かつお節を作る過程で1度焼いて乾かしたもの。関西では「なま節」という。煮物、酢の物、和え物などにする。煮物にする時は、鍋で煮るよりも容器に入れて蒸したほうが形が崩れず、美味しく仕上がる。

【鳴戸わかめ】

徳島県の鳴戸海峡沿岸で生産される乾燥ワカメ。青黒い色のものが最高級品。水で戻して使う。歯切れが良く、煮崩れをおこしにくい。若竹煮、吸い物、和え物、酢の物などに用いられる。

【日高昆布】

「三石昆布」ともいう。良いだしが取れ、関東での需要が多い。鍋物、煮物に最適。黒みの強い緑色で、よく乾燥したものを使う。昆布の表面の白い粉は、マンニットと呼ばれ、旨味成分が海水の塩分と作用して結晶になったもの。軽く拭き取る程度にしておく。昆布のカビは茶色をしている。

【姫貝】

バカガイ（青柳）のひもを干したもの。ひもの中央が肉厚なものが味が濃い。シオフキガイの乾燥品も同じ名で呼ばれる。

【棒薫（ぼうくん）】

紅ザケのえらと内臓を取り除き、1週間塩漬けにする。約20℃の薫製を1～3週間程かける。冷薫法で加工する。

【身欠きにしん】

頭、内臓、背骨、尾を除いて2つ割りにし、素干ししたもの。以前は保存食品として完全に乾燥させていたが、現在は生干しが多い。生干しは値段も安く、戻すのに手間がかからない。身欠きニシンを使った料理は、京都の「にしんそば」が有名。蒲焼き、昆布巻き、炊き合わせなどにも用いる。乾燥品は湿気を避ければ、1年程保存できる。生干しは冷蔵庫で保存。

【めふん】

サケの腎臓の塩辛。アイヌ語のメフル（腎臓の意味）がなまって、この名がある。主に北海道で鮮度の良いサケから作られる。ビン詰めなどで市販されている。

【羅臼昆布（らうすこんぶ）】

少し濁る欠点はあるが、濃いコクのあるだしが取れる。幅広で短いので、元ぞろえで束ねてある。赤みが強い「赤口」、黒みが強い「黒口」があるが、味は同じ。北海道羅臼地方のみで生産される。

＜加工補助材料＞

【イスパタ】

「イーストパウダー」の略。日本独特の合成膨張剤。全体にふくらむ性質を持ち、白く仕上がる。粉と混ぜると斑点が出たりするので、水で溶いてから使う。薬まんじゅうなどに用いるが、手に入りにくいので、ベーキングパウダーを代用することが多い。ベーキングパウダーを用いると多少黄ばみが出る。保存は密封して湿気が少ない低温の場所に置く。

【くちなし】

くちなしの花は、6～7月に白い花が咲き、のち黄色に変わる。10～11月頃に朱色の実が熟す。これを乾燥させたものを潰し、黄色の着色料にする。栗きんとん、大分の郷土料理の黄飯（おうはん）などに用いられる。

日本料理特殊食材

【着色料】
　天然と合成のものがある。合成着色料はコールタールを原料にして作られた水溶性の人工色素。「食用色粉」ともいう。着色力が強く安定しており、価格が安い。粉末と液体がある。着色した後、加熱すると変色するので、火から下ろし、最後に少しずつ色を見ながら加える。天然着色料は、植物の色素を取ったクロロフィルやくちなし、カラメルなどがある。

【苦汁（にがり）】
　昔から豆腐を固めるために使われている凝固剤。主成分は酸化マグネシウム。海水を煮詰めて製塩した後に残る母液や、粗塩の貯蔵中に潮解作用により分離する液をいう。

調味料・香辛料類

【いかなご醤油】
　香川県の特産。魚醤の1つ。イカナゴは10cm程の銀白色の細長い魚。関東では「コウナゴ」という。塩を加えて貯蔵し、3カ月以上発酵、熟成させてから布で漉す。鍋物やつけ醤油に使う。鍋物に用いる場合は、だしを加える必要がない。

【梅醤（うめびしお）】
　練り梅。梅干しを水に漬けて塩抜きをする。その後、湯煮して煮詰め、裏漉しをする。砂糖を加えて弱火で練り上げる。和え物、酢の物に使う。

【かやの油】
　かやの実から取った油。薄い黄色で、独特の香りがある。軽い油で天ぷら向き。ごま油と合わせてもよい。

【金山寺味噌（きんざんじみそ）】
　「なめ味噌」の一種。紀州の由良が原産。唐の径山寺（きんざんじ）から宋の代に伝えられたといわれる。大豆に小麦、塩を加えて仕込み、塩漬けして細かく刻んだ瓜、なす、しそ、しょうがなどを加える。数カ月から1年かけて発酵、熟成させる。

【西京味噌（さいきょうみそ）】
　白味噌の代表。米を原料にこうじを多く、食塩を少なく（5〜7％）仕込んだもの。短気熟成で甘味が強い。即製であるため、夏場は酸味が出て、いたみも早い。汁物だけでなく様々な料理に使われる。味噌漬けにも適する。京都が主産地。

【しょっつる】
　「塩汁」と書く。秋田特産の魚醤。ハタハタを塩漬けにして、2〜3年熟成させる。一度煮立てて漉し、透明な薄い褐色の魚醤を作る。郷土料理のしょっつる鍋に使われる。特有の匂いがあり、塩辛い。

【白醤油】
　愛知県の特産。主に小麦から造られる。醤油の中で最も色が薄い。通常の醤油に比べ、こうじの香りと甘味が強い。白く仕上げたい炊き物、吸い物、うどんの汁などに使われる。すぐに黒く変色するので、長期間の保存はきかない。食塩含量は約15％で、濃口醤油と同程度。

【溜り醤油（たまりじょうゆ）】
　昔は小麦醤油の桶の中にかごを入れ、その中に溜ったものをくみ取って使った。現在は愛知、岐阜、三重の東海三県が特産。大豆を蒸して作った味噌玉でこうじを作り、塩水を加えて1年間熟成させる。仕込

んだ桶の下部の口を開き、溜った液（醤油）を流出させる。これを「生引きだまり」といい、おりを引いて製品とする。火入れはしない。味は濃厚で、刺身やすしのつけ醤油に用いる。溜り醤油を抜き取った後のものを「溜り味噌」という。溜り醤油についてはJAS（日本農林規格）が定めている。

【鉄火味噌】

「なめ味噌」の1つ。「鉄火」とは鉄を熱して赤くなった状態の焼きがねのこと。これと色合いが似ていることから名が付いた。煎った大豆、ごぼう、れんこん、スルメ、麻の実、唐がらしを細かく切り、赤味噌を加えて砂糖、酒などで調味し、練り込んだもの。

【なめ味噌】

そのまま副食用として用いられる味噌の総称。金山寺味噌や、ひしお味噌などの醸造味噌と、赤と白の本練味噌（ほんねりみそ）をもとに加工したものがある。加工味噌は、「たい味噌」「鉄火味噌」「ゆず味噌」「鶏そぼろ味噌」「貝味噌」などが一般的。

【八丁味噌】

大豆を主原料とする豆味噌の一種。岡崎の八丁町の味噌会社の登録商品。辛味噌で保存性が高く、味は濃厚で旨味が豊か。幾分渋みがある。

【藻塩（もしお）】

海藻に海水をかけ、塩分を付着させて作った塩。一度焼いて水に溶かし、上澄み液を煮詰めて塩にする。単純に海水を煮詰めて作った塩は「波の花」という。

【もろみ】

清酒や醤油を醸造する際に、原料を仕込んで発酵させた状態のもの。酒のもろみは「醪」と書き、"どぶ"とも呼ばれる。醤油、味噌などの場合は「諸味」と書き、"ひしお"とも呼ばれる。もろみから絞り取った液が酒や醤油で、固形部が酒かすや醤油かすになる。

酒

日本酒の主な製法

【赤酒】
熊本県特産の赤褐色をした酒。清酒の原形の1つ。熟成させたもろみに木灰を混ぜ、酸を中和させて腐敗を防ぐため、「灰持（あくもち）」とも言われる。麹を多めに使い、仕込み水を少なくして糖化を進め、発酵をおさえる。糖分は10～18％と多めで、アルコール分は11～16％と少ない。屠蘇（とそ）や調味料としても利用される。

【吟醸酒（ぎんじょうしゅ）】
清酒の特定名称酒の1つ。精米歩合60％以下の白米、米麹（こめこうじ）、水、またはこれらと醸造アルコールを原料とし、吟味して製造した清酒のこと。醸造アルコールの使用量は白米使用量の10％以下に制限されている。醸造アルコールを使用しないものは「純米吟醸酒」。精米歩合50％以下の場合は「大吟醸酒」。吟醸酒は淡麗で吟醸香がある。

【原酒】
米と米麹を醸造している過程で、もろみをしぼり取ったもの。水は加えられていない。

【古酒（こしゅ）】
「秘蔵酒」ともいう。通常は1年以上醸造メーカーのタンクで寝かされる。さらに5年以上貯蔵され、熟成される。清酒は従来、秋から春にかけて製造されていた。新しくできた清酒を次の年の造りが始まるまで"清酒"と呼び、それを過ぎると"古酒"と呼んでいた。最近では年間を通じて製造する蔵も多く、その区別は判然としなくなった。

【純米醸造酒】
精米歩合70％以下の白米、米麹、水を原料として醸造される清酒。古来から造られてきた日本酒のスタイル。アルコール、糖類などの添加物は含まれていない。原料表示には、米、米麹とだけ記載されている。醸造アルコールを使用しないので、米や米麹の香味成分が強い。

【白酒】
みりん、焼酎、清酒に蒸したもち米と米麹を仕込み、1カ月程熟成させたもろみを軽くすり潰して作った酒。白く濁り、粘りと甘味がある。アルコール分は約9％、糖質は約5％。酒税法ではリキュールに分類される。江戸時代頃からひな祭りに供えられ、白酒売りの行商もいた。

【本醸造酒】
精米歩合70％以下の白米、米麹、水、および醸造アルコールを原料とする清酒。醸造アルコールの使用は、白米使用量の10％以下と制限されている。芳醇で飲み口がすっきりしている。「本仕込み」「本造り」と表されるものもある。原料表示は、米、米麹、醸造アルコールと記載される。精米歩合60％以下の場合は、特別本醸造酒の名称が表示できる。

イスラム料理

Islamic cuisine

イスラムの食文化の概念

　日本には数多の神社、仏閣があり、各家庭には神棚や仏壇が祭られている。正月には初詣を欠かさない人も多い。そのため、日本人は熱心な仏教徒というイメージが強いが、実際には日本人の仏教への信仰は、建前的な習慣であったりする。日本には昔から八百万（やおよろず）の神が存在すると伝えられ、山や森、海や川、湖など、個々の自然に異なった神が宿っている。天狗や河童、犬神など、神と妖怪との境界がつきにくい存在も多く、日本人は古代から多神教であった。

　だが、海外の諸国、地域に住む民族は一神教で、キリスト教をはじめ、唯一の神を信仰し、服従して帰依するという生活習慣が根づいている。特にイスラム教は戒律が厳しく、入信者に対して食事や衣装、銀行の利子に至るまで事細かに制約が課せられている。

　近年、世界の国々との経済や文化の交流が盛んになり、多くの他民族が日本を訪れるようになった。そのため食生活も西洋や東アジアの感性が持ち込まれ、日本人の食は、バラエティーに富むようになった。しかし、イスラム教の布教が日本では浸透しなかったこともあり、イスラム圏の食文化は未だに日本人になじまれていない。1964年の東京オリンピックの際は、各国の選手団が日本を訪れるため、食事も配慮されたが、西洋人とベジタリアンに対応する食材や料理のみだった。2020年のオリンピック開催が決定した現在、イスラム諸国から来日するアスリートや大会関係者だけでなく、一般の旅行客も今後増える可能性が高まりつつある。日本の料理人やレストラン、ホテルなどは、早急に対応を図る必要に迫られている。

ハラール食材について

　ハラールとは、イスラム法で許された項目を総じて示すもので、イスラム法上、食

イスラム教徒の分布

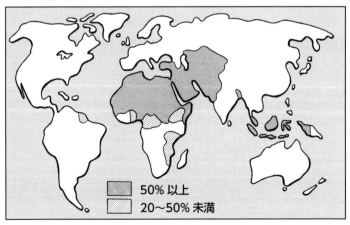

べても差し支えない食材の他、衣類、薬、化粧品、家電などにも適用させる。女性は肌を露出することが禁止されているため、特定の水着（ブルキニなど）がハラールとされる。ゲームも賭博は厳禁なので、賭博に該当しないと判断されたものがハラールとなる。

ハラールの世界標準の規格は、現状ではまだ確立されていない。民族や宗派、文化の違い、国内の経済的状況などの要因で標準化するのが困難とされている。大災害などの緊急時には、ハラールでないものを食べることが容認されたりする。他地域からの緊急物資などは、ファトワー（勧告）によって、食事として公式に認められる。

トルコなどヨーロッパと隣接した地域では、ハラール以外の食材を使った料理でも、食べる前に「ビスミッラー」と唱えれば問題ないとするムスリム（イスラム教徒）もいる。このようなムスリムは、イスラム法で禁じられている酒類も日常的に口にしている。「ビスミッラー」は、「ビスミッラー、アッラフマーニ、アッレイヒム」の略で、「慈悲深く、慈悲あまねく神の御名において」という意味のことばだ。

ハラール食材には、シールでハラール表示がされるが、これは国によって多少異なる。無表示をハラールにしたり、ハラール以外のものを表示なしにする場合もある。ハラールの判断や審査、認定は、その国のウラマー（監査員）が行う。

ハラールでないもの、食材に関して言えば、口にすることを禁じているものをハラームという。ハラールとハラームの中間に位置するグレーゾーンのもの、例えばアルコール分を含む調味料などはシュブハと呼ばれ、できるだけ使用を避けている。ハラールでもなく、ハラームでもないという意味で、非ハラールと表現される場合もある。

ハラール食材は、種類別に指定されているわけではなく、加工や調理法に一定の作法が要求される。ここでは一般的なハラール、およびハラームの食材を紹介する。

◆豚肉および豚に由来する食材はハラーム。たんぱく質、豚脂、ゼラチン、細菌培養に使用される豚の分解酵素などは、食材だけでなく、医療品や化粧品にも転用できない。チーズを固めるために使われる酵素も豚由来のものがあり、ハラームが混入した餌で育った牛やヤギの乳で作られたチーズもハラームとなる。グリセリン、乳化剤も要注意品目で、無難な魚由来のゼラチンや植物性油脂（パームオイルなど）を原料にして製品化することが多い。

◆牙や爪がある動物、例えばジビエのクマ肉などや、ロバ、ラバ、他の動物を捕食する鳥類（タカなど）、害虫、毒ヘビは食材にできない。

◆魚など水中で生息する生物は使用可能。フグも毒性のある部位を取り除けば食材にできる。しかし、ムスリムによっては、うろこのない魚（ウナギなど）を食べない人もいる。タコなどの軟体動物、カニなどの甲殻類も民族や地域によって解釈の違いがあり、ハラールかどうかの判断は一貫していない。

- ◆フランス料理に使われるグルヌイユ（食用ガエル）などの両生類、カメ、ワニは食材にできない。
- ◆屠畜（とちく）、屠殺（とさつ）は、正規の手順で行われなくてはならない。
- ◆ナジス（不浄）を含むものはハラーム。人や動物の糞尿、唾液、血液などが付着したものはナジスとされる。食器や調理器具を使用する際には、ナジスを取り除く必要がある。宗教洗浄という作法で、ハラームを使用した器具や食器、製造工程のラインをハラールに切り替えるときに行われる。きれいな水で7回洗い、そのうち1回は土を混ぜて洗浄する。
- ◆野菜を栽培する際に、ナジス（豚の糞など）が混ざった堆肥を使用すると、ハラーム扱いとされることがある。
- ◆遺伝子組み換え食品は使用できない。
- ◆ムスリムは少量のアルコールでも厳禁なので、西洋料理には欠かせないワイン、日本料理に多用される料理酒、みりんもハラームである。食材がハラールでも、これらの調味料を加えることでハラームになる。醤油も保存剤として微量のアルコールが含まれているが、最近ではアルコール分のないハラール醤油が出回っている。

近年、アルコールは食品産業で重用される傾向にあり、成分の凝固や溶融、沈殿などに広く使用されている。そのため、ムスリムの学者の中には、アルコールが蒸発、消滅しているものに限り、その食材を受け入れてもよいとする人もいる。また、食物成分に含まれる0.5パーセント以内のアルコールは、技術上必要な残留成分であるとして認めている国もある。その食材や食品を食べるかどうかは、ムスリムの消費者の判断にまかせられている。

≪牛などのイスラム法で認められている食用肉を使用する際の規則≫

　まず、飼育過程で餌がハラールであることが重要。日本の松阪牛など、異教徒が育てた牛は使用できない。

　屠畜は、ムスリムが行い、ムスリムが殺したものに限り、ハラールとなる。屠畜の作法は、鋭利な刃物で「アッラーの御名によって、アッラーは最も偉大なり」と唱えながら、のどを横に切断。絞殺、撲殺は禁止で、事故死、病死後の死肉も使用できない。電気ショックによる処理も好ましくないとされるが、仔牛、仔羊、仔ヤギなどを処理する場合は、電流や電圧、通電時間が規定されている。

　解体は牛の頭部をキブラの方角に向けて行う。キブラは、ムスリムが1日に5回礼拝を行う方向で、メッカの所在地の方位。血抜きを完全に行い、確実に死んだことを確認してから各部位の解体を行う。血液を飲むことは禁じられているため、血を混ぜたソーセージなどへの加工はできない。

　解体した牛を搬送する際は、輸送する乗り物に豚を一緒に乗せてはいけない。保管をする倉庫やフリーザーも豚肉とは別にし、接触、混在をさせない。

ハラールにこだわる由来と意義

ハラールには、健康を維持するために清潔で安全、高品質で栄養価が高い食事をするという意味が込められている。食材の飼育や栽培、加工する施設に至るまで、すべてがハラールでなくてはならない。これほど厳密な制約が、なぜムスリムに課せられたのかは諸説がある。イスラム圏以外の学術団も現地調査をしており、特に豚を食することを厳禁とする由来を考察している。

イスラム諸国には、昔から野生の豚が生息しており、少なくとも紀元前までは狩猟をして豚を食べていたと思われる。豚肉にはボツリヌス菌が寄生し、調理する際には充分に加熱する必要があることは、よく知られている。ボツリヌス菌は土壌菌で、豚に限らず、牛や鶏の体内にも存在する。では、なぜ豚のみが警戒されたのか。ボツリヌス菌は毒素を出してボツリヌス中毒を起こすが、豚はこの中毒に耐性を持っている。他の動物は中毒症状を発症するが、豚は外見上、健康体に見えてしまう。ボツリヌス菌の毒素は、生物兵器に転用できるほどの猛毒で、人間がこの毒素におかされると致死率は30パーセントと言われている。また、野生の豚は、飼育されている豚に比べ、ボツリヌス菌の保有数が多い。

ボツリヌス菌の毒素は、100℃で数分加熱することで失活する。だが、医学や生物学の知識が乏しかった時代は、この食中毒は脅威であったに違いない。しかし、空腹には耐えられず、豚は食べられ続けた。豚に限らず、動物は焚き火で丸焼きにされていたため、中心まで火が入らず、レアやミディアム状態だ。生焼けの豚肉を食べ、中毒を起こす者は後を絶たない。現代のように道徳や秩序が確立していない社会で、豚肉を食べることを固く禁じるにはどうすればよいか。当時の賢者たちは、宗教で規制することが最も有効な手段と考えたのではないだろうか。

屠殺以外の死肉を食べることを禁じたのも、気候や風土によるものと思われる。イスラム圏は温帯から亜熱帯に位置する地域が多く、平均気温が高い。冷凍技術のない時代では、すぐに腐敗が進んでしまう。ヨーロッパでは、中世の頃までは、多少いたんだ肉でも塩やコショウなどの香辛料でごまかして料理をしていた。保存に欠かせない香辛料は貴重品で高価であるため、容易に手に入るものではなかった。

料理に使う器具の洗浄に念を入れるのも、調理場や生活環境が衛生的ではなかったからだ。アジアやヨーロッパ、中東、アフリカ北部では、ネズミが媒介するペストが頻繁に流行し、当時の人口の3割から半数が死亡するという悲劇が繰り返された。食材や調理器具、食器などは流水で洗うべきだが、水道のインフラ整備がされていない時代は、川や井戸から汲んだ水を溜置きして使用していた。特にイスラム圏は、水資源が豊富な地域ではない。流水で洗えるほど充分な水量を確保できるはずもない。そのため、清潔を保つためのマニュアルが細部にわたって作成され、それがハラールとして集大成されたと思われる。

日本のハラールの取り組み

イスラム圏の人口は増加の傾向にあり、将来的には世界の人口の3分の1がイスラム系になると言われている。しかし、日本のムスリム人口は非常に少ない。ムスリム向けの食材店はあるが、ハラールフードのレストランはごくわずかである。そのため、来日したムスリムは、自炊生活をしていることが多いという。

食品の製造工場も人件費の問題で、特別にハラールの管理者、および管理グループを雇用するのが難しい。ハラール認証を発行してもらい、継続的に監査を受けるための経費も必要になる。

しかし、前向きにハラールを進めている企業もある。ムスリムの観光客を受け入れるため、一部のホテルでは通常の調理場以外に、豚肉を料理しない調理場の設置をしている。豚肉料理で使用した皿の使い回しもできないので、紙皿で料理を給する試みもされている。食事だけではない。客室の天井に、礼拝を捧げる際の聖地（メッカ）の方角を標示したり、朝の礼拝の時間にモーニングコールをするサービスも始めている。ハラールを扱う場所では、アルコール消毒ができない。そのため捕鯨船などでは、次亜塩素酸ナトリウムを使用することで、ハラール認証されている。

オーガニックという表現は、日常的に使われているが、オーガニックの有機栽培は、ハラールに通じるものがある。3年間、農薬や化学肥料を使っていない土地で栽培。新たに化学合成農薬や化学肥料を使用しない。放射線の照射や遺伝子組み換えをした原料を使わない。合成添加物の使用も、できるだけひかえる。「人や動植物、微生物など、すべての生命にとって平穏、かつ健全な自然環境を実現する」のが、オーガニックの定義である。

ラマダン（断食月）について

ムスリムの多くは、1年のうち約1ヶ月間、断食をする。イスラム暦の9月に行うが、太陽暦とは11日ほどずれる。毎年、新月を確認し、開始日と終了日が決定する。ラマダンの期間中は、日没から日の出までの間に1日分の食事をまとめてとる。日中は水も飲めないため、水分の多い粥を食べたり、ミルクを飲んだりする。旅行者や重労働者、妊婦、乳幼児、病人は断食を免除される。そのため、ラマダンの期間は旅行に出てしまうムスリムもいる。健康に支障をきたす場合は、投薬の禁止はされない。うがいや歯磨きで、口に水を含むのも問題はない。

ラマダン終了後は、食欲を抑えていた反動で早食い、大食いをして、肥満になる人もいる。断食を怠ると別の月にやり直しになるが、10人の貧乏人に食事をおごると免除されるという特例もある。

アラブ料理の食材と郷土料理の傾向

　アラブ地域の料理は、国や民族ごとに大きな差異があるわけではなく、似たように料理が多い。アラブ料理の特徴は、緑黄色野菜やフルーツ、サフラン、ミックススパイスなどを多用し、色鮮やかで香りが芳醇。スークと呼ばれる市場では、カラフルなスパイスが数多く売られている。ちなみにイスラエルのユダヤ教徒は、中東諸国の中では最も食品規定に厳しく、肉類に乳製品を混ぜて調理をしない、甲殻類は食材にしないなどの特別な制約がある。

　モロッコ料理は、干しぶどうやデーツ(ナツメヤシ)、塩漬けにしたレモンの皮などをよく用いる。タジン鍋は日本でもなじみ深いが、肉をりんご、あんずなどと甘く煮込んだりする。レストランでは、羊のほほ肉、脳みそを使った一風変わった料理も供されている。オマーン料理は、インド洋の交易拠点だったことから、インドやパキスタン料理が広く取り入れられている。また、ココナッツやバナナを使ったアフリカ料理の影響も受けている。ドバイは高級リゾート化が進み、7つ星ホテルを筆頭に超高級ホテルが続々と建設され、世界中のグルメ料理が楽しめる。

　トルコとは違い、飲酒は厳禁であるため、日本同様に茶がよく飲まれる。エジプトでは、ジョークで茶をウイスキーだと言って飲んだり、モロッコではミント・ティーをモロッカン・ウイスキーと呼んでいる。

アラブ料理特殊食材

【アドヴィーエ】

　煮込みや卵料理などに使われるミックススパイス。主に配合される香辛料は、ターメリック、しょうが、黒コショウ、フェンネル、シナモン、クミン、コリアンダー、クローブ、カルダモンなど。

【キャシュク】

　羊や牛の乳で作った乳製品。クリームチーズに似ているが、香りが強く、くせがある。乾燥させた固形のものと、ビン入りのマヨネーズ状のものがある。日本の味噌と同様の使い方で、水や湯で薄め、野菜と麺の料理や焼きなすのソースに使う。

【黒目豆】

　中東やインド、中南米で生産されている、ささげに似た豆。クリーム色の地に大きな黒い斑紋が1つある。イランではチェシュメボルボリという。東南アジアではデザートにも使われる。

【ザクロペースト】

　イランはザクロの名産地で、世界で最も高品質と言われている。種ごとしぼったペーストで、煮込み料理やスープ、アイスクリームのトッピング、炭酸飲料にも使われる。

【ドライレモン】

　丸く青みがかったリムというレモンを、

丸ごと天日で乾燥させたもの。中まで乾燥しているので、果肉は黒くなっている。表面に穴を開けるか、切り込みを入れ、煮込みの酸味付けに使う。砕いて砂糖や蜂蜜を加え、ホットドリンクにもする。

【バスマティライス】

インディカ米（長粒米）。炊き方は湯取り方式。鍋に多めの水とともに入れ、かき混ぜながら炊く。余分な湯を捨て、一度水切りをして、蓋をして弱火で蒸す。パラパラとした炊きあがりになり、カレーやチャーハン向きのライスになる。炊くときにクローブを入れることもある。

【ピント豆】

中南米原産の斑紋の入ったうずら豆。全体的にベージュ色で、茶色の斑点がある。ピントはスペイン語で色を塗ったという意味。煮込み料理やサラダ、菓子に使われる。

【フェネグリーク】

豆科の植物で、黄土色の四角い種。焦がした砂糖とメープルシロップを合わせたような香りがする。苦味があり、主にカレーの香辛料として使われる。中東ではスパイスではなく、そのまま食用にされる。

【レッドキドニー豆】

金時豆とほぼ同種の赤いんげん豆。ダークレッドキドニーともいう。キドニーは腎臓という意味。鉄分、カルシウムが豊富で食物繊維が多く、便秘の解消にも役立つ。

イラン料理

イラン料理はペルシャ料理とも呼ばれ、豆とトマト、香辛料を合わせた料理が多い。ハーブやレモン、ごま、木の実なども多用する。香辛料は複数のスパイスを混合し、インドのガラムマサラのように家庭ごとにオリジナルの調合がある。ナンはイランが本場で、インドのナンはペルシャ時代に伝わったもの。イランには大麦を使ったビールの味がするナンもある。米も食べる。

イラン人は家族と過ごす時間を大切にするため、家庭で料理をするのが普通。いろいろな小皿料理をパンなどですくって、みんなで食べる。外食産業はあまり発展しておらず、メニューのレパートリーが乏しい。定番は肉とトマトを煮込んで、すり潰したアブグシュト。ケバブ（キャバーブ）やシチューのような煮込み料理ホレシュを、塩とオリーブオイルで炊いた米（チェロ）と食べたりする。

家庭料理は一般的に薄味だが、ファストフードは辛口で量が多い。食事中は、ノンアルコールの麦のビールや国産のコーラを飲む。ジュースは、にんじんが主体で、これに他のフルーツを加える。

焼き物

【アダス・ポロ】

ポロはピラフの意味。レンズ豆と米を使った炒め物。レンズ豆は水に浸し、米は塩水に浸す。レンズ豆を柔らかくなるまで煮る。鍋に水を入れて沸騰させ、米、塩、オリーブオイルを入れてゆでる。レンズ豆を加えて混ぜ、水切りをする。鍋にオリーブオイルを入れ、ゆでたじゃが芋かナンを敷き、レンズ豆と米を入れる。オリーブオイルを回しかけ、蓋をして弱火で蒸す。サフランを湯に入れ、サフラン水を作る。レンズ豆と米にサフラン水を混ぜる。玉ねぎのみじん切り、羊か牛の挽き肉、塩、ターメリック、シナモンを入れ、炒める。炒める際にグレープシードオイルを使うこともある。シチューなどの煮込み料理とともに食べる。

【クークーイェ・サブジー】

ハーブのオムレツ。レーズンは湯で柔らかくもどす。溶き卵にレーズン、刻んだくるみ、玉ねぎのみじん切り、パセリ、香菜類（ディルなど）、フェネグリークを加えて混ぜる。塩、コショウをして溶かしバターを混ぜ、耐熱皿に流し入れる。アルミホイルで蓋をし、120℃のオーブンで40分ほど焼く。蓋を取り、250℃のオーブンで焼き色が付くまで焼く。

【ターチン・モルグ】

鍋に米と具を層にして重ねて炊いたり、オーブンで焼く料理。鍋に鶏肉、塩、玉ねぎのみじん切り、水を入れて煮る。サフラ

[イラン料理]

ンを湯に入れて、サフラン水を作る。卵黄を溶き、ヨーグルト、塩、サフラン水を加えて混ぜ、ヨーグルトソースを作る。鶏肉を細かく裂き、ヨーグルトソースに漬け込み、冷蔵庫でねかせる。鶏肉をゆでた汁にサフランとオリーブオイルを加え、温かいサフラン水を作る。バスマティライスをゆで、ヨーグルトソースを半分だけ混ぜる。鍋の内側にオリーブオイルを塗り、バスマティライスを底に入れる。その上に鶏肉を乗せ、またバスマティライスを乗せる。残りのヨーグルトソースと温めたサフラン水を回しかける。蓋をして弱火で炊く。皿に鍋の中身をひっくり返して乗せて供する。

煮　物

【アブゴーシュ】

　牛または羊の肉と穀類の煮込み料理。いんげん豆、ひよこ豆は水でもどす。鍋に一口大に切った肉、豆、丸ごとの玉ねぎ、ターメリック、塩、コショウ、水を入れ、2時間ほど弱火で煮込む。小口切りのじゃが芋とトマト、米を加え、柔らかくなるまで煮る。肉や野菜を潰して混ぜ合わせ、塩、コショウで味を整える。

【キャシュク・バーデンジャーン】

　なすの皮をむき、細切りにして塩を振り、30分ほど置く。なすを洗い、水気を切ってオリーブオイルで焼く。玉ねぎをみじん切りにし、鍋できつね色になるまで炒め、アドヴィーエ、ミントを加える。焼きなす、キャシュクを鍋に入れて煮込む。

【黒目豆の煮込み】

　黒目豆を柔らかくなるまで煮る。玉ねぎの千切りをオリーブオイルできつね色になるまで炒め、羊か牛の挽き肉を加えて炒める。トマトペースト、ミックススパイス、塩、コショウを入れ、水を加えて弱火で煮込む。黒目豆を入れ、少し煮てから供する。

【ゴルメサブジィ】

　レッドキドニー豆を水に浸しておく。野菜を入れる場合は、刻んで水分がなくなるまで焦がさないように炒める。千切りの玉ねぎを鍋できつね色になるまで炒め、一口大に切った羊か牛の肉を入れて炒める。ターメリック、アドヴィーエ、塩、コショウを加える。水と豆、野菜を入れ、30分ほど煮込む。ドライレモンに切り込みを入れて加え、20分ほど煮る。

【ホレシュ・エスフェナージ・ヴァ・アールー】

　プルーンのドライフルーツを使った料理。羊か牛の肉を一口大に切る。玉ねぎをみじん切りにし、オリーブオイルで肉と炒める。水を加え、柔らかくなるまで煮込む。ほうれん草をみじん切りにし、炒めてから加え、プルーン、塩、コショウを入れて煮る。食べる際にレモン汁をかけてもよい。

【ホレシュ・キャラフス】

　牛肉とセロリを煮込んだ料理。セロリのかわりにオクラでもよい。鍋で玉ねぎのみじん切りをきつね色になるまで炒める。角切りにした牛肉を加え、焼き色が付くまで炒める。ターメリック、塩、コショウを加える。小口切りにしたセロリと水を加えて煮立たせる。トマトペーストとサフランを

イスラム料理

加え、蓋をして40分ほど弱火で煮込む。煮込む際にミントやパセリを加えてもよい。

【ホレシュ・ゲイメ】

　キマメを使った煮込み料理。ひよこ豆やレンズ豆をひき割ったラッペを使ってもよい。みじん切りにした玉ねぎをフライパンできつね色になるまで炒める。一口大に切った羊か牛の肉を入れて炒め、キマメ、ターメリック、シナモン、塩を加える。鍋に水、炒めた肉とキマメを入れて煮込む。油で軽く炒めたトマトペーストを加える。ドライレモンに切り込みを入れ、鍋に入れて煮込む。

【ホレシュ・フェセンジャーン・ヴァ・モルグ】

　くるみとザクロを使った煮込み料理。鶏肉をゆで、細かく裂く。くるみをすり潰してペーストにする。すりおろした玉ねぎ、くるみのペーストをフライパンで炒める。鍋に移し、鶏肉のゆで汁、鶏肉、ザクロのペースト、砂糖、塩を入れて煮込む。

【マーヒチェ】

　骨付きすね肉の煮込み料理。鍋で湯を沸騰させる。すね肉を入れ、ゆでてあくを取り、水で洗う。肉を鍋に戻し、玉ねぎのみじん切りを入れる。にんにく、アドヴィーエ、塩、コショウを加え、肉が柔らかくなるまで煮込む。小口切りのにんじん、トマトペーストを加え、さらに煮込む。ミントを散らして少し煮たら皿に移し、ライムの果汁を回しかける。

サラダ

【サーラーデ・オリヴィエ】

　イランで人気のボリュームのあるサラダ。もともとはロシア料理で、ホテルのレストランのシェフ、フランス人のリュシアン・オリヴィエが考案したもの。主に鶏肉を使うが、季節に応じて鴨肉、タン（牛の舌）、魚類、甲殻類を使うこともある。

　鶏肉をゆで、細かく裂く。じゃが芋と卵はゆでておく。ボウルに鶏肉、じゃが芋、卵を入れて潰す。ピクルスのみじん切り、塩、コショウ、マヨネーズを加えて混ぜ、冷やしてから食べる。刻んだブラックオリーブを振りかけてもよい。

【ボラニ・エスフェナージ】

　中東の一般的なサラダ。玉ねぎの千切り、すりおろしたにんにくをオリーブオイルできつね色になるまで炒める。小口切りのほうれん草を加え、蓋をして弱火で5分ほど蒸す。よく冷まし、ヨーグルトと混ぜ合わせ、塩、コショウで味を整える。皿に移し、サフラン水をかける。

スープ

【アーシュ・マーストゥ】

　ヨーグルトスープ。ひよこ豆を柔らかくなるまで煮る。玉ねぎをみじん切りにし、きつね色になるまで炒める。鍋に玉ねぎ、塩、ターメリック、バスマティライスを入れて炒め、水を加える。ひよこ豆、パセリのみじん切り、スープを入れ、弱火で煮る。

〔イラン料理〕

食べる直前にヨーグルトを加えて沸騰させ、皿に盛る。焦がし玉ねぎ、ターメリック、ミントを振りかけてもよい。

【アーシュ・レシュテ】

　麺入りのスープ。ピント豆、ガルバンゾは水に浸してからゆでる。レンズ豆を柔らかくなるまでゆでる。ほうれん草、にんにくの葉、パセリ、コリアンダー、ディルを細かく刻む。玉ねぎ、にんにくをみじん切りにし、刻んだ野菜と豆に加える。ターメリック、塩、コショウ、レシュテ（うどん）を入れて煮込む。水で溶いた小麦粉を加え、ターメリック、ミントを入れ、オリーブオイルで炒めて、ゆるいペースト状にする。玉ねぎを千切りにし、焦がしたものをトッピングしてもよい。

菓子・デザート

【ショーレ・ザルドゥ】

　サフラン入りのライスプディング。宗教的な行事、断食明けの食事、商売繁盛などの願かけのときなどに作る菓子。器に入れて知人に配ることもある。

　鍋に米と水を入れて沸騰させる。米が柔らかくなったら砂糖を加える。サフランを湯に入れてサフラン水を作り、鍋に入れ、ローズウォーターを加える。粥のようになるまで煮込み、皿に移して冷やす。シナモンのほか、ピスタチオなどのナッツをのせてもよい。

【バーミエ】

　店頭で売っている一般的な甘い菓子。オクラに形が似ているので、この名がある。

　シロップを作る。鍋に砂糖、水、ローズウォーターを入れて沸騰させる。とろみが出るまで煮詰め、レモン汁を加えて冷ます。別鍋にバター、砂糖、重曹、水を入れ、沸騰させる。小麦粉をふるいにかけ、鍋に入れて生地を作り、粗熱を取る。卵を入れて混ぜ合わせ、しぼり袋に入れる。鍋に油を入れて熱し、生地を適度な大きさにしぼり出して揚げる。油を切り、シロップに漬ける。

レバノン料理

今のレバノンのあたりは、古くはフェニキアと呼ばれた地域である。フェニキア人は地中海で広く交易を行い、レバノンの首都ベイルートは地中海貿易の中心港として発達した。そのため他のアラブ諸国と比べてキリスト教徒の比率が高い。また、第一次世界大戦後はフランスの統治下にあったことからその影響を受け、ベイルートは中東のパリと称されることもある。カトリック教徒は肉や魚を口にできない斎の期間があるため、野菜料理が発達。トルコやギリシャ料理と共通する要素もある。ヨーロッパ的な洗練された料理が多く、酸味をきかせたさわやかな風味も特徴。

一日のメインとなる食事は昼食だが、他民族の習慣とは異なり、14〜15時頃に食事をとる。主食はホブス（ピタパン）と呼ばれるパンで、いろいろなペースト状の料理をホブスですくって食べる。レストランのテーブルには、オリーブオイルや各種ハーブが置いてあり、好みで料理に加える。デザートはフルーツ、ピスタチオやアーモンドなどのナッツ類。食後に水タバコを一服する人もいる。

焼き物

【カフタ】

トルコ料理のキョフテに似ている。挽き肉をミートボールにして串に刺し、炭火で焼いたもの。煮込んだり、オーブンで焼くこともある。日本のようにつなぎは使わず、スイートスパイスミックス（シナモン、ナツメグ、クローブなど）で風味付けをする。

【キッビー】

レバノン風のハンバーグ。ラグビーボールのような形に作るものが多い。小麦を砕いたものを水につけておく。玉ねぎはすりおろす。羊か牛の挽き肉、玉ねぎ、小麦、ミックススパイス、塩、コショウを練り込み、ハンバーグの種を作る。小さめに形を整え、くるみや松の実などのナッツ類を中に入れる。フライパンにオリーブオイルをひき、中火で焼く。

【サンブーサク】

ペルシャ語のサンブーサジが語源で、三角形を意味する。肉や野菜、チーズなどの詰め物を生地で包み、端をひねって飾り付けをする。焼いたものや揚げ物がある。生地にアーモンドの粉、砂糖を混ぜ、オレンジフラワーウォーターやカルダモンで香りを付けたり、シナモンやクローブで香り付けをしたナツメヤシのペーストを詰めた菓子もある。

【シャクシュカ】

レバノン風スクランブルエッグ。家庭料理の定番ともいえる卵料理。溶き卵にクミン、コリアンダーなどのスパイスを加えて

〔レバノン料理〕

焼く。パンに挟んだり、乗せて食べる。

【シュワルマ】

　レバノンの代表的なラム肉の料理。ラムは生後1年未満の仔羊の肉。肉はこま切れにし、レモン汁とにんにくを加えてもみ込み、塩、コショウをする。フライパンにオリーブオイルをひき、肉を炒める。ピタパンに肉、トマト、レタス、コリアンダーなどを入れて食べる。

【羊の脳みそ入りオムレツ】

　イランのクークーに似た具入りの卵料理。脳みそは中東ではよく使われる食材で、白子のような食感だが、やや脂っこい。インドではカレーやペースト状のディップ料理に用いられる。脳みそに野菜やハーブのみじん切り、白身の魚、挽き肉、ヨーグルトなどを加え、溶き卵を入れて混ぜ合わせ、耐熱皿に流し入れてオーブンで焼く。

【ファテ】

　レバニーズブレッドをオーブンでパリパリになるまで焼く。小さく割り、皿に乗せる。ヨーグルトソースを作る。ゆでたひよこ豆、すりおろしたにんにくをヨーグルトに混ぜ、塩、コショウをする。フライパンでバターを熱し、松の実を炒め、薄く焦げ目を付ける。レバニーズブレッドにヨーグルトソースと松の実をかける。

煮　物

【ジャッダラー】

　鍋にレンズ豆、米、水、塩、レモン汁、オリーブオイルを入れ、しばらくなじませてから煮る。水気がなくなったら皿に移す。玉ねぎのみじん切りを炒め、焦がし玉ねぎを作る。豆と米の上に焦がし玉ねぎを乗せ、パンやレタスで挟んで食べる。

【マクルーバ】

　玉ねぎは千切り、なすは細切りにする。なすは塩水につけ、水気を切る。米は水につけて、水気を切っておく。フライパンにバターをひき、玉ねぎと羊か牛の挽き肉を炒め、シナモン、塩、コショウを加える。別のフライパンにオリーブオイルをひき、なすと松の実を焼く。鍋の底になすを敷き詰める。このときなすの皮面を下にする。なすの上に玉ねぎ、挽き肉、米を乗せる。水を少量ずつ入れ、蓋をして沸騰したら弱火で30分ほど煮る。大皿に鍋の中身をひっくり返して乗せ、松の実を散らす。

【ミハシー】

　トルコ料理のドルマに似た料理。香辛料をきかせた肉や米を、なすをくり抜いて入れたり、キャベツやぶどうの葉で包んで煮たもの。レバノンでは肉を使わず、ごま、タイム、シナモンで風味付けすることもある。

　なすの果肉をくり抜き、角切りにする。ひよこ豆、米、小口切りのトマト、パセリ、ミント、塩、コショウ、オリーブオイルと混ぜ合わせ、なすに詰める。鍋になす、トマトペースト、にんにく、水を入れて煮込む。

【レバノン風ピラフ】

　鍋にバターとオリーブオイルを入れ、バ

ターが溶けたらオーゾ（米の形をしたパスタ）を入れる。オーゾに薄く焼き色が付くまで炒める。米を入れ、コンソメスープ、塩を加え、蓋をして30分ほど炊く。炊きあがったら混ぜて、蓋をして蒸らす。

サラダ

【そら豆のサラダ】

レバノンのそら豆は小粒で皮が柔らかく、皮ごと食べられる。鍋にオリーブオイル、にんにくのみじん切りを入れて熱する。そら豆を入れ、少量の水を加え、蓋をして蒸し煮する。そら豆が柔らかくなったら塩で味を整える。冷ましてからミントとレモン汁をかける。

【タブレ】

クスクス入りのサラダ。鍋にクスクスを入れ、沸騰した湯を注ぐ。オリーブオイルを回しかけ、蓋をして5分ほど蒸らす。蒸しあがったら、ほぐしておく。トマト、きゅうり、玉ねぎ、パセリをみじん切りにする。クスクス (cous cous) と混ぜ合わせ、オリーブオイル、塩、コショウ、レモン汁、ミントを加え、冷蔵庫で冷やす。そのまま前菜にしたり、仔羊のケバブとともに食べたり、パンで巻いて食べる。

スープ

【ババ・ガヌーシュ】

なすをペースト状にしたスープ。なすを直火で焼き、皮を焦がしてむく。皮をわずかに残すと香ばしさが出る。水気をふき取り、細かく刻む。クリームチーズ、オリーブのみじん切りを混ぜる。レモン汁とコショウで味を整える。きのこ類やパプリカなどでトッピングしてもよい。

【フムス】

ひよこ豆のペーストで、レバノンの代表的な前菜。ひよこ豆をゆで、フードプロセッサーで粗引きにする。にんにく、ごまペースト、オリーブオイル、レモン汁を加え、ペースト状にする。塩で味を整える。器に入れ、オリーブオイルを回しかけ、パプリカ、刻んだパセリを振りかける。ひよこ豆の加工品（缶詰）を使う場合は、塩味が付いているので味を加減する。ひよこ豆は香りが強いので、紅茶でゆでることもある。

〔レバノン料理〕

パン

【クマージュ】
　ユダヤ教徒がよく食べるベーグルに似たパン。ホブス・アラビーともいう。円形で薄く、中央が空洞になっている。

【マルクーク】
　ホブス・マルクーク。レバノンの山岳地方が発祥のパン。ピザのような丸いパンで、紙のように薄い。通常は30cmほどだが、大きなものは1m近くあり、折りたたんで袋詰めで売られている。レストランでは料理の上に乗せて供されることもある。

【レバニーズブレッド】
　フラットブレッドともいう。小麦粉、イースト、砂糖を混ぜ、発酵させる。水を加えながら生地を作る。温めながら倍に膨らむまで発酵させる。生地を適当な大きさに分け、麺棒で円形に伸ばし、布巾をかぶせてねかせる。500℃のオーブンで15分ほど焼く。表面に牛乳を塗り、フライパンで片面ずつ焼き色が付くまで焼く。冷ましてから供する。

菓子・デザート

【カターイフ】
　薄いパンケーキのような菓子。無塩のチーズ、クロテッドクリーム、ナッツ類を生地で包んで揚げ、シロップに浸してある。油っこく、かなり甘い。

【クナーフィ】
　ヤギのチーズを使ったホットデザート。小麦粉の生地を麺のように細く切り、チーズやナッツ類を包んで焼き、シロップをかけてある。

【シャルバート】
　フルーツやローズウォーターのシロップを氷水で割った飲み物。シャルバートはシャーベットの語源で、アラビア語で飲み物やジュースという意味。本来は砂糖を水で溶かし、氷や雪で冷やした飲み物だった。

【ズラービーイ】
　かりんとうに似た菓子。インドのジャレビが由来。小麦粉とイーストの生地を薄く伸ばし、リボン状に切って油で揚げ、砂糖をまぶしてある。インドのジャレビは、シロップ漬けになっている。

【ハルヴァ】
　濃厚なごま風味のケーキ、または堅い焼き菓子で、素朴な甘さがある。ごま、アーモンド、砂糖、バニラ、卵白を練り込み、オーブンで焼いたもの。材料の半分は、ごまで占められている。穀類や油脂と混ぜ、ヌガー状にした菓子もある。

【マアムール】
　デーツやナッツ類を詰めたショートブレッドのような菓子。マドレーヌのような木型に生地を入れて抜き、オーブンで焼く。柔らかいクッキー状のものもある。季節の行事などのときに家庭で作られる。

【ムハッラビーヤ】
　米粉と牛乳のプディング。ピスタチオを細かく刻む。鍋に米粉、牛乳、砂糖を入れ、焦がさないように練る。オレンジフラワー

ウォーターやローズウォーターで香り付けをし、器に流し入れ、ピスタチオを振りかける。

【ラーハトゥル・ハルクム】

のどの満足という意味の菓子。トルコのロクムのこと。トルコではコーンスターチを加えるので、もちもち感がある。小麦粉に卵、ヨーグルトを加え、バターで焼く。砂糖を加えたものがロクムで、加えないものがパンケーキ。

レバノン料理特殊食材

【ザァタル】

タイムのことで、タイムを主体としたミックススパイスもこの名で呼ばれる。タイム、オレガノ、スンマーク、炒った白ごま、塩などを配合してある。オリーブオイルと混ぜ合わせ、パンに付けて食べたりもする。

【タヒーニ】

外皮を取り除いた白ごまのペースト。ババ・ガンタージュ、サラダのドレッシング、魚料理のソースなどに使われる。中国の芝麻醬に似ているが、ごまを炒らずに作るので香りが異なる。

【タヒーニソース】

野菜とハーブで風味付けをしたごまソース。ごまペーストとレモン汁を混ぜ、水を少し加える。みじん切りにしたトマト、きゅうり、にんにく、ピクルス、粗く刻んだパセリとミントを加える。塩で味を整える。

【ディブス・ルンマーン】

ザクロの果汁を煮詰めたシロップ。サラダのドレッシングや煮込み料理などに使われる。

【フェタチーズ】

ヤギや羊の乳で作られる白いチーズ。フェタはギリシャ語で、フェタを名乗れるのはギリシャ製のチーズに限られる。

【マーザヒル】

オレンジフラワーウォーター。オレンジの花（ネロリ）を蒸留して作られる香水。デザートやコーヒー、カクテルなどの香り付けに使われる。羊の頭や足を食材として使う場合、部位を洗ったあとに、もみ込んで臭みを落とす。日本製は甘夏みかんを使用している。

【マーワルド】

ローズウォーター。バラの花弁を蒸留して作られる香水。マーザヒルと同様に、デザートや飲み物の香り付けに使われる。

【ムグラビーヤ】

大豆ほどの大きさのクスクス。もしくは、それを使った料理。鶏のスープでゆでたり、ひよこ豆、玉ねぎと炒め、サンドイッチにしたりする。

[トルコ料理]

トルコ料理

食材と郷土料理の傾向

　トルコ人は、モンゴル高原北部の遊牧民族で、イラン、アラビア半島を経由し、現在の地に定住した。長期にわたる移動の中で異なった土地の食文化を取り入れ、オスマントルコ帝国時代には、バルカン半島や地中海地域の影響を受けた。トプカプ宮殿には巨大なキッチンが造られ、中世期の頃には1000人以上のシェフと、10000人を越えるスタッフがケバブやパン、デザートなどの料理を作っていた。

　トルコ料理は、羊の肉を用いたロースト料理や、トマトをベースにした煮込み、豆料理などが多く、ヨーグルトが添えられたりする。魚はシンプルに炭火焼きにしたり、油で揚げる。フランス料理のソースのように独特な調理法はないが、添加物の少ない自然食品を使うのが特徴。香辛料やソースに頼らず、食材そのものの素朴な味を大事にする。イスタンブールのエジプシャンバザールなど屋外市場が定期的に開かれ、新鮮な食材を購入することができる。

　地中海のエーゲ海沿岸は、夏はほとんど雨が降らず、日差しが強いが朝晩は涼しい。この地域の料理はシーフード系で、イカのグリル、ムール貝のフライなど、ギリシャ料理に近いものが多い。

　中部アナトリア地方は、夏は乾燥するが、冬は氷点下の日が多く、積雪もある。肉料理やパスタが中心で、ユフカにじゃが芋やチーズを入れて焼いたものや、水餃子風のマントゥなどがある。カイセリ名産のスジュック（スパイシーソーセージ）や燻製のパストゥルマも有名。

　南東アナトリア地方は、夏は非常に暑く、オリーブ林とぶどう園が広がっている。ハーブや乾燥野菜、オリーブオイルの風味を生かした料理が多く、スパイスをきかせた肉とハーブのピザなどがある。内陸部では川魚の料理もある。アラビアガム（サーレップ粉）で凝固させ、木べらでかき混ぜるアイスクリームも有名。

　黒海地方は湿度が高く、緑があふれる肥沃な土地で、茶やヘーゼルナッツの産地。エーゲ海沿岸とは幾分異なり、素朴な料理が多い。とうもろこしの粉などをまぶした魚の揚げ物や、カタクチイワシと米を煮込んだピラフなどがある。

　トルコでは家族が家にいる場合は、全員がそろって食卓を囲むのが基本。夕食は通常、3種類以上の料理が用意される。西洋の作法が伝わるまでは、料理は手を使って食べていたが、ピラフやスープ、プディングなどはスプーンを用いていた。

　トルコ料理の店には、セットメニューはなく、各自が一品料理を注文する。レスト

ランでは、まず温かいパンとバターやチーズが供される。コースを希望する場合は、前菜、スープ、肉か魚料理、サラダ、デザート、チャイかコーヒーの順で注文する。シーフードのレストランは、ケバブのレストランに比べ、全体的に料理の値段が高い。店の入り口に魚介類を入れたケースがあり、自分で好みの魚などを選び、調理法を指定する。おもに焼く、揚げる、オーブンで蒸し焼きにするの3種類から選ぶ。

調理用語

【イエメッキ】*yemek*

食べ物のこと。断食が始まる前に食べる食事は、サーフル・イエメッキという。

【ウズガラ】*izgara*

炭焼きや網焼きのこと。にんにくやローズマリーなどで香草風味にしたりする。

【ウスタ】*usta*

料理人だけでなく、専門の職人全般を意味する。

【エトゥリ】*etli*

肉類の総称。牛（inek）、仔牛（dana）、羊（koyun）、仔羊（kuzu）、鶏（tavuk）など。

【ケバブ】*kebab*

ケバプ（kebap）と表記されることもある。羊や鶏などの肉類を焼いた料理の総称。薄切りにした肉を串に刺し、回転させながら焼くドネル・ケバブが有名。レストランでは、そぎ切りにした肉を皿に盛るが、屋台ではサラダとともにパンに挟む。

【スジャック】*sicak*

温かいこと。冷たいはソウク（soguk）。アラ・スジャックは食事の間という意味。

【セブゼ】*sebze*

野菜類の総称。ナス、トマト、玉ねぎ、豆類などがよく使われる。葉野菜はイシェル（yesil）。

【タヴァ】*tava*

油を使ってフライパンで焼くこと。小麦粉やとうもろこしの粉を使って揚げ物にすることが多い。季節の野菜の揚げ物には、にんにく味のヨーグルトソースを添えたりする。

【チョルバ】*corba*

「飲む」を意味することばで、スープのこと。スープは二日酔いを防ぐ効果があるとされている。

【ドネル・スタンド】

広場などに店を出し、店先でドネルを焼いている。トルコ人は朝食を大切にするので、出勤前にドネル・スタンドで、サンドイッチやトーストを食べたりする。持ち帰りも可能。

【ドルマ】*dolma*

詰め物の料理。サルマ（salma）は巻き物の料理。

【ハシュラマ】*haşlama*

蒸し物のこと。蒸すという調理法は、トルコ料理にはあまりなく、シーフードのレストランなどに限られる。

【パスタ】*pasta*

スパゲッティやマカロニではなく、ケーキや甘味などのデザートのこと。

〔トルコ料理〕

【バルックル】*balikli*
魚類の総称。カタクチイワシ、スズキ、アジ、サバ、クロダイなどがよく使われる。

【ピラウ】*pirav*
ピラフのこと。トルコのピラフは具が多く、バターやマーガリンを使うので、あっさりした味にする場合は頭にサーデ（sade）をつける。

【ブーラマ】*burma*
オーブンで蒸し焼きにしたり、煮込んだりすること。魚料理に多用される。

【メゼ】*meze*
前菜のこと。イスラム教徒が多いわりには、ワインなどの酒類の消費が多いため、つまみとなる多彩な前菜がある。豆のペースト、ヤギのチーズ、揚げ物、メロン、マリネ、野菜を使った料理など。メゼのあとに供されるメインの料理が肉か魚かによって、メゼの種類が異なる。

【ロカンタ】*lokanta*
レストランよりもランクが下の大衆食堂。煮込み料理が中心。客はほとんど男で、テーブルの上にはパンを入れた容器があり、セルフサービスで食べ放題。

焼き物

【キョフテ】*köfte*
庶民的なトルコ風ハンバーグ。キョフテ・バルというキョフテ用の混合スパイスを加えて焼く。キョフテ・バルは、クミン、コリアンダー、パプリカをミックスしたもの。他国のハンバーグに比べ、小さめに作られる。

【クイマル】*kiymali*
トルコ風ミートパイ。薄力粉、卵、塩、砂糖、サラダ油、牛乳で生地を作り、15分ほどねかせる。打ち粉をして麺棒で伸ばし、幾つかに分ける。玉ねぎ、トマト、パセリを刻み、玉ねぎと牛の挽き肉を炒める。トマト、パセリを加えて、塩、コショウをする。生地に具を乗せ、溶き卵を塗り、白ごまをふりかけて、180℃のオーブンで10分ほど焼く。

【クムピル】*kumpir*
ベイクドポテト。皮付きのじゃが芋をオーブンで焼き、細かく切って、バター、溶けるチーズ、マヨネーズと混ぜ合わせる。マッシュポテト状態になったら、好みの具をトッピングし、マヨネーズかケチャップをかける。具はおもに、ソーセージ、スイートコーン、オリーブ、ピクルス、紫キャベツ、ヨーグルトなど。

【ケバブ】*kebab*
伝統的な料理で、起源は遊牧民のころに食べていた肉のロースト。粘土で造られた窯（かま）で焼くケバブもある。シシ・ケバブは世界的に有名だが、シシは串を意味する。角切りにした仔羊の肉を串に刺して炭火でじっくりと焼く。鶏肉のケバブもあり、タウック・シシという。ドネル・ケバブは、香辛料とヨーグルトのたれに一晩漬け込んだ肉を何重にも重ね、回しながら焼く。火が通ったら外側からナイフで削ぐよ

うに薄く切り、パンに挟んだり、ピラフに乗せたりする。ドネルは回転を意味し、牛肉や羊の肉を使うものはエトゥ・ドネル、鶏肉を使うものはタウック・ドネルという。ウルファ・ケバブは、羊の挽き肉に、すりおろした玉ねぎ、塩、コショウを練り合わせ、串に巻き付けて焼く。赤唐辛子を加えた辛口のものは、アダナ・ケバブという。ハシュハシュ・ケバブは、ポピーシードをまぶした挽き肉のケバブ。炭火焼きにしたトマトやピーマン、ヨーグルトを添える。アリ・ナージックは、焼きなすのペーストにヨーグルトを加えたソースの上に、挽き肉のケバブを乗せたもの。

【コルボレイ】 *kolboregi*

腕パイという意味。パイ生地にほうれん草や玉ねぎ、パプリカを乗せ、巻き込んだものを渦巻状にして焼いたもの。

【ハムシ・クシュ】 *hamsi kuşu*

カタクチイワシの頭と内蔵を除き、手開きにする。皮をむいたトマトを細かく切り、水気を取る。みじん切りにしたピーマン、塩、コショウ、パプリカを加える。塩をふったイワシに挟み、とうもろこしの粉をまぶす。溶き卵を付け、オリーブオイルで焼く。皿に盛り、レモン汁をかける。

【ボレキ】 *börek*

トルコ風のパイで朝食の定番。ユフカという薄い生地に具を挟みながら重ね、オーブンで焼いたり、揚げたりする。具にはチーズ、マッシュポテト、挽き肉、焼きなすのペースト、マッシュルームの炒め物などを使う。チャイやアイランとともに食べる。ムスカ・ボレイは、三角形に包んだボレキ。ボシュナック・ボレイは、丸い生地の中に具を入れ、細長く巻き、渦巻状に整形してオーブンで焼いたもの。ジガラ・ボレイは、ユフカを細長く切り、具を包んで揚げたもの。形が葉巻に似ているため、シガレットの名で呼ばれるようになった。サーデ・ボレキは具を入れず、ミルフィーユのように層に重ねて焼いたもの。細切りにして砂糖をふると菓子にもなる。ボレキを売る専門店はボレキチという。

揚げ物

【カドゥン・ブドゥ・キョフテシ】 *kadin budu köftrsi*

「婦人の太もものハンバーグ」という意味で、トルコの女性の肉感に例えた料理。ハンバーグというより、メンチカツに近い。

【ミディエ・タワ】 *midye tava*

ムール貝のフライで、屋台料理の定番。ムール貝の身を殻からはずす。4〜5個ずつ串に刺し、小麦粉を付けてフリッターにする。ソースは、ヨーグルトに、すりおろしたにんにくを加えたものなど、屋台によって異なるオリジナルのソースがある。ソースとともにサンドイッチにもする。

[トルコ料理]

煮物

【イズミル・キョフテ】 *izmir köfte*

エーゲ海沿岸のイズミルの料理で、煮込みハンバーグ。牛または羊の挽き肉に、玉ねぎ、パプリカ、パセリ、パン粉、塩、コショウ、オリーブオイルを混ぜ、よくこねる。肉団子状に形を整え、スライスしたじゃが芋で挟み、鍋に並べる。ソースを作る。せん切りにした玉ねぎを炒め、塩を加える。小麦粉を振り、トマトペーストと水を入れて煮る。ハンバーグを入れた鍋にソースをかけて煮立たせ、弱火で15分ほど煮込む。

【イマム・バユルドゥ】 *imam bayildi*

レストランでは定番の冷たい前菜。「坊さんが気絶した」という意味。ナスに野菜を詰め、オリーブオイルで煮込んだもの。

【ドルマ】 *dolma*

野菜に詰め物をした料理。米もしくは肉を詰める。肉入りはメイン料理で温めて供されるが、米を詰めたものは冷製もある。野菜はピーマン、なす、ズッキーニなどで、中をくり抜いて使う。ぶどうの葉やキャベツの葉の中に包むドルマもある。

【ベエンディリ・ケバブ】 *beğendili kebab*

シチューを作る。羊の肉を角切りにし、塩、コショウで下味を付ける。玉ねぎ、トマトをみじん切りにする。鍋で肉を炒め、野菜とトマトペーストを加え、中火で50分ほど煮込む。なすのピューレを作る。なすは焼いて皮をむき、レモンを入れた水にさらす。水をよく切り、なすの果肉をそぎ取る。ホワイトソースを作る。フライパンでバターを溶かし、小麦粉を入れて炒める。牛乳を少しずつ加えて混ぜ、なすのピューレを入れる。よく混ぜ合わせながら、生クリーム、塩、コショウ、ナツメグを加える。シチューに、なすのピューレを添えて供する。

【ヤプラック・サルマス】 *yaprak sarmasi*

葉の巻き物という意味で、ドルマ料理のひとつ。塩漬けにしたぶどうの葉で米、玉ねぎ、松の実、レーズンなどを包んで煮たもの。肉入りの温かいものと、肉の入っていない冷製がある。

米・パスタ料理

【シェフリイエ・ピラウ】 *sehriye pilav*

パスタ入りピラフ。米は水につけておき、よく水切りをする。鍋でバターを溶かし、オリーブオイルを入れ、パスタを炒める。水、米、塩、砂糖を加え、蓋をして沸騰させる。弱火で水がなくなるまで煮込む。

【マントゥ】 *mantu*

パスタのヨーグルトソースがけ。小麦粉に水、塩を加えてこねる。打ち粉をして麺棒で丸く広げ、幾つかに切り分ける。玉ねぎをみじん切りにし、バジル、パセリ、パプリカを加え、牛の挽き肉を入れて炒める。生地に具を乗せて包む。湯に塩、コショウ、オリーブオイルを加え、生地を入れてゆでる。ヨーグルトに、すりおろした

にんにく、塩、コショウを加える。トマトペーストと水でのばし、バターを加えて加熱し、ソースを作る。ゆであがったものにソースをかける。

【ミディエ・ドルマス】*midye dolmasi*

ムール貝にピラフを詰めた料理。米、玉ねぎのみじん切り、松の実をオリーブオイルで炒める。さらにシナモン、クミン、塩、コショウ、パプリカなどを加えて炒め、湯を入れて15分ほど煮てピラフを作る。ピラフを小さく丸め、ムール貝に詰める。フライパンにムール貝を並べ、水とオリーブオイルを入れ、蓋をして火にかける。沸騰したら弱火にして蒸す。レモン汁をかけて食べる。

【レンズ豆のハンバーグ】

鍋でレンズ豆を柔らかくなるまで煮る。クスクスを加えてゆで、クスクスに火が通ったらオリーブオイルを混ぜ、粗熱を取る。フライパンで玉ねぎのみじん切りを炒め、トマトペーストを加えてさらに炒める。これにレンズ豆とクスクスを混ぜ合わせ、塩、コショウ、パセリ、クミン、ナツメグで味付けをする。団子状に丸め、レモン汁をかけて食べる。

サラダ

【ギャヴルダー・サラタス】*gavurdağ salatasi*

ギャヴル山のサラダ。トマト、玉ねぎ、ピーマン、パセリは、みじん切りにする。クルミは細かく砕き、野菜と合わせる。赤ワインビネガー、オリーブオイル、塩、パプリカ、レモン汁を加える。

【チョバン・サラタス】*çoban salatasi*

羊飼いのサラダ。羊飼いが山などに行く際に、サラダの材料を携帯して調理したので、この名が付いた。トマト、玉ねぎ、きゅうり、ししとうなどを細かく角切りにし、オリーブオイル、パセリ、塩、レモン汁をかける。

【パトゥルジャン・サラタス】*patlican salatasi*

なすのサラダ。炭火焼きにしたなすの皮をむき、にんにく、レモン汁、オリーブオイルで和える。なすの果肉を潰して、にんにくのソースで和えるものもある。

【ピヤズ】*piyaz*

キョフテのレストランのメニュー。柔らかく煮た白いんげん豆、玉ねぎのスライス、トマト、パセリなどを合わせ、オリーブオイルや酢をかけて食べる。

スープ

【イシュケンベ・チョルバス】*işkembe çorbasi*

牛の胃を使ったスープ。胃はよく洗い、にんにくと酢で煮込んで、細かく刻む。卵黄、小麦粉、レモン汁、塩を加えて、さらに煮込む。見た目は豚骨ラーメンのスープに似ており、酒を飲んだ後などによく飲まれている。

[トルコ料理]

【メルジメッキ・チョルバス】 *mercimek çorbasi*

日本の味噌汁や吸い物のような定番スープ。レンズ豆を柔らかくなるまで煮る。玉ねぎのみじん切りをオリーブオイルで炒め、塩、コショウをする。小麦粉を加えて炒め、水とレンズ豆を入れる。15分ほど弱火で煮て、こしたものにレモン汁や赤唐辛子を加える。

【デュウン・チョルバス】 *dügun çorbas*

結婚式のスープ。牛肉はゆでて細かく切る。鍋で小麦粉を炒り、水と牛乳を加えながら混ぜる。牛肉を入れ、塩、コショウ、クミンで味付けをする。別鍋でバターを溶かし、トマトペースト、パプリカを加えてソースを作る。皿にスープを盛り、ソースを回しかける。

パン

【アチュマ】 *acma*

パイ生地を使ったパン。バターを練り込んだ生地を丸く伸ばし、チーズなどの具を乗せて巻き、円形につなぎ合わせて焼いたもの。

【エクメッキ】 *ekmek*

トルコの典型的なパン。太くて短いフランスパンのような形状。レストランでは、セルフサービスで用意されていることが多い。エルメッキを半分に切り、切り目を入れてドネルや野菜、フライドポテトなどを挟んで食べる。店によってはパンの堅い表面を剥ぎ、柔らかい部分だけを取り出してもらえる。トースト器具でプレスして焼くこともある。

【ウスラック・ブルゲル】 *islak burger*

濡れバーガーという意味。ハンバーグを挟むバンズをソースに浸し、しっとりとさせてある。このバンズを蒸し、ソースに浸したハンバーグを挟んで食べる。ソースはトマト、にんにく、数種類の香辛料で風味付けしてある。

【ギョズレメ】 *gözleme*

チーズ、マッシュポテトなど、味付けをした具を入れた春巻きのようなサンドイッチ。

【シミット】 *simit*

ごまをたっぷりとかけたリング状のパン。塩味で外側は固く、中はしっとりしている。オスマントルコ帝国の宮廷の仕入帳に名があるほど歴史があり、庶民の生活に浸透している。ごまではなく、炒ったひまわりの種の胚乳をまぶしたものもある。バターやクリームチーズを塗ったり、ヨーグルトを付けて食べる。チーズを挟んで焼いたりもする。宗教的な聖なる日にも、シミットを食べる習慣がある。年に5日、カンディル（灯明祭）があり、シミットを近所に配る。カンディル・シミディは、甘さをひかえたごまビスケット。

【チョレキ】 *corek*

素朴な田舎パン。生地に季節の草とチーズを乗せ、窯（かま）で焼く。バターやオリーブオイルをかけて食べる。

【ピシ】 *pişi*

生地を平らに伸ばし、オリーブオイルで揚げたパン。

イスラム料理

【ピデ】 *pide*

ラワシュよりやや厚めの丸いパン。ケバブの店に置いてあり、ドネルを挟んで食べる。イスケンデルは、ピデにドネルを乗せ、トマトのソース、溶かしバターをかけ、ヨーグルトを添えたもの。

【ポワチャ】 *poğaça*

柔らかいスコーンのような惣菜パン。朝食やおやつに食べたりする。生地には牛乳ではなく、ヨーグルトを加える。デレオトゥ（イノンドという香草）を生地に練り込んだものもある。具は挽き肉、チーズ、マッシュポテト、オリーブなど。オスマントルコ帝国時代はポプチャと呼ばれ、来賓のために食卓に用意された。イースト菌を使うものと使わないものがあり、後者は重みがあり、ビスケットのような食感。

【ユフカ】 *yufka*

紙のように薄いパン。小麦粉とイースト、水の配合は適当でよい。天板の上で麺棒を使って薄く丸く伸ばして焼く。

【ラマダンピデ】 *ramazan pidesi*

断食月に特別に作るパン。水分が多く、大きくて柔らかい。

イースト、塩、砂糖、水を混ぜ、小麦粉を加えてこねる。15分ほどねかせて、打ち粉をして丸める。麺棒で少し広げて形を整え、溶き卵を塗る。白ごまをふり、250℃のオーブンで表面に焼き色が付くまで焼く。

【ラワシュ】 *lavaş*

紙のように薄いパン。ラワシュの上にドネル、トマト、フライドポテト、溶けるチーズなどを乗せ、筒状に巻いて食べる。

菓子・デザート

トルコのデザートは、季節の果物を使ったものが多い。春先はイチゴ、その後に杏やチェリー。初夏はメロンや桃、スイカで、夏の終わり頃は、ぶどう、イチジク、プラム、りんご、洋梨など。冬場は、オレンジやバナナ。春と夏は生のまま、もしくはジャムやコンポートにする。ケーキなどの焼き菓子類は極端に甘く、仕上げに砂糖のシロップをかけるのが特徴。デザートではなく、食事の一部として食べるものもある。

【アシュレ】 *aşure*

ノアの箱舟を意味する菓子。断食明けの祝いに作られる。手に入るすべてのドライフルーツや豆類などを甘く煮込んだもの。ノアの箱舟がアララト山にたどり着いた際に、船に残っていた食材をすべてかき集めて煮込んだというエピソードから、この名が付いた。

【イルミック・ヘルヴァス】 *irmik helvasi*

セモリナ粉と松の実の甘露煮。鍋でバターを溶かし、セモリナ粉、小麦粉、松の実を入れて、弱火で炒める。牛乳と砂糖を加えて混ぜ、蓋をして弱火で20分ほど煮る。火を止めて、蓋をしたまま冷ます。

【インジル・タトゥルス】 *incir tatlisi*

乾燥イチジクを使ったデザート。乾燥イチジクを水で柔らかくなるまで戻す。イチジクに切り目を入れ、クルミを入れる。鍋に砂糖、水、レモン汁を入れてシロップを

〔トルコ料理〕

作る。イチジクを入れて沸騰させ、中火で水分を飛ばすように煮る。冷ましてからクロテッド・クリームを乗せる。

【キュネフェ】*künefe*

細い麺を束ねたようなカダイフという生地に、キュネフェ専用のチーズ（白い溶けるチーズ）を入れ、オーブンで焼いて砂糖のシロップをかけたもの。

【ケマル・パシャ・タトゥルス】*kemal paşa tatlisi*

トルコ共和国の初代大統領、ケマル・アタトゥルクの名を持つ菓子。小麦粉を団子状にして焼き、シロップに漬け込んだもの。

【シュトゥラチ】*sütlaç*

米のプディング。ボウルにコーンスターチ、牛乳、卵黄を入れて混ぜる。鍋に牛乳、砂糖、炊いた米を入れ、加熱しながら混ぜる。ボウルの中身を入れて混ぜ合わせ、耐熱容器に注ぐ。天板に水をはり、250℃のオーブンで焼き色が付くまで焼く。仕上げにシナモンをふる。

【タウック・ギョウス】*tavuc gagsu*

「鶏の胸」という意味の通り、鶏肉入りの牛乳風味のプリン。スプーンですくうと、鶏肉の繊維が入っているのがわかる。カザン・ディビィは、プリン状のものを片面だけオーブンで焼いて焦がしたもの。熱した鍋底に押し付け、飴色に焼き目を付ける手法もある。

【ドンドルマ】*dondurma*

トルコ語で「凍らせたもの」という意味で、アイスクリームの総称。ガムのように伸びるマラシュ・ドンドルマが有名。サーレップ粉を加えて粘性を増してある。サーレップ粉は高級品なので、コーンスターチを代用することもある。レストランでは、ナイフとフォークで食べる。チーズが入ったクッキーに乗せて食べたりもする。カフラマン・マラシュ地方が本場で、クレーンで吊り上げて見せたり、電気のこぎりで切ったりするパフォーマンスが見られる。近年はジェラートや果汁入りのシャーベットなど、普通のアイスクリームが多く出回るようになってきた。

【バクラヴァ】*baklava*

トルコの伝統菓子で、パイのシロップ漬け。パイ生地に砕いたクルミを挟み、何重にも重ねて180℃のオーブンで焼く。皿に盛り、砂糖のシロップをかける。ケバブ料理の後に供されることが多い。とても甘い。

【プロフィットロール】*profitrol*

生地を作る。鍋に薄力粉、水を入れ、加熱しながら混ぜ、バターを加える。火からおろして冷まし、卵を加える。しぼり口で天板に生地をしぼり出し、180℃のオーブンで焼く。ソースを作る。鍋で牛乳と薄力粉を入れて攪拌し、弱火にかける。砂糖、チョコレート、ココアパウダーを加え、混ぜ合わせる。焼きあがった生地にホイップクリームを注入し、ソースをかける。仕上げにココナッツパウダーをふりかける。

酒類、飲料

【アイラン】*ayran*

ヨーグルトを冷水で薄めて攪拌し、塩を加えたもの。肉料理に合う飲み物。

【シェルベティ】*şerbeti*

香りの良い花や果実、木の実のエキスを氷と水で割った飲み物。

【チャイ】*çay*

日常的に飲まれている定番の紅茶。二段式の専用ポットを用い、上段にチャイの葉と湯を入れ、下段に沸騰した湯を入れて蒸す。味はまろやかで、砂糖を入れて飲む。

【トルココーヒー】*türk kahvesi*

トルコ人には欠かせない飲み物で、チャイよりも歴史が古い。ジェズベという小さな柄杓（ひしゃく）に似た鍋に、粉末にしたコーヒーと砂糖を入れて煮出す。上澄みだけをすするようにして飲み、底に沈殿した粉は残す。レストランで注文する時は、あらかじめ砂糖の量を指定する。サーデ（砂糖なし）、アズシェケルリ（微糖）、オルタシェケルリ（普通の甘さ）、チョックシェケルリ（砂糖多め）がある。トルココーヒーの文化と伝統は、ユネスコの無形文化遺産に指定されている。

【トルコワイン】*türk sarap*

アナトリア地方はぶどうの名産地で、ワイン製造の発祥地ともいわれる。一般的によく使われるぶどうに加え、トルコ特有の品種も併用されている。赤ワインに使われる種類は、オクズギョズ、ボアズケレなど。白ワインに使われるのは、ナリンジェやエミールなど。酒税が非常に高いため、ぶどうの大半は食用にされている。

【ボザ】*boza*

温かい飲み物で、ホットのフルーツジュース。シナモンで香り付けをする。牛乳とサーレップ粉を混ぜたものもあり、温めて飲む。昔から喉が痛い時や、風邪をひいた時に飲まれている。冬場には、ブルグールや雑穀を原料に作る甘酒に似た低アルコールの発酵飲料のボザが飲まれる。

【ラク】*raki*

ぶどう、ナツメヤシで作られる酒。アラブ人の酒、アラックがトルコに伝わったもので、クムズ（馬乳酒）の一種。アルコール度は40度以上と高い。アニス草のエキスが香り付けに入っている。無色透明だが水を加えると白く濁るため、別名「ライオンのミルク」とも呼ばれる。魚料理や果物とともに飲む。

[トルコ料理]

トルコ料理特殊食材

【黒キャベツ】*kara lahana*

イタリア料理にも使われるカーボロネロ。結球しないキャベツで、葉の表面はデコボコしたちりめん状。オリーブオイルとの相性がよく、炒め物やスープなどに使われる。

【クロテッド・クリーム】*clotted cream*〔英〕

脂肪分の高い牛乳を弱火で煮詰めたもの。無糖でバターよりは脂肪分は少ないが、生クリームよりは多い。トルコの甘みの強いデザートには、クロテッド・クリームがよく添えられる。

【サーレップ粉】*salep*

ラン科の植物の根や茎から採取した樹液を乾燥させて粉にしたもの。水や牛乳と混ぜ、弱火で沸かすと粘り気が出る。咳止めや喉の痛みを和らげる薬効があるとされている。

【白イチジク】*incir*

色は白ではなく、薄い緑色。大粒で柔らかく、甘みが強い。味に独特のクセがある。アルカル性でビタミン類、鉄分、ミネラルが豊富。昔から薬効があるとされ、不老長寿の果物といわれている。ワインのつまみ、ケーキの材料などに使われる。

【ハシュハシュ】*hashas*

ポピーシード（ケシ）の種。多量の油が含まれており、これを絞って食用油にしたり、石けんの原料として使用される。パン、ケーキ、クッキーなどにふりかけて焼く。

【スマック】*sumak*

ゆかり（赤しそ）のような酸味のある香辛料。ケバブ料理の付け合せにしたり、オニオンスライスやサラダにまぶしたりする。

【バルパルマック】*balparmak*

松の蜂蜜。抗酸化力が高く、ビタミンCとEが豊富。松の樹皮を食べる虫（バスラ）が分泌する露をミツバチが集めてきたもの。

【フストゥック】*fistik*

小ぶりのピスタチオ。トルコ南東部のガジアンテップが名産地。ケバブに混ぜたり、アイスクリームやチョコに混ぜたりする。フストゥック・ケバブは、ピスタチオを大量に練り込んだ羊の肉を焼いたもの。フストゥック・エズメは、ピスタチオをペースト状にした甘い菓子。

【ブルグール】*bulgur*

硬質のブルガー小麦（デュラム小麦）を蒸し、乾燥させて砕いたもの。細粉、中粉、大粉に整形した最小のパスタがクスクス。ピラフ、リゾット、デザートなどに使う。

インドネシア料理

食材と郷土料理の傾向

　インドネシアは1万数千にもおよぶ大小の島々から成る国。多民族国家であるため、島ごとに文化や宗教が異なる。そのため、ジャワ、バリ、パダン、スンダ、マカッサルなど、地域ごとに料理の手法に違いがある。古くから使われている調味料は、ターメリック、ココナッツ、ヤシ砂糖、トラシなど。全体的に香辛料が強めの辛口料理が多く、シャロット、唐辛子類、にんにく、レモングラス、キャンドルナッツなども多用される。

　ジャワ島は、スパイスやハーブはひかえめだが、東部は逆に甘さと辛さが強い。スマトラ島は、インド、アラブの影響を受け、肉や野菜を香辛料で煮込んだ料理や小皿料理が多い。牛の胃袋カレーなど、ジャワ島東部よりさらに味付けは辛い。モルッカ諸島は香料諸島と呼ばれるスパイスの産地で、クローブ、ナツメグ、メースなどが収穫される。インドネシア料理に欠かせない辛味調味料サンバルは、これらの多種多彩な香辛料をブレンドしたもので、レストランや家庭では自家製、ファストフード店には市販品のサンバルが置いてある。また、ケチャップ・マニスやピーナッツソースなど、ケチャップ大国と言われるほどソース系の調味料も豊富。レストランで料理を注文すると、日本の漬け物のようにピクルスの付け合わせが出てくる。西洋のピクルスとは異なり、野菜だけでなくフルーツも使い、ナンプラーや唐辛子で漬け込んである。

　主食は主に米（インディカ種）。米の栽培に適さない地域では、キャッサバ（芋）やサゴヤシの澱粉を湯で溶いたものを主食にしている。通常、家庭では右手にスプーン、左手にフォークを持って食事をする。おかずは大皿に盛られ、自分の皿に取り分ける。皿やスープの器は、テーブルから持ち上げないのがマナーとされる。手で料理を取って食べることも多いが、左手は不浄とされているので右手を使う。そのため手を洗うフィンガーボウルが用意されている。昼食は、店でごはんとおかずをバナナの葉や紙に包んでもらい、その場で食べたり、紙箱に入れてもらい、持ち帰って食べる。

　飲み物はジャスミン茶、紅茶、コーヒーなどで、砂糖、練乳、牛乳を入れて飲む。デザートはフルーツを刻んだもの、ジュース、エス・チャンプルなどが一般的。エス・チャンプルは、かき氷にタピオカやゼリーを混ぜたもので、飲み物として扱われる。食事とデザートは区別されておらず、食事とともにデザートを一緒に食べる人もいる。

　インドネシアは人口の9割近くがムスリム（イスラム教徒）。バリ島以外では自由に飲酒はできないが、スーパーマーケットで

[インドネシア料理]

はビールや酒類が日常的に売られている。ムスリムでも、赤いもち米を発酵させて作るタペ・クタンを飲む。甘酒に似た飲み物で、家庭で作ったり、販売もされている。豚肉は料理に使わないが、牛、鶏、エビの他、水牛やヤギの肉も使う。バリ島はヒンドゥー教なので、ラワールなどの豚肉料理を食べる習慣がある。キリスト教徒の多いスマトラ島やパプア州、ジャカルタなどの大都市圏でも豚肉料理が供される。

調理用語

【アイル】*air*

水や液体の総称で、ジュースなども含む。生水は衛生を欠き、水道水も雑菌が多いため、沸騰させて冷ましたものを使用する。ミネラルウォーターはアクア（aqua）と呼ばれるが、もともとはブランド（商品）名。

【イカン・バワ】*ikan basah*

鮮魚のこと。干物の魚はイカン・クリン（ikan kering）、冷凍ものはイカン・ブク（ikan beku）。パサール・イカン（pasar ikan）は魚市場。

【カキ・リマ】*kaki lima*

屋台の総称で、固定式の屋台村と自転車やリヤカーに設置した移動式がある。メニューはナシ・ゴレンが一般的だが、麺料理、緑豆粥、串焼き、バナナの葉に包んだ蒸し焼き料理などもある。営業時間によって料理の種類が変わることが多い。水道のない屋台があり、食器の洗浄などに流水を使わないので衛生面に問題がある。

【グドゥ】*gudeg*

ジャワ島の伝統料理。肉、卵、厚揚げ、テンペなどを黒砂糖で煮詰めたもの。

【サテ】*sate*

串焼きのこと。小さく切った肉を串に刺して直火焼きにする。肉は鶏が一般的だが、ヤギ、馬、魚、海亀なども使う。ピーナッツソースなどをかけて食べる。バリ島では豚の串焼きもあり、唐辛子をまぶして焼く。ジャワ島ではトマトやキャベツとともに食べる。香辛料を混ぜた挽き肉を串に巻き付けて焼いたものはサテ・リリット（sate lilit）。サテ・パダン（sate padang）は、焼いた牛肉にココナッツミルクと香辛料を煮詰めたソースをかけたもの。

【チャプ・チャイ】*cap cay*

野菜炒めのこと。揚げ物の付け合わせにする。肉や魚介類を含む場合は、チャプ・チャイ・アヤム、チャプ・チャイ・シーフードなどと表記される。

【チャベ】*cabe*

インドネシアでは料理ごとに数種の唐辛子が使い分けされる。チャベは唐辛子全般を示す。赤唐辛子はチャベ・メラ（cabe merah）、青唐辛子はチャベ・ヒジョウ（cabe hijou）、小粒な島唐辛子はチャベ・ラウィット（cabe rawit）。

【バカル】*bakar*

直火で焼くこと。パンガン（panggang）は弱火であぶること。ゴレン（goreng）は炒める、揚げるという意味。

イスラム料理

【パダン】 *padang*

香辛料をきかせた激辛のパダン料理。牛、鶏、水牛、鴨などの肉を辛口のソースに漬け込んで焼く。祭典などの行事で来賓に供されたりする。

【ナシ】 *nasi*

白いごはんのこと。正確にはナシ・プティ（nasi putih）。白米や玄米はブラス（beras）、もち米はブラス・クンタン（beras kentan）。葉で巻いたちまきはロントン（lontong）、粥はブブール（bubur）。

【ナシ・チャンプル】 *nasi campur*

ごちゃ混ぜのごはんという意味。チャンプルはチャンポンと同意語。ごはんを盛った皿に、セルフサービスで選んだ数種のおかずを添えるスタイルの食事。おかずは揚げ物、味付け野菜、ゆで卵、テンペなど。店によっては白いごはんだけでなく、赤米、ナシ・クニン（イエローライス）などもある。サラダやサンバルも自由に選べる。屋台ではバナナの葉や紙袋に入れて持ち帰りが可能。

【ミー】 *mi*

麺のこと。中国語のミエンの発音が変化した外来語。ミー・ゴレンはケチャップ・マニスで炒めた焼きそば。麺を揚げるという意味。

焼き物

【アヤム・リチャ・リチャ】 *ayam rica-rica*

鶏肉にライム汁、塩をまぶしておく。オーブンで鶏肉に軽く焼き色を付ける。トマト、赤唐辛子、青唐辛子、レモングラス、コブミカンの葉でソースを作る。フライパンに油を敷き、ソースを炒め、ライム汁と塩を加える。鶏肉にフォークを数ヶ所刺し、ソースをかけて味をしみ込ませる。オーブンに入れ、鶏肉に完全に火が通るまで焼く。

【イカン・バカール】 *ikam bakar*

魚を丸ごと一匹、炭火焼きにする。冷蔵庫がない時代は魚の鮮度を保てず、スパイスをたっぷりと塗って火を通したことから始まった料理。祝い事などで来賓に供されたりする。バリ島では、この料理の屋台村が観光名所になっている。

魚は腹開き、もしくは二枚おろしにする。ミックススパイスを魚の表面にすり込んで直火で焼く。ミックススパイスの配合は地方によって異なるが、主にシャロット、にんにく、唐辛子、ターメリック、キャンドルナッツ、コリアンダーシード、しょうがなど。ジャワ島ではケチャップ・マニスで甘口に仕上げる。焼いた魚にトマトの角切りを乗せたり、ライム汁をかけてもよい。

【サテ・アヤム】 *sate ayam*

インドネシア風の焼き鶏。鶏肉は一口大に切る。シャロット、にんにく、ターメリック、コリアンダーシード、タマリンド、砂糖、塩でスパイスを作る。鶏肉に油を塗り、スパイスに漬け込む。鶏肉を串に数個刺し、炭火焼きか網焼きにする。こまめに返しながら焼くとよい。サンバル・サテを

[インドネシア料理]

つけて食べる。

【ナシ・ゴレン】 *nasi goreng*

インドネシア風の焼きめし。シャロット、にんにく、赤唐辛子、トラシをフードプロセッサーにかけ、スパイスを作る。フライパンに油を敷き、スパイスを炒める。冷ましたごはんを入れて炒め、ケチャップ・マニスとトマトケチャップを加えて混ぜる。皿に盛り、目玉焼き、揚げシャロット、クルプック、ウンピン・ゴレン（どんぐりのせんべい）などを添える。

【ペペス・イカン】 *pepes ikan*

白身魚の蒸し焼き料理。鯛などの魚を大きめに切り身にし、ライム汁、塩をかけておく。トマト、シャロット、にんにく、青唐辛子、ターメリック、レモングラス、しょうが、塩でスパイスを作る。切り身にスパイスがなじむように塗り、バナナの葉で包む。200℃のオーブンに入れ、魚の焼き汁が出なくなるまで焼く。

【ミー・ゴレン】 *mi goring*

インドネシア風の焼きそば。生麺もしくは乾麺を使う場合は、ゆでて水気を切り、サラダ油をまぶしておく。フライパンに油を敷き、シャロット、にんにくを炒める。鶏肉、エビを入れて炒め、野菜（キャベツ、チンゲンサイ、ねぎなど）、ケチャップ・アシン、塩、コショウを加えて軽く炒める。麺を入れ、ケチャップ・マニスを加えて炒め、皿に盛って揚げシャロットを振りかける。

【ラランパ】 *lalampa*

ココナッツミルクを使ったちまき。白身魚をライム汁に漬けておく。魚を蒸し、骨を取り除く。赤唐辛子、シャロット、にんにく、しょうが、炒ったキャンドルナッツをフードプロセッサーにかけ、フライパンで炒める。魚とココナッツミルクを入れ、水分を飛ばし、ライム汁を加える。もち米を蒸す。バナナの葉にパンダンリーフ、もち米、魚を乗せて包む。葉の両側を串で止め、葉の表面に油を塗り、葉が少し焦げるまでオーブンで焼く。

揚げ物

【アヤム・ゴレン】 *ayam goreng*

鶏のから揚げ。衣は付けずに素揚げにする。鶏肉は胸肉やもも肉を骨付きのまま用いる。シャロット、にんにく、しょうが、コリアンダーシード、レモングラス、ターメリック、ナツメグ、塩を合わせてミックススパイスを作る。鍋に鶏肉、水、ミックススパイスを入れ、水がなくなるまで煮る。鶏肉の水気を切り、油で揚げる。レストランのメニューでは、揚げた鶏肉と野菜を炒めた料理として表記されることもある。

【テロール・バラド】 *telur balado*

卵をゆでて殻をむき、素揚げにする。小口切りのトマト、シャロット、赤唐辛子、島唐辛子、にんにくを炒め、塩を加えてバラドソースを作る。ゆで卵をバラドソースで和える。トマトを多めにしたソースを作り、鍋にゆで卵、ソース、レモングラス、コブミカンの葉を入れて煮込んでもよい。

イスラム料理

【ベベ・ゴレン】 bebek goreng

クリスピーダック。アヒルの胴を半身に割り、骨ごと低い温度の油でじっくりと素揚げにしたもの。ミックススパイスを肉にまぶして揚げることもある。皮はカリカリで肉は柔らかく、骨も食べられる。バリ島の祭礼では、アヒルの腹の中に香草のペーストを入れ、バナナの葉で包んで蒸し焼きにする。

煮物

【アヤム・ブンブ・バリ】 ayam bumbu bali

バリ風のソース煮込み。一口大に切った鶏肉に塩をまぶし、素揚げにする。シャロット、にんにく、赤唐辛子、しょうが、炒ったキャンドルナッツ、トラシをフードプロセッサーでペースト状にし、フライパンで炒める。小口切りのトマト、しょうが、サラムリーフ、コブミカンの葉、ケチャップ・マニスを加え、鶏肉を入れて煮る。

【オポール・ダギン】 opor daging

牛肉とじゃが芋のココナッツミルク煮。じゃが芋は皮をむき、輪切りにする。軽く素揚げをして油を切る。牛肉は一口大に切る。シャロット、にんにく、コリアンダーシード、トラシ、酢、塩をフードプロセッサーでペースト状にする。鍋に油を敷き、ペーストを炒める。牛肉を加えて炒め、ココナッツミルクを入れて煮込む。じゃが芋を加え、火が通ったら供する。

【カリオ・アヤム】 kalio ayam

鶏肉のココナッツカレー。牛肉を使ったものはカリオ・ダギン。鶏肉は大きめに切る。シャロット、にんにく、赤唐辛子、ターメリック、炒ったキャンドルナッツをフードプロセッサーにかけ、スパイスを作る。フライパンに油を敷き、スパイス、レモングラス、しょうが、コブミカンの葉、塩を入れて炒める。鶏肉、ライム汁、ココナッツミルクを入れる。鶏肉が柔らかくなり、ココナッツミルクにとろみが出るまで煮る。

【クパラ・イカン】 kepala ikan

魚の頭を使った辛口料理。アマダイなどの頭を縦に割る。水にライム汁、塩を加え、アマダイを漬ける。トマト、長ねぎをみじん切りにする。赤唐辛子、シャロット、トラシ、砂糖、塩、ライム汁でソースを作る。フライパンに油を敷き、ソースを熱する。トマト、長ねぎを入れて炒め、水を加えてアマダイを入れる。蓋をして数分煮て、アマダイをひっくり返し、さらに数分煮る。

サラダ

【ガドガド】 gado-gado

温野菜のサラダ。ピーナッツソースやサンバルで食べる。バリ島では間食にしたりする。ほうれん草、もやし、カンクン（空芯菜）は、ゆでる。キャベツ、いんげんは一口大に切り、ゆでる。じゃが芋はゆでて皮をむく。厚揚げはゆでて短冊切りにす

[インドネシア料理]

る。テンペは油で揚げ、薄切りにする。卵はゆでて半分に切る。サンバルを作る。ピーナッツ、赤唐辛子、青唐辛子、にんにく、塩を合わせてペースト状にする。鍋に入れ、水、ケチャップ・マニス、ライムの葉を加え、弱火で煮る。ざるで漉し、粗熱を取る。皿に野菜、厚揚げ、テンペを盛り、卵、揚げシャロット、クルプックを乗せる。サンバルをかけて食べる。

【ルジャ】 *rujak*

フルーツサラダ。甘みの少ない果物、生の芋などを刻み、酸味のきいた甘辛いソースをからめたもの。青バナナ、青パパイヤ、ジャックフルーツ、スターフルーツなどを一口大に切る。赤唐辛子、ヤシ砂糖、皮付きピーナッツをすり潰して混ぜ、ソースを作る。トラシ、塩を少量加えてもよい。刻んだフルーツをソースで和える。

スープ

【サユル・ロデ】 *sayur lodeh*

鍋にココナッツミルクを入れて沸騰させる。小口きりのかぼちゃ、千切りのシャロット、にんにく、サラムリーフを入れて煮る。刻んだ青唐辛子とキャベツ、いんげん、エビ、塩を加え、火が通ったら供する。

【ソト・アヤム】 *soto ayam*

バリ島の鶏肉スープで屋台の定番メニュー。鶏肉と長ねぎを一口大に切る。トマトは半月切りにする。鍋に油を敷き、すりおろしたにんにくを炒め、水、鶏がらスープ、鶏肉、しょうがを入れて煮る。鶏肉に火が通ったらビーフンを入れ、ターメリック、ナンプラーを加え、塩とコショウで味を整える。長ねぎ、トマト、もやしを加えて煮る。器に盛り、ゆで卵、香菜などを乗せ、ライム汁をかける。

【ソト・クドゥ】 *soto gudeg*

トマト、シャロット、にんにく、ヤシ砂糖をペースト状にする。鍋に水を入れて沸騰させ、鶏肉をゆでる。ペーストを加え、混ぜながら煮る。さいの目切りのテンペ、しょうが、サラムリーフ、塩を加える。すべてに火が通ったら、千切りのキャベツ、ゆでたもやしを入れ、温める程度に煮る。

【ソト・ブタウイ】 *soto betawi*

ジャカルタ風スープ。鍋で湯を沸かし、牛のもつ、すじ肉を煮る。柔らかくなったら取り出し、一口大に切り、鍋に戻す。シャロット、にんにく、しょうが、塩、コショウを合わせてペースト状にし、フライパンに油を敷いて炒める。レモングラス、サラムリーフを加えて炒め、鍋に入れる。ココナッツミルクを少しずつ加えて煮る。ゆでた赤唐辛子と青唐辛子を刻み、塩、湯を加えてサンバルを作る。みじん切りのトマトを器に入れ、もつ、すじ肉、スープを加える。揚げシャロット、千切りの長ねぎを散らし、サンバルを添える。

菓子・デザート

【クエ・プトゥ】 *kue putu*

米にヤシ砂糖を加えて蒸した菓子。移動式屋台などで売られている。クエ・クレポン（kue klepon）は、もち米を使ったもの。クエは菓子の総称。

【クエ・ブンドゥ】 *kue bundu*

バリ島の代表的なお供え物。米粉の生地をクレープ状に薄く焼き、ココナッツフレークとヤシ砂糖のシロップを合わせて包む。

【クエ・ラピス】 *kue lapis*

しま模様の甘い菓子。ラピスは層を意味する。小麦粉、米粉をふるいにかけ、砂糖、塩を加えて混ぜる。ココナッツミルクを少しずつ入れて練り、生地を2つ分に分ける。1つに着色料を加え、緑色にする。流し缶の内側に油を塗り、水を張った蒸し器に入れて沸騰させる。白い生地を流し缶に薄く流し込み、固まってくるまで蒸す。緑色の生地を流し込み、固まるまで蒸す。これを数回くり返す。すべての生地を流し込んだら、完全に固まるまで蒸して取り出す。

【スンピン】 *sumping*

米粉を団子にした生菓子。お供え物にも使われる。もち米を使ったものと、米粉だけのものがある。

米粉にココナッツミルクと砂糖を加え、柔らかめに練る。鍋に入れて火を通しながら、さらに練る。バナナ、かぼちゃ、ジャックフルーツなどのみじん切りを入れ、バナナの葉で包んで蒸す。

【タペ・シンコン】 *tape singkong*

タペは酒粕のようなもの。蒸したキャッサバをラギ（麹の一種）で発酵させて蒸した生菓子。上品な香りと甘さがあり、儀式のお供え物にも使われる。発酵によって微量のアルコールを含んでいる。

【ドドール】 *dodor*

もち米とココナッツミルクを練り込んで蒸した菓子。ゼリーやういろうに似た食感。笹団子のように竹の葉で包まれて売られている。表面にココナッツフレークをかけたものもある。

【バトゥ・ドリアン】 *batu durian*

ドリアンの種の形に似た揚げもち。中にはバナナやジャックフルーツが入っており、表面には粉砂糖を溶かしたものをかけてある。

【ピサン・ゴレン】 *pisang goreng*

小麦粉とベーキングパウダーをふるいにかけ、混ぜる。水と卵を加えて練り、生地を作る。バナナを厚めの短冊切りにし、生地を付けて油で揚げる。きつね色になるまで揚げ、余分な油を切る。ヤシ砂糖をかけたり、アイスクリームを添えて食べる。

【ブブール・カチャン・ヒジョー】 *bubur kacang hijau*

緑豆を使ったぜんざい風の甘い粥。少量の米と緑豆をしょうがとともに煮込んだもの。ココナッツミルク、タピオカ、フルーツのみじん切りなどを入れて食べる。レストランでは黒もち米を使った粥や、アイスクリームを乗せたものもある。

【ブブール・クタン・ヒッタム】 *bubur ketan hitam*

黒もち米のしるこ。鍋に黒もち米、水、

〔インドネシア料理〕

パンダンリーフを入れ、かき混ぜながら中火で煮る。ヤシ砂糖を水で溶いて入れ、水気が少なくなったら塩を少量加えて冷ます。器に盛り、ココナッツミルクをかける。

【ブブール・チャンドル】*bubur cendol*

ココナッツミルクのぜんざい。米粉、タピオカ粉をふるいにかけ、混ぜる。水、塩を少量ずつ加えて練り、小さな団子にする。鍋で湯を沸かし、団子をゆでて水気を切る。この団子をチャンドルという。別鍋に水、ココナッツミルク、ヤシ砂糖、パンダンリーフ、塩を入れて煮る。器にチャンドルを盛り、煮立てたココナッツミルクをかける。

インドネシア料理 特殊食材

【オタオタ】*otak-otak*

魚のすり身にココナッツミルクを加えて作るかまぼこ。酒のつまみなどにする。

【キャッサバ】*cassava*

熱帯地方の低木で大きな根茎（芋）ができる。澱粉を食用にしたり、飼料にする。粉にしたものがタピオカで、ゆでて団子にしたり、スターチとして料理に使う。調理の過程で微量に青酸ガスを発生するので注意が必要。

【キャンドルナッツ】*candlenut*〔英〕

クミリ（kemiri）ともいう。油分が豊富で灯火に使われたことから、この名がある。形は丸く、クリーム色をしている。炒ったものをすり潰して料理に加えると、こくが出る。すぐに油臭くなるので冷蔵庫で保管する。整髪料や石けんの原料にもなる。

【クトゥパ】*ketupat*

ごはんをヤシの葉を編んだもので包み、蒸して棒状に固めたもの。小さく切り分け、サラダに入れたりする。

【クルプック】*kerupuk*

揚げせんべい。エビ、魚のすり身、木の実類の粉、野菜を混ぜ、乾燥させて高温の油で揚げたもの。スナック菓子としても食べるが、おかずの一品として添えることが多い。ワルン（食堂）のテーブルには多種のクルプックが置いてあり、ごはんに乗せて潰して食べたりする。

【ケチャップ・マニス】*kecap manis*

大豆を発酵させて作った醤油。ケチャップ・マニスは、ヤシ砂糖を加えた甘口でとろみのあるソース。ケチャップ・アシンは塩辛く、日本の醤油に近い。串焼き、焼きめし、スープなどに広く用いられる。

【ケナリ】*kenari*

マルク諸島のバンダ島で収穫されるアーモンドに似た木の実。殻は固いが種は油分が多く、柔らかいので崩れやすい。ケナリソースは、ケナリを挽き、酢や唐辛子、シャロット、塩を混ぜたもの。炭火焼きにした魚にかけたり、魚に塗って焼いたりする。

【コピ・バリ】 *kopi bali*

インドネシアはマンデリン、トラジャのコーヒー豆の産地。微細な粉末状に挽いた豆をカップに入れ、湯を注いで粉が沈んでから、たっぷりの砂糖を入れて飲む。

【コブミカンの葉】 *daun jeruk*

カフリライムリーフともいう。インドネシア、マレーシア原産のライムの葉で、ハーブの一種。果実の表面には小さなこぶ状の起伏がある。皮や果肉はすりおろして用いる。甘くさわやかな風味があり、トム・ヤン・クン、グリーンカレーなどに使われる。

【サラムリーフ】 *daun salam*

ダウンサラム。クスノキ科の樹木の葉で、ローリエに似ている。インドネシアでしか使われないハーブで、カレーなどの煮物、スープに用いられる。味や香りが薄いので、2枚以上使うことが多い。

【サンタン】 *santen*

ココナッツミルク。ココナッツの実を専用の器具で削り、水を加えて絞ったもの。料理やケーキ、かき氷などに幅広く使われる。ココナッツの絞り粕は、野菜やサンバルと和えたり、テンペの材料に混ぜたりする。

【サンバル】 *sambal*

インドネシア料理に欠かせない辛味調味料(チリソース)。それぞれの料理に合ったサンバルがある。唐辛子、トマト、にんにく、シャロットなどをペースト状にして作る。スープに入れるとうまみが増し、直接ごはんにかけたりもする。トラシやニガウリを加えたものは臭みとクセがあるが、焼き魚との相性がよい。

●サンバル・クミリ　sambal kemiri

酸味のあるピーナッツソース。ココナッツミルクを加えて炊いたごはん(ナシ・ウドゥック)にかける。みじん切りにした赤唐辛子と青唐辛子、塩、砂糖を混ぜ、湯を注ぎながら酢を加えて混ぜる。

●サンバル・ケチャップ　sambal kecap

シャロット、赤唐辛子、青唐辛子をみじん切りにし、トマトは小口切りにする。ケチャップ・マニス、ケチャップ・アシン、ジュルックの汁を加えて混ぜる。ジュルックはグレープフルーツに似たバリ島のみかん。

●サンバル・ゴレン　sambal goreng

シャロットと赤唐辛子をゆで、塩を加えて混ぜる。フライパンに油を敷き、香りが出るまで炒める。

●サンバル・サテ　sambal sate

鶏肉の串焼きに用いるピーナッツソース。甘辛く、こくがある。炒ったピーナッツ、赤唐辛子、青唐辛子をペースト状にし、ヤシ砂糖を加える。湯を少しずつ入れながら混ぜ、ケチャップ・マニスを加える。

〔インドネシア料理〕

- ●サンバル・チョロチョロ　sambal colo colo
  焼き魚向きのドレッシング。白身魚や青魚に用いられる。トマト、赤玉ねぎ、赤唐辛子をみじん切りにし、ケチャップ・マニス、サラダ油、ライム汁を加える。
- ●サンバル・トラシ　sambal terasi
  トマト、みじん切りの青唐辛子、トラシ、砂糖、塩をペースト状にし、ライム汁を加える。
- ●サンバル・バワン　sambal bawang
  赤唐辛子、青唐辛子、にんにく、ライムの葉、レモングラス、トラシ、塩、ココナッツオイルを合わせてペースト状にし、ライム汁をかける。
- ●サンバル・プララ　sambal pelalah
  にんにく、青唐辛子を細切りにする。しょうがとトラシを練る。フライパンに油を敷き、すべてを混ぜて炒める。
- ●サンバル・プレチン　sambal plecing
  トマト、青唐辛子をゆでて、フードプロセッサーにかける。フライパンでトラシを炒り、塩、砂糖を加える。多めの油とトマトを入れて炒め、ライム汁を加える。

【ジャックフルーツ】*nanka*
パラミツとも呼ばれる高木の実で、ドリアンに形状が似ている。未成熟な果実は野菜扱いされ、煮物や炒め物に使われる。

【シャロット】*shallot*〔英〕
紫玉ねぎ、赤小玉ねぎのこと。インドネシアではバワン・メラ（bawang merah）という。中国、東南アジアで香辛料として広く使われる。玉ねぎよりも小さく細い。フランス料理などに使われるエシャロットよりも香りが柔らかい。

【ソシス・ソロ】*sosis solo*
ココナッツミルクとスパイスを加えた牛の挽き肉を、薄焼き卵で包んだソーセージ。

【タマリンド】*tamarind*〔英〕
熱帯産のマメ科の植物。10cmほどのサヤの中に数個の種があり、種のまわりの果肉を食用にする。酸味が強く、調味料や飲料、ジャムなどに用いる。加工品（乾物）は干し柿のような食感で、色の赤いものは甘ずっぱい。整腸や疲労回復に効果がある。

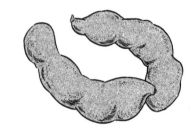

【テンペ】*tempe*
ジャワ島の食文化を代表する健康食品。蒸した大豆をヤシの葉で包んで発酵させたもの。納豆に似ているが固形で糸はひかない。豆腐（厚揚げ）と合わせて料理されることが多い。

【トゥアック】*tuak*
アルコールを含んだヤシの樹液で、バリ島の地酒。トゥアックを蒸留した酒がアラック。絞りたてのトゥアックを煮込むとヤシ砂糖になる。ロンタルヤシからとれるトゥアックは、アルコール度が高い。発酵酒や蒸留酒ではないので日持ちはしない。

【トラシ】*terasi*
小エビやオキアミを発酵させた調味料。ヤシ砂糖を加えたものもある。ナンプラーの一種だが、ペースト状か固形。かなり強

烈な刺激臭がする。耳かきですくったくらいの量で充分うまみを引き出せる。ナシ・ゴレンやスープに用いたり、サラダやフルーツにかけたりする。

【ドリアン】*durian*

トゲという意味の樹木。外皮がトゲで覆われた30cmほどの実ができる。食べるのは種のまわりの柔らかい部分のみ。栄養価が高く、国王が精力剤として食べたので、王様の果実と呼ばれる。酒類やコーヒーを飲みながら食べると食あたりをおこす。玉ねぎの腐臭のような強い匂いがあるため、飛行機への持ち込みは禁止されている。

【パンダンリーフ】*daun pandan*

タコノキ属の甘い香りのするハーブ。インドネシアではダウンパンダンという。米と炊いたり、菓子の色付け、ハーブティーなどにする。ビタミンやアミノ酸が豊富で腹痛や解熱にも効果がある。

【ブルム】*brem*

もち米を原料にした甘口のライスワイン。タペという酒粕を発酵させて作る。甘酒に近い味がする。

【ブンブ・カチャン】*bumbu kacang*

サンバルにピーナッツソースとケチャップ・マニスを加えた調味料。

【ペンペ】*pempek*

スマトラ島の郷土食材。さつま揚げ、かまぼこに似ている。魚のすり身とキャッサバ粉を合わせて素揚げにしたもので、中に卵や厚揚げが入っている。酢、黒砂糖、赤唐辛子をミックスした辛口のチュカソースなどをつけて食べる。断食明けには家庭で来客用に作る。

【ヤシ砂糖】*gula kelapa*

パームシュガー、グラ・ケラパともいう。ココナッツ（ヤシ）の花から抽出した樹液を煮て、型に入れて乾燥させて作る。黒砂糖とメープルシロップを合わせたような味。

【レモングラス】*daun serai*

インドネシアではダウン・セライという。レモンのような風味のあるハーブ。料理やアロマオイルに使われる。根と皮を取り除き、中の柔らかい部分のみを使用する。乾燥させると生とは違った清涼感が出る。コリアンダーと同じく、料理に応じて生のものと乾燥ものを使い分ける。

Column －マレーシアにおけるハラールの取り組み－

　マレーシアは、東南アジア諸国ではインドネシアについで2番目にイスラム教徒が多い国です。人口の約半分がイスラム教徒なので、ハラールが国民生活に浸透しています。町にはハラールのマークを掲げた小売店や飲食店が数多くあり、スカーフをかぶった女性店員がいたりします。マレーシア料理の屋台はハラールで、インド料理の屋台もハラールが多いですが、中国料理の屋台は中国系マレーシア人向けなので、メニューに豚肉料理があります。中国料理のレストランは、ハラールの店もあり、チャーシューは豚肉ではなく鶏肉です。スーパーマーケットでは、ハラールとノンハラールの食材を別のレジで精算します。豚肉は、牛や鶏の精肉、ターキーハム、チキンソーセージなどの加工品とは売り場が異なり、ノンハラール専用のレジで会計を済ませます。ホテルの客室にはキブラ（メッカの方向）を示すマークがあり、ベッドメイクもイスラム教徒の従業員が担当したという証明書が掲示されています。

　ハラールは世界統一基準がなく、各国の解釈にゆだねているのが現状です。これは同国内にハラール認証を行う宗教団体が複数存在し、それぞれの思惑で管理や運用をしているからです。そこでマレーシアは、政府の指導でハラールの定義を確立しました。マレーシアのハラール規格は、サウジアラビアについで厳しいですが、厳格というよりは緻密（ちみつ）な内容になっています。生産、加工、流通にいたる産業規格が明文化され、ハラール食品の製造業者向けの研修システムもあります。また、認証はすべて政府機関のJAKIMが行うので、非イスラム国にとっても理解がしやすいです。そのため、多くの国々がハラール認証をマレーシアの基準に合わせる傾向があります。

　マレーシア政府が世界に向けてハラール規格の整備を行ったのは、経済成長の一環として、マレーシアをハラールの拠点にするためです。マレーシア製の食品をブランド化し、イスラム諸国や非イスラムの国々でも、安心して受け入れられる製品作りをめざしています。国内のハラール企業への投資などには税額控除があり、原材料の輸入税も免除されています。ハラールパークというハラール産業用の団地もあり、非ハラールの代替物の開発も進められています。

　日本では生産者から料理にいたるまで、ハラールの環境にするのは難しいのが現状です。しかし、インドネシアやマレーシアなどの観光ビザが緩和され、日本を訪れる観光客は年々増えています。また、イスラム教徒の訪日客の6割は、豚とアルコールを含むもの以外は受け入れてくれる人たちです。近年、新たな試みとして、ローカルハラール認証がスタートしました。これは、マレーシアのハラール認証を基準にし、日本の現状に合わせた規格です。ハラールミールを提供したり、イスラム教徒向けのマーケットを運営する際に、認証が取得しやすくなりました。また、ローカルハラールの規格は、入院患者用の食事やアレルギー体質の児童向け給食などにも需要が見込まれています。

その他の国々
インドの食文化

ヒンドゥー教徒の食文化

インドでは、古くから水牛を農作業や運搬などの労働力として重用してきました。水牛はシヴァ神の使いでもあり、特に雌牛は乳で人を育てるので、神聖かつ清浄な存在です。老いて役目を終えた水牛には、専用の老牛ホームまで用意されているところがあります。水牛や牛を食用にするなど、誰も考えもしませんでした。豚は排泄物を食べるため不浄とされ、牛とは違った意味で食用にされませんでした。

人の手も右手は清浄、左手は不浄とされます。トイレでは左手で拭くことを義務づけられていますが、汚れる手だから不浄というわけではなく、生まれた時点で不浄とされます。昔は石けんやアルコール消毒がありませんから、左右の手を使い分け、衛生管理を徹底したのかもしれません。唾液や血液も不浄とされ、食材や食器からの接触感染に非常に気を使います。他人が残した料理は食べませんし、自分の皿に取った料理は他人に与えません。

インド人は宗教上、精進料理を好みます。ベジタリアンに近い意識があり、インドの航空会社の旅客機に乗ると、機内食を出す際に、フライトアテンダントが「ベジ」か「ノンベジ」かを聞いてきます。ノンベジは、羊、鶏、ヤギ、魚などを食べる肉食主義、ベジは肉類を食べない菜食主義です。近年、ノンベジの一部の人で、インド産以外の牛ならば食べてもよいとする主張も出てきています。

マクドナルドがインドに出店した頃、牛肉や豚肉は使えないので、鶏や魚の肉を使用しました。ベジ向けのファストフード店では、店員は緑のエプロンを着用。レストランでは、ベジとノンベジが同席できない所もあります。調理場や調理器具だけでなく、料理人も区別されています。客に他人の唾液の不浄性を問われないように、金属や陶器の食器を使わず、バナナの葉を皿として使う店もあります。屋台では、以前は使い捨ての陶器の皿を使っていました。薄い皿なので使用後に割ってしまい、土に返します。現在では発泡スチロールやプラスチック製の使い捨て皿が主流です。

インドのベジは人口の2割と言われています。ノンベジでも肉を食べるのは、週に1回程度で、これには経済的な事情があるようです。ノンベジではありませんが、"肉を食べる菜食主義"という人もいて、無精卵や魚を食べます。厳格なベジは卵も受けつけないので、ケーキやクッキーも食べません。しかし、牛乳は日常的に飲み、牛よりも水牛の乳のほうが好まれます。牛乳よりも乳脂肪が多く、味が濃厚だからです。

ベジが肉を断つ理由の1つに、死や血に触れるので不浄だという考え方がありま

す。不殺生も信条ですし、動物の肉を体内に入れると、その動物の性質まで取り込むと考える人もいます。不浄なものを食べなければ、心身が清められるというわけです。仔牛の食べ物を奪うことになるから、牛乳も飲まないというベジもいます。食材に限らず、毛皮や羊毛、羽毛を使った製品を身につけない、使わないという徹底ぶりです。海の魚は食べるが淡水魚は食べないという感覚は、インドの風習に由来します。インドでは多くの火葬場が川岸にあります。死者を火葬にした後、墓に埋葬するのではなく、川に流す習慣があるのです。死者の灰に触れた魚は不浄とされます。

野菜や果物に関しても避けられるものがあります。トマトやザクロの果肉や果汁は、血肉を思わせるので敬遠されます。五葷(ごくん)と呼ばれる野菜類も好まれません。ねぎ類、ニンニク、ラッキョウ、ニラ、アサツキの五品目ですが、これらは匂いが強く、味が刺激的だからです。根野菜を食べないベジもいます。植物の根は人間の体に相当し、この部分を食べてしまうと葉が生えなくなるからです。蜂蜜も蜜を奪うと蜂の子を殺してしまうので食べません。

インド人の食文化

インド料理は他地域に多大な影響を与えています。アラブの商人やトルコの兵士、東インド会社を設立したイギリスなど、他民族がインドを基点に東西へ往来し、インドの食文化を広めたからです。カレー粉はイギリス人が商品化し、イギリス海軍が日本へ持ち込みました。「kari」はインドでは食事を意味する語源とされています。インドには香辛料を使った煮込み料理が数多くあり、総じてカレーとは言わず、個々に料理名がついています。

インドは香辛料だけでなく、豆の種類も豊富です。肉を食べないベジでも、蛋白質は豆料理でおぎなっています。飲み水のインフラ整備は、イスラム諸国と同様に芳しくありません。朝晩には水道の出水制限があり、雨季になると水質が悪化します。ペットボトル入りのミネラルウォーターは必需品です。

インドでは家庭料理が基本で、外食をする人は少ないです。店では肉を料理した調理器具を使い回している可能性があり、ベジにとっては家庭で食べたほうが安心なのです。通勤をしている人は、多くが弁当持参です。近年は欧米のピザやハンバーガー店が増え、たまに家族で食べに行く傾向はあるようです。食事の際、右手だけで料理を口に入れますが、親指、人差し指、中指の3本だけを使うのが上品とされます。左手は不浄なので、給仕も右手のみで行います。しかし、ゆで卵の殻をむくときは、両手を使う場合もあります。

ヒンドゥー教徒は、イスラム教の断食に似た節食をします。ラマダンほど厳しくはなく、期間は1日〜1週間です。地方ごとにヒンドゥー教の吉日があり、ヒンドゥー暦の特別な日(満月、新月の日など)に行い

その他の国々
イスラエルの食文化

カシュルートとコーシェル

ます。節食は心身を清めるだけでなく、健康志向の一環でもあります。素食で内蔵の負担を軽減し、体調を維持するのです。

ユダヤ教は、キリスト教やイスラム教と起源は同じですが、他の宗派より食材や料理に関する制約、食事のマナーが厳しいと言われています。神は自分の姿に似せて人を創造しましたが、人は動物の一種にすぎません。人と動物の差別化を図るには、品位を高める必要がありました。食事に制限を設け、人は動物以上の存在という格付けをしたのです。また、キリストの「汚れる」という表現を拡大解釈した経緯もあります。不浄なものを食べることで、体だけでなく心も汚れると思ったわけです。キリスト教では金曜日をキリストの受難の日とし、肉をさけて魚を食べますが、一部の教会ではユダヤ教の戒律に従い、厳格な食事制限をしています。ユダヤ教徒は欧米を中心に広く分布しており、機内食、学校給食、病院の入院患者用の食事など、各国でユダヤ教に対応した料理が作られています。

ユダヤ教には、イスラム教のハラール認定に似たカシュルート（適正食品規定）があります。これは可食か不可食かを判別する規定です。家畜を食肉にする際、カシュルートに適合した屠殺（シェヒーター）をします。シェヒーターは神から賜った方法とされ、むやみに殺生をしない、流血させないというのが基本です。屠殺は可能な限り痛みを与えず、瞬時に意識を奪う必要があります。屠殺に用いるナイフは、研磨をした切れ味の良いものを使用し、頚動脈を一刀で処理します。家畜の後ろ半身からは、坐骨神経を取り除くことも義務づけられています。家畜でも自然死したもの、屋外で他の動物に襲われて死んだものは食肉にできません。屠殺には専門家（ショヘート）の資格が必要で、屠殺の技術だけでなく、家畜の病気の有無を判断する知識も要求されます。

カシュルートで可食とされたものは、コーシェルと呼ばれます。コーシェルの食肉は、草食動物で蹄（ひづめ）が割れており、胃に入った食べ物を口に戻して噛みなおす習性があるものに限られます。ラクダはイスラム教では可食ですが、蹄が割れていないのでユダヤ教では食肉にできません。魚はヒレとウロコのあるものは可食。鳥類は猛禽類、死肉を食べる鳥（ハゲワシなど）以外は可食です。一般のユダヤ教徒は、野鳥などの狩りはしません。食用にする生き物は殺さず、傷つけずに捕獲しなければならないからです。昆虫はイナゴなどのバッタ

類のみ可食。野菜や果物などの植物には制限はありません。

不可食(不浄)とされるものは、豚、エビ、カニ、タコ、イカなどです。豚は排泄物のある地面で寝そべり、長い体毛がないので、体の汚れが人に害をおよぼすとされています。衛生的に育てられた豚でも不浄扱いになります。エビ、カニ、タコ、イカ、クジラなども同じ理由で、ウロコがないので不可食となります。牛肉は可食ですが、血がしたたるようなレアなものは食べられません。ユダヤ教では血は不浄ではなく、命と同等とされます。血を食べたり、飲んだり、料理や加工品に血を混ぜることはできません。当然、日本料理の踊り食いや活造りもだめです。肉を料理する時は、肉屋で売っている血抜きをした肉でも、塩水に漬けたりして、さらに念入りに血抜きをします。

ユダヤ教の食文化

コーシェル食品は、コーシャ(コーシェル)認定を受けることができます。コーシャ認定は、ユダヤ教の資格を持つ指導者が、ユダヤ教義に従って食品の安全を保証するものです。アメリカでは、コーシャ認定のラベルを貼られた食品やサプリメントがもっとも安心とされています。

ユダヤ教の食事には合食禁という制約があり、食材や料理の組み合わせに注意が必要です。魚と卵を除く動物性の加工品(ハム、ソーセージなど)と、牛乳やヨーグルトなどの乳製品を同時に食べることは禁止されています。双方を食べる場合には、数時間の間隔をあけます。牛肉や羊肉の料理に乳製品を加えることもできません。これは聖書の「母の乳で子を煮てはならない」という律法に従うものです。食器や調理器具は肉用、乳製品用に別なものを使います。キッチンの流し台(洗い場)も、水が飛び散らないように仕切りをつけてあります。

ユダヤ教の食事は儀式でもあります。食事の前には手を洗い、祝福の言葉を唱えます。ユダヤ人は昔から手洗いの習慣があり、衛生事情の悪かった中世でも伝染病にかかる人が少なかったようです。食卓では感謝の祈りを捧げ、食後も同様に祈ります。

ユダヤ教には聖なる日があり、週の最終日(土曜日)が安息日(シャバット)になります。ユダヤ暦では前日の日没から当日の日没までの1日間で、神と人が交わる休息の日となります。この日は、いかなる仕事もせず、公共機関や店もすべて休業。電気も使わず、ロウソクの灯りで過ごします。各家庭では、週に一度、正月がくるような感覚で、家族や友人が集まって食事をします。贖罪(しょくざい)の日(ヨム・キプル)は、ユダヤ教最大の休日で新年に当たります。この日は神に許しを請い、断食をします。水もいっさい断ち、入浴や歯磨きもしません。

ワインは偶像崇拝に用いられた飲み物なので、日常的に飲まれていますが、異教徒が栓を開けたワインは飲むことを禁じられ

ています。厳格な信者は、ユダヤ教徒が栽培したぶどうで作ったワインしか飲みません。しかし、ワイン以外の果実酒やウイスキーには特別な制約はありません。

イスラエルの国民は、すべてが熱心なユダヤ教徒ではないので、コーシェルにこだわらない人もいます。厳守しているのは、豚肉を食べない、肉類と乳製品を混合しないといった程度でしょう。イスラエル軍は有事の際、他地域の戦場などで必要に迫られれば、豚肉を食用にしてもよいことになっています。

Column －ベジタリアンの種類－

出典：国際ベジタリアン連合　ベジタリアン協会－

【ビーガン】 vegan
　純粋菜食主義者。動物に苦痛を与えないという理念に基づき、動物の肉、魚介類、卵、乳製品を食べない。動物由来の製品（皮革、薬品、化粧品など）を身につけたり、食用にしない。主なビーガン団体は、ハチミツを食用としないが、一部のビーガンはハチミツを食べる。イーストを使った食品を食べないビーガンもいる。

　◎不可食＝肉　魚　卵　乳製品　動物製品（ゼラチンなど）

【ダイエタリー・ビーガン】 dietary vegan
　ビーガンの食事をするが、食用以外ならば動物の利用を必ずしも拒まない。

　◎不可食＝肉　魚　卵　乳製品

【ベジタリアン】 vegetarian
　菜食主義者。ベジと略されることが多い。オボ・ラクト・ベジタリアンと、ラクト・ベジタリアンに分類される。ビーガンとは異なり、食用以外ならば動物の利用を拒まない。ビーガンをベジタリアンに含める場合もある。他に、ねぎ類、ニンニク、ラッキョウ、ニラ、アサツキといった五葷（ごくん）を食べないベジタリアンがいる。

　◎不可食＝肉　魚

【オボ・ラクト・ベジタリアン】
　ovo-lacto vegetarian
　ビーガンとは異なり、卵と乳製品を食べる。
　◎不可食＝肉　魚

【ラクト・ベジタリアン】 lacto vegetarian
　ビーガンとは異なり、乳製品を食べる。
　◎不可食＝肉　魚　卵

【ストリクト・ベジタリアン】
　strict vegetarian
　本来はビーガンのことであったが、現在ではビーガンとベジタリアンの両方を意味する。

【セミ・ベジタリアン】 semi-vegetarian
　一般の人と比べ、肉食を控えめにする。

【ペスクタリアン】 pescetarian
　ノン・ミート・イーター。ベジタリアンとは異なり、魚介類を食べる。工場方式の農場で生産された食品（卵、乳製品）もさける人は、ペスコ・ベジタリアンという。

　◎不可食＝肉

【ポゥヨゥ・ベジタリアン】
　pollo vegetarian
　肉類では鳥類の肉のみ食べる。
　◎不可食＝哺乳類の家畜、ジビエの肉

【フルータリアン】 fruitarian
　ビーガンとは異なり、植物を枯らすことのない食品のみを食べる。果実やナッツ類は収穫しても木は枯れないが、根野菜は根を食べると枯れるので葉のみを食べる。

【ベジタブル・コンシューマ】 vegetable consumer
　野菜を食べる人、全般を示す。必ずしもベジタリアンではない。

　菜食主義でも卵や乳製品を食べる人は問題ありませんが、近年、医学界の有識者が厳格な菜食生活には警鐘を鳴らしています。中年以降になると、カルシウム不足から骨粗しょう症になり、骨折をしやすくなるからです。豆類や海藻類にはカルシウムが含ませていますが、チーズなどに比べると含有率は3分の1以下です。ビタミンB、Dも不足しがちで、貧血などを起こしやすくなります。また、アルツハイマー病の患者が極端な偏食であるというデータもあります。肉食にかたよったり、炭水化物ばかりを摂取するのではなく、バランスの良い食事が望まれています。

　また、妊婦の食事が菜食のみだと、胎児が発育不全になることがあります。そのため、ベジタリアンの中には、妊娠中だけベジタリアンを中断する人もいます。

【参考文献】

ファブリッツァ・ヴィラッリ・ジェルリ 著『ナポリの台所』（広葉書林、1999）
レスリー・フォーブズ 著『南仏プロヴァンスの食卓』（河出書房新社、1994）
ロベール・フレソン 著『フランス料理の源流を訪ねて』（同朋舎、1986）
ロジェ・プリュイレール、ロジェ・ラルマン 著　服部幸應 監訳『基礎フランス料理教本』（柴田書店、1991）
小野正吉 著『フランス料理への招待』（講談社、1981）
井上敬勝 編『中国料理用語辞典』（日本経済新聞社、1993）
小林弘 著『読む食辞苑』（同文書院、1996）
土井勝 著『新版基礎日本料理』（柴田書店、1983）
柳原一成、辰巳芳子、高橋英一、西健一郎 著『定本正月料理』（ＮＨＫ出版、1992）
新島正子 著『私の琉球料理』（柴田書店、1983）
高田栄一 著『和菓子入門』（鎌倉書房、1985）
『料理食材事典』（主婦の友社、1996）
『食材図典』（小学館、1995）
中川定敏 監修『cheese』（新星出版社、2000）
見田盛夫 編『西洋料理メニュー事典』（アートダイジェスト、1988）
ダニエラ・オージック 著『南イタリアの家庭料理』（保健同人社、1994）
西川治、木村浩子 著『イタリアを食べる本ＰＡＳＴＡ』（日本ヴォーグ社、1991）
小林潤子 著『北イタリア5つの食卓』（保健同人社、1997）
『パスタブック』（山と渓谷社、1998）
ダニエル・マルタン 著『ル・コンド・ブルーのフランス料理基礎ノート』（文化出版局、1995）
『陳建民・洋子夫妻のおそうざい中国料理』（中央公論社、1986）
『顧中正の家庭でつくれる中国点心』（中央公論社、1980）
『家庭で作る横浜中華街』（中央公論社、1997）
『帝国ホテル加藤信のデザート菓子』（中央公論社、1986）
『ＴＡＮＫＯ（別冊）懐石』（淡交社、1992）
服部栄養専門学校 監修『365日の家庭料理』（婦人生活社、1995）
『調理の基本技術と実習』（社団法人 全国調理師養成施設協会、2000）
『調理技術の基礎』（服部栄養専門学校　東日本料理学校協会、2001）

『実用百科事典』（主婦の友社）
『ジーニアス英和辞典』（大修館書店）
『エポック英和・和英辞典』（旺文社）
『調理用語辞典』（社団法人 全国調理師養成施設協会）
『フランス料理仏和辞典』（イトー三洋）
『料理仏和辞典』（イトー三洋）
『イタリア料理用語辞典』（白水社）
『新伊和辞典』（白水社）
『和伊辞典』（小学館）
『中国料理百科辞典』（同朋舎）

索引

*「ヴ」行は、ば行に配した。

あ

合い鴨　418
アイラン　457
アイル　460
青竹の箸　402
青唐がらし　217
青煮　360
あおる　309
赤いんげん　415
赤おろし金　304
赤かぶら漬け　387
赤酒　430
赤だし汁　349
赤ピーマンのマリネ　201
赤ワインバター　170
アクアパッツァ　99
あく取り　309
あく抜き　309
アグロドルチェ　66
揚げだし豆腐　357
揚げ卵　171
揚げなすの糖蜜和え　204
揚げ煮　360
揚巻き貝　419
あしが出る　309
あしたば　415
アシデュレ　129
アーシュ・マーストゥ　441
アシュレ　455
アーシュ・レシュテ　442
あすか鍋　371
小豆粥　343

小豆雑煮　399
預鉢　402
アスティー　230
アスパラソバージュ　110
アセゾネ　129
アダス・ポロ　439
当たり鉢　304
当たり棒　304
阿茶羅漬け　387
アチュマ　454
アッサッジョ　66
アッシェ　130
アッチューガ　113
アッフォガート　66
アッフミカート　66
厚焼き卵　385
アッラッビアート［調理用語］　66
アッラッビアート［パスタ料理］　74
アーティチョークのから揚げ　94
アドヴィーエ　437
穴杓子　242
アニス　192
アニス酒　193
アニョロッティ　72
アバソース　166
アブゴーシュ　440
油通し　244
油抜き　309
あぶらぼうず　419
アプリッチャアブッロ　64
安倍川餅　406
アベッセ　129
アホ・ブランコ　199

甘酢　377
甘酢あん　274
アマトリチャーナ　74
甘煮　360
編み笠ゆず　396
編捨籠　304
飴炊き　360
アメリケーヌソース　168
アヤム・ゴレン　462
アヤム・ブンブ・バリ　463
アヤム・リチャ・リチャ　461
鮎焼き　409
洗い　323, 377
あらだし　345
粗熱を取る　309
あられ揚げ　357
あられ切り　311
あられそば　336
あら炊き　360
あら鍋　371
アリカンテ　234
アリュメット　130
アーリョ・エ・オーリオ　74
アル・ヘレス　216
アルザス　225
二湯（アルタン）　250
アルティショー　132
アルデンテ　66
アルボンディガス　205
アル・ソーセージ　189
アロス・アル・カヴァ　211
アロス・コン・レチェ　208
アロマティコ　66
粟漬け　397
アワビ茸　110
淡雪羹　411

あんかけ粥　343
鮫皮　425
あん肝　214
アングレーズソース　183
アンコウ　419
あんこう鍋　372
アンコウのソース煮　205
アンチョビバター　170
アンディーヴ　132
アンドゥイエット　190
あん餅雑煮　399

い

飯蒸し　367
イエマ・デ・サンタ・テレサ　208
イエメッキ　449
塩水（イェンシュイ）　245
腌菜（イェンツァイ）　279
塩爆（イェンバオ）　253
イカ串　351
イカ墨　75
イカそうめん　326
イカの墨煮　205
イカン・バカール　461
イカン・バワ　460
石狩鍋　372
石衣　413
石焼き　352
イシュケンベ・チョルバス　453
いしる鍋　372
飯ずし　329
イスパタ　427
イズミル・キョフテ　452
出雲雑煮　399
伊勢芋　415

磯鍋　372
磯焼き　352
板ずり　309
いたどり　415
炒め煮　361
イタリアンパセリ　116
いちじくずし　329
市松ずし　329
一松鍋　372
一夜漬け　387
銀杏切り　311
イディアサバル　216
いとこ煮　361
糸造り　323
田舎煮　361
田舎風オムレツ　94
イナゴ豆　213
いなりずし　329
イノシシ　185
いぶりがっこ　387
イマム・バユルドゥ　452
芋粥　343
芋柄　423
芋煮　372
芋羊羹　411
イラブー料理　361
入子　304
いり卵　385
煎り煮　361
イルミック・ヘルヴァス　455
イワシ入り　75
岩茸　415
イワナ　419
インジル・タトゥルス　455
銀絲糯米糍（インスーヌオミイツー）　287
インパナート　66

インヴォルティーニ　66
印籠焼きずし　329

う

ういきょう　110
ういろう　408
煨（ウェイ）　265
魚ぞうめん　382
魚めん　338
浮き粉　423
浮島　408
鶯餅　412
ウサギ　132, 185
鰻ざく　379
潮汁　346
宇治仕立て　346
牛と鶏のブイヨン　138
無錫排骨（ウーシーパイグウ）　268
五香粉（ウーシャンフェン）　297
ウズガラ　449
ウスタ　449
薄焼き卵　386
ウズラ　185
ウスラック・ブルゲル　454
打ち込み汁　349
打ち物　413
ウテンシーレ・ペル・ケスチーノ・ディ・パターテ　64
うどんすき　372
ウナギ　187
ウナギの稚魚　214
大煮（ウーニー）　346
ウニ焼き　355
うねり串　351
うの花和え　379

うの花漬け　387
ウフ・ア・ラ・ネージュ　181
う巻き卵　386
梅醤　428
梅干し　387
梅干し茶漬け　342
梅椀　347
裏漉し　309
五柳魚（ウーリュウユイ）　275
うるか　425
鱗引　304
宇和島の雑煮　399

え

エカイエ　129
エギュイユ・ア・ピケ　125
エギュイユ・ア・ブリデ　125
エクメッキ　454
エクルヴィス　187
エクルヴィスバター　170
エスカベッシュ　174
エスカリバーダ　201
エスカルゴ　187
エスカルゴバター　170
エスカロップ　130
エスケイシャーダ　201
エストラゴン　192
エスプーマ［調理器具］　198
エスプーマ［調理方法］　211
エテュヴェ　129
エトゥリ　449
江戸雑煮　399
エピ　188
エビしんじょ　367
エビの串打ち　352

えび芋　415
えび松風の扇面　397
エプリュシューズ　127
エプリュシュール　122
烏帽子切り　311
エマンセ　130
エルブ・ド・プロヴァンス　192

お

オイル差し　63
扇串　352
黄飯　339
大阪ずし　330
大村ずし　330
尾頭つき　317
御狩場焼き　353
翁造り　323
沖なます　323
沖縄そば　335
お切込　335
おご海苔　425
折敷　403
押し切り　312
押しずし　330
オジャ・ポトリーダ　205
小吸い物　401
オゼイユ　184
オゼイユソース　168
オタオタ　466
小田巻き蒸し　367
落ちアユ　419
おでん　372
落とし蓋　304, 309
オニオンスープ　140
オニオンソース　167

鬼殻焼き　353
おはぎ　406
大原女造り　323
オベハ・アル・ロメロ　216
オペラ　179
オボ・ラクト・ベジタリアン　476
オポール・ダギン　463
おぼろ昆布　425
オマール海老　133, 187
おみ漬け　388
オムレツ　171
オムレット　179
主菓子　401
重湯　343
親子丼　341
オランデーズ系　165
オランデーズソース　169
オリーブオイル　117
オリーブ煮　153
オリーブの実　110
オレガノ　116
オレッキエッテ　69
オレンジの花水　116
おろし煮　361
温泉卵　386

か

皆具　403
開口笑（カイコウシャオ）　287
海藻入りソース　218
海藻蒸し　164
海藤花　425
開陽（カイヤン）　245
芥藍（カイラン）　291
開炉　403

カエル　187
餃子（ガオズ）　280
高湯（ガオタン）　250
烤羊肉（カオヤンロウ）　258
高麗炸（ガオリィヅァ）　262
加賀太きゅうり　415
鏡餅　406
カキ　133
カキ・リマ　460
かき揚げ　357
柿の葉ずし　330
カキの味噌焼き　354
牡蠣飯　339
角煮　362
覚也和え　379
重ね蒸し　367
飾り切り　312
カジカ　420
カシュルート　474
柏餅　407
粕汁　349
粕漬け　388
ガストロバック　198
かずのこ　395
カスノワ　125
ガスパチョ　199
カスロール　123
カスロール・ポム・アンナ　123
風干し　309, 397
カターイフ　446
型入れ卵　171
カチョカヴァッロ　114
かちんそば　336
かつおだし　345
かつおと昆布のだし　345
かっけ　373

カッサータ	108	かやくごはん	339
カッセルオーラ	66	かやの油	428
カッチャトーラ	91	から揚げ	357
カツ丼	341	から煎り	309
カッペッラッチ	72	からし醤油	379
桂むき	315	からし酢味噌	379
カドゥン・ブドゥ・キョフテシ	451	からし漬け	388
ガトー・シャンボール	179	からしれんこん	357
ガドガド	463	からすみ	425
角造り	323	辛煮	362
金沢の雑煮	399	カラメッラート	66
カナッペ	174	カリオ・アヤム	463
カナリア諸島	235	かりかり梅	388
カニの卵スープ	251	カリョス	206
カニのビスク	141	ガルガネッリ	69
鹿の子	413	かるかん	413
カバ	233	カルソッツ	202
蒲焼き	353	カルダモン	193
カフタ	443	カルツォーネ	80
カヴァティエッディ	69	カルド・ガジェゴ	206
ガヴィ	230	カルトッチョ	66
兜蒸し	367	カルパッチョ	101
兜焼き	353	カルヴァドス	194
かぶらずし	388	カルボナーラ	75
蕪骨	425	川カマス	187
蕪蒸し	368	皮引き	317
カブラレス	216	乾焼（ガンシャオ）	265
ガプロン	191	干焼明蝦（ガンシャオミンシァ）	268
カペッリーニ	69	干筍（ガンスン）	293
かぼちゃのニョッキ	82	乾草と青草［パスタ料理］	78
カポナータ	100	乾燥トマト	117
紙包み焼き	92	干煎魚（ガンチェンユイ）	258
雷豆腐	355	干炒（ガンチャオ）	253
カメノテ	214	乾炸（ガンヅァ）	262
鴨鍋	373	甘草（カンツァオ）	298
鴨南蛮	337	カンディート	66

かん

カンティーナ　229
広東料理の系統　239
燗鍋　403
カンネッローニ　73
カンノリ　105
観音開き　317
甘露煮　362

き

生あげ　309
喜佐古　420
キジ　186
雉子焼き　353
ぎせい豆腐　356
菊花じめ　326
菊花蒸し　368
亀甲切り　315
キッシュ　174
吉四六漬け　388
きつねうどん　335
キッビー　443
きのこクリーム和え　76
木の芽酢　378
木の芽味噌　379
木の芽焼き　353
黄味錦玉羹　411
黄味時雨　409
肝吸い　347
逆造り　323
キャシュク　437
キャシュク・バーデンジャーン　440
キャッサバ　466
ギャヴルダー・サラタス　453
伽羅煮　362
キャンティー　231

キャンドルナッツ　466
キュイエール・ア・レギューム　126
キュイズール・ア・ヴァプール　127
牛肉のシェリー煮　206
牛乳煮　99
求肥　412
きゅうりとヨーグルト　103
キュネフェ　456
キューブ　130
胸腺　186
京雑煮　399
ギョズレメ　454
魚田　356
キョフテ　450
切りすて　323
切溜　304
きりたんぽ鍋　373
銀皮造り　323
錦玉　411
錦玉羹　411
金婚漬け　388
金山寺味噌　428
錦糸吸い　347
吟醸酒　430
銀簾　304
金鍔　410
きんとん　382

く

桂花蒓菜羹（グイホアチュズツァイゴン）　288
桂花豆腐（グイホアドウフ）　256
クイマル　450
空也蒸し　368
貴妃海参（グェイフェイハイシェン）　268

クエ・プトゥ　465
クエ・ブンドゥ　465
クエ・ラピス　465
鍋子（グォズ）　242
鍋巴（グォバァ）　275
クークーイェ・サブジー　439
草餅　407
くさや　425
クシェ　129
櫛形切り　315
くじらの尾身　418
葛きり　413
葛粉　423
葛桜　409
葛寄せ　383
具足煮　362
口切り　403
くちなし　427
クトー・ア・カヌレ　122
クトー・ア・ジャンボン　122
クトー・ア・デゾセ　122
クトー・ア・フィレ・ド・ソール　122
クトー・ア・ユイトル　122
クトー・ア・レギューム　122
グドゥ　460
クトゥパ　466
クトー・シ　122
クトー・ド・キュイジーヌ　122
クトー・ド・フィス　122
クトー・ド・ブーシェ　123
クトー・トランシュラール　123
クナーフィ　446
クネル　190
クパラ・イカン　463
クプレ　123
クマージュ　446

クミン　193
クムピル　450
グラタン［調理方法］　144
グラタン［料理名］　149
クラッシコ　230
グラッセ［調理用語］　129
グラッセ［料理名］　176
グラッファ　105
グラン・マルニエ　194
グラン・レゼルバ　233
クリアンサ　233
グリエ［調理方法］　144
グリエ［調理用語］　129
グリエ［料理名］　149
栗きんとん　396
栗ごはん　339
栗渋皮煮　362
栗汁粉　414
グリッシーニ　112
栗のスープ　141
栗まんじゅう　410
栗蒸し羊羹　409
グリヤード　123
クリュ　230
グリル［調理器具］　127
グリル［料理名］　93
グリーンピースあん　275
グリーンピースの生クリーム和え　104
クルトン　176
クルプック　466
くるみソース和え　76
クレープ　136
クレープ・シュゼット　179
クレマ・カタラーナ　208
クレーマ・コッタ　108
クレーム・オー・ブール　137

クレーム・シャンティー　137
クレーム・パティシエール　137
クレーム・ランヴェルセ　137
黒キャベツ　458
クロスタ　66
クロテッド・クリーム　458
黒マグロ　420
黒みつ豆　414
黒目豆　437
黒目豆の煮込み　440
クロワッサン　188
刮（グワ）　248
鍬焼き　354
広東白菜（グワンドンバイツァイ）　291
軍艦巻き　330

け

鶏卵素麺　414
ケーキ型ピッツァ　80
ケソ・デ・ラ・セレナ　216
下駄造り　324
ケチャップ・マニス　466
ケッパー　117
ケナリ　466
粥の汁　400
けば照り　362
ケバブ［調理用語］　449
ケバブ［料理名］　450
ケマル・パシャ・タトゥルス　456
原酒　430
けんちん揚げ　358
けんちん汁　347
けんちん蒸し　368
げんべら　304

こ

こいこく　349
鯉の洗い　326
扣三絲（コウサンスー）　251
仔牛背ロース肉の処理　132
香草焼き　91, 93
扣蒸（コウヂェン）　271
香物　401
香梅煮　362
紅白なます　395
甲羅揚げ　358
甲羅蒸し　368
凍りこんにゃく　424
宮保鶏丁（ゴオンバオヂイディン）　256
コカ　211
五角切り　315
黄金煮　362
黄金焼き　356
小きゅうり　213
小口切り　315
コクテル　174
黒糖漬け　389
ココット［オードヴル］　174
ココット［調理器具］　123
ココット［料理名］　172
コーシェル　474
古酒　430
五色揚げ　358
呉汁　349
コストレッタ　91
コセチャ　233
こそげ取る　309
骨煎餅　358
ごった煮　363
コット　66

塾し　412
コノコ　426
コノシロ　420
木の葉造り　324
木の葉丼　341
コノワタ　426
小柱　420
コピ・バリ　467
粉節和え　379
コブミカンの葉　467
ゴーフル　136
ゴーフレット　131
ごまあん　275
五枚おろし　317
小間板　305
ごま醬油　379
ごま酢　378
ごま豆腐　383
ごまよごし　379
米のサラダ　201
米のトルタ（タルト）　105
米の蜂蜜煮　212
コーラパスタ　63
コリアンダー　116
ゴルゴンゾーラ　114
ゴルゴンゾーラ和え　76
コルス（コルシカ島）　225
コルテッロ・ペル・フォルマッジョ　64
コルテッロ・ペル・フォルマッジョ・グラーナ　64
コルボレイ　451
ゴルメサブジィ　440
羹（ゴン）　250
コンカッセ　129
コンキーリェ　69

空心菜（コンシンツァイ）　291
コンソメ　87
コンテ　191
コンデ　182
コンディート　66
コンビネ・ユニヴェルセル　127
コンフィ［菓子］　182
コンフィ［食材］　190
昆布じめ　324
昆布鍋　373
昆布巻き　397
コンポート　182

さ

ザアタル　447
塞（サイ）　245
西京漬け　389
西京味噌　428
さいの目切り　315
糟焼（ザオシャオ）　265
糟蛋（ザオダン）　293
糟蒸（ザオヂェン）　271
糟溜（ザオリュウ）　274
酒煎り　377
酒蒸し　309, 368
桜漬け　389
桜蒸し　368
桜飯　339
桜餅　407
ザクロペースト　437
さけ雑煮　400
三五八漬け　389
笹搔　315
さざなみ造り　324
笹巻きずし　330

簓	242, 305		沢煮椀	347
雑節	426		サワラ	187
薩摩汁	350		山海漬け	389
薩摩雑煮	400		三角べら	305
薩摩漬け	389		サングリア	209
サテ	460		残月	410
サテ・アヤム	461		残酷焼き	353
砂糖漬け	389		サンジェ	129
ザバイオーネ	109		山椒焼き	353
サバイヨンソース	183		三色そうめん	338
サヴァラン	179		三絲涼扣麺	
サフラン	193, 217		（サンスーリャンコウメェン）	286
サフランとパンのスープ	200		サンタ・ルチア	105
サフラン入り［パスタ料理］	76		サンタン	467
サヴォア	226		サント・モール	191
サーモミックス	198		サントオノレ	105
サユル・ロデ	464		三杯酢	378
さらしくじら	426		サンバル	467
さらしな	424		サンブーサク	443
サーラーデ・オリヴィエ	441		三平汁	347
サラマンドル	127		ザンポーネ	113
サラミ	113		三枚おろし	317
サラムリーフ	467		サンマずし	330
皿焼き卵	172			
サランゴーリョ	201			

し

サルサ	88		少子炒全福	
サルシフィ	184		（シァオズチャオチュアンフゥ）	256
サルスエラ	206		椒麻（ジァオマァ）	298
サルティンボッカ	91		蝦醤（シァジァン）	298
サルト	66		蝦子（シァズ）	294
サルトゥー	84		家常・家郷	
サルピコン	201		（ジァチャン・ジァシャン）	245
サルモレッホ	200		蝦餅（シァビン）	294
ザレッティ	105		象眼（シァンイェン）	247
サーレップ粉	458		鮮竹巻（シァンヅゥジュアン）	280
沢煮	363			

醤爆（ジャンバオ）	253	シマアジ	421
鮮黄魚翅（シァンホァンユイチィ）	276	地豆豆腐	383
鮮溜（シァンリュウ）	274	シミット	454
強肴	402	霜降り	310
芝麻醤（ジイマァジァン）	298	霜降り造り	324
ジェノヴァ風ペースト和え	76	削（シャオ）	248
シェフリイエ・ピラウ	452	餃子（ジャオズ）	280
シェーヴル	191	茭白（ジャオバイ）	291
シェリー酒	194	焼餅（シャオビン）	282
シェルベティ	457	焼売（シャオマイ）	282
鹹蛋（シェンダン）	294	焼麺（シャオメェン）	286
鹹菜（シェンツァイ）	279	じゃが芋のコロッケ	94
塩釜	413	じゃが芋のニョッキ	82
塩釜焼き	354	じゃが芋料理	176
塩辛	389	砂鍋（シャグォ）	242
塩漬け	390	シャクシュカ	443
塩漬けラード	113	沙茶醤（シャチャアジァン）	299
塩抜き	309	ジャックフルーツ	468
塩ぶり雑煮	400	ジャッダラー	444
塩焼き	353	シャトー	131, 221
シカ	186	じゃばら造り	324
直炊き	363	斜片（シャピェン）	247
色紙切り	315	しゃぶしゃぶ	373
時雨煮	363	シャルバート	446
四川料理の系統	239	シャロット	468
しそ巻き梅干し	390	上湯（シャンタン）	250
舌平目	133	醤汁（ジャンヂィ）	274
下ゆで	245	香蕉魚巻	
シチリア風	77	（シャンヂャオユイジュアン）	264
七輪	305	山蜇（シャンヅァ）	294
卓袱鍋	373	香菜（シャンツァイ）	291
シノワ	126	シャンパーニュ	225
しば漬け	390	上海料理の系統	238
芝煮	363	シャンパン煮	153
四半切り	315	シャンピニオン［食材］	184
治部煮	363	シャンピニオン［パン］	188

しゃ

ジャンボネット	190
火局（ジュ）	266
抓炒（ジュアチャオ）	253
シュー・ア・ラ・クレーム	179
巻（ジュアン）[調理用語]	245
巻（ジュアン）[包丁さばき]	248
水中華（シュイヂョンホア）	288
雪菜（シュエツァイ）	279
雪花（シュエホア）	245
シュークルート	154
焼餅（シューベン）	282
焼売（シューマイ）	282
焼麺（シューミィン）	286
シュトゥラチ	456
シュヴー	131
ジュラ	226
ジュリエンヌ	131
ジュリエンヌ・フィヌ	131
シュワルマ	444
燻（シュン）	245
純米醸造酒	430
粥（ジョウ）	283
しょうが酢	378
松花堂	403
しょうが焼き	355
定規切り	317
じょうご	305
聖護院大根	416
精進揚げ	358
精進だし	345
寿桃（ショウタオ）	288
小玉ねぎと栗の煮込み	104
上南羹	411
醤油あん	275
上用羹	411
薯蕷まんじゅう	409
薯蕷蒸し	368
松露	416
しょっつる	428
しょっつる鍋	373
初風炉	403
ショーレ・ザルドゥ	442
生炒（ションチャオ）	253
白和え	380
白粥	343
白煮	363
汁	402
白あん	275
白板昆布	426
白イチジク	458
白いバターソース	168
白いんげん	110, 416
白酒	430
白醤油	428
白身魚のカタルーニャ風	202
白蒸し	339
錦繍拼盤（ジンシウピンパン）	268
信州蒸し	369
鮮竹巻（シンジュツグゥイン）	280
金針菜（ジンチェンツァイ）	294
新引き粉	424
金華麒麟紅斑（ジンホアクィリンホンバン）	272
杏仁（シンレン）	298
杏仁豆腐（シンレンドウフ）	288

す

絲（スー）	247
素揚げ	358
寿甘	407
酸菜扣肉（スァンツァイコウロウ）	272

蒜泥白肉片
　　（スァンニイバイロウピェン）　278
酸辣（スァンラァ）　245
酸辣湯（スァンラァタン）　251
蒜茸椒塩爆龍蝦（スァンロンジァオイェン
　　バオロンシァ）　256
蒜茸蒸龍蝦仔（スァンルォンヂェンロンシァ
　　ズ）　272
水前寺海苔　426
水団汁　350
水嚢　305
砕米（スィミイ）　245
素湯（スゥタン）　249
素湯（スゥタン）　250
四川棒棒鶏
　　（スゥチョアンバンバンヂィ）　278
酥炸（スゥヴァ）　262
素条麺（スゥティヤオメェン）　287
素火腿（スゥフオトェイ）　272
素燴（スゥホェイ）　274
灼（ズオ）　245
酢貝　326
姿ずし　330
姿煮　268
姿蒸し　272
スカモルツァ　114
スカンピ　112
すが立つ　310
スキアッチャパターテ　64
杉箸　403
すき焼き　373
すぐき漬け　390
スケトウダラ　214
スコッターレ　66
ズコット　106
酢ごぼう　380

すじ　426
すじ切り　310
鮨の切り方　315
酢じめ　310
スジャック　449
酢醤油煮　363
雀　418
雀ずし　330
ズッパ・イングレーゼ　106
ズッパ・ディ・ペッシェ　99
スッポン煮　363
ステーキ　91
ストゥッフォリ　106
ストリクト・ベジタリアン　476
ストロッツァプレティ　69
スナックマスター　198
スパゲッティ　70
スパゲッティーニ　70
スパッカテッラ　70
スパテュール・スープル　126
スーパー・トスカーナ　230
スピエディーノ　66
スフェリカス　212
スープ・オー・ピストゥー　141
スプマンテ　230
スフレ　174
スペッツァティーノ　67
スペリオーレ　230
スーペリュール　221
スマック　458
酢味噌　379
墨煮　160
スモークパプリカ　217
スュド・ウエスト　226
ズラービーイ　446
すり流し汁　350

すり身の作り方　382
酢れんこん　380
スンピン　465

ソテー　102, 129, 145, 150
ソト・アヤム　464
ソトゥーズ　123, 128
ソト・クドゥ　464
ソト・ブタウイ　464
ソトワール　124

せ

聖ジョヴァンニ風　77
赤飯　339
セージ　116
セジール　129
ゼスタ　198
雪平　412
背開き　317
セープ　184
セブゼ　449
セミ・ベジタリアン　476
セミフレッド　109
セルクル　126
セルヴラ　190
せん切り　316
船場汁　347
千枚漬け　390
千六本　316

蕎麦米汁　347
そばずし　337
ソパ・デ・アホ　200
そば蒸し　337
そぼろごはん　339
そぼろ蒸し　369
ソモンターノ　234
そら豆のサラダ　445
ソルベ　181
鬆（ソン）　247
粽子（ゾンジー）　285
松仁（ソンレン）　298

た

大蒜猪蹄（ダァスァンヂゥテイ）　268
大蒜鰻魚（ダァスァンマンユイ）　269
ダイエタリー・ビーガン　476
鯛ごはん　340
大根　292
帯絲炖鶏湯
　（ダイスートゥンヂィタン）　252
太太（タイタイ）　245
橙　416
タイ茶漬け　342
大徳寺納豆　424
鯛の串打ち　352
大福餅　407
大名おろし　317
鯛めん　338

そ

ソアーヴェ　231
そうだ節のだし　345
そぎ切り　316
そぎ造り　324
ソシス・ソロ　468
ソシソン　190
粥（ゾッ）　283
ソッタチェート　67
ソット・サーレ　67
ソッフリット　96

平貝	421	卵の焼き方	259
タウック・ギョウス	456	玉杓子	242
タウラージ	231	玉吸い	348
高砂和え	380	だまっこ鍋	374
高菜漬け	390	溜り醬油	428
たくあん漬け	390	タマリンド	468
たけのこ芋	416	タラコ茶漬け	342
たけのこごはん	340	たらの芽	416
竹の葉巻き	331	タリア・アッロスト	64
タコのガリシア風	201	タリア・ポレンタ	63
だし巻き卵	386	ターリャ・パスタ	63
たたきごぼう	397	タルタ・デ・サンティアゴ	209
たたき造り	325	タルト	179
たたみいわし	426	タルトゥファート	67
ターチン・モルグ	439	ダルル	189
搾菜（ターツァイ）	292	タレッジオ	114
龍田揚げ	358	糖藕（タンオー）	288
たづなずし	331	短冊切り	316
たで	416	担担麺（ダンダンメェン）	287
立て塩	310, 377	湯浸（タンヂン）	246
たで酢	378	糖醋（タンツウ）	274
だて巻き	396	糖醋肉（タンツウロウ）	276
他人丼	341	丹波蒸し	369
たぬき汁	348		
たぬきそば	337		

ち

タヴァ	449	鮓海椒（ヂァハイジァオ）	299
タバティエール	188	腸粉（チャンフェン）	282
タヒニ	447	剞（ヂィ）	248
タヒニソース	447	指耳湯麺（ヂイアルタンメェン）	287
タブレ	445	鶏湯（ヂィタン）	250
タペ・シンコン	465	鶏蛋糕（ヂィダンガオ）	288
卵入りパスタ	70	鶏片蚕豆（ヂィピェンツァンドウ）	269
卵茸	184	鶏油（ヂィヨウ）	299
卵酒	386	鶏粒芋角（ヂィリーユイジァオ）	282
卵豆腐	369	鶏茸魚翅（ヂィロォンユイチィ）	256
卵とじ	364		

ちう

球（チゥ）　247
九転肥腸
　　（ヂゥジョアンフェイチャン）　269
酒粮荷包蛋
　　（ヂゥリャンフゥバオダン）　269
切（チエ）　248
茄汁（チエヂィ）　274
腸粉（チョンファン）　282
チェリソ　215
チェリモヤ　213
千層（チェンツェン）　246
陳皮（チェンピィ）　298
蒸籠（ヂェンロン）　242
地紙切り　315
筑前煮　364
血抜き　310
チノ　198
紙包鶏絲（ヂーバオヂィスー）　264
ちまき［菓子］　407
粽［蒸し料理］　369
チャイ　457
敲（チャオ）　248
撹（チャオ）　248
炒飯（チャオファン）　284
焦溜（ヂャオリュウ）　274
抄手（チャオショウ）　282
茶粥　343
茶巾ずし　331
着色料　428
茶事　403
叉焼（チャーシャオ）　259
搾菜（チャーツァイ）　279
茶通　410
チャプ・チャイ　460
チャベ　460
茶飯　340

茶碗蒸し　369
ちゃんこ鍋　374
中花　410
中国ハム　293
チュレーラ　198
チュロス　209
春巻（チュンジュアン）　282
川（チョアン）　250
チョコレート・トリュフ　182
チョバン・サラタス　453
チョルバ　449
チョレキ　454
ちょろぎ　416
ちらしずし　331
ちり鍋　374
ちり蒸し　369
チリンドロン　206
青梗菜（チングンツァイ）　292
清香（チンシャン）　246
清湯（チンタン）　250
清蒸（チンヂェン）　271
清炒（チンチャオ）　253
清炸（チンヅァ）　262
芹菜（チンツァイ）　291
青豆蝦仁（チンドウシャレン）　256
清燴（チンホェイ）　274

つ

菜心（ツァイシン）　292
菜刀（ツァイダオ）　243
菜墩子（ツァイトウンズ）　243
菜内湯圓（ツァイルウタンユアン）　282
草果（ツァオグォ）　298
炒飯（ツァオファン）　284
炸芝麻蝦（ヅァジイマシァ）　264

炸鏈(ヅァリェン)　243
炸溜(ヅァリュウ)　274
斬(ツァン)　248
醉蟹(ツイシエ)　279
ツィーテ　70
竹蓀(ヅゥスン)　294
醋溜(ツウリュウ)　274
脆炸(ツェイヅァ)　262
脆皮炸子鶏(ツェイピィヅァズヂィ)　259
ツェッポレ　106
春巻(ツォングゥイン)　282
葱焼(ツォンシャオ)　266
葱焼蛋餃(ツォンシャオダンジャオ)　269
粽子(ツォンズ)　285
葱爆(ツォンバオ)　254
月見団子　407
佃煮　364
突羽根　417
ツグミ　186
造り板　305
付包丁　305
つけ焼き　354
筒切り　318
筒煮　364
包み煮　160
包み焼き　145, 150, 355
椿ずし　331
ツバメの巣　294
ツベッティ　70
つぼ漬け　391
つぼ焼き　355
つま桶　306
つま折り串　352
つみれ　382
つみれ汁　350
つみれ鍋　374

吊るし切り　318

て

デ　131
条(ティアオ)　247
ディアヴォーロ　67
ティエッダ　85
甜醤油(ティエンジャンヨウ)　299
甜麺醤(ティエンミェンジャン)　299
蹄筋(テイジン)　294
ディゾッサ・オッサ　64
ディブス・ルンマーン　447
ディヤーブルソース　167
ティラミス　109
丁(ディン)　247
丁香(ディンシャン)　298
ティント　233
デカンテ　129
デグラッセ　129
デグレッセ　129
手こねずし　331
デゴルジェ　129
デゾッセ　129
鉄火味噌　429
鉄砲漬け　391
鉄砲なます　380
テティージャ　216
手羽先のにんにく炒め　202
手開き　318
手鞠ずし　331
デュウン・チョルバス　454
デューラム小麦　110
テリーヌ　146
テリーヌ型　126
照りごまめ　395

照り煮　364
照り焼き　354
テルミドール　151
テロール・バラド　462
田楽　356
天上昆布　426
天茶　342
天丼　341
天ぷら　358
テンペ　468
伝法焼き　355
天盛り　310

と

砥石　306
トゥアック　468
東海寺和え　380
当座煮　364
東寺揚げ　359
豆沙麻球（ドウシャマァチゥ）　289
唐人菜漬け　391
豆豉（ドウチ）　299
豆豉あん（ドウチあん）　275
豆豉蒸扇貝（ドウチヂェンシャンベイ）　273
冬虫夏草　294
豆瓣醬（ドウバンジャン）　299
豆瓣辣醬（ドウバンラァジャン）　299
豆腐干（ドウフガン）　295
とうふよう　424
豆苗（ドウミャオ）　292
道明寺揚げ　359
道明寺粉　424
道明寺蒸し　369
トゥレ　129

トゥロン　209
燉（ドゥン）　266
土佐酢　378
土佐煮　364
トシーノ　215
ドジョウ　421
ドジョウ汁　350
徳利蒸し　370
土手鍋　374
ドドール　465
ドネル・スタンド　449
土瓶蒸し　370
トマトソース　167
トマトソース和え　77
トマトソース系　165
ドミグラスソース　167
ドメーヌ　221
巴ずし　332
ドライレモン　437
どらさじ　306
トラシ　468
ドラート　67
トラフグ　421
どら焼き　410
トランシュール　128
トランペット・デ・モール　184
ドリアン　469
鶏肉のアーモンドソース煮　206
鶏肉のオレンジソースがけ　203
鶏の一枚開き　132
鳥の子餅　407
鶏の骨のだし　345
トリハス　209
トリュフ　184
鶏わさ　326
トリンチャポッロ　64

トルココーヒー	457	鍋焼きうどん	335
トルコワイン	457	ナポレターノ	77
トルタ	106	ナマコ	421
トルティージャ	203	なまこ餅	407
トルテッローニ	73	なます	326, 380
ドルマ	449, 452	生ハム	113
ドレッセ	130	生ハムとメロン	102
トレヴィス	110	生利節	427
トロ	235	波形包丁	306
とろ火	310	並時雨	409
とろろ汁	350	なめ味噌	429
段(ドワン)	247	奈良漬け	391
凍(ドン)	246	鳴門造り	325
団亀汁	350	鳴戸わかめ	427
冬菜(ドンツァイ)	279	南禅寺蒸し	370
ドンドルマ	456	ナンテュア風ソース	169
東坡肉(ドンポウロウ)	269	南蛮漬け	359
		南蛮焼き	356

な

奶湯(ナイタン)	250
奶油(ナイヨウ)	274
奶油青瓜(ナイヨウチングワ)	276
名残	403
ナシ	461
ナシ・ゴレン	462
ナシ・チャンプル	461
納豆汁	350
納豆漬け	391
ナツメヤシ	213
七草粥	343
斜め切り	316
菜の花和え	77
ナバーラ	234
鍋返し	310
鍋肌	310

に

粘糖(ニャンタン)	246
牛奶豆腐(ニゥナイドウフ)	289
牛腩飯(ニゥナンファン)	285
煮えばな	310
苦汁	428
にぎりずし	332
煮切る	310
煮こごり	384
煮込み	96, 99
錦卵	396
煮しめ	364
煮しめ卵	386
ニシン漬け	391
煮つけ	364
二杯酢	378

には

二八蕎麦　337
煮浸し　365
煮含める　311
煮干しだし　345
二枚おろし　318
煮豆　365
煮麺　338
にんにく絞り　65

ぬ

ヌイユ　134
糯米員子（ヌォミイユアンズ）　282
ぬか漬け　391
抜板　306
沼田　380
布目包丁　316

ね

葱鮪鍋　375
ネゴシアン　221
ねずの実　193
根セロリ　132, 185
練切　412
練り羊羹　411

の

脳みそ　186
野沢菜漬け　392
のし板　243
のし串　352
のっぺい汁　348
野蒜　417
ノルマーレ　112

ノンベジ　472

は

八角（バァジャオ）　298
抜絲（バァスー）　246
抜絲山薬（バァスーシャンヤオ）　289
八宝飯（バァパオファン）　289
排（パイ）　248
拍（パイ）　248
百頁（パイイエ）　295
海鮮醤（ハイシャンジァン）　299
白焼（パイシャオ）　266
白湯（パイタン）　250
白汁（パイヂィ）　274
白菜蝦米湯（パイツァイシァミイタン）　252
梅肉和え　381
梅肉酢　378
白燴（パイホェイ）　274
海馬（ハイマァ）　295
灰焼き　147
バイヨンヌ・ハム　190
パイロットフィッシュ　188
刃打ち　316
パエリア　212
パエリア鍋　199
包蛋（バオダン）　276
鮑翅冬瓜盅（バオチィドングワヂョン）　273
泡菜（バオツァイ）　279
鮑魚蚕豆（バオユイツァンドウ）　276
博多雑煮　400
バカル　460
萩しんじょ　370
莫大海　295

バクラヴァ	456	パッサツット	64
バゲット	188	八寸	402
パコジェット	199	八丁味噌	429
箱ずし	333	パテ	136
馬刺し	326	鳩	186
バシーヌ・ア・フリテュール	124	バトゥ・ドリアン	465
馬車に乗ったモッツァレッラ	94	パトゥルジャン・サラタス	453
ハシュハシュ	458	パート・シュクレ／サブレ	135
ハシュラマ	449	パート・フイユテ	135
ヴァシュラン	191	パート・ブリゼ	135
柱蒸し	370	花咲きガニ	422
バジリコ	116	パナジェッツ	210
バスク	234	花ズッキーニの衣揚げ	95
パスタ	449	はなびら餅	408
パスタ・アル・フォルノ	78	ヴァニラ（ヴァニーユ）	192
パスタサーヴァー	63	パネ	130
パスタトング	63	はね切り	318
パスタ鍋	63	パネットーネ	107
パスタ・ヴェルデ	70	バノン	191
パスタ・マシーン	63	ババ	180
パスタ・ラーザ	90	パパイア漬け	392
パスティーナ	70	ババ・ガヌーシュ	445
バストーネ・ディ・ポレンタ	64	パパラホーテ	210
バスマティライス	438	バヴァロワ	181
パータ・クレープ	134	パフェ	181
パータ・サヴァラン	134	羽二重漉し	306
パータ・ジェノワーズ	134	羽二重餅	408
パータ・シュー	134	ヴァプール	164
パータ・フリール	134	ヴァポーレ	66
パータ・ブリオシュ	135	はまぐりの吸い物	348
バタール	188	浜納豆	424
パタタス・アリオリ	202	浜焼き	354
パダン	461	バーミエ	442
蜂蜜	218	ハムシ・クシュ	451
初釜	403	ハモ	422
パッサート	67	はも皮丼	341

はも

ハモちり　326
ハモの串打ち　352
ハモン・イベリコ　215
ハモン・セラーノ　215
はやとうり　417
ばらずし　333
腹開き　318
ハラーム　433
ハラール　432
ハラール認証　436, 471
針切り　316
パリジャン　188
パリソワスープ　142
はりはり鍋　375
パリ・ブレスト　180
バルサミコ酢　118
バルックル　450
バルデオン　216
ハルヴァ　446
バルパルマック　458
バルバレスコ　230
パルフュメ　130
ヴァルペッリーネ風スープ　90
ヴァルポリチェッラ　231
パルミエ　180
パルミジャーノ　114
春野菜のポタージュ　142
パレ　130
バレンシア　234
バローロ　231
パン・オ・ショコラ　188
パン・オ・ノワ　188
パン・オ・ルヴァン　189
パン・オ・レ　189
パン・オ・レザン　189
晩菊漬け　392

半月切り　316
パンス・ア・デノワイヨテ　126
盤台　306
パンダンリーフ　469
パンチェッタ　113
パンツァロッティ　81
パン・ド・カンパーニュ　189
パン・ド・サラザン　189
パンナ・コッタ　109
パンプディング　182

ひ

ピアディーナ　112
ビアロット風スープ　142
批（ピィ）　248
劈（ピィ）　248
皮蛋（ピィダン）　295
片（ピェン）　254
䎬（ピェン）　247
片皮乳猪（ピェンピィルウヂウ）　260
ピオノノ　210
ビーガン　476
引き切り　316
引き造り　325
引筒　306
ピサン・ゴレン　465
ピシ　454
ヴィシソワーズ・グラセ・パリ・ソワール　142
菱餅　408
ひすい揚げ　359
ピスタチオソース　183
ビステッカ　67
氷頭なます　381
日高昆布　427

ひたひた　311
羊の脳みそ入りオムレツ　444
ピッツォッケリ　71
ピデ　455
ビート　111
火床　306
ひと煮立ち　311
一文字　304
一文字切り　317
火どる　311
ヴィネガー　193
ビネグレットソース　169
ビノ　233
日野菜漬け　392
ヴィーノ・ノヴェッロ　229
干葉　424
ビーフン　295
姫貝　427
姫皮の木の芽味噌和え　381
ピメントン　218
ピヤズ　453
冷や麦　338
ビュッシュ・ド・ノエル　180
ピュレ　177
拍子木切り　316
ひよこ豆　213
ひよこ豆のスープ　200
ピラウ　450
平造り　325
飛竜頭　359
碧碌炒鮮鮑片
　　（ビルチャオシャンバオピェン）　257
ピルピル　204
鰭椀　348
ピンチョス・モルノス　203
ピンツィン　112

ピント豆　438

ふ

髪菜（ファーツァイ）　292
ファテ　444
ファバータ　207
ファルシ　151
ファルス　154
ファルチート　67
ファルファッレ　71
方（ファン）　247
フィセル　189
フイユテ　136
ブイヨン　138
フィルテ　130
フェタチーズ　447
フェットッチーネ　71
フェッリ　67
フェネグリーク　438
粉蒸（フェンヂェン）　271
粉蒸紅苔
　　（フェンヂェンホンティアオ）　273
フォカッチャ　81
佛手（フォショウ）　247
火腿韭黄干絲湯（フォトェイジュウホァンガ
　　ンスータン）　252
フォルノ　67
フォワ・グラ　186
フォン　138
フォンティナ　115
フォン・デュ　89
フォン・ド・ジビエ系　165
フォン・ブラン系　165
深川飯　340
フーガス　189

フカヒレ	296	フライピッツァ	81
吹寄おこわ	340	ブラザート	67
吹寄卵	386	ブラザーレ	97
フグ刺し	326	フラスカティー	231
ふくさずし	333	ブラーチェ	67
袱紗卵	386	ブーラマ	450
福神漬け	392	フラメンカエッグ	207
含め煮	365	プラリネソース	183
ブーケ・ガルニ	193	フラン［菓子］	180
フザンデ	130	フラン［料理］	137
ブーシェ	174	ブランコ	233
節おろし	318	ブランシール	130
藤ずし	333	フランチャコルタ	231
フジッリ	71	フランベ	130
フストゥック	458	フランボワーズソース	183
豚肉のシェリー風	203	ブランマンジェ	181
豚の耳	215	ブリー	191
ブーダン	190	振り洗い	311
不断草	111	ブリオッシュ	189
縁高	403	ブリオッシュ型	65
プッタネスカ風	78	プリオラート	234
ブティファーラ	215	振り塩	311
ぶどう汁煮	154	フリット	67
ぶどう豆	395	ブリデ	130
鮒ずし	333	フリテュール	152
舟盛り	327	フリトゥーズ	128
ブニュエロ	204	ブリュノワーズ	131
ブブール・カチャン・ヒジョー	465	フリーリャ	234
ブブール・クタン・ヒッタム	465	フリール	130
ブブール・チャンドル	466	ブール	189
フムス	445	フール・ア・エール・ピュルス	128
フュジ・ド・ブーシュ	126	フール・ア・パティスリー	128
フュメ	139	フール・ア・ミクロオンドゥ	128
プラ・ア・エスカルゴ	124	腐乳（フルウ）	299
プラ・ア・グラタン	124	腐乳あん（フルウあん）	275
プラ・ア・ソテ	124	ブルグール	458

ブルゴーニュ	223	ベシャメル・コロッケ	95
ブルサン	191	ベシャメルソース	169
フルシェット・ア・ロティ	126	ベシャメル系	166
ブルスケッタ	102	ペスクタリアン	476
フルータリアン	476	ペースト	89
ブルーテ系	166	ペッシェーラ	65

ブルネッロ・ディ・モンタルチーノ　231
- フルノー　128
- ブルム　469
- ブレジエール　124
- プレス・ア・フリュイ　126
- プレス・アイユ　126
- ブーレット・ダヴェルヌ　191
- ブロード　87
- プロヴァンサル　192
- プロヴァンス　226
- プロフィットロール　456
- ふろふき　365
- プロヴォローネ　115
- フロマージュ・ブラン　192
- 芙蓉蟹（フーロンシエ）　260
- 葷湯（フンタン）　250
- ブンブ・カチャン　469

- べったら漬け　393
- へっちょこ鍋　375
- ベニェ　152
- 紅しょうが　393
- ペネデス　234
- ベベ・ゴレン　463
- ペペス・イカン　462
- ペペロンチーノ　78
- ペリグーソース　167
- ベルシーソース　167
- ヴェルモット酒　194
- ヘレス　235
- ヴェンデッミーア　229
- ベンデミア　233
- ペンネ　71
- ペンネ・リガーテ　71
- ペンペ　469

へ

- ベアルネーズ系　166
- ペイザンヌ　131
- 北京烤鴨子（ベイジンカオヤズ）　260
- 北京醤蘿蔔（ベイジンジャンルオボ）　278
- ベエンディリ・ケバブ　452
- 北京料理の系統　239
- ペコリーノ・ロマーノ　115
- ベジタブル・コンシューマ　476
- ベジタリアン　476

ほ

- 花（ホア）　247
- 花椒（ボアヂァオ）　298
- 滑炒（ホァチャオ）　254
- 回鍋（ホイグォ）　246
- 回鍋肉片（ホイグォロウピェン）　257
- 剖（ポゥ）　248
- ほうき茸　417
- 棒薫　427
- 棒ずし　333
- 坊主鍋　306

ほう

包丁	306
猴頭菇（ホウトウグー）	292
棒煮	365
防風	417
ポゥヨゥ・ベジタリアン	476
ほうれん草のソテー	104
ほうれん草のニョッキ	82
ほうろく焼き	355
朴葉ずし	334
ボザ	457
干しアワビ	296
ポシェ	130
干しエビ	296
干し貝柱	296
干し草煮	155
干しクラゲ	296
干したけのこ	297
干しナマコ	297
ボスカイオーロ	67
ホースラディッシュ	193
細巻き	334
ポタージュ・クレール	140
ポタージュ・スペシアル	140
ポタージュ・リエ	140
牡丹鍋	375
ぼたんゆり根	395
ポーチドエッグ	172
ホッキ貝	422
ボッタルガ	118
ボッロメオ王子のニョッキ	82
ポテ・ガリェーゴ	207
ボデガ	234
ポ・ト・フー	155, 161
ボネ	108
骨切り	318
ポム（・ド・テール・）ココット	131
ポム（・ド・テール・）ノワゼット	131
ポム（・ド・テール・）パイユ	131
ポム（・ド・テール・）フォンダント	131
ポム（・ド・テール・）ポンヌフ	131
ボラニ・エスフェナージ	441
堀川ごぼう	417
ポルチーニ茸	111
ボルドー	221
ポルト酒	194
ポルペッタ	67
ポルボローネ	210
ボレキ	451
ホレシュ・エスフェナージ・ヴァ・アールー	440
ホレシュ・キャラフス	440
ホレシュ・ゲイメ	441
ホレシュ・フェセンジャーン・ヴァ・モルグ	441
ボローニヤ風	78
ほろほろ漬け	393
ホロホロ鳥	187
ポワソニエール	124
ポワチャ	455
ポワヴルソース	183
ポワラ・グリエ	124
ポワラ・クレープ	125
ポワラ・ポワソン	125
滑溜（ホワリュウ）	274
ポワル	125
ポワレ	147, 152
ポワロー	185
ポワロン・ア・シュクル	125
ポワロン・ア・フォンデュ	125
ヴォンゴレ	75
紅焼（ホンシャオ）	266

紅焼獅子頭（ホンシャオシィズトウ）　270
紅焼黄魚（ホンシャオホァンユイ）　270
本醸造酒　430
ポン酢　378
紅湯（ホンタン）　251
紅棗（ホンヅァオ）　297
紅醋（ホンツウ）　299
紅燴（ホンホェイ）　274
紅油（ホンヨウ）　300

ま

馬耳（マァアル）　248
麻婆豆腐（マァボドウフ）　270
マアムール　446
麻辣（マァラァ）　246
マイアーレ・トンナート　103
毛湯（マオタン）　250
マオン　216
巻きずし　334
マクルーバ　444
真子　422
真砂和え　381
マサパン　210
マジパン　183
マスカルポーネ　115
鱒ずし　334
マスタード　193
マスのナバーラ風　205
マセドワーヌ［菓子］　182
マセドワーヌ［調理用語］　131
マダイのオーブン焼き　203
マチェドニア・フルーツ　109
松浦漬け　393
松風焼き　356
松茸ごはん　340

松茸豆腐　348
マッタレッロ　64
松葉揚げ　359
松前酢　378
松前漬け　393
松前焼き　375
マディラ酒　194
マテ貝　215
マテ貝のピンチョス　204
マトウダイ　422
マドレーヌ　210
マドレーヌ型　199
まな板　307
マーヒチェ　441
まぶし造り　325
マホレロ　216
ママカリ漬け　393
間蒸し　340
豆の煮込み　100
マヨネーズ系　166
マヨネーズスープ　200
マヨネーズソース　169
マリナート　67
マリナーラ　81
マリネ焼き　204
マール　194
マルクーク　446
マルコナ　214
マルサーラ酒　118
マルセイユ風ブイヤベース　142
丸前角向　403
マルミタコ　207
マルミット　125, 128
マルメロ　214
マルメロのゼリー　210
マローソース　168

マーワルド　447
マンチャゴ　216
マントゥ　453
マンドリーヌ　126

み

ミー　461
蜜汁牛尾（ミイヂィニゥウェイ）　270
身欠きにしん　427
ミガス　213
ミー・ゴレン　462
みじん切り　316
みじん粉　424
水貝　327
水炊き　375
水に放す　311
水羊羹　411
晦日そば　337
味噌漬け　393
味噌漬け焼き　356
味噌煮　365
味噌煮込みうどん　335
みぞれ汁　348
みぞれ酢　378
みぞれ羹　411
御手洗団子　414
ミチロネス　207
ミディエ・タワ　451
ミディエ・ドルマス　452
ミネストローネ　90
みの揚げ　359
ミハシー　444
壬生菜　418
壬生菜漬け　393
ミモレット　192

みょうが茸　418
ミル貝　423
ミルフイユ　180

む

むかご　418
麦焦がし　424
むきそば　337
ムグラビーヤ　447
向付　402
蒸しおこわ　340
蒸しずし　334
蒸し鶏　273
蒸し鍋　376
蒸し煮　97, 155
ムース　175, 182
ムツ　423
ムニエル　147, 152
ムニャイオ　67
ムハッラビーヤ　446
ムーラン・ア・レギューム　127
ムルシア・アル・ビノ　217
ムーレット　172

め

梅菜（メイツァイ）　279
目打ち　308
メカジキ　112
飯　402
メゼ　450
芽出しくわい　397
目玉焼き　172
メートルドテルバター　170
メヒジョン　215

めふん 427
メルジメッキ・チョルバス 454
メルバソース 183
メルルーサの卵のサラダ 202
メレンゲ 180
メロンのパスタ 78
燜（メン） 266
麺棒 243

も

末（モォ） 248
藻屑ガニ 423
藻塩 429
モスタルダ 118
もち麦うどん 336
物相 308
モッツァレッラ 115
もつ鍋 376
もつ煮 366
もみじ和え 381
もみ漬け 394
桃山 410
守口大根 418
守口漬け 394
モリーユ 185
モルシーリャ 216
モルテーロ 199
諸子 423
もろみ 429
もろみ漬け 394
モンデ 130
モンティーリャ・モリレス 235
モンテビアンコ 108

や

八重造り 325
焼き赤ピーマン 214
焼き霜造り 325
山羊汁 366
焼きスパゲッティ 78
焼き団子 408
焼きなます 381
焼きはぜ雑煮 400
焼きはまぐり 355
焼き松茸 354
焼き目造り 325
焼き物 402
野菜の下処理 377
ヤシ砂糖 469
芽菜（ヤーツァイ） 279
柳川鍋 376
矢羽根羹 396
ヤプラック・サルマス 452
ヤマウズラのアルカンタラ風 208
山かけ 327
山かけそば 337
山かけ丼 342
山くじら 418
山路和え 381
大和煮 366
山ふぐ 327
八幡巻き 398
やわらか煮 366

ゆ

魚香（ユイシャン） 246
魚香牛肉（ユイシャンニゥロウ） 257

魚翅炒鮮奶
　　（ユイチィチャオシァンナイ）　257
魚唇（ユイチュン）　297
魚肚（ユイドゥ）　297
幽庵焼き　354
雪鍋　376
行平　308
ゆず釜蒸し　370
湯煎　311
ゆでこぼす　311
ゆで煮　161
湯桶　402
湯豆腐　376
湯止め　311
湯引き　246
湯引き造り　326
ユフカ　455
湯むき　311

よ

与一漬け　394
有味飯（ヨウウェイファン）　285
養肝漬け　394
羊羹包丁　308
油爆（ヨウバオ）　254
油淋（ヨウリン）　246
吉野羹　412
吉野汁　348
吉野酢　378
吉野煮　366
吉野もどき　348
寄せ鍋　376
寄向　403
夜咄　404
嫁菜　418

よりうど　316

ら

辣白菜（ラァバイツァイ）　278
辣油（ラァヨウ）　300
ライスコロッケ　85
ライマビーン　111
羅臼昆布　427
ラク　457
ラグー［イタリア料理］　98
ラグー［フランス料理］　156, 162
ラクト・ベジタリアン　476
ラザーニェ　74
落花生醤油　379
落花生煮　366
らっきょう漬け　394
ラディアトーリ　71
ラーハトゥル・ハルクム　447
ラヴィオラトーレ　64
ラヴィオリ　73
ラープ・ア・フロマージュ　127
ラープ・ア・ミュスカド　127
ラフレシール　130
ラマダン　436
ラマダンピデ　455
ラ・マンチャ　235
ラ・マンチャ風ピスト　208
ラランパ　462
ラルドワール　127
ラワシュ　455
乱切り　316
ラングドック　226

り

粒（リー）　248
料酒（リァオヂウ）　300
リアス・バイシャス　234
涼拌怪味鶏（リァンパンゴァイウェイヂィ）
　　　278
リエット　175
蓮子（リェンズ）　297
リオハ　234
リガトーニ　72
利久まんじゅう　409
リコッタ　116
リゼルヴァ　230
リゾット　85
リソレ　130
リベラ・デル・グアディアーナ　235
リベラ・デル・ドゥエロ　235
緑豆（リュウドウ）　293
緑豆沙（リュウドウシャ）　289
リュバン　131
リヨン風ソーセージ　190
リングイネ　72

る

滷（ルー）　266
軟炸（ルアンヅァ）　262
軟溜（ルアンリュウ）　274
ルイベ　327
ルエダ　235
落葵（ルオクェイ）　293
ルオテッレ　72
羅漢（ルオハン）　246
蘿蔔糕（ルオボガオ）　282
蘿蔔乾（ルオボガン）　279
蘿蔔連鍋湯（ルオボリェングォタン）　252
茸（ルォン）　248
ルーコラ　111
ルジャ　464
滷水（ルーシュイ）　300
ルーション　226
ルチアーノ風　79
ルヴニール　130
ルブロション　192

れ

冷製　79
レゼルバ　234
レチェ・フリータ　210
レチェ・メレンガーダ　211
レッドキドニー豆　438
レデュイール　130
レバニーズブレッド　446
レバノン風ピラフ　444
レムラードソース　169
レモングラス　469
レンズ豆　112
レンズ豆のハンバーグ　453

ろ

肉桂（ロウグイ）　298
肉荳蔲（ロウドウコウ）　298
肉皮（ロウピィ）　297
蝋焼き　354
ロカンタ　450
ロサード　234
ロザート　230
ロースト　92, 93
ロックフォール　192

ろつ

ロッソ　230
ロティ［調理方法］　147
ロティ［料理名］　172
ロティソワール　125
ロティール　130
ロトーロ・ディ・パスタ　74
ローヌ　227
ローヌのぶどうの品種　227
蘿蔔糕（ロバーツゴウ）　282
ロボクープ　128
ローマ風串焼き　103
ローマ風ニョッキ　82
ロールケーキ　181
ロワール　227
龍（ロン）　248
龍眼（ロンイェン）　293
ロンカル　217
ロンドー　125

椀子そば　337
丸子（ワンズ）　246
椀盛　402
網油炸蟹鉗
　（ワンヨウヅァシエクァン）　264

英字

AOVDQS　220
AOC　220
Vin de Table　220
Vin de Pays　220
XO醬　298

わ

ワイン煮　163, 158
ワイン蒸し　164
若竹煮　366
わかめ蒸し　370
脇引　404
輪切り　317
わさび酢　378
わさび漬け　394
ワタシ　308
わた鍋　376
わっぱ飯　341
わらび餅　414
割子　308
破子　308
剜（ワン）　248

〔著者略歴〕 服部幸應（はっとり・ゆきお）
東京都出身。立教大学卒業。昭和大学医学部博士課程修了。医学博士／日本食普及の親善大使。学校法人服部学園　服部栄養専門学校　理事長・校長。2024年、逝去。
旭日小綬章およびフランス政府よりレジオン・ドヌール勲章シュヴァリエ国家功労勲章ならびに農事功労勲章を受章。厚生大臣表彰・文部大臣表彰受賞。公益社団法人「全国調理師養成施設協会」会長、一般社団法人「全国栄養士養成施設協会」常任理事、一般社団法人「全国料理学校協会」会長、NPO「日本食育インストラクター協会」理事長、農林水産省「食育推進評価専門委員会」座長、「日本食文化のユネスコ無形文化遺産登録推進協議会」委員、「（一社）和食文化国民会議」理事および議長、内閣官房「新健康フロンティア戦略賢人会議」委員、厚生労働・農林水産・文部科学各省委員、「早寝早起き朝ごはん全国協議会」副会長、東京都「地域特産品認証委員会」委員、および公益社団法人調理技術技能センター調理師試験問題作成委員、昭和大学（医学部）客員教授、広島大学（医学部）客員教授、東京農業大学客員教授、東京大学（総合癌研究国際戦略推進）講師ほか、多数。
テレビ・ラジオの料理番組などの企画、監修、出演のほか、「食育」を通じた生活習慣病や地球環境保護の講演活動にも精力的に取り組むなど、国内、海外で幅広く活躍。
著書に、『食育入門』『服部幸應の食育読本』『服部幸應の日本人のための最善の食事』などのほか、多数。

世界の六大料理基本事典

2015年2月20日　初版発行
2025年2月20日　6版発行

©Yukio Hattori, 2015
Printed in Japan
ISBN978-4-490-10858-3 C0577

著　者　服部幸應
発行者　名和成人
印刷製本　東京リスマチック株式会社
発行所　株式会社東京堂出版
https://www.tokyodoshuppan.com/
〒101-0051　東京都千代田区神田神保町1-17
電話03-3233-3741